Goldmann Ratgeber

PROF. DR. GÜNTHER SCHNUER

Studieren oder nicht?

Aspekte der Berufswahl für Abiturienten

Wilhelm Goldmann Verlag

7079 · Made in Germany · I · 1110
 Umschlagentwurf: Creativ Shop, A.+A. Bachmann, München. Satz: VPA, Landshut. Druck: Presse-Druck Augsburg.
Kl/pap
ISBN 3-442-10577-3

Inhalt

Anhang

Einleitung und Vorbemerkung

In den nächsten Jahren steuern immer mehr Schüler an höheren Schulen in der Bundesrepublik auf das Abitur zu. Sie besuchen diese Schulen in der Erwartung, daß sie mit dem Abitur eine Berechtigung für ein Studium an einer Hochschule erwerben. Doch seit sie diese Schulen besuchen, zumeist auf Drängen oder nach der Entscheidung der Eltern, änderten sich die Verhältnisse um das Studium an den deutschen Hochschulen und in der deutschen Wirtschaftsstruktur insgesamt beachtlich.

Niemand konnte bei Eintritt in die höhere Schule ahnen, welche Schwierigkeiten sich nach einem abgeschlossenen Schulbesuch und vor Beginn eines Studiums den betroffenen Schülern in den Weg stellen würden. Wir wissen, daß das zwei Jahrzehnte andauernde Wachstum der deutschen Wirtschaft mindestens vorübergehend unterbrochen ist, daß die Hochschulen der Bundesrepublik schon seit Jahren dem Ansturm nicht mehr gewachsen sind, die freien Studienplätze über ein nahezu perfektes Zuteilungsverfahren zugewiesen werden und daß die Berufschancen für viele Akademiker bei zunehmender Zahl mit geringer werdendem Bedarf in der freien Wirtschaft und im öffentlichen Dienst nicht rosig sind und in den nächsten Jahren für die meisten akademischen Berufe auch nicht besser werden.

Der Wettbewerb auf den Märkten der Welt wird härter werden, und wenn das deutsche Volk seinen hohen Lebensstandard erhalten will, müssen auch in Zukunft noch mehr und noch bessere deutsche Produkte auf den Märkten der Welt verkauft werden. Das gelingt nur, wenn auf allen Ebenen der Bildungspyramide und der Sozialstruktur ausreichend und gut ausgebildete Kräfte vorhanden sind, die auch in Zukunft mit guten Chancen in ihrem Beruf und im Arbeitsleben rechnen können.

Die eben beschriebene Lage erschwert der kommenden Jugendgeneration in mehrfacher Hinsicht eine Studien- und Berufsentscheidung und belastet jede Voraussage mit vielen Unsicherheiten. Grundsätzlich läßt sich voraussagen, daß die Vorbereitungsphase für einen Berufsentscheid, auch für die Schüler an Gymnasien und Fachoberschulen, immer länger und undurchschaubarer werden wird. Die kommende Jugendgeneration an unseren höheren Schulen soll sich deshalb schon zu einem frühen Zeitpunkt entscheiden, über welchen Studiengang sie einen späteren Beruf ergreifen will, von dem sie oftmals aber weder die zukünftigen Chancen kennt, noch weiß, wie sich dieser Beruf ihnen vorstellt, wenn das Studium abgeschlossen ist.

Der vorliegende Studienführer hat sich zum Ziel gesetzt, alle, die jetzt oder in den nächsten Jahren als Schüler der höheren Schulen oder Fachoberschulen vor der Berufs- und Studienwahl stehen, zu beraten. Das geschieht aus der jahrelangen Kenntnis der Zusammenhänge zwischen Wirtschaft, Hochschule, Berufsentscheidung und -chancen. Dieser Studienführer richtet sich jedoch nicht nur an die direkt Betroffenen, also die Schüler, sondern ebenfalls an die verantwortlichen Eltern und Berater der Jugendlichen, die in den nächsten Jahren über Berufseintritt, Berufswahl sowie Studium oder nicht mit zu entscheiden haben.

Der Verfasser wünscht, daß dieser Studienführer nicht erst erworben und gelesen wird, wenn die Entscheidung, d.h. das Abitur, kurz bevorsteht, sondern nach Möglichkeit einige Jahre früher, weil der Entscheidungsprozeß um die Berufs- und Studienwahl, wie oben bereits angedeutet, sich schon heute auf mehrere Jahre verlängert hat.

Im Frühjahr 1977 PROF. DR. GÜNTHER SCHNUER

I. Vorentscheidung: Studieren oder nicht? – Grundsätzliche Überlegungen

1. Die deutsche Wirtschaft benötigt in Zukunft noch mehr als bisher qualifizierte Kräfte mit guter allgemeiner *und* beruflicher Qualifikation

Wir verdanken unseren hohen Lebensstandard in der Bundesrepublik der Produktion wie auch dem Verkauf von Qualitätsprodukten in alle Länder der Welt. Da wir ein rohstoffarmes Land sind, können wir nur über die Veredelung von eingeführten Rohstoffen zu hochwertigen Qualitätsprodukten auch in Zukunft die Erträge erwirtschaften, die notwendig sind, das einmal Erreichte zu halten und auf die Dauer für die nächsten Generationen zu sichern. Der Wettbewerb auf den Märkten des In- und Auslandes wird jedoch härter. Und wenn sich die deutsche Wirtschaft in den nächsten Jahren von den schweren Rückschlägen wieder erholen soll, müssen an moderneren Produktionsstätten bessere Waren zu einem konkurrenzfähigen Preis erzeugt und auf den Märkten abgesetzt werden. Hierzu benötigt sie in Zukunft noch mehr als bisher qualifizierte Kräfte mit guter allgemeiner und beruflicher Ausbildung. Durch die jahrelange Bildungspolitik zugunsten eines verstärkten Besuches von höheren Schulen und anschließendem Studium an der Universität, fehlen jetzt bereits beim vorsichtigen Anlaufen der Konjunktur in der deutschen Wirtschaft viele beruflich gut qualifizierte Kräfte mit hohem allgemeinem Bildungsstand.

Der wirtschaftliche Rückgang der letzten Jahre hat bei vielen Firmen und auch in der öffentlichen Verwaltung zu einer verstärkten Rationalisierung der Produktion und der Arbeitsplätze geführt. Neue technische Anlagen in den Werkstätten und in den Verwaltungen erfordern weniger, aber besser ausgebildete Arbeitskräfte. Mit Abiturienten oder an Hochschulen ausschließlich theoretisch ausgebildeten Akademikern lassen sich diese neuen Arbeitsplätze jedoch nicht oder nur unzureichend besetzen. Diese Grunderkenntnis sei hier in dem

Studienführer allen anderen Überlegungen vorangestellt. Sie schlägt sich auch nieder in einer verstärkten Förderung der Berufsausbildung in der öffentlichen Bildungspolitik.

Bei einer weiteren Verknappung von Fachkräften mit guter beruflicher Ausbildung wird, das läßt sich mit großer Sicherheit voraussagen, das Einkommen dieser Gruppe in Zukunft stärker steigen als das Einkommen der in vielen Sparten im Überfluß vorhandenen Akademiker. Die Folgerung aus dieser Erkenntnis lautet für viele Schüler der höheren Schulen: *Wer in den nächsten Jahren sich in den Oberklassen des Gymnasiums nicht durch einen hohen Notendurchschnitt überdurchschnittliche Chancen für ein Studium in den Massenfächern ausrechnen kann oder entsprechend spezifischer Begabung einen nicht durch Zulassungsbeschränkung gesperrten Studiengang beschreiten will, sollte sich so früh wie möglich um eine gute Berufsausbildung bemühen.* Diese Entscheidung sollte spätestens nach dem 10. Schuljahr (Mittlere Reife) der höheren Schule fallen.

Die gleiche Aussage gilt auch für jene große Gruppe von Gymnasialschülern, die sich mehr durch praktische als durch theoretische Intelligenz auszeichnet. Schüler und Eltern müssen wissen, daß die höhere Schule im allgemeinen nicht, ihre Fächer und Lehrmethoden nur in ganz geringem Maße die praktische Intelligenz fördern. Diese kann daher bei vielen jungen Menschen nicht voll zur Entfaltung kommen und hindert einen großen Teil der Schüler an Gymnasien am Ergreifen eines ihrer praktischen Begabung gemäßen Berufes.

Der starke Zustrom zu den Universitäten und zu den anderen Hochschulen der Bundesrepublik hat bereits jetzt in zahlreichen Berufen zu einem Überangebot von Akademikern geführt. Das trifft insbesondere für jene Studiengänge und Berufe zu, in denen kein typischer Arbeitsplatz nach einem Abschluß vorhanden ist. Für zahlreiche Berufe mit akademischen Abschlüssen fehlen bis heute ausreichend Arbeitsplätze, die entsprechend bezahlt und sicher sind. Dies trifft z.B. solche Akademiker, die ein Hochschulstudium als Diplom-Politologen, Diplom-Soziologen, Diplom-Psychologen u.ä. abgeschlossen haben. Darüber hinaus hat eine verminderte Aufnahmefähigkeit der deutschen Wirtschaft für eine Reihe von anderen Akademikern, so z.B. für Physiker, Sozial- und Wirtschaftswissenschaftler, die in den letzten Jahren in erhöhtem Maße ihre Abschlußqualifikationen erworben haben, zu einem Überangebot geführt. Das Überangebot an Akademikern stieg in den letzten Jahren ständig an und wird sich in vielen Berufen in den nächsten Jahren noch weiter erhöhen (vgl. Anlage 1, S. 123).

2. Der akademische Nachwuchs ist nicht ohne Schaden für den einzelnen beliebig vermehrbar

Die Folgen dieses Überangebotes an Akademikern treffen den einzelnen besonders hart. Er kann nach jahrelangem Studium nicht mehr sicher mit einem Arbeitsplatz in der freien Wirtschaft oder in der öffentlichen Verwaltung rechnen, muß unter Umständen mit einem niederen Einkommen sich bescheiden oder Tätigkeiten annehmen, die seiner Hochschulausbildung nicht oder nur teilweise entsprechen. Es kommt heute schon häufig vor, daß Akademiker mit den vorstehend genannten Hochschulabschlüssen – an die 30 Jahre alt – weit hinter den Einkommen vieler gleichaltriger Kollegen, die als leitende Angestellte oder Techniker nach einer Berufsausbildung in den Betrieben tätig sind, herhinken. Immer stärkere Jahrgänge von Hochschulabsolventen drängen in den nächsten Jahren – auch aus den zulassungsbeschränkten Massenfächern – auf den Beschäftigungsmarkt, ohne daß dafür in gleichem Maße adäquate Arbeitsplätze bereitstehen. Auch die Hochschulen selbst, die in den letzten Jahren viele Jungakademiker für ihren eigenen Nachwuchs aufgenommen haben, werden in den nächsten Jahren kaum mehr Stellen anzubieten haben.

Für zahlreiche akademische Studiengänge werden sich die Berufsaussichten in absehbarer Zeit nicht verbessern. Daraus gilt es Konsequenzen zu ziehen. Der künftigen jungen Generation stellen sich beim Abwägen der Berufsaussichten aber noch weitere Schwierigkeiten entgegen:

3. Berufliche Chancen sind schwieriger als je zuvor prognostizierbar

Da ist zunächst einmal die Erkenntnis aus dem Ablauf der Wirtschaftsentwicklung in den letzten Jahren, daß berufliche Chancen in Zukunft schwieriger als je zuvor voraussagbar sind. Der Arbeitsmarkt und damit die Zukunftsaussichten für zahlreiche Berufe wandeln sich sehr rasch unter dem Einfluß oft nicht vorhersehbarer Faktoren. Wir erinnern uns alle noch sehr gut des sogenannten Erdölschocks im Jahre 1973, dem eine weltweite Wirtschaftsrezession folgte. Von dieser weltweiten Rezession hat sich die deutsche Wirtschaft bis heute noch nicht recht erholt. Mit der Rezession war eine gewaltige Umschichtung in zahlreichen Berufen verbunden, deren Ende wir mit ihren Auswirkungen für die nächstfolgende Jugendgeneration noch nicht absehen können. Zahlreiche Berufe, die in der Vergangenheit als Zukunftsberufe mit guten Chancen (z.B. bei den Bauberufen) galten, sanken in kurzer Zeit in eine Krisensituation ab. Sie führten zu einem Strukturwandel der Erwachsenenberufe. Jugendliche, auch Studenten, sind jedoch daran gewöhnt, ihre Berufsentscheidung vielfach nach den Berufsaussichten einer gegenwärtigen Erwachsenengeneration einzuschätzen. Leiden bestimmte Berufe unter strukturellen Schwächen oder unter schlechten Zukunftsaussichten, so neigt die kommende Generation von Jugendlichen bzw. Studenten dazu, diese Berufe generell bei ihren Entscheidungen zu meiden.

Andererseits wird die Berufsentscheidung zusätzlich dadurch erschwert, daß zwischen der getroffenen Berufswahl und dem Eintritt in das Berufsleben nach einem Studium mindestens sechs, oftmals acht und mehr Jahre liegen. In dieser Zeit können sich die Aussichten eines Berufes erheblich wandeln, d.h. verbessern oder verschlechtern. Es kommt noch hinzu, daß den Jugendlichen und Studenten, die sich für einen bestimmten Beruf entscheiden, maßgebliche Einsichten in das Berufsleben und in die Chancen dieses Berufes bei ihrer Entscheidung weitgehend fehlen. Denn es fehlen ihnen im allgemeinen detaillierte Hintergrundinformationen und Kenntnisse um die Zusammenhänge, die heute mit einem Beruf verbunden sind. Da diese Kenntnisse auch den meisten Eltern fehlen, die ihre Kinder im entscheidenden Alter – etwa zwischen 16 und 18 bis 19 Jahren – beraten sollen, können auch sie oft nur wenig zu einer richtigen Entscheidung bei der Berufs- oder Studienwahl beitragen.

Auf einen weiteren Sachverhalt muß noch hingewiesen werden: In zahlreichen Bundesländern wandelten sich die Lehrinhalte in den Oberstufenklassen der höheren Schule. Die Kultusminister der elf Bundesländer faßten vor einigen Jahren einen Beschluß, die Oberstufen der höheren Schulen bzw. der Gymnasien zu reformieren. Dieser Beschluß zielte darauf ab, den Schülern des Gymnasiums in den Klassen 11, 12 und 13 durch eine Auswahl von bestimmten Fächern die Gelegenheit zu geben, sich auf ein künftiges Studium nach ihren Neigungen und ihrer Begabung besser vorbereiten zu können. Diese Fächer sollten dann intensiver zur Vorbereitung auf das Studium dienen und andere, die der Begabung und Neigung des Schülers weniger entsprechen, abgewählt werden können. Die Kultusverwaltungen einiger

Bundesländer, z.B. von Nordrhein-Westfalen, haben die seinerzeitige Absichtserklärung der Kultusminister in der Wirklichkeit der Schulorganisation an höheren Schulen bereits sehr weit vorangetrieben. Sie bieten in der sogenannten reformierten Oberstufe ein Bündel von einigen Fächern in Leistungs- und Kurssystemen und auf einige Fächerschwerpunkte beschränkt zur intensiven Vorbereitung auf das Studium an. *Jeder Schüler von höheren Schulen in den Bundesländern, in denen diese reformierte Oberstufe weit vorangeschritten ist, muß wissen, daß er mit der Wahl von Schwerpunktfächern und der Abwahl von anderen Fächern ganz entscheidend seine künftigen Studienmöglichkeiten beeinflußt und damit zugleich eine Vorentscheidung für die Berufswahl trifft.* Fächer, die in der Oberstufe der höheren Schule einmal abgewählt worden sind, lassen sich später an einer Hochschule (Universität, Gesamthochschule, Fachhochschule) nur unter sehr schlechten Startvoraussetzungen als eigenständiges Studienfach (z.B. Chemie, Physik) oder in Kombination mit anderen Fächern bei einem sogenannten Zweifachstudium wählen und erfolgreich studieren.

Einige Jahre nach der Einführung dieser Wahl- und Abwahlmöglichkeit in der Oberstufe der höheren Schule hat sich bereits herausgestellt, daß von der Mehrzahl der Schüler vielfach die naturwissenschaftlichen Fächer abgewählt werden, von denen man sagen kann, daß sie als Ein- oder Zweifachstudium mit späteren Möglichkeiten zur beruflichen Spezialisierung auch heute noch gute Berufsaussichten bedeuten. Dazu zählt z.B. das Lehrfach Physik und das Lehrfach Chemie, die beide als Grundlagenfach in zahlreichen Studiengängen für Naturwissenschaft und Technik von großer Bedeutung sind und bleiben.

Die Wahl oder Abwahl bestimmter Fächer in der höheren Schule hat natürlich für den künftigen Akademiker bereits vor einem Studium eine gewisse Spezialisierung zur Folge. Eine allgemeine Erkenntnis aus den Wirtschaftsvorgängen der letzten Jahre und aus der Einsicht in den Arbeitsmarkt lautet jedoch, daß in Zukunft Berufsspezialisten ein hohes Risiko im späteren Arbeitsleben eingehen. Eine breite Grund- und gute Allgemeinbildung, auf der sich der künftige Akademiker während seines Studiums weitere Einsichten in wirtschaftliche, soziale oder technische Zusammenhänge verschafft, erhöht die berufliche Mobilität und damit auch die Aussichten im Arbeitsleben ganz erheblich.

4. Theoretisches Hochschulwissen *allein* genügt nicht für eine gute berufliche Stellung

Die höhere Schule hat sich seit jeher als Vorbereitungsanstalt für das Studium an Hochschulen verstanden und seit vielen Generationen ihre Lehrinhalte darauf abgestimmt. Diese sind hauptsächlich theoretisch-intellektueller Natur und berücksichtigen kaum die Entwicklung praktischer Fertigkeiten. Die deutschen Universitäten und in vielen Fällen auch andere Hochschulen (Technische Hochschulen, Gesamthochschulen, Musikhochschulen u.a.) setzen diesen Vorgang fort. Sie vermitteln in den meisten Studiengängen ein hochdifferenziertes theoretisches Fachwissen, vielfach ohne jeden Zusammenhang mit den Kenntnissen, die später im praktischen Berufsleben benötigt werden. Die Hochschulen setzen dabei voraus, daß es dem Studenten nach einem jahrelangen intensiv betriebenen Studium ohne Schwierigkeiten gelingt, das erworbene theoretische Fachwissen in die Erfordernisse der Praxis umzusetzen und in geeigneter Form anzuwenden. Das betrifft sowohl die Studiengänge für die sogenannten freien Berufe als auch für jene im öffentlichen Dienst, letztere allerdings in geringerem Maße, weil der Staat in der Regel für den Jungakademiker bzw. Bewerber um eine Stelle im öffentlichen Dienst eine zusätzliche Ausbildungsphase, die zur Vorbereitung auf die Tätigkeiten und Berufsausübung im öffentlichen Dienst zielt, eingeschaltet hat. Die Hochschulen sehen es also primär nicht als ihre Aufgabe an, berufs- und praxisbezogene Kenntnisse und Fertigkeiten zu vermitteln. Sie erwarten, daß der Hochschulabsolvent mit dem breiten Fundament von theoretischem Wissen in der Lage ist, die sich ihm bietenden Berufschancen durch eine selbstentwickelte Mobilitätsbereitschaft zu nutzen und die erworbenen Kenntnisse in die Praxis umzusetzen. Die freie Wirtschaft dagegen, die immer noch den größeren Anteil der Hochschulabsolventen aufnimmt, ist mit dieser Meinung der Hochschulen nicht einverstanden. Aber auch die Vertreter des öffentlichen Dienstes beklagen sich sehr oft über die praxisferne und allein theoretisch ausgerichtete Berufsvorbereitung der Anwärter über ein Hochschulstudium. Sie bemängeln, daß durch ein zu langes, theoretisch orientiertes Hochschulstudium die Bereitschaft der Jungakademiker, sich an die besonderen Bedingungen im praktischen Berufsleben anzupassen, beeinträchtigt wird und beklagen außerdem die immer länger werdenden Einarbeitungszeiten für Hochschulabsolventen auf die betrieblichen Erfordernisse. In Zeiten zunehmender Verschärfung des

Wettbewerbes und der Rationalisierung in der freien Wirtschaft und im öffentlichen Dienst, schlagen jedoch die hohen Einarbeitungskosten für die Jungakademiker besonders hart zu Buch. Viele Unternehmen scheuen deshalb vor der Einstellung von theoretisch einseitig ausgebildeten Hochschulabsolventen zurück. Hinzu kommt als weiterer Nachteil für die Absolventen von Hochschulen das durch überlange Studienzeiten von 10 bis 15 und mehr Semestern oft hohe Eintrittsalter in das Arbeitsleben, das im Bundesgebiet weit höher als in anderen Industrieländern liegt. Der Schüler eines Gymnasiums, der sich mit den Absichten eines Hochschulstudiums trägt, sollte rechtzeitig wissen, daß er unter Umständen 26 bis 28 Jahre alt wird, bevor er in das Berufsleben eintritt.

Aus beiden angeführten Gründen bevorzugt die Industrie, d.h. die freie Wirtschaft, mehr und mehr Jungakademiker, die zu den theoretischen Kenntnissen gründliche praktische Fertigkeiten aus einer Berufsausbildung oder einem längeren Betriebspraktikum mitbringen. Die straff aufgebauten Studiengänge an Fachhochschulen z.B. führen der Wirtschaft Absolventen zu, die um einige Jahre jünger sind als die Absolventen von Universitäten oder Gesamthochschulen. Zahlreiche Untersuchungen der Berufs- und Arbeitsmarktforschung bestätigten inzwischen, daß sich für zahlreiche Stellen, insbesondere in der freien Wirtschaft, die Ausschreibungen sowohl an die Absolventen der Fachhochschulen als auch an die der Hochschulen richten. Mittel- und auch Großbetriebe neigen aber immer mehr dazu, bei gleichwertigen Bewerbungen, den Absolventen der Fachhochschulen mit langjähriger Berufspraxis gegenüber den Absolventen von Universitäten oder Technischen Hochschulen den Vorzug zu geben. So kann ganz allgemein gesagt werden, daß *berufspraktische Kenntnisse von längerer Dauer,* verbunden mit einem Studium an Fachhochschulen oder Universitäten und Technischen Hochschulen, die Chancen für eine gute Stelle, die den Vorstellungen der Bewerber entspricht, erhöhen. Aus der jüngsten Entwicklung des Arbeitsmarktes für die Akademiker kann geschlossen werden, daß bei einer zu erwartenden zunehmenden Arbeitslosigkeit der Jungakademiker die Absolventen der Fachhochschulen *mit längerer berufspraktischer Erfahrung* zum geringeren Anteil betroffen werden. Außerdem haben sich die Einkommen der beiden Hochschulgruppen an vielen Arbeitsplätzen bereits angeglichen. So übertreffen z.B. die Einkommen von Diplom-Ingenieuren diejenigen von graduierten Ingenieuren nur in Spitzenstellungen und erst zum Ende der Vierziger-Jahre. Spitzenpositionen jedoch werden nur von wenigen Absolventen der Universitäten, Technischen Hochschulen usw. eingenommen. Die Mehrzahl der Hochschulabsolventen von diesen Hochschulen muß sich mit mittleren Positionen begnügen, d.h. sie hinken in den meisten Fällen mit ihren Lebenseinkommen hinter den Einkommen von graduierten Ingenieuren oder von Absolventen anderer Fachhochschulen hinterher. Die Absolventen der Gesamthochschulen werden sich erst in den nächsten Jahren zu bewähren haben. Zudem beträgt das Bedarfsverhältnis von graduierten Ingenieuren zu Diplom-Ingenieuren etwa 3 : 1. Der Ausstoß von Diplom-Ingenieuren aus den Technischen Hochschulen und den Universitäten im Verhältnis zu dem der Fachhochschulen hat sich jedoch in den letzten zwanzig Jahren etwa in das umgekehrte Verhältnis verwandelt. Die deutsche Wirtschaft rechnet in Zukunft mit einem hohen Bedarf an graduierten Ingenieuren, der zum Teil aus den Absolventen von Technischen Hochschulen und Universitäten gedeckt wird. Eine negative Entwicklung der Einkommen dieser Gruppe im Vergleich zu den übrigen Einkommen gleichwertig Beschäftigter ist die unabwendbare Folge dieser Entwicklung.

5. Auch der öffentliche Dienst, insbesondere der Lehrerberuf, bietet nicht mehr Arbeitsplätze für alle oder jeden

Lediglich der öffentliche Dienst unterscheidet in seiner Beschäftigungsstruktur noch sehr streng und scharf nach den durch ein Studium erworbenen Qualifikationen. Der Zugang zum sogenannten höheren Dienst, das sind die Besoldungsgruppen ab A 13 mit entsprechenden Aufstiegsmöglichkeiten in die höchsten Stellen der Besoldungshierarchie, ist nur den Absolventen von Universitäten, Technischen Hochschulen, Gesamthochschulen u.a. mit einem sogenannten Voll-Akademiker-Abschluß offen.

Die Absolventen von Fachhochschulen werden in den gehobenen Dienst eingruppiert. Sie können im besten Falle eine Besoldungsstufe, die etwa der Höhe von A 13/A 14 entspricht, erreichen. Hierunter fallen fast alle Stellen im sogenannten technischen mittleren Dienst der Bundesbahn und der Bundespost.

Da alle Haushalte der öffentlichen Stellen, das sind Gemeinden, Kreise, Bundesländer und der Bund selbst, in den nächsten Jahren mit erheblichen Schwierigkeiten zu rechnen haben und Ausdehnungen auf dem Personalsektor nur in Ausnahmebereichen noch zu erwarten sind, steht auch der höhere Dienst einer immer geringer werdenden Zahl von Hochschulabsolventen offen.

Ganz auffällig ist dies für den *Lehrerberuf*, der bisher etwa 45 % aller Studienabsolventen an Hochschulen aufgenommen hat. Die Kinderzahl in der Bundesrepublik hat seit 1964 rapide abgenommen und offensichtlich den Tiefstand der Geburtenrate noch nicht erreicht. In einigen Jahren werden deshalb für viel weniger Kinder in unseren Schulen auch entsprechend weniger Lehrer notwendig sein. Auch wenn man die normale Abgangsquote durch Pensionierung oder durch Krankheit oder durch anderes Ausscheiden aus dem Dienst durch Neueinstellungen ersetzen muß oder kann, ist der jetzige Ausstoß an Lehramtsbewerbern um ein Vielfaches größer als freie Stellen in den nächsten Jahren zu besetzen sind. Es wird nicht ausbleiben, daß der Staat als einziger Arbeitgeber für Lehrkräfte in einem viel höheren Maße die künftigen Lehramtsbewerber nach bestimmten Kriterien aussuchen wird, die gegenwärtig noch niemand genau kennt. Ein solches Anstellungs- bzw. Auslesekriterium ist mit Sicherheit mehr als bisher die Fächerkombination, die durch ein Studium für ein Lehramt mitgebracht und von dem Bewerber angeboten wird. Ganz allgemein kann in diesem Zusammenhang vorausgesagt werden, daß es immer noch bestimmte Fächer und Fächerkombinationen gibt, die eine positive Entwicklung im Lehrerberuf erwarten lassen, während andere auf Jahre hinaus durch ein Überangebot von Studienbewerbern überfüllt sind. Hierbei handelt es sich um die sogenannten Massenstudienfächer für das Lehramt, zu denen z.B. die Fächer Geographie, Geschichte, Biologie bei den Damen, Deutsch, und – abhängig von den Schulformen und einigen Bundesländern – auch andere Studien- bzw. Lehramtsfächer zählen. Eine gute Übersicht, wie sich die Kultusminister derzeit die Zukunftschancen des Lehrerberufes ausgerechnet haben, bietet die im Anhang wiedergegebene Tabelle über die Studienmöglichkeiten und Zulassungsbeschränkungen nach Fächern und Fächerkombinationen für die verschiedenen Lehrämter in den einzelnen Bundesländern. Auf diese Zusammenstellung in Anlage 4 (siehe S. 155 ff.) sei besonders hingewiesen.

Ähnliche Aussagen, wie sie für die Lehramtsberufe gemacht wurden, liegen inzwischen von der Arbeitsmarkt- und Berufsforschung auch für andere Beschäftigungsgruppen im öffentlichen Dienst vor, so z.B. für Berufe im *Justizdienst*. In diese drängten schon seit Jahren viel mehr Bewerber hin, als freie Stellen vorhanden waren und sind. Das hat zur Folge, daß selbst nach einem erfolgreichen und mit guten Noten abgelegten Studium eine Anstellung nach dem zwei- oder gar dreijährigen staatlichen Vorbereitungsdienst nur für wenige Bewerber möglich ist. Sie müssen entweder Spitzennoten in ihrem zweiten Staatsexamen nachweisen oder sich in dringend benötigte Sonderaufgabengebiete eingearbeitet haben. Andere neuartige Aufgabengebiete im öffentlichen Dienst, wie z.B. die aufzubauenden Umweltschutzbehörden oder Behörden, die der Sicherheit und dem Schutz am Arbeitsplatz dienen, erfordern in höherem Maße als dies bisher der Fall war ausgebildete Spezialisten, von denen noch zu wenig vorhanden sind. Es läßt sich jedoch, wie oben schon erwähnt, bei der heute üblichen überlangen Studienzeit nicht voraussagen, welche Spezialaufgaben und -stellen in fünf, acht oder gar zehn Jahren im öffentlichen Dienst anfallen. Damit geht jeder Studienbewerber ein gewisses Risiko ein, wenn er ein Studium beginnt, das nicht zu einem ganz spezifischen Beruf, dem auf erkennbare Zeit ein Bedarf zugeschrieben werden kann, hinführt.

6. Abiturnoten allein bieten keine Gewähr für ein erfolgreiches Studium oder einen späteren Berufserfolg

Zu allem bisher Gesagten muß ferner auf eine neue verhängnisvolle Denkkategorie, die gegenwärtig als Folge des eingeführten Numerus-clausus-Verfahrens aufkommt, hingewiesen werden. Das Zulassungsverfahren zu den Hochschulstudiengängen mit beschränkter Anzahl von Studienplätzen, das sogenannte NC-Verfahren, hat für verschiedene Studiengänge unterschiedliche Notendurchschnitte errechnet, mit denen die Chance zum sofortigen Beginn eines Studiums gesteuert wird. Sehr viele Gymnasiasten mit guten Zeugnisnoten in den Oberklassen fühlen sich dadurch z.B. zu allen Medizinberufen auserwählt. Mitschuldig an dieser Denkweise ist die Tatsache, daß mit diesen Berufen, deren Zulassung von den Studienplätzen her stark eingeschränkt wird, höhere Einkommenserwartungen verbunden sind. Das bedeutet, daß der Gymnasiast, der im Abitur einen hohen Notendurchschnitt erreicht oder auf einen solchen gehoben wird, seiner Meinung nach zugleich eine Art von Anspruchberechtigung erwirbt, so für das Medizinstudium und seinen sich hieraus ergebenden Einkommensmöglichkeiten geeignet zu sein. Alle Eltern, Schüler, Lehrer und die Personen, die verantwortlich für die Abiturienten und bei der Beratung von Gymnasiasten tätig sind, müssen aber wissen, daß dies ein völlig falscher Denkansatz ist und sollten keine Mühe scheuen, um dieses Übel an der Wurzel zu beseitigen.

> *Jedem vernünftig denkenden Menschen muß bekannt sein, daß eine Abiturnote, ob sie gut oder schlecht ist, keine Gewähr bietet*
> 1. *für ein erfolgreich abzuleistendes Hochschulstudium und*
> 2. *für eine Bewährung in dem Beruf, der einem über einen Notendurchschnitt durch die damit erfolgende Berufsentscheidung aufgedrungen wurde.*

Ganz das Gegenteil ist der Fall. Wir wissen aus den Viten von zahlreichen Personen, daß sie im Gymnasium nicht durch Spitzennoten überzeugten, aber später durch die Entfaltung ihrer Persönlichkeit und die Bewährung in den Schwierigkeiten des Lebens sich zu großen Persönlichkeiten entwickelt haben. Wäre es nach den Abiturnoten dieser Leute gegangen, so hätten sie nie eine hervorragende Stelle im späteren Leben eingenommen. Als ganz wenige Beispiele dieser Art seien genannt das Physikgenie Newton, der elementare Gesetze der Physik und Mathematik gefunden hat, oder der uns allen in bester Erinnerung gebliebene Bundeskanzler Adenauer oder aber der Nobelpreisträger und Gelehrte Einstein, der sogar in Neu-Ulm das Gymnasium verlassen mußte und sehr viel später erst auf einer Berufsschule in der Schweiz das Abitur nachmachte.

Gute oder sehr gute Abiturnoten können aus verschiedenen Ursachen zustande gekommen sein. Sie geben jedoch keinerlei Auskunft darüber, wie die Persönlichkeit sich unter späteren Bewährungssituationen im Leben entwickeln wird. Es ist daher gefährlich, nach guten oder sehr guten Abiturnoten eine Berufsentscheidung zu treffen, nur weil auf Grund dieser sehr guten Abiturnoten eine Studienmöglichkeit – etwa in den medizinischen Fächern – geboten und damit zugleich die Erwartung in das Studium getragen wird, auf Grund der guten oder sogar sehr guten Abiturnoten später hohe Einkünfte beziehen zu können.

Dem wirklich begabten Abiturienten stehen auch heute noch viele Studiengänge mit guten Berufsaussichten offen. Er ist nicht gehalten, in jedem Falle das Medizinstudium einzuschlagen. Diese Aussage gilt insbesondere für die Schüler, deren gute Abiturdurchschnittsnote durch entsprechende Leistungen in den naturwissenschaftlichen Fächern zustande gekommen ist. Zahlreiche Studiengänge in den Naturwissenschaften und für technische Berufe bringen beste Berufsaussichten bei guten oder sehr guten Studienbedingungen an den Hochschulen: Berufe der Rohstoffgewinnung, -verarbeitung, -verwertung. Ebenso Dienstleistungsberufe mit Kenntnissen in mehreren Fremdsprachen, Bankwesen, Außenhandel. Neue Behörden mit Zusatzstudien in der Kombination Technik-Verwaltung-Handel-Jura-Sprachen usw. Es ist eine Frage ausreichender Information um diese Studiengänge, die die Abiturienten oder Studienbewerber hinreichend und frühzeitig über die vorhandenen Möglichkeiten aufklärt. Es ist auch nicht so, daß an den Universitäten und anderen Hochschulen in allen Studiengängen und -fächern ein Massenbetrieb mit allen Nachteilen herrscht. Zahlreiche Studiengänge bieten auch heute noch über gute Bedingungen die Möglichkeit für intelligente und fleißige Studenten, einen Beruf anzusteuern, der im späteren Leben gute Arbeitsbedingungen und Einkommensmöglichkeiten schafft.

7. Praktische Intelligenz wird in der höheren Schule nicht benötigt, aber im Beruf und im Leben viel gebraucht

Wer die Entwicklung der bundesdeutschen Wirtschaftsstruktur über eine längere Frist verfolgt, stellt fest, daß sie sich in den letzten 15 Jahren fast nicht mehr verändert hat. Wir haben im Vergleich mit den anderen industriell hochentwickelten Ländern einen überdurchschnittlich hohen Prozentsatz an Beschäftigten in der Produktion erreicht. Man spricht in diesem Zusammenhang von einer Überindustrialisierung in der Bundesrepublik. Da die Bundesrepublik ein sehr rohstoffarmes Land ist und ihren Lebensstandard durch die Veredelung von importierten Rohstoffen und Halbfabrikaten und die Wiederausfuhr von hochwertigen Gütern erzielt hat, ist auf längere Frist nicht damit zu rechnen, daß die Überindustrialisierung sich zu einem anderen Teil der Sozialstruktur hin verändert. Wir können daraus folgern, daß alle Berufe, die im Zusammenhang mit der industriellen Produktion, der

Beschaffung, Veredelung, der Ausfuhr und des Verkaufes der Güter stehen, in Zukunft auch ihre Chancen haben werden. Eine stärkere Hinneigung zu den sogenannten Dienstleistungs- oder Verwaltungsberufen, wie dies noch etwa vor 15 Jahren erwartet wurde, ist nach den Entwicklungen in dieser Zeit nicht mehr anzunehmen. Der hohe Anteil des Produktionssektors an der deutschen Sozialstruktur bedingt, daß in der Produktion sehr viele Kräfte beschäftigt werden, deren praktisch-schöpferische Intelligenz im Produktionsprozeß umgesetzt und nutzbar gemacht wird. Praktische Intelligenz bedeutet, daß bestimmte manuelle Fertigkeiten in Verbindung mit einer theoretischen Begabung für den Betroffenen durch geeignete Maßnahmen in der Schule bzw. in einer praktischen Ausbildung *gemeinsam* gefördert werden müssen. Nur dann, wenn beide Anlagen, d.h. die manuelle und die intellektuelle Begabung, gemeinsam gefördert werden, erreichen diese Menschentypen ihren optimalen Leistungsstand. Leider versäumt es das Gymnasium, sowohl die manuellen Fertigkeiten zu fördern als auch diese im Zusammenhang mit der vorhandenen Intelligenz des Schülers in Verbindung zu setzen und beide gemeinsam zu entwickeln. So erhält ein großer Teil der Schüler des Gymnasiums, die dieser Art von Begabungsstruktur zuzurechnen sind, in der höheren Schule keine Förderung ihrer Begabung. Aber gerade diese praktische Intelligenz wird im Beruf und im Leben sehr viel benötigt. Dieses Defizit in der Förderung der praktischen Intelligenz durch die höhere Schule wird auch später in den Studiengängen an der Hochschule kaum mehr aufgeholt. In einem sogenannten Praktikum, wie es in vielen Studiengängen vorgeschrieben wird, kann nicht all das nachgeholt werden, was in der höheren Schule über Jahre hinaus versäumt wurde. Im übrigen haben sich diese sogenannten Vorpraktika für zahlreiche Studiengänge, wie z.B. in den Ingenieur- und Wirtschaftswissenschaften, in den letzten Jahren immer weiter verkürzt. Sie betragen heute vielfach nur noch ein halbes Jahr, in dem das Fehlende aus der Gymnasialzeit nicht nachgeholt werden kann. Bedauerlicherweise haben wir im Bundesgebiet fast keine Schulen, die die praktische Intelligenz in Verbindung mit einer hohen Allgemeinbildung fördern, d.h., etwa neben dem Abitur ausreichende manuelle Fertigkeiten vermitteln. Mit dem Ausscheiden von praktisch begabten Schülern aus der höheren Schule und dem Umsteigen auf die Fachoberschule entsteht später den Gymnasialschülern bzw. den Abiturienten eine harte Konkurrenz bei den Studiengängen und bei ihrem Berufsbeginn. Die Absolventen der Fachoberschule verfügen im Wettbewerb mit den Abiturienten bzw. späteren Akademikern über eine viel längere Ausbildung der praktisch-manuellen Fertigkeiten im Zusammenhang mit beruflich orientierten Inhalten, und damit werden diese Bewerber – zumindest für weite Bereiche der freien Wirtschaft – höherwertig eingestuft als die Absolventen des Gymnasiums (Abiturienten).

8. Bei einem wirtschaftlichen Aufschwung zählt eine qualifizierte Berufsausbildung *mit* einer guten Allgemeinbildung mehr als ein Studium

Die lange wirtschaftliche Rezession in der deutschen Wirtschaft hat bewirkt, daß in vielen Betrieben eine stärkere Rationalisierung am Arbeitsplatz der Akademiker eingesetzt hat, als dies früher der Fall war. Wenn nach der langen Rezessionsphase eine Neuinvestitionstätigkeit in stärkerem Maße einsetzt, so betrifft dies zuerst den Produktionssektor. Neue Maschinen und Anlagen erfordern dann an ihren Arbeitsplätzen beruflich hochqualifizierte Kräfte. Da die Arbeitsplätze im Akademikerbereich – in der Verwaltung, im Management, in der Forschung und Entwicklung –, die einmal wegrationalisiert sind, so schnell nicht wieder besetzt werden, kann damit gerechnet werden, daß viele Arbeitsplätze, in denen eine praktische Intelligenz gefordert wird, stärker besetzt und bevorzugt werden, als jene, die von den Akademikern eingenommen werden können. Mit anderen Worten: Junge Leute, die neben einer guten Allgemeinbildung eine berufliche Bildung einbringen, die durch ein Studium aufgewertet wurde, haben im weit höheren Maße Zukunftschancen in ihrem Beruf als solche, die nur mit Abiturzeugnis und anschließendem Hochschulstudium für den Arbeitsplatz anstehen.

9. Bis jetzt viel zu wenig genutzt: Sprachkenntnisse der Abiturienten als Startchance für eine Berufskarriere

Die Abiturienten und auch die Besucher der Oberklassen von Gymnasien haben allen übrigen Schülern gegenüber einen Vorteil in den Kenntnissen von Fremdsprachen. Mindestens neun Jahre lang erlernten sie im Verlaufe des Gymnasialbesuches eine moderne Fremdsprache (Englisch oder Französisch), dazu in den meisten Fällen Grundkenntnisse der lateinischen Sprache, die auch heute noch für ein allgemeines Sprachverständnis sehr gewichtig erscheinen. Zwar befähigen die erworbenen Sprachkenntnisse die Schüler nicht zu einem flüssigen Umgang mit der Sprache in der alltäglichen Anwendung, doch schaffen sie eine gute Grundlage im Bezug auf die grammatischen Strukturen und auf den Wortschatz. Wo es den Lehrkräften gelingt, die Fremdsprachenkenntnisse durch Übungen in der Anwendung zu untermauern, stehen dem Abiturienten ausreichend Fremdsprachenkenntnisse für den Einsatz während eines Studiums, für einen Auslandsaufenthalt oder aber als Grundlage für eine berufliche Tätigkeit zur Verfügung. Leider zeigt jedoch die Erfahrung, daß auch heute noch viele Lehrkräfte an den Gymnasien dem Sprachunterricht eine falsche Zielsetzung geben. Sie neigen dazu, grammatikalische, literarische, linguistische Kenntnisse überzubewerten und legen im allgemeinen zu wenig Wert darauf, die Kenntnisse in der flüssigen Rede anzuwenden. Man sagt, daß der gymnasiale Sprachunterricht zu sehr buch- und schrift- und zu wenig anwendungsorientiert ist. Trotz dieser Nachteile und Einschränkungen stehen dem Gymnasialschüler nach Durchlaufen des Gymnasiums im allgemeinen ausreichende Sprachkenntnisse zur Verfügung, die ihn befähigen, diese für eine berufliche Laufbahn direkt zu nutzen.

Mit der weiter zunehmenden Verflechtung der deutschen Wirtschaft mit den internationalen Absatzmärkten wächst auch die Anforderung an vorhandene Sprachkenntnisse in Wort und Schrift. Kaufmännische und praktische Tätigkeiten im In- und Ausland, die Verwaltungsarbeit, die damit verbunden ist, Übersetzungstätigkeiten in deutschen Firmen und an ihren Auslandsvertretungen, bedingen einen immer größeren Arbeitsstab von Mitarbeitern, die mindestens eine Fremdsprache in Wort, Schrift und ihrer berufsspezifischen Anwendung fließend beherrschen. Sind diese Arbeitskräfte zudem in der Lage, ihre Fremdsprachenkenntnisse durch Schreibmaschinentätigkeit zu untermauern, so gewinnen diese Mitarbeiter für die freie Wirtschaft eine besondere Bedeutung dann, wenn sie fähig sind, aus ihrer Tätigkeit verantwortliche Dispositionen vorzunehmen. Verantwortliche Dispositionen erfordern jedoch meistens die Kenntnis der Zusammenhänge und eine gute Allgemeinbildung. Treffen diese drei Faktoren Sprachbildung, gute Allgemeinbildung und Kenntnis der Zusammenhänge zusammen, dann ist die beste Voraussetzung für eine erfolgreiche berufliche Karriere gegeben. Es muß dann nicht unbedingt noch ein Sprachenstudium sein, das benötigt wird, um eine solche Tätigkeit aufzunehmen. In vielen Fällen bieten sich dem leistungsfähigen und aufstiegswilligen Mitarbeiter viele Möglichkeiten, außerhalb eines Studiums und unter Mithilfe von großen Firmen einen beruflich guten Arbeitsplatz, ein sicheres Auskommen, eine verantwortliche Stellung und Aufstiegsmöglichkeiten zu erhalten.

Alle diese Faktoren sollten künftighin die Abiturienten anregen, sich über solche Berufschancen Gedanken zu machen, bevor sie sich zu einem Studium in einem weniger aussichtsreichen Beruf entscheiden. Sprachkenntnisse sind in einem beruflichen Weg in vielfältiger Form nutzbar. Sie können allein und intensiv sowie anwendungsbezogen betrieben zu einer Grundlage für einen Lebensberuf werden. Sie können aber auch durch gewisse Zusatztätigkeiten »veredelt« werden. Hierzu zähle ich die Kenntnisse in Stenographie der deutschen und ausländischen Sprache, gute Fertigkeiten im Schreibmaschinenschreiben, Fähigkeiten, die in der Organisation eines Büros liegen, und Kenntnisse, die die moderne Organisationsstruktur einer Verwaltung beinhalten, wie z.B. den Einsatz moderner Bürogeräte zur Rationalisierung der Organisation und der Verwaltung. Alle diese angesprochenen Tätigkeiten werden in der Regel außerhalb eines Hochschulstudiums erworben. Wer sich für einen solchen Beruf entscheiden will, verschaffe sich die notwendigen Informationen bei den Arbeitsämtern, aber auch bei anderen Dienststellen und Organisationen, die sich für eine solche Auskunft anbieten, wie z.B. die Industrie- und Handelskammern, die Berufsberatungs- und Auskunftsstellen großer Unternehmen u.ä.

Ausreichende Informationen vor einer Entscheidung für oder gegen ein Studium sind heute zu den wichtigsten Entscheidungsgrundlagen geworden. Es kann nur zutiefst bedauert werden, daß das heutige Gymnasium sich in der Regel viel zu wenig mit dem Gesamtkomplex »Berufsvorbereitung« für seine Schüler beschäftigt hat. Wir kommen nicht daran vorbei, angesichts der Lage auf dem Arbeitsmarkt – besonders im Zusammenhang mit einem Hochschulstudium und den zukünftigen Berufsaussichten für Akademiker – eine Intensivierung der Berufsvorbereitung mit allen denkbaren Komponenten in der Oberstufe des Gymnasiums in viel stärkerem Maße, als dies bisher geschehen ist, zu fordern und auch zu betreiben. Mit einer fundierten Berufsberatung leistet das Gymnasium echte und andauernde Lebenshilfe für seine Schüler und trägt mit dazu bei, das verhängnisvolle Denken in hohen Abiturnoten und den daran anschließenden Studienzwang in bestimmten Fächern abzubauen und seine Schüler – besser als dies bisher geschehen – auf den Berufseintritt vorzubereiten.

Unsere deutsche Gesellschafts- und Sozialstruktur hat die Grenze des Wachstums an fehlgeleiteten oder überproduzierten Akademikern in vielen Bereichen bereits erreicht. Eine weitere unproportionierte Ausdehnung des Akademikerbestandes wird zu Lasten der gesamten Gesellschaft, insbesondere aber zu Lasten des einzelnen gehen. Das kann als Schlußergebnis dieses ersten Abschnittes nicht deutlich genug herausgestellt werden.

II. Alternativen zu einem Hochschulstudium

Die uns bis heute vorliegenden und glaubwürdigen Statistiken der Kultusbehörden, der Bundesländer sowie die amtlichen Unterlagen der Hochschulen lassen ganz eindeutig erkennen, daß etwa ab 1978, bedingt durch das ständige Ansteigen der Abiturientenzahlen an den höheren Schulen, etwa jeder dritte hochschulberechtigte Absolvent keinen Studienplatz erhalten wird. Darüber hinaus besteht noch eine große Reservearmee im Wartestand. Das sind jene Abiturienten, die auf ihre Erstbewerbung hin keinen Studienplatz erhalten haben. Die Ablehnung oder die Nichtaufnahme eines Studiums kann verschiedene Gründe haben: Sie kann bedingt sein durch einen zu schlechten Notendurchschnitt in einem der gewählten Fächer, aber auch durch eine falsche Fächerwahl oder durch inzwischen anderswo ausgeübte Tätigkeiten, z.B. den Wehrdienst. Trotz der inzwischen vorgenommenen Abschaffung des sogenannten harten Numerus clausus in zahlreichen Studienfächern, wächst eine immer größere Zahl von vielen 10 000 Studienberechtigten oder Studienbewerbern heran, die auf Anhieb nicht studieren können. Für sie ergibt sich die Frage nach *Alternativen zu einem Studium.*

Diese Alternativen können darin bestehen, daß nach einer Ausbildung über die Betriebspraxis überhaupt kein Studium mehr angestrebt oder aber das Studium erst zu einem sehr viel späteren Zeitpunkt begonnen wird. Deshalb spielen die Motive, mit denen eine Alternative zum Studium gesucht wird, eine wichtige Rolle. Im Grunde genommen wird durch eine solche Bewegung nur eine Entwicklung korrigiert, die wenige Jahre zuvor durch den übermäßigen Besuch der höheren Schule eingeleitet wurde. Es muß heute ganz klar und eindeutig gesagt und erkannt werden, daß die verstärkte Bildungswerbung in den letzten 15 Jahren, die ausschließlich zum Besuch der höheren Schule und damit zu einem späteren Studium führte, als eine Fehldisposition größten Ausmaßes bezeichnet werden muß. Viele Schüler, die vor wenigen Jahren aus einem falsch verstandenen Ehrgeiz von Eltern im Sog der allgemeinen Bildungswerbung für den Besuch von höheren Schulen diese dann besucht haben, stehen jetzt vor der Einsicht, daß sie nach zahlreichen Jahren und Experimenten an der höheren Schule einen Weg finden müssen, der ihnen eine Zukunft bietet. Der Abiturient tritt somit als Konkurrent von zahlreichen anderen Gruppen auf, für die er bisher nicht existiert hat.

Wenn er sein Studium in dem von ihm ausgesuchten Studiengang nicht direkt beginnen kann, tritt er zunächst in Konkurrenz mit den *Absolventen von Fachoberschulen.* Diese haben durch den erfolgreichen Besuch einer Fachoberschule die Berechtigung zum Studium an einer Fachhochschule und im Lande Nordrhein-Westfalen außerdem die Berechtigung zum Besuch von Gesamthochschulen erworben. Die Absolventen der Fachoberschulen bringen für ein Studium an Fachhochschulen mehr praktische Inhalte, nachgewiesen durch eine Berufsausbildung oder aber ein länger dauerndes Praktikum in den wirtschafts-, technischen-, sozialen oder anderen Berufsgruppen mit. Der Abiturient kann solches in der Regel nicht nachweisen.

Strebt jedoch der Abiturient als Alternative zu einem Studium eine *Berufsausbildung* in technischen, kaufmännischen, verwaltungs-, dienstleistungs-, sozialen, landwirtschaftlichen u.ä. Berufen an, so sieht er sich bei seiner Bewerbung um einen Ausbildungsplatz der Konkurrenz der Bewerber mit mittlerer Reife, von der Realschule kommend, oder den Absolventen der Fachoberschule oder von anderen Schulen, die eine fachgebundene mittlere Reife zum Abschluß haben, gegenüber. Für eine ganze Anzahl von Lehr- und Anlernberufen hat er außerdem die erfolgreichen Hauptschüler als Mitbewerber, von denen die meisten durch berufsvorbereitende Lehrinhalte der Hauptschule auf die Berufswahl besser vorbereitet sind als der Abiturient. Sie sind außerdem die arteigene Anwärtergruppe auf die bisher klassischen Lehrberufe in den genannten Berufsgruppen. Wenn der Abiturient eine Berufsausbildung anstrebt, muß er sich darüber im klaren sein, daß er in einen Verdrängungsprozeß von oben nach unten eintritt. Bei der gegenwärtig knappen Lage an Lehr- und Ausbildungsplätzen in der freien Wirtschaft und im öffentlichen Dienst wird der Abiturient zunächst in den anspruchsvollen Berufen die Realschüler und diese den Hauptschüler verdrängen. Das führt bereits jetzt zu zahlreichen sozialen Problemen in unserer Gesellschaft, die sich in den nächsten Jahren noch erheblich verschärfen dürften. In den nächsten zehn Jahren drängen jene starken Geburtenjahrgänge auf den Arbeitsmarkt, die in den vergangenen Jahren durch den längeren Besuch von Realschulen und Gymnasien dem Arbeitsmarkt ferngehalten wurden.

Ganz sicher werden zahlreiche Abiturienten, die die oben schon erwähnte praktische Intelligenz als Begabungsstruktur besitzen, in vielen anspruchsvollen Lehrberufen eine gute Ausbildung erhalten. Mancher von ihnen wird nach dieser Ausbildung seinen Lebensweg ohne ein Hochschulstudium gehen und darin Befriedigung finden. Von den meisten Abiturienten jedoch, die ein Lehrverhältnis nach dem Abitur abschließen, kann angenommen werden, daß sie die Berufsausbildung nur als Notlösung betrachten. Da sie jahrelang durch den Besuch der höheren Schule auf ein Studium vorbereitet, ja vorprogrammiert wurden, beginnen sie ein Lehrverhältnis in der Absicht, dieses sobald als möglich zu beenden und zu studieren. Viele Abiturienten werden sich in einem Lehrverhältnis fehldisponiert fühlen und werden, das ist aus der Psyche des Abiturienten verständlich, den Ausbildungsbetrieb oder dem Ausbilder unvorhergesehene Schwierigkeiten bringen und diese unter Umständen dazu veranlassen, die Einstellung von Abiturienten auf freien Ausbildungsstellen wieder einzuschränken oder gar zu beenden. Trotzdem muß aber für die Masse der Abiturienten, die nicht studieren können oder auch zunächst nicht studieren wollen, die Aufnahme einer Berufsausbildung in einem anerkannten Lehrberuf als wichtigste Alternative benannt werden.

1. Informationen als wichtige Entscheidungsgrundlage für die Alternative zu einem Hochschulstudium

Ganz allgemein kann festgestellt werden, daß der Informationsstand der Abiturienten bzw. der Studienbewerber nicht nur über die Studienmöglichkeiten und Berufschancen, sondern noch mehr über die Alternativen zu einem Studium und die sich daraus ergebenden Möglichkeiten beängstigend gering sind. Es liegt nicht im Sinne dieser Schrift, ausführliche Informationen für den künftigen Studienbewerber oder Abiturienten im einzelnen zu geben. Das würde ein ganzes Lexikon erfordern. Hier soll auf die *wichtigsten Informationsquellen und -möglichkeiten* hingewiesen werden. Informationen über Berufswahl, Studiengangwahl oder zur Entscheidung für eine Alternative zu einem Studium sind wichtige Entscheidungsgrundlagen geworden.

Diese Informationen können zwar dem Betreffenden selbst die Entscheidung nicht abnehmen, sie können aber mithelfen, daß diese Entscheidung sachgerechter und einsichtiger als bisher getroffen wird. Deswegen seien im Folgenden kurz die wichtigsten Informationsquellen genannt:

Informationen der Arbeitsverwaltung Die Bundesrepublik Deutschland verfügt über ein seit über 50 Jahren bestehendes dichtes Netz und erfolgreiches System der Arbeitsverwaltung. Hauptsitz ist die *Bundesanstalt für Arbeit* in Nürnberg. Unter ihrer Leitung werden zahlreiche Aufgaben der Beschaffung und Vermittlung von Arbeitsplätzen, der Arbeitslosenversicherung und der angeschlossenen Arbeitslosenhilfe, der Umschulung, der Unterstützung und Beratung von Arbeitnehmern aller Kategorien und Stufen und andere Aufgaben mehr wahrgenommen. Als eine der bedeutendsten Aufgaben nimmt sie in letzter Zeit die *Berufsberatung,* die *Berufsförderung* und die *Vermittlung von Lehr- bzw. Ausbildungsplätzen* wahr. Sie führt diese Aufgaben über ein ganzes System von Dienststellen durch, die in größeren Gemeinden oder in jeder mittleren Stadt, selbstverständlich auch in Großstädten, anzutreffen sind. Die wichtigsten Dienststellen sind – neben den Landesarbeitsämtern – die *Arbeitsämter* (vgl. auch Anlage 7, S. 197: Verzeichnis der Stützpunktarbeitsämter). Alle Arbeitsämter sind verpflichtet, jeden Ratsuchenden kostenlos und nach besten Kräften und Einsichten zu beraten. Zahlreiche für diese Sonderaufgaben gutausgebildete Fachkräfte verfügen durch die jahrelange Zusammenarbeit mit den örtlichen oder regionalen Betrieben bzw. öffentlichen Dienststellen und auch mit den Schulen über weitreichende Kenntnisse aus der Berufsberatung und der wirtschaftlichen und sozialen Zusammenhänge mit den verschiedenen Chancen für die einzelnen Berufe. Diese Einsichten und Kenntnisse werden ergänzt durch das Ausnutzen von zahlreichen Veröffentlichungen und eigens für die Berufsberatung erstellten Unterlagen, von denen der normale Bürger nur einen kleinen Bruchteil kennt. Die Bearbeitung dieses laufend erscheinenden und jeweils auf den aktuellen Stand gebrachten Beratungsmaterials gehört zu den dauernden Aufgaben der Arbeitsverwaltung. Die Angestellten und Beamten der Berufsberatungsstellen der Arbeitsämter verfügen so über weit mehr Sachkenntnisse und Einsichten als alle Kategorien von Ratsuchenden, die sie aufsuchen. Die Sachbearbeiter der Berufsberatungsstellen der Arbeitsämter sind außerdem durch Dienstvorschriften gehalten, sich für jeden Ratsuchenden eine bestimmte Zeit freizuhalten und niemanden, auch wenn der Andrang vor der Amtsstube noch so groß ist, in knapper Weise abzufertigen. Da die Beratungstätigkeit der Arbeitsämter in den letzten Jahren durch den Aufstau und den neuen Personenkreis der Abiturienten gewaltig zugenommen hat, können gewisse Schwierigkeiten bei den Arbeitsämtern auftreten, die ihnen ihre Aufgabe zeitweilig erschweren. Sie besitzen oft einen viel zu kleinen Personalbestand, um sich jedem einzelnen Ratsuchenden mit der Gründlichkeit widmen zu können, die der Betroffene vielleicht gerade für sein Problem von dem Sachbearbeiter erwartet. Außerdem haben sich die Aufgaben im Detail in vielen Spezialberufen so erschwert, daß selbst langjährigen Mitarbeitern eine exakte Auskunft über die künftigen Berufschancen eines etwa angestrebten Berufes schwerfällt. Dennoch kann den Schülern der höheren Schule das Aufsuchen dieser Beratungsstellen bei den Arbeitsämtern nicht frühzeitig genug empfohlen werden. Lebenswichtige Entscheidungen, die nun einmal durch eine Entscheidung für einen Beruf oder für ein Studium gegeben sind, sollten nicht kurzfristig oder nach nur einmaliger Beratung durch einen Sachverständigen fallen. Entscheidungen für einen Beruf oder für einen Studiengang bedürfen einer langen und gründlichen Vorbereitung.

Fast alle Dienststellen der Arbeitsämter besitzen eine eigene Abteilung zur Beratung von Schülern und Abiturienten. Sie sind daher auch mit der Mentalität und den besonderen Problemen dieser Gruppe vertraut. Wer frühzeitig und regelmäßig die Berufsberatungsstelle seines Arbeitsamtes aufsucht, kann sicher sein, daß er die zahlreichen Ratschläge, die er im Laufe einer längeren Beratungsperiode erhält, als wichtige Grundlage für seine Entscheidung verwerten kann.

Die Berufsberatungsstellen der Arbeitsämter verfügen neben der mündlichen Beratung über ausführliches Material zur Berufskunde. Es lohnt sich, diese Unterlagen gründlich zu studieren und dann bei anfallenden Fragen die Sachberater aufzusuchen. Als wichtiges Hilfsmittel bei der Beratung und zur Information bzw. Vorbereitung des Berufsentscheides, gab die Arbeitsverwaltung einige Schriften heraus, die speziell für Abiturienten bzw. Schüler der höheren Schule und für Realschüler nach ihrem Abschluß gedacht sind. Es handelt sich u.a. um die Zeitschrift *»Aspekte«*, die den Abiturienten über die Situation auf dem Arbeits- und Berufsmarkt und über Studiengänge unterrichtet, die Zeitschrift *»Analysen«*, die vor allem für das Beratungspersonal der Schüler, das sind Lehrer, Eltern, Fachleute aus der Wirtschaft u.a., gedacht ist. Als Kontrollhilfe für den Vorgang der Berufswahl und Berufsentscheidung stehen sodann die Schrift *»Step 76«* sowie ein ergänzendes *»Scheckheft zur Berufswahl für Fachoberschüler und Abiturienten«* zur Verfügung. Die letzteren Hilfsmittel bzw. Schriften werden laufend überarbeitet und versuchen die Informationen über den Arbeitsmarkt und die künftigen Bedingungen und Erwartungen der Studiengänge jeweils auf dem letzten Stand zu halten. Der Benutzer sollte jedoch wissen, daß auch solche Schriften, angefangen von der Konzeption über das Verfassen, das Drucken, das Ausliefern bis zum Benützen eine längere Zeit benötigen, in der sich unter Umständen bestimmte Randbedingungen für eine Studien- oder Berufswahl schon wieder geändert haben können. In den *»Blättern zur Berufskunde«*, die in mehreren Bänden erscheinen, werden Einzelheiten zu bestimmten Berufen oder Berufsgruppen beschrieben und Studienmöglichkeiten aufgezeigt. Ein Verzeichnis der wichtigsten Schriften zur Berufs- und Studienberatung findet der Leser im Anhang (S. 217 ff.) zu diesem Buch. Es kann abschließend gesagt werden, daß für die Beratung der Schüler und angehenden Studenten sowohl für einen Studiengang als auch zu einer Alternative für ein Studium bzw. zu den Berufen ausreichend und gutaufgearbeitetes Schriftmaterial zur Verfügung steht. Es könnte an sich erwartet werden, daß der Schüler der höheren Schule und der Schüler der Fachoberschule, durch den Umgang mit Literatur und Texten jahrelang geübt, in der Lage ist, das angebotene Schriftmaterial gründlich zu lesen, zu analysieren und als eine Hilfe für seine Entscheidung zu verstehen. Aus zahlreichen Äußerungen von Beratungskräften der Arbeitsämter ist dem Verfasser jedoch bekannt, daß die ratsuchenden Schüler bzw. Abiturienten nur recht wenig Gebrauch von dem ihnen angebotenen ausführlichen und gutaufbereiteten Schriftmaterial machen. Offenbar wird dem Schüler der höheren Schule und auch der Fachoberschule zu wenig persönliche Hilfestellung im Gebrauch dieser Hilfsmittel für seine Berufsentscheidung oder für seine Entscheidung zu einem Studium geleistet. Daher muß eine dringende Bitte an die Lehrkräfte dieser Schulen gerichtet werden: Sie sollten sich selbst mit diesen Schriften vertraut machen und den Schülern bei ihrer Entscheidung behilflich sein, zumindest jedoch in der Lage sein, die ratsuchenden Schüler auf dieses wertvolle Material zu verweisen und ihnen eventuell beim Lesen und Verwerten der Texte behilflich zu sein. Das ist sicher eine neue Aufgabe für die höhere Schule, der sie sich jedoch auf die Dauer nicht wird entziehen können.

Tage der offenen Tür Zahlreiche Betriebe und auch Hochschulen veranstalten inzwischen mehr und mehr sogenannte Tage der offenen Tür – Informationsveranstaltungen für die Abiturienten bzw. die Schüler der Oberklassen an den höheren Schulen und der Fachoberschulen. Bei diesen Veranstaltungen erhalten die Schüler, die Eltern und auch die Lehrer gründliche Einblicke in die Betriebe und Hochschulen, deren Organisation, Ausbildungs- oder Studienmöglichkeiten und haben die Gelegenheit, mit verantwortlichen Vertretern dieser Einrichtungen über anliegende Probleme und Fragen direkt zu sprechen. Auch von dieser Möglichkeit sollte mehr als bisher Gebrauch gemacht werden.

Die Studien- oder Berufsentscheidung Wenn alle diese Hilfen, die angeboten werden, von den ratsuchenden Schülern und Abiturienten auch nur annähernd genutzt werden, so ist damit eine wichtige Vorarbeit für die Studien- oder Berufsentscheidung erbracht worden. Es bleibt dem einzelnen überlassen, aus der Fülle dieser Informationen seine Berufsentscheidung allein zu treffen. Daß diese Entscheidung nach wie vor von ganz besonderer Bedeutung für das spätere Leben ist, kann nicht bestritten werden. Jeder einzelne wird auch in Zukunft nicht daran vorbeikommen, in bestimmten Lebenssituationen eigenverantwortlich zu entscheiden und aus dieser Entscheidung heraus dann die Konsequenzen zu ziehen. Die Gesellschaft bietet ihm dafür Hilfen an, die genützt werden sollten.

Abschließend sei nochmals betont, daß eine Berufsausbildung im herkömmlichen Sinne und in den anerkannten Ausbildungsberufen für einen Abiturienten bzw. einen von der höheren Schule nach dem 11. oder 12. Jahr abgegangenen Schüler immer noch nur eine Notlösung darstellt. Sie ist keine echte Alternative zum Studium, wie aus mehreren einschränkenden Bemerkungen im Laufe dieses Kapitels bereits gesagt wurde. Dies gilt insbesondere auch deshalb, weil die höhere Schule und auch die Realschule sich bisher an keiner Maßnahme für eine Alternative zu einem Studium, etwa durch intensive Berufsvorbereitung während der letzten Schuljahre, beteiligt hat. Wenn eine Berufsausbildung für den Abiturienten oder auch für den Schüler und Abgänger des Gymnasiums nach der 11. oder 12. Klasse eine echte Alternative zu den Studiengängen werden soll, so müssen

1. die Wirtschaft in Zukunft mit arteigenen Ausbildungsgängen für Abiturienten oder diese Schülergruppen nachfolgende Beschäftigungsmöglichkeiten und entsprechende Aufstiege in dem Betriebsleben anbieten,
2. die höhere Schule mit zahlreichen abstützenden Maßnahmen zur Berufsvorbereitung und
3. der Schujler selbst durch eine unter Umständen zu verändernde Mentalität

   eng zusammenarbeiten.

Nur wenn diese Bedingungen erfüllt sind, kann von einer echten Alternative zu dem Studium in Zukunft gesprochen werden.

2. Berufe in der öffentlichen Verwaltung als Alternative zu einem Studium

Schon seit längerer Zeit bestehen Ausbildungsgänge in der öffentlichen Verwaltung für Abiturienten, die nicht studieren wollen. Diese Ausbildungsgänge waren bisher nur wenig bekannt und wurden auch wenig in Anspruch genommen. Über 90 % der Abiturienten setzen die Ausbildung an der höheren Schule durch ein Studium an den Hochschulen fort. Nur ein geringer Prozentsatz der Abiturienten hatte sich – bevor die Studiengänge an den Hochschulen eingeschränkt und durch ein besonderes Verfahren die Zulassung geregelt wurden – für einen Beruf im sogenannten *gehobenen Dienst* der öffentlichen Verwaltung entschlossen. Im gehobenen Dienst können die Besoldungsgruppen A 9 – A 12/13 erreicht werden. Abiturienten, die diese Berufe in der öffentlichen Verwaltung im gehobenen Dienst einschlugen, verzichteten auf einen Aufstieg in die Besoldungsgruppen des höheren Dienstes. Mittlerweile sind die Laufbahnen des gehobenen Dienstes für den Abiturienten, der keinen Studienplatz erhält, durchaus erwägenswert geworden. Die Gehälter im gehobenen Dienst – wie allgemein im öffentlichen Dienst – stiegen in den letzten Jahren im Vergleich zu den Einkommen in der freien Wirtschaft überproportional an, wurden vielfach an die Einkommen und Löhne in der freien Wirtschaft angeglichen und damit für viele Abiturienten attraktiv. Die unsichere Wirtschaftslage der letzten Jahre hat außerdem dazu beigetragen, daß das geringere Sicherheitsrisiko, das mit einer Stelle im öffentlichen Dienst verbunden ist, höher eingeschätzt wird und daher unter Umständen auf höhere Einkünfte, die in der freien Wirtschaft, gegebenenfalls aber mit höherem Berufs- und Arbeitsplatzrisiko, zu erreichen waren, verzichtet wurde. Letztlich spielt auch die Altersversorgung, die durch den Beamtenstatus im öffentlichen Dienst erzielt wird, eine gewisse Rolle bei der Entscheidung für einen Beruf im gehobenen Dienst der öffentlichen Verwaltung.

Wer sich als Abiturient für einen Beruf in der öffentlichen Verwaltung entscheidet, muß jedoch eine *mehrjährige Ausbildungszeit mit geringerem Einkommen* einkalkulieren. In den meisten Fällen durchlaufen die Beamtenanwärter des gehobenen Dienstes eine etwa eineinhalb- bis in einigen Fällen sogar zweijährige Vorbereitungszeit, wozu sie als Beamte auf Widerruf eingestellt werden. Das bedeutet, daß sie in dieser Zeit nur sogenannte Unterhaltszuschüsse und kein Gehalt erhalten. Die Unterhaltszuschüsse betragen nur einen Teil der vollen

Vergütung für den Beamten in der entsprechenden Gehaltsstufe. Es muß jedoch damit gerechnet werden, daß infolge der schwierigen Finanzlage aller Körperschaften des öffentlichen Dienstes (Gemeinden, Kreise, Länderverwaltungen und Bundesbehörden) die für Abiturienten freien Stellen nicht wesentlich erhöht, sondern im Gegenteil durch Einsparungsmaßnahmen eingeschränkt werden.

Zu den wichtigsten Zweigen des öffentlichen Dienstes, bei denen es Laufbahnen des gehobenen Dienstes für Abiturienten gibt, zählen: der Auswärtige Dienst, die Bundesanstalt für Arbeit, die Berufsberater bei der Bundesanstalt für Arbeit, die Bundesbahn, Bundespost, Deutsche Bundesbank, Finanzverwaltungen von Bund und Ländern, Rechtspflegeberufe und einige andere mehr. Insgesamt gesehen ist jedoch die jährliche Einstellungszahl bei allen diesen erwähnten öffentlichen Dienststellen verhältnismäßig gering. Sie dürfte sich etwa in der Größenordnung von ca. 5000 jährlich freier Stellen bewegen. Der größte Teil davon, d.h. fast die Hälfte, entfällt auf die Finanz- und Zollverwaltung von Bund und Ländern. Eine Übersicht über Berufe in der öffentlichen Verwaltung mit Adressen vermittelt die Tabelle der Anlage 5.1 (siehe Anhang, S. 183).

Es muß auch damit gerechnet werden, daß bei einem stärkeren Zustrom von Abiturientenbewerbern auf diese Stellen neue Ausleseverfahren eingeführt werden. Hierbei werden verschiedene Auslesekriterien, z.B. die Noten des Abiturzeugnisses oder die sozialen Verhältnisse des Bewerbers, besonders berücksichtigt werden.

Abschließend kann gesagt werden, daß in diesen Laufbahnen und freien Stellen im gehobenen öffentlichen Dienst keine wesentliche Entlastung für den nicht zu bewältigenden Andrang der Abiturienten zu den Hochschulen gesehen werden kann.

3. Ausbildungsgänge in der privaten Wirtschaft als Alternative für Abiturienten

Im Gegensatz zu vielen anderen Industrieländern, in denen ein geringerer Anteil der mit dem Abiturienten vergleichbaren Schüler und Absolventen von Gymnasien und ähnlichen Einrichtungen studiert, sah der deutsche Abiturient bisher seinen einzigen Weg zu einem weiteren beruflichen Aufstieg in einem Studium. Was hat bislang die deutsche Wirtschaft bewogen, keine arteigenen betriebsinternen Ausbildungsgänge für Abiturienten bereitzustellen oder aufzubauen?

Es gab lediglich zwei Alternativen: Berufsausbildung und sozialer Aufstieg über die beruflichen Weiterbildungseinrichtungen einerseits oder Abitur und akademisches Studium andererseits. In anderen Industrieländern dagegen stellten die Betriebe schon seit vielen Jahren erfolgreich arteigene Ausbildungsgänge für Absolventen einer höheren Bildung bereit. Dies geschah ganz ausgeprägt in den Vereinigten Staaten und führte dazu, daß dort sogar in zahlreichen Betrieben betriebsinterne Hochschulstudiengänge aufgebaut und angeboten wurden. Diese betriebsinternen Studiengänge haben im gewissen Sinne den Nachteil, daß sie stark auf die spezifischen Belange des Betriebes ausgerichtet sind. Auch die Qualifikationen, die in solchen betriebs- oder werksinternen Studiengängen erworben werden konnten, wurden vielfach von anderen Betrieben nicht oder nur geringerwertig anerkannt. Dadurch wurden die Werkstudenten, die solche betriebsinternen Ausbildungsgänge besuchten, eng an den betroffenen Betrieb, den Konzern oder die Unternehmensgruppe gebunden. Sie schränkten in Wirklichkeit die berufliche Mobilität des Betroffenen ein. Meistens war diese betriebs- oder werksinterne Ausbildung auch mit einem hohen Spezialisierungsgrad verbunden. Dieser machte den Betroffenen zwar zu einem hochqualifizierten Fachmann, jedoch auf einem sehr eng begrenzten Arbeits- und Einsatzfeld. Im Augenblick innerbetrieblicher Veränderungen des Arbeitsplatzes war wiederum eine Ausbildung mit einem hohen Spezialisierungsgrad für einen neuen Arbeitsplatz notwendig. Die beschriebene hohe Spezialisierung setzte bei dem Betroffenen eine hohe Bereitschaft zur beruflichen Weiterbildung voraus. Dazu bieten zahlreiche ausländische Schul- und Bildungssysteme jedoch bessere Voraussetzungen als die formalstarren Bildungssysteme der Bundesrepublik. Mit der hohen Spezialisierung konnten die Einkommen vielfach stark verbessert werden. Diese Entwicklung wurde von den Betroffenen akzeptiert und höher bewertet als das berufliche Risiko, das man mit der Spezialisierung einging. Solange sich die Gesamtwirtschaft in einem ständigen Aufwärtstrend befand, war für spezialisierte Arbeitskräfte eine nur geringe Gefahr einer Arbeitslosigkeit vorhanden. Im Augenblick der Rezession jedoch wurden die so Beschäftigten besonders hart betroffen. Sie müssen inzwischen damit rechnen, daß ihnen infolge fehlender Neuinvestitionen, d.h. Neuerstellung von Arbeitsplätzen, längere Zeiten der Arbeitslosigkeit ins Haus stehen. Diese Vorbemerkungen sind m.E. wichtig, weil sie bedeutsame Erfahrungen, die vor allem in den USA mit den werksinternen Bildungsgängen angefallen sind, für die Verhältnisse in der Bundesrepublik ergeben können.

Berufsakademien In der Bundesrepublik haben sich einige Großbetriebe im technischen und kaufmännischen Bereich entschlossen, betriebsinterne Ausbildungsgänge für Abiturienten aufzubauen und diesen die Möglichkeit anzubieten, in die gehobenen Führungspositionen des Werkes hineinzuwachsen. Einrichtungen dieser Art heißen »Berufsakademien«.

Sie bauen auf dem sogenannten »Stuttgarter Modell« auf, das einige Firmen aus dem Stuttgarter Raum, u.a. Daimler-Benz AG, Robert Bosch GmbH und Standard Elektrik Lorenz AG, seit 1972 aufgebaut haben. Seither breiteten sich die Berufsakademien über das Land Baden-Württemberg aus und fanden auch in anderen Bundesländern entsprechende Nachahmer. Da der gegenwärtige Stand der vorhandenen Berufsakademien nur sehr schwer zu erfassen ist, empfiehlt es sich für Interessenten an diesen Ausbildungsgängen, sich entweder an die Landeskultusministerien, die Industrie- und Handelskammern des Landes oder aber an die Beratungsstellen der Landesarbeitsämter (siehe Adressenverzeichnisse im Anhang, Anlagen 7-11) zu wenden.

Der Ausbildungsgang in den Berufsakademien dauert in der Regel drei Jahre. Aus den Erfahrungen des sogenannten dualen Systems bei der Berufsausbildung, in dem Staat und Wirtschaft zusammenarbeiten, wurden die Ausbildungsgänge an den Berufsakademien nach dem gleichen System konzipiert. Der Staat übernimmt in arteigenen Klassen und in enger Zusammenarbeit mit den betrieblichen Trägern dieser Berufsakademien den theoretischen Unterricht, während die praktische Ausbildung in eigens auf das Niveau und auf die besonderen Belange dieses Ausbildungsganges abgestimmten Lehrgängen von den Betrieben getragen werden. Der Ausbildungsgang in der Berufsakademie ist wie bei einer Berufsausbildung durch einen Vertrag geregelt. Es wird ein sogenannter *Ausbildungsvertrag* geschlossen, in dem ähnliche Bestimmungen enthalten sind wie in den Berufsausbildungsverträgen. Der Vertrag regelt die Studienanteile in den Schulen, die praktische Ausbildung im Betrieb und die Vergütung, die monatlich im ersten Jahr etwa 500 DM, im zweiten etwa 650 DM und im dritten 850 DM bis 1000 DM beträgt. Die Anteile von Schule und praktischer Ausbildung im Betrieb sind jedoch zeitlich anders organisiert, als dies in der Berufsausbildung der Fall ist. Sie werden nach dem sogenannten Blocksystem durchgezogen. Der Berufsakademiker besucht in einem geschlossenen Zeitblock von etwa 8 – 10 Wochen je Halbjahr die sogenannte Studienakademie, die der Fachaufsicht des Kultusministers untersteht. Die übrige Zeit verbringt er wiederum in einem ganzen Block im Ausbildungsbetrieb. Am Ende der Ausbildung steht nach zwei Jahren eine *Prüfung*, und das Land Baden-Württemberg verleiht für den Bereich Technik nach dieser erfolgreich bestandenen Prüfung die Bezeichnung »Ingenieur-Assistent«, nach einem weiteren Jahr der Assistenten-Tätigkeit im Betrieb dann den Titel »Ingenieur«. Die Berufsakademien sind nicht nur für technische Ausbildungsgänge, sondern auch für Ausbildungsgänge im Wirtschaftsbereich konzipiert. In diesen heißen die entsprechenden Bezeichnungen »Wirtschafts-Assistent« und »Betriebswirt«.

Die Zahl der Firmen, die sich in einigen Bundesländern an der Aktion »Berufsakademie« beteiligt haben, ist bis jetzt mit etwa 40 bis 50 zu beziffern und verhältnismäßig gering. Da diese Firmen großes Interesse daran haben, die neueingerichteten Berufsakademien von Anfang an nicht zu einer Masseneinrichtung werden zu lassen, sondern größeren Wert auf qualifizierte Ausbildung von kleinen Gruppen legen, ist die Zahl der zur Verfügung stehenden Ausbildungsplätze klein und deswegen hart umworben. Im Jahre 1974 hatten erstmalig etwa 200 bis 250 Abiturienten einen Ausbildungsvertrag an einer Berufsakademie erhalten. In der Zwischenzeit hat sich diese Zahl leicht erhöht, jedoch ist der Anteil der Bewerber für die zur Verfügung stehenden Ausbildungsplätze mittlerweile sehr hoch angestiegen. Um etwa 300 jährlich zur Verfügung stehende Ausbildungsplätze bewarben sich 1976 etwa 4000 bis 5000 Abiturienten!

Wir können auch hier von einem sehr harten Numerus-clausus-Verfahren sprechen, und es bleibt abzuwarten, ob die Berufsakademien in Zukunft so ausgeweitet werden, daß sie als Alternative für Abiturienten zu einem Hochschulstudium angesprochen werden können. Darüber hinaus sind auch noch zahlreiche Fragen der inhaltlichen Gestaltung dieser Ausbildungsgänge abzuklären und unter Umständen mit den Erfahrungswerten der nächsten Jahre zu korrigieren. Auch aus diesem Grunde haben die beteiligten Firmen kein besonderes Interesse daran, die Neueinrichtungen der Berufsakademien gleich zu Beginn zu einer Masseninstitution werden zu lassen. Es bleibt den Firmen auch überlassen, nach welchen Verfahren sie die Bewerber für die zur Verfügung stehenden Ausbildungsplätze auslesen. Es steht zu erwarten, daß nicht allein der aus den Zeugnisnoten ablesbare Notenschnitt oder die Leistungen in einzelnen Schulfächern maßgebend für die Zulassung zu den Berufsakademien sind.

4. Berufe für Abiturienten in Wirtschaft und Handel

Einige Großunternehmen in der Bundesrepublik, vor allem die Warenhauskonzerne, bieten seit einigen Jahren Abiturienten über *betriebsinterne Ausbildungsgänge* Arbeitsplätze, Beschäftigungsmöglichkeiten und Aufstiegschancen an. Das Ausbildungsziel ist in der Regel der Beruf des Groß- und Außenhandelskaufmanns, des Substituten oder Verkaufsleiters, des Kaufmannes im Bank-, Versicherungs-, Datenverarbeitungs- und Werbewesen.

Als Beispiel für derartige Ausbildungsgänge sei hier der *Kaufhof-Konzern* (Sitz in Köln) genannt. Nach einer jüngsten Presse-Veröffentlichung bewarben sich in den drei Jahren von 1973 bis 1975 fast 3000 Abiturienten um diese hausinternen Ausbildungsgänge, von denen etwa 400 eingestellt wurden. Die Zahl der Bewerber um diese Stellen hat sich im 2. Halbjahr 1976 angesichts der Lage auf dem Abiturienten- und Hochschulmarkt gewaltig erhöht und beträgt über 2000 Abiturienten.

Aus den angeführten Zahlen ist ersichtlich, daß auch hier nur ein kleiner Teil der Bewerber für die erwähnten Ausbildungsgänge angenommen und unter Vertrag genommen wird. Den Interessenten an solchen Ausbildungsgängen wird deshalb empfohlen, sich frühzeitig bei eventuell in Frage kommenden Konzernen nach einem solchen Ausbildungsgang zu erkundigen und sich frühzeitig zu bewerben. Aus Erfahrung kann jedoch gesagt werden, daß diese Ausbildungsgänge für interessierte junge Leute sowohl von den beruflichen Chancen als auch von den Einkommensmöglichkeiten her wie auch hinsichtlich der persönlichen Möglichkeiten als durchaus erwägenswert angesprochen werden können.

Die Ausbildungszeit dauert in der Regel zwei bis drei Jahre und führt zu der Position eines Substituten. Das jährliche Angebot an freien Ausbildungsstellen für diese Ausbildungsgänge hängt naturgemäß stark von der Wirtschaftslage und dem Bedarf der einzelnen Unternehmen ab.

5. Berufe im Dokumentations- und Kommunikationswesen

Es wurde weiter oben schon betont, daß die Abiturienten bzw. die Schüler der Oberklassen der höheren Schulen im allgemeinen langjährige Kenntnisse in den Fremdsprachen mitbringen. Dieses latent vorhandene Anlagekapital kann mit einigem Erfolg in zahlreichen Berufen und über arteigene Ausbildungsgänge außerhalb der Hochschulen genutzt werden. Zu den Berufen, die in diesen Bereich einzuordnen sind, gehören Dolmetscher- und Übersetzerberufe, die Journalistik, die heute nicht nur im Tätigkeitsfeld des Zeitungs- und Pressewesens, sondern darüber hinaus auch in der Medientechnik gesehen werden muß, die Archivar-Berufe, Bibliothekars-Berufe und die Berufe in den Dokumentationsstellen, die immer häufiger aufgebaut und in Anspruch genommen werden, z.B. im Bereich der Medizin, des Forschungsverbundes großer Unternehmen und der öffentlichen Verwaltung. Für alle diese Berufe, die zum Teil über eigene Ausbildungsgänge außerhalb der Hochschule eingeschlagen werden können, ist das Abitur eine Voraussetzung.

Sollten Sie sich für einen dieser Berufe oder einen verwandten Beruf entscheiden, so gibt Ihnen das Arbeitsamt über die *»Blätter zur Berufskunde«* oder auch mit der Schrift *»Studien- und Berufswahl 76«* Auskunft über die Berufsmöglichkeiten, Studiengänge, Studienorte und über die Sonderbedingungen.

Von zahlreichen der ebengenannten Berufe kann gesagt werden, daß sie in Verbindung mit ausreichender *praktischer Erfahrung* durchaus mit günstigen Zukunftsaussichten bewertet werden können. Sie münden zum Teil in Berufe des öffentlichen Dienstes, aber auch in Berufe der freien Wirtschaft.

6. Berufe für Abiturienten bei der Bundeswehr, beim Bundesgrenzschutz, bei der Polizei und im Verkehrswesen

Die *Bundeswehr* hat seit ihrem Bestehen schon immer für Abiturienten besondere Berufslaufbahnen angeboten. Sie sind sehr vielgestaltig und die Ausbildung erfolgt sowohl über arteigene Ausbildungsgänge der verschiedenen Hochschulen der Bundeswehr (Bundeswehr-Hochschule, Fachhochschulen der Bundeswehr) als auch in enger Verbindung zwischen dem Bundeswehrdienst und den Studiengängen außerhalb der Bundeswehr-Hochschulen. Diese Berufe bzw. Studien- und Bildungsgänge der Bundeswehr waren in früheren Jahren wenig gefragt. Damals konnte die Bundeswehr sehr oft und in zahlreichen Sparten ihren Bedarf nur mühsam oder sogar auch teilweise gar nicht decken. In den letzten Jahren, insbesondere seit dem längeren Anhalten des wirtschaftlichen Rückganges, gewannen die Ausbildungsgänge bei der Bundeswehr für zahlreiche Abiturienten an größerer Anziehungskraft. In der Regel handelt es sich dabei um Ausbildungsgänge für Offiziere aller Waffengattungen von verschieden langer Dienstzeit. Ohne hier im einzelnen auf die Ausbildungsgänge der Bundeswehr einzugehen, muß jedoch für alle Interessenten vorab gesagt werden, daß die Abiturienten bei diesen Bewerbungen in die Konkurrenz treten mit den Bewerbern von Fachhochschulen bzw. den Absolventen von Fachoberschulen. Die Bundeswehrdienststellen haben für Interessenten an diesen Ausbildungsgängen umfangreiches Informationsmaterial erarbeitet und bereitgestellt. Wer sich als Schüler der höheren Schule, als Abiturient oder als Absolvent der Fachoberschule für die Ausbildungsgänge bei der Bundeswehr interessiert, sei zu einem frühzeitigen Besuch der Beratungsstellen der Bundeswehr (z.B. bei den Kreiswehrersatzämtern) ermuntert. Ausführliches Material in Verbindung mit persönlicher Beratung vermitteln dem Interessenten gute Informationen über die Möglichkeiten der verschiedenen Ausbildungsgänge.

Das gleiche, was für die Bundeswehr gesagt wurde, gilt auch für den *Bundesgrenzschutz*. Dieser kommt auch für wehrpflichtige Abiturienten als Alternative in Betracht. Ähnliches gilt für den Dienst als *Polizeibeamter*. Auch im Polizeidienst gibt es Möglichkeiten für Abiturienten, entsprechende Ausbildungsgänge einzuschlagen und eine gesicherte berufliche Zukunft zu finden.

Abschließend zu diesem Abschnitt muß noch auf die Möglichkeiten verwiesen werden, die die *Luftverkehrsunternehmen* für Abiturienten bieten. Fast alle Verkehrsflugzeugführer der Luftverkehrsunternehmen im Bundesgebiet sind in der Vergangenheit über das Abiturzeugnis in unternehmenseigenen Ausbildungsgängen ausgebildet worden. Dieser hochinteressante Beruf kann jedoch nur unter bestimmten Eignungsvoraussetzungen eingeschlagen werden, die von den Luftverkehrsunternehmen verhältnismäßig hoch angesetzt sind. Zahlreiche Eignungsuntersuchungen lesen aus den Bewerbern die geeignetsten aus, die dann über ein vielseitiges, etwa zwei bis drei Jahre dauerndes Ausbildungsprogramm für die verschiedensten Einsatzmöglichkeiten herangebildet werden.

Für alle Studienbewerber, die an den in den vorangegangenen Abschnitten aufgezeigten Möglichkeiten Interesse bekunden, sei auf die im Anhang beigegebenen Anschriftenverzeichnisse (siehe Anlagen 5 – 12) verwiesen. Die dort genannten Institutionen erteilen den Interessenten weitere ausführliche Auskunft.

III. Entscheidung zum Studium

1. Vorüberlegungen

Wie eingangs schon dargestellt, wird sich in den nächsten zehn Jahren die Zahl der Schüler mit Hoch- und Fachhochschulreife verdoppeln. Die Zahl der Ausbildungsplätze an den Hochschulen bleibt dagegen nahezu konstant. Auch der gegenwärtig zwischen den Hochschulen, den Kultusministerien und den Bildungspolitikern ausgehandelte Vorschlag eines sogenannten Notzuschlages kann nicht darüber hinwegtäuschen, daß die Zahl der Studienplätze nicht annähernd in gleichem Maße erhöht wird, wie Bewerber aus den höheren Schulen für ein Studium anstehen. Wer sich trotzdem zu einem Studium entschließt, sollte hierzu einige Vorüberlegungen anstellen.

Von den Abiturienten, die ein Studium anstreben, kann hinsichtlich ihrer Studienwünsche zunächst einmal eine gewisse Kategorisierung zwischen Studium und Begabung vorgenommen werden:

1.1 Studium nach Begabung

Es wird immer eine große Anzahl von Abiturienten geben, die – wie das früher auch der Fall war – auf Grund einer bis dahin zutage getretenen Begabung ein bestimmtes Studium einschlagen und absolvieren wollen. Eine solcherart motivierte Entscheidung kann als Normalfall angesprochen werden. Eindeutige Begabungen sind jedoch heute genauso wie früher recht selten. Zu diesen zählen z.B. einseitige Begabungen in der Mathematik, für Sprachen oder für künstlerische Betätigungen, z.B. für Musik. Nur in den seltensten Fällen sind für solche Begabungen klar abgegrenzte Studiengänge an den Hochschulen studierbar. Schon am Beispiel des Mathematikstudiums sei das aufgezeigt. Dieses gliedert sich heute sehr verzweigt in zahlreiche Richtungen der theoretischen und angewandten Mathematik. Es überdeckt dabei zahlreiche Grenzbereiche zu anderen Fächern, z.B. zu denen der Physik, der Statistik, Informatik, Wirtschaftswissenschaft und anderen mehr. Gleiches gilt für die Ingenieurwissenschaften, die heute auf ein gerüttelt Maß an Mathematikgrundkenntnissen zurückgreifen müssen. Allein schon diese Verbindungsmöglichkeiten zeigen auf, daß der mathematisch begabte Student in vielerlei Richtungen ein Studium beginnen und absolvieren kann. Es kann seinen Niederschlag finden im theoretischen wie in den Anwendungsbereichen. Wenn es in die letztere Richtung weist, so wird eine mathematische Begabung nur ein Hilfsmittel darstellen, etwa für ein ingenieurwissenschaftliches Studium.

Es muß auch noch einmal gesagt werden, daß auf der höheren Schule nur ein Teil der Begabungen, die in jedem Schüler liegen, aktiviert werden. Viele Begabungen kommen erst später in der Begegnung mit anderen Fächern oder Studieninhalten zur Entfaltung. Es muß ferner darauf hingewiesen werden, daß für ausgeprägte Begabungsstudien ein Ein-Fach-Studium nur selten durchführbar ist. In den meisten Studiengängen werden heute zwei oder gar drei Fächer gefordert. In der Kombination mit anderen Fächern kann indessen unter Umständen wieder ein Hindernis für das Studium des Begabungsfaches gesehen werden. Die Begabungsforschung der letzten Jahrzehnte hat außerdem nachgewiesen, daß es ausgesprochene Begabungen für eine hochausdifferenzierte berufliche Tätigkeit nur in ganz wenigen Fällen gibt. Die meisten Menschen haben eine recht breitangelegte Begabungsstreuung, die als Basis für viele Studiengänge angesehen werden muß. Das sei wiederum an einem Beispiel verdeutlicht: Wer eine mathematische Begabung mitbringt und diese später mit einem schöpferischen Tun verbinden kann, ist nicht nur für ein Ingenieurstudium in seiner ganzen Breite angelegt, sondern er kann ebenso etwa ein Medizinstudium mit dem Ziele des Chirurgen ansteuern. Er kann sich als technischer Kaufmann bewähren, als Architekt, oder im Vermessungswesen. Wir wissen außerdem, daß es für viele berufliche Tätigkeiten gar keine ausgesprochene entsprechende Begabung gibt. Wer will z.B. beweisen, daß er für den Beruf des Verwaltungsjuristen eine spezifische Begabung mitbringt oder gar für den Lehrerberuf, von dem wir wissen, daß er von Vielen nur aus einer gewissen Verlegenheit ergriffen oder studiert wurde. Der sogenannte »geborene Erzieher« ist mindestens genauso selten wie das »geborene Musikgenie«. Die Fähigkeit zu lehren wird heute nur zu einem kleinen Teil durch ein Studium erworben, das Elemente enthält, die für den Beruf des Lehrers angesprochen werden können. Auch aus einem Teilstudium in Psychologie, Pädagogik u.a. läßt sich noch keine Begabung für eine Lehrertätigkeit ableiten. Diese Studieninhalte können Hilfsmittel sein, um im Beruf des Lehrers erfolgreich tätig zu werden. Der »geborene Erzieher« kann unter Umständen an ganz anderer Stelle im Berufsleben durchschlagen, z.B. als Führungskraft im Betrieb oder auch auf weniger qualifizierter Stufe etwa durch geschickte Anleitung von Mitarbeitern in einer Arbeitsgruppe.

Es sollte verdeutlicht werden, daß ausgeprägte *Begabungsstudien* sehr selten sind. Und ob erkannte oder vermutete Begabungen direkt zusammentreffen mit geeigneten Studiengängen, wird nur in wenigen Fällen in späterer Praxis »belegbar« sein.

1.2 Studium nach Neigung

Bei der Wahl eines Studiums mit dem Ziel einer späteren beruflichen Tätigkeit spielt auch die vielzitierte »Neigung« eine nicht zu unterschätzende Rolle. Studium nach einer Neigung muß nicht identisch sein mit einem Studium nach Begabung. Wir können sagen, daß eine Neigung zu einem bestimmten Studium oder zu einem bestimmten Beruf mehr unter äußeren Einflüssen als etwa durch Erbanlage festgelegte Begabungen in Erscheinung tritt. Äußere Einflüsse können sein: das Erleben einer bestimmten beruflichen Tätigkeit, die Bindung an eine Person oder die Vorstellung über einen Beruf, das sogenannte Image, das von einem Beruf in der Öffentlichkeit ausgeht, Vorstellungen über berufliche Tätigkeiten, die unter eine Motivation des Willens geraten und deshalb angestrebt werden und ähnliches mehr. Die Entscheidung für ein Studium nach Neigung kann als weniger fundamentiert angesehen werden als die Entscheidung für ein Studium nach erkennbarer Begabung. Sie muß deswegen nicht weniger intensiv und richtig sein, denn sehr oft werden unter einer intensiv motivierten Neigung Kräfte freigesetzt, die mithelfen, ein Studium erfolgreich zu absolvieren und im späteren Beruf aufzugehen. Trotzdem erfolgt eine solche Entscheidung sehr oft nach dem eben schon zitierten »Image« gewisser Berufe, die unter bestimmten Einflüssen besonders attraktiv werden. Wir sprechen in diesem Falle von sogenannten *Modeberufen,* die eine so hohe Anziehungskraft ausüben, daß viele, allzuviele sich entschließen, diesen Beruf einzuschlagen. Das führt dann nach einigen Jahren, wenn die vielen, die diesen Modeberuf gleichzeitig eingeschlagen, ihr Studium abgeschlossen haben und auf den Arbeitsmarkt drängen, zu einem gegenseitigen Kampf um die Arbeitsplätze. Da sich zudem inzwischen die Marktverhältnisse auf dem Arbeitsmarkt für diesen Beruf geändert haben können, tragen dann zahlreiche Bewerber, die jenen Beruf aus Neigung und der Mode nachgebend eingeschlagen haben, schwer an den späten Folgen ihrer früheren Entscheidung. Wir kennen zahlreiche Beispiele aus der Praxis, auch für akademische Berufe, wo die Entscheidung zum Studium nach Neigung für einen Modeberuf zu einem Überangebot auf dem Arbeitsmarkt mit allen seinen nachteiligen Folgen geführt hat. Einige davon seien erwähnt:

Vor etwa 15 Jahren entschieden sich zahlreiche Abiturienten unter dem Aufkommen guter Zukunftschancen und der Anziehungskraft der modernen Physik für das Studium dieses Faches, insbesondere der Kernphysik. Die Kernphysik schien ein in die Zukunft weisendes Studiengebiet mit vielen Möglichkeiten zu werden. Inzwischen haben sich die Verhältnisse grundlegend verändert. Viele junge Physiker, die eine zum Teil hochspezialisierte Ausbildung und anschließende Tätigkeit in der Kernphysik einnahmen, drängen heute in großer Zahl auf den Arbeitsmarkt, um eine andere Beschäftigung zu finden. Was war geschehen? Die Kernphysik entwickelte sich in der Zwischenzeit in ihrem Anwendungsbereich in ganz andere Teilgebiete, als man vor 15 Jahren erwarten konnte. Damit eröffnete sie im Anwendungsbereich zahlreichen andersqualifizierten Akademikern eine Beschäftigungsmöglichkeit, insbesondere den Ingenieuren aus der Verfahrenstechnik. Diese nahmen in der Verbindung eines ingenieurwissenschaftlichen Studiums mit den Teilgebieten der Kernphysik jene Arbeitsplätze ein, die sich die Physiker zu Beginn ihres Studiums erhofft hatten. Die theoretische Kernphysik bietet heute nur wenigen einen auf Dauer gesicherten Arbeitsplatz.

Ähnliches kann von den jungen Wissenschaftlern, die sich mit der Aeronautik beschäftigten, gesagt werden. Deren Arbeitsplatz lag hauptsächlich bei den amerikanischen Raumfahrtbehörden. Viele junge deutsche Aeronautiker strömten vor etwa 10 Jahren als Wissenschaftler oder Physiker in die Vereinigten Staaten, wo sie mittlerweile fast alle ihre Arbeitsplätze verloren haben. Sie kommen jetzt aus den Vereinigten Staaten zurück und versuchen hier im Bundesgebiet oft unter schwierigen Umständen nach Umschulung oder durch Zusatzstudium einen anderen Arbeitsplatz zu finden.

Auch jene Ingenieure, die sich unter der Anziehungskraft der aufkommenden Elektronik für ein Studium in dieser neuen Technologie entschlossen hatten, finden jetzt veränderte Marktverhältnisse vor. Das Überangebot an Elektronik-Ingenieuren zwingt heute viele dazu, in Nachbarberufen tätig zu werden.

Das Mathematikstudium galt vor 10 bis 15 Jahren unter dem herrschenden Mangel an Mathematikern als sehr aussichtsreich und wurde deswegen auch von vielen Studienanfängern bevorzugt. Alle Welt sprach damals von einem Mangel an Mathematikern und von *dem* Zukunftsberuf. Inzwischen haben sich die Verhältnisse völlig gewandelt. Viele Betriebe der freien Wirtschaft, die ehemals eine Vielzahl von Mathematikern beschäftigten, z.B. die Versicherungsgesellschaften, Architekturbüros, Konstruktions- und Berechnungsabteilungen der Großbetriebe, Großkaufhäuser und andere, haben sich in der Zwischenzeit Informations- und Datenverarbeitungsanlagen zugelegt, die den größten Teil der Tätigkeiten, die früher von Mathematikern ausgeübt wurden, übernommen haben. Diese Anlagen setzten eine große Anzahl von Mathematikern frei. An deren Stelle wurden zur Bedienung der Anlagen Fachkräfte mit einer ganz anderen Ausbildung benötigt und eingesetzt, nämlich Datenverarbeiter und Programmierer, deren Ausbildung nur noch wenig mit der Hochschul-Mathematik zu tun hat.

Als weiteres krasses Beispiel für Studiengänge nach Neigung, die inzwischen von der Bedarfslage her völlig umgeschichtet wurden, können fast alle Lehramtsstudiengänge erwähnt werden. Die meisten Studenten in den höheren Semestern, die das Lehramt anstreben, begannen ihr Studium unter dem Druck der weitverbreiteten Meinung, daß an den Schulen für lange Zeit ein nicht zu deckender Lehrermangel herrsche. Dieser Lehrermangel wurde nicht nur in den Zeitschriften und Organen der Lehrerverbände, sondern jahrelang auch der Öffentlichkeit so eindringlich vorgeredet und -gerechnet, daß viele, die zunächst nur wenig Neigung für ein Lehramt zeigten, unter der Attraktivität dieser Studiengänge und späteren Tätigkeiten ein Studium für das Lehramt begannen. Sie stehen heute einer völlig veränderten Arbeitsmarktsituation gegenüber und fragen sich oft verzweifelt, was jetzt noch aus dem Studiengang, den sie unter ganz anderen Bedingungen begonnen haben, gemacht werden kann. Ein stetig steigendes Überangebot an Lehramtsbewerbern bei einem beschränkten Stellenangebot und geringer werdenden Schülerzahlen und bei einer für lange Zeit vorausschaubaren schwierigen Finanzlage der Länder und der Gemeinden, die kaum eine zusätzliche Anstellung von Lehrern zuläßt, schafft eine fast hoffnungslose Lage für alle jene, die noch vor einigen Jahren mit großen Hoffnungen in die ihnen als aussichtsreich vorgestellten Lehramtsstudiengänge eintraten. Es läßt sich im Augenblick nicht voraussagen, was mit der großen Zahl von Lehramtsbewerbern nach Abschluß ihres Studiums in den nächsten Jahren geschehen kann oder soll.

So birgt das Studium nach einer Neigung ein größeres Risiko in sich als das nach einer deutlich erkennbaren Begabung. Immerhin sollte allen Studienbewerbern der Sachverhalt und die *Gesetzmäßigkeit des Arbeitsmarktes* deutlicher in das Bewußtsein treten, als diese in der Vergangenheit wahrgenommen wurden. Die Marktgesetze, d.h., daß Angebot und Nachfrage den Preis regeln, werden in der Zukunft mehr und mehr auch für den Arbeitsmarkt der Akademiker Geltung erhalten. Für akademische Berufe werden auf lange Zeit keine anderen Marktgesetze gelten als für die übrigen Berufe. Wenn das in der Vergangenheit zum Teil anders war, so spiegelte das nur die ungewöhnliche Marktsituation der ersten 30 Nachkriegsjahre mit der dauernden Expansion der deutschen Wirtschaft wider.

Jeder einzelne sollte wissen, daß er ein hohes Maß an persönlicher Mobilität, d.h. Bereitschaft zum Berufswechsel, zum Umlernen und Hinzulernen aufbringen muß, wenn er unter den Schwankungen und Gesetzen des Arbeitsmarktes gewinnen und nicht nur mitgetrieben werden soll. Man darf hoffen, daß durch die längere Ausbildung an der höheren Schule und durch ein Studium die Absolventen dieses Bildungsganges beweglicher gemacht werden als jene Arbeitskräfte, von denen man nach einer *Berufsausbildung* eine berufliche Mobilität und die Bereitschaft zum Berufs- und Arbeitsplatzwechsel wie selbstverständlich erwartet.

1.3 Studium in NC-Fächern

Mit der Einführung des Numerus clausus, d.h. des Zuteilungsverfahrens eines Studienplatzes nach vorhandenen freien Plätzen (Kapazitäten) an den Hochschulen, hat sich die Situation für die Abiturienten vor Aufnahme eines Studiums völlig verändert.

In früheren Jahren stellte ein Kollegialorgan, die Abiturkonferenz, das den Schüler über Jahre hinaus durch die einzelnen Lehrer verhältnismäßig genau kannte, in ihrer endgültigen Entscheidung fest, ob dem Schüler das Abitur nach einer Prüfung zugesprochen wurde oder nicht. Mit der Zuerkennung der Hochschulreife, d.h. der bestandenen Abiturprüfung, stand dem Abiturienten die freie Wahl für ein Studium nach eigenem Ermessen, nach eigener Studienplatz- und Fächerwahl offen. Die Entscheidung des Kollegialorgans (Abiturkonferenz) war endgültig und das Ergebnis nicht nur der davorliegenden Abiturprüfung, sondern auch gegebenenfalls eingehender Beratung unter Berücksichtigung der Leistungen des Schülers in früheren Jahren. Dabei konnten von den beteiligten Lehrkräften unterschiedliche Argumente für die Zuerkennung oder die Ablehnung der Hochschulreife eingebracht werden. Die Gesamtnote des Abiturs war für einen Hochschulzugang weniger bedeutungsvoll.

Mit der Einführung des Zuteilungsverfahrens für einen Studienplatz und einen Studienort durch die *»Zentralstelle für die Vergabe von Studienplätzen (ZVS)«* in Dortmund haben sich diese Voraussetzungen für die Aufnahme eines Studiums prinzipiell gewandelt: In wenigen Jahren wurde ein zunehmend perfektioniertes System und Verfahren der Zuteilung eines Studienplatzes und eines Studienortes entwickelt. Da angesichts des verstärkten Zustroms von Abiturienten und der nicht ausreichenden Studienplätze an den Hochschulen ein objektives Verfahren zur Zuteilung von Studienplatz und Studienort gefunden werden mußte, bot sich zunächst nur die Ermittlung des Notendurchschnitts im Abiturzeugnis an. Weil es aber in den Bundesländern keine einheitlichen Richtlinien und Lehrpläne an den höheren Schulen in den einzelnen Fächern und auch keine einheitlichen Bewertungsrichtlinien für die zu erbringenden Leistungen in der Abiturprüfung gibt, brachte dieses Verfahren von Anfang an alle Bewerber in einen höchst fragwürdigen ungleichen Wettbewerb. Es ist nicht sichergestellt, ob ein Notendurchschnitt z.B. im Bundesland Hamburg mit den gleichen Schülerleistungen erreicht wurde wie ein Notendurchschnitt auf dem Abiturzeugnis eines Schülers aus einer Schule in Baden-Württemberg. Da es außerdem in den Bundesländern unterschiedliche Fächerkombinationen in den Oberklassen der höheren Schulen und auch unterschiedliche Typen der höheren Schule gibt, lassen sich die Notendurchschnitte der Abiturzeugnisse aus dem gesamten Bundesgebiet nur höchst unvollkommen miteinander vergleichen. Daß dies durch die ZVS bei der Zuteilung von Studienplätzen und Studienorten immer noch geschieht, ist ein Beweis für das Fehlen eines besseren Verfahrens, obwohl von verschiedenen Seiten auf ergänzende Maßnahmen zu dem praktizierten Zuteilungsverfahren gedrängt wird. An Vorschlägen hierzu fehlt es nicht. Diese können im Rahmen dieses Buches nicht eingehend behandelt werden, doch sei darauf verwiesen, daß künftige Jahrgänge von Studienbewerbern mit zusätzlichen oder ergänzenden Maßnahmen zu dem Verfahren nach dem Notendurchschnitt des Abiturzeugnisses zumindest in einigen Studiengängen rechnen müssen. Hierzu zählen z.B. Hochschuleignungstests oder Hochschuleingangsprüfungen, die entweder von den Hochschulen selbst oder in Zusammenarbeit mit bestimmten Institutionen, die Erfahrung in ähnlichen Ausleseverfahren haben, zum Einsatz kommen. Eine Vereinbarung der Kultusminister der Bundesländer deutet darauf hin, daß etwa ab Ende 1977, spätestens aber ab 1978 der Notendurchschnitt des Abiturzeugnisses allein nicht mehr maßgebend sein dürfte für die Zuteilung eines Studienplatzes oder eines Studienortes.

Da das Zuteilungsverfahren nach dem Notendurchschnitt des Abiturzeugnisses in den ersten Verfahren der ZVS noch lückenhaft war, wurde in den letzten Jahren ein perfekteres System mit verschiedenen Auf- und Abrechnungswerten entwickelt. Hierzu zählt das sogenannte *»Bonus-Malus-Verfahren«*, d.h. ein Zurechnen oder Abziehen von bestimmten Punktwerten aus dem Notendurchschnitt sämtlicher Abiturzeugnisse der Länder in der Vergangenheit. Aber die häufig bestehende Ansicht, daß durch die Ableistung einer Dienstpflicht nach Artikel 12a Abs. 1 oder 2 des Grundgesetzes (Wehrdienst) grundsätzlich eine Verbesserung der Durchschnittsnote des Abiturzeugnisses erreicht werden kann, ist ein Irrtum. Eine Vergünstigung bei der Zuteilung eines Studienplatzes und eines Studienortes erhalten Sie laut den einschlägigen Bestimmungen nur dann, wenn der Wehrdienst bzw. Zivildienst die Dauer von 24 Monaten, das freiwillige soziale Jahr die Dauer von 12 Monaten nicht übersteigt. Einzelheiten über diese Sondervergünstigungen entnehmen Sie bitte dem sogenannten *»ZVS-Info«*, das zu jedem Semester neu von der Zentralstelle für die Vergabe von Studienplätzen in Dortmund auf Anforderung den Bewerbern zugeschickt wird und alle letztgültig bestehenden Regelungen über Vergünstigungen oder Benachteiligungen bei den Bewerbungsverfahren um einen Studienplatz enthält. In diesem Zusammenhang sei bereits jetzt darauf hingewiesen, daß der künftige Studienbewerber die ZVS-Info-Schrift als *wichtigste Informationsquelle für seine Studienbewerbung* gründlich und eingehend studieren muß. Hierüber wird an späterer Stelle (siehe S. 78 ff.) noch ausführlich zu berichten sein.

1.4 Durchschnittsnote, Fächerkombination, Studienort

Die Ermittlung der Durchschnittsnote des Abiturzeugnisses und deren Einsatz als einziges Kriterium für die Zuteilung eines Studienplatzes und eines Studienortes hat – wie soeben dargestellt – zu einer völlig veränderten Situation für alle Betroffenen geführt. In unterschiedlich starkem Maße setzte nach Bekanntwerden dieses Sachverhaltes ein großer Ansturm von Abiturienten auf bestimmte Studiengänge an einigen Hochschulorten ein.

Die Studienplätze, die von den Universitäten und anderen Hochschulen als freie Kapazitäten jeweils der ZVS gemeldet werden, fallen nun den Bewerbern mit den besten Durchschnittsnoten des Abiturs zu. Das hat für den Studenten zur Folge, daß er seinen Studienplatz und Studienort nicht mehr mit der Entscheidung des Kollegialorgans über die bestandene Hochschulreife frei wählen kann, sondern daß er darauf achten muß, durch bestimmte Leistungen in entsprechenden Fächern einen möglichst hohen Notendurchschnitt auf seinem Abiturzeugnis zu erhalten. *Der allein verschafft ihm den gewünschten Studienplatz in dem von ihm gewählten Fach.* Diese Entwicklung ist für Schule, Schüler und Hochschulen äußerst bedauerlich. Da auf Grund von *Einkommenserwartungen* in zahlreichen Berufen der Zustrom zu den betroffenen Studiengängen viel größer wurde als Studienplätze vorhanden waren, trafen zahlreiche Abiturienten ihre Berufs- bzw. Studienentscheidung fast ausschließlich nach dem erzielten Notendurchschnitt des Abiturzeugnisses. An der Spitze dieser Rangfolge stehen nach wie vor die Studiengänge in den verschiedenen Sparten der Medizin, so die Humanmedizin, die Tiermedizin und die Zahnmedizin. Nach der letzten Statistik, die von der ZVS über das Vergabeverfahren im Wintersemester 1975/76 herausgegeben wurde, hatten sich für das Studium der Medizin im Bundesgebiet über 28 000 Bewerber gemeldet, von denen 4300 einen Studienplatz erhielten, d.h., auf jeden freien Studienplatz kamen 6 Bewerber. Auch im Zulassungsverfahren zum Sommersemester 1976 hat sich dieses Verhältnis nicht verbessert, sondern durch eine geringere Zahl von freien Studienplätzen noch erheblich verschlechtert. Da kamen auf 24 100 Bewerbungen nur 2800 Zulassungen, das sind 8 Bewerber auf einen freien Studienplatz. In zahlreichen anderen Fächern bestehen ähnliche Verhältniszahlen von Bewerbern auf freie Studienplätze. Weitere Einzelwerte können aus der im Anhang wiedergegebenen »Übersicht über Studienmöglichkeiten und Zulassungsbeschränkungen für deutsche Studienanfänger an den Hochschulen der Bundesrepublik Deutschland im Wintersemester 1976/77« entnommen werden (siehe Anlage 4, S. 155 ff.).

Dadurch entstehen entweder Wartezeiten, bis man auf Grund einer durch Wartezeiten nachgerückten Reihenfolge in den Genuß einer Zuteilung eines Studienplatzes kommt, oder aber es sind bestimmte Notendurchschnitte erforderlich, *unter* denen eine sofortige Zulassung zum Studium nicht möglich ist. Dieser Notendurchschnitt für eine sofortige Zulassung zu einem Studienplatz mit dem sogenannten Erstfach beträgt z.B. für das Studium der Ernährungswissenschaft 1,7, für das der Germanistik ebenfalls 1,7, für das der Lebensmittelchemie 1,8, das der Medizin 1,6, der Pharmazie 1,8, der Psychologie 1,8, der Tiermedizin 2,0 und der Zahnmedizin 1,7. In diesen Angaben sind die Lehramtsstudiengänge nicht enthalten. Bei diesen ist das Verfahren noch etwas komplizierter, weil bei den Lehramtsstudiengängen in der Regel ein Zwei- oder gar ein Drei-Fächer-Studium erforderlich ist. Die Zuteilung erfolgt dann zunächst nach der Präferenz des ersten Hauptfaches und dann in der Reihenfolge der folgenden genannten Fächer. Weitere Einzelheiten können aus den Tabellen der Anlagen 13.1 und 13.2 (siehe S. 213 und 214) über die ZVS-Verfahren zum Wintersemester 1976/77 entnommen werden.

Die Tabelle der Anlage 13.2 über die Zuteilungsverfahren zum Wintersemester 1976/77 hinsichtlich der Lehramtsstudiengänge weist dem Leser aus, daß zum Studium der Lehramtsstudiengänge ein wesentlich niedrigerer Durchschnittswert des Notendurchschnitts für die Zuteilung eines Studienplatzes ausreicht als für die anderen Studiengänge der Anlage 13.1. Es muß aber nachdrücklich davor gewarnt werden, einen Lehramtsstudiengang ausschließlich unter diesem Gesichtspunkt zu beginnen. Die Anstellungsbedingungen in den Lehrämtern der einzelnen Bundesländer und in den verschiedenen Schularten werden sich in den nächsten Jahren insgesamt verschlechtern.

Es muß an dieser Stelle nochmals betont werden, daß es auch heute noch an den Hochschulen sowohl von den Berufsaussichten her als auch für begabte Schüler und Studenten zahlreiche Studiengänge außerhalb der ebengenannten gibt, die jedem fleißigen Studenten gute Zukunftschancen eröffnen. Über diese Studiengänge wird noch ausführlich zu sprechen sein (siehe S. 59 ff.). Allerdings ist nicht zu bestreiten, daß der Schüler durch Abwahl oder Zusammenstellung bestimmter Fächerkombinationen in der Oberstufe der höheren Schule den Notendurchschnitt seines Abiturzeugnisses beeinflussen kann und dadurch verbesserte Chancen für die Zuteilung eines Studienplatzes erhält, obwohl er im Grunde genommen für ein solches Studium wenig Begabung oder Neigung mitbringt. Dies gilt insbesondere für die Lehramtsstudiengänge, für die man durch eine entsprechende Angabe von Fächerkombinationen im Antragsverfahren bei der ZVS die Chance auf einen Studienplatz erhöhen oder vermindern kann, wenn man den Notendurchschnitt des Abiturzeugnisses berücksichtigt.

Der Leser sollte zu alledem die weiter unten im 3. Abschnitt dieses Kapitels gemachten Ausführungen über das Zulassungsverfahren gründlich und genau lesen und dementsprechend verfahren.

Der Bewerber um einen Studienplatz muß außerdem wissen, daß er die Chance für den Beginn eines Studiums auch verbessern oder vermindern kann, indem er sich auf einen bestimmten Studienort festlegt oder nicht. Voraussetzung hierfür ist die genaue Kenntnis aller Studienorte, an denen er das ausgewählte Studium oder den Studiengang beginnen will. Mit anderen Worten: Er muß genau wissen, an welchen Orten in der Bundesrepublik das ausgewählte Fach studiert werden kann und diese Hochschulen dann bei der Bewerbung *alle* auflisten. Die Studienplätze werden nämlich in einem Studienfach von allen in der Bundesrepublik vorhandenen Hochschulen zusammengezählt und dann in der bestehenden Reihenfolge den Antragstellern zugeteilt. Wer also in dem Antragsverfahren bei der Benennung der möglichen Studienorte eine oder mehrere Studienorte ausläßt oder einige Studienorte allein benennt, vergibt für das Zuteilungsverfahren seine Chancen auf bestmögliche Zuteilung nach den vorhandenen Studienplätzen aller Hochschulen. Wer also z.B. ein Germanistikstudium nur an den Universitäten Heidelberg oder Tübingen oder Freiburg beginnen will und dabei nur diese drei Hochschulstudienorte als Präferenzen benennt, die anderen Hochschulen im Bundesgebiet, an denen Germanistik studiert werden kann, dagegen nicht, hat bedeutend weniger Chancen auf die Zuteilung eines Studienplatzes als wenn er alle Studienorte, an denen dieses Fach studiert werden kann, in seinem Antrag aufführt.

Aus diesem Grund ist es unerläßlich, daß sich der künftige Studienbewerber, wenn er sich für ein Fach entschieden hat, darüber vergewissert, an welchen Hochschulen im Bundesgebiet insgesamt dieses Studium möglich ist. Er muß aber auch wissen, daß er durch die Aufzählung aller möglichen Studienorte in seinem Antrag die *Wahl des Studienortes* aufgegeben hat und nur noch ein Studium im gewünschten Fach an der ihm zugeteilten Hochschule beginnen kann. Auch muß er unter Umständen bereit sein, für den gewünschten Studiengang das Bundesland zu verlassen und an einer anderen Hochschule, als er sich das zunächst vorgestellt hatte, sein Studium zu beginnen.

Die Nachteile dieses Verfahrens sind der Öffentlichkeit bereits soweit bekannt, daß sich inzwischen zahlreiche Stellen, Institutionen und Organisationen damit beschäftigen, einen *Studienplatztausch* zu arrangieren. Sogar kommerzielle Vermittler für Studienplätze im Tauschverfahren haben sich bereits installiert und versuchen, Studienplätze im Tausch gegen Entrichtung eines Honorares zu vermitteln. Es wird auf die Gefährlichkeit aller dieser Verfahren hingewiesen, da sie in der Regel den geltenden Bestimmungen über die Zuweisung eines Studienplatzes und eines Studienortes der ZVS zuwiderlaufen. Unter Umständen können damit Rechtsansprüche, die durch die Zuteilung eines Studienplatzes und eines Studienortes durch die ZVS erhalten wurden, aufgegeben werden. Im übrigen sei insbesondere darauf verwiesen, daß man nach einer Zuteilung vor der Durchführung eines Studienplatztausches sich an den entsprechenden Hochschulen genauestens darüber informieren soll, ob ein solcher Studienplatztausch auch wirklich mit gleichen Bedingungen und Rechten möglich ist oder nicht. Falls dies von der angesprochenen Hochschulverwaltung bejaht wird, muß auch der Tauschpartner sich eine solche Zusage von seiner Hochschule geben lassen. *Beide Zusagen müssen in jedem Falle schriftlich gegeben werden.* Es muß vor mündlichen Aussagen, auch von Angestellten oder Beamten der Hochschulverwaltung in dieser Hinsicht, ausdrücklich gewarnt werden. Diese sind nämlich nach den geltenden Bestimmungen des Staatsvertrages über die ZVS nicht berechtigt, andere Zusagen oder Aussagen als die ZVS über das Zuteilungsverfahren selbst zu machen. *Im Zweifelsfalle ist zu einer schriftlichen Anfrage bei der ZVS in Dortmund zu raten.* Erst wenn diese den Studienplatztausch schriftlich bestätigt hat, kann er unbesehen durchgeführt werden. Demzufolge werden sich die künftigen Abiturienten und Studienbewerber daran gewöhnen müssen, daß es eine freie Wahl des Studienortes in dem früher üblichen Maße nur bei Studiengängen, die *nicht zulassungsbedürftig* sind, gibt. In allen übrigen Fällen, d.h. in allen zulassungsbeschränkten Studiengängen, wird der Hochschulort in Zukunft zugeteilt werden.

1.5 Studium heißt nicht nur Universität

Wie weiter oben schon dargestellt, kann angenommen werden, daß es nur ganz wenige artspezifische Begabungen für einen Beruf, eine Tätigkeit oder einen Studiengang gibt. Die meisten Begabungen sind so gestreut, daß damit für den Betroffenen mehrere oder gar zahlreiche Studiengänge möglich sind. Sehr wichtig für die zukünftige Entwicklung ist der Grad des allgemeinen Wissensstandes. Die jüngsten Ergebnisse der Arbeitsmarktforschung weisen aus, daß Absolventen eines Hochschulstudiums insgesamt gesehen eine bessere Chance auf eine Eingliederung in den Arbeitsprozeß haben, als jene, die mit geringerer Ausbildungsqualifikation anstehen. Das heißt, ein Studium allgemein, ganz gleich in welcher Richtung, wird für den Betroffenen wertvoller sein, als wenn er ohne Studium mit anderen Qualifikationen auf den Arbeitsmarkt drängt. Diese Einsicht eröffnet den Studienbewerbern die Chance, in einem der nichtzulassungsbeschränkten Studienfächer zu studieren. Hiervon gibt es auch heute noch eine große Anzahl. Außerdem verändert sich die Situation der zulassungsbeschränkten oder zulassungsfreien Studiengänge und -fächer von Semester zu Semester. Nur wenigen Abiturienten bzw. Studienbewerbern sind jene Studiengänge, die zulassungsfrei oder die zulassungsbeschränkt sind, im einzelnen bekannt, ebenso auffallend ist bei ihnen der allgemeine Mangel an Informationen über Berufe, Studiengänge und Arbeitswelt. Auch tragen leider bis heute die Lehrkräfte der höheren Schule nur sehr wenig zur Beseitigung dieses allgemeinen Mangels bei. Die Lehrerschaft an den höheren Schulen sollte dazu aufgerufen werden, sich selbst mehr Informationen über Studienmöglichkeiten zur Beratung ihrer Schüler zu verschaffen und die zu erhaltenden Informationen und ihre Quellen den Schülern an den höheren Schulen stärker, als dies bisher der Fall war, zugänglich zu machen. Im Anhang dieses Buches sind in einem eigenen Abschnitt alle für die Berufs- und Studienberatung vorhandenen Informationsschriften zusammengestellt. Es ist auch zu fordern, daß sich an jeder Schule mindestens ein Lehrer als Beratungslehrer mit diesem Informationsmaterial gründlich beschäftigt und so in die Lage versetzt wird, den ratsuchenden Schülern besondere Hinweise auf das vorhandene Schrifttum zu geben. Leider sind wir von dieser Forderung in der Praxis noch weit entfernt.

Alle diese vorgeschlagenen Maßnahmen sollten jedoch den einzelnen nicht davon abhalten, eigene Initiative zu entfalten und sich selbst in möglichst vielen Fällen eingehend über Berufe, Studiengänge und deren Bedingungen und Aussichten zu informieren. Abiturienten und künftige Studienbewerber sollten bei ihren Überlegungen besonders auch folgende Sachverhalte berücksichtigen, die nochmals in Erinnerung gerufen werden:

a) Mehr als dies früher der Fall war, treten Abiturienten bei ihren Überlegungen um ein Studium in die Konkurrenz mit den Absolventen von Fachoberschulen, die zwar nicht direkt die Befähigung zu einem Studium an den Hochschulen erworben haben, aber über den Besuch einer Fachhochschule bzw. Gesamthochschule schließlich doch zu einem Studium an den Hochschulen (Universitäten) gelangen können. Da sie in der Regel eine längere praktische Ausbildung mitbringen als die Absolventen der höheren Schule und außerdem während eines Studiums an den Fachhochschulen zusätzlich praxisbezogene Kenntnisse erworben haben, erhalten sie im Wettbewerb mit den Abiturienten und Studenten an Universitäten bzw. Technischen Hochschulen in dieser Hinsicht meist einen Vorsprung. Das trifft insbesondere in den Studiengängen zu, die praktische Inhalte teils als Übungen teils als Praktika enthalten. Das sind zahlreiche Studiengänge in den technischen Fakultäten oder Fachbereichen, zum Teil aber auch Studiengänge in den Wirtschafts- und Sozialwissenschaften und in den Naturwissenschaften. Aus diesem Grunde sollten sich die Abiturienten bei ihren Überlegungen um ein Studium nicht nur auf die Universität und gleichrangige Hochschulen als Studienart beschränken, sondern in ihre Überlegungen auch ein Studium an den Fachhochschulen oder an den Gesamthochschulen einbeziehen.

b) Ebenso wie es im Bundesgebiet Universitäten, Technische und andere Hochschulen gibt, die einen renommierten Ruf für bestimmte Fakultäten oder Studiengänge haben, kennen wir Fachhochschulen, die sich in der Vergangenheit auf Grund ihrer Spezialstudiengänge oder aber guter Ergebnisse der Absolventen einen hervorragenden Ruf als Ausbildungsstätte verschafft haben. Die Durchlässigkeit der Fachhochschulen für ein Weiterstudium an den Universitäten und anderen Hochschulen und zum Erwerb einer höheren Qualifikation (Diplom) hat sich in den letzten Jahren stetig verbessert. An den Gesamthochschulen des Landes Nordrhein-Westfalen ist sie durch die Errichtung der sogenannten »integrierten Studiengänge« fast vollständig geworden. Es kann aber auch nicht verschwiegen werden, daß zahlreiche junge Universitäten, Gesamthochschulen und andere neuerrichtete Hochschulen infolge der großen Anlaufschwierigkeiten in den ersten Jahren ihres Bestehens nur ungenügend den oft allzuhoch gesteckten Erwartungen der Studienbewerber und der Studenten entsprechen können. Neuerrichtete Hochschulen benötigen auch heute noch in der Regel eine sehr lange Anlaufphase, die mindestens bei zehn Jahren Betriebsdauer liegen dürfte, um aus den organisatorischen Anfangsschwierigkeiten bewährte Studiengänge anbieten zu können. Wer diesen Sachverhalt nicht sehen will, geht an der Wirklichkeit vorbei.

Damit sollte allen Bewerbern um ein Studium deutlich sein, daß es nicht nur und nicht immer die Universität sein muß, an der man einen Studiengang erfolgreich und zum Start in das spätere Berufsleben abschließen kann.

2. Zugang zum Studium und Studienplatz

2.1 Praktika

Der Zugang zu einem Studium und zu einem Studienplatz bzw. der Beginn eines Studiums an einer Hochschule erfolgt in der Bundesrepublik teils mit teils ohne praktische Vorbereitung. In zahlreichen Studiengängen dient ein Praktikum der Vorbereitung, das jeweils nach Zeit und Inhalt unterschiedlich ist. Hierzu gehören fast alle Studiengänge der Ingenieurwissenschaften, teilweise auch die von praxisbezogenen Naturwissenschaften, dann solche der Sozialwissenschaften, der Medizin und viele andere Studiengänge. Bei den Überlegungen um das Studium muß die Ableistung der Praktika unbedingt mit einbezogen werden. Diese können nämlich den Studienplatz bestimmen, den Beginn des Studiums unterschiedlich festlegen und je nach ihren Inhalten frühzeitig zeigen, ob der betroffene Studienbewerber auch wirklich für einen Beruf nach dem geplanten Studium geeignet ist. Es gibt Studienbewerber, die durch ein Praktikum in einem Krankenhaus oder in entsprechenden Abteilungen eines Krankenhauses von der Durchführung des geplanten Studiums abgehalten wurden.

Eine längere und intensiv betreute Praktikumszeit war früher für viele Studienbewerber ein echter Prüfstein, an dem sich ihre Neigung und Begabung für oder gegen das geplante Studium zeigen konnte. Die hohe Zahl der Studenten macht es den meisten Hochschulen heute unmöglich, die Durchführung bzw. Einhaltung und Auswertung der vor dem Studium liegenden Praktika zu betreuen und zu überwachen. So gehen viele wertvolle Erfahrungen und Anregungen, die der Studienbewerber aus der Praxis seines Berufes sammeln kann, für das Studium und manchmal auch für das spätere Berufsleben verloren.

Es wurde schon erwähnt, daß die heutige Praxisferne der meisten Studiengänge und das ständige Bestreben, die Studiengänge weiter zu theoretisieren, zu großen Startschwierigkeiten der Jungakademiker bzw. Hochschulabsolventen im Berufsleben geführt hat. Auch aus diesem Grunde und erst recht angesichts der künftigen Höherbewertung praktischer Fähigkeiten bei Bewerbungen um einen Arbeitsplatz, kann jedem Studienbewerber nur zugeraten werden, die ihm bis zum Beginn eines Studiums zur Verfügung stehende Zeit intensiv durch Praktika oder praktische Tätigkeit im Wirtschaftsleben zu nutzen. Praktika und praktische Berufserfahrung zahlen sich auch noch nach dem Studium aus.

Welche Studiengänge nur durch ein zuvor abgeleistetes Praktikum begonnen werden können, geht aus den einschlägigen Studienordnungen hervor. Fast alle Hochschulen und oftmals die einzelnen Fachbereiche, Abteilungen oder Fakultäten besitzen eigene *Praktikantenämter,* bei denen der Studienbewerber im einzelnen Auskunft über die Inhalte, den Aufbau und die zeitliche Abfolge der Praktika erhalten kann. Vielfach können auch bei den Praktikantenämtern Adressen erfahren werden, bei denen zweckmäßigerweise Teile oder das ganze geforderte Praktikum abgeleistet werden kann. Es handelt sich in der Regel um Firmen, Organisationen oder Institutionen, die seit vielen Jahren in ihren Betriebsstrukturen zahlreiche Plätze für auszubildende Praktikanten, die vor einem Hochschulstudium stehen, bereithalten. Diese Betriebe oder Institutionen haben auch in der Regel durch die jahrelange Zusammenarbeit mit den Hochschulen Erfahrungen darüber gesammelt, in welcher Weise und mit welchen Inhalten das Praktikum am zweckmäßigsten abgeleistet wird. Es ist nach einer Entscheidung für einen bestimmten Studiengang sehr ratsam, daß sich der Bewerber in eigener Initiative mit den Praktikantenbetrieben in Verbindung setzt und dort Informationen einholt. Auch diese Informationen über den Betrieb, die Art des Praktikums und seine Inhalte, sollten wertvoll genug sein, um sich vor Beginn des Praktikums bei dem Betrieb einzufinden und anstehende Fragen abzuklären.

Vorgeschriebene Zeiten und Inhalte von Praktika, die zu einem bestimmten Studiengang gehören, sollen nach Möglichkeit eingehalten werden. Ist dies nicht möglich, so sollte jede Abweichung von den Vorschriften mit dem zuständigen Praktikantenamt der Hochschule vereinbart werden. Anderenfalls sind Schwierigkeiten bei der Anmeldung zu anstehenden Zwischen- oder Abschlußprüfungen unvermeidbar.

2.2 Zulassungsfreie Fächer und Lehramtsstudium

Unter der unaufhörlichen Flut von Veröffentlichungen und Mitteilungen aller Art über Probleme des sogenannten Numerus clausus oder des Zuganges zu den Hochschulen wird meistens vergessen, daß es auch heute noch eine große Zahl von Studiengängen gibt, die ohne Zugangsbeschränkung frei gewählt werden können. Dieser Sachverhalt ist allerdings den Studienbewerbern in viel zu geringem Umfang bekannt. Es kann heute angesichts der oft schwierigen Lage beim Zugang zu einem Hochschulstudium in den NC-Fächern durchaus angeraten sein, einen Studiengang zu wählen, der ohne Zugangsbeschränkung für den sofortigen Beginn eines Studiums offensteht. Ganz besonders sei in diesem Zusammenhang die große Gruppe von Lehramtsbewerbern angesprochen, die bis vor kurzem sogar etwa 40 bis 50 % aller Studenten an unseren deutschen Hochschulen, ausgenommen die Fachhochschulen, ausmachte. Wie die jüngsten Zeitungsveröffentlichungen bekunden, läßt unter dem Druck der geringer werdenden Zukunftsaussichten für Lehrer an Grund-, Haupt-, Real- und höheren Schulen der Zustrom zu den Lehramtsstudiengängen zwar nach, trotzdem sind es immer noch mehr als ein Drittel aller Studenten und Studentinnen, die diese Studiengänge einschlagen. Jeder Abiturient bzw. Studienbewerber sollte mittlerweile wissen, daß nur noch sehr wenige Studiengänge für die Lehramtsberufe ohne Zugangsbeschränkung zu studieren sind und nur wenige auch künftig noch gewisse Chancen für eine direkte Anstellung nach Abschluß des Studiums bieten. Zahlreiche Kultusministerien der Bundesländer erstellten mittlerweile für ihr eigenes Land Übersichten, aus denen der Bewerber entnehmen kann, ob in dem betroffenen Bundesland und in welchen Kategorien der Lehrämter noch ein Bedarf vorhanden ist oder ob der beabsichtigte Studiengang bereits jetzt so überbesetzt ist, daß die künftigen Studenten und Lehramtsbewerber mit größten Schwierigkeiten bei der Anstellung im Lehrerberuf rechnen müssen. Wer sich auch heute noch für einen Studiengang im Lehramt entscheidet, sollte zuvor bei dem zuständigen Kultusministerium entsprechende Informationen über den beabsichtigten Studiengang im Lehrerberuf und die Chance einer Anstellung einholen. Die Berufschancen in den Lehrämtern sind in den einzelnen Bundesländern und in den einzelnen Lehramtsfächern und Schularten so unterschiedlich, daß hier allgemeingültige Aussagen nicht gemacht werden können.

Aber auch die Prognosen der Kultusministerien leiden noch vielzusehr unter den Schwankungen unvorhersehbarer Faktoren. Ganz allgemein möchte der Verfasser die Aussage wagen, daß die Lehramtsberufe in den Berufsschulen, und da in bestimmten technischen Berufen der Metallverarbeitung, Elektrotechnik, Kraftfahrzeugtechnik und moderner Technologien, in Bereichen der Dienstleistung an Kaufmännischen Schulen, bei zahlreichen Frauenberufen, im Bereich der Sozialpädagogik an den Berufsschulen und bei Sondermaßnahmen, die im Zusammenhang mit der Sozialpolitik stehen (Einschulung der Hilfsarbeiter, Berufsgrundschuljahr, Förderlehrgänge für arbeitslose Jugendliche u.ä.) ausreichend Chancen bieten, die einen Studienbewerber veranlassen könnten, diesen Studiengang einzuschlagen. Ähnliches gilt für Lehrerberufe in naturwissenschaftlichen Fächern bei der Kombination von zwei oder gar drei Fächern, von denen eines auch heute noch zum Mangelberuf gerechnet werden kann. Aber bereits darüber geben die Kultusminister der Länder unterschiedliche Auskünfte. Es kann weiter gesagt werden, daß bei der künftigen Betonung der Berufsausbildung als längerfristiges Ziel in der Bildungspolitik eine weitere Ausdehnung der allgemeinen weiterführenden Schulen (Realschulen, höhere Schulen) mittelfristig nicht mehr erwartet werden kann. Der Bestand an Gymnasien und an Realschulen wird in den nächsten Jahren auch durch das Nachfolgen von geburtenschwachen Jahrgängen beeinflußt und nicht mehr wesentlich erweitert werden. Bei einer *verstärkten Zuwendung der Bildungspolitik zur beruflichen Bildung* ist jedoch mit einem Anwachsen der beruflichen Schulen bzw. Ausbildungsstätten zu rechnen. Zudem besteht in diesem Zweig des bundesdeutschen Bildungswesens durch die gewaltige Ausdehnung des beruflichen Schulwesens und den Einbezug zahlreicher zusätzlicher schulischer Einrichtungen in den letzten Jahren (Technikerschulen, Meisterschulen, Fachoberschulen, Fachschulen und vieler anderer mehr) ein auch mittelfristig erheblicher Bedarf an artspezifisch ausgebildeten Lehrkräften.

Trotz dieser positiven Aussage für gewisse günstige Entwicklungen und Berufschancen in einigen Lehramtsberufen muß allgemein den Bewerbern für ein Lehramt klar sein, daß die beruflichen Chancen nach einem Lehramtsstudium in absehbarer Zeit nicht gut sein werden. Bei einem anhaltend hohen Angebot von Lehramtsbewerbern mit abgeschlossenem Studium werden die Ministerien zunehmend dazu übergehen, neue Auswahlkriterien für die Einstellung in den Lehrdienst anzuwenden. Im Klartext heißt das, daß nicht alle Absolventen von Hochschulen mit einem Abschluß für ein Lehramt zugleich auch eine Stelle im staatlichen Vorbereitungsdienst erhalten werden. Die Ministerien werden in Zukunft bei geringeren Platzzahlen und hohem Angebot an Bewerbern streng auszuwählen haben. Es bleibt jedem einzelnen überlassen, sich die entsprechenden Kriterien vorzustellen. Ein solches Anstellungskriterium wird aber bestimmt der *fächerspezifische* Bedarf der Schulen sein.

2.3 Studium in »Kleinen Fächern«

Alle diese Überlegungen sollten noch einmal verdeutlichen, daß auf der Suche nach einem Studienplatz bzw. einem Studiengang ausreichende Informationen unerläßlich sind, die zunächst einmal Auskunft über mögliche aber auch sinnvolle Studiengänge bieten. Es kann angesichts der geschilderten Lage zweckmäßiger sein, einen weniger bekannten Studiengang, der aber zulassungsfrei ist, einzuschlagen, als sich weiter in Studiengänge, die zu bereits überbesetzten Arbeitsplätzen führen, hineinzudrängen oder jahrelang auf die Zuweisung eines Studienplatzes in einem Studiengang, für den man sich festgelegt hat, zu warten. Es gibt z.B. im Augenblick *ca. 65 bis 70 Studiengänge mit nur geringen Studentenzahlen,* von denen die meisten den Studienanfängern und -bewerbern unbekannt sind. Unter diesen Studienfächern und Studiengängen befinden sich zahlreiche, denen *ausgesprochen gute Berufsaussichten* zuzusprechen sind. Wer darüber Auskunft erhalten will, wende sich an die Westdeutsche Rektorenkonferenz, Ahrstraße 39, 5300 Bonn – Bad Godesberg. Auch das Anschreiben der einzelnen Hochschulen oder das Aufsuchen des Arbeitsamtes (Berufsberatungsdienst für Abiturienten) können nützliche Hinweise geben über die »Kleinen Studienfächer« ohne oder mit Zulassungsbeschränkung und in manchen Fällen auch über die Berufsaussichten dieser Studiengänge. Wenn auch oft mit dem Einschlagen eines solchen Studienganges eine gewisse Spezialisierung verbunden ist, so kann doch erwartet werden, daß dem Absolventen bei einer gewissen eigenen Mobilität eine größere Chance im Berufsleben eingeräumt werden wird als demjenigen, der sich unter langen Wartezeiten in ein überfülltes Studium drängt und dort eventuell unter schlechten Studienbedingungen ein nur mäßiges Examen erreicht. In den meisten Fällen herrschen in den sogenannten Kleinen Fächern ohne Zugangsbeschränkung auch heute noch gute bis sehr gute Studienbedingungen. Darunter ist eine intensive Arbeits- und Studienmöglichkeit unter engem Kontakt zu den Hochschullehrern zu verstehen. Es darf aber auch nicht verschwiegen werden, daß in diesen Fächern ohne Zugangsbeschränkung in der Regel besonders hohe Leistungsanforderungen an den einzelnen gestellt werden, denen manche Studenten heute nicht mehr entsprechen wollen oder auf Grund mangelnder Voraussetzungen von der höheren Schule her nicht entsprechen können.

Da diese Studiengänge ohne Zugangsbeschränkung von Semester zu Semester wechseln und an den einzelnen Hochschulen sehr unterschiedlich verteilt sind, sei dem Bewerber geraten, nach Einholen der Grundinformationen über die Studienmöglichkeiten weitere Auskünfte von den in Frage kommenden Hochschulen bzw. Fachbereichen im einzelnen einzuholen. Die Sekretariate der Fachbereiche, Fakultäten oder Abteilungen der Hochschulen halten in der Regel Informationsmaterial bereit, aus dem die Art der Studiengänge und ihr Aufbau hervorgeht. Zahlreiche Hochschulinstitute oder -lehrer halten engen Kontakt zu Berufsverbänden der angesprochenen Studienfächer und können in Wort und Schrift Aussagen über berufliche Möglichkeiten in Verbindung mit dem Studium machen.

2.4 Kombinationen von Studienfächern

An allen Hochschulen des Bundesgebietes gibt es Studiengänge als sogenanntes Einfach-, Zweifach- oder Dreifachstudium. Einfachstudiengänge schließen in der Regel mit dem *Diplom* in dem studierten Fach ab, z.B. das Studium der Mathematik als Diplom-Mathematiker, das der Psychologie als Diplom-Psychologe und viele andere mehr, so z.B. auch das Studium des Ingenieurbereiches mit dem Diplom-Ingenieur. In den ingenieurwissenschaftlichen Fächern ist eine weitere Untergliederung im Fachstudium üblich, z.B. das Ingenieurstudium für das Bauwesen, für das Maschinenwesen, für die Elektrotechnik u.a.

Zweifach- und Dreifachstudiengänge werden in der Regel für ein *Lehramt* gefordert. Wird ein solches Studium erwogen, ist es auf jeden Fall ratsam, sich frühzeitig über die Fächerkombinationen bzw. die bestehenden Kombinationsverbote ausführlich und gründlich zu informieren. Jedes Bundesland kennt für die verschiedenen Lehrämter die unterschiedlichsten Kombinationsmöglichkeiten und -verbote von Fächern. In der Regel ist heute bei einem Lehramtsstudium das Zweifachstudium üblich, in einigen Bundesländern und für einige Schulformen dagegen das Ein-, aber auch Dreifachstudium.

Da die Zentralstelle für die Vergabe von Studienplätzen in ihren halbjährlich erscheinenden Infos nur die Studiengänge in den einzelnen Bundesländern für das Lehramt aufzählt, die zulassungsbeschränkt sind, kann diese Informationsquelle nicht als vollwertig und vollständig für alle vorkommenden Fächerkombinationen und Studiengänge im Lehramtsstudium angesprochen werden. Hierüber informieren genau die entsprechenden Veröffentlichungen der zuständigen Landes-Kultusministerien oder aber die Sekretariate der Hochschulen. Es muß auch gesagt werden, daß Studienfachkombinationen in einem Bundesland nicht unbedingt zur Anstellungsfähigkeit in einem anderen Bundesland führen. Die einzelnen Bundesländer haben durch entsprechende Vorschriften und Erlasse die Kombinationsmöglichkeiten und Studienmöglichkeiten für die einzelnen Fächer in den Lehramtsstudiengängen unterschiedlich voneinander und bindend festgelegt. Jede Abweichung davon, z.B. durch ein Studium einer anderen Fächerkombination an einer Universität oder Hochschule eines anderen Bundeslandes, führt bei der Anstellung in den Schuldienst zu zusätzlichen Schwierigkeiten. Diese können vermieden werden, wenn sich der Bewerber für einen Lehramtsstudiengang genau über die Fächerkombinationen, Kombinationsverbote und Studiengänge für das Lehramt vor seiner Bewerbung bei der ZVS entweder bei der Hochschule oder bei der ZVS selbst informiert. *Falsche Angaben über Fächerkombinationen im Zulassungsverfahren bei der ZVS werden ausgesondert.* Das bedeutet für den Bewerber unter Umständen den Verlust eines Studienplatzes oder im günstigsten Falle eine erneute Antragstellung, die dann vor dem Abschlußtermin für die Bewerbungen endgültig und mit richtiger Fächerkombination bei der ZVS vorliegen muß. Trifft sie dort zu spät ein, wird sie für das laufende Verfahren nicht mehr berücksichtigt. Darüber gibt der nachfolgende Abschnitt (3. Das Zulassungsverfahren) ausführlich Auskunft.

2.5 Abschlußarten der Hochschulstudien

Zur ordnungsgemäßen Durchführung der Studiengänge gibt es an allen Hochschulen (abgesehen von den staatlichen Prüfungsordnungen) gewisse amtliche Ordnungen. Über deren Wertigkeit, Einstufung und rechtliche Verbindlichkeit kann folgendes gesagt werden:

Diplomprüfung Für Studiengänge, die zu einem Hochschulabschluß führen (Diplomstudiengänge), erstellt die Hochschule, das sind in der Regel die Vertreter des Faches über die entsprechenden Selbstverwaltungsgremien, eine sogenannte *Studienordnung*. Das Prüfungsverfahren oder der Abschluß für diesen Studiengang werden durch eine *Prüfungsordnung,* die ebenfalls von der Hochschule erstellt wird, geregelt. Je nach dem geltenden Hochschulrecht in den einzelnen Bundesländern müssen die Hochschulen die Studien- und Prüfungsordnungen für die akademischen Abschlüsse dem zuständigen Ministerium entweder anzeigen oder aber zur Genehmigung vorlegen. Das Verfahren ist im einzelnen von Land zu Land unterschiedlich geregelt.

Die Studienordnungen enthalten wichtige Aussagen, über die sich jeder Bewerber oder Studienanfänger möglichst früh informieren sollte. Sie legen nicht nur die Inhalte des Studiums, sondern auch die Inhalte verteilt auf die einzelnen Studienabschnitte fest. Bestimmte Studieninhalte mit ihren Vorlesungen, Übungen, Praktika, Seminarien usw. liegen in einem Grundstudium, andere in dem Hauptstudium. Auch legen die Studienordnungen in der Regel die Zahl und den Zeitpunkt der abzuleistenden Vor-, Zwischen- oder Abschlußprüfungen und teilweise sogar deren Inhalt und Zeit fest. Studienordnungen binden sowohl die Hochschule als auch den Studenten zu einer ordnungsgemäßen Durchführung. Das bedeutet, daß der Student einen gewissen Rechtsanspruch auf die Einhaltung der Studienordnung durch die Hochschule, sowohl was ihren Inhalt als auch was ihren Ablauf und die daraus abzuleitenden Zwischen- oder Abschlußprüfungen angeht, erheben kann. Sie sind der unterste Baustein der bindenden Rechtsgrundlagen sowohl für den Studenten als auch für die Hochschule. Zu zahlreichen Studienordnungen gibt es ergänzende Empfehlungen, die von Fächern oder Fachvertretern zusätzlich erarbeitet wurden. Diese können als Leitlinien zur Ausfüllung der bestehenden Studienordnung angesprochen werden und sollten vom Studenten oder Studienbewerber ebenfalls frühzeitig gelesen und beachtet werden.

Die Prüfungsordnung für den Abschluß des akademischen Studiums regelt die Voraussetzungen für die Zulassung zur Prüfung, die Zusammensetzung des Prüfungsausschusses, die Prüfungszeit, die Teile der Prüfung in schriftlicher, mündlicher oder praktischer Hinsicht, die Ermittlung oder Feststellung des Prüfungsergebnisses und die Art und Ausstellung der Zeugnisse über die erfolgreich oder nicht erfolgreich abgeschlossene Prüfung. Da sie in den meisten Fällen durch das Ministerium genehmigungsbedürftig sind, erhalten sie für beide Parteien, d.h. für den Prüfungsbewerber und für die Prüfungskommission (Hochschule) einen rechtlich bindenden Charakter. Verstöße gegen die Prüfungsordnung können heute in der Regel von beiden Seiten auf dem ordentlichen Rechtsweg, d.h. über eine Klage vor dem Verwaltungsgericht, angefochten werden. Dem Studenten sei nochmals angeraten, sich frühzeitig mit den Inhalten von Studien- und Prüfungsordnung vertraut zu machen. Das gründliche Lesen der Studien- und Prüfungsordnung vor Beginn eines Studiums wird für die Durchführung des Studiums oder gar für eine Entscheidung für oder gegen ein solches Studium sehr nützlich sein. Das Sekretariat der Hochschule oder das Sekretariat der Abteilung, des Fachbereiches oder einer Fakultät kann im einzelnen Auskunft darüber geben, wo der genaue Text der Studien- und Prüfungsordnung erhältlich ist.

Magister Artium Der hohen Zahl von möglichen Fächerkombinationen entsprechen auch die zahlreichen Abschlußmöglichkeiten eines Studiums. Wie weiter oben schon erläutert, gibt es Fächer, die nur im Einfach-Studium studiert werden können und mit einem Diplom abschließen. Als Zweifach-Studium konzipiert ist der Abschluß als Magister Artium, der neuerdings an fast allen deutschen Hochschulen eingeführt wurde. Das Magister-Studium kann jedoch meist nur unter Fächerkombinationen der Philosophischen Fakultät oder der geisteswissenschaftlichen Fachbereiche durchgeführt und abgeschlossen werden. In den Naturwissenschaften dagegen bleibt fast nur der Abschluß mit dem Diplom mit einem Einfach-Studium übrig.

Promotion Verwirrend wird die Situation, falls ein Hochschulstudium durch eine Promotion abgeschlossen werden kann oder soll. Es gibt auch heute noch Universitäten, an denen Studiengänge in einigen Fächern überhaupt nur mit einer Promotion beendet werden können, die von der *Promotionsordnung* festgelegt wird. Die Vielfalt der angebotenen Fächerkombinationen und -möglichkeiten wurde in den letzten Jahren nochmals durch die Einführung der Gesamthochschulen erhöht. An zahlreichen Gesamthochschulen, insbesondere des Landes Nordrhein-Westfalen, gibt es sogenannte »Integrierte Studiengänge«, so besonders in den Natur- und Ingenieurwissenschaften, in denen das Studium durch Einbezug bestimmter Teile oder Elemente zunächst mit einem Examen als »graduierter Ingenieur« oder gar »diplomierter Ingenieur« abgeschlossen werden kann, wobei jedoch die Möglichkeit offenbleibt, diesen Studiengang in der gleichen Fachrichtung fortzusetzen und dann das Studium mit dem »Diplom-Ingenieurs«-Examen abzuschließen. Anschließend ist sogar das Studium für eine Promotion möglich. Es würde den Rahmen dieses Studienführers bei weitem überschreiten, auf alle diese Einzelheiten für Studiengänge hinzuweisen, die durch Prüfungs- und Studienordnungen für die zahlreichen Fächer an den deutschen Hochschulen gegeben sind. Hier bleibt dem Studienbewerber nichts anderes übrig, als sich selbst durch gründliche Informationen für anstehende Entscheidungen vorzubereiten.

2.6 Teilweise oder regional beschränkte Studiengänge

Die Einführung der sogenannten Numerus-clausus-Studiengänge bringt es neuerdings mit sich, daß die Art der Zugangsbeschränkung und die Zahl der Fächer, die unter eine Zugangsbeschränkung und damit eine Zuteilung des Studiumplatzes durch die ZVS in Dortmund unterliegen, von Semester zu Semester schwanken.

Neben den Studiengängen, die einer vollständigen Zulassungsbeschränkung durch die ZVS in Dortmund unterliegen, gibt es zahlreiche Studiengänge, die einer nur teilweisen Zugangsbeschränkung entweder bei bestimmten Fächerkombinationen oder aber bei bestimmten Hochschulorten bzw. einer regionalen unterworfen sind.

Es gibt außerdem Studiengänge, in denen die betroffenen Fakultäten oder Fachvertretungen die Studienplätze in einem internen Verfahren bundesweit verteilen. Hierzu zählt z.B. gegenwärtig das Fach Elektrotechnik an den Technischen Hochschulen. Die am Studium der Elektrotechnik beteiligten Institute verteilen unter Ausschluß der ZVS und unter sich die vorhandenen Studienplätze nach einem eigenen Verfahren. Selbstverständlich werden dabei Sonderwünsche der Bewerber, soweit möglich, berücksichtigt. Hier ist also die Zahl der Bewerber auf alle vorhandenen Studienplätze in der Elektrotechnik im gesamten Bundesgebiet insgesamt nicht größer als die Zahl der freien Studienplätze für Anfänger, sondern lediglich regional, d.h. nach Studienorten unterschiedlich gestreut. Wer also Elektrotechnik im Bundesgebiet studieren will, wende sich direkt an die betreffende Fakultät der Technischen Hochschule oder an den entsprechenden Fachbereich einer Gesamthochschule, an der dieses Fach mit seinen Untergebieten studiert werden kann.

Ferner haben wir Fächer, die einer teilweisen Zugangsbeschränkung dadurch unterliegen, daß nur die Erstsemester (das Grundstudium) an einer bestimmten Hochschule studiert werden können, die Aufbau- oder Fachsemester müssen dann an einer anderen Hochschule absolviert werden, die ohne erneute Zulassungsbeschränkung nach Ableistung des Grundstudiums aufgesucht wird. Das ist z.B. für das Fach Vermessungswesen an einigen Hochschulen in Nordrhein-Westfalen der Fall. Auch hier empfiehlt sich das gründliche Studium des vorhandenen und zugänglichen Informationsmaterials, bevor man sich entweder bei der Hochschule direkt oder aber bei der ZVS bewirbt.

Da die Anzahl dieser Beschränkungen und auch die Fächer, die davon betroffen werden, dauernd wechseln, ist es im Rahmen dieses Studienführers nicht möglich, eine genaue Übersicht über den derzeitigen Stand der teilweise oder regional beschränkten Studiengänge aufzuführen. Hochschulen, Arbeitsämter, insbesondere ZVS und Kultusministerien halten für Ratsuchende Auskünfte bereit. Es empfiehlt sich sehr, nach Möglichkeit die Studienwünsche zu präzisieren. Das erleichtert den angeschriebenen Stellen und Behörden eine genaue

Auskunft. Da in den nächsten Jahren noch größere Verschiebungen im Bestand und in den Arten der Zugangsbeschränkung zu erwarten sind, kann immer nur geraten werden, sich möglichst frühzeitig und gründlich über die vorhandenen Studiengänge und -beschränkungen Auskünfte einzuholen.

2.7 Rechtsverfahren der Zulassung

Die sogenannten Numerus-clausus-Studiengänge sind in den letzten Jahren zu einem großen Hindernis für alle Studienbewerber, das sind die Schüler der höheren Schule ab dem 11. Jahrgang, geworden. Die Diskussionen über die Studiengänge selbst und über das Verfahren wollen in der Öffentlichkeit nicht mehr enden. Unaufhörlich berichten Presse und Medien darüber, mit welchen Fehlern sowohl das Verfahren als auch das Prinzip der Zuteilung durch eine Zentralstelle selbst behaftet sind.

Der Studienbewerber, der sich mit dem Gedanken eines Studiums an einer Hochschule in einem zulassungsbeschränkten Studiengang beschäftigt, muß wissen, daß der formale Vorgang des Zuteilens eines Studienplatzes ein sogenannter *Verwaltungsakt* ist. Verwaltungsakte sind im Bundesgebiet Entscheidungen einer Behörde, die für den Betroffenen verwaltungsrechtlich formale Folgen mit sich bringen. Dazu gehören z.B. das Feststellen eines Prüfungsergebnisses nach einer Abschlußprüfung, der Steuerbescheid des Finanzamts oder der Gemeinde und eben auch in diesem speziellen Fall die Entscheidung der ZVS über die Zulassung oder Nichtzulassung zu einem Studium. Das Verwaltungsrecht der Bundesrepublik garantiert jedem durch eine Entscheidung Betroffenen, daß er gegen diese Entscheidung auf dem gültigen und dafür vorgeschriebenen Rechtsweg und *innerhalb einer bestimmten Frist* angehen kann. In der Praxis bedeutet das für uns, daß eine Ablehnung der ZVS auf dem dafür vorgeschriebenen Rechtsweg, das ist eine *Klage vor dem zuständigen Verwaltungsgericht in Gelsenkirchen,* angefochten werden kann. Da bei einer solchen Anfechtungsklage die Beweislast bei dem Kläger liegt, haben diese Verfahren nur in ganz wenigen Fällen Aussicht auf Erfolg. Aussicht auf Erfolg ist nur dann gegeben, wenn in dem Klageverfahren ein erheblicher formaler Mangel im Verfahren zu einer Ablehnung geführt hat oder wenn es dem Kläger gelingt nachzuweisen, daß an der Hochschule, an denen der Bewerber studieren will, nach Abschluß des Zuteilungsverfahrens noch Studienplätze frei sind. Die Beweisführung für den ersteren Fall, d.h. erhebliche formale Mängel im Verfahren nachzuweisen, gelingt dem Kläger so gut wie nie, weil er als Außenstehender Mängel, die in dem Verfahren selbst begründet sind, nicht kennen und deswegen nicht beweisen kann. Im letzteren Fall dagegen konnten schon mehrfach Studienbewerber erfolgreich durch eine Klage beim Verwaltungsgericht Gelsenkirchen einen Studienplatz erstreiten. Hierzu ist in jedem Falle die Beweisführung notwendig, daß trotz Abschluß des Zuteilungsverfahrens an den betroffenen Hochschulen noch Studienplätze frei sind, die dann über das Klageverfahren zur Verfügung und zur Besetzung anstehen. Dieses ist aber nur möglich, wenn entweder direkt durch die Hochschule derartige freie Studienplätze bekannt werden oder aber über das sogenannte Kapazitätsermittlungsverfahren nachgewiesen werden kann, daß an den betroffenen Hochschulen die Zahl der Studienplätze größer ist als bei der ZVS zur Verteilung angegeben. Das kann in Einzelfällen durch eine Neuberechnung der Kapazitäten möglich sein.

2.8 Studienplatztausch

Wie weiter oben schon erwähnt, erhalten viele Studienbewerber durch die ZVS einen Studienort zugeteilt, der nicht ihren Wünschen entspricht. Die ZVS und auch die Hochschulen weisen fortlaufend darauf hin, daß der Tausch eines Studienplatzes *grundsätzlich nicht möglich ist*. Das Verfahren zur Einnahme eines Studienplatzes oder zur Aufnahme eines Studiums ist erst dann abgeschlossen, wenn sich der Bewerber an der ihm zugeteilten Hochschule unter den dort gültigen Einschreibebedingungen persönlich eingeschrieben hat. Der Tausch eines Studienplatzes an verschiedenen Hochschulorten zwischen zwei Tauschpartnern oder gar in einem Ringtauschverfahren mit mehr als zwei Interessenten ist nur dann rechtlich abgesichert, wenn die Tauschpartner die gleichen Fächerkombinationen oder das gleiche Studienfach besitzen, alle Tauschpartner sich an den zugewiesenen Hochschulen eingeschrieben haben und außerdem die Zustimmung aller beteiligten Hochschulen schriftlich vorliegt. Nur bei Erfüllung der genannten Vorschriften ist der Tausch eines Studienortes möglich und rechtsgültig. Studienbewerber, die einen Hochschulort (Studienort) gegen einen anderen tauschen wollen, sollten sich warnen lassen, bei den immer mehr aufkommenden privaten oder auch durch Organisationen (VDS) betriebenen »Tauschbörsen« den Tausch eines Studienplatzes zu betreiben oder gar zu vollziehen, wenn nicht alle der eben genannten Bedingungen absolut und schriftlich erfüllt sind. In allen anderen Fällen verliert der Studienbewerber das durch die Zuteilung der ZVS erhaltene Recht auf Beginn eines Studiums an einer ihm zugeteilten Hochschule. Obwohl die ZVS und auch die Hochschulen immer wieder in ihren schriftlichen Informationen auf diesen Sachverhalt hinweisen, kommt es häufig vor, daß Studienbewerber diese Bestimmungen mißachten oder übergehen und eigenmächtig den Studienort tauschen. Wenn sie dann später erfahren, daß sie mit diesem illegalen Tausch ihr Anrecht auf einen Studienplatz verwirkt haben und bereits schon studierte Teile eines Studiums nicht anerkannt werden, stehen keinerlei Rechtsmittel mehr zur Verfügung, um diesen Fehler zu korrigieren. Es bleibt dann nur der Weg über einen Neuantrag bei der ZVS zur erneuten Zuteilung eines Studienplatzes bei dem nächsten Verfahren übrig.

2.9 »Parkstudium«

Abschließend zu diesem Kapitel über den Zugang zum Studium seien noch einige Bemerkungen zu dem sogenannten »Parkstudium« gemacht. Nach den bis zum 26.1.1976 geltenden Hochschulgesetzen der Bundesrepublik war es möglich, daß Studienbewerber, die beim ersten Antragsverfahren keinen Studienplatz erhielten, in einem anderen nichtzulassungsbeschränkten Studienfach, das in Verbindung mit dem gewählten Studienfach auf dem Antrag bei der ZVS stand, das Studium aufnehmen konnten und die dort verbrachten Zeiten auf die sogenannte Wartezeit bis zum nächsten Antrag angerechnet wurden. Diesen Vorgang hatte man als *»Parkstudium«* bezeichnet. Wer z.B. für das Studiengebiet oder Studienfach Medizin nicht direkt zugelassen wurde, konnte bis zum Zulassungsverfahren zum Wintersemester 1976/77 die aus einer schlechten Durchschnittsnote seines Abiturzeugnisses anfallende Wartezeit dadurch verkürzen, daß er in zulassungsfreien benachbarten Fächern (Landwirtschaft, Botanik, Physik u.a.) sein Studium aufnahm. Die dort verbrachten Studienzeiten wurden bei der Neuberechnung des zur Zulassung notwendigen Notendurchschnitts angerechnet und verkürzten dadurch unter Umständen die Wartezeit bis zur Zulassung nach dem dann erreichten Notendurchschnitt im Zulassungsverfahren.

Mit Wirkung vom 27.1.1976 trat das sogenannte *Hochschulrahmengesetz* (BGBl. 1976, Teil I, S. 185) in Kraft. Dieses Hochschulrahmengesetz brachte für das Parkstudium und die davon betroffenen Studenten oder Studienbewerber eine Anzahl von gravierenden Änderungen bzw. Behinderungen. Die wichtigste Änderung besagt, daß Studenten, die nicht damit rechnen können, noch vor dem Wintersemester 1977/78 zu dem von ihnen beantragten Studium zugelassen zu werden, ein Parkstudium nicht mehr beginnen können. Nach diesem Zeitpunkt werden die in einem anderen Studiengang erbrachten Wartezeiten *nicht* mehr bei den Zulassungsverfahren angerechnet. Sie bringen also keine Verbesserung des Notendurchschnitts mehr und bedeuten in jedem Fall einen Zeitverlust. Es ist dann unter Umständen sinnvoller, die Wartezeit durch ein anderes Verhalten, das sich günstig für den späteren Beruf auswirkt, auszufüllen. Es sei in diesem Zusammenhang nochmals auf die Möglichkeit einer längeren praktischen Berufstätigkeit oder gar einer Berufsausbildung (vgl. S. 11 ff.) verwiesen.

Mit großer Wahrscheinlichkeit ist auch damit zu rechnen, daß ab diesem Zeitpunkt oder spätestens bei der Zulassung 1978/79 zu dem Auswahlverfahren der ZVS nach dem Notendurchschnitt in einigen Fächern oder sogar in der Mehrzahl der Fächer zusätzliche Aufnahmeverfahren etwa durch Hochschuleingangsprüfungen, psychologische Eignungstests oder Einführungssemester u.ä. treten. Da für die spätere Berufstätigkeit auch bei Akademikern die persönliche Mobilität in Zukunft eine viel größere Rolle spielen wird als in der Vergangenheit, stellt sich den Studienbewerbern, die in einem ausgewählten oder gewünschten Studiengang vorerst keine Chance auf die Zuteilung eines Studienplatzes haben, die entscheidende Frage, ob sie dann nicht besser ein Studium in einem zulassungsfreien Fach durchführen und mit diesem Studium später versuchen sollen, eine berufliche Tätigkeit auszuüben und sich bietende Chancen zur Fortbildung entsprechend zu nutzen. Auf diese beiden Alternativen: Ableistung der Wartezeit in praktischer Berufstätigkeit oder Beginn eines Studiums in zulassungsfreien Fächern bzw. Studiengängen sei noch einmal besonders verwiesen.

3. Das Zulassungsverfahren

3.1 Arbeitsweise und Aufgaben der Zentralstelle für die Vergabe von Studienplätzen (ZVS)

Die Zentralstelle für die Vergabe von Studienplätzen (ZVS) ist eine rechtsfähige Anstalt des öffentlichen Rechts. Ihre genaue Adresse lautet: *Sonnenstraße 171, 4600 Dortmund 1, Postfach 8000,* Telefon: 0231/10811.

Die Rechtsgrundlagen für das von ihr praktizierte Verfahren zur Zuteilung oder Vergabe von Studienplätzen sind 1. der *Staatsvertrag über die Vergabe von Studienplätzen* zwischen den Bundesländern der Bundesrepublik Deutschland und 2. die *Verordnung zur Durchführung des Staatsvertrages über die Vergabe von Studienplätzen.* Während der erstere Vertrag die Struktur, die Arbeitsweise und die Zusammenarbeit der ZVS mit den Hochschulen festlegt, regelt die Durchführungsverordnung das Verfahren im einzelnen. Da der Staatsvertrag vom 20.10.1972 ein sehr schwieriges Vertragswerk ist, das bei einer Änderung der Unterschrift aller 11 beteiligten Bundesländer bedarf, kann sich die ZVS über die sogenannte Durchführungsverordnung besser an die jeweils geltenden Bedingungen der einzelnen Studiengänge oder -fächer an den Hochschulen oder in den Ländern anpassen. Auf dem Verordnungswege ist es möglich, neue Studiengänge oder -fächer in das Zulassungs- und Vergabeverfahren einzuführen oder aber andere Studiengänge, bei denen die Zahl der Bewerber die Zahl der freien Plätze nicht mehr übersteigt, aus den Verfahren herauszunehmen. Da von beiden Möglichkeiten seit Errichtung der ZVS laufend Gebrauch gemacht wurde und auch in Zukunft wohl immer mehr Gebrauch gemacht wird, ist es für Studienbewerber, d.h. für Besucher der höheren Schulen ab dem 11. Jahrgang oder auch Besucher der Fachoberschulen in der letzten Klasse immer von besonderem Informationswert, wenn sie sich rechtzeitig durch Anfrage bei der ZVS, bei den Hochschulen oder bei dem Kultusministerium ihres Bundeslandes über den Stand der zulassungsbeschränkten, teilweise zulassungsbeschränkten oder zulassungsfreien Studiengänge informieren. Dies sollte so früh wie möglich geschehen, um – wie weiter oben schon dargestellt (vgl. S. 14 f.) – bei eventuellen Entscheidungen über die Abwahl von Studienfächern in der Oberstufe der höheren Schule im Hinblick auf ein künftiges Studium eine richtige Entscheidung treffen zu können. Dies ist auch wichtig unter dem Gesichtspunkt, daß – wie ebenfalls oben schon dargestellt (vgl. S. 53) – durch die Abwahl von bestimmten Fächern oder die Kombination von bestimmten Fächern in der Oberstufe des Gymnasiums der Notendurchschnitt auf dem Abiturzeugnis unter Umständen entscheidend beeinflußt werden kann. Alle diese Zusammenhänge müssen viel mehr als bisher der heranwachsenden Jugend, den Besuchern der höheren Schule und der Fachoberschulen bekannt werden. Das ist mit ein Hauptzweck dieser Schrift.

Die Studiengänge an den Hochschulen im Bundesgebiet werden entweder nach Semestern oder aber nach Studienjahren durchgeführt. Ein Semester bedeutet in der Regel ein halbes Studienjahr. Es gibt zahlreiche Studiengänge an den deutschen Hochschulen, die nur jahrgangsweise durchgeführt und infolgedessen nur einmal im Jahr begonnen werden können. Das ist in der Regel der Herbsttermin oder der 1. Oktober. Andere Studiengänge werden nach Semestern durchgeführt und können sowohl zum Wintersemester, das ist am 1. Oktober, oder aber zum Sommersemester, das ist der 1. April, begonnen werden. Semesterbeginn bedeutet jedoch nicht gleichzeitig auch den Beginn der Veranstaltungen an den Hochschulen. Diese beginnen in der Regel etwa 14 Tage bis drei Wochen später. Zwischen Semesterbeginn und Beginn der Veranstaltungen liegt meistens die Einschreibefrist, in der alle Neubeginner von Studiengängen sich an der Hochschule einschreiben, d.h. »immatrikulieren« müssen. Für Studenten, die bereits zu einem früheren Zeitpunkt an der Hochschule begonnen haben, gibt es zur Wiedereinschreibung, der sogenannten »Rückmeldung«, andere Termine. Da die Zentralstelle für die Vergabe von Studienplätzen ihre Arbeit bis zum Semesterbeginn oder dem Beginn eines Studienjahres beendet haben muß, beginnt das Verfahren bei der hohen Zahl von zu bearbeitenden Bewerbungen schon sehr frühzeitig.

Die ZVS zieht in der Regel zunächst *drei Hauptvergabeverfahren* für verschiedene Hochschularten durch:

Das erste Verfahren gilt für Bewerber mit allgemeiner oder fachgebundener Hochschulreife für alle zulassungsbeschränkten Studiengänge an staatlichen wissenschaftlichen Hochschulen einschließlich Gesamthochschulen, Pädagogischen Hochschulen, Technischen Hochschulen, Sporthochschulen, Kunsthochschulen, medizinischen oder veterinärmedizinischen Hochschulen und anderen. Betroffen sind alle Studiengänge, die entweder mit dem Diplom, der Magisterprüfung, der Promotion und/oder dem Staatsexamen – ausgenommen die Lehrämter – enden. Es gilt außerdem für alle Lehramtsstudiengänge, die mit einer Ersten Staatsprüfung abschließen.

Sodann folgt ein zweites Verfahren für Bewerber mit Fachhochschulreife für die Studiengänge an den staatlichen Fachhochschulen und Gesamthochschulen des Landes Nordrhein-Westfalen.

Schließlich ein drittes Verfahren für Bewerber mit Fachhochschulreife für die Studiengänge an den staatlichen Fachhochschulen des Landes Hessen und diesen entsprechende Studiengänge der Gesamthochschule Kassel.

3.2 Hauptvergabeverfahren, Nachrückverfahren, Losverfahren

In der zeitlichen Abfolge lassen sich unterscheiden:

Das *Hauptvergabeverfahren*, in dem alle Bewerber im ersten Durchgang auf die zur Verfügung stehenden freien Studienplätze verteilt werden. Da die Bewerbungsfrist bereits einige Zeit vor diesem Verfahren abläuft, kann aus persönlichen Gründen von Bewerbern oder aus Veränderungen in der Studienplatzzahl an den Hochschulen eine gewisse Verschiebung bei der Zuteilung von Studienplätzen im Hauptvergabeverfahren notwendig sein. Die im Hauptvergabeverfahren zugelassenen Studienbewerber müssen sich dann innerhalb einer bestimmten Frist bei den Hochschulen einschreiben (immatrikulieren). In der Regel sind das die oben erwähnten Einschreibetermine ab dem 1. Oktober bzw. ab dem 1. April. Am Ende dieser Einschreibefrist, die schon nach dem Beginn der Veranstaltungen liegt, meldet die Hochschule der ZVS unverzüglich Zahl und Art der freigebliebenen bzw. nicht in Anspruch genommenen Studienplätze.

Nach Eingang dieser Meldungen von den Hochschulen läuft bei der ZVS das *erste Nachrückverfahren* an. Im zweiten Durchgang zur Vergabe von Studienplätzen an die Bewerber werden dann nochmals alle vorliegenden Bewerbungen auf die mittlerweile freigebliebenen Studienplätze hin durch die technischen Einrichtungen der ZVS überprüft und entsprechend den gleichen Bedingungen, die für das Hauptvergabeverfahren galten, an die nächstfolgenden Bewerber fächerweise und nach Hochschulorten zugeteilt. Die im ersten Nachrückverfahren ermittelten Bewerber um einen Studienplatz erhalten unmittelbar daran Mitteilung von ihrer Zulassung mit der Auflage, sich innerhalb einer festgelegten Nachmeldefrist bei der Hochschule für den zugeteilten Studienplatz und Studiengang einzuschreiben. Am Ende dieser Einschreibefrist melden die Hochschulen wiederum die freigebliebenen oder in der Zwischenzeit durch andere Maßnahmen (Baumaßnahmen, Neubesetzung von Lehrstühlen) noch hinzugekommenen Studienplätze der ZVS zum *zweiten Nachrückverfahren*. Den Hochschulen ist ebenfalls für die Nachmeldung der noch freien Studienplätze eine Frist gesetzt, womit gesichert ist, daß das zweite Nachrückverfahren nicht unzulässigerweise durch zu langsame Arbeit der Hochschulverwaltung verzögert wird. Unmittelbar nach dem Eingang der Meldungen über etwa noch freie Studienplätze beginnt dann bei der ZVS das zweite Nachrückverfahren. In ihm werden ebenfalls nach den gleichen Prinzipien wie im Hauptvergabeverfahren die dem erforderlichen Durchschnitt nächstliegenden Bewerber ermittelt, unverzüglich von der Zuteilung des Studienplatzes verständigt und angewiesen, sich innerhalb einer Nachmeldefrist bei der Hochschule einzuschreiben.

Auch nach diesem zweiten Nachrückverfahren ist das Besetzungsverfahren der freien Studienplätze für das jeweilige Studiensemester oder Studienjahr noch nicht endgültig abgeschlossen. Nach Ende der Einschreibefrist nach dem zweiten Nachrückverfahren kann unter Umständen ein *drittes Nachrückverfahren* durchgeführt werden oder aber die Hochschule wird dann ermächtigt, die noch freigebliebenen Studienplätze über das *Losverfahren* zu verteilen. Studienbewerber, die im Hauptvergabeverfahren und in den Nachrückverfahren der ZVS keinen Studienplatz für das gewünschte Studiengebiet oder den gewünschten Hochschulort erhalten haben, können sich dann direkt bei der Hochschule zur Teilnahme an dem Losverfahren bewerben. Die Hochschulen führen das Losverfahren in eigener Regie und unter amtlicher Aufsicht selbst durch. Die Bewerber haben dabei sogar die Möglichkeit, gewisse Gesichtspunkte, die bei der Bewerbung bevorzugt berücksichtigt werden sollen und in dem Antragsverfahren bei der ZVS nicht zur Geltung kommen, wie z.B. bestimmte soziale Behinderungen oder Erschwernisse, im Antragsverfahren bei der Hochschule vorzubringen. Die Hochschule kann dann entscheiden, ob diesem Bewerber im Losverfahren eine bevorzugte Zuteilung zugebilligt wird oder ob er unter den gleichen Bedingungen wie die übrigen Bewerber an dem Losverfahren teilzunehmen hat. Es muß jedoch auf die Schwierigkeiten, die mit dem Losverfahren anfallen, hingewiesen werden. Die Losverfahren können in der Regel nicht vor Ende November bzw. nicht vor Ende Mai durchgeführt werden. Das hat zur Folge, daß der Bewerber erst Anfang Dezember oder Anfang Juni im laufenden Semester oder Studienjahr sein Studium beginnen kann. In zahlreichen Fächern jedoch werden zu Beginn eines Studiums sogenannte obligatorische Grundveranstaltungen durchgeführt, an denen die Teilnahme zur Ableistung bestimmter Studieninhalte Pflicht ist. Das betrifft fast alle naturwissenschaftlichen, technischen und medizinischen Studiengänge, in denen ein Teil des Studiums mit stark systematisierten Übungen, Praktika, Kolloquien oder Vorlesungen beginnt. Dann werden in der Regel in der ersten oder spätestens zweiten Woche des Vorlesungsbeginns die Arbeitsplätze in den Labors, Werkstätten und Übungsräumen zugeteilt, die Geräte, Instrumente und dergleichen ausgegeben, Arbeitsanweisungen und Arbeitspläne verteilt, auf Literatur hingewiesen oder gar die Reihenfolge bestimmter Veranstaltungsinhalte festgelegt. Wer über das Losverfahren vier bis sechs Wochen nach Beginn der Veranstaltungen noch hinzukommt, wird kaum mehr in der Lage sein, bis zum Ende des Semesters die erforderlichen Pflichtübungen, Praktika und dergleichen erfolgreich abzuleisten oder nachzuweisen. Das gleiche gilt auch für die Vorlesungen, die in zahlreichen Studiengängen stark systematisiert sind und zumindest in den Anfangswochen eine Anwesenheit dringend erforderlich machen. Solche straffe Regelungen eines Studiums bestehen jedoch nicht in allen Fällen, so daß es durchaus ratsam sein kann, den Studienbeginn über die Teilnahme am Losverfahren zu versuchen. Außerdem kann ein Rückruf bei den Hochschulsekretariaten oder eine persönliche Vorsprache dort wichtige Aufschlüsse geben, ob die Teilnahme an einem Losverfahren für einen baldigst möglichen Studienbeginn lohnt oder nicht. In der Regel wissen die Hochschulsekretariate am Ende der beiden Nachrückverfahren und bezogen auf die einzelnen Fächer recht genau Bescheid, welche Chancen Bewerber in Losverfahren für die verschiedenen Studiengänge noch haben oder nicht.

3.3 Fristversäumnis, formale Mängel des Zulassungsantrags

Aus alledem geht hervor, daß die Einhaltung der im gesamten Verfahren von der ZVS und den Hochschulen gesetzten Fristen zum wichtigsten gehört, was von den Bewerbern genau beachtet und eingehalten werden muß. Das Versäumnis einer Frist bedeutet nämlich die Zurückstellung für das nächste Hauptvergabeverfahren im kommenden Semester oder Studienjahr. *Es gehört überhaupt zu einer Grunderkenntnis des Bürgers in unserem demokratischen Rechtsstaat, daß das Versäumnis von Fristen, die durch Behörden in amtlichen Verfahren gesetzt werden, erhebliche Rechtsnachteile mit sich bringt und un-*

ter Umständen die Aufgabe von Rechtsansprüchen zur Folge hat.

Als erwachsene Bürger unseres Staates leben wir in einem verwalteten Gemeinwesen. Es ist zutiefst bedauerlich, daß ein großer Teil der heranwachsenden Bürger, nämlich die Besucher der höheren Schule, so gut wie überhaupt nicht auf den Umgang mit den Verwaltungsinstitutionen unseres Staates vorbereitet werden. Das erlebt niemand härter als der Studienbewerber, wenn er sich nach dem Abitur oder schon vorher um Informationen für sein künftiges Studium oder seinen Berufsweg bemüht. Dieser Mangel macht sich auch sehr eindeutig bemerkbar, wenn der Abiturient oder Studienbewerber sich mit den Unterlagen der Zentralstelle für die Vergabe von Studienplätzen auseinanderzusetzen hat. Hier werden die meisten Studienbewerber (als Erwachsene) zum erstenmal mit einem recht komplizierten, doch für sie lebensentscheidenden Verwaltungsverfahren konfrontiert. Die ZVS als eine erst in jüngster Zeit eingerichtete Verwaltungsdienststelle bedient sich zur Durchführung der ihr gesetzten Aufgabe moderner technischer Anlagen, die die eingehenden Anträge ordnen, überprüfen, auswerten und Entscheidungen fällen. Dieses Verfahren auf hochkomplizierten Datenverarbeitungsanlagen gelingt für den einzelnen und Betroffenen nur dann, wenn alle formalen Voraussetzungen absolut richtig erfüllt sind. Das bedeutet, daß die vorgegebenen Anträge und Formulare peinlich genau und präzise beantwortet bzw. ausgefüllt werden müssen. Auch der Durchschnittsabiturient müßte heute wissen, daß Datenverarbeitungsanlagen nicht dazu konstruiert sind, Fehler, die beim Ausfüllen von vorgedruckten Formularen gemacht werden, selbständig zu korrigieren. Das machen diese Maschinen nicht, sondern sie werfen den nicht korrekt ausgefüllten Antragsbogen aus und klassifizieren damit den Bewerber zunächst als nicht zugelassen. Der Prozentsatz der bei jedem Verfahren zurückgeschickten Antragsformulare ist erstaunlich hoch und bringt für die Betroffenen zumindest eine große Verzögerung in ihrem Verfahren, manchmal sogar den Verlust eines Semesters oder eines Studienjahres mit sich. Dann nämlich, wenn die Anträge sehr spät, d.h. kurz vor Terminende eingereicht werden und die durch die Datenverarbeitungsanlage dann als fehlerhaft aussortierten Unterlagen nicht mehr rechtzeitig bis zum Ende der Antragsfrist wieder eingereicht werden können. Dieser Mangel kann nicht allein den Bewerbern, d.h. den Abiturienten zugerechnet werden, es muß sich auch die höhere Schule den Vorwurf gefallen lassen, daß sie sich bis heute nur sehr wenig um die Vorbereitung ihrer Schüler für das verwaltete Dasein eines Staatsbürgers gekümmert hat und noch kümmert. Deshalb wird jedem Abiturienten bzw. Studienbewerber geraten, sich zur Bewerbung bei der ZVS mehr als ein Antragsformular zuschicken zu lassen.

3.4 Informationen und andere Unterlagen der ZVS

Die ZVS ihrerseits betreibt einen erheblichen Kundendienst. Sie versendet, getrennt nach den oben beschriebenen Teilverfahren, zu jedem Semester eine umfangreiche und bis ins Detail gehende Informationsschrift, das sogenannte *»ZVS-Info«*. Es kann allen Studienbewerbern nicht nachdrücklich genug empfohlen werden, dieses ZVS-Informationspapier vor dem Ausfüllen der Formulare gründlich zu lesen. Das ZVS-Informationsblatt enthält alle Einzelheiten für das Bewerbungsverfahren, zahlreiche Informationen zur Handhabung der Formulare, Statistiken aus den Ergebnissen der bisherigen Vergabeverfahren, aus denen die Bewerber unter Umständen entnehmen können, welche Chancen sie bei ihrem Abiturzeugnis-Notendurchschnitt in dem beantragten Verfahren haben, im Schlußteil abgedruckt Auszüge aus den Rechtsgrundlagen über die ZVS und das Verfahren, zahlreiche Übersichten über das Studienplatzangebot, unterteilt nach verschiedenen Bundesländern, und am Ende einen Adressenteil mit zahlreichen für den Bewerber nützlichen Adressen. Ein Teil dieser Adressen, Statistiken und sonstigen Angaben ist ausschnittsweise oder ganz auch diesem Studienführer im Anhang beigefügt. Der Studienbewerber sei jedoch ausdrücklich darauf hingewiesen, daß jeweils die nur im zuletzt erschienenen *ZVS-Info* enthaltenen Angaben die für das anstehende Verfahren entsprechenden Verhältnisse aufzeigen. Da sich fast zu jedem Semester bzw. Studienjahr sowohl die Art der Studiengänge als auch die der Kombinationsmöglichkeiten von Fächern und insbesondere die Zahl der Studienplätze an den einzelnen Hochschulen ändern, kann für bindende Auskünfte immer nur das letztgültige Informationsblatt der ZVS herangezogen werden. Ältere Ausgaben sind für die Bearbeitung des Antrags zum laufenden Verfahren zwecklos.

Eine nützliche Hilfe für die Ausfüllung der Antragsformulare kann unter Umständen der Beistand eines Studenten sein, der das Verfahren selbst durchgemacht hat. Wie überhaupt dem Studienbewerber und Jungstudenten der Rat erteilt werden muß, sich bei solchen Auskünften zunächst an seine Semestervorgänger zu wenden, da bei diesen in der Regel sich gewisse Erfahrungen über das Bewerbungs- und Antragsverfahren bei der ZVS und den Beginn eines Studiums angesammelt haben. Diese Erfahrungswerte sind meist noch so frisch, daß sie für den Studienbewerber einen hohen Informationswert darstellen können, den man nutzen sollte. *Inzwischen haben auch fast alle Hochschulen Studienberatungsstellen für die verschiedenartigen Studiengänge, getrennt nach Lehrämtern und anderen Studiengängen und oftmals auch getrennt nach den Fakultäten, eingerichtet.* Es empfiehlt sich gegebenenfalls, vor Antragstellung die Hochschule, an der man studieren will, aufzusuchen und sich bei den Studienberatungsstellen über den Studiengang zu erkundigen und dort eventuell Hilfe für die Ausfüllung der Antragsformulare zu erbitten. In der Regel leisten die Studienberatungsstellen an den Hochschulen gute Dienste bei Auskünften, die das Studium betreffen und die auch das Verfahren der ZVS einschließen. Sie sind ferner in der Lage, die Namen erfahrener und engagierter Studenten anzugeben, bei denen sich der Studienbewerber um weitere Auskünfte bemühen kann.

3.5 Mängel der Zulassungsstelle und des Verfahrens

Der Mangel der ZVS und des Verfahrens liegt hauptsächlich darin, daß sie nur beauftragt ist, das Vergabeverfahren nach objektivierten Grundsätzen und, wie weiter oben schon ausgeführt, in der vertraglich vereinbarten Systematik in kurzer Zeit durchzuführen, d.h., die ZVS ist keine Beratungsstelle für Studienangelegenheiten, sondern kann lediglich und auch nur bei rechtzeitigem Einreichen der Unterlagen Mängel, die in dem Antragsverfahren enthalten sind, korrigieren. Es ist also zwecklos, sich an die ZVS mit Fragen über Studienangelegenheiten zu wenden. Das ist, wie hier im Studienführer beschrieben, an anderen Stellen leichter möglich und sollte abgeschlossen sein, wenn der Studienbewerber seine Antragsunterlagen bei der ZVS für die Teilnahme an dem Vergabeverfahren zu einem Studienplatz erbittet. Es kann unter Umständen auch ratsam sein, daß die Studienbewerber sich zu einem Arbeitskreis zusammenschließen und die Antragsformulare unter der Anleitung eines bereits »erprobten« Studenten gemeinsam ausfüllen. Das scheint mir aus der Erfahrung ein sehr gangbarer Weg für die Zukunft zu sein.

3.6 Allgemeingültige Regeln für den ZVS-Antrag

Obwohl die ZVS in ihrem Informationsblatt für das jeweilige Semester unterschiedlich nach den Vergabeverfahren oder für das betroffene

Studienjahr ausführliche Darlegungen zu den Verfahren macht, sollen der Vollständigkeit halber auch an dieser Stelle die wichtigsten Inhalte des Antragsverfahrens dargestellt werden.

Beachten Sie bitte bei der Bewerbung um einen Studienplatz bei der ZVS folgende allgemeingültige Regeln:

1. Die ZVS verteilt zu jedem Semester bzw. Studienjahr und unterschiedlich für die drei oder unter Umständen mehr Vergabeverfahren jeweils eigene Antragsformulare. Ihre Antragstellung oder Ihre Bewerbung um einen Studienplatz ist nur dann gültig und wird nur dann von der ZVS bearbeitet, wenn der *Antrag auf den für das Verfahren gültigen Vordrucken rechtzeitig eingereicht wird.* Wenn Sie veraltete Formulare verwenden, werden Sie automatisch von den Vergabeverfahren ausgeschlossen. Das ist deshalb notwendig, weil sich zu jedem Semester bzw. Studienjahr und auch für die verschiedenen Vergabeverfahren bei den Zulassungsbedingungen an den Hochschulen durch Aufnahme oder Abgabe von zulassungsbeschränkten Studiengängen oder -fächern oder durch Änderung der Fächerkombinationen neue Bedingungen ergeben, die nur auf den *letztgültigen Formularen* richtig ausgedruckt sind.
   Die ZVS verschickt bei Ablehnung der Bewerbung um einen Studienplatz Sonderformulare für sogenannte Wiederbewerber. Es handelt sich um die sogenannte Wiederbewerbungserklärung. Diese muß innerhalb einer vorgeschriebenen Frist an die ZVS zurückgeschickt sein. Sollten Sie einen solchen Wiederbewerbungsantrag erhalten haben, können Sie ihn anstelle des *allgemeinen Teils* des Zulassungsantrags benutzen. Überprüfen Sie jedoch bitte alle Daten, die in dem Wiederbewerbungsantrag enthalten sind, ob sie mit den Daten übereinstimmen, die Sie jetzt bei der Wiederbewerbung angeben wollen. Der Wiederbewerbungsantrag allein reicht jedoch nicht aus. Wenn Sie den gleichen Studiengang und Studienort nochmals wünschen, so tragen Sie diese auf ein vollständig ausgefülltes maschinenlesbares Blatt ein und schicken es *mit* dem Wiederbewerbungsantrag an die ZVS zurück. Falls Sie dieses versäumen, ist Ihr Wiederbewerbungsantrag unvollständig und wird vom Vergabeverfahren ausgeschlossen. Sie können jedoch in dem maschinenlesbaren Teil des Antrags *neue Studiengänge* und *Studienorte* eintragen, die Sie früher *nicht genannt* haben. Beachten Sie jedoch, daß auch für den Wiederbewerbungsantrag zusätzliche Belege wie Meldebescheinigung über Ihre Hauptwohnung u.ä. Anlagen beizufügen sind. Bedenken Sie bitte, daß Sie für jeden zusätzlichen Antrag alle für die Entscheidung der ZVS notwendigen Unterlagen, die amtlich beglaubigt sein müssen, beifügen und vergessen Sie auch hier nicht *Ihre Unterschrift.*

2. Zur Wahrung der Chancengleichheit kann jeder Bewerber an einem Vergabeverfahren nur mit *einem Antrag* teilnehmen. Es ist falsch zu glauben, daß die Chance für die Zulassung zu einem Studiengang sich durch mehrere Anträge an die ZVS erhöht. Berücksichtigt für das Vergabeverfahren wird je-

weils nur der *letzteingegangene* Antrag. Sollten also mehrere Anträge für ein Vergabeverfahren eingereicht werden, so wird nur der letzte Antrag berücksichtigt. Es ist jedoch möglich, sich an mehreren Hauptvergabeverfahren zu beteiligen, d.h. einen Antrag für einen Studienplatz an einer wissenschaftlichen Hochschule und an einer Fachhochschule zu stellen. Wenn über die ZVS für ein kommendes Semester drei Hauptvergabeverfahren für jeweils unterschiedliche Hochschulstudiengänge durchgeführt werden, kann jeder Bewerber *drei Anträge* für verschiedene Studiengänge an unterschiedlichen Hochschulen stellen. Als Beispiel aus der Praxis sei erwähnt, daß es möglich ist, einen Antrag auf Zulassung zu einem wirtschaftswissenschaftlichen Studium an einer Universität mit dem Ziel der Diplomprüfung, aber auch einen solchen für die Zulassung an einer Fachhochschule mit dem Ziel des grad. Betriebswirts zu stellen.
Wem daran gelegen ist, *überhaupt* an einer Hochschule zu studieren, erhöht durch die Teilnahme an mehreren Vergabeverfahren für unterschiedliche Hochschularten seine Studienchance.

3. Jeder Bewerber um einen Studienplatz kann auf den maschinenlesbaren Blättern des Antrags bis zu acht Studiengänge in einer Reihenfolge nennen. Im sogenannten Hauptvergabeverfahren (oben beschrieben) wird zunächst nur über den Studienwunsch, der an *erster Stelle* genannt wurde, entschieden. Die folgenden vorgetragenen Studienwünsche werden erst im Nachrückverfahren durch die Datenverarbeitungsanlage auf die Realisierung der Zulassung überprüft. Es muß aber beachtet werden, daß über Studienwünsche, die an zweiter Stelle genannt werden, erst dann entschieden wird, wenn alle Bewerber, die diesen Studiengang an erster Stelle genannt haben, berücksichtigt wurden und eine Zulassung erhalten haben. In der Praxis heißt das, daß auch im ersten, zweiten oder eventuell dritten Nachrückverfahren zunächst alle Bewerber, die diesen Studiengang oder dieses Studienfach an erster Stelle genannt haben, durchgespielt werden. Haben in den Nachrückverfahren alle Bewerber eine Zulassung erhalten, dann werden die verbliebenen Bewerber auf Realisierbarkeit des zweitgenannten Studienganges oder -faches in das Nachrückverfahren einbezogen.
Der Bewerber sollte wissen, daß er bei der Auswahl des Studienortes, wie oben schon einmal ausgeführt, seine Chancen nur dann voll wahrnehmen kann, wenn er im Antragsformular *alle* Hochschulorte, an denen der von ihm gewünschte Studiengang im Zweifelsfalle mit den gewünschten Fächerkombinationen studiert werden kann, im Antragsformular aufzählt. Er bringt damit zum Ausdruck, und das ist auch der Sinn des Verfahrens, daß ihm in der Hauptsache an der Aufnahme eines Studiums gelegen ist und erst an zweiter Stelle der Eigenwunsch nach einem bestimmten Hochschulort zum Zuge kommen soll.
Im Hauptvergabeverfahren versucht die ZVS, den Bewerber der an erster Stelle genannten Hochschule zuzuweisen. Das ist jedoch in den meisten Fällen nicht möglich, weil es bei den Studienbewerbern immer noch eine große Präferenz für bestimmte Hochschulen gibt, an denen man glaubt, unter be-

sonders günstigen Bedingungen den gewählten Studiengang absolvieren zu können. So kommen mehr Bewerber auf einen bestimmten Hochschulort als an diesem Hochschulort für den gewünschten Studiengang Plätze vorhanden sind. In diesem Falle ist die ZVS entsprechend ihrer Vergaberichtlinien gehalten, Kriterien für die Zuweisung an einen Hochschulstandort nach bestimmten Gesichtspunkten anzulegen. Solche Gesichtspunkte sind u.a.: Schwerbehinderung eines Bewerbers, verheiratete Bewerber, die mit ihrer Familie am Studienort wohnen, Bewerber, deren Antrag auf bevorzugte Berücksichtigung des ersten Studienortwunsches anerkannt wurde, Bewerber, die bei ihren Eltern am Studienort wohnen, allein am Studienort wohnende Bewerber, das Bundesland, in dem der Bewerber wohnt und in dem der angegebene Studienort liegt, zuletzt folgen dann alle übrigen Bewerber.

Jeder Bewerber hat es durch die Nennung der Reihenfolge des gewünschten Hochschulstudienortes in der Hand, eine gewisse Streuung in der Zuteilung des Studienplatzes vorzunehmen.

Besondere Bedeutung erhält der Studienort für die Bewerbung zu einem Lehramtsstudiengang. Bei diesem sollte unbedingt darauf geachtet werden, daß zunächst die Studienorte in dem Bundesland genannt werden, in dem der Bewerber seinen Hauptwohnsitz hat und unterhält. Erfahrungsgemäß stellen die Kultusbehörden der Bundesländer die Bewerber aus den landeseigenen Hochschulorten mit Vorzug an. Das sei an einem praktischen Beispiel erläutert: Wer in Rheinland-Pfalz seinen Hauptwohnsitz hat und im Nachbarland Hessen einen Lehramtsstudiengang an einer Hochschule mit der Ersten Staatsprüfung abschließt und dann in den Schuldienst des Landes Rheinland-Pfalz eintreten möchte, muß damit rechnen, daß er bei seiner Bewerbung hinter diejenigen Bewerber zurückgestellt wird, die an der Erziehungswissenschaftlichen Hochschule oder an den Universitäten des Landes Rheinland-Pfalz ihr Studium mit dem Ersten Staatsexamen für ein Lehramt abgeschlossen haben.

Wenn ein Bewerber nicht alle Hochschulorte, an denen er das gewünschte Fach oder den Studiengang studieren kann, vollständig aufzählt, *vermindert er seine Chance für die Zulassung zu einem Studium.* Ein sorgfältiges Studium der von der ZVS herausgegebenen Übersichten über die möglichen Studiengänge bzw. Fächerkombinationen, insbesondere bei den Lehramtsstudiengängen, ist eine wichtige Voraussetzung, wenn der Bewerber seine Chancen bei der ZVS voll nutzen will.

Die Bewerber für Lehramtsstudiengänge müssen beachten, daß bei einem Studium bestimmter Fächerkombinationen in einem anderen Bundesland als dem, in dem ihr Hauptwohnsitz liegt und in dem sie später eine Anstellung durch die Kultusbehörde erreichen wollen, diese in dem Bundesland anerkannt wird, in dem eine Anstellung angestrebt wird. So kann es möglich sein, daß z.B. eine studierte Fächerkombination für das Lehramt an Gymnasien an einer Hochschule in Niedersachsen mit der dort studierten Kombination für eine Anstellung im Lande Baden-Württemberg nicht anerkannt wird. Für die Bewerber bedeutet dies, wenn sie sich bei der Auswahl der Fächerkombination nicht an dem künftigen Anstellungsland orientieren, insbesondere bei den nichtüblichen Fächerkombinationen ein erhöhtes Risiko. In den gängigen Fächerkombinationen im Lehramt jedoch stimmen die Anstellungsbedingungen der meisten Bundesländer überein.

4. Jedes ZVS-Informationsblatt enthält eine ausführliche Anleitung zum Ausfüllen des Antrags und der erforderlichen Unterlagen. Wie oben bereits bemerkt, wird der Studienbewerber in der Regel zum erstenmal in seinem Leben mit einem solchen, zum Teil recht komplizierten Antragsformular konfrontiert. Lesen Sie deshalb bitte vor dem Ausfüllen des Antrags die Anleitungen der ZVS-Informationsschrift gründlich – unter Umständen mehrmals – durch, bevor Sie sich an das Ausfüllen der Antragsformulare begeben. Bedenken Sie nochmals, daß falsch oder unvollständig ausgefüllte Formulare zu einem Ausschluß aus dem laufenden Verfahren führen.

3.7 Bevorzugte Behandlung bestimmter Bewerber in besonderen Härtefällen

Da das Verfahren für alle Bewerber eine möglichst gleichartige Behandlung sichern soll, ist es verständlich, daß Ausnahmen von dem regulären Verfahren nur beim Vorliegen von ganz besonderen Härtefällen möglich sind. Diese Fälle sind durch entsprechende Richtlinien in der Vergabeverordnung für die ZVS bindend und genau festgelegt. Auch die ZVS kann nicht nach eigenem Ermessen über Anträge auf Sonderbehandlung entscheiden, sondern sie ist an die einheitlich festgelegten Kriterien zur Behandlung solcher Anträge gebunden. Der von den Ländern abgeschlossene Staatsvertrag legt für die ausnahmsweise Behandlung von Sonderanträgen eine bestimmte Quote fest. Innerhalb dieser Quote werden die eingehenden Anträge auf Sonderbehandlung genau geprüft und dann nach den vorliegenden Richtlinien behandelt. Im einzelnen sind dies folgende Fälle:

1. Der Antrag auf Berücksichtigung im Rahmen der Quoten für außergewöhnliche Härtefälle (Härtefallantrag),
2. der Antrag auf bevorzugte Berücksichtigung des ersten Studienortes und
3. der Antrag auf Ausnahme von der Achtjahresfrist bei der Auswahl nach Wartezeit.

Die Bestimmungen im einzelnen über die Behandlung dieser Anträge können in den ZVS-Informationsschriften mit allen ihren besonderen Abschnitten nachgelesen werden. Hier sollen nur die wichtigsten Bestimmungen herausgezogen werden:

Um bei allen eingereichten Anträgen gleich strenge Maßstäbe anzulegen, hat der Verwaltungsausschuß für Entscheidungen der Zentralstelle über Härtefallanträge nach § 10 Abs. 4 der Vergabeverordnung Richtlinien erlassen. Diese schreiben genau für alle drei Antragsfälle die Grundsätze vor, nach denen diese Anträge behandelt werden müssen. Wer einen Antrag auf Sonderbehandlung stellen will, sollte zuvor diese Richtlinien gründlich durchlesen, um dann erst zu entscheiden, ob sein Antrag unter den dort genannten Bedingungen noch die Chance einer Behandlung hat.

Härtefallantrag Für den Härtefallantrag hat der Verwaltungsausschuß sogenannte Fallgruppen beispielhaft aufgezählt, unter die die Bewerber, die einen solchen Härteantrag gestellt haben, eingeordnet werden. Die Bedingungen zu den einzelnen Fallgruppen lauten:

Fallgruppe 1: Besondere soziale und familiäre Umstände des Bewerbers, die unabhängig von den Fallgruppen 2 und 3 die Aufnahme des Studiums in dem an erster Stelle gewählten Studiengang zu diesem Zulassungstermin erfordern. Hierunter fallen Bewerber, denen ein längeres Warten auf eine Zulassung unter keinen Umständen zugemutet werden kann. Es gehören dazu Bewerber, deren besondere gesundheitliche Umstände eine sofortige Zulassung erfordern, Bewerber, die in einem besonderen wirtschaftlichen Notstand leben, Bewerber, deren besondere familiäre Umstände eine sofortige Zulassung erfordern, Bewerber, die Spätaussiedler oder Flüchtlinge aus der DDR sind, und Bewerber, die zu einem früheren Zeitpunkt eine Zulassung für einen an erster Stelle genannten Studiengang erhalten hatten, ihn aber aus Krankheitsgründen oder anderen, nicht persönlich zu vertretenden Gründen, nicht aufnehmen konnten.

Fallgruppe 2: Besondere Umstände des Bewerbers, die zu einer von ihm nicht zu vertretenden Verschlechterung der Durchschnittsnote oder Gesamtnote der Hochschulzugangsberechtigung geführt haben, ohne die er über die Rangliste »Eignung und Leistung« mit hoher Wahrscheinlichkeit zuzulassen wäre. »Hierunter fallen Bewerber, die durch unverschuldete Umstände daran gehindert waren, die ihnen mögliche volle schulische Leistung zu erbringen.« Dazu können folgende Umstände gezählt werden: Besonders nachteilige soziale Verhältnisse des Bewerbers, gesundheitliche Schäden des Bewerbers, längere krankheitsbedingte Abwesenheit vom Unterricht während der letzten drei Jahre vor Erwerb der Hochschulzugangsberechtigung, schwerbehinderte Bewerber mit mehr als 50 % Minderung der Erwerbsfähigkeit, längere schwere Krankheit des Bewerbers, vergleichbare besondere gesundheitliche Benachteiligung des Bewerbers, bei Damen eine Schwangerschaft der Bewerberin während der letzten drei Jahre vor Erwerb der Hochschulzugangsberechtigung, besondere wirtschaftliche Belastungen des Bewerbers, Umzug des Bewerbers im Geltungsbereich des Staatsvertrages, Zuzug des Bewerbers aus der DDR in den letzten drei Jahren vor Erwerb der Hochschulzugangsberechtigung, Zuzug des Bewerbers aus einem nichtdeutschsprachigen Gebiet, wenn keine deutschsprachige Schule besucht werden konnte, Aussiedlung des Bewerbers oder seiner Angehörigen aus dem ost- und südosteuropäischen Raum, besondere familiäre Umstände des Bewerbers, Versorgung minderjähriger Kinder des Bewerbers und sonstige vergleichbare besondere soziale Umstände des Bewerbers. Außerdem zählen dazu die Versorgung pflegebedürftiger Verwandter in aufsteigender Linie, oder von Geschwistern in den letzten drei Jahren vor Erwerb der Hochschulzugangsberechtigung, falls andere Personen zur Pflege nicht vorhanden waren, die Betreuung unversorgter minderjähriger Geschwister, die mit dem Bewerber in häuslicher Gemeinschaft leben, der Verlust eines Elternteiles in den letzten drei Jahren vor Erwerb der Hochschulzugangsberechtigung oder Verlust beider Eltern vor dem Erwerb der Hochschulzugangsberechtigung, mehrmaliger Schulwechsel des Bewerbers in den letzten drei Jahren vor Erwerb der Hochschulzugangsberechtigung wegen Umzugs der Eltern, ähnliche vergleichbare besonderen familiären Umstände. Sodann folgen weitere Gruppen, die einen Sonderantrag als Härteantrag stellen können, die für viele Bewerber eine besondere Bedeutung haben. Es handelt sich um Bewerber, die ihre Hochschulzugangsberechtigung auf dem zweiten Bildungsweg erworben haben, die eine Zugehörigkeit zum A-, B- oder C-Kader der Bundessportfachverbände von mindestens einjähriger ununterbrochener Dauer während der letzten drei Jahre vor Erwerb der Hochschulzugangsberechtigung nachweisen, sowie Bundessieger der Wettbewerbe »Jugend forscht«, »Bundesjugendwettbewerb in Mathematik« und »Jugend musiziert« während der letzten drei Jahre vor Erwerb der Hochschulzugangsberechtigung und außerdem ähnliche vergleichbare besondere Umstände des Bewerbers.

In die Fallgruppe 3 werden eingeordnet Bewerber, die bei einer von ihnen nicht zu vertretenden Verzögerung beim Erwerb der Hochschulzugangsberechtigung besondere Nachteile erfahren haben, ohne die sie über die Rangliste »Wartezeit« zuzulassen wären. Im einzelnen fallen hierunter Bewerber, die durch unverschuldete Umstände daran gehindert waren, frühzeitiger die Hochschulzugangsberechtigung zu erwerben. Die Richtlinien zählen auf: Besondere soziale Umstände des

Bewerbers, besondere gesundheitliche Umstände des Bewerbers, längere krankheitsbedingte Abwesenheit vom Unterricht, Schwerbehinderung des Bewerbers von mehr als 50 %, Minderung der Erwerbsfähigkeit, längere schwere Behinderung oder Krankheit des Bewerbers, soweit nicht durch die vorangegangenen Gruppen erfaßt, andere vergleichbare besondere gesundheitliche Umstände des Bewerbers, Schwangerschaft der Bewerberin während der Schulzeit, besondere wirtschaftliche Umstände des Bewerbers, Spätaussiedlung oder Flucht aus der DDR, besondere familiäre Umstände des Bewerbers und weitere Bedingungen, die schon unter der Fallgruppe 2 in fachgleicher Reihenfolge genannt worden sind.

Sodann zählen die Richtlinien Einzelbedingungen auf, unter denen eine außergewöhnliche Härte *grundsätzlich nicht bejaht werden kann.* Auch in diesen Fällen empfiehlt es sich, genau die negativ ausschließenden Bestimmungen durchzulesen, denn sie schließen eine ganze Reihe von Bewerbern wiederum von der Behandlung als Härtefall aus.

Abschließend zu diesem Abschnitt sei noch darauf hingewiesen, daß bei der ZVS eingehende Anträge, die unter die Eingruppierung »Härtefallantrag« fallen, den Hochschulen zu einer Stellungnahme zugeleitet werden. Die Hochschule entscheidet dann in einem verwaltungsrechtlich genau festgelegten Verfahren, ob sie bereit und imstande ist, dem gestellten Antrag stattzugeben oder nicht. Gibt die Hochschule dem Antrag statt, so hat sie dafür ein Punkteverfahren anzuwenden, indem sie den Grad der Härte mit einer Punktzahl bewertet. Die Härtefälle mit den höchsten Punktzahlen, die anerkannt werden, erhalten dann eine Zulassung innerhalb der Quote (oben bereits erwähnt), die den Hochschulen für solche Fälle außerhalb des Hauptvergabeverfahrens zugestanden wurde. Die Hochschulen legen bei solchen Härteverfahren einen sehr harten Maßstab bei der Auswahl an. Den Bewerbern sei deshalb nahegelegt, daß für alle besonderen Umstände, die sie anführen, entsprechende Belege beizufügen sind. Anträge zur Behandlung als Härtefall, die nicht ausreichend belegt und abgesichert sind, werden in der Regel als Normalantragsfall behandelt oder zurückgesandt.

Bevorzugte Berücksichtigung des ersten Studienortes Für den zweiten Fall eines Sonderantrages, die bevorzugte Berücksichtigung des ersten Studienortwunsches, gelten ebenfalls spezielle Richtlinien. Diese zählen im einzelnen auf, unter welchen Bedingungen derartigen Anträgen von bestimmten Bewerbern stattgegeben wird. Es handelt sich um folgende Bedingungen: 1. Gesundheitliche Umstände, die den Bewerber an den gewünschten Ort binden. 2. Besondere soziale Umstände, die den Bewerber an den gewünschten Ort binden. Diese sind wiederum ausführlich aufgezählt, ähnlich lautend wie die Bedingungen unter den Härtefallanträgen. 3. Besondere familiäre Umstände, die den Bewerber an den gewünschten Ort binden. Auch hier zählen die Richtlinien im einzelnen solche Fälle auf, die in der Regel eine Anerkennung bei den Anträgen finden. Alle gemachten Angaben sind durch entsprechende Belege abzusichern.

Ausnahme von der Achtjahresfrist In der dritten Gruppe, die einen Sonderantrag stellen kann, werden bestimmte Bewerber von der sogenannten Achtjahresfrist ausgenommen.Laut ZVS-Info Sommersemester 1977, S. 61, bestimmt § 9 Abs. 3 Satz 1 der Vergabeverordnung, daß bei der Auswahl nach der Wartezeit Bewerber nicht berücksichtigt werden, die ihre Hochschulzugangsberechtigung vor mehr als 8 Jahren erworben haben. Hierdurch soll verhindert werden, daß Bewerber, deren Hochschulreife so weit zurückliegt, daß sie in der Regel ein Studium oder eine sonstige Ausbildung ihrer Wahl beendet haben können, in unvertretbarem Maße bei der Vergabe der nur in begrenzter Anzahl zur Verfügung stehenden Studienplätze bevorzugt werden. Wenn ein Ausnahmeantrag von dieser Sperrfrist gestellt wird, so muß der Bewerber beweisen, daß er trotz versäumender Achtjahresfrist wegen besonderer Umstände seines Einzelfalles nicht mit dem normalen Bewerber des jetzigen Abiturjahrganges um die Zulassung eines Studienplatzes konkurriert und daß er den Vorzug vor diesen Bewerbern auf der Wartezeitliste verdient. Der Bewerber muß also beweisen, daß er ohne eigenes Verschulden zu einem früheren Zeitpunkt an der Aufnahme eines Studiums gehindert wurde. Wenn dagegen der Bewerber ein Zweitstudium einem ersten, daß er schon abgeschlossen hat, über diesen Antrag folgen lassen will, so muß das Zweitstudium in einem sinnvollen Zusammenhang mit dem Erststudium stehen und der Bewerber muß auch nachweisen, daß dieses Zweitstudium aus beruflichen Gründen dringend notwendig ist. Dieser Nachweis dürfte in der Regel nicht leicht zu führen sein. Immerhin gibt er den Studienbewerbern, die vor vielen Jahren (mindestens 8) ein Studium zu Ende geführt haben und die jetzt eventuell ein Aufbaustudium durchführen wollen oder aus beruflichen Gründen müssen, die Chance, vor den übrigen Bewerbern auf der Warteliste ein solches Zweit- oder Zusatzstudium durchführen zu können. Die Richtlinien zählen dann auch die Bedingungen auf, die in der Regel zur Anerkennung eines solchen Härtefalles als Ausnahme von der Achtjahresfrist führen. Es sind dies im einzelnen Krankheitsgründe, Zuwanderung aus der DDR, Angehörige des Schuldienstes, die ohne entsprechende Lehramtsbefähigung in den Schuldienst übernommen wurden und sich verpflichten mußten, ein derartiges Studium nachzuholen, Studienbewerber mit einem Auslandsstudium, die dieses Auslandsstudium im Bundesgebiet aus beruflichen Gründen ergänzen müssen, außerdem gilt es unter bestimmten Umständen für Bewerber, die über ein Fernstudium studiert haben. Die Richtlinien zählen dann weiter noch einige Gründe für unbegründete Anträge auf, die im einzelnen dem jeweiligen ZVS-Informationsblatt zu entnehmen sind.

(Es sei hier darauf hingewiesen, daß der größte Teil der vorstehend angeführten Bestimmungen wörtlich aus dem ZVS-Informationsblatt Sommersemester 1977 aus den Seiten 57 – 62 entnommen wurde. Ein Teil dagegen wurde in textlich leichtgeänderter Fassung aus den ebengenannten Richtlinien übernommen.)

Die dargestellten Möglichkeiten für Bewerber, einen Sonderantrag zu stellen, decken weitgehend alle denkbaren Härtefälle ab. Es kann jedoch nicht Sinn des Verfahrens sein, einem allzugroßen Kreis von Antragstellern die genannten Gründe zuzubilligen und sie damit aus dem Normalverfahren herauszulösen und vorzuziehen.

Die Hochschulen, die zum Teil vorrangig mit der Entscheidung über die gestellten Anträge befaßt werden, wenden deshalb strengste Maßstäbe an. Es erscheint wenig sinnvoll, auf die Entscheidung der Hochschulen durch Intervention Einfluß nehmen zu wollen. Wenn eine Vorsprache des Antragstellers bei der Hochschule erforderlich erscheint, wird der Antragsteller in jedem Fall vor der Entscheidung der Hochschule benachrichtigt und gehört. Um den Gleichheitsgrundsatz zu wahren, kann auch dies nur in Ausnahmefällen zugebilligt werden. Es ist leicht einzusehen, daß anderenfalls eine große Zahl von Antragstellern durch dauernde Fürsprache bei der Hochschule die Rechts- und Chancengleichheit des Verfahrens und der Bewerber in Frage stellen würde.

3.8 Interventionen bei der ZVS, Wechsel des Studienganges, Aufgabe des Studiums

Das gleiche, was im vorangegangenem Abschnitt zu Interventionsversuchen des Bewerbers hinsichtlich der Hochschule über den Sonderantrag (Härtefallantrag) gesagt wurde, gilt auch für Interventionen mündlicher oder schriftlicher Art bei der ZVS in Dortmund. Wie schon dargelegt, ist das Verfahren so durchmechanisiert, daß *korrekt ausgefüllte Anträge* ohne jede Rückfrage maschinell ausgewertet und der Antrag danach beschieden wird. Jeder Antragsteller erhält von der ZVS rechtzeitig Nachricht über seinen Antrag, auch wenn der Bewerber unvollständige oder unkorrekte Angaben in seinen Unterlagen gemacht hat. Trotzdem kann sich die ZVS in Dortmund der telefonischen Anrufe, die während des Verfahrens über sie hereinbrechen, kaum erwehren. Jeder, der halbwegs mit derartig mechanisierten Auswertungsverfahren über beauftragte Institutionen vertraut ist, weiß, daß telefonische Rückfragen, die einen Angehörigen der ZVS zum Eingriff in die Datenverarbeitungsanlage veranlassen könnten, zu beachtlichen Verzögerungen der Gesamtbearbeitung führen würden. Obwohl die ZVS jetzt bereits über mehrere Jahre arbeitet, wird von ihr immer wieder Klage darüber geführt, daß eine große Anzahl von unvollständigen oder unkorrekten Anträgen zu einer bedeutenden zusätzlichen Arbeitsbelastung führt. Wenn dann noch dauernd Anrufe an die ZVS gelangen, so muß allen Betroffenen klar sein, daß sie damit die Angestellten über Gebühr belasten, das Verfahren verzögern und für den einzelnen Bewerber keine Vorteile herausholen können.

Dies trifft auch für eine persönliche Vorsprache bei der ZVS zu. Die Bewerber, die derartiges unternehmen, müssen sich darüber im klaren sein, daß sie Geld und Zeit vertun. Viel größere Chancen liegen – wie in diesem Buch schon mehrfach und ausdrücklich dargelegt – in einer gründlicheren Vorbereitung der Entscheidung für einen Studiengang, einen Studienort bzw. einen Beruf. *Hierfür kann nicht genug Zeit und Mühe investiert werden.* Wer sich frühzeitig über Berufsmöglichkeiten, Studiengänge und Hochschulorte bei all den ihm heute gebotenen Möglichkeiten und Materialien informiert, ist weder auf mündliche noch schriftliche Interventionen bei dem Antragsverfahren über die ZVS angewiesen. Der Antrag bei der ZVS ist nur die letzte Station einer langen Reihe von Vorüberlegungen und sollte das Ergebnis reiflicher und gründlicher Vorbereitung sein.

Abschließend noch ein besonderer Hinweis: Während früher der Studienortwechsel oder der Studienplatzwechsel oder aber der Wechsel des Studienganges für einen Akademiker fast zur Selbstverständlichkeit gehörte, ist ein solcher Wechsel heute nur noch mit großen Schwierigkeiten zu überbrücken. Es hat wenig Sinn, dies zu bedauern oder zu beklagen. Die veränderten Verhältnisse an den höheren Schulen (der unerhörte Zustrom von Studienbewerbern über die höhere Schule zu den Hochschulen) und das Verharren vieler Hochschulen in herkömmlichen Arbeitsweisen haben die Verhältnisse für ein Studium so gewandelt, daß alle Parteien, die an diesem Vorgang teilhaben, Nachteile davontragen. Das betrifft nicht nur die Studenten, die heute über das ZVS-Verfahren an einen Studiengang, an eine Fächerkombination, an einen Studienplatz und an einen Studienort gebunden sind, sondern auch die Hochschullehrer, denen bei dem rasanten Anstieg der Studentenzahlen in den letzten Jahren oft keine Zeit verblieb, neuartige Lehrverfahren unter veränderten Bedingungen zu entwikkeln. *Die Entscheidung eines Studienbewerbers für einen zulassungsbeschränkten Studiengang bedeutet Aufgabe aller Chancen für einen Wechsel des Studienplatzes, des Studienganges oder der Fächerkombination.* Die Bewerber haben es in der Hand, durch gründliche Vorinformationen über die Verhältnisse und die Bedingungen in dem Studiengang und an der Hochschule den Weg, den sie einschlagen wollen, rechtzeitig zu sichern und zu bestimmen.

Unbestritten ist auch, daß mit dem erhöhten Zustrom von Studienbewerbern aus der höheren Schule an die Hochschulen viele Studenten und Studienanfänger mitgezogen werden, die nach kürzerer oder gar längerer Studienverweilzeit an einer Hochschule ihr Studium aufgeben. Wer sein Studium in einem von der ZVS zugewiesenen Studiengang aufgibt, hat verloren. Sein Studienplatz wird einem anderen Bewerber zugeteilt. Will der Betroffene ein neues Studium in einem zulassungsbeschränkten Studiengang beginnen, so gelingt das nur mit einem *Neuantrag* über die ZVS.

3.9 Wehrdienst, Zivildienst, Dienst als Entwicklungshelfer, freiwilliges soziales Jahr

Eine Sonderregelung im Rahmen des Vergabeverfahrens für zulassungsbeschränkte Studiengänge muß noch aufgezeigt werden: Es handelt sich um Bewerber, die ihren Wehrdienst, Zivildienst, einen Dienst als Entwicklungshelfer oder ein freiwilliges soziales Jahr abgeleistet haben. Viele Bewerber glauben irrtümlich, daß eine Ableistung einer Dienstpflicht nach den Bestimmungen des Grundgesetzes zu einer Verbesserung der Durchschnittsnote und zu einer bevorzugten Zulassung bei der ZVS führt. *Das ist nicht der Fall.* Die geltenden Bestimmungen gewährleisten nur, daß Bewerber, die eine Dienstpflicht bis zu zwei Jahren abgeleistet haben, oder eine mindestens zweijährige Tätigkeit als Entwicklungshelfer im Sinne dieses Gesetzes nachweisen können, oder das freiwillige soziale Jahr entsprechend der Gesetzesbestimmungen abgeleistet oder die Verpflichtung dazu übernommen haben, aus ihrer Dienstzeit bzw. Verpflichtung keine Nachteile aus einer Verschärfung der Zulassungsbedingungen erfahren dürfen. Diese Bewerber sind deshalb bei der Auswahl bevorzugt zu berücksichtigen. Eine solche bevorzugte Zulassung ist nicht möglich, wenn der Wehrdienst bzw. Zivildienst länger als 24 Monate, das freiwillige soziale Jahr länger als 12 Monate dauerten. Die Betroffenen sollten wissen, daß die bevorzugte Zulassung nur erhalten werden kann, wenn sie sich spätestens zum nächsten oder dem übernächsten Bewerbungstermin nach der Beendigung der Dienstzeit bei der ZVS bewerben. In einem späteren Vergabeverfahren gilt der abgeleistete Dienst nicht mehr als Anspruchsgrund für eine bevorzugte Zulassung. Die bevorzugte Zulassung gilt auch nur für die im Studiengang als erste Präferenz genannte Fachkombination bzw. das genannte Studienfach, nicht aber für einen bestimmten Studienort. Alle Einzelheiten dieser Bestimmungen können die Bewerber den entsprechenden Ausführungen, die regelmäßig im ZVS-Info abgedruckt werden, entnehmen.

3.10 Was tun in der Wartezeit?

Ein letztes Wort noch zu den Bewerbern, die einen Ablehnungsbescheid erhalten haben und die damit eine gewisse Wartezeit bis zur Zulassung zum Studium trifft.

Die Wartezeiten für ein bestimmtes Studium sind je nach dem Andrang auf die zur Verfügung stehenden Studienplätze unterschiedlich lang. Die ZVS und auch die Kultusministerien veröffentlichen in regelmäßigen Zeitabständen Übersichten über die Verhältnisse zwischen Bewerbungen und Studienplatzangebot und über die Wartezeiten bzw. die jeweils zur Zulassung notwendige Durchschnittsnote.

Wer diese Statistiken vor seiner Bewerbung und Entscheidung für einen Studiengang beachtet, kann ungefähr ermitteln, wie lange seine Wartezeit dauern wird, und wann er in den folgenden Vergabeverfahren aufgrund seines Notendurchschnitts soweit vorrückt, daß er mit einem Studienplatz rechnen kann. Es gibt einige Studiengänge, bei denen Bewerber, die im Jahre 1972 oder 1973 ihre Hochschulzugangsberechtigung (Hochschulreife) erworben haben, erst zum Sommersemester 1976, also nach drei- bis vierjähriger Wartezeit, zugelassen wurden. In einigen extrem gelagerten Fällen treten Wartezeiten von sechs und mehr Jahren auf. Dies ist z.B. im Medizinstudium der Fall, wo im Sommersemester 1976 Bewerber, die ihre Hochschulreife 1970 mit einem Notendurchschnitt von 3,4 erworben hatten, zugelassen wurden. Die gleiche Wartezeit fiel für die Pharmazie, für die Zahnmedizin aber auch für die Psychologie und für die Tiermedizin an. Viele Bewerber werden sich unter diesen Gesichtspunkten ernsthaft fragen müssen, ob sie sich nicht in der Zwischenzeit für einen zulassungsfreien Studiengang entscheiden oder aber eine andere Ausbildung für eine berufliche Tätigkeit, wie zu Anfang dieses Studienführers schon ausführlich beschrieben (vgl. S. 11 ff.), einschalten sollen. Selbst eine zwei- bis dreijährige Wartezeit sollte den Bewerber zu der Überlegung veranlassen, ob er in der Zwischenzeit nicht sein gewähltes Studium durch eine berufspraktische Ausbildung abstützen soll, die das Studium in vielen Fällen später hinsichtlich der Berufsaussichten um ein Vielfaches wertvoller macht, als es ohne eine solche berufspraktische Ausbildung nur mit einem Hochschulstudium ist.

Zuverlässige Berechnungen zahlreicher Instanzen, wie z.B. der Kultusministerkonferenz, der Bund-Länder-Kommission für Bildungsplanung oder Untersuchungen der Arbeitsverwaltung, besagen ganz eindeutig, daß in den Jahren bis etwa 1980 mindestens 1/3 und wahrscheinlich sogar noch mehr Studienbewerber keinen adäquaten Studienplatz an der Hochschule finden werden. Diese Gruppe, die weiter oben schon charakterisiert wurde, wird gut daran tun, für ihre beruflichen Überlegungen nicht nur das Hochschulstudium, sondern auch andere zur Verfügung stehende Ausbildungsmöglichkeiten außerhalb des Hochschulbereichs ins Auge zu fassen. Völlig falsch wäre der Standpunkt abgelehnter Bewerber aus einem ZVS-Vergabeverfahren, daß die Zeit schon irgendeine Lösung bringen werde, die es ermöglicht, mit dem beruflichen Problem fertig zu werden. Alle jetzt zur Verfügung stehenden Daten über die wirtschaftliche und soziale Entwicklung unseres Landes sprechen gegen eine solche Ansicht. Die künftige Entwicklung wird ein »Mehr« an Mobilität auch von jenen verlangen, denen bisher der Weg über die höhere Schule und Hochschule zum Akademikertum mit großer Sicherheit vorgezeichnet war. Die wirtschaftliche und soziale Entwicklung in unserem Land verlangt nun hohe persönliche und berufliche Mobilität nicht nur von denjenigen, die ihren Weg ins Arbeitsleben mit einer Berufsausbildung begonnen haben, sondern auch von jenen, die den scheinbar sicheren und bequemen Weg des Aufstiegs über die höhere Schule und Hochschule und das Akademikertum suchten. An dieser harten Wahrheit wird es in den nächsten Jahren für viele tausende Absolventen der höheren Schule kein Vorbeigehen geben.

4. Die Hochschule als Institution für ein Studium

4.1 Gliederung und organisatorischer Aufbau der Hochschulen

Trotz zahlreicher Bemühungen der jüngsten Vergangenheit, die Hochschullandschaft in der Bundesrepublik zu vereinheitlichen und auch zu vereinfachen, stellen sich die Hochschulen in der Bundesrepublik dem Studienbewerber und späteren Studienanfänger als eine diffuse und wenig durchschaubare organisatorische Einrichtung dar. Vielen Studenten gelingt es heute trotz einer mehrjährigen Verweildauer an den Hochschulen nicht oder nur in geringem Umfang, sich ein klares Bild über die Gliederung und den organisatorischen Aufbau der Hochschulen im allgemeinen und auch der von ihm besuchten Hochschule im besonderen zu machen. Die Hochschullandschaft im Bundesgebiet ist trotz zahlreicher politischer und anderer Reformbemühungen bunter als je zuvor.

Dieser Studienführer will den Studienbewerber mit den wichtigsten organisatorischen Kennzeichen und Merkmalen der im Bundesgebiet existierenden Hochschularten vertraut machen. Auch das kann nur sehr schwerpunktmäßig geschehen, denn die ausführliche Behandlung der Organisation, Gliederung und Funktionsweise der verschiedensten Hochschularten würde einen umfangreichen eigenen Band füllen.

Wir unterscheiden vom Charakter der Wissenschaftlichkeit her zunächst zwei große Gruppen von Hochschulen im Bundesgebiet,

die wissenschaftlichen Hochschulen und
die nichtwissenschaftlichen Hochschulen.

In vielen Bundesländern ist aber zwischen diesen beiden Gruppen keine klare Trennung gegeben, da diese Unterscheidungsmerkmale fehlen. Deshalb verwischen sich oft die Konturen zwischen den beiden Gruppen.

Wissenschaftliche Hochschulen Zu den wissenschaftlichen Hochschulen zählen in der Regel die Hochschulen, denen Landes-Hochschulgesetze das Recht einräumen, ihre Tätigkeit an wissenschaftlichen Kriterien zu messen. Zu diesen wissenschaftlichen Kriterien gehören:

1. Die Freiheit der Hochschullehrer – verbürgt durch das Grundge-

setz –, ihre Tätigkeit nach eigenem Ermessen und Kriterien *wissenschaftlich* in Lehre und Forschung zu vertreten. Das heißt, die Hochschullehrer sind eigenverantwortlich für den Aufbau, den Vortrag und die Einordnung ihrer Veranstaltungen im Rahmen der von der Hochschule oder von den Ministerien verabschiedeten oder genehmigten Studienordnungen. In der Praxis bedeutet das, daß kein Außenstehender in der Lage ist, dem Hochschullehrer die Inhalte und die Art und Weise seiner Veranstaltungen vorzuschreiben. Nur damit ist die freie Entscheidung über Forschung und Lehre eines Hochschullehrers an wissenschaftlichen Hochschulen aufrechtzuerhalten.

2. Zum Kriterium einer wissenschaftlichen Hochschule gehört ferner die Ermächtigung, den Hochschullehrernachwuchs nach entsprechenden Leistungen selbst auszusuchen und zu bestimmen. Dieses Verfahren nennt man *Berufung*. Der Hochschullehrer, in der Regel ein sogenannter Lehrstuhlinhaber oder ordentlicher Professor, wird nicht wie ein Beamter versetzt oder gar befördert, sondern nach einem eigenen Hochschulgesetz auf seine Lehrtätigkeit an einer Hochschule hin berufen. Durch das Berufungsverfahren wird seine Aufgabe an der Hochschule vorgegeben und gegen Nachbardisziplinen abgegrenzt. Er ist nach seiner Berufung auf einen Lehrstuhl als ordentlicher Professor an dieses Verfahren samt Inhalt und Aufgaben gebunden und kann sie eigenständig nicht verändern. Das kann nur die Hochschule selbst bei veränderten Bedingungen veranlassen oder durchführen. Durch dieses Recht, den eigenen wissenschaftlichen Nachwuchs über arteigene Verfahren selbst nachzuziehen oder aufzubauen, unterscheiden sich die Hochschulen ganz erheblich von jeder anderen Verwaltungsbürokratie. Das Verfahren zur Berufung eines ordentlichen Professors auf einen Lehrstuhl ist im Bundesgebiet und an den Hochschulen im einzelnen unterschiedlich geregelt, im ganzen aber doch nach gewissen Grundsätzen vereinheitlicht. Die Berufung selbst wird für den ordentlichen Professor durch den zuständigen Minister ausgesprochen, weil der zu Berufende dadurch zugleich Landesbeamter wird. Es gehört also zum Charakter einer wissenschaftlichen Hochschule, daß sie das Verfahren und den Weg der Heranziehung des eigenen wissenschaftlichen Nachwuchses selbst festlegt. Diese Eigenschaft wird durch landeseigene Hochschulgesetze geregelt. Wenn eine Hochschule sich als *wissenschaftliche Hochschule* bezeichnet, hat sie in der Regel das Recht, das an ihr tätige Lehrpersonal nach eigenen Verfahren und Normen zu bestimmen.

Die unterste Stufe der von einer Hochschule zu vergebenden Qualifikationen für den Hochschullehrernachwuchs ist in der Regel die *Promotion zu einem Doktorgrad.* Wissenschaftliche Hochschulen besitzen in der Regel das Recht, Doktorgrade zu verleihen. Die Verfahren hierzu werden innerhalb der Hochschulen durch eigene Ordnungen festgelegt und heißen Promotionsordnungen. Im allgemeinen verleiht auch nicht die Hochschule als solche einen Doktorgrad, sondern die nächsttiefere Einheit derselben. An historisch aufgebauten Universitäten sind das die sogenannten *Fakultäten,* die je nach den Aufgaben einer Hochschule (Universität) in unterschiedlicher Zahl und Bezeichnung vorhanden sind. Zum Nachziehen geeigneten wissenschaftlichen Nachwuchses promovieren die Fakultäten entsprechende Bewerber, die für dieses Verfahren bestimmte wissenschaftliche Leistungen nachzuweisen haben.

Wissenschaftliche Hochschulen besitzen außerdem das Recht, über die Verleihung des Doktorgrades hinaus wissenschaftliche Nachwuchskräfte nach besonderen Verfahren zu *habilitieren.* Mit dem Habilitationsverfahren erwirbt der Nachwuchswissenschaftler das Recht, Hochschulveranstaltungen in Lehre und Forschung in eigener Verantwortung zu halten. Die Hochschule verleiht ihm dazu eine Lehrbefugnis (Venia legendi). Habilitierte Wissenschaftler sind dann in der Regel die Bewerber um freiwerdende oder neueingerichtete Professorenstellen.

So ziehen die wissenschaftlichen Hochschulen durch bestimmte Ordnungen ihren eigenen wissenschaftlichen Nachwuchs heran und bringen ihn bis auf die sogenannte Lehrstuhlreife. Hat sich der Bewerber für eine Stelle als Professor dann in einem Berufungsverfahren bewährt und es erfolgreich bestanden, wird er von dem zuständigen Minister auf die freie oder neueingerichtete Professorenstelle als ordentlicher Professor berufen.

Da in der jüngsten Zeit in einigen Bundesländern *Gesamthochschulen* aus vorher bestehenden Einzelhochschulen mit unterschiedlichen Aufgaben und auch Strukturen bzw. Status zusammengelegt wurden, sei einschränkend bemerkt, daß noch nicht alle Gesamthochschulen, die in den letzten Jahren gegründet wurden, das Promotions- und Habilitationsrecht in allen ihren Abteilungen bzw. Fachbereichen kennen. Die eben gegebene Darstellung bezieht sich in erster Linie auf die früher schon bestehenden traditionellen Hochschulen, insbesondere die Universitäten, Technischen, Medizinischen, Landwirtschaftlichen und andere Hochschulen. In einigen Bundesländern, so in Nordrhein-Westfalen, besitzen auch die

Pädagogischen Hochschulen den Charakter einer wissenschaftlichen Hochschule, d.h., daß sie das Promotions- und Habilitationsrecht wahrnehmen können.

Mit der Neuordnung der Hochschulen in den letzten Jahren wurden zugleich an vielen Hochschulen die früher dort bestehenden Fakultäten als eine kennzeichnende Einheit abgeschafft. An vielen Hochschulen waren die Fakultäten durch Neuerrichtung von einzelnen Lehrgebieten mittlerweile so groß, umfangreich und unübersichtlich geworden, daß es notwendig geworden war, kleinere Einheiten zu schaffen. Diese wurden *Fachbereiche* genannt. In den Fachbereichen sind jeweils solche Fächer oder Disziplinen zusammengefaßt, die für bestimmte Studiengänge eine sehr enge Nachbarschaft besitzen. So kennen wir im Bundesgebiet nun Universitäten und Hochschulen mit Fakultätsgliederung und andere, insbesondere Gesamthochschulen, mit Fachbereichsgliederung.

3. Verwaltungstechnisch gesehen, sind die Hochschulen in der Regel selbständige organisatorische Einheiten. Sie regeln durch eigene Gremien und eigene Hochschulverwaltung alle Anliegen, die zum inneren Betrieb einer Hochschule gehören, so insbesondere die Verwaltung und Verteilung der vom Staat und anderen Finanzmittelgebern zur Verfügung gestellten Mittel für den Lehr- und Forschungsbetrieb.

Sie regeln in eigener Zuständigkeit auch die Anordnung der Lehrveranstaltungen nach entsprechenden Studienordnungen, sowohl für akademische Studiengänge, die mit einer *akademischen Prüfung* abschließen als auch für Studiengänge, die mit einer *Staatsprüfung* enden. Die letztere berechtigt den erfolgreichen Absolventen zum Eintritt in den Staatsdienst bzw. den öffentlichen Dienst. Hierzu gehören nicht nur die Lehramtsstudiengänge, sondern auch die des juristischen Staatsdienstes, und in einigen Sonderfällen auch die des medizinischen Staatsdienstes.

Die Studienordnungen, die von der Hochschule für den Eintritt in einen Staatsdienst entworfen wurden, werden dem Minister zur Genehmigung vorgelegt, die Studienordnungen, die mit einer akademischen Prüfung abschließen, werden dem Minister normalerweise nur angezeigt.

Jede Hochschulverwaltung gliedert sich in eine *allgemeine Verwaltung* (mit zahlreichen Nebendienststellen) und in eine *akademische Selbstverwaltung*. Die allgemeine Verwaltung bearbeitet mit zahlreichen Sachbearbeitern Finanzangelegenheiten, technische Anliegen, akademische und studentische Angelegenheiten. Außerdem die zahlreichen Personalangelegenheiten, die auf jeder Ebene sowohl im akademischen als auch im verwaltungstechnischen Bereich anfallen.

In der allgemeinen Verwaltung ist hauptberufliches Verwaltungs- und technisches Personal beschäftigt, die akademische Selbstverwaltung wird dagegen durch zahlreiche Gremien repräsentiert, die sich nach bestimmten Kriterien zusammensetzen und auf Zeit gewählt sind.

Die Organe der *akademischen Selbstverwaltung* haben, bedingt durch die Neuordnungsmaßnahmen der letzten Jahre an den Hochschulen, verschiedenartige Bezeichnungen erhalten. Das unterste Selbstverwaltungsgremium an den Hochschulen mit Fakultäten heißt die *Fakultät*. Es ist eine Versammlung, in denen die Professoren, die Assistenten, die akademischen Beamten, die Studenten und die nichtwissenschaftlichen Mitarbeiter nach bestimmten Anteilen vertreten sind. An der Spitze einer Fakultät steht der *Dekan*. Dieser wird von seinem Amtsvorgänger oder aber von einem gewählten *Prodekan* vertreten. Beide werden auf eine bestimmte Zeit zur ehrenamtlichen Durchführung ihres Amtes, in der Regel zwei Jahre, gewählt.

Über der Fakultät gibt es weitere akademische Selbstverwaltungsorgane mit unterschiedlicher Zusammensetzung und unterschiedlichen Aufgaben. Das höchste Selbstverwaltungsorgan einer Hochschule sind der oder die *Senate*. An vielen Hochschulen existiert ein Senat, an einigen Hochschulen jedoch der Kleine und der Große Senat. An der *Spitze einer Hochschule* und der akademischen Selbstverwaltungsgremien steht der *Rektor*, der ebenfalls wie die Dekane sein Amt ehrenamtlich und neben seiner Tätigkeit als ordentlicher Professor für eine bestimmte Zeit versieht und die Hochschule nach innen und außen vertritt. Er wird vom Senat gewählt, der wie die sogenannte Fakultät nach bestimmten Anteilen der Gruppen von Hochschulangehörigen zusammengesetzt ist.

An einigen Hochschulen wurde in den letzten Jahren durch Änderung der Hochschulgesetze anstelle des Rektors ein *Präsident* als oberster Vertreter der Hochschule eingesetzt. Damit folgte man der Erkenntnis, daß es heute bei der schwierigen Amtsführung einer Hochschule wenig praktikabel ist, den Rektor als obersten Vertreter jeweils nach einer kurzen Amtsperiode von ein oder zwei Jahren neu zu wählen. Wo ein Präsident an der Spitze einer Hochschule steht, nimmt er in der Regel dieses Amt fünf oder sechs Jahre wahr.

An der Spitze der Allgemeinverwaltung steht der *Kanzler*, der vor allen Dingen dem Ministerium gegenüber für die ordnungsgemäße Verwaltung der Finanzmittel und die Durchführung der für alle Beamte und Angestellte im öffentlichen Dienst geltenden Dienstbestimmungen verantwortlich ist. Die Verwaltung hat die Aufgabe, Beschlüsse, die von den Selbstverwaltungsgremien gefaßt wurden, nach den geltenden rechtlichen Bestimmungen zu verwirklichen. So entscheiden z.B. die Selbstverwaltungsgremien über die Beschäftigung von wissenschaftlichem und auch nichtwissenschaftlichem Personal und über die Verwendung und Verteilung der vom Staat zur Verfügung gestellten Mittel. Schließlich beschäftigen sich die Selbstverwaltungsgremien einer Hochschule mit der Erstellung von Studien- und Prüfungsordnungen der verschiedenen Studiengänge und Rangfolgen.

Nichtwissenschaftliche Hochschulen Zu den nichtwissenschaftlichen Hochschulen im Bundesgebiet zählen in erster Linie die *Fachhochschulen,* von denen die meisten aus den früheren Ingenieurschulen (höheren technischen Lehranstalten) hervorgegangen sind. Ihr Bestand wurde mittlerweile im Bundesgebiet durch weitere Fachhochschulen, so für Wirtschaft, für Sozialberufe oder für pädagogische Berufe erweitert. Die Fachhochschulen oder nichtwissenschaftlichen Hochschulen haben einen den wissenschaftlichen Hochschulen ähnlichen organisatorischen Aufbau und eine Gliederung, die den wissenschaftlichen Hochschulen weitgehend gleicht. Auch an den Fachhochschulen lehren Professoren und Dozenten, werden wissenschaftliche Mitarbeiter beschäftigt, gibt es Selbstverwaltungsgremien wie Senate usw., und es besteht neben den Selbstverwaltungsgremien eine Hochschulverwaltung, an deren Spitze in der Regel ebenfalls ein Kanzler steht. An der Spitze der Fachhochschulen steht wie bei den wissenschaftlichen Hochschulen ein Rektor, der dieses Amt nebenamtlich für eine bestimmte Amtsperiode ausübt. Die Fachhochschulen unterscheiden sich jedoch wesentlich in ihrem rechtlichen Status, so insbesondere in bezug auf die Selbstverantwortlichkeit der Hochschullehrer zum Betreiben von wissenschaftlicher Lehre und Forschung, in bezug auf das Recht zur Verleihung akademischer Grade und letztlich in bezug auf das Recht, durch eigene Ordnungen den wissenschaftlichen Nachwuchs selbstverantwortlich zu rekrutieren.

In diesem Zusammenhang sei auf das ausführliche, nach Standorten alphabetisch gegliederte Verzeichnis der Hochschulen und Fachhochschulen in der BRD im Anhang dieses Studienführers verwiesen (siehe Anlage 3, S. 126 ff.).

4.2 Hochschuleinrichtungen in ihrem Begegnungswert

Für den Studienbewerber/Studienanfänger wie für den Studenten überhaupt haben die verschiedenen Einrichtungen und Gremien der Hochschule einen unterschiedlichen Begegnungswert.

Hochschulsekretariate Der Studienanfänger hat es zunächst und hauptsächlich mit dem *Studentensekretariat* zu tun, wo er seine Immatrikulationsangelegenheiten und später seine Rückmeldungen sowie die Gebührenangelegenheiten (an der Hochschulkasse) zu erledigen hat. Dort wird er auch – im allgemeinen schriftlich niedergelegte – Informationen über seinen Studiengang und die damit im Zusammenhang stehenden Formalangelegenheiten erhalten. Das betrifft Angelegenheiten der Versicherung, der Studienberatung, der Förderung und oft auch Hinweise auf studentische Organisationen, die ihm in unterschiedlicher Weise und Intensität zur Beratung und Unterstützung im Verlaufe seines Studiums zur Verfügung stehen.

Sodann hat es der Student mit den *Sekretariaten der einzelnen Fächer, Institute oder Lehrstuhlinhaber* zu tun. *Es empfiehlt sich für den Studienbeginner von Anfang an, in diesen Sekretariaten so oft wie notwendig vorzusprechen.* Dort wird er aktuelle Informationen zu den einzelnen Veranstaltungen bzw. zu seinem Studiengang erhalten und auf zahlreiche Veranstaltungen und Maßnahmen, die im Zusammenhang mit seinem Studium stehen, hingewiesen werden.

Eine weitere wichtige Stelle, die für den Studenten als Kontakt- oder Begegnungsstelle der Hochschule eine gewisse Bedeutung hat, ist das *Sekretariat der Fakultät oder des Fachbereiches.* Innerhalb der Fakultät oder des Fachbereiches werden dort die Informationen um die Koordination des Studienganges gesammelt und ausgewertet. Da in der Fakultät oder im Fachbereich auch die Studienordnungen mit den unterschiedlichsten Anforderungen entstehen und verabschiedet werden, können von dieser Stelle rechtzeitig Informationen über Inhalte und Bedeutung von einzelnen Abschnitten oder Teilen des Gesamtstudiums im Hinblick auf die Studienordnung erfahren werden. Das Sekretariat der Fakultät oder des Fachbereiches gewinnt mit zunehmender Studiendauer an Bedeutung, weil in der Regel auch die akademischen Prüfungen und in vielen Fällen auch die Staatsprüfungen von der Fakultät oder vom Fachbereich entweder zusammen oder im Auftrag der betroffenen Prüfungsämter organisiert werden. Mit zunehmender Studiendauer empfiehlt es sich daher für den Studenten, sich insbesondere dort zu orientieren.

Prüfungsämter Eine Kontaktstelle besonderer Art stellen dann bei Abschluß des Studiums die Prüfungsämter dar. Es sei noch einmal betont, daß wir an den wissenschaftlichen und nichtwissenschaftlichen Hochschulen zwei verschiedene Prüfungsämter kennen, das *akademische Prüfungsamt,* das zuständig ist für die Durchführung von Prüfungen, die mit einem Hochschulabschluß enden, z.B. als Diplom-Physiker, Diplom-Psychologe, Diplom-Ingenieur usw., in der Regel auch zuständig ist für die Durchführung von Zwischenprüfungen, wie sie in zahlreichen Studiengängen üblich oder vorgeschrieben sind, und die *staatlichen Prüfungsämter,* die im Prinzip mit den akademischen Einrichtungen einer Hochschule nichts zu tun haben. Der Leiter eines staatlichen Prüfungsamtes ist ein Beamter der staatlichen Behörde, in dessen Zuständigkeitsbereich die von ihm und seinem Amt abzunehmenden Prüfungen fallen. Es bestehen hier Prüfungsämter, die Lehramtsprüfungen abnehmen, und Prüfungsämter, die Prüfungen für andere Ämter im öffentlichen Dienst, z.B. den Justizdienst, veranstalten.

Entsprechend ihrer Bestimmung und ihrer Aufgabe sind die Prüfungsämter unterschiedlich besetzt. In den *akademischen Prüfungsämtern* sitzen in der Regel *Hochschullehrer* bzw. deren Vertreter. Das können Professoren, Dozenten, Akademische Räte oder Wissenschaftliche Assistenten sein. Den Vorsitz führt jedoch immer ein ordentlicher Professor. Die Mitgliederzahl der Prüfungsämter ist ebenso unterschiedlich festgelegt wie die Dauer der Prüfungen. Einheitliche Regeln lassen sich in diesem Zusammenhang nur wenig beschreiben. Die *staatlichen Prüfungsämter* dagegen werden immer vom Leiter des Prüfungsamtes als einem Beamten des zuständigen Ministeriums, dessen Vertreter er ist, präsidiert. Als Mitglieder des Prüfungsamtes fungieren zusätzlich – unterschiedlich nach Rang und Zahl – Hochschullehrer oder allgemein gesagt Angehörige des Lehrkörpers der Hochschule und in vielen staatlichen Prüfungsämtern auch ein Vertreter des Dienstbereiches, in dem der Prüfungskandidat einziehen will, z.B. des Schuldienstes, des Justizdienstes oder des Kirchendienstes.

Der Ablauf der Prüfungen vollzieht sich anhand einer *Prüfungsordnung.* Für akademische Prüfungen hat die Hochschule eine solche zu erstellen, die vom Ministerium zusätzlich genehmigt werden muß, während für Prüfungen für den öffentlichen Dienst, also bei Staatsprüfungen, die einstellende Dienstbehörde, z.B. das Kultusministerium oder das Justizministerium, die Prüfungsordnung festsetzt.

Allgemeiner Studentenausschuß (ASTA) – Fachschaften Eine für den Hochschulstudenten sehr wichtige Organisation ist der sogenannte *Allgemeine Studentenausschuß (ASTA)*. Er ist das Vertretungsorgan der Studentenschaft, das heute auf Grund der Hochschulgesetze in fast allen Gremien der Hochschule in einem entsprechenden Anteil vertreten ist. Der ASTA geht aus dem Studentenparlament hervor, das entsprechend der Hochschulsatzung in einer bestimmten Zeitfolge von den eingeschriebenen Studenten je nach politischen Gruppierungen gewählt wird. Das von den Studenten gewählte Studentenparlament wählt aus seinen politischen Vertretern den ASTA, der seinerseits für verschiedene Geschäfts- oder Aktivitätsbereiche je einen Referenten wählt und sich eine Geschäftsordnung gibt, nach der er in der Zeit seiner Amtsperiode zu verfahren hat. Der ASTA wählt einen Vorstand, der die Studentenschaft nach innen und nach außen vertritt, und dem auch die Abwicklung der ASTA-Geschäfte übertragen wird. Der ASTA hat heute ein sehr weitreichendes Betätigungsfeld, das ihm durch die Hochschulsatzung oder Hochschulgesetze garantiert wird. Er vertritt in erster Linie die Studentenschaft als ganzes in den verschiedenen Selbstverwaltungsgremien der Hochschule. In allen Selbstverwaltungsgremien der Hochschule, beginnend in den zahlreichen Ausschüssen bis hin zum höchsten Gremium, dem Senat, ist der ASTA bzw. die Studentenschaft durch Referenten des ASTA oder durch Mitglieder aus dem Studentenparlament bzw. Sachverständige aus den Reihen der Studentenschaft vertreten und besitzt dort in den meisten Fällen vollwertiges Mitsprache- und Stimmrecht. Somit hat die Studentenschaft über die von ihr gewählte Vertretung Einflußmöglichkeiten in zahlreichen Gebieten der Hochschulpolitik bis hin zu den Berufungsverfahren für Professoren oder auch den entscheidenden Sitzungen des Senats über die Verteilung des Haushalts oder über die Kundgabe von bildungspolitischen Entscheidungen, die die Hochschulpolitik im besonderen oder die Bildungspolitik im allgemeinen betreffen. Darüber hinaus haben die Hochschul-ASTEN in den letzten Jahren zahlreiche Dienstleistungen übernommen und aufgebaut, die von jedem Studenten in Anspruch genommen werden sollen. Dazu gehört die ausführliche Beratung in Angelegenheiten des Studiums, die Unterstützung bei der Zimmervermittlung oder Zimmersuche, die Beratung in Förderungsangelegenheiten und sozialen Fragen und die Gestaltung bzw. Durchführung von zahlreichen studentischen Veranstaltungen. Außerdem haben zahlreiche Hochschul-ASTEN Studienberatungsdienste aufgebaut, die in vielen Fällen den erstsemestrigen Studenten und Studienbeginnern wertvolle Dienste anbieten. Der Studienanfänger ist in jedem Falle gut beraten, wenn er sich die ihm hier angebotenen Hilfen zu Beginn seines Studiums zu eigen macht und die von erfahrenen Studenten bereits früher gesammelten Erfahrungen für den Aufbau und die Durchführung seines Studiums nutzt. Zahlreiche an den Hochschulen in letzter Zeit durchgeführte Untersuchungen bestätigten immer wieder, daß die persönliche Beratung durch ältere und erfahrene Studenten die wichtigste Informationsquelle für den Studienanfänger ist.

Da die ASTA-Mannschaft sehr häufig nicht nach fachlichen Gesichtspunkten, sondern nach persönlichem Engagement und politischer Orientierung zusammengesetzt ist und an großen Hochschulen die Einzelbelange der verschiedenen Studiengänge im Detail gar nicht kennen kann, bestehen an den meisten Hochschulen als eine Art Untergliederung des ASTA oder der Studentenschaft die sogenannten *Fachschaften*. Bei den Fachschaften handelt es sich meist um lose Zusammenschlüsse von studentischen Gruppen aus dem gleichen Studiengebiet, um aus der Sicht gemeinsamer Kenntnisse und Erfahrungen die Interessen eines Faches oder eines Studiengebietes fachlich und inhaltlich besser vertreten zu können. Versierte Fachschaftsvertreter erwerben sich oft durch sachliche Mitarbeit in zahlreichen Hochschulgremien ein beachtliches Wissen, das von den Studienanfängern nicht hoch genug geschätzt werden kann. So sind es insbesondere die älteren Semester aus den Fachschaften, die bei Einführungsveranstaltungen den Studienanfängern wertvolle Hinweise und Anregungen für die Gestaltung, den Aufbau und die Durchführung des Studiums geben können. Veranstaltungen auf Fachschaftsebene gewinnen deshalb als Informationsquelle für Studenten, aber auch für Mitglieder des Lehrkörpers eine besondere Bedeutung, nicht nur hinsichtlich fachlicher Information, sondern auch persönlicher Kontaktaufnahme. Diese Veranstaltungen haben sich besonders an den großen Hochschulen als eine Begegnungsmöglichkeit ersten Ranges ausgewiesen. Dem Studienanfänger kann nur zugeraten werden, sich an den Veranstaltungen, die von den Fachschaften für die Studienbeginner und Erstsemester angeboten werden, in regem Maße zu beteiligen.

Politische studentische Gruppen – Verbindungen Ähnlichen Aufgaben stellen sich die an allen Hochschulen heute vertretenen politischen studentischen Gruppen, aber auch solche, die aus der Tradition der Hochschulen, vor allem der Universitäten, erwachsen und auch heute noch an zahlreichen Hochschulorten anzutreffen sind. Hiermit sind besonders die Studentenverbindungen gemeint.

In der Zeit einer zunehmenden Vermassung des Hochschulbetriebes und einer Anonymisierung des Studiums kann die Rolle von studentischen Vereinigungen, die der Kontaktnahme und Betreuung von Studenten, insbesondere von Studienanfängern, sich verschrieben haben, nicht hoch genug eingestuft werden. Die Bedeutung der politischen studentischen Gruppen und der Verbindungen ist aber nicht nur in der Betreuung und fachlichen Beratung der Studienanfänger zu sehen, sondern ebenso in der Möglichkeit, die dort der Studienanfänger erhält, seine Persönlichkeit in eigenem Engagement und in freier Betätigung zu entfalten. Das Angebot hierfür ist heute an jedem Hochschulort außerordentlich reichhaltig. Allgemein muß jedoch bedauert werden, daß die große Masse der Studenten an den deutschen Hochschulen sehr wenig von diesem Angebot Gebrauch macht und sich zahlreichen Aktivitäten der studentischen Vereinigungen gegenüber passiv verhält. Dies ist besonders auch deshalb zu bedauern, weil der Student als künftiger Akademiker in seinem späteren Beruf eine Art Führungsrolle zu übernehmen hat.

4.3 Informationsquellen an den Hochschulen

Es ist für den Hochschullehrer immer wieder erstaunlich zu erfahren und zu erleben, wie wenig den Studenten die für sie wichtigen Informationsquellen an einer Hochschule bekannt sind und wie wenig der Student von den Informationsmöglichkeiten, die er an einer Hochschule hat, Gebrauch macht. Der Grad der Uninformiertheit über wichtige Dinge, die das Studium eines jeden einzelnen in seinem Inhalt, Ablauf und Ende bestimmen, ist bei den Studenten, auch der höheren Semester, oft überraschend hoch. Das veranlaßt den Verfasser dieses Buches, den Informationsquellen und -möglichkeiten an der Hochschule einen eigenen Abschnitt zu widmen.

Aus eigener Erfahrung weiß der Verfasser, daß an den Hochschulen zumindest genausoviele *Gerüchte* umlaufen, wie etwa im militärischen Dienstbetrieb einer großen Kaserne. Gerüchte jedoch sind Informationen von undefinierbarer Herkunft und geringem Aussagewert und in den meisten Fällen für den Studenten unbrauchbar. Deshalb gilt als wichtigste Regel: *Aussagewert für das Studium haben primär schriftliche Informationen.* Wo sind die schriftlichen Informationen nun aus erster Hand zu erhalten?

Da sind zunächst die *Anschlagtafeln der Hochschulverwaltung, insbesondere des Studentensekretariates.* An diesen kann der Student Informationen, die für allgemeine Angelegenheiten des Studiums zuständig sind, aus erster Hand erhalten. Das regelmäßige Lesen und gründliche Studieren der Aushänge an den offiziellen Bekanntmachungstafeln der Hochschulverwaltung bzw. des Studentensekretariates wird dringend empfohlen. Dort werden wichtige Termine, die mit Fristen verbunden sind, bekannt gemacht. Kein Student einer Hochschule kann sich beim Versäumen einer Frist darauf berufen, daß er diese nicht gekannt habe. Die Hochschule genügt ihrer Pflicht, wichtige Termine und Fristen öffentlich bekannt zu machen, wenn ein schriftlicher Aushang an den amtlichen Mitteilungsbrettern erfolgt. Folgen, die ein Student aus der Nichtkenntnis oder Nichtbeachtung von Terminen oder Fristen zu tragen hat, treffen ihn daher allein.

Eine weitere sehr wichtige Informationsquelle, die mehr den Inhalt und die Durchführung des Studiums oder einzelner Veranstaltungen betrifft, ist das *Anschlagbrett des betreffenden Studienfaches oder der Fakultät bzw. des Fachbereiches.* Jeder Hochschullehrer, jeder Angehörige des Lehrkörpers, ist verpflichtet, alle wesentlichen Daten, die seine Veranstaltungen betreffen, öffentlich bekannt zu geben. Dies geschieht an den dafür als öffentliche Anschlagtafel kenntlich gemachten Brettern des betreffenden Faches, Institutes, des Fachbereiches oder der Fakultät. Dort erfährt der Student Einzelheiten über die angebotenen Veranstaltungen, Änderungen im Zeitplan oder im Inhalt derselben, Sonderveranstaltungen, die außerhalb des sogenannten Vorlesungsverzeichnisses liegen, und auch Termine oder Fristen, die im Zusammenhang mit Teil-, Vor- und Abschlußprüfungen stehen. Ein regelmäßiges Durchlesen aller Anschlagbretter der vom Studenten studierten Fächer oder Lehrgebiete sollte zu einer Selbstverständlichkeit im Verlaufe eines Studiums werden. Auch hier gilt bei versäumten Fristen oder Terminen das eben für amtliche Bekanntmachungen der Hochschule schon Gesagte. Im Zweifelsfalle liegt die Verantwortung für ein Versäumnis bei dem Studenten. Erfahrungsgemäß sind diese Mitteilungsbretter der einzelnen Fächer auch die einzige Informationsquelle, über die der Student persönlich erreichbar gemacht wird. Im Gegensatz zu den höheren Schulen, in denen heute eine Ruf- oder Rundsprechanlage vorhanden ist, existiert eine solche Ruf- oder Rundsprechanlage nur in wenigen Hochschulen oder Hochschulbauwerken. Dadurch bleibt der einzelne Student für die Hochschulverwaltung oder nachgeordnete Verwaltungsstellen der Hochschule persönlich fast unerreichbar, wenn nicht über einen schriftlichen Hinweis, etwa mit der Aufforderung, sich im Sekretariat eines Faches persönlich zu melden.

Die Hochschule ist für die meisten Absolventen einer höheren Schule der erste Ort im Leben, in dem sie intensiven Kontakt zu den Verfahrensweisen einer formalisierten Bürokratie erleben. Da diese Begegnung ohne Vorbereitung durch die höhere Schule anfällt, sei dem Studienanfänger die Bedeutung von schriftlichen Hinweisen und Mitteilungen aller Art durch die Hochschule oder ihre Organe verdeutlicht. Er wird lernen müssen, mit den Verfahrensweisen einer Bürokratie zu leben und sich deren Vorgehen in einem gewissen Umfange anzupassen, vor allem, wenn er sich um eine finanzielle Förderung seines studentischen Lebens nach den geltenden Gesetzen, insbesondere nach dem Bundesausbildungsförderungsgesetz (BAföG), bemüht. Auch für die Inanspruchnahme dieses Förderungsgesetzes setzt die Verwaltung, die diese Mittel verwaltet, entsprechende Fristen per Aushang an den Mitteilungsbrettern der Hochschule, der Fakultäten und der einzelnen Studienfächer bzw. Institute. Außerdem verfügt der ASTA über entsprechendes Informationsmaterial, das sehr reichhaltig an den Hochschulen zur Verteilung kommt.

Viel von dem Material, das der ASTA oder studentische Gruppen bedrucken und verteilen, ist nicht des Lesens wert. Manches verdient jedoch beachtet zu werden, insbesondere dann, wenn es sich um amtliche Maßnahmen handelt, die in den Schriften des ASTA oder einzelner studentischer Gruppen angesprochen werden.

Je länger der Student an der Hochschule verweilt, um so wichtiger werden für ihn die *Bekanntmachungen der Prüfungsämter,* denen er mit zunehmender Studiendauer die gleiche Aufmerksamkeit widmen sollte, wie er sie zu Anfang den allgemeinen Bekanntmachungen der Hochschule und den besonderen der einzelnen Fächer entgegengebracht hat.

Schließlich geben die Hochschulen oder Hochschulverwaltungen in eigener Regie regelmäßig Mitteilungen oder *Informationsschriften* heraus, aus denen nicht nur manch nützlicher Hinweis von allgemeinem Charakter, sondern auch wichtige Daten für den besonderen Einzelfall veröffentlicht werden. Zu diesen Schriften, die halbamtlichen Charakter tragen, zählt das von Semester zu Semester herausgegebene *Vorlesungsverzeichnis.* Im Grunde genommen ist das Vorlesungsverzeichnis das *eigentliche Amtsblatt* des Hochschulbetriebes. Die Hochschule und ihre Angehörigen sind verpflichtet, im Vorlesungsverzeichnis alle Veranstaltungen, die im betroffenen Semester durchgeführt werden, nach Zeit, Inhalt, Ort und Adressatengruppe genau zu bezeichnen – und sind ferner verpflichtet, sich an die dort ausgedruckten Angaben zu halten. Das Vorlesungsverzeichnis enthält außer dem eigentlichen

Veranstaltungsteil noch weitere Teile, nämlich den Personalteil mit allen wichtigen Angaben, die das Hochschulpersonal betreffen, und einen allgemeinen Informationsteil, der über Termine im laufenden Semester, über die Hochschulverwaltung, akademische und andere Gremien und viele weitere zum Hochschulbetrieb gehörende Sachverhalte informiert. Die Vorlesungsverzeichnisse werden zu einem sehr niedrigen Preis (meistens stark subventioniert) einige Wochen vor dem Vorlesungsbeginn sowohl an der Hochschule als auch über den örtlichen Buchhandel abgegeben. Für den Studenten sollte es selbstverständlich sein, die Vorlesungsverzeichnisse regelmäßig zu erwerben und sie auch gründlich auszuwerten. Leider wird auch hiervon, wie die Erfahrung zeigt, nur zu einem kleinen Teil von der Studentenschaft Gebrauch gemacht. Viele Fehlleistungen im Studium ließen sich vermeiden, wenn der Student sich gleich zu Beginn eines Studiums angewöhnen würde, die Vorlesungsverzeichnisse genau und gründlich zu studieren. Das gleiche gilt auch für die laufenden amtlichen Bekanntmachungen der Hochschule, die oft unentgeltlich oder zu einem sehr niedrigen Preis den Studenten zum Erwerb angeboten werden.

Es sollte auch zum Eigenverständnis des Studenten und späteren Akademikers gehören, daß er sich bereits während des Studiums das Lesen führender *Fachzeitschriften* oder *Tageszeitungen* aneignet. Fast alle Verlage der bedeutenden Tages- und Wochenzeitungen in der Bundesrepublik bieten günstige Studentenabonnements an. Die Verlage wollen damit den künftigen Akademiker schon frühzeitig mit der Auswertung von Presseinformationen vertraut machen und ihn zum kritischen Lesen der angebotenen Inhalte anregen. Auch hiervon sollte der Student Gebrauch machen und die Ausgaben für eine der führenden Zeitungen, die oft nur Bruchteile seiner Gesamtausgaben darstellen, fest in sein Studentenbudget einplanen.

Neben diesen schriftlichen Informationsquellen sind die zahlreichen Möglichkeiten *mündlicher Informationen* bei den regelmäßig angebotenen Informationsveranstaltungen der Fächer, der Fakultäten oder Fachbereiche, der Hochschule, der studentischen Organisationen oder aber auch anderer Gruppen von nicht zu unterschätzendem Wert. Der daran Interessierte wird bei regelmäßigem Besuch solcher Veranstaltungen auf die Dauer einen Vorsprung in der Ansammlung von Kenntnissen über Zusammenhänge erhalten, der dann später sich für ihn bei Beginn einer beruflichen Karriere besonders hoch auszahlen wird. Es kann heute immer wieder festgestellt werden, daß Personen mit einer aus der Allgemeinheit herausgehobenen Stellung diese meist der Aneignung von *Kenntnissen über die Zusammenhänge* – über ihre eigenen Fachbereiche hinaus – verdanken. Für den Erwerb solcher Kenntnisse sollte der Grundstein bereits in einem Frühstadium des Studiums gelegt werden.

4.4 Sozialverwaltungen und -einrichtungen an den Hochschulen

Mit der Ausweitung sozialer Dienste und Leistungen im universitären Bereich ging auch die Vermehrung der Verwaltungsdienststellen, die diese Leistungen anbieten oder vollziehen, einher. So entstanden neben der Hochschulverwaltung und der studentischen Selbstverwaltung in den letzten 15 Jahren an den Hochschulen zusätzliche Verwaltungseinrichtungen, die insgesamt als Sozialverwaltungen bezeichnet werden können.

Die Studentenwerke In erster Linie zählen hierzu die Einrichtungen der Studentenwerke mit ihren vielseitigen und weitverzweigten Aufgaben. Die Studentenwerke sind in den einzelnen Bundesländern nach entsprechenden Gesetzen unterschiedlich organisiert. Auf Bundesebene sind sie im sogenannten *Deutschen Studentenwerk e. V.* zusammengeschlossen. Durch Einbezug von staatlichen Förderungsmaßnahmen in großem Umfang dehnte sich ihr Tätigkeitsgebiet auch in jenem Bereich aus, der eigentlich von staatlichen Dienststellen wahrgenommen werden müßte.

Im einzelnen nehmen die Studentenwerke über ihre Verwaltungsdienststellen folgende Aufgaben wahr, die sowohl von Hochschule zu Hochschule als auch im Umfang unterschiedlich sein können:

- die Verwaltung studentischer *Wohnheime,* die dem Studentenwerk aus den staatlichen Mitteln zur Verwaltung übertragen wurden;
- die Verwaltung der *Mensa-Betriebe* mit ihrer unterschiedlichen Struktur an den einzelnen Hochschulorten;
- die Verwaltung und Abwicklung der staatlichen *Studienförderung* über das Bundesausbildungsförderungsgesetz (BAföG);
- und schließlich die Verwaltung von Liegenschaften und Besitz, der dem Studentenwerk von verschiedenen Trägern übertragen wurde.

Die Studentenwerke sind in den meisten Bundesländern in der Form eines eingetragenen Vereins mit gemeinnützigem Zweck organisiert. In einigen Ländern allerdings erhielten sie den Rechtsstatus einer Einrichtung des öffentlichen Rechts, so in Nordrhein-Westfalen. Welchen Rechtsstatus das Studentenwerk einnimmt, betrifft den einzelnen Studenten recht wenig. Über die Aufgaben des Studentenwerkes sollte er sich aber schon frühzeitig nach Beginn seines Studiums informieren, denn es stehen oft Sozialdienste und -leistungen zur Verfügung, von denen die meisten Studenten nur geringe Kenntnis haben. Die drei wichtigsten Verantwortungskomplexe des Studentenwerkes, wie eben schon erwähnt die Betreuung der Studentenheime, die Geschäftsführung der Mensa-Betriebe und die Verwaltung der bundeseinheitlichen bzw. staatlichen Studienförderung zählen dazu.

Die Studentenwerke verwalten jedoch nicht nur staatliche Mittel, sondern auch eigene Mittel, die als sogenannte *Sozialbeiträge* bei der Einschreibung bzw. Rückmeldung über die Hochschulkasse erhoben und an das Studentenwerk abgeführt werden. Jeder Student sollte wissen, daß die von ihm an die Hochschulkasse für jedes Semester zu entrichtenden Sozialbeiträge auf dem kürzesten Wege und mit niedrigem Verwaltungsaufwand wieder in den eigenen Sozialbereich an der Hochschule zurückfließen. Durch dieses gemischte Finanzierungsverfahren mit staatlichen und mit eigenen Mitteln ist gesichert, daß die Studentenwerke die ihnen gestellten Aufgaben rechtzeitig und nach gebotenen Ordnungsgrundsätzen praxisnah erfüllen können. Durch die heutigen staatlichen Subventionsmaßnahmen wird außerdem verhindert, daß das Studentenwerk als gemeinnütziger Verein in eine schwierige finanzielle Lage kommen kann, wie dies früher oft der Fall war.

Für das Studentenwerk sind *zahlreiche Ausschüsse* tätig, in denen die Mitglieder ehrenamtlich ihre Arbeitskraft zur Verfügung stellen. Hierzu zählen z.B. die Förderungsausschüsse, die Ausschüsse für Studienberatung, Sozialausschüsse, Ausschüsse für die Studentenwohnheime und Ausschüsse für die Mensa. Entsprechend den geltenden Hochschulgesetzen arbeiten in allen diesen Ausschüssen gewählte Vertreter der Studenten mit. Sie haben in diesen Ausschüssen Sitz- und Stimmrecht und sind damit in der Lage, die Studenten jederzeit über Vorgänge, die in diesen Gremien behandelt und besprochen werden, zu informieren. Damit soll abgesichert werden, daß diese Ausschüsse nicht an den Bedürfnissen der Studenten vorbei tätig werden oder ausschließlich nach Verwaltungsgesichtspunkten entscheiden. Wer sich als Student über die Arbeit des Studentenwerkes oder einzelner seiner Abteilungen informieren will, soll sich an die studentischen Vertreter, die in diesen Ausschüssen sitzen, wenden.

Stiftungen Neben dem Deutschen Studentenwerk, das als Hauptträger aller Sozialmaßnahmen an den deutschen Hochschulen tätig ist, wirken im Bundesgebiet noch zahlreiche Stiftungen mit sozialen Leistungen und Zielen für die Studenten, z.B. zur Vergabe von Studienstipendien, zur Unterhaltung von Wohnheimen oder zur Förderung bestimmter Studiengänge nach dem Abschluß eines Grundstudiums. Einige wenige davon seien hier erwähnt: Die »Stiftung Mitbestimmung«, die ihre finanziellen Mittel vom Deutschen Gewerkschaftsbund erhält, das »Cusanus-Werk«, dessen Mittel von den deutschen Diözesen zur Verfügung gestellt werden, die »Studienstiftung des deutschen Volkes«, die insbesondere für die Förderung von hochbegabten Studenten tätig ist. Daneben gibt es zahlreiche regional begrenzte oder auf bestimmte Ziele hin orientierte private Stiftungen, von denen hier nur als Beispiel die »Robert-Bosch-Stiftung« genannt sei. Es würde den Rahmen dieses Studienführers sprengen, wenn alle im Bundesgebiet vorhandenen Stiftungen zur Unterstützung der Studenten oder von Jungakademikern oder von bestimmten Studienarten oder Studiengängen aufgezählt würden. Der daran interessierte Student kann sich entweder bei dem ortsansässigen Studentenwerk oder bei den bestehenden Hochschulverwaltungen über die Stiftungsinitiativen und -möglichkeiten erkundigen. In den meisten Fällen haben die überregionalen und bedeutsameren Stiftungen einen sogenannten Vertrauensdozenten an den Hochschulen, die Auskünfte über Einzelheiten, über Zweckbestimmung und Umfang der von ihnen vertretenen Stiftungen erteilen.

Abschließend zu diesem Kapitel sei noch auf zwei weitere Gruppen verwiesen, die heute unabdingbar zu den Einrichtungen und Organisationen der Hochschulen gezählt werden:

Deutscher Akademischer Austauschdienst (DAAD) Da ist einmal der Deutsche Akademische Austauschdienst (DAAD). Er hat die Aufgabe, Jungakademiker in den oberen Semestern oder kurz nach Abschluß ihres Studiums entweder für ein Weiterstudium oder in einem Austauschstudium in das Ausland zu vermitteln und zu betreuen. Er verwaltet außerdem alle Stipendien, die von anderen Ländern für ein Studium von Deutschen in diesen Ländern vergeben werden. Umgekehrt betreut der DAAD über eigene Organisationen fast an jeder Hochschule die ausländischen Studenten, die über staatliche Förderungsstipendien zu einem Studium kürzerer oder längerer Dauer in die Bundesrepublik kommen. Jedes Jahr erweitern sich die Auslandsaktivitäten des DAAD, und es kann jedem Studenten, der an einer solchen Aktivität interessiert ist, nur dringend geraten werden, sich gründlich bei den örtlichen Vertretungen des DAAD über die vielfältig angebotenen Möglichkeiten zu informieren.

Andere Organisationen zur Vermittlung von Auslandsaufenthalten Neben dem DAAD arbeiten an vielen Hochschulen noch zusätzliche Gruppen oder Institutionen, die sich in irgendeiner Weise mit der Vermittlung oder Durchführung von Auslandsaufenthalten im Rahmen des Studiums beschäftigen. Hierzu zählt z.B. die *AISEC*, eine Organisation, die den Studenten der Wirtschafts- und Sozialwissenschaften Praktikantenplätze während ihres Studiums in Partnerfirmen im In- und Ausland auf gemeinnütziger Basis vermittelt. Sie trägt dazu bei, daß den Studenten der Wirtschafts- und Sozialwissenschaften über ein Auslandspraktikum größere Einblicke in wirtschaftliche Verhältnisse und Zusammenhänge anderer Länder und auch die Möglichkeit der praktischen Erarbeitung angeboten werden. Ähnliche Aufgaben übernehmen auch ausländische Stiftungen, so z.B. die »Fulbright-Stiftung« oder die großen amerikanischen Stiftungen, die fast alle an den deutschen Hochschulen durch eigene Vertreter oder Vertrauensdozenten vertreten sind.

Darüber hinaus gibt es zahlreiche Einrichtungen zum Teil auf privater Basis, die den Studenten an deutschen Hochschulen vielseitige Möglichkeiten für einen unterschiedlich zweckbestimmten Auslandsaufenthalt anbieten. Genannt seien als Beispiel das »Deutsch-Französische-Jugendwerk«, die Auslandsreisedienste der Hochschul-ASTEN und des Deutschen Studentenwerkes. (Auch gibt es zahlreiche Firmen, die sich auf studentische Reisen und Aktivitäten in der vorlesungsfreien Zeit bzw. auf die Abwicklung von Auslandsexkursionen spezialisiert haben.)

Ausübung sozialer Dienste Schließlich seien noch die zahlreichen sozialen Dienste, Einrichtungen und Organisationen erwähnt, die von staatlicher, kirchlicher, gewerkschaftlicher oder privater Seite unterhalten werden und dem Studenten für einen Einsatz während seines Studiums mit unterschiedlichem Zweck zur Verfügung stehen. Hiervon machen sehr häufig die Studenten der Lehrämter während der Semesterferien Gebrauch, um z.B. durch Mitarbeit in Ferienkolonien ergänzend zu ihren theoretischen Studien eine gewisse Praxis im Umgang mit Kindern oder Jugendlichen zu erwerben. Die Beteiligung an solchen Initiativen kann für den aufgeschlossenen Studenten eine wertvolle Bereicherung seiner Erfahrungen bedeuten.

5. Aufbau und Durchführung des Studiums, Studienförderung

Wie in einem früheren Abschnitt schon erwähnt, ging in den letzten Jahren die ehemals an den deutschen Hochschulen herrschende sogenannte akademische Freiheit weitgehend verloren. Unter dieser akademischen Freiheit verstand man früher die Möglichkeit des Studierenden, sich durch freie Auswahl der ihm an den Hochschulen angebotenen Veranstaltungen das Studium auf die gesamte Dauer selbst so zusammenzustellen, daß es möglich war, am Ende einer vier- oder fünfjährigen Studienzeit dieses freigestaltete Studium mit den entsprechenden Prüfungen abzuschließen. Bei dieser Art einer akademischen Freiheit ohne Reglementierung der Studieninhalte, deren Verlauf und Art ihrer Zusammensetzung war nur am Ende eines Studiums mit einem einmaligen Akt einer mündlichen und schriftlichen Prüfung der Erfolg des gesamten Studiums nachzuweisen. Es gab nur sehr wenige inhaltlich und zeitlich festgelegte Veranstaltungen, die der Student als Pflichtveranstaltung zu besuchen und zu belegen hatte. Dieses System funktionierte nur so lange, wie durch die geringe Studentenzahl in den einzelnen Veranstaltungen die Studenten sehr rasch den Lehrenden persönlich bekannt wurden. Dadurch war der Hochschullehrer nach zwei oder drei Jahren persönlicher Begegnung und Betreuung in der Lage, am Ende eines Studiums den Studenten hinsichtlich seiner gezeigten Leistungen recht eindeutig zu bewerten. Mit zunehmenden Studentenzahlen verfiel das beschriebene System einer persönlichen Bindung und Betreuung zwischen Hochschullehrer und Studenten zusehends und machte mehr und mehr einem anonym verlaufenden Studium Platz. Obwohl die Zahl der Hochschullehrer in den letzten Jahren ganz erheblich erhöht wurde, war eine Anonymisierung des Hochschulbetriebes nicht zu vermeiden. Dazu trug auch die rapide Anreicherung des Wissensstoffes in sehr hohem Maße bei. Schließlich wurde der Druck der Hochschulbürokratie, die von den Ministerien ausgehend einen immer stärkeren Einfluß auf die inneren Vorgänge einer Hochschule auszuüben versucht, immer stärker und einflußreicher. Dies betrifft nicht nur die Vergabe der öffentlichen Mittel aus dem Länder- und dem Bundeshaushalt an die Hochschulen, sondern auch die Reglementierung insbesondere der Studiengänge, die zu einem staatlichen Abschluß führen. Es ist verständlich, daß die staatlichen Aufsichtsbehörden versuchen, die später in den öffentlichen Dienst eintretenden Studenten beruflich so vorzubilden, daß sie für den späteren Arbeitgeber Staat brauchbare Arbeitskräfte abgeben. Unter diesen Umständen entstanden in den letzten Jahren zahlreiche Studienordnungen, die den von den Aufsichtsbehörden entworfenen und verabschiedeten Prüfungsordnungen weitgehend entsprachen und dadurch die Studiengänge im hohen Maße reglementieren. So gesehen, ist der Traum von der sogenannten akademischen Freiheit, die früher dem Studenten weiten Freiraum beließ, um sein Studium inhaltlich und zeitlich zu gestalten, weitgehend ausgeträumt. Auch hat die Verwaltungsbürokratie der staatlichen Fördermaßnahmen, insbesondere der BAföG-Förderung, viel dazu beigetragen, daß das Studium heute weitgehend in vorgegebenen Geleisen und Bahnen abläuft und dem einzelnen Studenten nur noch wenig Spielraum im Sinne einer früher einmal bestandenen akademischen Freiheit beläßt. Außerdem hat das fast perfekte Zuteilsystem der ZVS in Dortmund dazu geführt, daß die früher bestehende Möglichkeit zum Wechsel des Hochschulortes und Studienplatzes, aber auch der Wechsel von Studiengängen, der neben negativen auch positive Eigenschaften hatte, fast gänzlich unterbunden wurde. Sobald der Student heute einen Studienplatz oder einen Studienort, der ihm durch die ZVS zugeteilt wurde, verläßt, läuft er Gefahr, aus der gesamten Studienlaufbahn geworfen zu werden. Er ist nahezu fest an den ihm anfangs zugewiesenen Studienort und an den Studiengang gekettet. Ein Studium nach Neigung und Begabung, wie sich das viele Schüler der höheren Schule in Unkenntnis der wahren Sachverhalte und Verhältnisse an den Hochschulen immer noch vorstellen, ist nur noch in ganz engen Grenzen möglich. Der größte Teil aller Studien an den deutschen Hochschulen läuft mittlerweile gemäß einer Vielzahl von Studienordnungen, Studienplänen und Prüfungsordnungen vorprogrammiert und oft bis ins einzelne reglementiert ab.

Aus diesen Gründen kann dem Studienanfänger nur dringend empfohlen werden, sich so frühzeitig wie möglich Klarheit über die bestehende *Studien-* und *Prüfungsordnung* zu verschaffen. Mit anderen Worten: Unmittelbar nach Aufnahme des Studiums im ersten Semester, und zwar in den allerersten Wochen desselben, am besten aber schon vorher, verschaffe sich der Student die für seinen Studiengang bestehende Studien- und Prüfungsordnung und studiere diese gründlich. Nachdem dies geschehen ist, sollte er die von der Studienordnung angesprochenen Fächer, am besten erreichbar in den jeweiligen Sekretariaten der Hochschullehrer, aufsuchen. Als gute Gesprächspartner für *Erstinformationsgespräche* an der Hochschule bzw. in den Sekretariaten der Fächer oder der Hochschullehrer erwiesen sich die

Assistenten und *wissenschaftlichen Mitarbeiter* der einzelnen Institute. Sie sind meist in der Lage, dem Anfänger wertvolle Empfehlungen für die Gestaltung des Studiums in den ersten Semestern zu geben. Die Assistenten der Hochschullehrer oder der Institute und die wissenschaftlichen Mitarbeiter sind darüber hinaus auch die wichtigsten Kontaktpersonen im direkten Studienbetrieb der ersten Semester, weil sehr viele Einführungs- und Anfangsveranstaltungen von ihnen gestaltet und durchgeführt werden. Außerdem sind den Assistenten in der Regel auch jene Studenten bekannt, die – in den oberen Semestern stehend – sich als Studienberater oder in studentischen Organisationen bewährt und ausgezeichnet haben. Diese Gruppe der *erfahrenen Studenten aus den oberen Semestern* zählt erfahrungsgemäß zu den für den Anfänger wichtigsten Informationsquellen. Die von Jahr zu Jahr immer wieder zu beobachtende Hilflosigkeit der Studienanfänger in den ersten Wochen und Monaten eines Studiums kann weitgehend abgebaut werden, wenn diese sich frühzeitig an jene Gruppe wenden und sich deren Erfahrungen, die oft in Einzelheiten hineinreichen, zunutze machen. Der Studienanfänger, der von der höheren Schule her gewohnt ist, mit einem festen Stundenplan zu arbeiten, tut sich an den Hochschulen ohne detaillierten Stundenplan, der ihm die Veranstaltungsart, den -ort und den betreffenden Hochschullehrer genau vorschreibt, oft schwer. An den meisten Hochschulen konkurrieren überdies – vor allem in den Massenfächern, in denen sich heute in den Erstsemestern einige hundert Studenten einzufinden pflegen – nicht selten gleichartige Veranstaltungen, die von verschiedenen Hochschullehrern mit ihrem Mitarbeiterstab durchgeführt werden. Über den Stellenwert der einzelnen in die Studienordnung einzuordnenden und an der Hochschule angebotenen Veranstaltungen geben nicht nur die papierenen Studienordnungen Auskunft, sondern kompetenter die an den Veranstaltungen beteiligten Hochschullehrer, die Assistenten und die Studenten der höheren Semester, die noch vor kurzer Zeit gezwungen waren, sich ein Studienprogramm aufzubauen, das aus den angebotenen Hochschulveranstaltungen einerseits und den geforderten Inhalten der Studienordnung andererseits zusammengestellt werden muß.

Sehr wichtig sind in diesem Zusammenhang die für fast alle Studiengänge als *Pflichtveranstaltung* ausgewiesenen *Grundveranstaltungen* der Erstsemester. Die Hochschule stellt in den ersten Semestern sehr viel mehr Anforderung an den Fleiß und den Arbeitseifer als an Intelligenz und selbständiges wissenschaftliches Arbeiten. In den ersten Semestern hat der Student in aller Regel zu beweisen, daß er imstande ist, sich durch regelmäßigen Besuch und aktive Auswertung von Grundveranstaltungen ein bestimmtes notwendiges Basiswissen und/oder Fertigkeiten anzueignen. Das bedeutet eine hohe zeitliche Belastung für die Teilnahme an geforderten Vorlesungen, Übungen, Praktika, Übungsaufgaben und ähnlichen Veranstaltungen. Am Ende dieser Veranstaltungen werden Abschlüsse der verschiedensten Struktur angeboten. Es handelt sich um sogenannte *Klausurarbeiten,* d.h. Arbeiten, die zu einem bestimmten Thema unter Aufsicht und unter zeitlicher Begrenzung durchgeführt werden, und um *Kolloquien,* das sind mündliche Prüfungen, in denen der Kandidat Gelegenheit hat, sich mit der Prüfungspsychologie an einer Hochschule vertraut zu machen und Sicherheit im mündlichen Prüfungsverfahren zu gewinnen. Eine Einführungsveranstaltung kann aber auch durch eine schriftliche Ausarbeitung zu einer vorgegebenen Aufgabenstellung abgeschlossen werden. Diese Art der schriftlichen Darstellung bezeichnet man als *Referat.* Das bedeutet nicht, daß das Referat vorgetragen werden muß. Es bedeutet nur, daß eine schriftliche Ausarbeitung zu einem bestimmten Thema vorgelegt wird und Grundlage für eine Bewertung ist. Für jede an der Hochschule erbrachte Leistung stellt die angesprochene Institution eine Bestätigung aus, den sogenannten *Leistungsschein.* Aus der Sammlung der Leistungsscheine entstand das heute an den Hochschulen vielfach bespottete »Scheinstudium«. In Wirklichkeit bietet dieses Erwerben und Sammeln von Scheinen beiden Gruppen an den Hochschulen, den Studenten und den Hochschullehrern, eine gewisse Absicherung bei späteren Prüfungssituationen. Dem Hochschullehrer können beim heutigen Massenbetrieb weder die Einzelleistungen seiner Studenten bekannt sein, noch weiß umgekehrt der Student beim Erwerb der Scheine nicht, wer ihm als Hochschullehrer in Prüfungssituationen später gegenübersteht. So gesehen, bietet der Erwerb von Scheinen als ein Nachweis erbrachter Leistungen im Rahmen eines Studiums fast die einzige Möglichkeit, zwischen Hochschullehrern, Prüfungsämtern und Studenten ein System der Leistungskontrolle und gegenseitiger Absicherung zu erzielen.

Wer als Studienanfänger sich diese Ratschläge zu eigen macht und sich eine Art Fahrplan für die Examina mit Hilfe und unter Beratung von Assistenten und älteren Studenten aufstellt, kann mit einiger Sicherheit erwarten, daß bei entsprechender Investition von Fleiß, Konzentration und – eigentlich als selbstverständlich vorhanden sein sollender – Intelligenz das erstrebte Studienziel ohne Zeitverlust angesteuert werden wird. Das Studium ist heute in vielen Fällen allerdings weniger eine Frage der Intelligenz als vielmehr die der Aneignung einer gewissen *Lernökonomie,* d.h. der Fähigkeit, sich schon zu einem frühen Zeitpunkt des Studiums gewisse Lerntechniken anzueignen und Zeitpläne aufzustellen, die es einem ermöglichen, unter Einsatz der gebotenen Hilfsmittel (Literatur, Laborübungen, Praktika u.ä.) das Studienziel möglichst rationell zu erreichen. Leider führt diese Art des modernen Hochschulstudiums im Gegensatz zu früheren Gepflogenheiten zu einem sehr eng fachbezogenen Studium. Die Studenten nützen oder sehen kaum die Möglichkeit, außerhalb der in den Studienordnungen vorgeschriebenen Veranstaltungen sich nach Eigeninteressen in anderen Veranstaltungen zu engagieren und damit ihr Wissen über das eng fachbezogene Studium hinaus zu erweitern. *Dadurch fehlt vielen Studenten nach Abschluß ihres Studiums als Jungakademikern die Fähigkeit, über den eigenen engen (Fach-)Horizont hinaus Zusammenhänge zu erkennen und danach verantwortlich zu entscheiden.* Gerade aber die beiden letztgenannten Eigenschaften sollten den Akademiker hinsichtlich seiner Führungsqualität und seiner Anwartschaft auf höhere Positionen auszeichnen. Wir treffen immer wieder Akademiker oder auch Nichtakademiker, die ihren Aufstieg in Führungspositionen einem über das normale Niveau weit hinausreichendem Denken in Zusammenhängen und entsprechendem Agieren zu verdanken haben. Der Verfasser weiß *aus eigener Erfahrung und auch als Hochschullehrer,* daß in fast allen Studiengängen auch bei einer gestrafften Durchführung des Fachstudiums genügend Zeit verbleibt, um sowohl sich in Aktivitäten der studentischen Selbstverwaltung zu engagieren und zu bewähren als auch zusätzlich angebotene Veranstaltungen außerhalb der durch die Studienordnung vorgeschriebenen und fachgebundenen zu besuchen und in die Eigenpersönlichkeit zu integrieren. Die letztere Aussage wird abgestützt durch ein heute weitverbreitetes Absicherungssystem für sozialbedürftige und begabte Studenten. Das von staatlicher Seite unterstützte und betriebene Förderungssystem erlaubt es den meisten Studenten, entgegen der Praxis früherer Studentengenerationen, ihr Studium sozial abgesichert so zu betreiben, daß nicht zusätzliche Zeit für die Absicherung des Lebensstandards durch nebenberufliche Tätigkeit investiert werden muß. Wenn trotzdem in Einzelfällen Studenten schwierige soziale Situationen durch Aufnahme einer kurz- oder mittelfristigen Berufstätigkeit zu meistern haben, so spricht diese Ausnahme nicht gegen die eben getroffene Feststellung.

Der Hinweis, daß der Student sich frühzeitig einen Fahrplan für die Examina, insbesondere die frühen Abschluß- und Zwischenprüfungen aufstellen soll, wird bekräftigt durch verschiedene Arten und Formen von Veranstaltungen, die die Hochschule zur Vorbereitung auf die Prüfungen anbietet. In vielen Fächern kennt man die Einrichtung der sogenannten *Repetitorien.* Diese gehen davon aus, daß bei zahlreichen Prüfungen ein abgegrenzter Bestand an immer wieder vorkommenden Anforderungen auftritt und daß man sich durch regelmäßige Teilnahme an vorbereitenden Übungen auf das Niveau und den Inhalt von Abschlußprüfungen aller Art vorbereiten kann. Obwohl die Teilnahme an Repetitorien nicht unbedingt eine Gewähr für die erfolgreiche Bewältigung einer Prüfung bietet, so vermittelt sie doch eine gewisse Sicherheit und Routine in der Aneignung von *Prüfungsanalogien* oder *prüfungsbezogenen Arbeitstechniken.* Diese können auch im späteren Beruf eine nützliche Hilfe unter dem Gesichtspunkt sein, daß der Akademiker mit Anleitungsfunktionen betraut wird, wobei er dann von Zeit zu Zeit von seinen eigenen Mitarbeitern oder Untergebenen ähnliche Prüfungsleistungen abfordern kann oder wird. Der Student sollte daher in der Regel von dem Angebot zur Teilnahme an Repetitorien Gebrauch machen.

Eine ähnliche Hilfestellung bieten die an fast allen Hochschulen kursierenden Manuskripte oder Niederschriften aus den Veranstaltungen des Lehrkörpers. Bei diesen *Skripten* handelt es sich meist um mitgeschriebene Auszüge aus den Vorlesungen, Übungen, Praktika und Seminaren, die einerseits dem Studenten als Gedächtnisstütze für seine Ausarbeitung und Weiterbearbeitung des Stoffes dienen, andererseits aber auch gewisse Hinweise auf die Anforderungen der Hochschullehrer und deren Prüfungs- oder Arbeitsmethodik erkennen lassen. *Jeder Hochschullehrer eignet sich im Verlauf seiner Tätigkeit gewisse Eigenarten an, die sein Verhalten in Veranstaltungen, ganz besonders aber in Prüfungen, beeinflussen.* Diese Eigenarten lassen sich beim sorgfältigen Durcharbeiten der verteilten Skripten mit Unterstützung des wissenschaftlichen Personals erkennen, und es ist ratsam, eventuelle Eigenarten des Hochschullehrers als Prüfungspartner in die Art und den Umfang der Prüfungsvorbereitung einzubeziehen, denn man kann als Prüfling nicht erwarten, daß der Hochschullehrer seinen ihm arteigenen Prüfungsstil jeweils zugunsten vieler Hunderter zu prüfender Studenten wandelt. Es liegt in der Natur der Sache, daß der Hochschullehrer von einem Akademiker, der zur Prüfung ansteht, so viel an Prüfungspsychologie und -kenntnissen erwartet, daß er mit Hilfe dieser Kenntnisse die ihm in den Prüfungen gestellten Anforderungen meistern kann. Das persönliche Geschick des Prüflings, auf die Eigenart des Prüfenden mehr oder minder gut einzugehen, bestimmt oft viel mehr das Ergebnis einer mündlichen oder auch schriftlichen Prüfung als vielleicht der Prüfungskandidat in der Sicherheit seines fundierten Fachwissens anzunehmen glaubt. Andererseits weiß auch der Hochschullehrer als Prüfender, daß es unmöglich ist, in einer befristeten Zeit das Gesamtwissen eines jahrelangen Studiums zu aktivieren und abzurufen.

Normalerweise bieten die aktive Teilnahme an den angebotenen und teilweise auch durch Studienordnungen für erforderlich erklärten Veranstaltungen an der Hochschule, das gründliche Aufarbeiten wichtiger Literatur, in den naturwissenschaftlich-technischen Fächern die rege Teilnahme an den praktisch orientierten Veranstaltungen, die Kontaktpflege zu dem wissenschaftlichen Personal der einzelnen Lehrstühle und Institute und auch die Begegnung im studentischen Leben mit vielen andersgearteten aber im Zweck gleichgerichteten Kollegen, die Diskussion aktueller Probleme innerhalb und außerhalb der Hochschule die beste Voraussetzung für den erfolgreichen Abschluß eines Studiums. Repetitorien, die Verarbeitung angebotener Skripten sowie die jahrelange Fertigung eigener Arbeiten leisten ein übriges, um aus dem zunächst verunsicherten Studienbewerber und Studienanfänger einen Jungakademiker werden zu lassen, der mit gewisser Sicherheit auf das Ende seines Studiums respektive die Examina zusteuert und diese auch erfolgreich hinter sich bringt. Ganze Generationen von Akademikern haben bisher dieses System erfolgreich durchlaufen. Wie keine Einrichtung auf der ganzen Welt bis ins letzte und wünschenswerteste vollkommen arbeitet, so auch nicht die Hochschule. Es wird immer wieder beim Durchlaufen dieses Systems Ausfälle geben; es werden viele Studenten, unterschiedlich nach den Fächern, ihre Zwischen- oder Abschlußprüfungen im ersten Anlauf nicht bestehen. Eine nichtbestandene Prüfung ist jedoch kein Weltuntergang, und schon manche Persönlichkeiten, die später im Beruf zu höchsten Stellungen aufstiegen, taten sich während des Studiums und insbesondere mit Prüfungen sehr schwer. Oft spielen bei *nichtbestandenen Prüfungen* so viele Faktoren eine Rolle, daß es im Nachhinein müßig ist, den einzelnen Ursachen lange nachzuspüren. Wer im ersten Anlauf die Prüfung nicht geschafft hat und bei ehrlicher Überprüfung seiner Vorbereitung und seines eigenen Leistungsanteils zu dem Schluß kommt, daß seine Anstrengungen im Vergleich mit anderen Kandidaten, die die Prüfung bestanden haben, sich durchaus messen können, der sollte unverzagt den nächsten Anlauf nehmen.

Es darf jedoch nicht übersehen werden, und das ist in diesem Studienführer oft zum Ausdruck gebracht worden, daß heute mit dem übergroßen Ansturm auf die höhere Schule und anschließend auf die Hochschulen viele dorthin getragen werden, die früher bei ungleich schwierigeren Startbedingungen nicht den Weg zu einem Hochschulstudium gefunden haben. Auch diese muß die Hochschule heute verkraften, obwohl sie dafür nur ungenügend ausgestattet wurde. Es darf auch nicht vergessen werden, daß mit dem Einströmen großer Studentenmassen in die Hochschulen mancher hineinkam, dessen Begabung vielleicht auf einem ganz anderen Gebiet liegt als dort, wo ihn die Hochschule fordert. Die Hochschule kann sich nicht um alle Begabungsstrukturen bemühen. Sie unterstützt und fördert jene, die für ein wissenschaftliches Studium durch Intelligenz, Leistungsbereitschaft und Motivation geeignet sind. Viele derzeitigen Besucher von Hochschulen sind im Grunde genommen das Opfer einer falschen Bildungspolitik, die allzuvielen jungen Leuten glaubhaft machen will, daß nur ein *Hochschulstudium* den Menschen zu einem wertvollen *Glied der Gemeinschaft* machen kann. Die in den nächsten Jahren für Jungakademiker immer schwieriger werdende Situation auf dem Arbeitsmarkt wird hoffentlich bei vielen jungen Leuten dazu beitragen, die in diesem Buch zu Anfang gegebenen Ratschläge zu beherzigen und rechtzeitig zu überprüfen, ob nicht ihre Neigung und Begabung sie in anderen Ausbildungsgängen vielleicht mehr erreichen läßt als über ein verunglücktes Hochschulstudium. Wer bei ehrlicher Selbstprüfung frühzeitig zu der Entscheidung findet, daß der Weg zu einem späteren Beruf nicht unbedingt über die Hochschule führen muß, trägt mit dazu bei, daß sich die Verhältnisse an den Hochschulen wieder zu normalisieren beginnen und viele Dinge überflüssig machen, die in diesem Buch beschrieben werden mußten.

Anmerkungen zur Studienförderung (vgl. hierzu auch den vorangegangenen Abschnitt 4.4)

Der Bundestag verabschiedete Presseberichten zufolge einstimmig eine Änderung des Bundesausbildungsförderungsgesetzes (BAföG), die zum 1. April 1977 eine Erhöhung der seit Herbst 1974 eingefrorenen BAföG-Sätze um 16 Prozent und zum 1. August 1977 bzw. 1. Oktober 1977 eine Erhöhung der Freibeträge für die Eltern um 18 Prozent vorsieht. Im einzelnen sind folgende Änderungen geplant:

Der Höchstsatz für Schüler, die im Elternhaus leben, steigt von bisher 200 Mark auf 235 Mark monatlich, der Höchstsatz für auswärts lebende Studenten wird von bisher 550 Mark (einschließlich Härteausgleich) auf 580 Mark erhöht. – Der Darlehensanteil an der Förderung wird von 130 auf 150 Mark angehoben.

Die Freibeträge für die Eltern der rund 285 000 geförderten Schüler werden zum 1. August 1977 und der rund 335 000 unterstützten Studenten zum 1. Oktober 1977 erhöht, und zwar der Grundfreibetrag von 960 Mark auf 1130 Mark. Auch die Freibeträge für weitere Kinder werden aufgestockt.

Die Studienförderung der Studenten an den deutschen Hochschulen hat sich in den letzten Jahren zu einem so umfangreichen Gebiet ausgeweitet, daß es den Rahmen dieses Studienführers weit übersteigen würde, Einzelheiten aus der staatlichen wie auch privaten Studienförderung zu beschreiben. Der Goldmann Verlag hat sich bereits früher dieses Sachgebietes durch einen Kenner der Materie angenommen und eine nützliche Schrift hierzu herausgebracht: Dr. Arnt Richter »Ausbildungsförderung auch für mich?«, Goldmann Juristische Ratgeber, Band 8332. Der Verfasser möchte bei dieser Gelegenheit den Leser auf diese Schrift verweisen, wo er die Förderungsmöglichkeiten mit ihren Einzelbestimmungen ausführlich beschrieben vorfindet. Mit dem Hinweis auf diese Schrift schließt der Verfasser den Textteil des Studienführers ab.

Anhang

Anlagen (Tabellen und Übersichten) zum Studienführer

Anlage 1 Entwicklung des Bedarfs und des Angebots an Ingenieuren und Naturwissenschaftlern – in 1000 –*

	1975	**1980**	**1985**	**1990**
Gesamtbedarf				
– Untergrenze	540,5	563,4	588,5	615,5
– Mittelwert	572,7	615,3	662,0	713,0
– Obergrenze	588,2	658,9	736,3	819,8
Gesamtangebot				
– Untergrenze	575,0	651,5	762,8	883,6
– Mittelwert	582,9	657,3	769,8	891,1
– Obergrenze	589,6	665,3	808,9	971,2
Gesamtangebot minus Gesamtbedarf				
– absolut	10,2	42,0	107,8	178,1
– in % des Gesamtangebotes (= Überangebot)	1,7	6,3	14,0	19,9

* Quelle: Bund-Länder-Kommission für Bildungsplanung und Forschungsförderung und Bundesanstalt für Arbeit (Hrsg.): Studien- und Berufswahl. Bad Honnef 1976, S. 76

Anlage 2 Studenten 1975 nach Hochschularten, Ländern und Regionen

Hochschulen gesamt	davon: Gesamthochschulen	Universitäten (mit TH und TU)	Pädagogische Hochschulen	Kunst-Hochschulen	Fachhochschulen	Region
Baden-Württemberg						
24462	–	16941	4934	494	2093	Freiburg
30763	–	23835	3287	357	3284	Heidelberg - Mannheim
18537	–	11206	2388	539	4404	Karlsruhe
6202	–	2659	1772	–	1771	Konstanz - Oberschwaben
25693	–	13517	5576	1356	5244	Stuttgart
21889	–	17041	3210	214	1424	Tübingen
5300	–	1396	1594	–	2310	Ulm - Ostwürttemberg
132846	–	86595	22761	2960	20530	insgesamt
Bayern						
6038	1515	3385	–	–	1138	Augsburg
3385	1503	606	–	–	1276	Bamberg - Bayreuth
19352	–	15584	–	269	3499	Erlangen - Nürnberg
62713	1976	49216	–	1331	10190	München
90	–	90	–	–	–	Passau
11684	–	9550	–	–	2134	Regensburg
16088	309	13213	–	270	2296	Würzburg
119350	5303	91644	–	1870	20533	insgesamt
Hessen						
15138	–	10013	–	–	5125	Darmstadt - Dieburg
26994	–	22344	–	902	3748	Frankfurt
847	–	33	–	–	814	Fulda
15734	–	13024	–	–	2710	Gießen
5512	5512	–	–	–	–	Kassel
13630	–	13630	–	–	–	Marburg
2636	–	–	–	–	2636	Wiesbaden
80491	5512	59044	–	902	15033	insgesamt
Niedersachsen						
15383	–	10826	2456	797	1304	Braunschweig - Clausthal
21997	–	19147	2850	–	–	Göttingen
24147	–	14724	4982	537	3904	Hannover - Hildesheim
1896	–	–	1552	–	344	Lüneburg - Buxtehude
5615	–	3342	–	–	2273	Oldenburg
5532	–	3379	–	–	2153	Osnabrück
74570	–	51418	11840	1334	9978	insgesamt

[1] Korrigiertes Ergebnis nach Landesamt Nordrhein-Westfalen

davon:

Hochschulen gesamt	Gesamthochschulen	Universitäten (mit TH und TU)	Pädagogische Hochschulen	Kunst-Hochschulen	Fachhochschulen	Region
Nordrhein-Westfalen						
28814	–	21016	2762	–	5036	Aachen
14687	–	4609	2461	924	6693	Bielefeld
26222	–	21937	–	–	4285	Bochum
27521	–	24061	3460	–	–	Bonn
18620[1]	792[1]	3958	6310	–	7560	Dortmund - Hagen
5501	5501	–	–	–	–	Duisburg
14370	–	5868	2383	1149	4970	Düsseldorf
9500[1]	8894[1]	–	–	606	–	Essen
44263	–	26763	6625	1629	9246	Köln
38123	–	27908	5105	–	5110	Münster
4440	–	–	–	–	4440	Niederrhein
6492[1]	5869[1]	130	–	–	493	Paderborn
5588[1]	5588[1]	–	–	–	–	Siegen
5919[1]	5644[1]	275	–	–	–	Wuppertal
250529	32757	136525	29106	4308	47833	insgesamt
Rheinland-Pfalz						
3889	–	2690	–	–	1199	Trier
4460	–	1862	1504	–	1094	Kaiserslautern
3759	–	–	1449	–	2310	Koblenz
21622	–	18513	254	–	2855	Mainz
2357	–	–	1477	–	880	Speyer, Worms
36087	–	23065	4684	–	8338	insgesamt
Schleswig-Holstein						
1302	–	–	1034	–	268	Flensburg
17251	–	11750	3163	–	2338	Kiel
1843	–	313	–	231	1299	Lübeck
20396	–	12063	4197	231	3905	insgesamt
Saarland, Berlin, Bremen, Hamburg						
14497	–	11824	733	226	1714	Saarbrücken
67508	–	51870	5842	2108	7688	Berlin
7701	–	4042	–	–	3659	Bremen
36783	–	29332	–	1456	5995	Hamburg
840758	43572	557422	79163	15395	145206	Bundesgebiet

Anlage 3 Verzeichnis der Hochschulen und Fachhochschulen in der BRD mit Studentenzahlen

Rheinisch-Westfälische Technische Hochschule Aachen
Rektorat: Templergraben 55, 5100 Aachen
Sekretariat: Bergdriesch 37, 5100 Aachen
Zahl der Studenten: WS 1974/75: 19 866; WS 1975/76: 21 428

Pädagogische Hochschule Rheinland,
Abteilung Aachen
Rektorat: Richard-Wagner-Straße 39, 5000 Köln 1
Abteilungsdekanat: Ahornstraße 55, 5100 Aachen
Sekretariat: Ahornstraße 55, 5100 Aachen
Zahl der Studenten: WS 1974/75: 2 972; WS 1975/76: 2 937

Fachhochschule Aachen
Rektor: Kurbrunnenstraße 22, 5100 Aachen
Abteilungsverwaltung: Kurbrunnenstraße 22, 5100 Aachen
Sekretariat: Goethestraße 1, 5100 Aachen
Zahl der Studenten: WS 1974/75: 4 569; WS 1975/76: 4 700

Katholische Fachhochschule Nordrhein-Westfalen,
Abteilung Aachen
Rektorat: Alfred-Schütte-Allee 10, 5000 Köln 21
Abteilungsleitung: Robert-Schumann-Straße 25, 5100 Aachen
Abteilungssekretariat: Robert-Schumann-Straße 25, 5100 Aachen
Zahl der Studenten: WS 1974/75: 377; WS 1975/76: 397

Fachhochschule Aalen
Rektorat: Hohenstaufenallee 1, 7080 Aalen
Sekretariat: dto.
Zahl der Studenten: WS 1974/75: 920; SS 1975: 1 046

Universität Augsburg
Präsident: Memminger Straße 6, 8900 Augsburg
Studentenkanzlei: dto.
Zahl der Studenten: WS 1974/75: 2 976; WS 1975/76: 3 423

Fachhochschule Augsburg
Präsident: Baumgartnerstraße 16, 8900 Augsburg
Verwaltung: dto.
Zahl der Studenten: WS 1974/75: 1 060; WS 1975/76: 1 167

Gesamthochschule Bamberg
Rektorat: Feldkirchenstraße 21, 8600 Bamberg
Studentenkanzlei: dto.
Zahl der Studenten: WS 1974/75: 1 291; WS 1975/76: 1 526

Universität Bayreuth
Präsident: Opernstraße 22, 8580 Bayreuth
Studentenkanzlei: Geschwister-Scholl-Platz 3, 8580 Bayreuth

Philosophisch-Theologische Hochschule der Salesianer Don Bosco
Rektorat: 8174 Benediktbeuern 127
Sekretariat: Benediktbeuern 126
Zahl der Studenten: WS 1974/75: 124; WS 1975/76: 140

Freie Universität Berlin
Präsidialamt: Altensteinstraße 40, 1000 Berlin 33
Immatrikulationsbüro: Boltzmannstraße 3, 1000 Berlin 33
Zahl der Studenten: WS 1974/75: 29 006; WS 1975/76: 31 127

Technische Universität Berlin
Präsidialamt: Straße des 17. Juni 135, 1000 Berlin 12
Referat für Studienangelegenheiten: dto.
Zahl der Studenten: WS 1974/75: 20 342

Pädagogische Hochschule Berlin
Rektorat: Malteserstraße 74-100, 1000 Berlin 46
Immatrikulationsamt: dto.
Zahl der Studenten: WS 1974/75: 5 632

Hochschule der Künste Berlin
Hardenbergstraße 33, 1000 Berlin 12
Zentrale Hochschulverwaltung: Ernst-Reuter-Platz 10, 1000 Berlin 10
Zahl der Studenten: 1 620

Kirchliche Hochschule
Rektorat: Teltower Damm 120-122, 1000 Berlin 37
Kanzlei: dto.
Zahl der Studenten: WS 1974/75: 188; WS 1975/76: 235

Technische Fachhochschule Berlin
Rektorat: Luxemburger Straße 10, 1000 Berlin 65
Immatrikulationsamt: dto.
Zahl der Studenten: WS 1974/75: 4 111; WS 1975/76: 3 234

Fachhochschule für Wirtschaft
Rektorat: Badensche Straße 50-51, 1000 Berlin 62
Sekretariat: dto.
Zahl der Studenten: WS 1974/75: 2 282; WS 1975/76: 1 760

Fachhochschule für Sozialarbeit und Sozialpädagogik Berlin
Rektorat: Goltzstraße 43-44, 1000 Berlin 30
Sekretariat: dto.
Zahl der Studenten: SS 1975: 560; WS 1976/77: 600

Fachhochschule der Deutschen Bundespost
Rektorat: Ringbahnstraße 130, 1000 Berlin 42
Büro für Zulassungen und Prüfungen: dto.
Zahl der Studenten: WS 1974/75: 393; WS 1975/76: 428

Evangelische Fachhochschule für Sozialarbeit
und Sozialpädagogik Berlin
Rektorat: Reinerzstraße 40/41, 1000 Berlin 33
Büro für Zulassungsangelegenheiten: dto.
Zahl der Studenten: WS 1975/76: 450; WS 1976/77: 500

Fachhochschule für Verwaltung und Rechtspflege Berlin
Sekretariat: Kurfürstendamm 206-209, 1000 Berlin 15
Zahl der Studenten: WS 1974/75: 1 161

Kirchliche Hochschule Bethel
Rektorat: Remterweg 45, 4800 Bielefeld 13
Verwaltung: dto.
Zahl der Studenten: WS 1974/75: 261; WS 1975/76: 298

Fachhochschule Biberach an der Riß
Rektorat: Karlstraße 9-11, 7950 Biberach 1
Sekretariat: dto.
Zahl der Studenten: WS 1974/75: 268; WS 1975/76: 368

Universität Bielefeld
Rektorat: Universitätsstraße, 4800 Bielefeld 1
Zahl der Studenten: WS 1975/76: 4 506

Pädagogische Hochschule Westfalen-Lippe,
Abteilung Bielefeld
Rektorat: Hammer Straße 39, 4400 Münster
Sekretariat: Lampingstraße 3, 4800 Bielefeld 1
Zahl der Studenten: WS 1974/75: 2 350

Fachhochschule Bielefeld
Rektorat: Prinzenstraße 10, 4800 Bielefeld
Sekretariat: dto.
Zahl der Studenten: WS 1974/75: 3 952; WS 1975/76: 3 968

Evangelische Fachhochschule Rheinland-Westfalen-Lippe,
Abteilung Bielefeld
Rektorat: Immanuel-Kant-Straße 18, 4630 Bochum
Sekretariat: Kampstraße 2, 4814 Bielefeld-Senne 1
Zahl der Studenten: WS 1975/76: 51

Fachhochschule des Landes Rheinland-Pfalz,
Abteilung Bingen
Präsidialbüro: Parcusstraße 8, 6500 Mainz
Büro des Abteilungsleiters: Rochusallee 4, 6530 Bingen 1
Sekretariat: Rochusallee 4, 6530 Bingen
Zahl der Studenten: WS 1974/75: 652; SS 1976: 770

Ruhr-Universität Bochum
Rektorat: Universitätsstraße 150, 4630 Bochum-Querenburg
Sekretariat: dto.
Zahl der Studenten: WS 1974/75: 20 665

Fachhochschule Bochum
Rektorat: Kortumstraße 156, 4630 Bochum
Sekretariat: Kohlenstraße 70, 4630 Bochum
Zahl der Studenten: WS 1974/75: 3 062; WS 1975/76: 3 356

Fachhochschule Bergbau der Westfälischen Berggewerkschaftskasse
Rektorat: Herner Straße 45, 4630 Bochum
Sekretariat: dto.
Zahl der Studenten: WS 1974/75: 533; WS 1975/76: 598

Evangelische Fachhochschule Rheinland-Westfalen-Lippe,
Abteilung Bochum
Rektorat: Immanuel-Kant-Straße 18, 4630 Bochum
Abteilungssekretariat: dto.
Zahl der Studenten: WS 1973/74: 399; WS 1975/76: 386

Rheinische Friedrich-Wilhelms-Universität
Rektorat: Regina-Pacis-Weg 3, 5300 Bonn 1
Sekretariat: An der Schloßkirche 1, 5300 Bonn 1
Zahl der Studenten: WS 1974/75: 22 380; WS 1975/76: 24 427

Pädagogische Hochschule Rheinland,
Abteilung Bonn
Rektorat: Richard-Wagner-Straße 39, 5000 Köln 1
Abteilungsdekanat: Römerstraße 164, 5300 Bonn
Sekretariat: Römerstraße 164, 5300 Bonn
Zahl der Studenten: WS 1974/75: 3 484; WS 1975/76: 3 532

Technische Universität Carolo-Wilhelmina zu Braunschweig
Rektorat: Pockelstraße 14, 3300 Braunschweig
Immatrikulationsamt: dto.
Zahl der Studenten: WS 1974/75: 7 679

Pädagogische Hochschule Niedersachsen,
Abteilung Braunschweig
Rektorat: Salzdahlumer Straße 46-48
Verwaltung Braunschweig: Küchenstraße 1, 3300 Braunschweig
Zahl der Studenten: WS 1974/75: 2 492

Universität Bremen
Rektorat: Achterstraße, 2800 Bremen 33
Sekretariat: dto.
Zahl der Studenten: WS 1974/75: 3 592; WS 1975/76: 4 077

Hochschule für Technik
Rektorat: Langemarckstraße 116, 2800 Bremen
Immatrikulationsbüro: dto.
Zahl der Studenten: WS 1974/75: 1 478; WS 1975/76: 1 413

Hochschule für Sozialpädagogik und Sozialökonomie
Rektorat: Achterstraße, 2800 Bremen 33
Sekretariat: dto.
Zahl der Studenten: WS 1974/75: 970; WS 1975/76: 960

Hochschule für Wirtschaft
Rektorat: Ellmerstraße 24, 2800 Bremen 1
Sekretariat: dto.
Zahl der Studenten: WS 1974/75: 578; WS 1975/76: 519

Hochschule für Nautik
Rektorat: Werderstraße 73, 2800 Bremen 1
Sekretariat: dto.
Zahl der Studenten: WS 1974/75: 203; WS 1975/76: 184

Hochschule für Gestaltung
Rektorat: Amwandrahm 23, 2800 Bremen
Sekretariat: dto.
Zahl der Studenten: WS 1974/75: 326; WS 1975/76: 352

Hochschule Bremerhaven
Rektorat: Columbusstraße 21, 2850 Bremerhaven
Immatrikulations- und Prüfungsamt: dto.
Zahl der Studenten: WS 1975/76: 271

Fachhochschule Nordostniedersachsen
Rektorat: Harburger Straße 7, 2150 Buxtehude
Fachbereiche Architektur und Bauwesen:
Harburger Straße 6, 2150 Buxtehude
Fachbereich Bauingenieurwesen:
Schulstraße 6, 3113 Suderburg
Zahl der Studenten: WS 1974/75: 287; WS 1975/76: 349

Technische Universität Clausthal
Rektorat: Adolf-Römer-Straße 2a, 3392 Clausthal-Zellerfeld
Sekretariat: dto.
Zahl der Studenten: WS 1974/75: 2 372; WS 1975/76: 2 725

Fachhochschule Coburg
Präsident: Friedrich-Streib-Straße 2, 8630 Coburg
Studentenkanzlei: dto.
Zahl der Studenten: WS 1974/75: 1 111; WS 1975/76: 1 260

Technische Hochschule Darmstadt
Präsidialamt: Karolinenplatz 5, 6100 Darmstadt
Sekretariat für Studentenangelegenheiten: dto.
Zahl der Studenten: WS 1974/75: 9 570; WS 1975/76: 10 013

Fachhochschule Darmstadt
Rektorat: Schöfferstraße 3, 6100 Darmstadt
Sekretariat für Studentische Angelegenheiten: dto.
Zahl der Studenten: WS 1974/75: 3 083; WS 1975/76: 3 113

Fachhochschule des Heeres
(Nur für Offiziersanwärter und Offiziere der Bundeswehr)
Büro des Leiters des Schulstabes: Dornheimer Weg 21,
6100 Darmstadt
Zahl der Studenten: WS 1975/76: 600; SS 1976: 550

Evangelische Fachhochschule Darmstadt
Rektorat: Zweifalltorweg 12, 6100 Darmstadt
Studentenkanzlei: dto.
Zahl der Studenten: WS 1974/75: 438; WS 1975/76: 420

Staatliche Hochschule für Musik Westfalen-Lippe
Rektorat: Allee 22, 4930 Detmold 1
Abteilungsdekanat Detmold: dto.
Zahl der Studenten: WS 1974/75: 1 035; WS 1975/76: 1 083

Fachhochschule Lippe,
Abteilung Detmold
Rektorat: Liebigstraße 87, 4920 Lemgo
Fachbereichsverwaltung: Lagesche Straße 95, 4930 Detmold
Zahl der Studenten: WS 1973/74: 395; WS 1974/75: 448

Fachhochschule der Deutschen Bundespost Dieburg
Rektorat: Max-Planck-Straße 2, 6110 Dieburg
Sekretariat: dto.
Zahl der Studenten: WS 1974/75: 1 050; WS 1975/76: 1 080

Universität Dortmund
Rektorat: August-Schmidt-Straße, 4600 Dortmund-Eichlinghofen
Zahl der Studenten: WS 1975/76: 4 096

Pädagogische Hochschule Ruhr
Rektorat: Lindemannstraße, 66-68, 4600 Dortmund
Sekretariat: Vogelpothsweg, 4600 Dortmund-Barop
Zahl der Studenten: WS 1974/75: 3 082; WS 1975/76: 6 558

Fachhochschule Dortmund
Rektorat: Sonnenstraße 96, 4600 Dortmund
Sekretariat: dto.
Zahl der Studenten: WS 1974/75: 4 034; WS 1975/76: 4 194

Universität Düsseldorf
Rektorat: Universitätsstraße 1, 4000 Düsseldorf 1
Sekretariat: dto.
Zahl der Studenten: WS 1974/75: 4 991; WS 1975/76: 6 329

Staatliche Kunstakademie Düsseldorf
(Hochschule für Bildende Künste)
Direktorat: Eiskellerstraße 1, 4000 Düsseldorf
Sekretariat: dto.
Zahl der Studenten: WS 1974/75: 1 191; WS 1975/76: 1 190

Fachhochschule Düsseldorf
Rektorat: Strümpelstraße 4, 4000 Düsseldorf
Sekretariat: dto.
Zahl der Studenten: WS 1974/75: 3 810; WS 1975/76: 4 251

Evangelische Fachhochschule Rheinland-Westfalen-Lippe,
Abteilung Düsseldorf
Rektorat: Immanuel-Kant-Straße 18, 4630 Bochum
Sekretariat: Graf-Recke-Straße 209, 4000 Düsseldorf
Zahl der Studenten: WS 1974/75: 167; WS 1975/76: 185

Evangelische Fachhochschule Rheinland-Westfalen-Lippe,
Abteilung Düsseldorf-Kaiserswerth
Rektorat: Immanuel-Kant-Straße 18, 4630 Bochum
Sekretariat: Fliednerstraße 32, 4000 Düsseldorf-Kaiserswerth 31
Zahl der Studenten: WS 1974/75: 344; WS 1975/76: 456

Gesamthochschule Duisburg
Rektorat: Lotharstraße 65, 4100 Duisburg
Sekretariat: dto.
Zahl der Studenten: WS 1974/75: 5 391; WS 1975/76: 5 805

Gesamthochschule Eichstätt
Rektorat: Ostenstraße 26, 8833 Eichstätt
Studentenkanzlei: dto.
Zahl der Studenten: WS 1974/75: 1 209; WS 1975/76: 1 507

Fachhochschule Ostfriesland
Rektorat: Steinweg, 2970 Emden
Sekretariat: dto.
Zahl der Studenten: WS 1975/76: 535

Friedrich-Alexander-Universität Erlangen-Nürnberg
Präsidialamt: Schloßplatz 4, 8520 Erlangen
Sekretariate: Universitätsstraße 15, 8520 Erlangen
Hauptmarkt 2, 8500 Nürnberg
Zahl der Studenten: WS 1974/75: 15 304; WS 1975/76: 15 729

Universität Essen – Gesamthochschule
Rektorat: Unionstraße 2, 4300 Essen 1
Studentensekretariat: dto.
Zahl der Studenten: WS 1974/75: 8 053; WS 1975/76: 9 002

Staatliche Hochschule für Musik – Ruhr-Institut Folkwang,
Hochschule für Musik, Theater, Tanz
Essen mit Institut Duisburg
Direktorat: Abtei, 4300 Essen 16
Sekretariat: dto.
Zahl der Studenten: WS 1974/75: 636

Pädagogische Hochschule Esslingen
Rektorat: Flandernstraße 101, 7300 Esslingen
Sekretariat: dto.
Zahl der Studenten: WS 1974/75: 1 920; WS 1975/76: 1850

Fachhochschule für Technik Esslingen
Rektorat: Kanalstraße 33, 7300 Esslingen
Sekretariat: dto.
Zahl der Studenten: WS 1974/75: 1 143; WS 1975/76: ca. 1 400

Fachhochschule für Sozialwesen Esslingen
Rektorat: Flandernstraße 101, 7300 Esslingen
Sekretariat: dto.
Zahl der Studenten: WS 1974/75: 409; WS 1975/76: 429

Pädagogische Hochschule Flensburg
Präsidium: Mürwiker Straße 77, 2390 Flensburg
Sekretariat: dto.
Zahl der Studenten: WS 1974/75: 1 057

Fachhochschule Flensburg
Präsidium: Munketoft 3, 2390 Flensburg
Sekretariat: dto.
Zahl der Studenten: WS 1974/75: 307; WS 1975/76: 300

Johann-Wolfgang-Goethe-Universität
Präsidium: Senckenberganlage 31, 6000 Frankfurt/M.
Sekretariat: dto.
Zahl der Studenten: WS 1974/75: 22 131; WS 1975/76: 22 060

Staatliche Hochschule für bildende Künste – Städelschule
Rektorat: Dürerstraße 10, 6000 Frankfurt/M.
Sekretariat: dto.
Zahl der Studenten: WS 1974/75: 157; WS 1975/76: 154

Hochschule für Musik und Darstellende Kunst Frankfurt/M.
Rektorat: Grüneburgweg 9, 6000 Frankfurt/M.
Sekretariat: Eschersheimer Landstraße 29-39, 6000 Frankfurt/M.
Zahl der Studenten: WS 1974/75: 386; WS 1975/76: 401

Philosophisch-Theologische Hochschule Sankt Georgen
Rektorat: Offenbacher Landstraße 224, 6000 Frankfurt/M.
Sekretariat: dto.
Zahl der Studenten: WS 1974/75: 172; WS 1975/76: 209

Fachhochschule Frankfurt
Rektorat: Nibelungenplatz 1, 6000 Frankfurt/M.
Sekretariat der Fachbereiche Sozialarbeit, Sozialpädagogik und Wirtschaft: Limescorso 5, 6000 Frankfurt/M.
Sekretariat der übrigen Fachbereiche: Nibelungenplatz 1, 6000 Frankfurt/M.
Zahl der Studenten: WS 1974/75: 3 340; WS 1975/76: 3 672

Albert-Ludwigs-Universität
Rektorat: Heinrich-von-Steph-Straße 25, 7800 Freiburg
Studentensekretariat: Werthmannplatz, 7800 Freiburg
Zahl der Studenten: WS 1974/75: 16 628; WS 1975/76: 17 388

Pädagogische Hochschule Freiburg
Rektorat: Kunzenweg 21, 7800 Freiburg
Sekretariat: dto.
Zahl der Studenten: WS 1974/75: 4 462; WS 1975/76: 4 257

Staatliche Hochschule für Musik
Rektorat: Münsterplatz 30, 7800 Freiburg
Sekretariat: dto.
Zahl der Studenten: WS 1973/74: 425; WS 1974/75: 464

Fachhochschule für Sozialwesen und Religionspädagogik beim Deutschen Caritasverband
Rektorat: Karlstraße 38, 7800 Freiburg
Sekretariat: dto.
Zahl der Studenten: WS 1974/75: 725; WS 1975/76: 758

Fachhochschule für Sozialwesen, Religionspädagogik und Gemeindediakonie in Freiburg – Staatl. genehmigte Fachhochschule der evangelischen Landeskirche in Baden
Rektorat: Bugginger Straße 38, 7800 Freiburg-Weingarten
Sekretariat: dto.
Zahl der Studenten: WS 1974/75: 410; WS 1975/76: 452

Philosophisch-Theologische Hochschule
Rektorat: Domplatz 2, 6400 Fulda
Sekretariat: dto.
Zahl der Studenten: WS 1974/75: 34; WS 1975/76: 33

Fachhochschule Fulda
Rektorat: Marquardstraße 35, 6400 Fulda
Sekretariat: dto.
Zahl der Studenten: WS 1974/75: 750; WS 1975/76: 814

Fachhochschule Furtwangen (Schwarzwald)
Rektorat: Gerwigstraße 11, 7743 Furtwangen
Sekretariat: dto.
Zahl der Studenten: WS 1974/75: 711; WS 1975/76: 886

Justus-Liebig-Universität
Präsident: Ludwigstraße 23, 6300 Gießen
Sekretariat: dto.
Zahl der Studenten: WS 1974/75; 13 230; WS 1975/76: 13 024

Fachhochschule Gießen
Rektorat: Wiesenstraße 14, 6300 Gießen
Studentensekretariat: dto.
Zahl der Studenten: WS 1974/75: 2 447; WS 1975/76: 2 710

Georg-August-Universität
Rektorat: Wilhelmsplatz 1, 3400 Göttingen
Sekretariat: dto.
Zahl der Studenten: WS 1974/75: 18 723

Pädagogische Hochschule Niedersachsen,
Abteilung Göttingen
Rektorat: Lüerstraße 3, 3000 Hannover
Sekretariat: Waldweg 26, 3400 Göttingen
Zahl der Studenten: WS 1974/75: 3 038; WS 1975/76: 2 850

Fernuniversität – Gesamthochschule – Hagen
Rektorat: Feithstraße 152, 5800 Hagen
Sekretariat: Konkordiastraße 5, 5800 Hagen
Zahl der Studenten: Studienjahr 1975/76: 1 331

Fachhochschule Hagen
Rektorat: Haldener Straße 182, 5800 Hagen
Sekretariat: dto.
Zahl der Studenten: WS 1974/75: 3 006; WS 1975/76: 3 197

Universität Hamburg
Präsidialverwaltung: Edmund-Siemers-Allee 1, 2000 Hamburg 13
Sekretariat: dto.
Zahl der Studenten: WS 1974/75: 25 967; WS 1975/76: 27 192

Hochschule für bildende Künste
Präsidialbüro: Lerchenfeld 2, 2000 Hamburg 76
Sekretariat: dto.
Zahl der Studenten: WS 1974/75: 1 074; WS 1975/76: 1 066

Hochschule für Musik und darstellende Kunst
Präsidialbüro: Harvestehunder Weg 12, 2000 Hamburg 13
Sekretariat: dto.
Zahl der Studenten: WS 1974/75: 604; WS 1975/76: 680

Hochschule der Bundeswehr
(Nur für Offiziersanwärter und Offiziere der Bundeswehr)
Büro des Präsidenten: Holstenhofweg 85, 2000 Hamburg 70
Sekretariat: dto.
Zahl der Studenten: Studienjahr 1974/75: 700; WS 1975/76: 1 350

Hochschule für Wirtschaft und Politik
Rektorat: von Melle-Park 9, 2000 Hamburg 13
Sekretariat: dto.
Zahl der Studenten: WS 1974/75: 898; WS 1975/76: 906

Fachhochschule Hamburg
Präsidialverwaltung: Winterhuder Weg 29; 2000 Hamburg 76
Sekretariat: dto.
Zahl der Studenten: WS 1974/75: 6 084; WS 1975/76: 5 840

Evangelische Fachhochschule für Sozialpädagogik der
Diakonenanstalt des Rauhen Hauses
Rektorat: Beim Rauhen Hause 21, 2000 Hamburg 74
Sekretariat: dto.
Zahl der Studenten: WS 1974/75: 153; WS 1975/76: 150

Technische Universität Hannover
Rektorat: Welfengarten 1, 3000 Hannover
Sekretariat: dto.
Zahl der Studenten: WS 1975/76: 12 500

Medizinische Hochschule Hannover
Rektorat: Karl-Wiechert-Allee 9, 3000 Hannover
Sekretariat: dto.
Zahl der Studenten: SS 1975: 1 150; WS 1975/76: 1 290

Tierärztliche Hochschule Hannover
Rektorat: Bischofsholer Damm 15, 3000 Hannover
Sekretariat: dto.
Zahl der Studenten: WS 1974/75: 1 010; WS 1975/76: 1 091

Pädagogische Hochschule Niedersachsen,
Abteilung Hannover
Rektorat: Lüerstraße 3, 3000 Hannover
Abteilungsdekanat: Bismarckstraße 2, 3000 Hannover
Sekretariat: dto.
Zahl der Studenten: WS 1975/76: 3 560

Staatliche Hochschule für Musik und Theater Hannover
Direktorat: Emmichplatz 1, 3000 Hannover
Sekretariat: dto.
Zahl der Studenten: WS 1974/75: 521; WS 1975/76: 537

Fachhochschule Hannover
Rektorat: Ricklinger Stadtweg 120, 3000 Hannover
Sekretariat: dto.
Zahl der Studenten: WS 1972/73: 1 704; WS 1973/74: 1 624

Evangelische Fachhochschule in Hannover
Rektorat: Heimchenstraße 10, 3000 Hannover-Kleefeld
Sekretariat: dto.
Zahl der Studenten: WS 1974/75: 358; WS 1975/76: 496

Ruprecht-Karl-Universität
Rektorat: Alte Universität, Grabengasse 1, 6900 Heidelberg
Sekretariat: dto.
Zahl der Studenten: WS 1974/75: 17 465; WS 1975/76: 17 749

Pädagogische Hochschule Heidelberg
Rektorat: Keplerstraße 87, 6900 Heidelberg
Sekretariat: dto.
Zahl der Studenten: WS 1974/75: 3 478; WS 1975/76: 3 350

Staatliche Hochschule für Musik Heidelberg-Mannheim
Rektoramt: L 15, 16, 6800 Mannheim
Sekretariate: Friedrich-Ebert-Anlage 62, 6900 Heidelberg
L 15, 16, 6800 Mannheim
Zahl der Studenten: WS 1974/75: 347; WS 1975/76: 380

Fachhochschule beim Berufsförderungswerk Heidelberg
Rektorat: Bonhoefferstraße, 6900 Heidelberg 1
Sekretariat: dto.
Zahl der Studenten: WS 1974/75: 355; WS 1975/76: 370

Fachhochschule Heilbronn
Rektorat: Max-Planck-Straße 15, 7100 Heilbronn
Sekretariat: dto.
Zahl der Studenten: WS 1974/75: 882; WS 1975/76: 1 094

Pädagogische Hochschule Niedersachsen,
Abteilung Hildesheim
Rektorat: Lüerstraße 3, 3000 Hannover
Sekretariat: Marienburger Platz 22, 3200 Hildesheim
Zahl der Studenten: WS 1974/75: 1 544; WS 1975/76: 1 478

Fachhochschule Hildesheim/Holzminden
Rektorat: Hohnsen 3, 3200 Hildesheim
Sekretariat: dto.
Sekretariat Holzminden: Haarmannplatz 3, 3450 Holzminden
Zahl der Studenten: WS 1974/75: 1 411; WS 1975/76: 1 603

Universität Hohenheim (Landwirtschaftliche Hochschule)
Präsidialamt: Schloß, Postfach 106, 7000 Stuttgart (-Hohenheim)
Sekretariat: dto.
Zahl der Studenten: WS 1974/75: 2 594; WS 1975/76: 2 800

Naturwissenschaftlich-Technische Akademie
Büro des Hochschulleiters: Seidenstraße 151, 7952 Isny
Sekretariat: dto.

Universität Kaiserslautern
Präsidialamt: Pfaffenbergstraße 95, 6750 Kaiserslautern
Sekretariat: dto.
Zahl der Studenten: WS 1974/75: 1 614; WS 1975/76: 1 919

Fachhochschule des Landes Rheinland-Pfalz,
Abteilung Kaiserslautern
Präsidialbüro: Parcusstraße 8, 6500 Mainz
Büro des Abteilungsleiters: Morlauterer Straße 31, 6750 Kaiserslautern
Sekretariat: dto.
Zahl der Studenten: WS 1974/75: 1 003

Universität Karlsruhe (Technische Hochschule)
Rektorat: Kaiserstraße 12, 7500 Karlsruhe 1
Sekretariat: dto.
Zahl der Studenten: WS 1974/75: 11 064; WS 1975/76: 11 351

Pädagogische Hochschule Karlsruhe
Rektorat: Bismarckstraße 10, 7500 Karlsruhe
Sekretariat: dto.
Zahl der Studenten: WS 1975/76: 2 378; WS 1976/77: 2 246

Staatliche Akademie der Bildenden Künste
Rektorat: Reinhold-Frank-Straße 81, 7500 Karlsruhe 1
Sekretariat: dto.
Zahl der Studenten: WS 1974/75: 271; WS 1975/76: 279

Staatliche Hochschule für Musik
Rektorat: Jahnstraße 11, 7500 Karlsruhe
Sekretariat: dto.
Zahl der Studenten: WS 1974/75: 246; WS 1975/76: 266

Fachhochschule Karlsruhe
Rektorat: Moltkestraße 4
Sekretariat: dto.
Zahl der Studenten: WS 1974/75: 1 639; WS 1975/76: 1 986

Gesamthochschule Kassel
Präsidialamt: Kölnische Straße 32, 3500 Kassel
Sekretariat: dto.
Zahl der Studenten: WS 1974/75: 5 566; WS 1975/76: 5 512

Christian-Albrechts-Universität
Präsidium: Olshausenstraße 40-60, 2300 Kiel
Sekretariat: dto.
Zahl der Studenten: WS 1974/75: 10 600; WS 1975/76: 11 837

Pädagogische Hochschule Kiel
Präsidium: Olshausenstraße 75, 2300 Kiel
Sekretariat: dto.
Zahl der Studenten: WS 1974/75: 3 228; WS 1975/76: 3 163

Erziehungswissenschaftliche Hochschule Rheinland-Pfalz,
Abteilung Koblenz
Präsidialamt: Große Bleiche 60-62, 6500 Mainz
Abteilungsdekanat: Rheinau 3-4, 5400 Koblenz-Oberwerth
Zahl der Studenten: WS 1974/75: 1 673

Fachhochschule des Landes Rheinland-Pfalz,
Abteilung Koblenz
Präsidialbüro: Parcusstraße 8, 6500 Mainz
Büro des Abteilungsleiters: Am Finkenherd 4, 5400 Koblenz-Karth.
Sekretariat: dto.
Zahl der Studenten: WS 1974/75: 2 216; WS 1975/76: 2 313

Universität Köln
Rektorat: Albertus-Magnus-Platz, 5000 Köln 41
Sekretariat: dto.
Zahl der Studenten: WS 1974/75: 23 672; WS 1975/76: 26 594

Pädagogische Hochschule Rheinland,
Abteilung Köln
Rektorat: Richard-Wagner-Straße 39, 5000 Köln 1
Sekretariat: Gronewaldstraße 2, 5000 Köln 41
Zahl der Studenten: WS 1973/74: 4 429

Pädagogische Hochschule Rheinland
Abteilung für Heilpädagogik
Rektorat: Richard-Wagner-Straße 39, 5000 Köln 1
Sekretariat: Frangneheimstraße 4, 5000 Köln 41
Zahl der Studenten: WS 1974/75: 2 620; WS 1975/76: 2 907

Staatliche Hochschule für Musik Rheinland
Direktion: Dagobertstraße 38, 5000 Köln 1
Sekretariat: dto.
Zahl der Studenten: WS 1973/74: 1 527; WS 1975/76: 1 510

Deutsche Sporthochschule Köln
Rektorat: Carl-Diem-Weg, 5000 Köln 41
Sekretariat: dto.
Zahl der Studenten: WS 1974/75: 1 697; WS 1975/76: 2 269

Fachhochschule Köln
Rektorat: Claudiusstraße 1, 5000 Köln 1
Sekretariat: dto.
Zahl der Studenten: WS 1974/75: 7 163; WS 1975/76: 8 157

Rheinische Fachhochschule Köln
Rektorat: Hohenstaufenring 16-18, 5000 Köln 1
Sekretariat: dto.
Zahl der Studenten: WS 1974/75: 620

Katholische Fachhochschule Nordrhein-Westfalen,
Abteilung Köln
Rektorat: Alfred-Schütte-Allee 10, 5000 Köln 21
Abteilungsleitung: Leonhard-Tietz-Straße 8, 5000 Köln 1
Zahl der Studenten: WS 1974/75: 583

Philosophisch-Theologische Hochschule
Rektorat: Bischof-Kaller-Straße 3, 6240 Königstein
Sekretariat: dto.
Zahl der Studenten: WS 1974/75: 28; WS 1975/76: 26

Universität Konstanz
Rektorat: Universitätsstraße, 7750 Konstanz
Sekretariat für Studentische Angelegenheiten:
Gießberg, 7750 Konstanz
Zahl der Studenten: WS 1974/75: 2 341; WS 1975/76: 2 751

Fachhochschule Konstanz
Rektorat: Braunegger, 7750 Konstanz
Sekretariat: dto.
Zahl der Studenten: WS 1974/75: 1 111; WS 1975/76: 1 369

Fachhochschule Niederrhein
Rektorat: Reinarzstraße 49, 4150 Krefeld
Sekretariat: dto.
Zahl der Studenten: WS 1974/75: 4 512; WS 1975/76: 4 424

Fachhochschule Lippe,
Abteilung Lage
Rektorat: Liebigstraße 87, 4920 Lemgo
Abteilung Lage: Lange Straße 24, 4937 Lage
Zahl der Studenten: WS 1974/75: 594; WS 1975/76: 671

Erziehungswissenschaftliche Hochschule Rheinland-Pfalz,
Abteilung Landau
Präsidialamt: Große Bleiche 60-62, 6500 Mainz
Abteilungsdekanat: Im Fort 7, 6740 Landau
Zahl der Studenten: WS 1974/75: 1 742; WS 1975/76: 1 549

Fachhochschule Lippe,
Abteilung Lemgo
Rektorat: Liebigstraße 87, 4920 Lemgo
Zulassungsfragen: dto.
Zahl der Studenten: WS 1974/75: 1 696; WS 1975/76: 2 927

Pädagogische Hochschule Lörrach
Rektorat: Hangstraße 46-50, 7850 Lörrach
Sekretariat: dto.
Zahl der Studenten: WS 1975/76: 690

Pädagogische Hochschule Ludwigsburg
Rektorat: Reuteallee 46, 7140 Ludwigsburg
Sekretariat: dto.
Zahl der Studenten: WS 1974/75: 2 793

Fachhochschule des Landes Rheinland-Pfalz,
Abteilung Ludwigshafen
Präsidialbüro: Parcusstraße 8, 6500 Mainz
Leiter der Abteilung: Ernst-Boehe-Straße 17, 6700 Ludwigshafen
Sekretariat: dto.
Zahl der Studenten: WS 1974/75: 554; WS 1975/76: 504

Fachhochschule der Pfälzischen Landeskirche
Rektorat: Maxstraße 29, 6700 Ludwigshafen
Sekretariat: dto.
Zahl der Studenten: WS 1974/75: 340; SS 1975: 340

Medizinische Hochschule Lübeck
Präsidium: Ratzeburger Allee 160, 2400 Lübeck
Zentrale Hochschulverwaltung: dto.
Zahl der Studenten: WS 1974/75: 267; WS 1975/76: 298

Musikhochschule Lübeck
Rektorat: Am Jerusalemsberg 4, 2400 Lübeck
Sekretariat: dto.
Zahl der Studenten: WS 1974/75: 233

Fachhochschule Lübeck
Präsidium: Stephensonstraße 3, 2400 Lübeck
Zulassungsstelle: dto.
Zahl der Studenten: WS 1974/75: 1 038; WS 1975/76: 900

Pädagogische Hochschule Niedersachsen,
Abteilung Lüneburg
Rektorat: Lüerstraße 3, 3000 Hannover
Abteilungsdekanat: Wilschenbrucher Weg 84, 3140 Lüneburg
Zahl der Studenten: WS 1974/75: 1 507

Johannes-Gutenberg-Universität
Präsidialamt: Saarstraße 21, 6500 Mainz
Sekretariat: dto.
Zahl der Studenten: WS 1973/74: 16 500; WS 1974/75: 17 281

Erziehungswissenschaftliche Hochschule Rheinland-Pfalz,
Abteilung Sonderpädagogik
Präsidialamt: Große Bleiche 60-62, 6500 Mainz
Sekretariat: dto.
Zahl der Studenten: WS 1974/75: 316; WS 1975/76: 254

Fachhochschule des Landes Rheinland-Pfalz,
Abteilung Mainz I
Präsidialbüro: Parcusstraße 8, 6500 Mainz
Büro des Abteilungsleiters: Holzstraße 36, 6500 Mainz
Sekretariat: dto.
Zahl der Studenten: WS 1974/75: 1113

Fachhochschule des Landes Rheinland-Pfalz,
Abteilung Mainz II
Präsidialbüro: Parcusstraße 8, 6500 Mainz
Büro des Abteilungsleiters: An der Bruchspitze 50, 6500 Mainz
Sekretariat: dto.
Zahl der Studenten: WS 1974/75: 469; WS 1975/76: 470

Katholische Fachhochschule für Sozialarbeit, Sozialpädagogik
und Praktische Theologie
Rektorat: Saarstraße 2, 6500 Mainz
Sekretariat: dto.
Zahl der Studenten: WS 1973/74: 259; WS 1974/75: 410

Universität Mannheim (Wirtschaftshochschule)
Rektorat: Schloß, 6800 Mannheim 1
Studentensekretariat: dto.
Zahl der Studenten: WS 1974/75: 6356

Fachhochschule für Technik Mannheim
Rektorat: Speyerer Straße 4, 6800 Mannheim 1
Sekretariat: dto.
Zahl der Studenten: WS 1974/75: 891; WS 1975/76: 1048

Fachhochschule für Sozialwesen Mannheim
Rektorat: Maybachstraße 10–12, 6800 Mannheim 1
Sekretariat: dto.
Zahl der Studenten: WS 1974/75: 650; WS 1975/76: 622

Städt. Fachhochschule für Gestaltung Mannheim
Rektorat: E 3, 16, 6800 Mannheim 1
Verwaltung: dto.
Zahl der Studenten: WS 1974/75: 153; SS 1976: 160

Fachhochschule der Bundesanstalt für Arbeit
Direktor: Heinrich-Lenz-Straße 19–21, 6800 Mannheim 1
Sekretariat: dto.
Zahl der Studenten: SS 1975: 226; SS 1976: 238

Philipps-Universität
Präsidialamt: Biegenstraße 10, 3550 Marburg
Sekretariat: dto.
Zahl der Studenten: WS 1974/75: 14 300; WS 1975/76: 13 630

Ludwig-Maximilians-Universität
Rektorat: Leopoldstraße 3, 8000 München 40
Studentenabteilung: Geschwister-Scholl-Platz 1, 8000 München 22
Zahl der Studenten: WS 1973/74: 34 531

Technische Universität
Rektorat: Arcisstraße 21, 8000 München 2
Allgemeine Studienberatung: dto.
Zahl der Studenten: WS 1974/75: 11 791; WS 1975/76: 12 745

Akademie der bildenden Künste
Präsidialamt: Akademiestraße 2, 8000 München 40
Sekretariat: dto.
Zahl der Studenten: WS 1973/74: 845; WS 1974/75: 778

Hochschule für Musik München
Präsidialamt: Arcisstraße 12, 8000 München 2
Sekretariat: dto.
Zahl der Studenten: WS 1974/75: 560

Hochschule für Philosophie
(Philosophische Fakultät S.J.)
Rektorat: Kaulbachstraße 33, 8000 München 22
Sekretariat: dto.
Zahl der Studenten: WS 1974/75: 191; WS 1975/76: 254

Hochschule der Bundeswehr (Gesamthochschule mit Fachhochschulstudiengang – Nur für Offiziersanwärter und Offiziere der Bundeswehr)
Büro des Präsidenten: Fliegerhorst, 8014 Neubiberg
Zahl der Studenten: WS 1974/75: 1670; WS 1975/76: 1830

Hochschule für Fernsehen und Film
Präsidialamt: Ohmstraße 11, 8000 München 40
Sekretariat: dto.
Zahl der Studenten: WS 1974/75: 99

Fachhochschule München
Präsidialamt: Lothstraße 34, 8000 München 2
Sekretariat: dto.
Zahl der Studenten: WS 1974/75: 5631

Stiftungsfachhochschule (Fachhochschule der Stiftung Katholische Bildungsstätten für Sozialberufe in Bayern)
Präsidialamt: Preysingstraße 83, 8000 München 80
Studentensekretariat: dto.
Zahl der Studenten: WS 1974/75: 988; WS 1975/76: 1088

Bayerische Beamten-Fachhochschule
(Nur für Beamte im Landesdienst Bayern)
Sekretariat: Bonner Platz 4, 8000 München 40

Westfälische Wilhelms-Universität
Zentrale Universitätsverwaltung: Schloßplatz 2, 4400 Münster
Zahl der Studenten: WS 1974/75: 26 385; WS 1975/76: 28 308

Pädagogische Hochschule Westfalen-Lippe,
Abteilung Münster
Rektorat: Hammer Straße 39, 4400 Münster
Sekretariat: Platz der Weißen Rose, 4400 Münster
Zahl der Studenten: WS 1974/75: 4158; WS 1975/76: 5105

Fachhochschule Münster
Rektorat: Vievenbecker Weg 65, 4400 Münster
Zentralverwaltung: dto.
Abteilungssekretariat Steinfurt: Stegerwaldstraße 13, 4430 Steinfurt
Zahl der Studenten: WS 1974/75: 4488; WS 1975/76: 4685

Katholische Fachhochschule Nordrhein-Westfalen,
Abteilung Münster
Rektorat: Alfred-Schütte-Straße 10, 5000 Köln 21
Abteilungsleiter: Pius-Allee 89–93, 4400 Münster
Abteilungssekretariat: dto.
Zahl der Studenten: WS 1974/75: 352; WS 1975/76: 355

Augustana-Gesamthochschule
Rektorat: Waldstraße 11, 8806 Neuendettelsau
Sekretariat: Postfach 20, 8806 Neuendettelsau
Zahl der Studenten: WS 1974/75: 250; WS 1975/76: 309

Pädagogische Hochschule Rheinland,
Abteilung Neuss
Rektorat: Richard-Wagner-Straße 39, 5000 Köln 1
Abteilungsdekanat: Humboldtstraße 2, 4040 Neuss
Sekretariat: dto.
Zahl der Studenten: WS 1974/75: 2373; WS 1975/76: 2389

Akademie der bildenden Künste in Nürnberg
Präsidialamt: Bingstraße 60, 8500 Nürnberg
Sekretariat: dto.
Zahl der Studenten: WS 1974/75: 249; WS 1975/76: 269

Fachhochschule Nürnberg
Präsidialamt: Keßlerstraße 40, 8500 Nürnberg
Studiensekretariat: dto.
Zahl der Studenten: WS 1974/75: 2708; WS 1975/76: 3133

Stiftungsfachhochschule Nürnberg
(Fachhochschule der Evangelischen Erziehungsstiftung Nürnberg)
Präsidialamt: Burgschmietstraße 10, 8500 Nürnberg
Sekretariat: dto.
Zahl der Studenten: WS 1974/75: 328; WS 1975/76: 367

Fachhochschule Nürtingen
Rektorat: Neckarsteige 10, 7440 Nürtingen
Sekretariat: dto.
Zahl der Studenten: WS 1974/75: 432; WS 1975/76: 532

Lutherisch-Theologische Hochschule Oberursel
Rektorat: Altkönigstraße 150, 6370 Oberursel
Sekretariat: dto.
Zahl der Studenten: WS 1974/75: 35

Hochschule für Gestaltung Offenbach am Main
Rektorat: Schloßstraße 31, 6050 Offenbach
Sekretariat: dto.
Zahl der Studenten: WS 1973/74: 325; WS 1974/75: 376

Fachhochschule Offenburg
Rektorat: Badstraße 24, 7600 Offenburg
Sekretariat: dto.
Zahl der Studenten: WS 1974/75: 277; WS 1975/76: 367

Universität Oldenburg
Rektorat: Ammerländer Heerstraße 67–69, 2900 Oldenburg
Sekretariat: dto.
Zahl der Studenten: WS 1975/76: 3350

Fachhochschule Oldenburg
Sekretariat: Ofener Straße 16, 2900 Oldenburg
Studentenwerk: Lindenallee 2, 2900 Oldenburg
Zahl der Studenten: WS 1974/75: 555; WS 1975/76: 566

Universität Osnabrück
Rektorat: Neuer Graben (Schloß), 4500 Osnabrück
Sekretariat: dto.
Zahl der Studenten: WS 1974/75: 1980; WS 1975/76: 2266 (Osnabrück)
WS 1974/75: 1181; WS 1975/76: 1122 (Vechta)

Fachhochschule Osnabrück
Rektorat: Albrechtstraße 30, 4500 Osnabrück
Immatrikulationsamt: dto.
Zahl der Studenten: WS 1974/75: 1699; WS 1975/76: 1768

Katholische Fachhochschule Norddeutschland
Rektorat: Driverstraße 23, 2848 Vechta
Sekretariat Osnabrück: Detmarstraße 2, 4500 Osnabrück
Sekretariat Vechta: Driverstraße 23, 2848 Vechta
Zahl der Studenten: WS 1974/75: 370; WS 1975/76: 380

Gesamthochschule Paderborn
Rektorat: Gerodstraße 32, 4790 Paderborn
Sekretariat: Pohlweg 55, 4790 Paderborn
Zahl der Studenten: WS 1974/75: 5600

Theologische Fakultät
Rektorat: Kamp 6, 4790 Paderborn
Sekretariat: dto.
Zahl der Studenten: WS 1974/75: 119

Katholische Fachhochschule Nordrhein-Westfalen,
Abteilung Paderborn
Rektorat: Alfred-Schütte-Allee 10, 5000 Köln 21
Abteilungsleitung: Leostraße 19, 4790 Paderborn
Abteilungssekretariat: dto.
Zahl der Studenten: WS 1974/75: 472

Philosophisch-Theologische Hochschule Passau
Präsident: Michaeligasse 13, 8390 Passau
Sekretariat: dto.
Zahl der Studenten: WS 1974/75: 80

Fachhochschule für Wirtschaft Pforzheim
Rektorat: Tiefenbronner Straße, 7530 Pforzheim
Sekretariat: Tiefenbronner Straße 65, 7530 Pforzheim
Zahl der Studenten: WS 1974/75: 1175; WS 1975/76: 1263

Fachhochschule für Gestaltung Pforzheim
Rektorat: Holzgartenstraße 36, 7530 Pforzheim
Sekretariat: dto.
Zahl der Studenten: WS 1974/75: 200; WS 1975/76: 212

Fachhochschule Ravensburg
Rektorat: Deisenfangstraße 31, 7980 Ravensburg
Sekretariat: dto.
Zahl der Studenten: WS 1974/75: 192; WS 1975/76: 275

Universität Regensburg
Präsidialamt: Universitätsstraße 31, 8400 Regensburg
Studentenkanzlei: dto.
Zahl der Studenten: WS 1974/75: 9388; WS 1975/76: 9726

Fachhochschule Regensburg
Präsidialamt: Prüfeninger Straße 58, 8400 Regensburg
Studentenkanzlei: dto.
Zahl der Studenten: WS 1974/75: 1749

Pädagogische Hochschule Reutlingen
Rektorat: Am Hohbuch, 7410 Reutlingen
Sekretariat für Grund- und Hauptschullehrerausbildung: dto.
Zahl der Studenten: WS 1973/74: 2830; WS 1974/75: 3243

Fachhochschule Reutlingen
Rektorat: Kaiserstraße 99, 7410 Reutlingen
Sekretariat: dto.
Zahl der Studenten: WS 1974/75: 589; WS 1975/76: 724

Evangelische Fachhochschule für Sozialwesen
Büro des Leiters: Ringelbachstraße 221, 7410 Reutlingen
Sekretariat: dto.
Zahl der Studenten: WS 1974/75: 320

Fachhochschule Rosenheim
Präsidialamt: Marienberger Straße 26, 8200 Rosenheim
Sekretariat: dto.
Zahl der Studenten: WS 1974/75: 972; WS 1975/76: 1256

Universität des Saarlandes
Präsidialamt: Im Stadtwald, 6600 Saarbrücken
Sekretariat: dto.
Zahl der Studenten: WS 1974/75: 11 000; WS 1975/76: 11 833

Pädagogische Hochschule des Saarlandes
Rektorat: Waldhausweg 14, 6600 Saarbrücken 3
Sekretariat: dto.
Zahl der Studenten: WS 1974/75: 755

Musikhochschule des Saarlandes
Rektorat: Bismarckstraße 1, 6600 Saarbrücken 3
Sekretariat: dto.
Zahl der Studenten: WS 1974/75: 229; WS 1975/76: 235

Fachhochschule des Saarlandes
Rektorat: Saaruferstraße 66, 6600 Saarbrücken 1
Sekretariat: dto.
Zahl der Studenten: WS 1975/76: 1654

Katholische Fachhochschule für Sozialwesen
Rektorat: Rastpfuhl 12a, 6600 Saarbrücken
Sekretariat: dto.
Zahl der Studenten: WS 1974/75: 50; WS 1975/76: 50

Pädagogische Hochschule Schwäbisch Gmünd
Rektorat: Lessingstraße 7, 7070 Schwäbisch Gmünd
Sekretariat: Oberbettinger Straße, 7070 Schwäbisch Gmünd
Zahl der Studenten: WS 1974/75: 1700; WS 1975/76: 1600

Fachhochschule Schwäbisch Gmünd
Rektorat: Rektor-Klaus-Straße 100, 7070 Schwäbisch Gmünd
Sekretariat: dto.
Zahl der Studenten: WS 1974/75: 150; WS 1975/76: 161

Gesamthochschule Siegen
Rektorat: Hölderlinstraße 3, 5900 Siegen 21
Sekretariat: dto.
Zahl der Studenten: WS 1974/75: 5842; WS 1975/76: 5712

Fachhochschule Sigmaringen
Rektorat: Anton-Günther-Straße 51, 7480 Sigmaringen
Sekretariat: dto.
Zahl der Studenten: WS 1974/75: 215; WS 1975/76: 280

Hochschule für Verwaltungswissenschaften
(Nur für Aufbaustudium nach Abschluß eines Studiums)
Rektorat: Freiherr-vom-Stein-Straße 2, 6720 Speyer
Sekretariat: dto.
Zahl der Studenten: WS 1974/75: 184; WS 1975/76: 231

Universität Stuttgart (Technische Hochschule)
Rektorat: Keplerstraße 7, 7000 Stuttgart 1
Sekretariat: dto.
Zahl der Studenten: 10 800

Berufspädagogische Hochschule Stuttgart
Rektorat: Hegelplatz 1, 7000 Stuttgart 1
Sekretariat: dto.
Zahl der Studenten: WS 1974/75: 1172; WS 1975/76: 1064

Staatliche Akademie der bildenden Künste
Rektoramt: Am Weißenhof 1, 7000 Stuttgart 1
Sekretariat: dto.
Zahl der Studenten: WS 1974/75: 763; WS 1975/76: 728

Staatliche Hochschule für Musik und darstellende Kunst Stuttgart
Rektorat: Urbansplatz 2, 7000 Stuttgart 1
Sekretariat: dto.
Zahl der Studenten: 602

Fachhochschule für Technik
Rektorat: Kanzleistraße 29, 7000 Stuttgart 1
Sekretariat: dto.
Zahl der Studenten: WS 1974/75: 962; WS 1975/76: 1152

Fachhochschule für öffentliche Verwaltung
(Nur für Beamte im Landesdienst Baden-Württemberg)
Rektorat: Jägerstraße 58–60. 7000 Stuttgart 1
Sekretariat: dto.
Zahl der Studenten: WS 1974/75: 830; WS 1975/76: 920

Fachhochschule für Druck
Rektorat: Allmandstraße 55, 7000 Stuttgart 1
Sekretariat: dto.
Zahl der Studenten: WS 1974/75: 370; WS 1975/76: 434

Fachhochschule für Bibliothekswesen Stuttgart
Rektorat: Feuerbacher Heide 38–42, 7000 Stuttgart 1
Studentenwerk: Holzgartenstraße 11, 7000 Stuttgart 1
Zahl der Studenten: WS 1974/75: 375; WS 1975/76: 398

Universität Trier
Präsidialamt: Schneidershof, 5500 Trier
Sekretariat: dto.
Zahl der Studenten: WS 1974/75: 2051; WS 1975/76: 2577

Theologische Fakultät Trier
Rektorat: Jesuitenstraße 13, 5500 Trier
Sekretariat: dto.
Zahl der Studenten: WS 1974/75: 294; WS 1975/76: 395

Fachhochschule des Landes Rheinland-Pfalz,
Abteilung Trier
Präsidialbüro: Parcusstraße 8, 6500 Mainz
Büro des Abteilungsleiters: Irminenfreihof 8, 5500 Trier
Sekretariat: dto.
Zahl der Studenten: WS 1974/75: 1042; WS 1975/76: 1198

Staatliche Hochschule für Musik Trossingen
Rektoramt: Karlstraße 2, 7218 Trossingen 1
Verwaltung: Vogesenstraße 71, 7218 Trossingen 1
Zahl der Studenten: WS 1973/74: 176; WS 1975/76: 211

Eberhard-Karls-Universität Tübingen
Präsidialbüro: Wilhelmstraße 7, 7400 Tübingen
Sekretariat: dto.
Zahl der Studenten: WS 1974/75: 16 416; WS 1975/76: 17 424

Universität Ulm – Medizinisch-Naturwissenschaftliche Hochschule
Rektorat: Oberer Eselsberg, 7900 Ulm
Studentensekretariat: dto.
Zahl der Studenten: WS 1974/75: 1175

Fachhochschule Ulm
Rektorat: Prittwitzstraße 10, 7900 Ulm
Sekretariat: dto.
Zahl der Studenten: WS 1974/75: 700; WS 1975/76: 832

Fachhochschule Wedel – PTL Wedel
Rektorat: Feldstraße 143, 2000 Wedel (Holstein)
Sekretariat: dto.
Zahl der Studenten: WS 1974/75: 442; WS 1975/76: 410

Fachhochschule Weihenstephan
Präsidialamt: 8050 Freising, F: (0 81 61) 7 13 39
Sekretariat: dto.
Zahl der Studenten: WS 1974/75: 1003; WS 1975/76: 1437

Pädagogische Hochschule Weingarten
Rektorat: Kirchplatz 2, 7987 Weingarten
Sekretariat: dto.
Zahl der Studenten: WS 1974/75: 1857; WS 1975/76: 1753

Fachhochschule Wiesbaden
Rektorat: Frankfurter Straße 28, 6200 Wiesbaden
Sekretariat der Fachbereiche in Wiesbaden: dto.
Sekretariat der Fachbereiche in Geisenheim:
Von-Lade-Straße 1, 6222 Geisenheim
Zahl der Studenten: WS 1974/75: 2085; WS 1975/76: 2534

Fachhochschule Fresenius Wiesbaden
Rektorat: Kapellenstraße 11–15, 6200 Wiesbaden
Sekretariat: Dambachtal 20, 6200 Wiesbaden
Zahl der Studenten: WS 1974/75: 110; WS 1975/76: 102

Fachhochschule Wilhelmshaven
Rektorat: Friedrich-Paffrath-Straße 101, 2940 Wilhelmshaven
Sekretariat: dto.
Zahl der Studenten: WS 1974/75: 1133; WS 1975/76: 1172

Bayerische Julius-Maximilians-Universität Würzburg
Zentralverwaltung: Sanderring 2, 8700 Würzburg
Immatrikulationsbüro: dto.
Zahl der Studenten: WS 1974/75: 12 606; WS 1975/76: 13 191

Hochschule für Musik Würzburg
Präsidialamt: Hofstallstraße 6–8, 8700 Würzburg
Sekretariat: dto.
Zahl der Studenten: WS 1974/75: 277; WS 1975/76: 291

Fachhochschule Würzburg-Schweinfurt
Präsidialamt: Sanderring 8, 8700 Würzburg
Studentenamt Würzburg: dto.
Studentenamt Schweinfurt: Ignaz-Schön-Straße 11, 8720 Schweinfurt
Zahl der Studenten: WS 1974/75: 1917; WS 1975/76: 2307

Gesamthochschule Wuppertal
Rektorat: Max-Horkheimer-Straße 21, 5600 Wuppertal 1
Sekretariat: dto.
Zahl der Studenten: WS 1974/75: 5300; WS 1975/76: 5800

Kirchliche Hochschule Wuppertal
Rektorat: Missionsstraße 9, 5600 Wuppertal
Sekretariat: dto.
Zahl der Studenten: WS 1974/75: 223; WS 1975/76: 325

Anlage 4 Westdeutsche Rektorenkonferenz

Übersicht über Studienmöglichkeiten und Zulassungsbeschränkungen für deutsche Studienanfänger an den Hochschulen der Bundesrepublik Deutschland im Wintersemester 1976/77 (aus: DUZ, 19/1976, S. 532 ff.)

Stand: 31. Juli 1976

Die Übersicht über Studienmöglichkeiten und Zulassungsbeschränkungen im Wintersemester 1976/77 dokumentiert wieder **alle Fächer, Fachrichtungen bzw. Studiengänge,** die für Studienanfänger zugänglich sind, **an allen staatlichen und staatlich anerkannten Hochschulen** in der Bundesrepublik einschließlich Berlin (West); sie enthält Angaben über knapp **400 Studiengänge an 116 Hochschulen.**

Die Übersicht erscheint zu einem Zeitpunkt, in dem das Zulassungsverfahren für viele der aufgeführten Studiengänge abgeschlossen ist. Das ist unvermeidlich angesichts des umfangreichen Materials und der vielgestaltigen Regelungen in den einzelnen Bundesländern. Zudem ist zu beachten, daß die Übersicht keine Quoten enthält, also keine Aussagen über die Höhe der Zulassungszahlen macht.

Die Hochschulen sind, in Analogie zu den Mitgliedschaftskriterien in der Westdeutschen Rektorenkonferenz, gegliedert in

1. Hochschulen mit Promotionsrecht
   – Universitäten, Technische Hochschulen, Pädagogische Hochschulen, Gesamthochschulen –
2. Pädagogische Hochschulen ohne Promotionsrecht
3. Fachhochschulen (einschließlich der Fachhochschulstudiengänge an Gesamthochschulen)
4. Kunst- und Musikhochschulen
5. Philosophisch-Theologische Hochschulen, Kirchliche Hochschulen
6. Sonstige Hochschulen.

Sie sind innerhalb der Gruppe jeweils alphabetisch bzw. nach Bundesländern und alphabetisch geordnet. Hochschulen, die Fächer/Fachrichtungen/Studiengänge der fünf Hochschulgruppen in sich vereinigen (z.B. Gesamthochschulen), sind je einmal in jeder zutreffenden Gruppe aufgeführt.

Die Fächer/Fachrichtungen/Studiengänge sind innerhalb der Hochschulgruppen ebenfalls alphabetisch geordnet. Bei der Bezeichnung der **Studiengänge** werden in der Regel die jeweils an den Hochschulen selbst gebräuchlichen

Bezeichnungen verwendet, notfalls in Anmerkungen Abweichungen oder Ergänzungen mitgeteilt.

Die Bezeichnung der **Fachrichtungen an den Fachhochschulen** sind den Vereinbarungen der KMK über Fachrichtungen an Fachhochschulen (Neufassung vom 21. März 1975) entnommen und entsprechend den Angaben der Hochschulen ergänzt worden.

Als **Zulassungsbeschränkungen** sind alle Regelungen gekennzeichnet, mit denen Höchstzahlen für die Zulassung von den zuständigen Stellen festgesetzt wurden, und zwar auch solche, bei denen die **Quote so hoch** ist, daß alle Studienbewerber aufgenommen werden konnten. So ist es möglich, daß in einer Reihe von Fächern und Studiengängen, die als zulassungsbeschränkt gekennzeichnet sind, dennoch die Zahl der Studienplätze nicht erschöpft wurde, weil sich zu wenige Bewerber meldeten. Das gilt für die Bereiche sowohl der wissenschaftlichen als auch namentlich der Fachhochschulen.

Bei den Hochschulen der Gruppe **1** wird (definitionsgemäß) die **Promotion** als möglicher Studienabschluß vorausgesetzt und nicht gesondert ausgewiesen. Einzelheiten sind der jeweiligen Promotionsordnung zu entnehmen. Nicht gekennzeichnet ist auch das Promotionsrecht einiger Hochschulen der Gruppen 4 und 5.

Einheitlicher Studienabschluß der Hochschulen der Gruppe 3 ist die **Graduierung;** sie ist nicht ausdrücklich gekennzeichnet. Dagegen sind Fachhochschulstudiengänge an Hochschulen der Gruppen 4, 5 und 6 gesondert ausgewiesen.

Die Übersicht enthält nur Angaben über Studienmöglichkeiten und Zulassungsbeschränkungen für **Studienanfänger;** Angaben für mittlere und höhere Semester konnten nicht aufgenommen werden. **Aufbau-, Kontakt-, Ergänzungsstudiengänge** u.ä. blieben außer Betracht.

Die Übersicht macht keine Aussage über die Zulässigkeit von **Fächerverbindungen** und über die Vorschriften zur Fächerwahl. Auskünfte darüber geben die örtlichen Prüfungsordnungen, die Studentensekretariate der Hochschulen, bei Staatsprüfungen die jeweils zuständigen Ministerien.

Für die Studiengänge der Kunst- und Musikhochschulen, aber auch für einzelne Fächer/Studiengänge anderer Hochschulen (künstlerische Fächer, Sport) sind besondere **Eignungs- und Aufnahmeprüfungen** vorgesehen, die nicht gekennzeichnet sind. Außer Betracht blieben auch Praktika u.ä. fachbezogene Anforderungen, die vor Aufnahme des Studiums abgeleistet werden müssen.

Für den Bereich der privaten, staatlich anerkannten Hochschulen sind **besondere Einschreibbedingungen,** im Einzelfall auch die **Erhebung von Studiengebühren** zu beachten.

Die Daten dieser Übersicht beruhen auf den Angaben der Hochschulen; in den wenigen Fällen, in denen die Hochschulen keine Auskünfte zur Verfügung stellten, sind andere Quellen (Vorlesungsverzeichnisse u.a.) zugrundegelegt worden. Bei der Fülle der Daten konnten nicht alle Fälle, in denen Unklarheiten auftauchten, aufgeklärt werden. Im Zweifelsfall ist die Angabe der Hochschule übernommen worden.

Über Einzelheiten des Studiums wie der Zulassung informieren die Studentensekretariate der Hochschulen bzw. – für die Fächer, die in das ZVS-Verfahren einbezogen sind – die Zentralstelle für die Vergabe von Studienplätzen, 46 Dortmund, Postfach 8000.

Bonn-Bad Godesberg, 31. Juli 1976
Dr. Werner Becker

Abkürzungen

○	Fach/Studiengang vorhanden; keine Beschränkung
◠	Fach/Studiengang teilweise vorhanden; keine Beschränkung
●	Fach/Studiengang vorhanden; Zulassungsbeschränkung
◓	Fach/Studiengang teilweise vorhanden; Zulassungsbeschränkung
●●	Fach/Studiengang vorhanden; Zulassungssperre
◓◓	Fach/Studiengang teilweise vorhanden; Zulassungssperre
■	Fach/Studiengang vorhanden; Studienbeginn und Zulassung nur im Wintersemester möglich
◤	Fach/Studiengang teilweise vorhanden; Studienbeginn und Zulassung nur im Wintersemester möglich
□	Fach/Studiengang vorhanden; Studienbeginn im Wintersemester empfohlen
◸	Fach/Studiengang teilweise vorhanden; Studienbeginn im Wintersemester empfohlen
b	Zulassungsbeschränkung beantragt
N	nur Nebenfachstudium
☒	Zentrales Vergabe- bzw. Verteilungsverfahren auf Landes- oder Bundesebene
D	Diplom
iD	integrierter Diplomstudiengang mit Abschluß nach 6 oder 8 Semestern
M	Magister
St	Staatsexamen
LGH	Lehramt an Grund- und Hauptschulen
LR	Lehramt an Realschulen
LG	Lehramt an Gymnasien
LP	Lehramt in der Primarstufe
LS1	Lehramt in der Sekundarstufe 1
LS2	Lehramt in der Sekundarstufe 2
LB	Lehramt in berufsbildenden Schulen
F	Fakultätsexamen
Th	1. Theologische Prüfung
Li	Lizentiatenprüfung
Ki	Kirchliche Abschlußprüfung
A	Abschlußprüfung der Kunsthochschulen bzw. Musikhochschulen
DT	Diplom für Tonmeister
Gr	Graduierung an Kunsthochschulen; (für Fachhochschulen nicht gesondert angegeben)

1 Hochschulen mit Promotionsrecht (Universitäten, Technische Hochschulen, Pädagogische Hochschulen, Gesamthochschulen)

Fächer/ Studiengänge	Hochschulen	TH Aachen	U Augsburg	GH Bamberg	U Bayreuth	FU Berlin	TU Berlin	U Bielefeld	U Bochum	U Bonn	TU Braunschweig	U Bremen	TU Clausthal	TH Darmstadt	U Dortmund	GH Duisburg	U Düsseldorf	KGH Eichstätt	U Erlangen-Nürnberg	GH Essen	PH Flensburg	U Frankfurt	U Freiburg	U Gießen	U Göttingen	FernU Hagen	U Hamburg	MedHo Hannover	TiHo Hannover
Afrikanistik	M																										○		
Agrarwissenschaft	D									●														●■					
	LB																								●				
Agrarbiologie	D																												
Agrarökonomie	D																												
Amerikanistik	M					○													●■			●							
Altamerikanistik	M					○																							
Lateinamerikanistik	M					○																							
Anglistik/Englisch	M	●	●■			●	●	●	●	●	●						●		●■			●	●	●■	●		●		
	LR		○■								●								○■		●	●		●■ 11	●				
	LG		●■			●	●				●								●■			●	● 2	●■	●		●		
	LS 1	●							●	●		●■				●	●			●							●		
	LS 2	●						●□ 3	●	●		●■				●	●			●									
	LB																		●■ 22								●		
Arbeitslehre	LS 1											●■																	
	LS 2																												
Archäologie	M					○			○	○									○			●	○	○	○		○		
Architektur	D	●■					●□				●■			●■	●■														
	iD																												
	LS 2	●■																											
	LB						○																						
Astronomie	D								○	○																			
Balkanologie	M					○																							
Baltische Philologie	M																												
Bauingenieurwesen	D	●■					●□		●		●■			●■	●■														
	iD																			●■									
	LS 2	●■																											
	LB						○																						
Bauprodukt. u. -wirtsch.	D														●■														
Bergbau	D	○					○						○□																
Betriebswirtschaftslehre	D					●	●			●	●□								●			●			●		●		
	LS 2																												
	LB																										●		
Bibliothekswissenschaft	D																												
	M					○ N													○										
Bildungsökonomie	M						○																						
Biochemie	D					●																						●■ 31	●■ 2
Biologie	D	●■			●■	●		●■	●■	●■	●	●■		●■			●■		●■ 37			●■	●■	●	●		●		
	M		●●																										
	LR										●								●■		●	●■		● 23	●				
	LG					●					●			●■					●■			●■	●■ 2	●	●		●		
	LS 1	●■						●■	●■	●■		●■				●	●■			●							●		
	LS 2	●■						●■	●■	●■		●■				● N	●■			● M									
	LB																										●		
Brauwesen/Getränketechnol.	D																												
Brennstoffingenieurwesen	D	○																											
Byzantinistik	M					○																							
Chemie	D	●			●■	●	●	●■	●	●	●	●■	●	●	●■		●■		●			●	●■	●	●		●		
	iD															●■				●■									
	LR										●		●						○□		●	●		● 23	●				
	LG					●	●				●		●	●					●■			●	●■ 2	●	●		●		
	LS 1	●						●■	●	●		●■			●■	●■	●■			●■							●		
	LS 2	●						●■	●	●		●■			●■	●■	●■			●■									
	LB																										●		
Chemieingenieurwes./ Verfahrenstechnik/ Chemietechnik	D	1,41					● 6				1,16		● 17		●■				●■ 21										
	LS 2														●■ 22	●■ 30				●■ 20									
Datentechnik	D													●■															
Dokumentationswissensch.	M					●																							
Dolmetscher	D																												

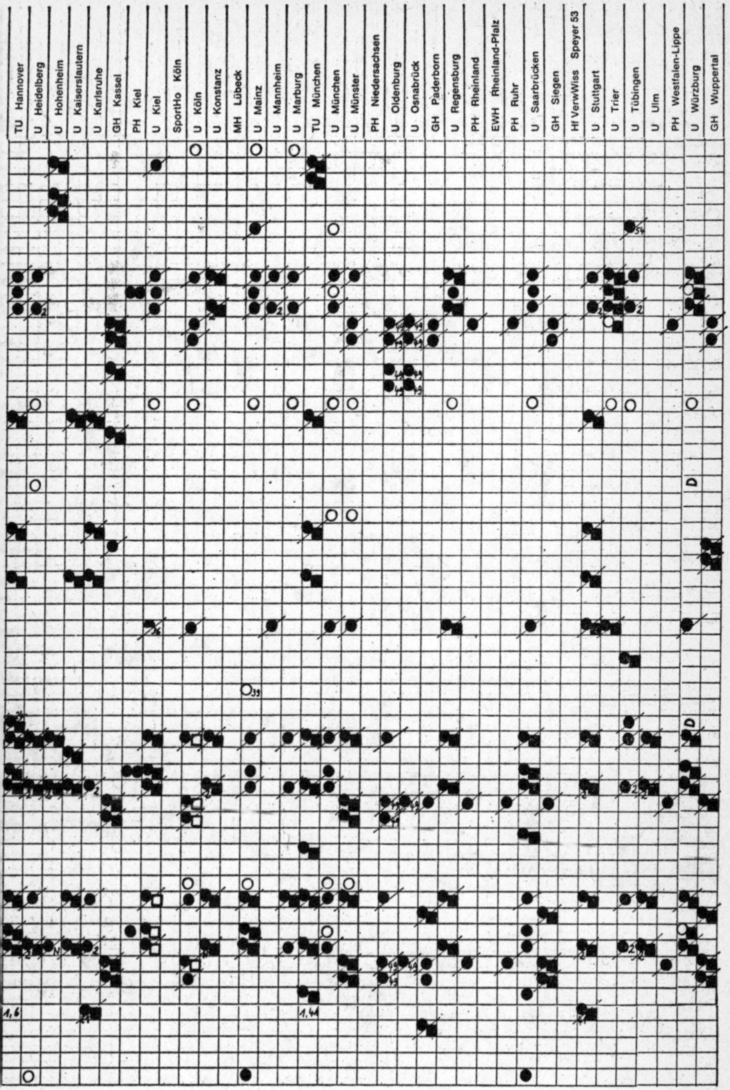
TU Hannover
U Heidelberg
U Hohenheim
U Kaiserslautern
U Karlsruhe
GH Kassel
PH Kiel
U Kiel
SportHo Köln
U Köln
U Konstanz
MH Lübeck
U Mainz
U Mannheim
U Marburg
TU München
U München
U Münster
PH Niedersachsen
U Oldenburg
U Osnabrück
GH Paderborn
U Regensburg
PH Rheinland
EWH Rheinland-Pfalz
PH Ruhr
U Saarbrücken
GH Siegen
Hf VerwWiss Speyer 53
U Stuttgart
U Trier
U Tübingen
U Ulm
PH Westfalen-Lippe
U Würzburg
GH Wuppertal

1 Hochschulen mit Promotionsrecht (Universitäten, Technische Hochschulen, Pädagogische Hochschulen, Gesamthochschulen)

Fächer/ Studiengänge	Hochschulen	TH Aachen	U Augsburg	GH Bamberg	U Bayreuth	FU Berlin	TU Berlin	U Bielefeld	U Bochum	U Bonn	TU Braunschweig	U Bremen	TU Clausthal	TH Darmstadt	U Dortmund	GH Duisburg	U Düsseldorf	KGH Eichstätt	U Erlangen-Nürnberg	GH Essen	PH Flensburg	U Frankfurt	U Freiburg	U Gießen	U Göttingen	FernU Hagen	U Hamburg	MedHo Hannover	TiHo Hannover
Elektrotechnik	D	○■					○□		○□		○	◐▼		○■	○				○□										
	iD															□ 17													
	LS 2	●■							●■						●■														
	LB						○					●■ 51				●■			●■ 22										
Fertigungstechnik	D	1					1																						
Finno-Ugristik	M																								○		○		
Flugtechnik/Luftfahrttechnik	D	1					○□																						
Forstwissenschaft	D																						●■		●				
Holzwirtschaft	D																										●		
Gartenbau	D																												
Geographie	D					●			●	●	●											●	●	●	●		●		
	M	●	●■				●			●				●■					●■				●	●					
	LR		○■								●								○■		●●	●		● 23	●				
	LG		●■		●■	●	●				●			●■					●■			●	● 2	●	●		●		
	LS 1	●							●	●		●■				●	●■			●							●		
	LS 2	●							●	●		●■					●■												
Geologie/Paläontologie	D	●■				●	● b		●	●	●		●	●					○			●	●■	●	●		●		
Geophysik	D					●	○		●				●									●							
Germanistik	M	●	●■			●	●	●	●	●	●						●		●			●	●	●	●		●		
	LR		○■								●								○		● 68	●		● 23	●				
	LG		●■			●	●				●								●			●	● 2	●	●		●		
	LS 1	●							●	●		●■				●	●			●							●		
	LS 2	●						● 9	●	●		●■				●	●			●									
	LB																		●■ 22										
Niederländ. Philologie	M					○																							
Skandinavistik	M																						●						
Geschichte	M	●	●■			●	●	●□	●	●	●			●			●		●			●	●	●	●		●		
	LR		○■								●								○		●	●		● 23	●				
	LG		●■			●	●				●			●■					●			●	● 2	●	●		●		
	LS 1	●						●□	●	●		●■				●	●			●							●		
	LS 2	●						●□	●	●		●■				● N	●			● N									
	LB																		●■ 22										
Ur-, Vor-, Frühgeschichte	M					○			○	○									○			●	○	●					
Ost-, Südosteurop. Geschichte	M					○				○									●										
Gesch. d. exakt. Wiss.	M						○																						
Haushalts- u. Ernährungswiss.	D									●■														●					
	LS 1									●■ 13						● 12													
	LS 2									●■ 13																			
	LB											●■ 51												●					
Hauswirtschaft und Werken	LR																				●								
	LS 1											●■ 33								●									
Gestaltungstechnik	LS 2																			●									
Textilgestaltung	LS 1											●■								●	● 69								
	LS 2																												
Hüttenwesen	D	○					○						○□																
Indologie	M					○													○ 27				○		○		○		
Informatik	D	●■					●			●■	●■			●■	●■				●■ 14								●● 65		
Med. Informatik	D																												
Biotechnik	LS 2																			●									
Judaistik	M					○																○	○						
Keltologie	M																												
Klassische Philologie	M					○	○ 8	● 8/9	○	○							○		○			○	●	○	●		○		
	LR																												
	LG					○													○			○	● 2	○ N	●		○		
	LS 1																												
	LS 2							● 8/9	○								○												
Mittellat. Philologie	M					○													○				○						
Kommunikationswissensch.	M						○			○ 13																			
	D																		▲ 7										

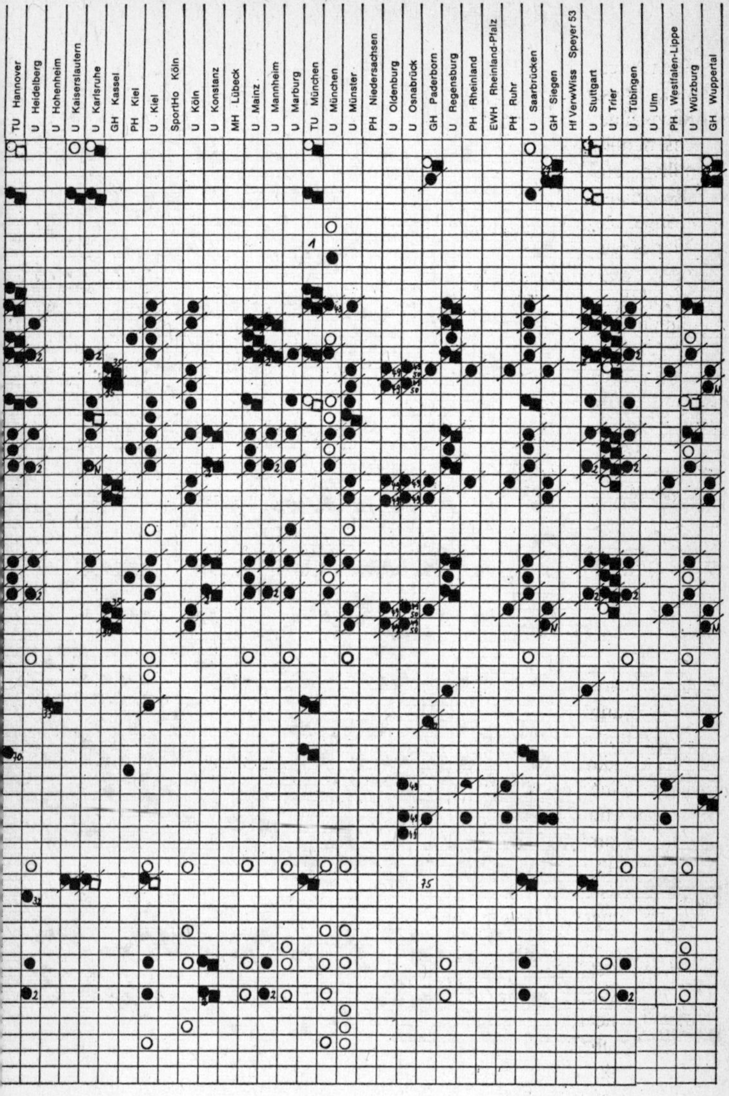
TU Hannover
U Heidelberg
U Hohenheim
U Kaiserslautern
U Karlsruhe
GH Kassel
PH Kiel
U Kiel
SportHo Köln
U Köln
U Konstanz
MH Lübeck
U Mainz
U Mannheim
U Marburg
TU München
U München
U Münster
PH Niedersachsen
U Oldenburg
U Osnabrück
GH Paderborn
U Regensburg
PH Rheinland
EWH Rheinland-Pfalz
PH Ruhr
U Saarbrücken
GH Siegen
Hf VerwWiss Speyer 53
U Stuttgart
U Trier
U Tübingen
U Ulm
PH Westfalen-Lippe
U Würzburg
GH Wuppertal

1 Hochschulen mit Promotionsrecht (Universitäten, Technische Hochschulen, Pädagogische Hochschulen, Gesamthochschulen)

Fächer/ Studiengänge	Hochschulen	TH Aachen	U Augsburg	GH Bamberg	U Bayreuth	FU Berlin	TU Berlin	U Bielefeld	U Bochum	U Bonn	TU Braunschweig	U Bremen	TU Clausthal	TH Darmstadt	U Dortmund	GH Duisburg	U Düsseldorf	KGH Eichstätt	U Erlangen-Nürnberg	GH Essen	PH Flensburg	U Frankfurt	U Freiburg	U Gießen	U Göttingen	FernU Hagen	U Hamburg	MedHo Hannover	TiHo Hannover
Kunstgeschichte/ Kunstwissenschaft	M	●				●	○		●	●●	●								○			●	○	○	●		●		
	LS 1																												
Kunsterziehung/ Künstlerisches Werken	M		○ N																										
	LR																				●	●/		●/ 23					
	LG																						○				●		
	LS 1											●■				●/				●/							●		
	LS 2	●■/										●■								●/ N									
Indische Kunstgeschichte	M					○																							
Landespfl./Landschaftsgest.	D						●□																						
Landschaftsplanung	D						●																						
Lebensmittelchemie	St	●/					●□/			●/	●/								●/			●/					●/		
	LB						●																						
Lebensmitteltechnologie	D						○																						
Lehramt an Grundschulen			○	○	○													○□	○		●	●/		●/					
Hauptschulen																						●/		●/ 23					
Sonderschulen																					◖	●/		●/			●		
berufsbild. Schulen														● 61															
in der Primarstufe												●■ 58				●/				●/							●		
Limnologie	D																												
Allgem./Vgl. Literaturwissenschaften	M	○				●				○				●															
	LG																												
Markscheidewesen	D	○					○						○□																
Maschinenbau	D	●■/					●□/		●■/		●■/		●/ 18	●■/	●■/														
	iD															●■/				●■/									
	LS 2	●■/													●■/	●■/													
	LB						○																						
Mathematik	D	●/			●■/	●/	●/	●■/	●■/	●■/	●■/	●■/	●/	●■/	●■/		●■/		●■/			●/	●□/	●/	●/		●/		
	iD													74		●■/				●■/						●■/			
	LR										●■/		●/						○□/		●	●/		●/ 23	●/				
	LG				●■/	●/	●/				●■/		●/	●■/					●■/			●/	●□/ 2	●/	●/		●/		
	LS 1	●/						●■/	●■/	●■/		●■/			●■/	●■/	●■/			●■/							●		
	LS 2	●/						●■/	●■/	●■/		●■/			●■/	●■/	●■/			●■/						●■/			
	LB																		●■/ 15								●		
Medizin	St	●■/				●/			◣/	●/							●/		●/			●/	●	●/	●		●/	●■/	
Metallkunde	D	4											○□									●							
Metalltechnik	LS 2																			●■/									
Meteorologie	D					●				●				●■													●		
Mikrobiologie	D																		37						●/ 27				
Mineralogie	D	●■				●	●		●	●	●		●	●					○			●	●	●	●		●		
Musikwissenschaft/ Musikerziehung	M		○ N 36			○	○		○	○									○			●		●/	○		○		
	LR																				●	●/		●/ 23					
	LG																										●		
	LS 1								○			●■				●/				●/							●		
	LS 2								○			●■																	
Vgl. Musikwissenschaft	M					○																							
Nordistik	M					○																			○				
Orientalistik 63	M					○				○									○			○	○		○		○		
Ost- u. Südostasienkunde 64	M					○				○									○			○	○		○				
Ozeanographie	D																										●		
Pädagogik	D			●/		● 5		●■/				◣				●■/	●■/	○		●■/	●/	●/					●■/		
	M	●●/	●■/ 41			●/	●/	●■/	●/	●/	●/			●■/			●■/		●/				●/	●/	●/		●/		
	LG										●/ N																●/		
	LS 1								●/								●■/										●		
	LS 2	●●/						●■/ 11	●/	●/						●■/ N	●■/						●/ 2						
Heilpädagogik	LS 1											●■																	
Papieringenieurwesen	D													●■															

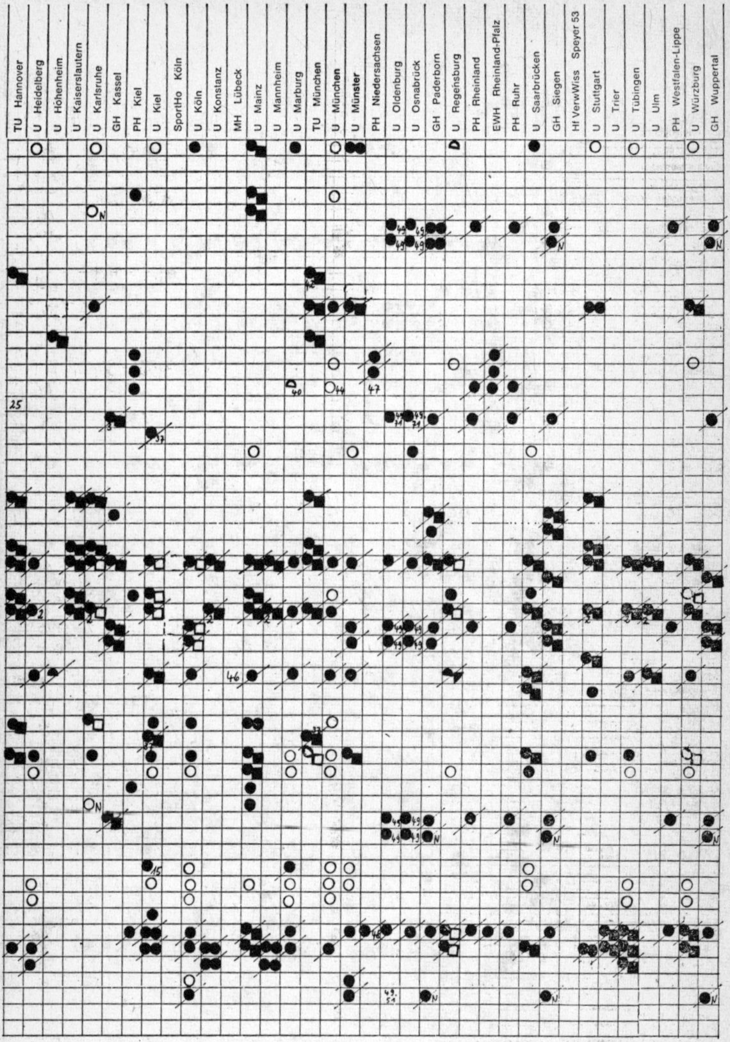
TU Hannover
U Heidelberg
U Höhenheim
U Kaiserslautern
U Karlsruhe
GH Kassel
PH Kiel
U Kiel
SportHo Köln
U Köln
U Konstanz
MH Lübeck
U Mainz
U Mannheim
U Marburg
TU München
U München
U Münster
PH Niedersachsen
U Oldenburg
U Osnabrück
GH Paderborn
U Regensburg
PH Rheinland
EWH Rheinland-Pfalz
PH Ruhr
U Saarbrücken
GH Siegen
Hf VerwWiss Speyer 53
U Stuttgart
U Trier
U Tübingen
U Ulm
PH Westfalen-Lippe
U Würzburg
GH Wuppertal

1 Hochschulen mit Promotionsrecht (Universitäten, Technische Hochschulen, Pädagogische Hochschulen, Gesamthochschulen)

Fächer/ Studiengänge	Hochschulen	TH Aachen	U Augsburg	GH Bamberg	U Bayreuth	FU Berlin	TU Berlin	U Bielefeld	U Bochum	U Bonn	TU Braunschweig	U Bremen	TU Clausthal	TH Darmstadt	U Dortmund	GH Duisburg	U Düsseldorf	KGH Eichstätt	U Erlangen-Nürnberg	GH Essen	PH Flensburg	U Frankfurt	U Freiburg	U Gießen	U Göttingen	FernU Hagen	U Hamburg	MedHo Hannover	TiHo Hannover
Pharmazie 60	St					●				●	●						●■		●			●	●				●		
Philosophie	M	●	●■			○	○	○	○	○	●			●			○		○			●	○	○	●		●		
	LG										●												○		●		●		
	LS 1								○																				
	LS 2	●						○	○	○						○ N	○			○ N									
Phonetik und Sprechkunde	M									○																			
Physik	D	●			●■ 13	●	●	●■	●■	●	●■	●■	●	●■	●■		●■		●■			●	●■	●	●		●		
	iD															●■				●■									
	LR										●■		●						○■		●	●		● 23	●				
	LG				●■	●	●				●■		●	●■					●■			●	●■ 2	●	●		●		
	LS 1	●						●■	●■	●		●■			●■	●■	●■			●■							●		
	LS 2	●						●■	●■	●		●■			●■	●■	●■			●■									
	LB																		●■ 22										
Physik. Ingenieurwiss.	D						○																						
Politologie	D					●																					●		
	M	●■	●■							●	●			●■					●				●	●			●		
	LR										●										● 56								
	LG										●												●						
	LS 1											●■																	
	LS 2											●■																	
Psychologie	D	●●				●	●	●■	●■	●■	●						●■		●■			●	●■	●■	●		●		
	M	N	●●																●■										
	LS 2																												
Publizistik/Zeitungswiss./Journalismus	M					●			●																				
Raumplanung	D						● 62								●■														
Rechtswissenschaft	St		●■ 10			●		●■ 10	●	●		●■							●□			●	●	●	●		●		
Religionswissenschaft	M					○				○															●				
Romanistik	M	●	●■			●	●	● 11	●	●	●						●		●			●	●	●	●		●		
	LR		○■								●								○			●		● 23	●				
	LG		●■			●	●				●								●			●	● 2	●	●		●		
	LS 1	●							●	●		●■				●	●										●		
	LS 2	●						● 9, 11	●	●		●■				●	●												
	LB																												
Schiffstechnik	D	1					○□																				D		
Sicherheitstechnik	iD																												
Slawistik	M					○			○	○									○			○	●	○	●●		○		
	LR																					○		○ 23					
	LG					○													○			○		○	●		○		
	LS 1								○	○																	○		
	LS 2								○	○																			
Sozialpädagogik	D											●■						○											
Sozialwissenschaften/ Sozialkunde	D								●			●■							●						●				
	iD															●													
	M		●■						●								●					●							
	LR																		○			●			●				
	LG		●■			●								●■					●						●				
	LS 1	●■						●□	●	●						●				●									
	LS 2	●■						●□	●	●						●				●									
	LB											●■ 61							●■ 29										
Soziologie	D					●	●	●□														●					●		
	M	●■	●■							●				●■					●				●	●	●		●		

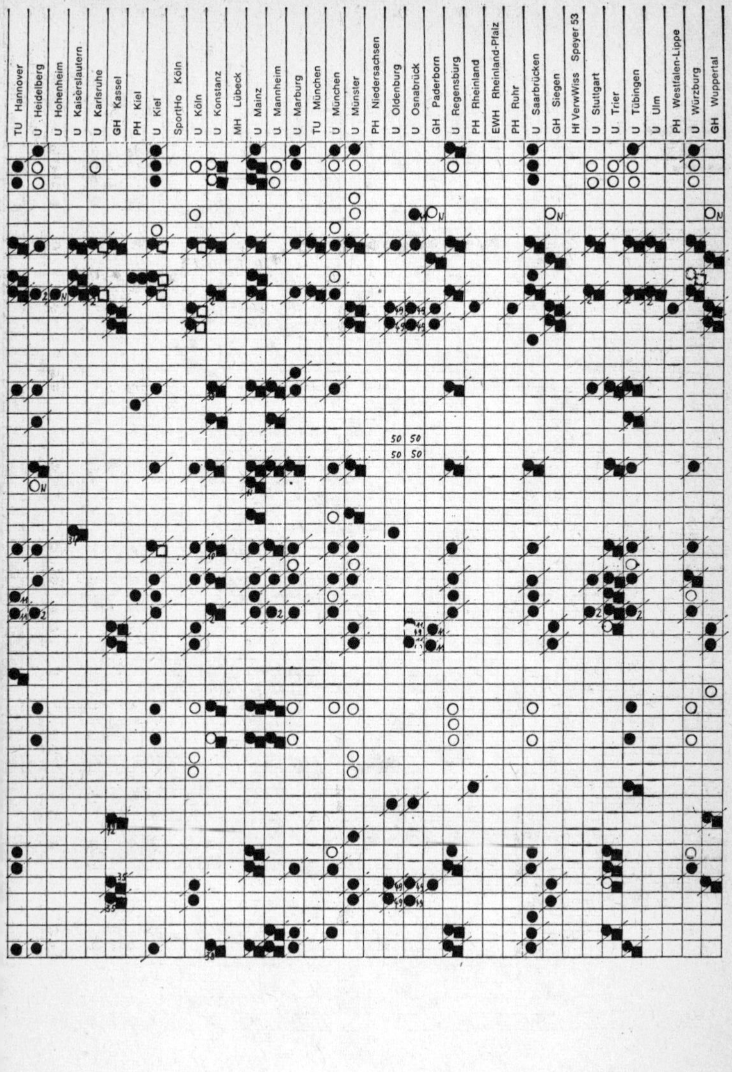
TU Hannover
U Heidelberg
U Hohenheim
U Kaiserslautern
U Karlsruhe
GH Kassel
PH Kiel
U Kiel
SportHo Köln
U Köln
U Konstanz
MH Lübeck
U Mainz
U Mannheim
U Marburg
TU München
U München
U Münster
PH Niedersachsen
U Oldenburg
U Osnabrück
GH Paderborn
U Regensburg
PH Rheinland
EWH Rheinland-Pfalz
PH Ruhr
U Saarbrücken
GH Siegen
HI VerwWiss Speyer 53
U Stuttgart
U Trier
U Tübingen
U Ulm
PH Westfalen-Lippe
U Würzburg
GH Wuppertal

1 Hochschulen mit Promotionsrecht (Universitäten, Technische Hochschulen, Pädagogische Hochschulen, Gesamthochschulen)

Fächer/ Studiengänge	Hochschulen	TH Aachen	U Augsburg	GH Bamberg	U Bayreuth	FU Berlin	TU Berlin	U Bielefeld	U Bochum	U Bonn	TU Braunschweig	U Bremen	TU Clausthal	TH Darmstadt	U Dortmund	GH Duisburg	U Düsseldorf	KGH Eichstätt	U Erlangen-Nürnberg	GH Essen	PH Flensburg	U Frankfurt	U Freiburg	U Gießen	U Göttingen	FernU Hagen	U Hamburg	MedHo Hannover	TiHo Hannover
Sportwissenschaft/ Leibeserziehung	M																					●	●■	●	●				
	D																												
	LR		○■								●/								●■		●	●/		●/ 23	●/				
	LG		●■		●■	●/					●/			●■/					●■			●/	●■/ 26	●/	●/		●		
	LS 1	●/							●/	●■/		●■				●/				●/							●		
	LS 2	●/							●/	●■/		●■																	
	LB																												
Sprachwiss./Linguistik	M							○□	○	○							○		●			○ 31	○	○	○		○		
	LS 2																												
Staatswissenschaften/ Verwaltungswissensch.	D																												
	M																		○										
Statistik	D														●■														
Technologie	LS 1															●/				●/	● 25								
	LS 2															●/ N				●/ N									
Theaterwissenschaften	M					●													○										
Theologie ev.	D								○																				
	M					○			○	○									○			○			●		○		
	F									○									○						●				
	Th									○									○						●		○		
	LR																		○		●	○		○ 23	●				
	LG					○													○			○			●		○		
	LS 1								○	○						○ 20				○							○		
	LS 2								○	○						○ N													
	LB																		●■ 22										
Ev. Religionspädagogik	M		○■																										
Theologie kath.	D		○	○					○	○								○					○						
	M		○			○			○	○												○							
	Li		○															○											
	Ki		○	○					○	○								○					○						
	LR		○■																			○		○ 23					
	LG		○■			○																○	○ 2						
	LS 1								○	○						○ 20				○									
	LS 2								○	○						○ N													
	LB																												
Kath. Religionspädagogik	M		○■																										
Theologie altkath.	Ki									○																			
Tiermedizin	St					●/																		●■/					●■/
Umwelttechnik	D						●■/																						
Vermessungswesen	D	●■/					●/			●■/	●■/			●■/															
	LS 2																												
Völkerkunde/Ethnologie	M					○				○												○	●		○		●		
Volkskunde	M									○												●	○		○				
	LG																												
Volkswirtschaftslehre	D					●/	●/	●■/		●/	●□/								●/			●/	●/		●/		●/		
Werkstoffwissenschaften	D						○												○□										
Wirtschaftsingenieurwesen	D						●/							●□/															
Wirtschaftspädagogik	D					●/													●/			●/			●/				
Wirtschaftswissenschaften	D	●/	●■/ 28						●/		●□/	●■/			●■ 19									●/					
	iD															●■/										●■/			
	LR																		○		● 56								
	LG				●■/														●/								●		
	LS 1								●/			●■															●		
	LS 2	●/							●/			●■			●■/ 19	●■/										●■/			
	LB							●■/				●■ 61								●/									
Zahnmedizin	St					●/				●/							●■/		●/			●/	●/	●/	●/		●/	●■/	

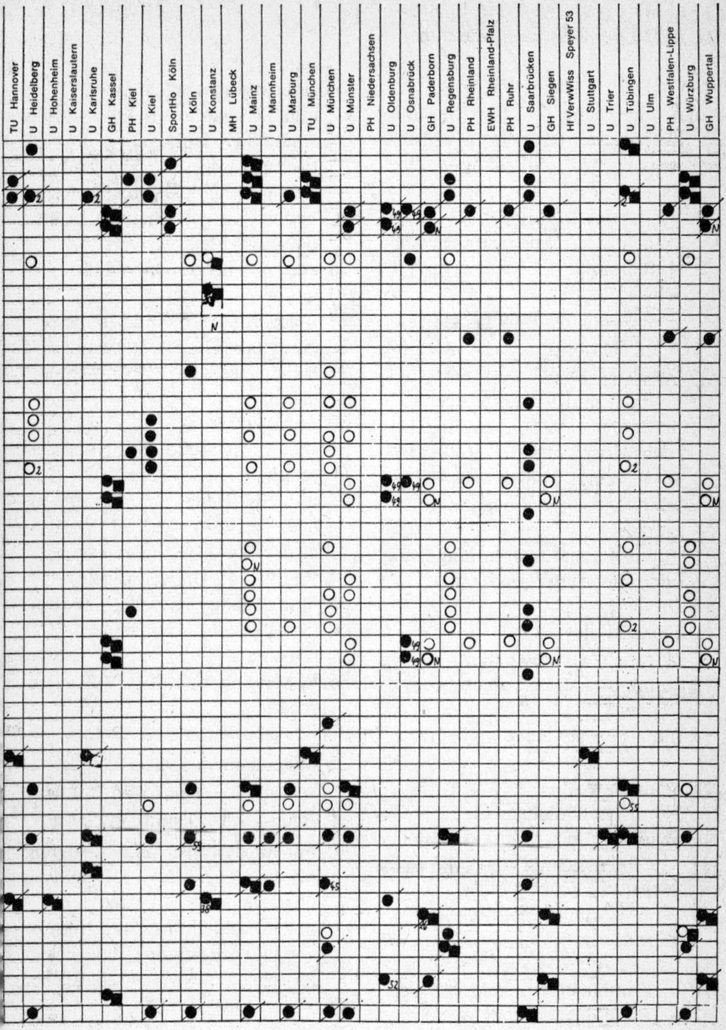
TU Hannover
U Heidelberg
U Hohenheim
U Kaiserslautern
U Karlsruhe
GH Kassel
PH Kiel
U Kiel
SportHo Köln
U Köln
U Konstanz
MH Lübeck
U Mainz
U Mannheim
U Marburg
TU München
U München
U Münster
PH Niedersachsen
U Oldenburg
U Osnabrück
GH Paderborn
U Regensburg
PH Rheinland
EWH Rheinland-Pfalz
PH Ruhr
U Saarbrücken
GH Siegen
Hf VerwWiss Speyer 53
U Stuttgart
U Trier
U Tübingen
U Ulm
PH Westfalen-Lippe
U Würzburg
GH Wuppertal

Anmerkungen zu 1:

1 über Grundstudium Maschinenbau
2 Große und Kleine Fakultas
3 für die Fächer Evangelische und Katholische Theologie hochschuleigenes Zulassungsverfahren
4 Vertiefungsrichtung nach Vorexamen im Diplomstudiengang Hüttenkunde
5 Schwerpunkte:
Erwachsenenbildung D ⊠●
Schulpädagogik D ●
Sozialpädagogik D ●
6 Energie- und Verfahrenstechnik
7 im Rahmen der Studiengänge Betriebswirtschaftslehre, Volkswirtschaftslehre, Wirtschaftspädagogik oder Sozialwissenschaften
8 Latein
9 nur in Verbindung mit Linguistik oder Literaturwissenschaft
10 einphasig
11 Französisch
12 Haushaltswissenschaften
13 Kommunikationsforschung und Phonetik
14 nur als 2. Fach einer Studiengangkombination
15 Dänisch ●,
Nordische Philologie O
16 Wärme- und Verfahrenstechnik
17 Verfahrenstechnik und Antriebs-, Meß- und Regeltechnik
18 und Maschinentechnik
19 Wirtschafts- und Sozialwissenschaften
20 in Kombination mit Musik oder Kunst/Künstlerisches Werken
21 Chemieingenieurwesen und Verfahrenstechnik
22 als 1. Pflichtfach obligatorisch Elektrotechnik
23 Lehramt an Haupt- und Realschulen
24 gemeinsam von MedHo, TiHo und TU Hannover; Zulassungen an der TU Hannover
25 Fachrichtungen: Ernährungs-, Textil- und Bekleidungsgewerbe und Hauswirtschaft, Metall-, Bau- und Elektrogewerbe
26 auch Betriebswirtschaftslehre und Volkswirtschaftslehre
27 Indogermanistik/Indo-Iranistik
28 Abschluß: Diplom-Ökonom
29 Schulpädagogik, Grundschuldidaktik
30 Musikerziehung
31 Indogermanische Sprachwissenschaften
32 mit FH Heilbronn; Bewerbung dort
33 als jeweils selbständige Fächer
34 Raum- und Umweltplanung
35 Studiengang Gesellschaftslehre (Sozialkunde, Geographie, Geschichte)
36 Bewerbung nur über Volkswirtschaft
37 Bewerbung nur über Biologie
38 Studienanfänger über das Sozialwissenschaftliche Grundstudium
39 Buch-, Schrift- und Druckwesen
40 nur für Bewerber nach Ablegung der ersten Lehramtsprüfung, vorübergehend auch Grundstudium in der Fachrichtung Sprachbehinderte für Studierende mit abgelegter erziehungswissenschaftlicher Vorprüfung
41 Verfahrenstechnik
42 Landespflege
43 und Wirtschafts- und Sozialgeographie

44 Zugangsvoraussetzung: Prüfung für das Lehramt an Grund- und Hauptschulen
45 Wirtschafts- und Sozialpädagogik
46 nur klinische Semester
47 nicht grundständig; erst nach viersemestrigem Studium »Lehramt an Grund- und Hauptschulen«
48 Schwerpunkte: Schule, Erwachsenenbildung und außerschulische Jugendbildung, Sonderpädagogik, Sozialpädagogik und Sozialarbeit
49 Lehramtsstudiengang im Modellversuch; einphasige Lehrerausbildung
50 siehe Sozialkunde
51 Sonderpädagogik
52 Handelslehramt
53 nur Postgraduiertenstudium
54 mit Anglistik
55 Empirische Kulturwissenschaft
56 integriertes Studienfach Wirtschaft/Politik
57 einheitliches Lehramt für allgemeinbildende und berufsbildende Schulen; für die berufsbildenden Fachrichtungen wird nur das 3. bis 8. Semester angeboten; Anfangssemester über Stufenausbildung
58 Deutsch oder Mathematik und ein Unterrichtsfach aus der S 1 (außer Fremdsprachen)
59 außerdem Abschluß Diplom-Volkswirt sozialwissenschaftlicher Richtung mit dem zweiten Fach Politologie oder Soziologie
60 und Philosophisch-Theologische Hochschule Passau ◩
61 Metall-, Bau-, elektrotechnisches, graphisches, chemisch-technisches Gewerbe
62 Stadt- und Regionalplanung
63 Ägyptologie, Arabistik, Altorientalistik, Assyrologie, Iranistik, Islamistik, Koptologie, Semitistik, Turkologie – eines oder mehrere dieser Fächer –
64 Austronesistik, Japanologie, Mandschuristik, Mongolistik, Sinologie, Tibetologie – eines oder mehrere dieser Fächer –
65 Zulassung und Studienbeginn nur im Sommersemester
66 Chemietechnik
67 für Bewerber mit Fachhochschulreife ●
68 auch Dänisch
69 LR
70 Hauswirtschaft, Textil und Bekleidung
71 nur Deutsch und Mathematik ⧄
72 Sozialwesen
73 auch Technische Physik D
74 auch Mathematik mit Schwerpunkt Informatik D
75 nur LS2 O
76 auch LB, vgl. Anmerkung 22

2 Pädagogische Hochschulen ohne Promotionsrecht

Fächer/ Studiengänge	Hochschulen	PH Berlin	PH Eßlingen	PH Freiburg/Br.	PH Heidelberg	PH Karlsruhe	PH Lörrach	PH Ludwigsburg	PH Reutlingen	PH Saarbrücken	PH Schwäbisch Gmünd	BPH Stuttgart	PH Weingarten
Lehramt an/in													
Grund- und Hauptschulen			● 3	● 3	● 3	● 3	● 3	● 3	● 3	● ■ 10	● 3		● 3
Realschulen				● 5, 6	● 5			● 5	● 6	▲ 11			
Gymnasien													
Sonderschulen		1			● 7				● ■ 8				
beruflichen Schulen												● ■ 12	
Primarstufe		●											
Sekundarstufe I		●											
Sekundarstufe II													
Pädagogik	D	●	▲ 4	●	●			▲ 4	● 3	▲ 11	●		

Anmerkungen zu 2:

1 Zulassung erst nach dem ersten bzw. zweiten Staatsexamen (Lehramt in der Primarstufe oder Sekundarstufe 1) möglich

2 Amt des Lehrers mit einem oder mit zwei Wahlfächern (Lehrbefähigung für die Klassen 1–10). Fächer: Wirtschaft/Arbeitslehre, Technik/Arbeitslehre, Haushalt/Arbeitslehre, Bildende Kunst, Biologie, Chemie, Deutsch, Englisch, Erdkunde, Französisch, Geschichte, Latein, Leibeserziehung, Mathematik, Musikerziehung, Physik, Politologie, Evangelische Theologie, Katholische Theologie, Russisch, Theorie und Praxis der Grundschule, Theorie und Praxis der mittleren Schulstufe, Erziehungswissenschaft, pädagogische Psychologie, Soziologie der Erziehung, pädagogische Kybernetik, Erwachsenenbildung, Schulspiel

3 Lehramt an Grund- und Hauptschulen in den Fächern Biologie, Chemie, Deutsch, Englisch, Evangelische Theologie, Katholische Theologie, Französisch (außer PH Lörrach und PH Schwäbisch Gmünd), Geographie, Geschichte, Kunsterziehung, Leibeserziehung, Mathematik, Musikerziehung, Physik, Politik, Werken/Technik, Hauswirtschaft und Textiles Werken (außer PH Heidelberg, PH Lörrach, PH Ludwigsburg, PH Reutlingen)

4 Gemeinsame Diplomprüfung der PH Eßlingen und der PH Ludwigsburg

5 Lehramt an Realschulen in den Fächern Biologie, Chemie, Deutsch, Englisch, Evangelische Theologie, Katholische Theologie, Französisch (außer PH Reutlingen), Geographie, Geschichte, Wissenschaftliche Politik/Gemeinschaftskunde, Hauswirtschaft mit Textilem Werken (nur PH Freiburg) Kunsterziehung (außer PH Reutlingen), Werken/Technik (außer PH Reutlingen), Leibeserziehung (nur PH Freiburg, PH Heidelberg), Mathematik, Physik, Musik

6 jedoch Hochschulverfahren für die Zulassung zu einigen Fächern

7 Bildungsschwachenpädagogik, Blindenpädagogik, Gehörlosenpädagogik, Lernbehinderten-, Schwerhörigen-, Sehbehinderten-, Sprachbehindertenpädagogik

8 Bildungsschwachen-, Körperbehinderten-, Lernbehinderten-, Sprachbehinderten-, Verhaltensgestörtenpädagogik

9 gemeinsame Diplomprüfung der U Tübingen und PH Reutlingen; Studienrichtungen: Schulpädagogik, Sonderpädagogik

10 Lehramt an Grund- und Hauptschulen in den Fächern Arbeitslehre I (Technik und Wirtschaft), Arbeitslehre II (Hauswirtschaft – Textilarbeit), Bildende Kunst und Kunsterziehung, Biologie und Didaktik des Biologieunterrichts, Deutsche Sprache und Literatur – Didaktik des Faches Deutsch, Didaktik der Primarstufe, Französische Sprache und Literatur – Didaktik des Faches Französisch, Geschichte und Didaktik des Geschichtsunterrichts, Geographie und Didaktik des Erdkundeunterrichts, Mathematik und Didaktik des Mathematikunterrichts, Musik und Musikerziehung, Physik/Chemie und Didaktik des Physik- und Chemieunterrichts, Politische Wissenschaft – Didaktik der politischen Bildung, Sportpädagogik und Didaktik der Leibeserziehung, Evangelische Theologie und Religionspädagogik, Katholische Theologie und Religionspädagogik

11 mit der U des Saarlandes

12 Kaufmännische, hauswirtschaftliche und gewerblich-nichttechnische Richtung

3 Fachhochschulen (einschließlich der Fachhochschulstudiengänge an Gesamthochschulen)

Baden-Württemberg

Fächer/ Studiengänge — Hochschulen	FH Aalen	FH Biberach	FH Soz Eßlingen	FH Techn Eßlingen	FH Furtwangen	FH Heilbronn	FH Karlsruhe	FH Konstanz	FH Gest Mannheim	FH Soz Mannheim	FH Techn Mannheim	FH Nürtingen	FH Offenburg	FH Gest Pforzheim	FH Wi Pforzheim	FH Ravensburg	FH Reutlingen	FH Schwäbisch Gmünd	FH Sigmaringen	FH Bibl Stuttgart	FH Druck Stuttgart	FH Techn Stuttgart	FH Ulm	FH ÖVerw Kehl	FH ÖVerw Stuttgart
Arbeits- und Berufsberatung																									
Architektur		●					○	●														○			
Bauingenieurwesen		○					○2a	●														○			
Bergbau																									
Bibliothekswesen																				●■					
Bio-Ingenieurwesen																									
Chemie/Technische Chemie	●										●						●								
Druck- u. Reprotech./Druckereit.																					●14				
Elektrotechnik	○1			●	●1		○									○1							●		
Ingenieur-Informatik					●			○																	
Elektrische Energietechnik				●			○	○			●														
Nachrichtentechnik							○	○			●		●												
Ernährung u. Hauswirtschaft/																									
Ernährungs- u. Haushaltstechnik																			●■						
Fahrzeugtechnik				●3																					
Feinwerktechnik	○			●	●	●	○																●		
Forstwirtschaft																									
Fremdsprachen/Sprachen																									
Gartenbau																									
Gestaltung/Design									●					●				●							
Holztechnik																									
Hüttentechnik																									
Informatik				●	●		○				●												●14		
Innenarchitektur																									
Keramik/Glastechnik																									
Kerntechn/Kernverfahrenstechn.																									
Kunststofftechnik	○																								
Landbau/Weinbau												●4													
Landespflege												●													
Lebensm.-technol./Getränketechn.																									
Luftfahrzeugtechnik																									
Maschinenbau	○			●		○	○	○			●		●			●	●						●		
Mathematik																						□			
Medizinische Informatik						●5a																			
Milch- und Molkereiwirtschaft																									
Pädagogik																									
Physik/Physikalische Technik						○5b										●									
Produktionstechnik/Arbeitslehre	○2			●		○5c																	●		
Religionspäd. u. ki. Bildungsarb.																									
Schiffsbau																									
Schiffsbetriebstechnik																									
Seefahrt/Nautik																									
Sozialwesen																									
Sozialarbeit			●■							●															
Sozialpädagogik			●■10							●															
Stahlbau/Metallbau/Leichtbau																							●■14		
Technisches Gesundheitswesen																									
Textilind./Bekleidungstechn.																	●		●■15						
Transportwesen																									
Verfahrenstechnik											●														
Vermessungstechnik/-wesen							○															○			
Versorg.-/Energie-/Wärmetechn.				●																					
Verwaltungswissenschaften																								●■5	●5
Werkstofftechnik	○																								
Wirtschaft/Betriebswirtschaft						○5d						●			○		●								
Wirtschaftsinformatik					●																				
Wirtschaftsingenieurwesen	○			●			○								○										
Wasserbau u. Kulturtechnik																									

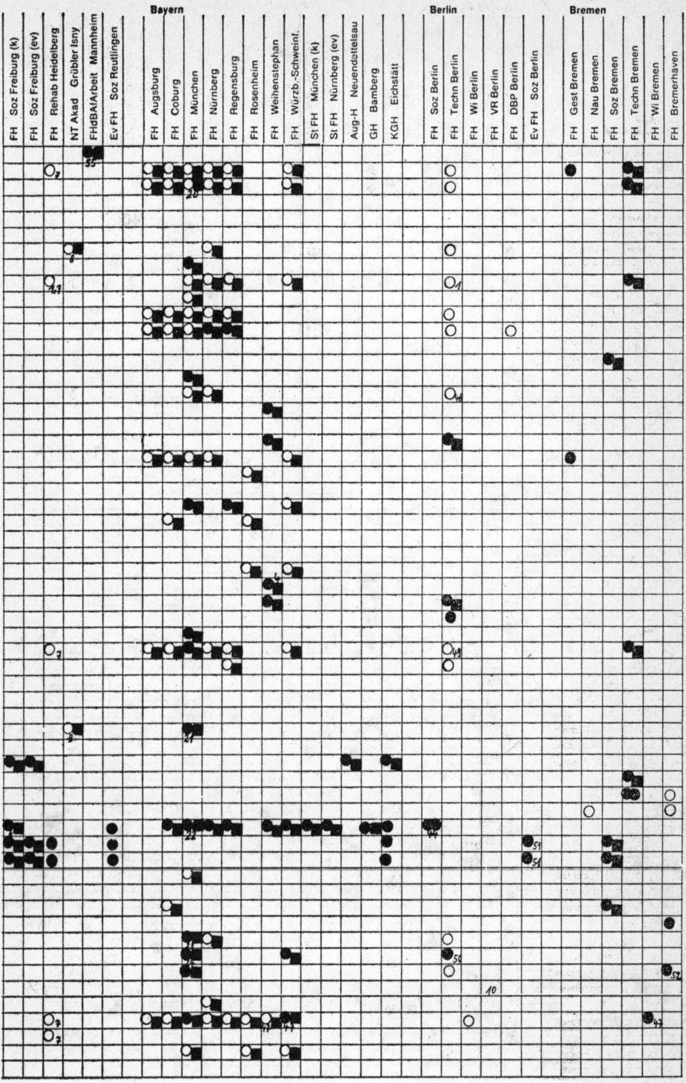
FH Soz Freiburg (k)
FH Soz Freiburg (ev)
FH Rehab Heidelberg
NT Akad Grübler Isny
FHdBAfArbeit Mannheim
Ev FH Soz Reutlingen
Bayern
FH Augsburg
FH Coburg
FH München
FH Nürnberg
FH Regensburg
FH Rosenheim
FH Weihenstephan
FH Würzb.-Schweinf.
St FH München (k)
St FH Nürnberg (ev)
Aug-H Neuendettelsau
GH Bamberg
KGH Eichstätt
Berlin
FH Soz Berlin
FH Techn Berlin
FH Wi Berlin
FH VR Berlin
FH DBP Berlin
Ev FH Soz Berlin
Bremen
FH Gest Bremen
FH Nau Bremen
FH Soz Bremen
FH Techn Bremen
FH Wi Bremen
FH Bremerhaven
55
7
20
8
1,7
1
48
4
7
49
8
21
44
22
51
51
50
52
10
7
7
11
47
47

3 Fachhochschulen (einschließlich der Fachhochschulstudiengänge an Gesamthochschulen)

Fächer/ Studiengänge \ Hochschulen	Hamburg			Hessen											Niedersachsen										
	FH Hamburg	Ev FH Soz Hamburg		FH Darmstadt	FH Frankfurt/M.	FH Fulda	FH Gießen	FH Wiesbaden	Ev FH Darmstadt	FH Heer Darmstadt	FH DPB Dieburg	FH Fresenius Wiesb.	GH Kassel		FH Braunschweig-Wolfenbüttel	FH Hannover	FH Hildesheim-Holzminden	FH Nordost-Nieders.	FH Oldenburg	FH Osnabrück	FH Ostfriesland	FH Wilhelmshaven	Ev FH Soz Hannover	Kath FH Norddeutschl.	
Arbeits- und Berufsberatung																									
Architektur	●			●■	●			●								●	●	●	○						
Bauingenieurwesen	●			●■	●		●	●								●	●	●	●						
Bergbau																									
Bibliothekswesen	● 12																								
Bio-Ingenieurwesen	●																								
Chemie/Technische Chemie	●			●■								○■													
Druck- u. Reprotech./Druckereit.																									
Elektrotechnik	●			●	●		●	●		17	●		●		●					●		●			
Ingenieur-Informatik															●	●									
Elektrische Energietechnik															●	●						●			
Nachrichtentechnik										17					●	●						●			
Ernährung u. Hauswirtschaft/	●																								
Ernährungs- u. Haushaltstechnik																									
Fahrzeugtechnik	● 13																					●			
Feinwerktechnik					●																				
Forstwirtschaft																	●								
Fremdsprachen/Sprachen																									
Gartenbau								●■												●					
Gestaltung/Design	●			●■				●					●■ 19			● 26	● 27								
Holztechnik																									
Hüttentechnik																									
Informatik	●■ 14																								
Innenarchitektur				●■				●								●									
Keramik/Glastechnik																									
Kerntechn./Kernverfahrenstechn.																									
Kunststofftechnik				●																					
Landbau/Weinbau								●■ 60					○ 18							● 4					
Landespflege								●■												●					
Lebensm.-technol./Getränketechn.								●■ 61																	
Luftfahrzeugtechnik	●																								
Maschinenbau	●			●	●		●	●		17					●	●				●		●			
Mathematik																									
Medizinische Informatik																									
Milch- und Molkereiwirtschaft																●■									
Pädagogik																									
Physik/Physikalische Technik								● 57																	
Produktionstechnik/Arbeitslehre	●																								
Religionspäd. u. ki. Bildungsarb.									●■														●■		
Schiffsbau	●																								
Schiffsbetriebstechnik	○																								
Seefahrt/Nautik	○																		○		●				
Sozialwesen	●	●■						●■																●■	
Sozialarbeit	●				●	●■			●■						●						●■		●■	●■	
Sozialpädagogik	●			●■	●■	●■			●■						●		● 62				●■		●■	●■	
Stahlbau/Metallbau/Leichtbau																									
Technisches Gesundheitswesen							●																		
Textilind./Bekleidungstechn.	● 15																								
Transportwesen																									
Verfahrenstechnik	●				●																				
Vermessungstechnik/-wesen	●				●■														●						
Versorg.-/Energie-/Wärmetechn.							●								● 63										
Verwaltungswissenschaften																									
Werkstofftechnik							●													●					
Wirtschaft/Betriebswirtschaft					●	●	●	●■ 17		17			●							●	●■	●			
Wirtschaftsinformatik																									
Wirtschaftsingenieurwesen	● 16																					●			
Wasserbau u. Kulturtechnik																		●							

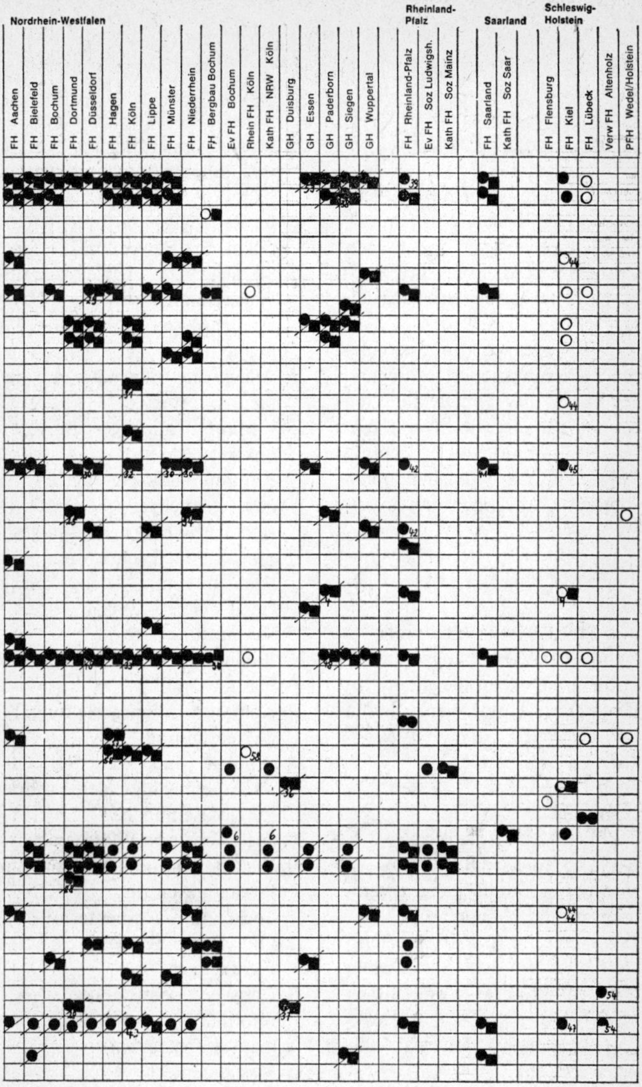
Nordrhein-Westfalen
Rheinland-Pfalz
Saarland
Schleswig-Holstein
FH Aachen
FH Bielefeld
FH Bochum
FH Dortmund
FH Düsseldorf
FH Hagen
FH Köln
FH Lippe
FH Münster
FH Niederrhein
FH Bergbau Bochum
Ev FH Bochum
Rhein FH Köln
Kath FH NRW Köln
GH Duisburg
GH Essen
GH Paderborn
GH Siegen
GH Wuppertal
FH Rheinland-Pfalz
Ev FH Soz Ludwigsh.
Kath FH Soz Mainz
FH Saarland
Kath FH Soz Saar
FH Flensburg
FH Kiel
FH Lübeck
Verw FH Altenholz
PFH Wedel/Holstein

Anmerkungen zu 3:

1 Elektronik
2 Fertigungstechnologie
3 Fahrzeug- und Fördertechnik
4 Landbau
5 Das Studium kann nur aufnehmen, wer in Baden-Württemberg einen zweijährigen praktischen Vorbereitungsdienst als Inspektorenanwärter erfolgreich abgeleistet hat
6 auch Heilpädagogik mit besonderen Zulassungsvoraussetzungen
7 Aufnahme nur von Behinderten nach einem Auswahlverfahren. Fachhochschule für Technik, Wirtschaft und Rehabilitationsfachkräfte – Fachrichtung Sozialarbeit –
8 Allgemeine Chemie, Lebensmittelchemie, Pharmazeutische Chemie
9 und Physikalische Elektronik
10 Gehobener Verwaltungs-, Justiz- und Polizeivollzugsdienst; nur für Beamte im Landesdienst Berlin und Hamburg
11 auch Farbe/Chemie O
12 auch Diplom
13 Fahrzeugbau
14 Technische Informatik
15 Bekleidungstechnik
16 Integrierter Studiengang zusammen mit der U Hamburg
17 Zulassung nur für Offiziere/Offiziersanwärter der Bundeswehr mit mindestens zwölfjähriger Verpflichtung
18 Landwirtschaft, Internationale Agrarwirtschaft
19 Grafik Design, Industrial Design im Kunsthochschulbereich
20 und Baubetrieb
21 Studiengänge: Technische Physik, Physikalische Chemie
22 Studiengänge: Jugend- und Erwachsenenbildung, Erziehung, Familien-, Jugend- und Altenhilfe, Resozialisation und Rehabilitation, Soziale Administration
23 Studiengänge: Papiererzeugung, Papierverarbeitung
24 Studiengänge: Vermessung, Kartographie
25 Allgemeine Informatik und Ingenieur-Informatik
26 Kommunikationsgestaltung, Produktgestaltung
27 Kommunikationsgestaltung mit den Fachrichtungen: Grafik-Design, Farb-Design; Produktgestaltung mit den Fachrichtungen: Innenarchitektur, Metallgestaltung, Gerät-, Gefäß-Design
25 Vermessungstechnik
26 Produktgestaltung, Freie Malerei, Plastik, Grafik
27 Kommunikationsgestaltung, Produktgestaltung
28 Stahlbau und Werkstofftechnik als Studiengänge der Fachrichtung Maschinenbau
29 auch Ton- und Bildtechnik
30 Visuelle Kommunikation und Produktgestaltung
31 und Landmaschinentechnik
32 und Photoingenieurwesen und Freie Kunst
33 Konstruktionstechnik
34 Informationsverarbeitung, Automatisierungstechnik
35 Maschinentechnik
36 Schiffstechnik
37 Werkstofferzeugung
38 Bautechnik

39 Abteilung Trier ■
40 Studiengänge: Vor- und nebenschulische Erziehung, Jugend- und Erwachsenenbildung
41 Textil-Design, Industrie-Design, Innenarchitektur-Design, Grafik-Design
42 Abteilung Kaiserslautern ■
43 und Versicherungswesen
44 Studienbeginn nur im Sommersemester möglich
45 Gestaltung, Freie Kunst, Design
46 Textiltechnik
47 Betriebswirtschaft
48 Studiengänge: Konstruktion und Fertigung
49 Studiengänge: Konstruktion, Fertigung, Betrieb
50 und Landkartentechnik ●● (Zulassung nur zum Sommersemester)
51 Studiengang Sozialpädagogik und Sozialarbeit; Abschluß Sozialpädagoge (grad.)
52 Betriebs- u. Versorgungstechnik
53 und Städtebau und Landesplanung
54 nur für Bewerber, die in den Vorbereitungsdienst für den gehobenen allgemeinen Verwaltungsdienst bzw. den gehobenen Dienst der Vollzugspolizei eingestellt worden sind
55 Zulassungsbedingung: Allgemeine oder fachgebundene Hochschulreife
56 zusammen mit der U Heidelberg
57 Physikalische Technik
58 Produktionstechnik
59 für Fertigung; für Verkehr (zusammen mit der U Heidelberg)
60 Weinbau
61 Getränketechnologie
62 Studienschwerpunkte: Vorschulische Erziehung, Sonderpädagogik, Freizeitpädagogik; andere im Aufbau
63 Versorgungstechnik

4 Kunsthochschulen, Musikhochschulen

Fächer/ Studiengänge	Hochschulen	H der Künste Berlin	Braunschweig	Düsseldorf	Frankfurt Main	Hamburg	Karlsruhe	München	Nürnberg	Offenbach	Stuttgart	Frankfurt M.	Freiburg	Hamburg	Hannover	Heidelberg-Mannheim	Karlsruhe	Lübeck	München	Rheinland Köln	Ruhr Essen	Saarbrücken	Stuttgart	Trossingen	Westf.-Lippe Detmold	Würzburg
		Kunsthochschulen										Musikhochschulen														
Architektur	A	○■		●■	○■	●■		○■																		
	D	○■																								
	Gr									○■																
Bildhauerei	A	○			○■		○■ [15]	○■	○■		○■															
Bühnenbild	A	○ [17]						○■			○■															
Design	A	○■ [1]							○■ [7]		○■ [10]															
	D	○■	●■ [3]							○■ [9]																
	Gr					●■ [5]																				
Druck	Gr	○																								
Experiment. Umweltgestalt.	D		●■																							
Glasgestaltung	A										○■															
Goldschmiedekunst	A							○■	○■ [8]																	
Graphik	D									○■																
Freie Graphik	A	○			○■		○■ [6, 15]				○■															
Angewandte Graphik	A							○■			○■															
Innenarchitektur	A							○■	○■		○■ [11]															
Freie Keramik	A										○■															
Angewandte Kunst	A																									
Freie Kunst	A	○	●■	●■ [2]		●■																				
Kunsterziehung	LR		●■	●■																						
	LG	○	●■ [4]	●■		●■	○■	○■	○■		○■															
	LS 1					○ [16]																				
	LS 2																									
Werkerziehung	LG	○																								
(Freie) Malerei	A	○			○■		○■ [6, 15]	○■ [6]	○■		○■															
Restauratorenausbildung	A										○■ [12]															
Dirigieren, Chor- u. Orchesterleit.	A	○										○	○	○	○■	○		○	○■ [13]	○			○	○		○□
Instrumente u. Gesang																										
Allgem. Ausbildung	A	○										○	●	○	○■	○	○	○	○■ [13]	○	○	○	○	○	○	○□
Solistenausbildung	A	○										○	● [13]	○	○■	○	○	○	○■	○		○	○	○		○□
Kirchenmusik A	St	○										○	●	○	○■		○	○	○■	○	○	○	○	○	○	○□
Kirchenmusik B	A													○	○■			○						○ [14]		
Komposition/Theorie/Tonsatz	A	○										○	○	○	○■	○		○	○■ [13]	○			○	○	○	○□
Musikerzieher	LG	○										○	●	●	○■	○	○	○	○■	○	○	○	○		○	○■
	LR												●	●	○■				○■	○	○	○			○	○■
Musikschule u. freiberufl.	St											○	●	●	○■	○	○		○■	○	○	○	○	○	○	
Oper																										
Sologesang	A	○										○	○	○	○■	○		○	○■ [13]	○			○			○□
Chorgesang	A											○		○				○	○■ [13]	D						○□
Regie																										
Oper	A													○					○■ [13]		○					
Schauspiel	A											○■		○□	○■											
Rhythmik	A	●■																○					○	●		
Schauspiel	A	○■																			○		○			
Tanz	A											○			○□	○			○■ [13]	D	○		○			
Tanzpäd. f. Berufs- u. Laientanz	A														○□	○			○■		○					
Tonmeister	DT	○																							○	

Anmerkungen zu 4:

1 Studienschwerpunkte: Textil- und Bekleidungs-Design, Konsum- und Investitionsgüter-Design; Studiengänge: Industrial-Design, Grafik-Design/Visuelle Kommunikation (auch St), Ausstellungs-Design (auch St), Werbekommunikation (nur StO)

2 Bühnenbild, Freie Grafik, Angewandte Grafik, Photographie, Bildhauerei, Malerei, Film; keine Abschlußprüfung

3 Grafik-Design, Industrie-Design

4 Kunst- und Werkpädagogik
5 Visuelle Kommunikation, Textil-Design, Produkt-Design
6 Studiengang Malerei/Graphik
7 2 Fächer: Graphik-Design, Gestaltungslehre/Textil-Design
8 Gold- und Silberschmieden
9 Produktgestaltung
10 Produktgestaltung/Textil-Design
11 Innenarchitektur und Möbel-Design D
12 Restaurierung und Technologie von Gemälden und Skulpturen D
13 auch Staatsprüfung
14 Kirchliche Prüfung
15 keine Abschlußprüfung
16 auch LP
17 auch Bühnenkostüm StO

5 Philosophisch-Theologische Hochschulen, Kirchliche Hochschulen

Fächer/ Studiengänge	Hochschulen	Phil.-Theol. Hochschulen: Benediktbeuern	Fulda	Königstein/Ts.	München	Paderborn	Passau	Trier	St. Georgen/Frankfurt		Kirchl. Hochschulen: Berlin	Bethel	Neuendettelsau[1)]	Oberursel	Wuppertal
Evangelische Theologie	M										○□	◠			
	F										○□				
	Th										○□	○	●	□	●
	Li														
	LR														
	LG										○■				◠ M
	LB														○
	LS 1											◠			
	LS 2											◠			◗
Katholische Theologie	D	○□			◠		○ 2	○ 2	○						
	Ki	○□	○	○		○			○						
	Li					○		○	○						
	LGH								○						
	LR							○ 3	○						
	LG					○		○ 3	○						
	LB					○			○						
Philosophie	M				○										

6. Sonstige Hochschulen

Fächer/ Studiengänge	Hochschulen	HfWirtsch. u. Politik Hamb.	HcBundeswehr Hamburg	HcBundeswehr München	HfFilm u. Ferns. München
Betriebswirtschaftslehre	Gr	●		■ 1	
Volkswirtschaftslehre	Gr	●		■ 1	
Soziologie	Gr	●		■ 1	
Bauing. u. Vermessungswesen	D			■ 1	
Elektrotechnik	D		■ 1	■ 1	
Informatik	D			■ 1	
Luft- u. Raumfahrttechnik	D			■ 1	
Pädagogik	D		■ 1	■ 1	
Maschinenbau	D		■ 1		
Wirtsch.- u. Organisationswiss.	D		■ 1	■ 1	
Bauingenieurwesen	Gr			■ 1	
Maschinenbau	Gr			■ 1	
Nachrichtentechnik	Gr			■ 1	
Wirtschaft	Gr				
Film u. Fernsehspiele					○
Dokumentarfilm u. Fernsehpubliz.					○

Anmerkungen zu 5:

1 Vgl. unter 3. Fachhochschulen
2 wird zugleich als kirchliche Abschlußprüfung anerkannt
3 in Kooperation mit der Kooperation mit der U Trier

Anmerkungen zu 6:

1 nur für Offiziersanwärter der Bundeswehr mit bestandener Offiziersprüfung.
Das Studienjahr ist in Trimester eingeteilt.

Anlage 5 Berufe für Abiturienten – Alternativen zur Universität*

Angestellter bei der Sozialversicherung

Arbeitsberater

Arbeitstherapeut

Archivar

Augenoptiker

Bankkaufmann

Beamter
- bei der Bundesanstalt für Arbeit
- bei der Sozialversicherung
- beim Wetterdienst

Berufsberater

Beschäftigungstherapeut

Betriebswirt (BA)

Betriebswirt (VWA)

Bilderrestaurator

Bildtechniker

Biologisch-techn. Assistent

Brennereitechniker

Buchhändler

Bücherrestaurator

Bundesamt für Verfassungsschutz

Bundesbahnbeamter

Bundesbank

Bundeskriminalamt

Bundeswehrbeamter

Chemisch-techn. Assistent

Chirurgiemechaniker

Datentechniker

Datenverarb.-Kaufmann

Dipl.-Bibliothekar
- an öffentl. Büchereien
- an wissensch. Bibliotheken

Dipl.-Braumeister

Dokumentar

Dolmetscher

Einzelhandelskaufmann

Ergotherapeut

Erzieher

Erzieher (BA)

Finanzbeamter

Flugberater

Flugingenieur

Fluglotse

Flugmeteorologe

Flugsicherungsingenieur

Fotograf

Fremdspr. Verlagslektor

Fremdsprachiger Rundfunkauswerter

* Quelle: HEIGL/LEHNSTÄDT/MÖNCH: Berufe für Abiturienten – Alternativen zur Universität. München 1976, S. 231

Geigenbauer

Goldschmied

Grafik Designer

Großhandelskaufmann

Handelsassistent

Handelsfachwirt

Handzuginstrumentenmacher

Heilpädagoge

Heilpraktiker

Holzbildhauer

Hotelkaufmann

Industrial Designer

Industriekaufmann

Ingenieur (BA)

Ingenieur (grad.)
- Biomed. Technik
- Farben und Lacke
- Feinwerktechnik
- Fotografie
- Gießereitechnik
- Holztechnik
- Krankenhausbetriebstechnik
- Kunststofftechnik
- Metallveredlung und Werkstoffkunde
- Textiltechnik
- Umwelt- und Hygienetechnik
- Versorgungstechnik
- Weinbau und Kellerwirtschaft
- Werkstofftechnik Glas/Keramik

Ingenieurassistentin

Innenarchitekt

Journalist

Justizbeamter

Kapitän

Kaufmann im Zeitungs- und Zeitschriftenverlag

Keramiker

Kinderkrankenschwester

Klavier- und Cembalobauer

Kommunalbeamter

Konsularsekretär

Kraftfahrzeugmechaniker

Krankengymnast

Krankenpfleger

Krankenschwester

Kriminalpolizist

Lexikograph

Logopäde

Luftverkehrskaufmann

Mathemat.-techn. Assistent

Medizinischer Dokumentationsassistent

Medizinisch-techn. Laborassistent

Medizinisch-techn. Radiologieassistent

Metallinstrumenten- und Schlagzeugmacher

Möbel- und Holzskulpturenrestaurator

Modegrafiker

Modelldirektrice

Musikinstrumentenbauer

Musiktherapeut

Naturwiss.-techn. Assistent

Nautischer Schiffsoffizier

Offizier
– Bundesgrenzschutz
– Bundeswehr

Operator

Orgelbauer

Orthopädiemechaniker

Orthoptist

Pharmazeut.-techn. Assistent

Physikalisch-techn. Assistent

Pilot

Polizist

Postbeamter

Programmierer

Psychagoge

Radio- und Fernsehtechniker

Rechtspfleger

Reedereikaufmann

Reiseverkehrskaufmann

Religionspädagoge

Restaurator

Silberschmied

Sozialarbeiter

Sozialpädagoge

Sozialpädagoge (BA)

Speditionskaufmann

Sprachlehrer

Steuerbeamter

Steward

Stewardess

Strahlenschutzassistent

Substitut

Systemanalytiker

Technischer Schiffsoffizier

Terminologe

Texter

Textildesigner

Tischler

Toningenieur

Tonmeister

Tontechniker

Tourismusfachmann

Übersetzer

Verkehrsflugzeugführer

Verlagskaufmann

Versicherungskaufmann

Verwaltungsbeamter

Veterinärmed.-techn. Assistent

Werbekaufmann

Wirtschaftsassistent

Zahntechniker

Zollbeamter

Zupfinstrumentenmacher

Zytologischer Assistent

Anlage 5.1 Berufe in der öffentlichen Verwaltung

1. Laufbahn des gehobenen nichttechnischen Verwaltungsdienstes,
Adresse: Alle Personalstellen der jeweiligen Verwaltungen

2. Beamter im allgemeinen und inneren Verwaltungsdienst,
Adresse: Bund, Länder und Gemeinden

3. Auswärtiger Dienst (40 Anwärter 1977),
Adresse: Aus- und Fortbildungsstätte des Auswärtigen Amtes

4. Beamter bei der Bundesanstalt für Arbeit (300 je Jahr),
Adresse: Ausbildungsleiter und Personalabteilungen der örtlichen Arbeitsämter

5. Berufs- und Arbeitsberater bei der Bundesanstalt für Arbeit,
Adresse: Ausbildungsleiter und Personalabteilungen der örtlichen Arbeitsämter (120 Nachwuchskräfte je Jahr)

6. Beamter in der Sozialversicherung (600 je Jahr),
Adresse: Personalstellen der einzelnen Sozialversicherungsträger

7. Beamter bei der Deutschen Bundesbahn,
Adresse: Personalstellen der örtlichen Bundesbahnverwaltungen

8. Beamter bei der Deutschen Bundespost,
Adresse: Zentrale Berufsinformation Post

9. Beamter bei der Deutschen Bundesbank (ca. 50 Nachwuchskräfte),
Adresse: Deutsche Bundesbank, Hauptabteilung Personal, Postfach 2633, 6000 Frankfurt/M. 1

10. Beamter bei den Finanzverwaltungen des Bundes und der Länder (etwa 2000 je Jahr),
Adresse: Personalstellen der örtlichen Finanz- und Hauptzollämter

11. Beamter in der Bundeswehrverwaltung (550 je Jahr),
Adresse: Örtliche Kreiswehrersatzämter, Standortverwaltungen und Wehrbereichsverwaltungen

12. Rechtspfleger (600 je Jahr),
Adresse: Personalabteilungen der ortsansässigen Justizverwaltungen

13. Beamter im Strafvollzugsdienst,
Adresse: Örtliche Justiz- bzw. Strafvollzugsämter, Justizministerien der Länder

14. Beamter beim Deutschen Wetterdienst,
Adresse: Deutscher Wetterdienst, Zentralamt, 6050 Offenbach

15. Beamter in der Bergverwaltung (ca. 60 pro Jahr),
Adresse: Oberbergämter in Dortmund und Saarbrücken

Anlage 5.2 Berufe in Handel, Verkehr und Dienstleistungen

1. Berufe in Wirtschaft und Handel

- Personalkaufmann,
  Adresse: Industrie- und Handelskammern
- Industriekaufmann,
  Adresse: Personalleiter großer Industriebetriebe; Industrie- und Handelskammern
- Wirtschaftsassistent,
  Adresse: Wirtschaftsvereinigung der Eisen- und Stahlindustrie, Düsseldorf; Industrie- und Handelskammer, Düsseldorf
- Groß- und Außenhandelskaufmann,
  Adresse: Personalbüros von Großhandelsfirmen
- Speditionskaufmann,
  Adresse: Speditionsfirmen; Bundesverband Spedition und Lagerei, Moltkestraße 5a, 5300 Bonn
- Kaufmann im Buch-, Zeitungs- und Zeitschriftenhandel,
  Adresse: Personalabteilungen der Verlage
- Schiffahrtskaufmann,
  Adresse: Industrie- und Handelskammern
- Buchhändler,
  Adresse: Börsenverein für den Deutschen Buchhandel e.V., Großer Hirschgraben 17-21, 6000 Frankfurt/M.
- Substitut und Verkaufstrainer,
  Adresse: Ausbildungsabteilungen der Firmen
- Bankkaufmann,
  Adresse: Personalabteilungen der Banken und Sparkassen
- Versicherungskaufmann,
  Adresse: Personalleiter der Versicherungsgesellschaften
- Werbekaufmann,
  Adresse: Werbeleiter großer Industriebetriebe und Verlage
- Luftverkehrskaufmann,
  Adresse: Deutsche Lufthansa AG, Abteilung »Ausbildung für Luftverkehrskaufleute PS 3«, von-Gablentz-Straße 2-6, 5000 Köln 21

- Reiseverkehrskaufmann,
  Adresse: Deutscher Reisebüroverband, Wöhlerstraße 3–5, 6000 Frankfurt/M.
- Hotel- und Gaststättenkaufmann,
  Adresse: Direktionen von Großhotels
- Datenverarbeitungskaufmann,
  Adresse: Leiter der EDV-Abteilungen
- Betriebswirt (Berufsakademie),
  Adresse: Handelskammern

2. Berufe für Verkehr

- Verkehrsflugzeugführer,
  Adresse: Deutsche Lufthansa AG, Personal- und Sozialabteilung,
- Beamter bei der Bundesanstalt für Flugsicherung (ca. 150 im Jahr),
  Adresse: Bundesanstalt für Flugsicherung, 6000 Frankfurt/M.

3. Berufe im Dokumentations- und Kommunikationswesen

- Archivar
- Bibliothekar,
  Adresse: Wissenschaftliche Bibliotheken, Öffentliche Büchereien
- Diplomierter Dokumentar,
  Adresse: Lehrinstitut für Dokumentation, Westendstraße 19, 6000 Frankfurt/M.
- Medizinischer Dokumentationsassistent,
  Adresse: Staatliche Schule für medizinische Dokumentationsassistenten, Klinikstraße 25, 6300 Gießen; Schule für medizinische Dokumentationsassistenten, Schloßbau 38, 7900 Ulm-Wiblingen
- Dolmetscher/Übersetzer
- Journalist,
  Adresse: Deutsche Journalistenschule e.V., Altheimer Eck 3, 8000 München 2; Akademie für Publizistik, Magdalenenstraße 64 a, 2000 Hamburg 13; Hochschule für Fernsehen und Film, Ohmstraße 11, 8000 München 40; Universität Hohenheim, Postfach 106, 7000 Stuttgart 70

4. Polizeiberufe

- Schutzpolizei,
  Adresse: Alle Polizeidienststellen
- Kriminalpolizei

Anlage 5.3 Verzeichnis von Berufsakademien

Berufsakademie, Kaiserring 38, 6800 Mannheim 1

Berufsakademie, Calwerstraße 23, 7000 Stuttgart 1

Berufsakademie, Postfach, 7220 Villingen-Schwenningen

Wirtschaftsakademie Schleswig-Holstein (Berufsakademie), Flensburgerstraße 90, 2300 Kiel-Wik

Berufsakademie (Technik), Postfach, 2000 Hamburg

Anlage 6 Verzeichnis der Lehrberufe

Anlage 6.1 Verzeichnis Lehrberufe Industrie und Handel

Industrie

Industriekaufmann

Werkgehilfin

Handel

Kaufm. im Groß- und Außenhandel

Verkäufer(in)

Einzelhandelskaufmann

Buchhändler

Drogist

Florist

Handelsfachpacker

Musikalienhändler

Kaufm. in der Grundstücks- und Wohnungswirtschaft

Kaufm. im Zeitungs- und Zeitschriftenverlag

Schaufenstergestalter

Tankwart

Weinhandelsküfer

Zahnlagerist

Kreditgewerbe

Bankkaufmann

Versicherungen

Versicherungskaufmann

Hotel- und Gaststättengewerbe

Hotel- und Gaststättengehilfe

Kaufm. im Hotel- und Gaststättengewerbe

Kellner

Koch

Verkehrs- und Transportgewerbe

Binnenschiffer

Berufskraftfahrer

Kaufm. im Eisenbahn- und Straßenverkehr

Ewerführer

Hafenschiffer

Schiffahrtskaufmann

Seegüterkontrolleur

Luftverkehrskaufmann

Reiseverkehrskaufmann

Speditionskaufmann

Sonstige Berufe

Bürogehilfin

Bürokaufmann

Datenverarbeitungskaufmann

Fotolaborant(in)

Tierpfleger

Werbekaufmann

Eisen und Metall

Automateneinrichter

Bauschlosser

Betriebsschlosser

Blechschlosser

Bohrer

Bohrwerkdreher

Diamantziehsteinmacher

Drahtwarenmacher

Dreher

Emailschriftenmaler

Feinblechner

Flugtriebwerkmechaniker

Flugzeugmechaniker

Fräser

Galvaniseur

Gerätezusammensetzer

Gürtler

Hobler

Kupferschmied

Lackierer

Maschinenschlosser

Maschinenzusammensetzer

Mechaniker

Meß- und Rgelmechahaniker

Metallflugzeugbauer

Metallgewebemacher

Metallschleifer

Physiklaborant

Prägewalzgraveur

Revolverdreher

Rohrnetzbauer

Schalenschmied

Schleifer

Schloß- und Schlüsselmacher

Schmelzschweißer

Schmied

Schriftgießer

Stahlrollenstecher

Systemmacher

Techn. Zeichner

Teilezurichter

Teilzeichnerin

Universalfräser

Universalhobler

Universalschleifer

Werkstoffprüfer

Werkzeugmacher

Ziseleur

Warm- und Kaltverformung

Drahtzieher

Federmacher

Hüttenfacharbeiter

Wärmestellengehilfe

Walzendreher

Gießer

Former

Modellschlosser

Modelltischler

Stahlformenbauer

Stahl- und Eisenbau

Bootsbauer

Hochdruckrohrschlosser

Kessel- und Behälterbauer

Rohrinstallateur

Schiffbauer

Schiffszimmerer

Stahlbauschlosser

Fahrzeugbau

Fahrzeugpolsterer

Fahrzeugstellmacher

Kraftfahrzeugschlosser

Elektrotechnik

Kabeljungwerker

Elektroanlageninstallateur

Elektrogerätemechaniker

Elektromaschinenwickler

Fernmeldeinstallateur

Nachrichtengerätemechaniker

Elektromaschinenmonteur

Energieanlagenelektroniker

Energiegeräteelektroniker

Feingeräteelektroniker

Fernmeldeelektroniker

Funkelektroniker

Informationselektroniker

Feinmechanik und Optik

Biologiemodellmacher

Brillenoptikschleifer

Chirurgiemechaniker

Feinmechaniker

Feinoptiker

Gummistrumpfstricker

Schmuck und Edelsteine

Achatschleifer

Diamantschleifer

Edelmetallprüfer

Edelsteingraveur

Edelsteinschleifer

Feinpolierer

Flachgraveur

Goldschmied

Juwelengoldschmied

Schmucksteinfasser

Silberschmied

Stahlgraveur

Vorpolierer

Sonstige Gruppen

Scherenmonteur

Uhrmacher

Holzblasinstrumentenmacher

Metallblasinstrumentenmacher

Steine und Erden

Betonwerker

Natursteinschleifer

Steinmetz

Bauindustrie

Baustoffprüfer

Bauzeichner

Gleisbauer

Klebeabdichter

Ausbaufacharbeiter

Betonstein- und Terrazzohersteller

Estrichleger

Fliesen-, Platten- und Mosaikleger

Isoliermonteur

Stukkateur

Trockenbaumonteur

Zimmerer

Hochbaufacharbeiter

Beton- und Stahlbetonbauer

Feuerungs- und Schornsteinbauer

Maurer

Tiefbaufacharbeiter

Brunnenbauer

Kanalbauer

Rohrleitungsbauer

Straßenbauer

Holz

Borstpinselmacher

Holzbildhauer

Holzflugzeugbauer

Holzmechaniker

Chemie

Biologielaborant

Chemiebetriebsjungwerker

Chemiefacharbeiter

Chemielaborant

Chemielaborjungwerker

Gummi- und Kunststoffauskleider

Kunststoffschlosser

Lacklaborant

Stoffprüfer

Glas

Fachglasveredler

Glasapparatebläser

Glasapparatejustierer

Glasgraveur

Glasmaler

Glaswerker

Hohlglasfeinschleifer

Hohl- und Kelchglasmacher

Leuchtröhrenglasbläser

Maschinenglasmacher

Thermometerbläser

Thermometerjustierer

Keramik

Figurenkeramformer

Geschirrkeramformer

Gipsformengießer

Kerammaler

Kerammodelleur

Technokeramformer

Papiererzeugung, Druck und Papierverarbeitung

Buchbinder

Druckvorlagenhersteller

Druckformhersteller

Drucker

Filmkopienfertiger

Kartograph

Lichtdruckretuscheur

Notenstecher

Papiermacher

Reprograf

Schriftsetzer

Siebdrucker

Stahlstichpräger

Stempelmacher

Tapetendrucker

Verpackungsmittelmechaniker

Leder

Feinsattler

Gerber

Handschuhmacher

Oberlederzuschneider

Sattler

Schuh- und Lederwarenstepperin

Täschner

Textil

Bandweber

Färber und Chemischreiniger

Formstecher

Fotogravurzeichner

Kartenschläger

Litzenflechter

Maschinenstickerin

Musterzeichner
– für die Stickerei
– in der Stoffdruckerei

Musterzeichner und Patroneur

Tapisseristin

Textillaborant (chem.-techn.)

Textilmaschinenführer

Textillaborant (mech.-technol.)

Textilmechaniker (Strickerei und Wirkerei)

Textilmechaniker (Strumpf- und Feinstrumpfrundstrickerei)

Textilmechaniker (Ketten- und Raschelwirkerei)

Textilmaschinenführer (Spinnerei)

Textilmechaniker (Spinnerei)

Textilmaschinenführer (Weberei)

Textilmechaniker (Weberei)

Tuchstopferin

Zeltmacher

Textilveredler

Färberei-Textilveredler

Druckerei-Textilveredler

Appretur-Textilveredler

Bekleidung

Bekleidungsnäherin

Bekleidungsfertigerin

Bekleidungsschneiderin

Krawattennäherin

Pelzwerker

Kürschner

Modistin

Mützenmacher

Mützennäherin

Rauchwarenzurichter

Nahrungs- und Genußmittel

Bäcker

Bonbonmacher

Brauer und Mälzer

Destillateur

Fischwerker

Fleischer

Konfektmacher

Müller

Obst- und Gemüsekonservierer

Süßmoster

Bergbau

Aufbereiter im Bergbau

Bergvermessungstechniker

Knappe (Erzbergbau)

Knappe (Stein- und Pechkohlenbau)

Anlage 6.2 Verzeichnis Lehrberufe Handwerk

Bau- und Ausbauhandwerke

Maurer

Beton- und Stahlbetonbauer

Feuerungs- und Schornsteinbauer

Backofenbauer

Zimmerer

Dachdecker

Straßenbauer

Wärme-, Kälte- und Schallschutzisolierer

Fliesen-, Platten- und Mosaikleger

Betonstein- und Terrazzohersteller

Estrichleger

Brunnenbauer

Steinmetze und Steinbildhauer

Stukkateure

Maler und Lackierer

Kachelofen- und Luftheizungsbauer

Schornsteinfeger

Metallhandwerker

Schmiede

Schlosser

Karosseriebauer

Maschinenbauer (Mühlenbauer)

Werkzeugmacher

Dreher

Mechaniker (Nähmaschinen-, Zweirad- und Kältemechaniker)

Büromaschinenmechaniker

Kraftfahrzeugmechaniker

Kraftfahrzeugelektriker

Landmaschinenmechaniker

Feinmechaniker

Büchsenmacher

Klempner

Gas- und Wasserinstallateure

Zentralheizungs- und Lüftungsbauer

Kupferschmiede

Elektroinstallateure

Elektromechaniker

Fernmeldemechaniker

Elektromaschinenbauer

Radio- und Fernsehtechniker

Uhrmacher

Graveure

Ziseleure

Galvaniseure und Metallschleifer

Gürtler und Metalldrücker

Zinngießer

Metallformer und Metallgießer

Glockengießer

Messerschmiede

Goldschmiede

Silberschmiede

Gold-, Silber- und Aluminiumschläger

Holzhandwerke

Tischler

Parkettleger

Rolladen- und Jalousiebauer

Bootsbauer

Schiffbauer

Modellbauer

Wagner

Drechsler (Elfenbeinschnitzer)

Schirmmacher

Holzbildhauer

Böttcher

Bürsten- und Pinselmacher

Korbmacher

Bekleidungs-, Textil- und Lederhandwerke

Herrenschneider

Damenschneider

Wäscheschneider

Sticker

Stricker

Modisten

Weber

Seiler

Segelmacher

Kürschner

Hut- und Mützenmacher

Handschuhmacher

Schuhmacher

Orthopädieschuhmacher

Gerber

Sattler

Feintäschner

Raumausstatter

Nahrungsmittelhandwerke

Bäcker

Konditoren

Fleischer

Müller

Brauer und Mälzer

Weinküfer

Gesundheits- und Körperpflege, chemische und Reinigungshandwerke

Augenoptiker

Hörgeräteakustiker

Bandagisten

Orthopädiemechaniker

Chirurgiemechaniker

Zahntechniker

Friseure

Färber und Chemischreiniger

Wachszieher

Wäscher und Plätter

Gebäudereiniger

Glas-, Papier-, keramische und sonstige Handwerke

Glaser

Glasschleifer und Glasätzer

Feinoptiker

Glasinstrumentenmacher

Glas- und Porzellanmaler

Farbsteinschleifer, Achatschleifer und Schmucksteingraveure

Fotografen

Buchbinder

Schriftsetzer

Drucker

Steindrucker

Siebdrucker

Flexografen

Chemigrafen

Stereotypeure

Galvanoplastiker

Keramiker

Orgel- und Harmoniumbauer

Klavier- und Cembalobauer

Handzuginstrumentenmacher

Geigenbauer

Metallblasinstrumenten- und Schlagzeugmacher

Holzblasinstrumentenmacher

Zupfinstrumentenmacher

Vergolder

Schilder- und Lichtreklamehersteller

Vulkaniseure

Anlage 6.3 Verzeichnis Lehrberufe Landwirtschaft, Gartenbau u.a.

Landwirt

Hauswirtschafterin

Gärtner

Winzer

Fischwirt

Molkereifachmann

Forstwirt

Pferdewirt

Tierwirt

Milchwirtschaftlicher Laborant

Jäger (Berufsjäger)

Gehilfe in landwirtschaftlichen Buchstellen

Landwirtschaftlicher Brenner

Andere Laborantenberufe der Landwirtschaft

Chemielaborant

Anlage 6.3.1 Zuständige Stellen (Berufsausbildung in der Landwirtschaft)

Die zuständigen Stellen für die Berufsausbildung in Betrieben der Landwirtschaft überwachen die Durchführung der Berufsausbildung. Die Aufgaben im einzelnen:
Bestellung der Ausbildungsberater,
Führen des Verzeichnisses der Ausbildungsverhältnisse,
Anerkennen der Ausbildungsstätte,

Feststellen der Ausbildereignung,
Errichten von Prüfungsausschüssen,
Errichten eines Berufsbildungsausschusses, der in allen wichtigen Angelegenheiten der beruflichen Bildung zu unterrichten und zu hören ist.

Liste der zuständigen Stellen

Baden-Württemberg:	Ministerium für Ernährung, Landwirtschaft und Umwelt, Marienstraße 41, 7000 Stuttgart-W.
Bayern:	Bayerisches Staatsministerium für Ernährung, Landwirtschaft und Forsten, Ludwigstraße 1, 8000 München 22
Berlin:	Berufsamt, Kurfürstenstraße 75, 1000 Berlin 30
Bremen:	Gartenbaukammer »Haus des Gartenbaues«, Neuenlander Feld, 2800 Bremen
Hamburg:	Hauptausschuß Hamburg für Landwirtschaft und Gartenbau, Große Bleichen 23, 2000 Hamburg 36
Hessen:	Hessisches Landesamt für Landwirtschaft, Kölnische Straße 48, 3500 Kassel
Niedersachsen:	1. Landwirtschaftskammer Hannover, Johannssenstraße 10, 3000 Hannover 2. Landwirtschaftskammer Weser-Ems, Mars-la-Tour-Straße 1-4, 2900 Oldenburg (Oldenburg)
Nordrhein-Westf.:	1. Landwirtschaftskammer Rheinland, Endenicher Allee 60, 5300 Bonn 1 2. Landwirtschaftskammer Westfalen-Lippe, Schorlemerstraße 26, 4400 Münster (Westf.)
Rheinland-Pfalz:	Landwirtschaftskammer Rheinland-Pfalz, Planinger Straße 34-36, 6500 Bad Kreuznach
Saarland:	Landwirtschaftskammer für das Saarland, Lessingstraße 12, 6600 Saarbrücken
Schleswig-Holst.:	Landwirtschaftskammer Schleswig-Holstein, Holstenstraße 106-108, 2300 Kiel

Anlage 7 Anschriften der Arbeitsämter

Stützpunktarbeitsämter der Berufsberatung für Abiturienten und Hochschüler im norddeutschen Raum

5100 Aachen, Am Markt 45

5070 Bergisch Gladbach, Hauptstraße 310

4800 Bielefeld, Arndtstraße 8

4630 Bochum, Brückstraße 44

5300 Bonn, Nassestraße 11, Studentenhaus

5040 Brühl, Wilhelm-Kamm-Straße 1

4420 Coesfeld, Neutorstraße 5

5900 Herford, Bäckerstraße 33

5860 Iserlohn, Friedrichstraße 59-61

5000 Köln, Hohenzollernring 47

4150 Krefeld, Philadelphiastraße 156-160

4050 Mönchengladbach, Fliethstraße 67

4400 Münster, Wolbecker Straße 45-47

4200 Oberhausen, Marktstraße 61-63

6100 Darmstadt, Groß-Gerauer-Weg 4

6000 Frankfurt, Saonestraße 2-4

6400 Fulda, Rangstraße 4

6300 Gießen, Landgraf-Philipp-Platz 3-7

6450 Hanau, Am Freiheitsplatz 16

4600 Dortmund, Gutenbergstraße 34

4000 Düsseldorf, Fritz-Roeber-Straße 2

4100 Duisburg, Duisernplatz 15

4300 Essen, Lazarettstraße 50

4650 Gelsenkirchen, Florastraße 22

5800 Hagen, Lenzmannstraße 16-22

4700 Hamm, Weststraße 17/18

4790 Paderborn, Winfriedstraße 54

4350 Recklinghausen, Castroper Straße 30

5900 Siegen, Löhrtor 2

4770 Soest, Brüderstraße 45

5650 Solingen, Goerdelerstraße 55

4230 Wesel, Moltkestraße 8

5600 Wuppertal, Am Clef 62

Anlage 8 Verzeichnis der Industrie- und Handelskammern

Industrie- und Handelskammer
zu Aachen
Theaterstraße 6-8
5100 Aachen

Industrie- und Handelskammer
für das südöstliche Westfalen zu Arnsberg
Königstraße 20
5770 Arnsberg (Westf.)

Industrie- und Handelskammer Aschaffenburg
Kerschensteinerstraße 9
8750 Aschaffenburg (Ufr.)

Industrie- und Handelskammer Augsburg
Stettenstr. 1 und 3
8900 Augsburg

Industrie- und Handelskammer für Oberfranken
Bahnhofstraße 25-27
8580 Bayreuth

Industrie- und Handelskammer zu Berlin
Hardenbergstraße 16-18
1000 Berlin 12

Industrie- und Handelskammer Ostwestfalen
zu Bielefeld
Elsa-Brandström-Straße 1-3
4800 Bielefeld

Industrie- und Handelskammer zu Bochum
Ostring 30-32
4630 Bochum

Industrie- und Handelskammer Bonn
Bonner Talweg 17
5300 Bonn

Industrie- und Handelskammer Braunschweig
Garküche 3
3300 Braunschweig

Handelskammer Bremen
Am Markt 13
2800 Bremen

Industrie- und Handelskammer Bremerhaven
Friedrich-Ebert-Straße 6
2850 Bremerhaven 1

Industrie- und Handelskammer zu Coburg
Schloßstraße 5
8630 Coburg (Ofr.)

Industrie- und Handelskammer Darmstadt
Rheinstraße 89
6100 Darmstadt

Industrie- und Handelskammer Lippe
zu Detmold
Willi-Hofmann-Straße 5
4930 Detmold

Industrie- und Handelskammer zu Dortmund
Märkische Straße 120
4600 Dortmund

Industrie- und Handelskammer zu Düsseldorf
Berliner Allee 10
4000 Düsseldorf 1

Niederrheinische Industrie- und Handelskammer
Duisburg-Wesel zu Duisburg
Mercatorstraße 22-24
4100 Duisburg

Industrie- und Handelskammer für Ostfriesland
und Papenburg
Ringstraße 4
2970 Emden

Industrie- und Handelskammer für die Stadtkreise Essen,
Mülheim (Ruhr) und Oberhausen zu Essen
Am Waldthausenpark 2
4300 Essen

Industrie- und Handelskammer zu Flensburg
Heinrichstraße 34
2390 Flensburg

Industrie- und Handelskammer Frankfurt
Börsenplatz
6000 Frankfurt/M. 1

Industrie- und Handelskammer
Südlicher Oberrhein
Wilhelmstraße 26
7800 Freiburg (Brsg.)

Industrie- und Handelskammer Friedberg
Goetheplatz 3
6360 Friedberg (Hessen)

Industrie- und Handelskammer Fulda
Heinrichstraße 8
6400 Fulda

Industrie- und Handelskammer Gießen
Lonystraße 7
6300 Gießen

Südwestfälische Industrie- und Handelskammer
zu Hagen
Bahnhofstraße 18
5800 Hagen

Handelskammer Hamburg
Börse
2000 Hamburg 11

Industrie- und Handelskammer Hanau-Gelnhausen-Schlüchtern
Rathenaustraße 14
6450 Hanau a. Main

Industrie- und Handelskammer
Hannover-Hildesheim
Berliner Allee 25
3000 Hannover

Industrie- und Handelskammer Ostwürttemberg
Paulinenstraße 8
7920 Heidenheim a.d. Brenz

Industrie- und Handelskammer Heilbronn
Kaiser-Wilhelm-Platz 4
7100 Heilbronn a. Neckar

Industrie- und Handelskammer Mittlerer Oberrhein
Lammstraße 15-17
7500 Karlsruhe

Industrie- und Handelskammer Kassel
Ständeplatz 17
3500 Kassel

Industrie- und Handelskammer zu Kiel
Lorentzendamm 24
2300 Kiel 1

Industrie- und Handelskammer zu Koblenz
Schloßstraße 2
5400 Koblenz

Industrie- und Handelskammer zu Köln
Unter Sachsenhausen 10-26
5000 Köln

Industrie- und Handelskammer Hochrhein-Bodensee
Schützenstraße 8
7750 Konstanz

Industrie- und Handelskammer Limburg
Walderdorffstraße 7
6250 Limburg a.d. Lahn

Industrie- und Handelskammer Lindau
Hauptstraße 1
8990 Lindau (Bodensee)

Industrie- und Handelskammer für die Pfalz
Ludwigsplatz 2-3
6700 Ludwigshafen a.Rh.

Industrie- und Handelskammer zu Lübeck
Breite Straße 6-8
2400 Lübeck 1

Industrie- und Handelskammer für den Regierungsbezirk
Lüneburg
Am Sande 1
3140 Lüneburg

Industrie- und Handelskammer für Rheinhessen
Schillerplatz 7
6500 Mainz

Industrie- und Handelskammer Rhein-Neckar
L 1,2
6800 Mannheim

Industrie- und Handelskammer zu Mönchengladbach
Bismarckstraße 109
4050 Mönchengladbach

Industrie- und Handelskammer für München
Max-Joseph-Straße 2
8000 München 2

Industrie- und Handelskammer zu Münster
Von-Vincke-Straße 14
4400 Münster (Westf.)

Industrie- und Handelskammer zu Neuss
Friedrichstraße 40
4040 Neuss

Industrie- und Handelskammer Nürnberg
Hauptmarkt 25-27
8500 Nürnberg 106

Industrie- und Handelskammer Offenbach
Stadthof 5
6050 Offenbach a. Main

Oldenburgische Industrie- und Handelskammer
Moslestraße 6
2900 Oldenburg i.O.

Industrie- und Handelskammer zu Osnabrück
Neuer Graben 38
4500 Osnabrück

Industrie- und Handelskammer für Niederbayern in Passau
Nibelungenstraße 15
8390 Passau 2

Industrie- und Handelskammer Nordschwarzwald
Verderstraße 11
7530 Pforzheim

Industrie- und Handelskammer Bodensee-Oberschwaben
Olgastraße 12
7980 Ravensburg (Württ.)

Industrie- und Handelskammer Regensburg
D.Martin-Luther-Straße 12
8400 Regensburg 1

Bergische Industrie- und Handelskammer zu Remscheid
Elberfelder Straße 49
5630 Remscheid 1

Industrie- und Handelskammer Reutlingen
Hindenburgstraße 54
7410 Reutlingen

Industrie- und Handelskammer Schwarzwald-Baar-Heuberg
Körnerstraße 12
7210 Rottweil a.N.

Industrie- und Handelskammer des Saarlandes
Hindenburgstraße 9
6600 Saarbrücken

Industrie- und Handelskammer Siegen
Koblenzer Straße 121
5900 Siegen

Industrie- und Handelskammer zu Solingen
Kölner Straße 8
5650 Solingen 1

Industrie- und Handelskammer
des Regierungsbezirks Stade
Am Schäferstieg 2
2160 Stade

Industrie- und Handelskammer Mittlerer Neckar
Jägerstraße 30
7000 Stuttgart 1

Industrie- und Handelskammer Trier
Kornmarkt 6
5500 Trier

Industrie- und Handelskammer Ulm
Olgastraße 101
7900 Ulm a.d. Donau

Industrie- und Handelskammer Wetzlar
Friedenstraße 2
6330 Wetzlar

Industrie- und Handelskammer Wiesbaden
Wilhelmstraße 24-26
6200 Wiesbaden

Industrie- und Handelskammer Würzburg-Schweinfurt
Neubaustraße 66
8700 Würzburg

Industrie- und Handelskammer Wuppertal
Islandufer 21
5600 Wuppertal-Elberfeld

Anlage 9 Verzeichnis der Handwerkskammern

Handwerkskammer Aachen
Sandkaulbach 17-21
5100 Aachen

Handwerkskammer Arnsberg
Brückenplatz 1
5770 Arnsberg (Westf.)

Handwerkskammer für Schwaben
Schmiedberg 4
8900 Augsburg

Handwerkskammer für Ostfriesland
Rudolf-Eucken-Allee 22
2960 Aurich

Handwerkskammer für Oberfranken
Friedrichstraße 19
8580 Bayreuth

Handwerkskammer Berlin
Obentrautstraße 2
1000 Berlin 61

Handwerkskammer Bielefeld
Obernstraße 48
4800 Bielefeld

Handwerkskammer Braunschweig
Burgplatz 2
3300 Braunschweig

Handwerkskammer Bremen
Ansgaritorstraße 24
2800 Bremen 1

Handwerkskammer Coburg
Ernstplatz 12
8630 Coburg

Handwerkskammer Darmstadt
Hindenburgstraße 1
6100 Darmstadt

Handwerkskammer für Lippe
Paulinenstraße 36
4930 Detmold

Handwerkskammer Dortmund
Reinoldistraße 7-9
4600 Dortmund

Handwerkskammer Düsseldorf
Breite Straße 7-11
4000 Düsseldorf

Handwerkskammer Flensburg
Nikolaistraße 12
2390 Flensburg

Handwerkskammer Frankfurt a.M.
Bockenheimer Landstraße 21
6000 Frankfurt/M.

Handwerkskammer Freiburg i.Br.
Bismarckallee 6
7800 Freiburg (Brsg.)

Handwerkskammer Hamburg
Holstenwall 12
2000 Hamburg 36

Handwerkskammer Hannover
Berliner Allee 17
3000 Hannover

Handwerkskammer Heilbronn
Theaterstraße 2
7100 Heilbronn

Handwerkskammer Hildesheim
Braunschweiger Straße 53
3200 Hildesheim

Handwerkskammer der Pfalz
Am Altenhof 15
6750 Kaiserslautern

Handwerkskammer Karlsruhe
Friedrichsplatz 4-5
7500 Karlsruhe

Handwerkskammer für den Regierungsbezirk Kassel
Scheidenmannplatz 2
3500 Kassel

Handwerkskammer Koblenz
Friedr.-Ebert-Ring 33
5400 Koblenz

Handwerkskammer zu Köln
Heumarkt 12
5000 Köln

Handwerkskammer Konstanz
Webersteig 3
7750 Konstanz

Handwerkskammer Lübeck
Breite Straße 10-12
2400 Lübeck

Handwerkskammer Lüneburg-Stade
Friedenstraße 6
3140 Lüneburg

Handwerkskammer Rheinhessen
Ernst-Ludwig-Straße 6-8
6500 Mainz

Handwerkskammer Mannheim
B 1. 1-2
6800 Mannheim

Handwerkskammer für Oberbayern
Max-Joseph-Straße 4
8000 München 2

Handwerkskammer Münster
Bismarckallee 1
4400 Münster

Handwerkskammer für Mittelfranken
Sulzbacher Straße 11-15
8500 Nürnberg

Handwerkskammer Oldenburg
Theaterwall 32
2900 Oldenburg (Oldbg.)

Handwerkskammer Osnabrück
Johannisstraße 91
4500 Osnabrück

Handwerkskammer für Niederbayern
Nikolastraße 10
8390 Passau

Handwerkskammer der Oberpfalz
Weißenburgstraße 3
8400 Regensburg

Handwerkskammer Reutlingen
Burgplatz 1
7410 Reutlingen

Handwerkskammer des Saarlandes
Hohenzollernstraße 47
6600 Saarbrücken

Handwerkskammer Stuttgart
Heilbronner Straße 43
7000 Stuttgart 1

Handwerkskammer Trier
Loebstraße 18
5500 Trier

Handwerkskammer Ulm
Olgastraße 72
7900 Ulm a.d. Donau

Handwerkskammer Wiesbaden
Bahnhofstraße 64
6200 Wiesbaden

Handwerkskammer für Unterfranken
Rennweger Ring 3
8700 Würzburg

Anlage 10 Verzeichnis der Landwirtschaftskammern

Landesverband Gartenbau und Landwirtschaft
Schlüterstraße 39
1000 Berlin

Landwirtschaftskammer Bremen
Ellhornstraße 30
2800 Bremen

Hauptausschuß für Landwirtschaft und Gartenbau Hamburg
Große Bleichen 23
2000 Hamburg 36

Landwirtschaftskammer Hannover
Johannssenstraße 10
3000 Hannover

Landwirtschaftskammer Weser-Ems
Mars-la-Tour-Straße 1-11
2900 Oldenburg

Landwirtschaftskammer Rheinland und der Direktor der
Landwirtschaftskammer Rheinland als Landesbeauftragter
»Höhere Forstbehörde«
Endenischer Allee 60
5300 Bonn

Landwirtschaftskammer Westfalen-Lippe
Schorlemerstraße 26
4400 Münster (Westf.)

Landwirtschaftskammer Rheinland-Pfalz
Planingerstraße 34-37
6550 Bad Kreuznach

Landwirtschaftskammer für das Saarland
Lessingstraße 12-14
6600 Saarbrücken

Landwirtschaftskammer Schleswig-Holstein
Holstenstraße 106-108
2300 Kiel

Anlage 11 Anschriften der Kultusministerien in der BRD

Baden-Württemberg:	Kultusministerium Baden-Württemberg Postfach 480, 7000 Stuttgart 1 Telefon (07 11) 2 19 31
Bayern:	Bayerisches Staatsministerium für Unterricht und Kultus Salvatorplatz 2, 8000 München 2 Telefon (0 89) 2 18 61
Berlin:	Der Senator für Schulwesen Bredtschneiderstraße 5-8, 1000 Berlin 19 Telefon (0 30) 3 03 21
Bremen:	Der Senator für Wissenschaft und Kunst Postfach, 2800 Bremen 1 Telefon (04 21) 36 11
Hamburg:	Behörde für Schule, Jugend und Berufsbildung Hamburger Straße 31, 2000 Hamburg Telefon (0 40) 29 18 81
Hessen:	Der Hessische Kultusminister Postfach 14, 6200 Wiesbaden Telefon (0 61 21) 36 81
Niedersachsen:	Niedersächsisches Kultusministerium Schiffgraben 12, Postfach, 3000 Hannover Telefon (05 11) 19 01
	Der Niedersächsische Minister für Wissenschaft und Kunst Prinzenstraße 14, Postfach, 3000 Hannover Telefon (05 11) 19 01
Nordrhein-Westf.:	Der Kultusminister des Landes Nordrhein-Westfalen Völklinger Straße 49, 4000 Düsseldorf Telefon (02 11) 3 03 51
	Der Minister für Wissenschaft und Forschung des Landes Nordrhein-Westfalen Völklinger Straße 49, 4000 Düsseldorf Telefon (02 11) 3 03 21
Rheinland-Pfalz:	Kultusministerium Postfach 32 20, 6500 Mainz Telefon (0 61 31) 1 61

Saarland: Der Minister für Kultus, Bildung und Sport
Saaruferstraße 32, Postfach 10 10, 6600 Saarbrücken
Telefon (06 81) 50 31

Schleswig-Holst.: Der Kultusminister des Landes Schleswig-Holstein
Postfach, 2300 Kiel
Telefon (04 31) 59 61

Anlage 12 Verzeichnis von Großunternehmen

EDEKA-Verband, New Yorker Ring 60, 2000 Hamburg 60

Horten AG, Am Seestern, 4000 Düsseldorf

Karstadt AG, Theodor-Althoff-Straße 2, 4300 Essen

Kaufhof AG, Leonhard-Tietz-Straße 1, 5000 Köln 1

Neckermann-Versand KG, Hanauer Landstraße 360-400, 6000 Frankfurt 1

Quelle KG, Witschelstraße 106, 8500 Nürnberg

Henkel & Cie, Postfach 11 00, 4000 Düsseldorf

Bayer AG, Postfach, 5090 Leverkusen

BASF AG, Postfach, 6700 Ludwigshafen

Farbwerke Hoechst AG, Postfach, 6230 Frankfurt 80

Deutsche Bundesbank, Postfach 26 33, 6000 Frankfurt 1

Anlage 13 Ergebnisse vorangegangener ZVS-Verfahren

Anlage 13.1 Verfahren zum Wintersemester 1976/77 – ohne Lehramtsstudiengänge –*

Verfahren zum Wintersemester 1976/77 – ohne Lehramtsstudiengänge

Studiengang	Zahl der		Auswahlgrenzen[1] Stand 8.10.76 Eignung und Leistung				(nach dem 1. Nachrückverfahren) Wartezeit			
	Studienplätze für Deutsche	Bewerber 1. Präferenz (Deutsche)	Präferenz	Maßgeblicher Notendurchschnitt	Dienstpflicht	Jahr des Erwerbs der Studienberechtigung	Präferenz	Jahr des Erwerbs der Studienberechtigung	Dienstpflicht	Maßgeblicher Notendurchschnitt
Agrarwissenschaft/Agrarbiologie [2]	1053	3046	1	2,4	–	1976	1	1975	X	2,6
Architektur	1557	3392	1	2,5	–	1976	1	1974	–	3,1
Betriebswirtschaft	2968	5711	1	2,8	–	1976	1	1975	–	3,2
Biochemie	46	284	1	0,9	–	1975	nur bevorzugte Auswahl			
Biologie	1655	3937	1	2,3	–	1976	1	1974	–	2,7
Ernährungswissenschaft	20	165	1	1,7	–	1976	1	1973	X	3,4
Geographie	549	921	1	3,3	–	1976	1	1976	–	3,3
Germanistik	1896	2104	4	1,7	–	1975	4	1972	–	2,1
Haushalts- und Ernährungswissenschaft	361	1237	1	2,4	–	1976	1	1975	–	2,7
Haushaltswissenschaft	51	126	1	2,5	–	1976	1	1976	–	2,7
Informatik	1166	2088	1	2,5	–	1976	1	1975	–	4,0
Lebensmittelchemie	107	485	1	1,8	–	1976	1	1972	–	3,1
Medizin	5042	29134	1	1,6	–	1976	1	1971	X	2,7
Pädagogik	1990	3870	1	2,8	–	1976	1	1975	–	3,0
Pharmazie	943	4985	1	1,8	–	1973	1	1970	–	2,6
Psychologie	1905	8034	1	1,8	–	1976	1	1971	–	2,8
Rechtswissenschaft	8219	13543	1	2,8	–	1976	1	1976	–	2,8
Sozialwesen	83	803	1	2,1	–	1975	1	1973	–	2,6
Soziologie	2092	2723	2	2,0	–	1976	2	1975	–	2,1
Sport	187	762	1	2,0	–	1975	1	1972	X	3,7
Tiermedizin	591	3904	1	2,0	–	1975	1	1972	X	2,6
Vermessungswesen	331	890	1	2,0	–	1976	1	1973	–	3,0
Wirtschaftsingenieurwesen	575	997	1	2,7	–	1976	1	1976	–	2,7
Wirtschaftspädagogik	561	1006	1	2,4	–	1976	1	1976	X	2,9
Zahnmedizin	770	6278	1	1,7	–	1975	1[3]	1970	X	3,6

1 Die Auswahlgrenze bezeichnet das Grenzkriterium auf der jeweiligen Rangliste, bis zu dem Bewerber nach den angegebenen Kriterien ausgewählt werden konnten.
Zur Bedeutung des X in der Spalte Dienstpflicht vgl. Beispiel unter b).

2 Alle Bewerber, die diesen Studiengang genannt hatten, konnten ausgewählt werden.

3 Kein Studienplatzangebot im SS 1976.

Beispiele zu den Ergebnissen des ZVS-Verfahrens zum Wintersemester 1976/77

a) Im Studiengang Zahnmedizin wurden nach »Eignung und Leistung« nur Bewerber ausgewählt, die diesen Studiengang im Hauptantrag – 1. Präferenz – gewählt haben, unter diesen nur Bewerber mit einer maßgeblichen Durchschnittsnote bis 1,7 und bis zum maßgeblichen Jahrgang 1975.

b) Im Studiengang Medizin wurden nach der »Wartezeit« nur Bewerber ausgewählt, die diesen Studiengang im Hauptantrag – 1. Präferenz – gewählt haben, unter diesen nur Bewerber mit einem maßgeblichen Jahr des Erwerbs der HZB bis 1971, die Wehrdienst, Ersatzdienst, Entwicklungsdienst oder ein freiwilliges soziales Jahr voll abgeleistet und einen maßgeblichen Notendurchschnitt bis 2,7 erreicht haben.

c) Im Studiengang Soziologie wurden nach »Eignung und Leistung« alle Bewerber, die diesen Studiengang im Hauptantrag – 1. Präferenz – gewählt haben, ausgewählt. Darüber hinaus wurden noch Bewerber ausgewählt, die diesen Studiengang mit einem Hilfsantrag in 2. Präferenz gewählt haben, wenn sie eine maßgebliche Durchschnittsnote von 2,0 oder besser erreicht haben, bis zum maßgeblichen Jahrgang 1976.

* Quelle: ZVS-Info, SS 1977, S. 75

Anlage 13.2 Verfahren zum Wintersemester 1976/77 – Lehramtsstudiengänge –**

Verfahren zum Wintersemester 1976/77 – Lehramtsstudiengänge *

Abschluß (siehe Schlüssel 1)	Studienfach	Auswahlgrenzen Stand 7.10.76 (nach dem 1. Nachrückverfahren) Eignung und Leistung				Wartezeit			
		Präferenz	Maßgeblicher Notendurchschnitt	Dienstpflicht	Jahr des Erwerbs der Studienberechtigung	Präferenz	Jahr des Erwerbs der Studienberechtigung	Dienstpflicht	Maßgeblicher Notendurchschnitt
02 LA GuH BW	Englisch	1	3,6	–	1976	1	1976	–	4,0
	Deutsch	1	3,3	–	1976	1	1976	–	3,6
	Hauswirtschaftsl. mit textilem Werken	1	3,1	–	1976	1	1976	–	3,2
	Kunsterziehung	1	3,3	–	1976	1	1976	–	3,3
	Mathematik	1	3,5	–	1976	2	1976	–	2,7
	Leibeserziehung	1	3,0	–	1976	1	1976	–	3,2
03 LA REAL NS	Erdkunde	1	3,2	–	1976	1	1976	–	3,0
	Leibeserziehung	1	2,9	–	1976	1	1976	–	3,1
04 LA GYM/SEK2	Spez. Wirtschaftslehre	1	2,3	–	1976	1	1976	–	2,6
	Erdkunde	1	3,6	–	1976	1	1976	–	3,7
	Hauswirtschaftswissenschaft	1	2,2	–	1976	1	1975	–	2,3
	Pädagogik	1	2,6	–	1976	1	1975	–	3,1
	Sport	1	2,9	–	1976	1	1974	–	3,5
08 LA REAL BW	Deutsch	1	2,7	–	1975	1	1975	–	3,6
	Hauswirtschaftsl. mit textilem Werken	1	3,1	–	1976	1	1975	–	3,6
	Mathematik	1	2.8	–	1976	1	1972	–	3.0
	Theologie, ev.	1	3,5	–	1976	1	1975	–	3,2
	Theologie, kath.	1	2,0	–	1976	1	1975	–	2,2
12 LA PRIMAR He, NW	Lernbereich Gestaltung	1	2,9	–	1976	1	1976	–	3,2
13 LA SEK1 He, NW	Kunst	1	3,3	–	1976	1	1976	–	3,3
17 LA PRIMAR NS	Deutsch	1	3,2	–	1976	1	1976	–	3,1
18 LA SEK1 NS	Englisch	1	3,6	–	1976	1	1976	–	3,9
	Biologie	1	2,9	–	1976	1	1976	–	2,8
	Deutsch	1	3,1	–	1976	1	1976	–	3,4
	Mathematik	1	2,9	–	1976	1	1976	–	3,0
	Sport	1	2,7	–	1976	1	1976	X	3,4
19 LA SEK2 NS	Englisch	1	2,6	–	1976	1	1976	–	2,7
	Biologie	1	2,0	–	1975	1	1975	–	2,2
	Deutsch	1	2,7	–	1976	1	1976	–	2,9
	Mathematik	1	2,1	–	1976	1	1976	–	2,4
	Politik/Sozialkunde	1	2,6	–	1976	1	1976	–	3,1
	Sport	1	3,0	–	1975	1	1975	–	3,0
20 LEHRAMT (ohne Fachabhängigkeit)	Amt des Lehrers und des Lehrers mit zwei Wahlfächern	1	3,3	–	1976	1	1976	–	3,6
	Lehramt an Sonderschulen und für Sonderpädagogik	1	2,1	–	1976	1	1974	–	3,3

* In diese Übersicht wurden nur die Studienfächer der Lehramtsabschlüsse aufgenommen, bei denen sich nach Durchführung des ersten Nachrückverfahrens noch eine Auswahlgrenze in der 1. Studiengangpräferenz (Hauptantrag) ergeben hat.

** Quelle: ZVS-Info, SS 1977, S. 76

Anlage 13.3 Bewerbungen und Studienplatzangebot im Sommersemester 1976*

Bewerbungen und Studienplatzangebot SS 1976
– nur Hauptanträge (einschl. Härtefälle, ohne Ausländer) –

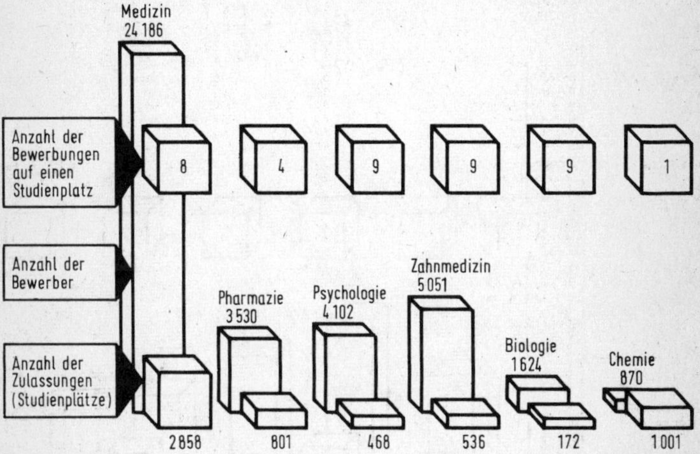

* Quelle: ZVS-Info, SS 1977, S. 77

Anlage 13.4 Bewerbungen und Studienplatzangebot im Wintersemester 1976/77*

Bewerbungen und Studienplatzangebot WS 1976/77
– nur Hauptanträge (einschl. Härtefälle, ohne Ausländer) –

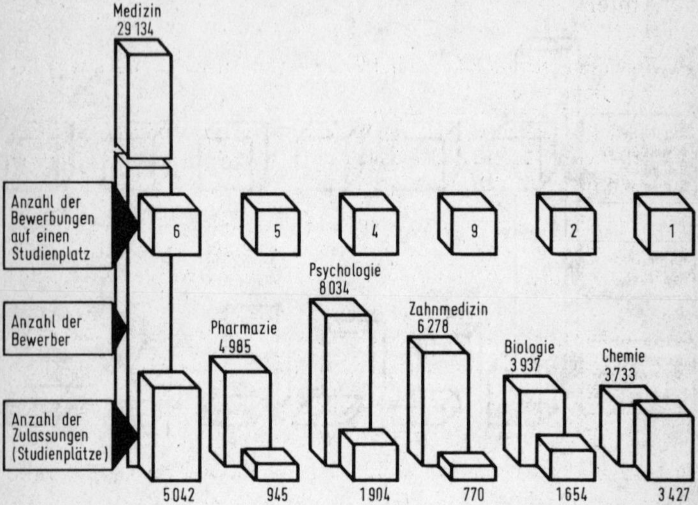

* Quelle: ZVS-Info, SS 1977, S. 77

Literatur zur Studien- und Berufsberatung

1. Informationsmaterial der Ministerien und statistischen Ämter

Der Bundesminister für Bildung und Wissenschaft (Hrsg.): Grund- und Strukturdaten. Bonn 1976

Der Bundesminister für Bildung und Wissenschaft (Hrsg.): Interregionaler Vergleich der beruflichen Ausbildungssituation. Eine statistische Auswertung der Schulstatistik 1973/74. Bonn 1975

Institut für Bildungsplanung und Studieninformation/Landesarbeitsamt Baden-Württemberg: Kursbuch der Studien- und Berufsmöglichkeiten für das Studienjahr 1976/77 (Hrsg.: Kultusministerium Baden-Württemberg). Stuttgart 1976

Ministerium für Wirtschaft, Mittelstand und Verkehr des Landes Baden-Württemberg (Hrsg.): Berufe für die praktische Intelligenz. Stuttgart o.J.

Statistisches Landesamt Baden-Württemberg (Hrsg.): Das Bildungswesen 1975. Statistik von Baden-Württemberg. Stuttgart 1975

Bayerisches Staatsministerium für Unterricht und Kultus (Hrsg.): »Schule & Wir« (Zeitschrift). München

Hessischer Kultusminister (Hrsg.): Studien- und Berufsmöglichkeiten für Studenten in Hessen, Ausgabe 1974. Wiesbaden 1974

Hessisches Statistisches Landesamt (Hrsg.): Die Studenten an den Hochschulen in Hessen im Wintersemester 1973/74. In: Statistische Berichte (1975). Wiesbaden 1975

Minister für Wissenschaft und Forschung des Landes Nordrhein-Westfalen (Hrsg.): Informationen. Klusmeier-Verlag, Essen.

Minister für Wissenschaft und Forschung des Landes Nordrhein-Westfalen (Hrsg.): Hochschuldaten Nordrhein-Westfalen. Heft 1, o.J.

Minister für Wissenschaft und Forschung des Landes Nordrhein-Westfalen (Hrsg.): Numerus clausus. Was wir tun – und was Sie tun können. Düsseldorf 1972

Minister für Arbeit, Gesundheit und Soziales des Landes Nordrhein-Westfalen (Hrsg.): Berufliche Weiterbildung. Die allgemeine Förderung der beruflichen Fortbildung und Umschulung in Nordrhein-Westfalen. Düsseldorf 1971

Presse- und Informationsamt der Landesregierung Nordrhein-Westfalen (Hrsg.): Gesamthochschulen für Nordrhein-Westfalen. (Joh.Rau) Düsseldorf 1972

Minister für Kultus, Bildung und Sport Saarbrücken (Hrsg.): Entscheidungshilfen für Abiturienten und Absolventen der Fachoberschulen. In: Informationen (1975) 47.

2. Informationsmaterial der Arbeitsverwaltung

2.1 Bücher

Bund-Länder-Kommission für Bildungsplanung und Forschungsförderung und Bundesanstalt für Arbeit (Hrsg.): Studien- und Berufswahl 1976/77 – Entscheidungshilfen für Abiturienten und Absolventen der Fachoberschulen. Verlag K.H. Bock, Bad Honnef 1976

Bundesanstalt für Arbeit (Hrsg.): STEP. Programm zur systematischen Vorbereitung der Berufswahl. Ausgabe A: Für Schüler und Absolventen der Sekundarstufe II. Nürnberg 1975

Bundesanstalt für Arbeit (Hrsg.): Scheckheft zur Berufswahl für Fachoberschüler und Abiturienten. Nürnberg 1975

Institut für Arbeitsmarkt- und Berufsforschung der Bundesanstalt für Arbeit (Hrsg.): ABC HANDBUCH. Handbuch zu den ausbildungs-, berufs- und wirtschaftszweigspezifischen Beschäftigungschancen. Nürnberg 1974

Bundesanstalt für Arbeit (Hrsg.): Berufe zwischen Wissenschaft und Praxis. Berufskundliche Informationen für Schüler und Schülerinnen mit Realschulabschluß oder gleichwertigem Bildungsstand. Nürnberg 1969

Bundesanstalt für Arbeit (Hrsg.): Beruf aktuell 77. Universum Verlagsanstalt, Wiesbaden 1976

2.2 Zeitschriften, Zeitschriftenaufsätze

Bundesanstalt für Arbeit (Hrsg.): »Analysen«. Zeitschrift zur Wissenschafts- und Berufspraxis. Aspekte Verlag, Frankfurt

Bundesanstalt für Arbeit (Hrsg.): »Aspekte«, das deutsche Studienmagazin. Zeitschrift der Berufsberatung. Aspekte Verlag, Frankfurt

Bundesanstalt für Arbeit (Hrsg.): Betriebliche Abiturientenausbildungen – Alternativen zum Studium? Sonderdruck aus »Aspekte« (1974), Nr. 9 und 10

Institut für Arbeitsmarkt und Berufsforschung der Bundesanstalt für Arbeit (Hrsg.): Hochschulbildung und Arbeitsplätze. Eine Informationsschrift des britischen Arbeitsministeriums zu einem auch in der Bundesrepublik Deutschland aktuellen Thema. In: Materialien aus der Arbeitsmarkt- und Berufsforschung (1974), Nr. S 4

2.3 Reihen

Bundesanstalt für Arbeit (Hrsg.): Blätter zur Berufskunde. W. Bertelsmann Verlag, Bielefeld

Bundesanstalt für Arbeit, Nürnberg (Hrsg.): Mehr wissen über die Berufswahl. Informationen für Eltern körperbehinderter Jugendlicher.

2.4 Dokumentationen

Bundesanstalt für Arbeit (Hrsg.): Mensch und Beruf – Ein Filmkatalog der Bundesanstalt für Arbeit. Nürnberg 1971

3. Informationsmaterial anderer Herausgeber

AID, Land- und Hauswirtschaftlicher Informationsdienst (Hrsg.): Ausbildungsberufe im Agrarbereich. Bonn 1976

DIHT, Deutscher Industrie- und Handelstag (Hrsg.): Berufsausbildung 1969/70. Die Berufsausbildungsarbeit der Industrie- und Handelskammern. Bonn 1970

Forum des Hochschulverbandes (Hrsg.): Die kleinen Fächer. Bd. 1, Verlag Hochschulverband, Bonn-Bad Godesberg 1974

Kooperationssystem Studienberatung (Hrsg.): Gemeinsamer Studienführer der hessischen Fachhochschulen. Wiesbaden 1976

Kooperationssystem Studienberatung (Hrsg.): Studium an hessischen Fachhochschulen. Wiesbaden 1975

RCDS-Bundesvorstand (Hrsg.): Abiturienten-Info. Bonn o.J.

Redaktion des Stern (Hrsg.): Berufsaussichten und Berufsausbildung in der Bundesrepublik. Nannen-Verlag, Hamburg 1965

Redaktion des Stern (Hrsg.): Berufsaussichten und Berufsausbildung in der Bundesrepublik. Hamburg 1964

VDI, Verein Deutscher Ingenieure (Hrsg.): Studium der Technik-Ingenieure von morgen. VDI-Verlag, Düsseldorf 1971

Verband Deutscher Reeder (Hrsg.): Beruf an Bord. Verlag W. Kohlhammer, Stuttgart o.J.

Westdeutscher Handwerkskammertag (Hrsg.): Das Handwerk im Lande Nordrhein-Westfalen. Ergebnisse der Handwerksstatistik 1975/76. Düsseldorf 1976

ZVS, Zentralstelle für die Vergabe von Studienplätzen (Hrsg.): ZVS-Info. Dortmund

4. Schriften

Bach, Heinz u.a.: Berufsausbildung behinderter Jugendlicher. Verlag Dürrsche Buchhandlung, Bonn 1971

Bartenwerfer, Hans Georg: Pilotstudie über die Beobachtung und Analyse von Bildungslebensläufen. Deutsches Institut für internationale pädagogische Forschung

Dams, Theodor: Berufliche Bildung – Reform in der Sackgasse. Verlag Herder, Freiburg 1973

Dibbern, Harald u.a.: Berufswahlunterricht in der vorberuflichen Bildung. Der didaktische Zusammenhang von Berufsberatung und Arbeitslehre. Gutachten zur Entwicklung eines Curriculums. »Berufswahlunterricht« A.d.

Hablitzel, Chris (Hrsg.): Berufswahl für Abiturienten. Ausbildungs- und Studienwege heute. Lexika-Verlag, Döffingen 1974

Heidtmann, Frank: Die bibliothekarische Berufswahl. Eine empirische Untersuchung der Berufswahl des Bibliothekars des gehobenen Dienstes an öffentlichen und wissenschaftlichen Bibliotheken. Pullach 1974

HEIGL/LEHNSTADT/MÖNCH: Berufe für Abiturienten – Alternativen zur Universität. Moderne Industrie-Verlags-GmbH, München 1976

HERRMANN, MANFRED: Analyse des akademischen Berufsspektrums. Eine Untersuchung zur Steuerungswirkung des Studiums auf Berufsfelder – Nach den Unterlagen der Berufs- und Volkszählung 1961. Beltz, Weinheim 1971

HESSE/JUNGK/LIPSMEIER/MANZ: Berufsbild und Studienplan. Hermann Schroedel Verlag, Hannover 1975

HILLE, BARBARA: Berufs- und Lebenspläne sechzehnjähriger Schülerinnen. Eine empirische Studie in Realschulen, Gymnasien und Hauptschulen. Diss. Nat. Fak. TU Braunschweig, 1973

HIRSCHFELD, GERHARD: Studium und Beruf. Informationen für Abiturienten. (Hrsg.: Bund-Länder-Kommission für Bildungsplanung in Zusammenarbeit mit der Bundesanstalt für Arbeit). Aspekte Verlag, Frankfurt 1971

HOFFMANN, WALTER: Abiturienten in nichtakademischen Berufen. Eine Untersuchung der Beziehungen zwischen Gymnasialbildung und Berufsproblematik. Quelle & Meyer, Heidelberg 1960

JANSSEN, GERD: Studienwahl und Studienförderung. Diss. Fak. für Bergbau, Hüttenwesen und Maschinenwesen TU Clausthal 1973

JAEGER, ANNEMARIE: Jugendliche in der Berufsentscheidung. Eine Analyse der Verhaltensweisen von Jugendlichen bei der Berufswahl nach Abschluß der Hauptschule. Beltz Verlag, Weinheim 1973

JAIDE, WALTER: Die Berufswahl. Eine Untersuchung über die Voraussetzungen und Motive der Berufswahl bei Jugendlichen von heute. Juventa Verlag, München 1961

KERN, BÄRBEL: Einflüsse sozioökonomischer Faktoren auf die Ausbildungsentscheidungen von Abiturienten in vier ausgewählten Regionen Niedersachsens. Ein Beitrag zur Bildungsmobilität. Diss. Wirtschafts- und Sozialwiss. Fak. Univ. Göttingen, 1973

Kipphoff, Petra u.a.:	Hochschulführer, Nannen-Verlag, Hamburg 1964
Kleinbeck, Uwe:	Motivation und Berufswahl, Göttingen – Zürich 1975
Kreutzer, Klaus:	Die Neutralität der Bundesanstalt für Arbeit. Nomos Verl.-Ges., Baden-Baden 1975
Kueng, Ernst Leo:	Das Berufswahlverhalten. Fallstudien im Longitadinalschnitt. Verlag Huber, Stuttgart 1971
Lange, Elmar und Büschges, Günter (Hrsg.):	Aspekte der Berufswahl in der modernen Gesellschaft. Aspekte Verlag, Frankfurt 1975
Lutz, Burkhard und Krings, Inge:	Überlegungen zur sozioökonomischen Rolle akademischer Qualifikation. München 1971
Mangel, Gerd und Walter, Klaus (Hrsg.):	Kritischer Studienführer. Materialien für Abiturienten und Studienanfänger. Kiepenheuer & Witsch, Köln 1973
Meya, Heinrich:	Über eine Theorie der Berufswahlvorbereitung im Rahmen der Arbeitslehre. Diss. Phil. Fak. TH Aachen, 1971
Middleton, Nigel:	A Place for everyone. A history of state educations from the end of the 18. century to the 1970s. Gollancz, London 1976
Müller, Philippe:	Berufswahl in der rationalisierten Arbeitswelt. Rowohlt, Reinbek 1961
Nowey, Waldemar:	Zwischen Schule und Beruf. Bildungswege der Hauptschüler. Ehrenwirth Verlag, München 1973
Phoske, Rüdiger:	Nordrhein-Westfalen-Programm 1975, Düsseldorf 1970
Ries, Heinz:	Berufswahl in der modernen Industriegesellschaft. Beitrag zu einer Theorie der Berufswahl mit einer empirischen Untersuchung bei 320 Berufswahlschülern. Verlag Huber, Stuttgart 1970
Schnorbus, Axel (Hrsg.):	Was werden? Ausbildung und Chancen der modernen Berufswelt. Societätsverlag, Frankfurt 1976

SCHMALEN, HELMUT: Individuelle Berufswahl auf der Grundlage ökonomischer Analysen. Eine Darstellung dieser Verhaltensweise und ihrer Bedeutung im Hinblick auf die langfristige Arbeitsmarktentwicklung. Diss. Wiso Fak. Univ. Kiel, 1972

SCHULTZ-WILD, LORE: Berufe. Der neue Ratgeber zur Ausbildungs- und Berufswahl. Mit Begabungs-Test. Gräfe und Unzer, München 1975

SEIDENSPINNER, GUNDOLF: Numerus clausus – Ersatzstudiengänge, Lexika-Verlag, Döffingen 1975

SEIDENSPINNER, GUNDOLF und SEIDENSPINNER, GERLINDE: Studienbeginn. 9. Auflage, Lexika-Verlag, Döffingen 1975

TWARDY, MARTIN: Konstanz und Varianz beruflicher Erwartungen von Jugendlichen. Eine Paneluntersuchung bei Kölner Volksschulabgängern. Diss. Wirtschafts- und Sozialwiss. Fak. Univ. Köln, 1971

WELLENREUTHER, MARTIN: Der motivationale Hintergrund bei Ausbildungsentscheidungen von Abiturienten. Diss. Wirtschafts- und Sozialwiss. Fak. Univ. Göttingen, 1973

WILM, DOROTHEE: Ausbildung oder Ausbeutung. Die Wirtschaft – Wegbereiter moderner Berufsbildung. Deutscher Institutsverlag, Köln 1973

Sachregister

Die Zahlen verweisen auf die Seiten

Arbeitsförderungsgesetz

Mit einer Einführung von Professor Dr. Günther Schnuer.
192 Seiten (8051)

Dieser Gesetzestext rundet den Themenkreis Arbeitsrecht der im Goldmann Verlag erschienenen Gesetzesbände 8001, 8002 und 8003 ab. Das Arbeitsförderungsgesetz setzt neue Maßstäbe für die soziale Sicherung in der Arbeits- und Berufswelt und bietet unter anderem:

- Berufsberatung
- Arbeitsvermittlung
- Förderung der beruflichen Weiterbildung
- Schaffung und Erhalt von Arbeitsplätzen
- Leistung an Arbeitslose
- AFG-Leistungsverordnung

Arbeitsrecht I

Mit einer Einführung von Regierungsdirektor Kurt Worm
256 Seiten (8001)

Der erste Band aus der Gruppe Arbeitsrecht I bis III in Goldmann Gesetze bringt unter anderem das Allgemeine Arbeitsvertragsrecht sowie das Arbeitsvertragsrecht für Handel, Gewerbe und Handwerk.

Inhalt

Berufsbildungsgesetz

Kündigungsschutzgesetz

Arbeitsplatzschutzgesetz

Lohnfortzahlungsgesetz

Bundesurlaubsgesetz

Gesetz über Arbeitnehmererfindungen
und zahlreiche weitere Gesetze

Arbeitsrecht III

Mit einer Einführung von Regierungsdirektor Kurt Worm
– 7. Auflage –

312 Seiten (8003)

Der dritte Band aus der Gruppe Arbeitsrecht I bis III in Goldmann Gesetze enthält mit dem Tarifvertragsgesetz und dem Recht der Mitbestimmung die Grundpfeiler des kollektiven Arbeitsrechts und der partnerschaftlichen Mitgestaltung des Arbeitslebens im Betrieb.

Inhalt

Tarifvertragsgesetz

Betriebsverfassungsgesetz

Mitbestimmungsgesetz

Arbeitsgerichtsgesetz
und zahlreiche weitere Gesetze

Goldmann Gesetze

Abgabenordnung (AO 1977). Mit einer Einführung von Prof. Dr. Rudolf Weber-Fas.
Abgabenordnung u. a. weitere einschlägige Bestimmungen (8017)

Beamtengesetze. Herausgegeben und mit einer Einführung versehen von Oberamtsrat Wilhelm Schmidbauer.
Bundesbeamtengesetz – Bundeslaufbahnverordnung – Bundesdisziplinarordnung u. a. (8023)

BGB Bürgerliches Gesetzbuch. Mit einer Einführung von Prof. Dr. Ekkehard Schumann.
Mit dem neuen Adoptionsrecht in der Fassung vom 1. 1. 77 und dem neuen Scheidungsrecht (gültig ab 1. 7. 77) u. a. (8019)

Deutsche Verfassungen. Herausgegeben und mit einer Einführung versehen von Prof. Dr. Rudolf Schuster.
Paulskirchenverfassung – Preußische Verfassungsurkunde – DDR-Verfassungen u. a. (8020)

Gewerbeordnung. Mit einer Einführung von Prof. Dr. Peter Badura.
Handwerksordnung – Gaststättengesetz – Ladenschlußgesetz – Einzelhandelsgesetz (8045)

Jugendgesetze. Mit einer Einführung von Dr. Eva Marie von Münch.
Jugendwohlfahrtsgesetz – Jugendarbeitsschutzgesetz u. a. (8014)

Verwaltungsgerichtsordnung. Mit einer Einführung von Prof. Dr. Rudolf Weber-Fas.
Bundesrechtliche Verfahrensvorschriften und Ausführungsgesetze der Länder – Gesetz über das Bundesverfassungsgericht (8028)

Wehrgesetze. Herausgegeben und mit einer Einführung versehen von Reg.-Dir. Gerhard Waibel und Reg.-Dir. Dr. Karl Bayer.
Wehrpflichtgesetz – Wehrstrafgesetz – Bundeswehrvollzugsordnung u. a. (8033)

Die Verfassungen der deutschen Bundesländer

Herausgegeben und mit einer Einführung versehen von Universitätsprofessor Dr. Hans-Ulrich Evers
272 Seiten (8048)

Die westdeutschen Länder haben mit der Errichtung der Bundesrepublik Deutschland ihre Staatsqualität nicht eingebüßt. Ihre Verfassungen sind Ordnungen, die aus eigenem Recht der Länder gelten und nicht ihre verbindliche Kraft aus dem Grundgesetz ableiten, das ebenfalls eine aus sich selbst geltende Ordnung ist.
Die Durchsicht der Landesverfassungen zeigt, daß die Länder ihr Recht zur Ausgestaltung ihrer Verfassung in unterschiedlichem Maße genutzt haben.

Inhalt

StPO Strafprozeßordnung

Mit einer Einführung von Universitätsprofessor Dr. Friedrich-Christian Schroeder
272 Seiten (8016)

Diese Ausgabe enthält nicht nur die Strafprozeßordnung und die für den Strafprozeß wichtigen Vorschriften des Gerichtsverfassungsgesetzes, sondern auch die prozeßrechtlichen Teile des Jugendgerichtsgesetzes und des Ordnungswidrigkeitengesetzes. Sie erfaßt damit erstmalig sämtliche Arten des Strafverfahrens.

Inhalt

1 Strafprozeßordnung
2 Einführungsgesetz zur Strafprozeßordnung
3 Gerichtsverfassungsgesetz (Auszug)
4 Jugendgerichtsgesetz (Auszug)
5 Ordnungswidrigkeitengesetz (Auszug)
6 Grundgesetz (Auszug)
7 Europäische Konvention zum Schutze der Menschenrechte und Grundfreiheiten (Auszug)

StGB Strafgesetzbuch

Herausgegeben und mit einer Einführung versehen von Universitätsprofessor Dr. Friedrich-Christian Schroeder
224 Seiten (8015)

Der gesamte Allgemeine Teil, aber auch der Besondere Teil des Strafgesetzbuches hat durch das Zweite Strafrechtsreformgesetz grundsätzliche Veränderungen erfahren. Zahlreiche Tatbestandskomplexe, insbesondere das Kriminalstrafrecht, wurden völlig neu gefaßt.
Die ausführliche Einführung von Universitätsprofessor Dr. Friedrich-Christian Schroeder, Regensburg, ist besonders geeignet, diese schwierige Materie jedermann verständlich zu machen.

Inhalt

Strafgesetzbuch
Einführungsgesetz zum Strafgesetzbuch (Auszug)
Jugendgerichtsgesetz (Auszug)
Wirtschaftsstrafgesetz
Konkursordnung (Auszug)
Gesetz über Ordnungswidrigkeiten (Auszug)

WALTER
Reiseführer

In der Tschechoslowakei, einem Herzland Europas, haben 1000 Jahre abendländische Geschichte konzentrierter und deutlicher erkennbar als sonst auf unserem Kontinent ihre Spuren hinterlassen. Hier begegneten sich in einzigartiger Weise Mittel-, West-, Süd- und Osteuropa in allen Lebensbereichen der materiellen und geistigen Kultur, im politischen Denken und Handeln – es gibt keine europäische Geistesströmung, die in diesem Land nicht ihren Niederschlag gefunden hätte, im Konstruktiven wie im Destruktiven. Aber das ist nicht alles: in der Tschechoslowakei gibt es Erholungslandschaften im besten Sinne, die das Reisen zur wahren Freude werden lassen.
Die Autorin gibt dem Leser einen Führer in die Hand, der nicht lexikalisches Wissen aneinanderreiht, sondern Schwerpunkte setzt, auswählt, kommentiert und unterrichtet, ohne zu belehren. Der erste Teil befaßt sich mit Prag und seiner Umgebung, im zweiten Teil führt die Autorin den Reisenden auf sechs mehrtägigen Routen kreuz und quer durchs Land. Ein umfangreicher Informationsteil am Schluß des Bandes bietet zahllose Einzelheiten, die der Tourist wissen muß, um seine Reise zu organisieren und auch um ein Bild vom heutigen Staat zu bekommen.

Heddy Pross-Weerth, *in Detmold geboren, lebt im Odenwald. Nach dem Studium vor allem der osteuropäischen Geschichte, der slawischen Philologie und der Germanistik arbeitete sie als Redakteurin, Literaturkritikerin und Essayistin. Für ihre Übersetzungen aus dem Russischen (Pasternak, Babel, Solschenizyn, Kopelew u. a.) wurde sie mit dem Andreas-Gryphius-Preis ausgezeichnet. Zahlreiche Reisen in die UdSSR und die ČSSR.*

Heddy Pross-Weerth

Prag und die Tschechoslowakei

Walter-Verlag Olten und Freiburg im Breisgau

Text: Heddy Pross-Weerth
Fotos: Anna Block
Karten, Zeichnungen und Pläne: Huber Karthographie, München
Umschlagbild vorn: Die astronomische Uhr aus dem Jahre 1490 am Prager Rathaus
Umschlagbild hinten: Barockfiguren im Garten des Schlosses Konopiště

Verlag und Autorin (und die Leser späterer Auflagen) sind den Benutzern dieses Führers für Anregungen, Ergänzungen und Korrekturen jederzeit dankbar. Zuschriften erbeten an Walter-Verlag, Lektorat, CH-4600 Olten

7., durchgesehene Auflage 1988

Gesamtherstellung in den grafischen Betrieben des Walter-Verlags
Printed in Switzerland

ISBN 3-530-66607-6

Inhalt

(Die eingestreuten Zwischentexte sind am Schluß des Inhaltsverzeichnisses zusammengefaßt.)

Eine Art Gebrauchsanweisung

Dieser Reiseführer möchte dem Leser, der Prag und die Tschechoslowakei kennenlernen will und mit Auto oder Bahn bereist, helfen, sich zu orientieren. Er ist kein «Abhakeführer», der alles Sehenswerte lückenlos und deshalb lexikalisch kurz registriert: es war ein Gebot der Vernunft, zu selektionieren – ein Land mit einer so reichen Vergangenheit kann man nicht auf wenig mehr als 300 Textseiten komplett *und* ausführlich beschreiben. Er ist auch kein Erinnerungsbuch für jene, die vor 40 Jahren gezwungen wurden, ihre und ihrer Vorfahren vielhundertjährige Heimat zu verlassen. Er bietet dagegen Informationen, wie sie der Reisende in einem Land, dessen Sprache er nicht kennt, dessen Staatsform und Gesellschaftsordnung ihm fremd sind, benötigt. Außerdem verweise ich auf historische Zusammenhänge und Ursprünge, die über die geographischen Grenzen der Tschechoslowakei hinausgreifen; denn in diesem Herzland Europas haben 1000 Jahre abendländische Geschichte konzentrierter und deutlicher erkennbar als sonst auf unserem Kontinent ihre Spuren hinterlassen. Hier begegneten sich in einzigartiger Weise Mittel-, West-, Süd- und Osteuropa in ständigem Austausch zwar unterschiedlicher Intensität und mit wechselnden Schwerpunkten, aber doch in allen Lebensbereichen der materiellen und geistigen Kultur, im politischen Denken und Handeln. Es gibt keine europäische Geistesströmung, die hier nicht ihren Niederschlag gefunden hätte, im Konstruktiven wie im Destruktiven.

Der erste Teil des Buches ist Prag gewidmet, seiner Architektur, seiner Geschichte und seiner Gegenwart, wie sie sich dem heutigen Reisenden präsentiert; der zweite Teil beschreibt in sechs mehrtägigen, variablen und kombinierbaren Routen das Land und die Landschaft. Hier schlage ich Reiserouten vor, die ich auf zahlreichen eigenen Fahrten ausprobiert habe. Dabei berücksichtige ich Aufnahmefähigkeit und Aufnahmebereitschaft des Reisenden, das heißt, ich empfehle relativ kurze Tagesstrecken, und selbst auf diesen kurzen Touren habe ich mit Absicht nicht alle Sehenswürdigkeiten vermerkt. Denn es gibt praktisch kaum einen Ort, der nicht schöne historische Bauwerke besitzt, seien es Schlösser, Kirchen, Klosteranlagen, Stadtbefestigungen, Rathäuser, Patrizierhäuser, Adelspalais, bäuerliche Architektur und – nur wenig abseits der Straße – Burgen und Burgruinen. Es gibt auch kaum eine Stadt, die nicht über ein sehenswertes, regional oder auch überregional interessantes Museum verfügt, und kein Schloß ohne wertvolle Sammlungen, seien es Porzellane, Gemälde, Skulpturen, Gobelins, Waffen, Bücher, Hausgerät und Möbel, Schmuck, Trachten, vor- und frühgeschichtliche Funde. Doch das Land hat dem Ferienreisenden nicht nur all jene von Menschengeist und -fleiß hervorgebrachten Schätze zu zeigen, nicht minder reizvoll ist die unendlich abwechslungsreiche Landschaft. Landschaft in Ausmaßen, wie wir sie bei uns nicht kennen, denn Industrialisierung und industrielle Ballungszentren haben in dem vergleichsweise dünn besiedelten Land die Natur nur in wenigen Regionen zerstört.

In vielen Fällen habe ich Einwohnerzahlen angegeben, um Vergleiche zu ermöglichen. Diese Zahlen können oft nicht mehr sein als Annäherungswerte, weil die amtlichen Statistiken häufig nicht dem neuesten Stand entsprechen.

Die Schreibung der Orts-, Straßen- und Personennamen rich-

tet sich nach dem heutigen tschechischen Gebrauch, damit der Reisende sich im Auto-Atlas und auf Stadtplänen zurechtfinden kann. Nur bei wenigen Ortsnamen, die im Deutschen feste Begriffe sind, bin ich von dieser Regel abgewichen. In den früher zweisprachigen oder überwiegend deutsch besiedelten Gebieten werden zur leichteren Identifikation die deutschen neben den tschechischen oder slowakischen Bezeichnungen angeführt.
Mit der Schreibung der Personennamen hat es folgende Bewandtnis: nicht anders als bei uns unterlag die Schreibung von Eigennamen bis weit ins 18. Jahrhundert erheblichen Schwankungen, im zweisprachigen Königreich Böhmen noch verstärkt, da zu den Versionen in der jeweiligen Muttersprache oft noch die in der anderen Sprache hinzukamen. Um den Reisenden nicht zu verwirren, der in den deutschsprachigen tschechischen Broschüren und Prospekten nur die im heutigen Tschechisch übliche Orthographie findet, habe ich diese Orthographie im vorliegenden Buch benutzt, auch wo es sich eindeutig um Deutsche oder Personen deutscher Herkunft handelt, deren Namen in verschiedenen Schreibarten belegt sind.
Um Enttäuschungen vorzubeugen, muß ich bemerken, daß in Prag und überall im Lande wertvolle Architekturdenkmäler restauriert werden. Es wird also geschehen, daß manche der in diesem Buch erwähnten Häuser, Palais, Schlösser und Kirchen, ja ganze Straßenzüge, die der Besucher betrachten möchte, ausgerechnet während seiner Reise nicht zu besichtigen sind. Zum Trost sei hinzugefügt, daß ihn trotzdem unendlich viel Schönes erwartet.

Heddy Pross-Weerth

Kleiner Exkurs in die Geschichte

Der Name Prag weckt unverzüglich durchaus verschiedene, scheinbar zusammenhanglose Assoziationen:
Mozart auf der Reise nach Prag, Prager Fenstersturz und Prager Schinken; Kafka, Rilke und der brave Soldat Schwejk; Melodien aus Smetanas «Moldau» und die Musikfestwochen «Prager Frühling», breite barocke Prachtentfaltung und enge verwinkelte Gäßchen, NS-Terror und sozialistischer Neubeginn.
Und dann steigt leise Unsicherheit auf. Der moderne Reisende, der viel gesehen hat, sich ungern verblüffen läßt, verbindet mit Europas berühmten Städten und Landschaften bestimmte Vorstellungen, die er sich durch den Augenschein nicht erschüttern, sondern bestätigen lassen möchte. In Prag geht das nicht. Kein wie auch immer vorgefertigtes Gesamturteil trifft zu. Man muß sich dieser Stadt anvertrauen, um zu erahnen, was ihr die Kraft gab, eine Unzahl von Widersprüchlichkeiten nebeneinander bestehen zu lassen, andere zu absorbieren und ein Gemeinwesen zustande zu bringen, das zwar nicht Platz für alle und alles hatte, aber den Menschen einen weiten Spielraum bot.
Seit 1000 Jahren ist Prag europäische Kapitale, die erste mitteleuropäische Kapitale überhaupt. Während sich in den deutschen Ländern die staatliche Entwicklung ohne Hauptstadt vollzog und der kulturelle und wirtschaftliche Fortschritt von wechselnden regionalen Zentren vorangetrieben wurde, war Prag von Anfang an Mittelpunkt der böhmischen

Länder und blieb ihre Hauptstadt auch während jener 300 Jahre, in denen das Königreich Böhmen als böhmische Erbländer Provinz des Habsburgerreiches war.
Die Stadt wurde nicht gegründet, sie entstand «von selbst». Die Moldaufurten, im Norden von der festen Burg auf dem Hradschin, im Süden von der auf dem Vyšehrad beschützt, boten einen natürlichen Handelsweg und Umschlagplatz für Waren aller Art ebenso wie für kulturelle Güter. Orient und Okzident begegneten sich hier in jenem temperamentvollen 9. Jahrhundert, als von Skandinavien bis Bayern, von Kiew bis Spanien slawische und germanische Stämme zu Staatsgebilden sich formierten und das Christentum sich ausbreitete.
Kreuzweg und Knotenpunkt zugleich, wuchs am Moldauufer im 10. und 11. Jahrhundert rasch eine stadtähnliche Siedlung heran, die östliche und westliche Impulse zu nutzen wußte. Nach dem frühen Verfall des großmährischen Reiches gelang es den Přemysliden aus dem Stamme Čech, die mährischen und böhmischen Länder unter ihrem Zepter zu vereinen. Sie waren weitblickend genug, als Herrschaftssitz die Burg auf dem Hradschin oberhalb der Kaufmannssiedlung am anderen Moldauufer zu wählen.
Die Ungarneinfälle und die endgültige Etablierung der Ungarn als östliche und südöstliche Nachbarn (10. Jh.) schwächten dann bald den Kontakt mit Byzanz und den arabischen Händlern. Sie nötigten die tschechischen Fürsten, sich mit Rom und dem Heiligen Römischen Reich Deutscher Nation zu arrangieren, doch hatten zu diesem Zeitpunkt das tschechische Fürstentum und seine Stadt Prag schon so viel Eigengewicht, daß trotz Lehenseid und Königswürde von Kaisers Gnaden kein unmittelbares Abhängigkeitsverhältnis entstand.

Prag war eine weltläufige Stadt. Sie nahm *alles* auf, was

Altstädter Brückenturm in Prag

Abend- und Morgenland zu bieten hatten, stieß ab, was sich nicht verwenden ließ, bewahrte das Bewahrenswerte und auch manches Nichtbewahrenswerte. Die Zugehörigkeit zum Heiligen Römischen Reich erweiterte den politischen und kulturellen Horizont und beteiligte das Königreich an den abendländischen Geschicken. Aber die Gebirge im Norden, Westen und Südwesten boten Schutz vor allzu liebevoller Annäherung der benachbarten Herzogtümer und sicherten selbständige Entfaltung. Die Königsstadt Prag nahm eine Entwicklung, wie sie keine andere mitteleuropäische Stadt vorweisen kann.

Dicht neben der ersten Niederlassung entstand nahe der Moldau bald eine zweite, die Jüdische Stadt; die ersten jüdischen Siedler waren aus dem Orient gekommen, sie hielten sich von den erst im 12. Jahrhundert zuziehenden westlichen Juden zurück. Eine christliche Kirche trennte die beiden Bereiche. Fast gleichzeitig kamen bayrische Kolonisten, wenig später Kaufleute aus anderen deutschen Landschaften, auch Italiener und Franzosen. Sie brachten Waren und interessante Neuigkeiten und fanden am Teynhof, der die Fläche des heutigen Altstädter Ringes und des Kleinen Ringes umfaßte, freundliche Aufnahme, Herberge für sich und Stapelplätze für ihre Waren, eine Stätte, um den Zoll, das «Umgeld», zu entrichten, bald auch eigene Kirchen und ein von Barmherzigen Brüdern betreutes Hospital.

Den ausländischen Handelsleuten folgten Handwerker, in allerlei brauchbaren Künsten erfahren. Um sie zum Bleiben zu bewegen, verlieh ihnen der Fürst erhebliche steuerliche Vorrechte und befreite sie vom Kriegsdienst. Das bewirkte raschen wirtschaftlichen Aufstieg der Neuankömmlinge. Sie bildeten zusammen mit den finanzkräftigen Schichten des eingesessenen Bürgertums das Patriziat. Benediktiner, Zisterzien-

ser, Prämonstratenser sorgten wie überall in Europa für die geistigen und geistlichen Bedürfnisse und trugen entscheidend zur Steigerung der materiellen Kultur bei, sei es in der Baukunst, der Gesundheitsfürsorge, der Bodenbearbeitung.
Im 14. Jahrhundert hatte Prag seine große Zeit. Karl IV., von 1346 bis 1378 böhmischer König und seit 1355 deutscher Kaiser, erhob die böhmische Metropole zur Hauptstadt des Heiligen Römischen Reiches. Es war die erste Metropole, die dieses Reich überhaupt besessen hat. Karl IV., «der böhmischen Länder Vater und des Reiches Erzstiefvater», war der erste moderne Monarch. Ihm kam es nicht so sehr auf die Mehrung des «Reiches» an – ein schon damals fast imaginärer Begriff –, sondern auf die Mehrung seiner Länder und seines Staates, der zum fortschrittlichsten europäischen Staat nördlich der Alpen wurde. Prag hatte sowohl den Nutzen wie den Nachteil davon.
Der Nutzen war gewaltig. Die Stadt – rechtlich waren es drei Städte: Altstadt, Kleinseite und Neustadt –, die in den wechselnden Zeitläuften gemächlich gewachsen war, den Zuwanderern Gastfreundschaft und Heimat geboten, Feuersbrünste, Moldauüberschwemmungen, innere Streitigkeiten und Kriegswirren überstanden hatte, war politischer Mittelpunkt eines Weltreiches geworden. Handel und Wandel blühten wie nie zuvor. Baumeister, Bildhauer und Gelehrte folgten eilig dem Ruf des Kaisers, seine Residenz zu verschönern. Die abgebrannte Burg auf dem Hradschin erstand neu, auf den Grundmauern der schon verfallenden Burgkirche thronte Peter Parlers St.-Veits-Dom, unten in der Altstadt begann man mit dem Bau der Teyn-Kirche, die Häuser am Altstädter Ring und im Galli-Viertel erhielten neue Stockwerke, breite Laubengänge zogen sich an ihnen entlang. Die «Kleinere Prager Stadt» (Kleinseite) vergrößerte sich zusehends, und südlich

der Altstadtbefestigungen wuchs Karls IV. Neue Stadt, an deren Südhang Weinstöcke angepflanzt wurden. Leider bekam ihnen das Klima nicht so recht.

Zwei Jahre nach seiner Thronbesteigung gründete der König die erste mitteleuropäische Universität, das Carolinum. Die kaiserliche Kanzlei lieferte die Grundlagen sowohl für die Entwicklung der tschechischen Literatursprache wie für die Entstehung der neuhochdeutschen Schriftsprache. An seinem Hof verkehrten Petrarca und Cola di Rienzi. Sein Ziel, durch Erbverträge und geschickte Heiratspolitik Böhmen auf die Dauer zum Zentrum eines starken ost-mitteleuropäischen Staates zu machen, erreichte er allerdings nicht.

Den Aufschwung, den Prag als erste Stadt des Reiches erlebte, hatte es bald bitter zu bezahlen. Karl IV. war als Verwaltungsmann und Nationalökonom seiner Zeit weit voraus gewesen und hatte Entwicklungen angeregt, die sein Sohn und Nachfolger Wenzel IV. nicht fortsetzen konnte. Die Folge waren schwere soziale, politische und geistige Spannungen, die schließlich zu Beginn des 15. Jahrhunderts im fast zwanzigjährigen Hussitenkrieg kulminierten. Hier ging es um die Beseitigung kirchlicher Mißstände und sozialer Ungerechtigkeit. Obwohl die Hussiten schließlich unterlagen, lebten ihre Ideen und das Andenken des Magister Hus weiter und boten in den Jahrhunderten der tschechischen Unfreiheit weiten Bevölkerungsschichten inneren Halt.

Verhängnisvoll für den böhmischen Staat, nicht sofort auch für die Stadt, wirkten die mit Wenzel IV. beginnenden, unter seinen Nachfolgern andauernden Thronstreitigkeiten und das Tauziehen zwischen dem Feudaladel und der Krone um die Macht. Die religiösen und sozialen Unruhen hielten auch nach der hussitischen Niederlage (1436) an. Sie entwickelten sich zu einer Kraftprobe zwischen dem Hochadel (Standesherren) einerseits, dem niederen Adel (Ritter) und den Städten andererseits. Der schließlich zustande gekommene Religionsfriede von Kuttenberg brachte einen Vergleich zwischen Standesherren und Rittern auf Kosten der Bauern, die 1487 leibeigen wurden, und der Städte, die viele ihrer bisherigen politischen Privilegien verloren.

Auch mit der Wahl Ferdinands von Österreich zum böhmischen König (1526) kam das Land nicht zur Ruhe, da der katholische Ferdinand die rasche Ausbreitung der Reformation zu hindern suchte. Adel und Städte taten sich zusammen, um die Habsburgerherrschaft wieder loszuwerden, wurden aber besiegt; auf dem «blutigen Landtag» (1547), den Ferdinand in der Königsburg auf dem Hradschin abhielt, erklärte er zum erstenmal die tschechischen Länder als seine Erbländer, annullierte die alten Prager Freiheiten und ließ die Hälfte der Bürger als Geiseln verhaften. Dennoch blieb Prag Zentrum des Reiches. Kaiser Ferdinand, der in Wien starb, wurde in Prag als der bedeutenderen Stadt beigesetzt. Unter seinem Enkel Rudolf II. erlebte sie noch einmal kaiserlichen Glanz, dann geriet sie unaufhaltsam in den Strudel der neuen Zeit, in dem religiöser Fanatismus, Barbarei, moderne Staatstheorien und Versuche, feudale Selbstherrlichkeit zu erhalten, aufeinanderprallten.

Die Atempause der Ära Rudolfs II. nutzte Prag in kultureller und materieller Hinsicht und profitierte von den Neigungen des Kaisers, der sich nicht gerade als Politiker, um so mehr als Mäzen der Künste und Wissenschaften einen Namen gemacht hat. Seine Kunst-, besonders seine Gemäldesammlungen hatten Weltruf. Er ließ die modernsten italienischen Baumeister kommen, die in der nach ihnen benannten Welschen Gasse unterhalb der Burg eine Art Künstlerkolonie gründeten. Sie bauten nicht nur dem Kaiser und manchem Aristo-

kraten Paläste, sondern wirkten auch nachhaltig in der Stadt. Kaiserliche Hofastronomen waren Tycho Brahe (1546–1601) und Johannes Kepler (1571–1630). Der Kaiser beschäftigte ganze Scharen von Alchimisten, die ihm das Geheimnis, Gold zu machen, entdecken sollten. Aberglaube, mittelalterliche Gedankenwelt und die Anfänge säkularisierter Wissenschaft und Philosophie durchdrangen einander, verliehen der Stadt moderne Weltoffenheit in Verbindung mit gesicherten Traditionen. Unbekümmert bezog man nationale Eigenheiten in die gesamteuropäische Bildung ein. Der böhmische Humanismus, vom Bürgertum getragen, erreichte seinen Höhepunkt in philosophischen, naturwissenschaftlichen und technischen Werken, die der Drucker und Verleger Jiři z Aventina Melantrich verbreitete. 1569 gab es die erste, allerdings unregelmäßig erscheinende Zeitung in tschechischer Sprache.
Die kulturelle Idylle endete mit Kaiser Rudolfs Tod (1612). Soziale, religiöse und politische Gegensätze hatten unterschwellig weitergewirkt und brachen nun schnell auf. Den Habsburgern war die böhmische Libertät ein Dorn im Auge. Das Land war reich, seine Hauptstadt war es auch, und seine Standesherren waren es erst recht: sie betrieben Bierbrauereien, entwickelten, speziell in Südböhmen, die von Karl IV. initiierte Teichwirtschaft (böhmischer Karpfen war ein berühmter Ausfuhrartikel); in ihrem Besitz lag der mährische Silber- und Zinnbergbau. Ihre Tuch- und Leinwandmanufakturen hatten Weltgeltung. Dieses Wirtschaftspotential in die Hand zu bekommen, war für die Habsburger ebenso wichtig, wie es für den Adel und das Bürgertum notwendig war, es zu behalten. Das noch nicht säkularisierte Europa trug seine politischen und wirtschaftlichen Probleme im Rahmen theologischer Fehden aus. Um Prag und die Länder der böhmischen Krone samt ihrer selbstbewußten Aristokratie der Habsbur-

ger-Monarchie dauerhaft einzuverleiben, mußte das zu 90 Prozent protestantische Land rekatholisiert werden.
Diese Bemühungen führten zum zweiten Prager Fenstersturz (der erste 1419: Auftakt des Hussitenkrieges), bei dem zwei kaiserliche Statthalter mit ihrem Schreiber aus einem Fenster der böhmischen Kanzlei im Hradschin geworfen wurden. Die böhmischen Stände erklärten das Haus Habsburg für abgesetzt. Zur Landesverwaltung bestimmten sie eine Regierung von 30 Direktoren und vertrieben die Jesuiten als Träger der Gegenreformation aus dem Land.
Die beiden kaiserlichen Statthalter übrigens waren nicht österreichische, sondern tschechische Adelige: die Herren Slavata und Martinic. Die Fronten pro und contra Österreich hatten sich keineswegs der Volkszugehörigkeit entsprechend gebildet. Der moderne Nationalismus war noch nicht erfunden. Beim Prager Fenstersturz (1618) und im sich anschließenden böhmischen Aufstand ging es um wirtschaftliche, politische und konfessionelle Unabhängigkeit von Österreich. Damit war es 1620 nach dem österreichischen Sieg am Weißen Berge für 300 Jahre vorbei. Der Adel, soweit er sich nicht mit dem Kaiserhaus arrangierte, wurde des Landes verwiesen, ebenso die übrige am Protestantismus festhaltende Bevölkerung. Ihr Besitz fiel an den Kaiser. 30000 protestantische Familien verließen das Land. Zwei Drittel des gesamten privaten Grundbesitzes wurde konfisziert. Das Land hatte von den Kriegsgreueln und der gewaltsamen Gegenreformation Entsetzliches zu leiden. Schon 1638 war die Gesamtbevölkerung auf 780000 Seelen gesunken (nach anderen Quellen auf eine Million), Böhmen und Mähren waren verwüstet. Prag wurde zweimal belagert, einmal von den Sachsen, dann von den Schweden, die Burg und Kleinseite einnahmen, aber nicht in die Altstadt eindringen konnten; auf der Karlsbrücke wurden

sie zurückgeschlagen. Prag und mit ihm das ausgepowerte Land paßten sich den neuen Verhältnissen an, ohne sich ihnen zu beugen. Man kann nicht von aktiver Unterdrückung des tschechischen Elements durch die Österreicher sprechen, wohl aber von passiver. Die Herrscher hegten verständlicherweise nur Zutrauen zu den «eigenen» Leuten, wobei die Volkszugehörigkeit keine Rolle spielte, wohl aber die Loyalität dem Kaiserhaus gegenüber; das bedeutete Beherrschung der deutschen Sprache und katholische Konfession.
Die Oberschicht orientierte sich österreichisch, ebenso das gebildete, aufstiegswillige Bürgertum; und der österreichische Einfluß ist noch heute lebhaft zu spüren. Die so vielversprechend begonnene Entwicklung der autochthonen tschechischen Kultur stagnierte. Einmal weil sie nicht mehr «gesellschaftsfähig» war, zum anderen weil der bisherige direkte Kontakt zur europäischen Geisteswelt durch die deutsch-österreichische und die jesuitische Überlagerung unterbrochen worden war. Prag wurde zu einer österreichischen Stadt, doch ohne seine tschechische Basis zu verlieren, denn nicht nur auf dem flachen Land, auch in Prag bildete die tschechische Bevölkerung zu allen Zeiten die Mehrheit.
Die Stadt verdankt der Habsburgisierung jenes großartige Barockgewand, das die Jesuiten ihr anlegten. Alte Kirchen erhielten Barockfassaden und wurden im Inneren mit Barockaltären und -bildern geschmückt. Neue Kirchen entstanden, prachtvolle Adelspalais und nach und nach auch wieder reiche Bürgerhäuser. Die kaisertreuen Standesherren brauchten nicht zu sparen. Doch die Kaiser liebten diese prächtige Stadt nicht, die eine längere und bedeutendere Tradition besaß als Wien; sie begegneten ihr mit Mißtrauen und Widerwillen. Das stärkte das Selbstbewußtsein der Prager, gleichgültig ob sie Tschechisch oder Deutsch sprachen. Es kann niemanden

Kafka-Gedenktafel an einer Ecke der Prager Maiselgasse

wundern, daß Prag im 19. Jahrhundert, als der romantische und später der politische Nationalismus die Gemüter in aller Welt erregte, die Landeshauptstadt ohne Landesregierung mit einem Königsschloß ohne König zum Vorort des Panslawismus wurde. Das ohnehin rege geistige und kulturelle Leben erhielt zusätzliche Impulse durch das kulturell wieder aktiv werdende tschechische Element und durch die jüdische Emanzipation. Der Nachholbedarf der tschechischen Bevölkerung, um das europäische Niveau wieder zu erreichen, war besonders auf dem Gebiet der schönen Literatur groß; befruchtend wirkte die jüdische Assimilierung. Das nationalistische Jahrhundert öffnete neue Horizonte, verschieden für Tschechen, Deutsche, Österreicher und Juden. Intensives Mit- und Gegeneinander gaben Prag als Kulturzentrum eine besondere Dynamik. Sie läßt sich soziologisch, historisch und politisch analysieren. Doch das sind papierne Behelfe, die Erscheinungen wie Aleš und Hašek, wie Rilke, Masaryk, Kafka und Švabinský, Kisch und Strobl als Individuen verständlich machen. Sie personifizieren einzelne Kräuter, aus denen die Essenz «Prag» entstand, sie können aber nicht Duft und Kraft dieser Essenz vermitteln, können keinen Begriff davon geben, wieviel Grundgemeinsamkeiten vorhanden waren und wie gemeinsamer Besitz zu Zwietracht führte. Die repräsentativste Manifestation bewußten Tschechentums wurde der aus freiwilligen Spenden bestrittene Bau des Nationaltheaters (1883), der als nationale Tat und nationales Symbol verstanden wurde.

Fast gleichzeitig mit dem Erwachen des nationalen Selbstbewußtseins, das vom Bürgertum entwickelt und vom Adel gefördert wurde, begann ein anderes Element des europäischen 19. Jahrhunderts sich zu regen, in den sechziger Jahren Gestalt zu gewinnen und die Sozialstruktur des Landes zu ändern: das Proletariat.

In den landwirtschaftlich unergiebigen Gebieten Nordböhmens und der böhmisch-mährischen Hochfläche hatten sich früh bestimmte Gewerbe angesiedelt: Glasbläserei, Weberei und Spitzenklöppeln, Schusterei, Edelsteinschleiferei und Porzellanmanufaktur. Und die Bevölkerung ernährte sich schlecht und recht damit. Die Industralisierung schluckte diese Handwerkerbetriebe und kleinen Manufakturen und Faktoreien rasch auf. Die neuentdeckten Bodenschätze an Kohle und Erz in Nordmähren beschleunigten und verschärften die Industralisierung. Nahezu 70 Prozent der gesamten industriellen Produktion Österreich-Ungarns lieferten um die Jahrhundertwende Böhmen und Mähren.

In gleichem Tempo politisierte sich die Arbeiterschaft. 1878 entstand die Sozialdemokratische Partei, die zunächst die Solidarität des Proletariats *vor* der Nationalität des einzelnen rangieren ließ. Sie kämpfte nicht nur für das Industrieproletariat, sondern ebenso für die besitzlose Landbevölkerung, deren Status sich vielfach nur unwesentlich von dem der Hörigen unterschied.

Als 1918 die ehemaligen Länder der böhmischen Krone mit der Slowakei zusammen unter Tomáš G. Masaryk ein neues souveränes Staatswesen bilden konnten, belastete diese Gründung – als Nationalstaat konzipiert – das von der Donaumonarchie ererbte ungelöste Minderheitenproblem als schwere Hypothek. Diese Hypothek hätte allmählich abgetragen werden können, der ernsthafte Wille dazu war – wenn auch nicht einhellig – auf deutscher wie auf tschechischer Seite vorhanden, und es gab auch eine Reihe konstruktiver Ansätze, das Miteinander von Staatsvolk und deutscher Minderheit zu regeln (die Volkszählung von 1930 hatte 3,3 Millionen Deutsche ergeben – 25 Prozent der Gesamtbevölkerung). Hitlers Gewaltpolitik war es, die ein für allemal das Zusammenleben von Tschechen und Deutschen in *einem* Staat unmöglich machte.

Die radikale Lösung nach 1945, die Böses mit Bösem vergalt, war aus tschechischer Perspektive unerläßlich. Und so bitter der Verlust der Heimat für die Betroffenen war (nicht weniger bitter als für die jenseits der Oder-Neiße beheimateten Deutschen) – die Schuld daran ist nicht bei den Tschechen zu suchen. Die tiefen Wunden allerdings, die zwischen 1938 und 1945 der deutsche Faschismus und dessen Konsequenzen sowohl der Staatsnation wie der deutschen Minderheit zufügte, sind auch heute noch nicht verheilt. (Ich benutze die Bezeichnung sudetendeutsch nicht, da sie – ursprünglich ein regionaler geographischer Begriff – als terminologischer Notbehelf in einer einmaligen politischen Konstellation des 20. Jahrhunderts diente. Sie wurde dann zur Selbstbezeichnung der aus der Tschechoslowakei ausgewiesenen Deutschen, die ihrerseits diese Bezeichnung in die Geschichte zurückprojizieren und damit so etwas wie ein sudetendeutsches *Volk* postulieren, das es nicht gegeben hat.) Es ist verständlich, daß die Deutschen ihren historischen Beitrag an der wirtschaftlichen und kulturellen Entwicklung des Landes überhöhen, während die Tschechen deutsche Leistungen nach Kräften verschweigen.

In Wirklichkeit kann (trotz genialer Einzelleistungen etwa der Deutschen Peter Parler, Karl Ignaz und Christoph Dientzenhofer, der Österreicher Johann Bernhard und Joseph Emanuel Fischer von Erlach und Matthias Braun, des Italieners Giovanni Santini) deutscher und tschechischer Anteil nicht säuberlich und exakt auseinanderdividiert werden, schon gar nicht, wenn man – was auf beiden Seiten geschieht – die Termini deutsch und tschechisch so versteht und anwendet, wie sie erst das 19. Jahrhundert kreierte und damit eng nationalistische Abgrenzungen künstlich konstruierte, die die wahren Verhältnisse in der einen wie der anderen Weise verzerrten. Das Herzland Europas verdankt seine Einzigartigkeit dem Zusammenwirken von Anziehung, Abstoßung und gegenseitiger Durchdringung slawischer, germanischer, romanischer und jüdischer Elemente, nicht einem der autochthonen Bevölkerung «überlegenen Kulturbringervolk», auch nicht dem «tschechischen schöpferischen Volksgenius». Die Trennung von der deutschen Minderheit bedeutete für die Tschechoslowakei einen großen Verlust in volkswirtschaftlicher wie in kultureller Hinsicht, der aber bewußt als notwendig in Kauf genommen wurde.

Die erste tschechoslowakische Republik hatte sich nach Westen, vornehmlich nach Frankreich, orientiert. Der Westen ließ den Bundesgenossen 1938 schmählich im Stich. Diese fast tödliche Erfahrung brachte nach 1945 den neuen Staat an die Seite des Ostens und wenige Jahre später (1948) auch zum Aufgeben der parlamentarischen Demokratie westlicher Prägung zugunsten einer sozialistischen Staatsform nach sowjetischem Muster. Die Schwierigkeiten darzulegen, die aus der Notwendigkeit entstanden, sich einem Modell anzupassen, das auf völlig andere soziologischen Verhältnisse zugeschnitten war, ist hier nicht der Ort. Ihren Kulminationspunkt im «Prager Frühling» 1968 haben wir alle noch gut im Gedächtnis.

Das heutige Prag pflegt und betreut mit unendlicher Sorgfalt die Zeugnisse und Denkmäler seiner traditionsreichen Geschichte, kennt aber auch die Probleme einer Millionenstadt, wie Standort der Industriebetriebe, Luftverschmutzung, Umgehungsstraßenbau, Strom- und Wasserversorgung, Überlastung des Verkehrsnetzes, Gesundheitsfürsorge, Wohnungs-, Schul- und Krankenhausbau. Von allen diesen und zahlreichen anderen Problemen der modernen Großstadt demonstriert sich dem Besucher am deutlichsten die Wohnungsfrage. In weitem Kranz legen sich im Westen, Norden und Osten immer neue Großsiedlungen um die Stadt, und man ist überrascht zu hören, daß sie noch lange nicht den dringendsten Bedarf decken.

Schon 1918 waren große Teile der Altstadt und der Kleinseite nach baupolizeilichen Gesichtspunkten eigentlich unbewohnbar, und die Regierung beeilte sich, durch den Bau neuer Wohnviertel am südlichen und nördlichen Stadtrand die übervölkerte Innenstadt zu entlasten und die architektonisch wertvollen Häuser zu restaurieren. Viel war schon geleistet worden, als 1939 das Bauen aufhören mußte; aber gelöst war die Aufgabe noch lange nicht, und sie ist in der Folgezeit noch erheblich dringlicher geworden. Jetzt wird im Großen projektiert und mit den modernsten Verfahren gebaut. Aber es werden noch Jahre vergehen, bis die Wohnungsnot behoben sein wird.

Die historische Entwicklung der Slowakei verlief in vielen wichtigen Zügen anders als die tschechische Geschichte.
Im Großmährischen Reich, das während seiner Blütezeit an der Wende vom 9. zum 10. Jahrhundert die meisten westslawischen Stämme vereinte, hatten neben den mährischen Stämmen in erster Linie die Slowaken das staatstragende Element gebildet. Nach dem Zerfall dieses ersten slawischen Großreiches gelang es den Slowaken nicht mehr, ein eigenes Staatsgebilde aufzubauen. Sie hatten die Hauptlast der ganz Europa ängstigenden Ungarneinfälle zu tragen. Ihr Land war Durchzugsgebiet der ungarischen Reiterhorden. Erst als nach der ungarischen Niederlage auf dem Lechfelde (955) das nomadisierende Steppenvolk allmählich seßhaft wurde, kam auch die Slowakei wieder zur Ruhe. Noch eine Weile kämpften Přemysliden- und ungarische Arpadenfürsten um ihren Besitz. Zu Beginn des 11. Jahrhunderts fiel die Slowakei endgültig an Ungarn. Erst 1918, mehr als 900 Jahre später, konnte sich die Slowakei von Ungarn trennen und zusammen mit den Ländern der ehemaligen böhmischen Krone den tschechoslowakischen Staat bilden.
Die ersten ungarischen Herrscher bemühten sich energisch um die Erschließung ihres neuerrungenen Herrschaftsgebietes und zogen in den Jahrhunderten der Ostkolonisation viele westeuropäische, vornehmlich mittel- und oberdeutsche Siedler ins Land. Den Bauern, Handwerkern und Bergleuten

Einer der vielen Prager Innenhöfe

folgten bald die Kaufleute. Nachdem seit der Schlacht bei Liegnitz (1241) die Tatareneinfälle aufhörten, entwickelte sich die Slowakei rasch. Die alten Kulturzentren Bratislava (Preßburg) und Nitra (Neutra) erblühten aufs neue; in der Mittelslowakei entstanden um Kremnica (Kremnitz), Banská Štiavnica (Schemnitz) und Banská Bystrica (Neusohl) bedeutende Bergbauzentren. Ihre Silbergruben gehörten zu den ergiebigsten in Europa. An der Handelsstraße von der Ostsee nach Konstantinopel gediehen Handelsstädte, die sich mit den westeuropäischen messen konnten.
Mit dem beginnenden Feudalismus einerseits und dem Streben der ungarischen Könige nach Zentralgewalt andererseits verschlechterte sich als erstes – wie überall in Europa – die

---

Prag

33 Die **Karlsbrücke** erhält durch die vielen Figurengruppen ihre unvergleichliche Silhouette – im Vordergrund Madonna mit St. Bernhard (1709), dahinter der Hradschin

34 Blick auf die **Kleinseite** von der Karlsbrücke; hinter den Kleinseitner Brückentürmen die St.-Nikolaus-Kirche, rechts der Hradschin mit dem Veitsdom
Der Torbogen des **Kleinseitner Brückenturms** gibt den Blick auf den Kleinseitner Ring und die Nikolauskirche frei

35 Der Innenraum der Jakobskirche zeigt üppiges Prager Barock

36/37 Über den Dächern der **Kleinseite** thront der Hradschin

38 Das gotische Portal der **Altneu-Synagoge** ziert ein in Stein gehauener Lebensbaum
Grabsteine auf dem alten **jüdischen Friedhof**

39 Der Garten des Waldstein-Palais; im Vordergrund eine Statue von Adriaen de Vries (17. Jahrhundert)

40 Die Husova (Husgasse) und die Ägidiuskirche sind typisch für die Atmosphäre der **Altstadt**

את האלהים ירא
ואת מצותיו שמור
כי זה כל האדם:

Lage der Bauern. Die Feudalherren betrachteten die Slowakei als ihren persönlichen Besitz und empfanden die königlichen Machtansprüche als unzumutbare Eingriffe in ihre Belange. Die beiden mächtigsten Geschlechter, in der Westslowakei die Čák und in der Ostslowakei die Omadej, teilten sich in die Herrschaft. Bis weit ins 18. Jahrhundert kam es immer wieder zu kriegerischen Auseinandersetzungen zwischen dem ungarischen König (später dem Kaiser in Wien) und seinen ungebärdigen Magnaten, die sich völlig von Ungarn lösen wollten. Die Zeche hatten die Bauern zu bezahlen. Sie gerieten mehr und mehr in Abhängigkeit von den Feudalherren und schließlich in Leibeigenschaft, gegen die sie sich mehrfach temperamentvoll, aber vergeblich durch blutige Aufstände zur Wehr setzten.

Doch beendeten nicht die inneren sozialen und politischen Spannungen die kontinuierliche Entwicklung der kulturellen und wirtschaftlichen Möglichkeiten des Landes, sondern große internationale Ereignisse: das Vordringen der Türken in Südosteuropa, die Entdeckung Amerikas und schließlich die Entdeckung des Seewegs nach Indien.

Der Osthandel war nun nicht mehr auf den mühsamen, gefährlichen Weg über Land angewiesen. Die internationalen Märkte verlagerten sich an die Ozeanküsten. Mit der Erschließung immenser Gold- und Silbervorkommen in Übersee wurde der slowakische Silberbergbau unrentabel. Die Städte, in denen wir heute Reste hoher mittelalterlicher sakraler wie profaner Kultur bewundern, verarmten. Die türkischen Eroberungszüge taten ein übriges. Nach der Schlacht bei Mohács (1526) blieb der größte Teil Ungarns in türkischer Hand. Das Königreich, von Ludwig Jagiello in Personalunion mit Böhmen regiert, schrumpfte nach dessen Tod in der Schlacht auf die unbesetzt gebliebenen Teile der Slowakei zusammen.

Sein neuer Herrscher war, ebenso wie in Böhmen, Ferdinand von Habsburg.
Ungarns Hauptstadt wurde Bratislava, sein Erzbistum Gran (Esztergom) übersiedelte nach Trnava. Die Konzentration des Königreichs Ungarn auf die Slowakei hätte neue Impulse bringen können. Aber noch hatte, an den äußersten Rand Europas versetzt und weiterhin von den Türken bedroht, das Land keine wirkliche Chance, sich wie in den Jahrhunderten vorher im Rahmen und im Tempo Gesamteuropas zu entfalten.
Die Niederlage der Türken vor Wien (1683) beendete ihre Machtstellung. Bald darauf wurde auch Ungarn von den Türken frei. Budapest konnte wieder Residenzstadt werden, auch der Erzbischof zog schließlich nach Gran zurück. Doch nun war das Königreich so eng mit Österreich verkoppelt, daß an eine eigene Entwicklung nicht zu denken war. Im Gegenteil: Kaiserin Maria Theresia verwandelte ihre Königreiche in Provinzen.
Die Slowakei, auf so nachhaltige Weise aus einem im Mittelalter wirtschaftlich und kulturell hochentwickelten Land in den Zustand einer Agrarprovinz zurückgeworfen, konnte nicht zu neuer Blüte aufsteigen. Der Kaiser und König in Wien hatte andere Sorgen, als sich um die Nöte eines durch die Ungunst der Zeitläufte ins Hintertreffen geratenen Reichsteiles zu kümmern; und die ungarische Aristokratie bemühte sich nach Kräften, die Feudalstruktur aufrechtzuerhalten, auf der ihr Reichtum beruhte. Häufige Bauernunruhen und -aufstände konnten der Adelsmacht nichts Ernstliches anhaben.
Der Enge der Verhältnisse entzogen sich die geistig Regsamen und Unternehmungslustigen, indem sie einzeln und auf eigene Faust die Welt eroberten: als Kesselflicker, Drahtbinder,

Korbmacher, Safran- und Zunderhändler wanderten sie von Land zu Land. Manche überwinterten in der Heimat und brachten in die Abgeschiedenheit der Dörfer Kunde vom Leben und Treiben draußen und ein schwaches Echo vom großen Welttheater; andere kehrten nie wieder nach Hause zurück. Der Zug in die Ferne verstärkte sich im 19. Jahrhundert in großem Umfang; aus den landwirtschaftlich kargen Gebirgsgegenden und aus den stagnierenden Städten, die den unteren Schichten kein Auskommen mehr boten, machte sich eine wahre Völkerwanderung nach Amerika auf. Es waren nicht – wie so oft in Mittel- und Westeuropa – die Tunichtgute und schwarzen Schafe, die von ihren Familien über den großen Teich abgeschoben wurden, sondern gerade die Tatkräftigen, Aufstiegswilligen, die bessere Lebensmöglichkeiten in der Neuen Welt suchten.

Die Zugehörigkeit der Slowakei zur Habsburger Doppelmonarchie hatte den Vorteil, daß sich die Kontakte zu den tschechischen Nachbarn im Laufe der Zeit mehr und mehr intensivierten, in erster Linie auf kulturellem Gebiet. Fast gleichzeitig mit der nationalen Wiedergeburt der Tschechen erwachte in der Slowakei das Bewußtsein nationaler Eigenart. L'udovit Štúr aus Bratislava schuf die moderne slowakische Schriftsprache. Lehrer und Geistliche bemühten sich um die Volksbildung, Dichter und Schriftsteller riefen in ihren Werken die Erinnerung an die Größe slowakischer Vergangenheit wach. Schon im Revolutionsjahr 1848 trat die slowakische Nationalbewegung mit einem konkret formulierten politischen Programm auf: slowakischer Landtag gleichberechtigt mit dem ungarischen, Aufbau eines slowakischen Schulwesens, Anerkennung des Slowakischen als Amtssprache in der Slowakei. Ungarn, das seinerseits um nationale und politische Unabhängigkeit vom Hause Habsburg kämpfte, war nicht bereit,

Die ČSSR in Stichworten

Die ČSSR ist in 10 Verwaltungsbezirke sowie die Stadtregionen Prag und Bratislava gegliedert und registriert über 10600 Gemeinden. Über 52 Prozent der Bevölkerung leben in Kommunen mit weniger als 5000, etwa 16 Prozent in den neun Städten mit mehr als 100000 Einwohnern: Prag, Bratislava, Brünn, Ostrava, Košice, Plzeň, Olomouc, Hradec Králové, Liberec.
Der höchste Punkt des Landes ist der Gipfel des Gerlachovský štít (Hohe Tatra) mit 2655 Metern über dem Meer, der tiefste Punkt, die Wasserfläche des Flusses Bodrog bei Streda nad Bodrogom, liegt 94 Meter über dem Meer.
Der längste Fluß des Landes ist mit 433 Kilometern die Moldau (Vltava), die im Böhmerwald entspringt und bei Mělník in die Elbe fließt.
Die Gesamtlänge der Grenzen beträgt 3469 Kilometer, die größte Ost-West-Ausdehnung 751 Kilometer und die größte Nord-Süd-Ausdehnung 276 Kilometer.

---

die slowakischen Forderungen zu akzeptieren. Im Gegenteil: als es schließlich 1867 zum österreichisch-ungarischen Ausgleich kam, durch den Ungarn nur mehr in der Außen- und Finanzpolitik von Wien abhängig blieb, begann eine scharfe Magyarisierungspolitik, welche die Slowaken besonders hart traf. Gemeinsam blieb allerdings auch das k.u.k. Heer mit deutscher Kommandosprache.
Die Stunde der nationalen Befreiung kam mit dem Zusammenbruch Österreich-Ungarns. Doch zeigte sich bald, daß die Entwicklungsunterschiede in der neuen Tschechoslowakei die von Masaryk geplante zweite Schweiz nicht recht gedeihen lassen wollten. Die Beziehungen zwischen Tschechen und Slowaken waren von einer Symbiose weit entfernt. Das ist einer der Gründe dafür, daß die Slowaken den von Hitler ok-

troyierten «unabhängigen» Staat 1939 in der Mehrzahl zunächst bejahten.
Ein anderer war, daß ihre Beziehungen zu den Deutschen, die seit Jahrhunderten in einigen Sprachinseln lebten (1939 zählte man insgesamt 128000), nicht während der Ungarnherrschaft jenen Spannungen ausgesetzt waren, wie sie Böhmen und Mähren immer wieder schwer belastet hatten. Slowaken und Deutsche standen gemeinsam als Unter- und Mittelklasse der ungarischen Oberschicht gegenüber, während im anderen Landesteil die Oberschicht deutschsprachig gewesen war.
Früher als die Tschechen erhoben sich die Slowaken gegen die «großdeutsche» Vorherrschaft. Ihr Aufstand von 1944 gab ihnen politisch einen Vorsprung, der es die Tschechen nach 1945 geraten sein ließ, die Fehler der ersten Republik nicht zu wiederholen und der Slowakei genügend Autonomie zu gewähren.
1969 ging man noch einen Schritt weiter: Es wurde eine Föderation gebildet, der die tschechischen Länder und die Slowakei als gleichberechtigte Bundesländer angehören. Dadurch ergab sich für die Slowakei die Möglichkeit, ihren inneren Auf- und Ausbau in eigener Regie zu betreiben. Vorrang vor allen anderen Projekten erhielt die Industrialisierung. Sie wurde in derartigem Tempo und in solchem Umfang in die Wege geleitet und gefördert, daß auch Besucher, die das Land zu kennen glauben, über die einschneidenden Veränderungen in Städten und Dörfern staunen. Manche Orte sind kaum wiederzuerkennen, so sehr haben Industrieanlagen und Hochhaus-Wohnblocks sie verwandelt. Wie weit die forcierte Industrialisierung für das Land notwendig ist, vermag der Reisende, dem die Lebensbedingungen und Lebensverhältnisse fremd sind, nicht zu beurteilen. Ästhetisches Bedauern über verdorbene Stadtarchitektur und beeinträchtigte landschaftli-

che Schönheit darf ihn nicht zu voreiliger Ablehnung verleiten. Übersehen läßt sich freilich nicht, daß die Modernisierung schwierige ökologische Probleme mit sich gebracht hat und noch weitere birgt.

In den alten Städten entstand ein doppeltes kulturelles Problem: Nachdem die einstmals reichen Bergbau- und Handelsstädte durch die sich wandelnde weltwirtschaftliche Konstellation ihren international bedeutenden Rang verloren hatten und nicht mehr prosperierten, bestand nur noch wenig Bedarf, die vorhandenen Bauten zu modernisieren oder sie durch neue zu ersetzen. So blieben hier wertvolle Zeugnisse mittelalterlicher und frühneuzeitlicher Baukunst in seltener Vollständigkeit erhalten, die sorgfältiger Pflege bedürfen. Dies aber wurde über dem Industrialisierungsprogramm eine Zeitlang nahezu vergessen. Jetzt werden Sanierung und Restaurierung alter Städte in großem Stil betrieben. Vieles ist allerdings unwiederbringlich dahin, anderes wird nicht mehr zu retten sein, doch ihr historisches Gesicht werden die meisten alten slowakischen Städte in wenigen Jahren zurückgewonnen haben. Schon jetzt ist der Autoverkehr aus den Innenstädten weitgehend verbannt, um zusätzliche Schädigungen der wertvollen Bausubstanz zu verhindern.

Daraus hat sich das zweite kulturelle Problem ergeben. In manchen, bei weitem nicht in allen slowakischen Städten wurde der alte Kern unbeabsichtigt dazu verurteilt, museale Region ohne urbane Funktion zu werden. Das Leben der Leute spielt sich «draußen vor den Toren» ab. Dabei, das wissen wir aus eigener Erfahrung, können neue Wohnsiedlungen, auch wenn sie mit allem modernen Komfort ausgestattet sind, die «Stadt» nicht ersetzen, man sucht nach neuen Möglichkeiten städtischer Kommunikation.

Zwei Tage Prag für Eilige

In der Altstadt

Wer nur wenig Zeit hat, sollte mit Hilfe des Stadtplans wenigstens jene fünf ältesten Siedlungen besuchen, aus denen das heutige Prag zusammenwuchs: *Burgviertel, Altstadt, Jüdische Stadt, Kleinseite* und *Neustadt.* Wer länger in Prag bleibt, möge dieses Kapitel überschlagen.
Meistens fängt man mit der Altstadt an: am unteren Ende des *Václavské náměstí* (Wenzelsplatz) zweigt links die *Národní třída* (Nationalstraße) ab, rechts die Straße *Na příkopě* (Am Graben). Direkte Fortsetzung des Wenzelsplatzes ist die Gasse *Na můstku* (Am Brückl). Wir folgen ihr, überqueren die Rytířská (Rittergasse), ein Blick nach rechts hinauf zeigt das *Tyl-Theater,* früher Ständetheater, in dem Mozarts «Don Giovanni» am 29. Oktober 1787 uraufgeführt wurde und an dem Carl Maria von Weber von 1813 bis 1816 als Direktor wirkte. Schaut man nach links, sieht man am unteren Straßenende das *Haus zu den drei goldenen Löwen,* in dem Mozart während der Proben zum «Don Giovanni» wohnte.

In Prag findet man besonders viele schöne Portale und Fassaden

Über die Rytířská weg geht es geradeaus weiter durch die *Melantrichova* bis zum **Staroměstské náměstí** (Altstädter Ring), dem Hauptplatz der Altstadt. Fünf Gebäude prägen ihn: im Osten die gotische *Teynkirche,* daneben das bezaubernde *Rokokopalais der Grafen Kinský,* im Norden der *Paulanerkonvent,* im Nordwesten die *Barockkirche St. Nikolaus,* im Südwesten das *gotische Altstädter Rathaus* und schließlich im Süden der flache Bogen alter *Bürgerhäuser* mit Laubengängen, Renaissancegiebeln und Barockfassaden. Die Mitte des Platzes nimmt ein kolossales *Hus-Denkmal* ein. Man kann nicht sagen, daß es den Platz verschönt. Aber Hus wirkte so nachhaltig in der tschechischen Kulturgeschichte, daß sein Denkmal auf diesem Platz wohl am richtigen Ort steht.
Der Altstädter Ring erscheint verhältnismäßig jung: Gotik, Renaissance, Barock, Rokoko. Er ist aber älter als die oberirdischen Bauwerke vermuten lassen. Unter dem Rathaus und in den Kellern der Weinstuben «U zlaté konvice» (Zur goldenen Kanne) und «U Bindrů» (Bei Binder) sieht man das wirk-

---

Stadtplan Prag

1 Burg
2 St.-Veits-Dom
3 St.-Georgs-Kirche
4 Goldenes Gäßchen
5 Belvedere
6 Nationalgalerie
7 Loretokirche
8 Strahov-Stift
9 Nikolauskirche
10 Waldsteinpalast
11 Kirche Maria de Viktoria
12 Karlsbrücke
13 Kreuzherrenplatz
14 Altstädter Ring
15 Jüdische Stadt
16 Bethlehemskapelle
17 Carolinum
18 Pulverturm
19 Vyšehrad
20 Karlov
21 Nationaltheater
22 Nationale Gedenkstätte
23 Villa Bertramka
24 Laurentiusberg (Petřín)
25 Nationalmuseum

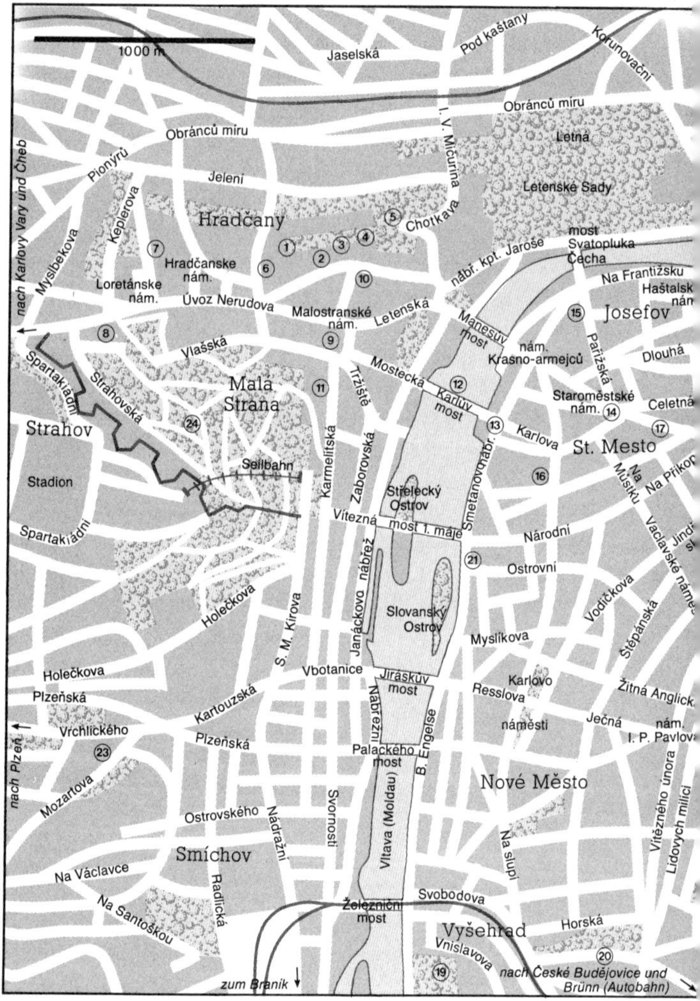
1000 m
Jaselská
Pod kaštany
Korunovační
Obránců míru
Obránců míru
Letná
Letenské Sady
Pionýrů
Jelení
Keplerova
Myslbekova
nach Karlovy Vary und Cheb
Hradčany
I. V. Mičurina
Chotkova
most Svatopluka Čecha
Hradčanske nám.
Loretánske nám.
Úvoz Nerudova
Malostranské nám.
Letenská
nábř. kpt. Jaroše
Na Františku
Haštalsk nám
Josefov
Mánesův most
nám. Krasno-armejců
Pařížská
Dlouhá
Vlašská
Mostecká
Karlův most
Staroměstské nám.
Celetná
Spartakiádní
Strahovská
Malá Strana
Tržiště
Strahov
Karlova
St. Mesto
Stadion
Seilbahn
Karmelitská
Zaborovská
Střelecký Ostrov
Smetanovo nábř.
Na Můstku
Na Příkop
Vítezná
most 1. máje
Národní
Spartakiádní
Ostrovní
Václavské náměstí
Holečkova
S. M. Kirova
Janáčkovo nábřež
Slovanský Ostrov
Vodičkova
Myslíkova
Štěpánská
Holečkova
Vbotanice
Jiráskův most
Karlovo náměsti
Plzeňská
Kartouzská
Resslova
Žitná
Nábřežní
Ječná
nám. I. P. Pavlov
Vrchlického
Plzeňská
Palackého most
B. Engelse
nach Plzeň
Mozartova
Nové Město
Ostrovského
Nádražní
Svornosti
Vltava (Moldau)
Vítězného února
Lidových milicí
Na slupi
Smíchov
Na Václavce
Radlická
Svobodova
Na Santošce
Železniční most
Vyšehrad
Horská
Vnislavova
nach České Budějovice und Brünn (Autobahn)
zum Braník
1
2
3
4
5
6
7
8
9
10
11
12
13
14
15
16
17
19
20
21
23
24

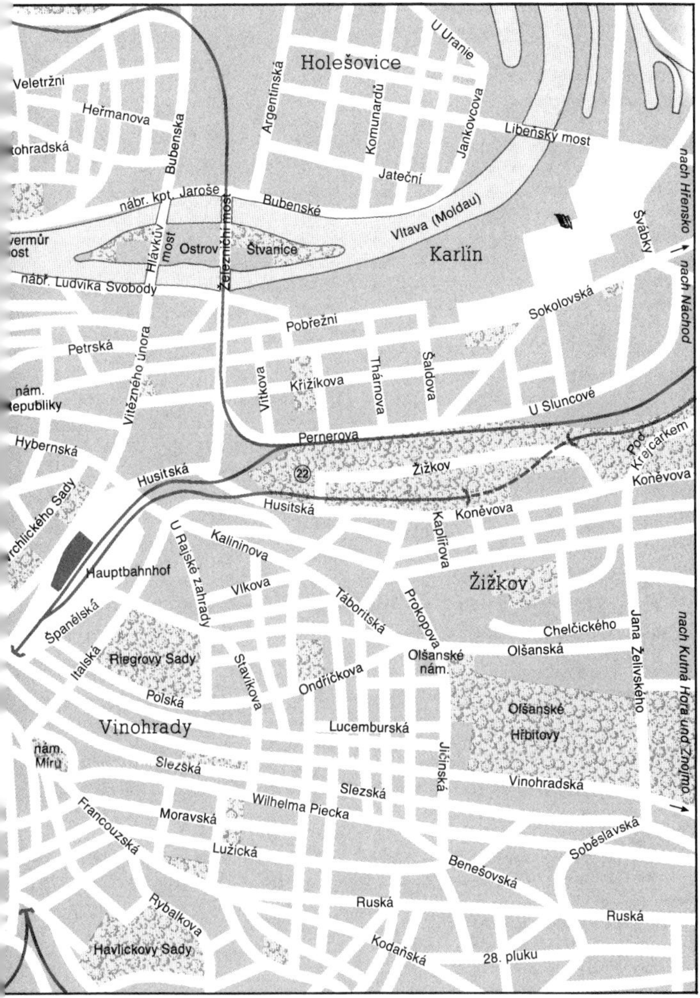
Holešovice
U Uranie
Veletržní
Heřmanova
Argentinská
Komunardů
Jankovcova
Libeňský most
Bubenská
Jateční
nábr. kpt. Jaroše
Bubenské
Vltava (Moldau)
Hlávkův most
Ostrov
Železniční most
Štvanice
Karlín
nábř. Ludvíka Svobody
Švábky
nach Hřensko
nach Náchod
Sokolovská
Pobřežní
Petrská
Vítězného února
Vítkova
Křižíkova
Thárnova
Šaldova
U Sluncové
nám. Republiky
Pernerova
Hybernská
Husitská
Žižkov
Pod Krejcárkem
Koněvova
Husitská
Koněvova
Kaplířova
Kalininova
U Rajské zahrady
Hauptbahnhof
Vlkova
Táboritská
Prokopova
Žižkov
Španělská
Chelčického
Olšanská
Olšanské nám.
Jana Želivského
nach Kutná Hora und Znojmo
Italská
Riegrovy Sady
Stavíkova
Ondříčkova
Polská
Olšanské Hřbitovy
Vinohrady
Lucemburská
Jičínská
nám. Míru
Slezská
Vinohradská
Slezská
Wilhelma Piecka
Francouzská
Moravská
Soběslavská
Lužická
Benešovská
Rybalkova
Ruská
Ruská
Havlíčkovy Sady
Kodaňská
28. pluku

liche Alter dieser ersten Prager Siedlung: wohlerhaltene romanische Hausmauern und Gewölbe aus dem zehnten Jahrhundert. Auch der **Ungelt-Hof** hinter der Teyn-Kirche mit seinen Renaissancegebäuden wurde schon im 11. Jahrhundert angelegt als Herberge für die fremden Kaufleute und als Stapelplatz für deren Waren. Bald kamen, an der Stelle der heutigen Teyn-Kirche, eine romanische Rundkirche dazu und ein Hospital für die Fremden. Der Altstädter Ring spielte eine wichtige Rolle in der Prager Stadtgeschichte.

Die Jüdische Stadt

Über den Ring in nordwestlicher Richtung an der St.-Nikolaus-Kirche vorbei gelangt man in die *Kaprová* (Karpfengasse). Hier beginnt die Jüdische Stadt. Vom alten Getto ist nichts mehr übriggeblieben. Im ausgehenden 19. Jahrhundert verschwand das Gewirr der engen Gäßchen, Höfe und Hinterhöfe. Neu angelegte Straßenzüge mit den für die Jahrhundertwende typischen großen städtischen Etagenhäusern traten an ihre Stelle. Nur sechs **Synagogen, das jüdische Rathaus,** der **alte Friedhof** und eine Reihe von Straßennamen blieben erhalten. Rechts von der Karpfengasse zweigt die *Maislova* ab, zu Ehren des Bürgermeisters Maisel so genannt, dem die jüdische Gemeinde unendlich viel zu danken hatte. Hier stehen noch drei Synagogen und das jüdische Rathaus. In der ersten, der neugotisch restaurierten *Maisel-Synagoge,* sind jetzt silberne und goldene Kultgeräte ausgestellt; wenige Schritte weiter das Rathaus und die *Rathaus-Synagoge,* sie enthalten wertvolle Sammlungen zur jüdischen Kulturgeschichte. Daneben steht die **Altneu-Synagoge,** in der heute die jüdische Ge-

Ein schmiedeeisernes Gitter umgibt den Renaissancebrunnen auf dem Kleinen Ring

meinde ihre Gottesdienste abhält. Sie ist die älteste erhaltene Synagoge in Europa und die einzige in der Welt, die von Zisterziensern gebaut wurde. Das Gotteshaus ist zur Besichtigung frei, eine liebenswürdige Begleiterin gibt die notwendigen Erklärungen. Gegenüber der Altneu-Synagoge führt eine kleine Straße zum Alten jüdischen Friedhof. Links von seinem Eingang befindet sich die *Klausen-Synagoge,* rechts die *Totenhalle,* beide Gebäude gehören ebenso wie die übrigen Synagogen zum **Staatlichen Jüdischen Museum.** Auch den Friedhof sollte man mit einem Begleiter besuchen, der ausführlich über die Geschichte dieses ältesten erhalten gebliebenen jüdischen Friedhofs zu berichten weiß. Am Ende des Friedhofs kommt man zur *Pinkas-Synagoge.* Sie ist Gedächtnisstätte für die 78000 tschechoslowakischen Juden, die in deutschen Konzentrationslagern umgebracht worden sind. In winzigen Lettern aufgemalt bedecken ihre Namen die Synagogenwände.

Burgviertel und Kleinseite

Vom Friedhof geht man den gleichen Weg zurück, überquert die Maislova, stößt auf die breite *Pařížská* (Pariser Straße), geht links hinunter an die Moldau und über die *Čechův most* (Čech-Brücke) ans andere Ufer. Hier gibt es einen gemächlichen Weg am Fuß der *Letná-Anlagen* schräg links hinauf zum **Hradschin.** Man kommt am *Hanovský-Pavillon* vorbei, geht durch die *Gogolstraße* und die *Chotkovy sady* (Chotek-Gärten), schlendert die breite Allee *Mariánské Hradby* entlang, erfreut sich am Renaissanceschlößchen **Belvedere,** dem Lustschloß der Königin Anna, und biegt an der nächsten Kreu-

Ein Glück, in einer solchen Stadt geboren zu sein...

Die großen breiten Straßen, die seltsamen Türme mit spitzigen Nebentürmchen, die als Auswüchse des Uhrturms erscheinen, die mit Heiligenstatuen besetzte Brücke, unter der die Moldau schäumt und die zum Hradschin hinaufführt! Alles wirkt auf die Phantasie, und dennoch kommt der Verstand dabei nicht zu kurz. Es ist ein Glück, in einer solchen Stadt geboren zu sein, denn wenn die als ein ungeheures Lebendiges mit ihren Rätseln und Wundern in die früheste Kindheit hineinwirkt, so wirkt es das ganze Leben fort und nach.
(Friedrich Hebbel über Prag)

---

zung links in die Straße *U prašného mostu* (Pulverbrücke) ein, sie führt vorüber an der *königlichen Reitschule* zur Prager Burg.
Man sollte nicht den Ehrgeiz haben, nachdem man Altstadt und Jüdische Stadt durchwandert hat, in einem Atemzug gleich noch den gesamten Burgkomplex und die übrigen hochinteressanten Gebäude des Burgviertels (Hradčany) zu besichtigen, sondern sich mit einem orientierenden Rundgang begnügen und den ausführlichen Besuch auf den nächsten Tag verschieben. (Näheres über Burg und Burgviertel siehe Seite 73–102.)
Der bequemste Rückweg vom Hradschin in die Innenstadt führt dic *neue Schloßstiege* (Zámecké schody) hinab, die *Thunovská* entlang, die in die *Tomášská* mündet. An ihrem linken Ende wird der gewaltige **Valdštejn-Palast** (Waldstein-Palast) sichtbar. Rechts führt die Tomášská auf den **Malostranské náměstí** (Kleinseitner Ring), den der prachtvolle Barockbau der Kleinseitner *St.-Nikolaus-Kirche* architektonisch beherrscht. Den Platz und die zu ihm führenden Gassen säumen Patrizierhäuser und Palais böhmischer Standesherren. Wir

verlassen den Kleinseitner Ring durch die *Mostecká* (Brükkengasse), an deren Ende die *Kleinseitner Brückentürme* die **berühmte Karlsbrücke** ankündigen. Ihren Bau begann Peter Parler 1357. 30 Statuen und Statuengruppen schmücken die Brücke. Künstlerisch von unterschiedlichem Wert, geben sie diesem Bauwerk sein eindrucksvolles Gepräge. Am anderen Moldauufer bewacht der *Altstädter Brückenturm* die Brücke.
In die Altstadt hinein führt die *Karlova* (Karlsgasse). Sie windet sich zum *Kleinen Ring,* der durch das Altstädter Rathaus vom Altstädter Ring abgetrennt wird. Gegenüber vom nun links liegenden Rathaus gehen wir rechts die Melantrichova hinauf. Bei der nach wenigen Schritten links abzweigenden *Kožná* sollten wir einen Augenblick stehenbleiben: in dem schönen Renaissanceeckhaus *Zu den zwei goldenen Bären* wurde Egon Erwin Kisch, der rasende Reporter, 1885 geboren. Dann geht man die Melantrichova zu Ende, überquert die Rytířská und erreicht durch Na můstku wieder das untere Ende des Wenzelsplatzes.

Notizen zur Neustadt

Auf die Neustadt nur einige Hinweise: Karl IV. gründete sie südlich der Altstadtbefestigungen. Die Straßennamen Am Graben (Na příkopě) und Am Brückl (Na můstku) erinnern noch daran. Vor allem wollte der König die «übelriechenden Gewerbe» aus der zu engen Altstadt in der neuen, weiträumig angelegten Stadt ansiedeln, wo Straßen und Plätze breit genug angelegt wurden, daß schlechte Gerüche abziehen konnten. Im ganzen herrscht hier jetzt die Architektur des 19. Jahrhunderts vor.

Einige Kirchen und vereinzelte Häuser erinnern an das ehrwürdige Alter der Neustadt. Eine der alten Kirchen erlangte in unserem Jahrhundert eine traurige Berühmtheit: die *Kyrill-Method-Kirche,* ein Barockbau von Kilian Ignaz Dientzenhofer. In ihrer Krypta verbargen sich 1942 nach gelungenem Attentat auf Heydrich die Fallschirmspringer der tschechoslowakischen Legion. Ihr Versteck wurde verraten; als die SS in die Kirche eindrang, zogen die Attentäter sich kämpfend in die leeren Grabnischen zurück und gaben sich schließlich selbst den Tod.

Vom Wenzelsplatz aus ist der Weg dorthin leicht zu finden. Von unten kommend, biegt man etwa auf der Platzmitte rechts in die *Štěpánská* ein, folgt ihr bis zur Kreuzung *Štěpánská-Žitná,* geht rechts die Žitná hinunter, überquert diagonal den *Karlsplatz,* geht rechts die *Resslova* hinunter. Auf ihrer rechten Seite liegt an der ersten Querstraße die Kirche.

Auf dem Rückweg durch die Resslova, über die Mittelachse des Karlsplatzes, dann links an seinem Ostrand weiter, stößt man am Nordostende auf das *Neustädter Rathaus.* Es wurde 1367 gebaut und erhielt 1451 einen Turmanbau. An die Renovierungsarbeiten um 1520 erinnern das Renaissanceportal und Renaissancefenster, das frühe 19. Jahrhundert gab etwas Empire dazu, und 1905 wurde das ganze Gebäude restauriert. 1419 kam es im Neustädter Rathaus zu jenem Prager Fenstersturz, der die Hussitenkriege einleitete. Den Rückweg zum Wenzelsplatz nimmt man am besten durch die *Vodičkova.*

Der zweite Tag in Prag gehört der Kleinseite, der Burg und dem Burgviertel (s. S. 73–102, 121–137).

Bei schönem Wetter läßt sich ein angenehmer Spaziergang vom **Museum der Tschechoslowakischen Nationalliteratur** aus (früher Strahov-Kloster, s. S. 140ff.) durch die alten Prager Gärten anschließen.

Erste Erkundungsgänge für Städtebummler

Im Stadtzentrum

Václavské náměstí (Wenzelsplatz), *Národní třída* (Nationalstraße), *Na příkopě* (Am Graben) sind die Stichworte für das moderne Prager Zentrum. Hier liegen die großen Geschäfte und Kaufhäuser, die mondänen Hotels, die Cafés, Bars und Nachtlokale – das, was für Berlin Kurfürstendamm und Tauentzien waren. Auch die Bauten stammen aus derselben Zeit: Gründerjahre und Jugendstil. Nur ist dieses Prager Zentrum im Gegensatz zu Berlin aus dem letzten Krieg verhältnismäßig unzerstört hervorgegangen, und in Stimmung und Kolorit ist es eben *Prag* und nicht Berlin. Was Prag eigentlich ist, läßt sich kaum definieren. Man ist geneigt, Prag die Summe des Abendlandes zu nennen. Hier geben sich Paris, Wien, Berlin ein Stelldichein mit allerlei Zutaten, die diese Städte heute nicht mehr prägen; in Prag aber sind sie durchaus lebendig. Gleichzeitig wirkt die Moderne mit amerikanischen und sowjetischen Einflüssen auf das eingesessene Pragertum. Seine Stärke ist seit eh und je gewesen, sich freundlich-verschmitzt einzuverleiben, was von dem von außen Kommenden praktisch, brauchbar und bequem schien, ohne ein Tüpfelchen seiner Eigenart aufzugeben.

Die Prager **Neustadt** ging von Anfang an «mit der Zeit», das war um so leichter möglich, als Karl IV. die von ihm gegründete neue Stadt sehr großräumig anlegen ließ. Allein für den 1348 angelegten Marktplatz (heute Václavské náměstí, Wenzelsplatz) bestimmte der König ein Ausmaß von nach heutigen Maßen 750 mal 60 Meter. Die Straßen erhielten entsprechende Proportionen, so daß man sie leicht von Zeit zu Zeit modernisieren konnte. Die vielen Zeugen wichtiger historischer Ereignisse, die sich in dieser neuen, erst 600 Jahre alten Stadt abspielten oder von hier ihren Ausgang nahmen, ließ man ehrfurchtsvoll stehen.

In einem Stadtteil, der kurz vor und kurz nach 1900 architektonisch dem Geschmack der Zeit entsprechend modernisiert wurde, wird niemand besonders schöne Bauten erwarten. Aber auch hier überrascht Prag: wenige Schritte oberhalb des komfortablen Hotels «Alcron», in der *Štěpánská ulice,* steht die gotische *Stephanskirche,* von Karl IV. 1351 gegründet, schön und unaufdringlich restauriert, oberhalb des vorüberflutenden Verkehrs.

Geht man am unteren Wenzelsplatz die Abkürzung zur Nationalstraße durch die Passage des *Dům obuvi* (Haus der Schuhe) über den *Jungmannplatz,* gerät man links an die Toreinfahrt eines barocken Franziskaner-Pfarrhauses und steht gleich darauf vor der Kirche *Maria im Schnee* (kostel Panny Marie Sněžné). Karl IV. stiftete sie am Tag nach seiner Krönung. Sie ist die höchste Kirche Prags und besitzt den größten Altar. In ihrer geplanten Gestalt wurde sie nicht vollendet, nur das mächtige Presbyterium überragt gebieterisch die umliegenden Gebäude und vermittelt einen tieferen Eindruck,

Jugendstilfassade am Wenzelsplatz (Muttergottesdarstellung über der Toreinfahrt)

als der vollendete Bau es vielleicht vermöchte. Ihre große Zeit hatte die Kirche Maria im Schnee zu Beginn des 15. Jahrhunderts, als der Hussitenprediger Jan Želivský (Johann von Seelau) für das arme Volk von Prag aufrüttelnde Predigten hielt, schließlich mit seiner Gemeinde das *Neustädter Rathaus* stürmte und die reichen Ratsherren zum Fenster hinauswarf

(1419). Damit begannen die Hussitenkriege. Maria im Schnee, die manchen Angriff zu überstehen hatte, blieb ein wichtiges Zentrum der Hussitenbewegung auch noch, als Jan Želivský im Altstädter Rathaus ermordet worden war.

Ein Vormittag in der Altstadt

Der Neuankömmling wird sich zunächst der Altstadt zuwenden, in der jedes, auch das unscheinbarste Haus eine lange, an Wechselfällen reiche Geschichte hat. Könnten die Häuser erzählen, der Besucher würde Monate brauchen, um nur den Fünfminutenweg vom *Prašná brána* (Pulverturm) durch die *Celetná ulice* (Zeltnergasse) zum **Altstädter Ring** zurückzulegen.

Nehmen wir den Wenzelsplatz, obwohl er noch zur Neustadt gehört, als Ausgangspunkt. Eigentlich entspricht er mehr unseren Vorstellungen eines breiten Boulevards. Den oberen Abschluß bildet das 1885 bis 1890 gebaute **Nationalmuseum** (Sammlungen zu Geschichte und Naturwissenschaft; Bibliothek). Darunter steht die von Josef Václav Myslbek 1912 geschaffene *St.-Wenzels-Statue.* Am unteren Ende des Platzes führt in direkter Fortsetzung das schmale Gäßchen Na můstku (Am Brückl) über die Rytířská (Rittergasse) weg durch die Melantrichova (Melantrichstraße) zum Staroměstské náměstí (Altstädter Ring), dem Zentrum der Altstadt. Wer es eilig hat, sollte diesen Weg nehmen, den anderen empfehle ich eine gemächlichere Strecke:

Unten am Wenzelsplatz geht es rechts den Graben (Na příkopě) entlang zum Pulverturm, einem von Matthias Rejsek im 15. Jahrhundert errichteten Befestigungsturm. Im Dreißigjährigen Krieg diente er als Pulvermagazin. Obwohl er 1875 bis 1886 neugotisch renoviert wurde, ist der ursprüngliche Charakter kaum beeinträchtigt. Man kann den Turm besteigen und vom Wehrgang aus einen Blick über das Gassengewirr unten werfen. Neben dem Pulverturm befindet sich das im Sezessionsstil gebaute und von berühmten tschechischen Künstlern – darunter Mikolaš Aleš und Max Švabinský – ausgeschmückte *Repräsentationshaus* (Obecní dům). Hier wurde am 28. Oktober 1918 die erste Tschechoslowakische Republik ausgerufen. An seinem Platz stand früher der *Königshof,* der im 15. Jahrhundert den Königen als Stadtresidenz diente. Hier begann der Krönungsweg eines jeden neuen Herrschers durch die Altstadt hinauf zur Burg.

Statue des heiligen Wenzel von Josef Václav Myslbek (1912) auf dem Wenzelsplatz, dahinter das Nationalmuseum

Der *Krönungsweg* führt durch den Torbau des Pulverturms in die Celetná (Zeltnergasse). Ihre Häuser stammen – wie die Fundamente zeigen – zum größten Teil aus romanischer Zeit. Die heutige äußere Gestalt erhielten sie zwischen dem 16. und 18. Jahrhundert. Das erste mächtige Gebäude links mit vorgelagerten Kolonnaden beherbergte seit 1539 den *Prager Münzhof,* wo bis ins 18. Jahrhundert die Prager Groschen und der Joachimsthaler geprägt wurden. 1848 stießen vor seinem Tor Bürger und kaiserliches Militär blutig zusammen, Signal zur Revolution in Prag.

Ein paar Schritte weiter geht man eine unscheinbare Hauswand entlang, es ist eine Seite des ältesten Gebäudes der Prager Universität, des *Carolinum.*

Wo die Zeltnergasse auf den Altstädter Ring mündet, steht ein besonders schöner Renaissancebau, das *Sixt-Haus.* Es hatte Johannes Theodor Sixtus von Ottersdorf gehört, einem führenden Mitglied des Prager Aufstandes von 1618. Sixtus, zum Tode verurteilt wie die übrigen Anführer des Aufstandes, wurde durch Fürsprache eines katholischen Verwandten im letzten Augenblick begnadigt und des Landes verwiesen. Das Haus kaufte jener Schreiber Fabricius, der mit den beiden kaiserlichen Statthaltern den Fenstersturz aus der Burg so glimpflich überstanden hatte. Im Keller hat das Haus ein viereckiges romanisches Verlies; von ihm aus soll es einen unterirdischen Gang zur Kirche am Teyn-Hof gegeben haben, den die erste christliche böhmische Fürstin, Ludmila, mit ihrem Enkel, dem späteren heiligen Wenzel, benutzte, um dem Verbot der heidnischen Schwiegertochter zum Trotz das Kind zur Messe führen zu können. Nun, die Kirche hat es zu Ludmilas Lebzeiten noch gar nicht gegeben, sie wurde erst 100 Jahre später gebaut. Aber trotzdem ist es hübsch, wenn Häuser, um die sich alte Legenden ranken, nicht als düstere Ruinen zu bestaunen sind, sondern höchst lebendig und bewohnt vor uns stehen.

Kurz vor der Einmündung der Zeltnergasse auf den Altstädter Ring biegt rechts ein gewundenes Sträßchen ab, die *Štupartská.* Sie führt zur **Jakobskirche,** die, 1232 als Kirche des Minoritenklosters errichtet, im 14. Jahrhundert unter Johann von Luxemburg umgebaut und im 17. Jahrhundert barockisiert wurde. Nach dem St.-Veits-Dom auf dem Hradschin hat die Jakobskirche das längste Kirchenschiff in Prag: in drei Langhäuser gegliedert, erscheint der Innenraum schmal, die Höhe wirkt dadurch um so imponierender. Vom ursprünglichen Kirchenschmuck ist nur eine *spätgotische Pietà* erhalten, die beim Brand 1689 gerettet wurde.

Man erzählt sich, die Jakobskirche habe in alter Zeit eine besonders kostbare Madonna besessen. Eines Tages wollte ein Dieb die Juwelen ihres Gewandes stehlen. Da hielt die Gottesmutter die räuberische Hand fest, der Dieb konnte sich nicht mehr losreißen und verbrachte die Nacht wie angeschmiedet in der Kirche. Am anderen Morgen fanden ihn die zur Messe eilenden frommen Bürger. Auch sie konnten die Hand nicht vom Gewand der Madonna lösen. So schlugen sie ihm – die Jakobskirche war damals Zunftkirche der Metzger und ein passendes Gerät daher rasch zur Stelle – Hand und Unterarm ab. Der Räuber flüchtete, brach aber vor der Kirchentür tot zusammen. Zur Warnung vor ähnlichem Frevel hängte man die Hand hoch oben im Ambit rechts der Eingangstür auf, dort hängt die verdorrte Diebeshand heute noch.

Am barocken Umbau haben die hervorragendsten Maler, Bildhauer und Baumeister mitgewirkt: Johann Bernhard Fischer von Erlach, Ignaz Platzer, Peter Brandl, Ottavio Mosta, Wenzel Reiner, Ferdinand Max Brokoff. Das *prunkvollste*

Jede Stelle ist mit Vergangenheit durchtränkt

Jeder Ort, jede Stelle in Prag ist mit Vergangenheit getränkt. Von allenthalben dringt sie auf dich ein. Sie haucht dich an aus den grünen Schatten weitläufiger Gärten. Sie überfüllt dich aus dem Dunkel der Portale, aus den tiefen Hausfluren der Paläste. Du befindest dich in einer uralten Stadt, die die Seelen ihrer früheren Bewohner in sich aufbewahrt, in der dich aus dem Grab heraus die erstickende Gegenwart von Menschen bedrängt, die in vergangenen Jahrhunderten hier gelebt haben.
(Jiří Karásek: Der Roman des Manfred Macmillen, 1907)

Prager Barockgrabmal findet sich in dieser Kirche: nach Plänen von Fischer von Erlach führte es Brokoff aus, der königlich-böhmische Oberkanzler Václav Vratislav von Mitrovice ist in ihm beigesetzt. Wegen der hervorragenden Akustik werden in der Jakobskirche regelmäßig Orgel- und Oratorienkonzerte veranstaltet.
Beim Verlassen der Kirche fällt rechts eine besonders schöne Barockfassade auf. Sie gehört zum Haus *Zu den drei Bildern* oder auch *Zum Auge Gottes.* Die Bilder zeigen den heiligen Wenzel, Karl IV. und König Georg von Poděbrady.
Links, fast gegenüber der Jakobskirche, beginnt die *Týnská ulička* (Teyn-Gäßchen), die zum **Ungelt-Hof** führt. Hier befand sich ein fürstlicher Meierhof, der im ausgehenden 10. Jahrhundert schon als Herberge für fremde Kaufleute erweitert und ausgebaut wurde. In seinen Gewölben stapelten die Fremden ihre Waren. Nach Entrichtung des Zolls, des «Umgelds», durften sie hier auch verkaufen. Bis 1774 blieb der Ungelt das «internationale Zollamt». Eine kleine Kirche und ein Hospital sorgten für geistliche und leibliche Hilfe.

Das Ausmaß des ursprünglich befestigten Hofes mit seinen beiden Toren blieb erhalten. Die ihn einfassenden Häuser stammen allerdings erst aus dem 14. und 15. Jahrhundert. Sie wurden im Lauf der Zeit vielfach umgebaut und erweitert. Besonders schön ist das *Granovský-Haus,* dessen dem Hof zugewandter Flügel in der Mitte des 16. Jahrhunderts nach norditalienischem Vorbild entstand. Die leider nur schlecht erhaltene Chiaroscuro-Malerei stellt Szenen aus der biblischen Geschichte und der griechischen Mythologie dar.

Der Altstädter Ring

Im Ungelt-Hof fesseln schon *Adam und Eva,* die jenseits aufragenden Doppeltürme der **Teyn-Kirche,** den Blick. Neugierig durcheilt man das wie ein Hohlweg enge Teyngäßchen: der weite Altstädter Ring tut sich auf, unwillkürlich stockt der Schritt, man weiß nicht recht, wohin man sich zuerst wenden soll. Fünf Gebäude und eine Häuserzeile prägen den Platz: am Südrand die dichtgedrängte, von drei Gassenmündungen unterbrochene Reihe alter Bürgerhäuser mit gotischen Laubengängen, im Westen das *Altstädter Rathaus,* im Nordwesten die *Barockkirche St. Nikolaus in der Altstadt* von Kilian Ignaz Dientzenhofer, im Norden der *Paulaner-Konvent* mit seinem Frühbarockgiebel, im Osten die Teyn-Kirche und daneben das *Rokokopalais* der Grafen Kinský. Heute ist das Palais Teil der Nationalgalerie (Grafiksammlung), um 1900 war in seinen oberen Stockwerken das deutsche humanistische Gymnasium untergebracht, in dem Franz Kafka sich acht Jahre abquälen mußte, und im Erdgeschoß hatte Vater Kafka sein Engrosgeschäft in Galanteriewaren.

Sgraffiti auf dem Haus zur Minute

In der Mitte des Platzes türmt sich ein kolossales *Hus-Denkmal,* das in Form, künstlerischer Auffassung und Ausmaß zunächst wie ein Fremdkörper wirkt. Bedenkt man jedoch, welche Rolle Hus in der Geschichte des Landes und im politischen Bewußtsein der Bevölkerung gespielt hat, und notiert man dann noch das Datum der Denkmalsenthüllung: 1915, am 400. Jahrestag der Verbrennung des Reformators, wird das Denkmal gerade auf diesem Platz verständlich und sinnvoll.

Die Teyn-Kirche (tschechisch týn = Bollwerk, kleine Festung) betritt man durch ein vorgebautes Laubenhaus. Als die Prager Bürger ihren Bau fast gleichzeitig mit dem von Kaiser Karl IV. initiierten St.-Veits-Dom begannen, war dies schon die dritte Kirche auf derselben Stelle. Die älteste, romanische Rotunde, gehörte zum Ungelt-Hospital. Die heutige Teyn-Kirche repräsentiert typische Prager Gotik des 14. und 15. Jahrhunderts. Der Stil Peter Parlers ist, obwohl die Kirche nach dem Brand von 1689 im Innern barockisiert wurde, deutlich zu erkennen. Auch das Relief am nördlichen Seitenportal stammt aus der Parler-Werkstatt. Im 15. Jahrhundert war sie die Hauptkirche von Hussiten und Utraquisten, ihr Bischof von Rokycany wurde hier beigesetzt, und der Hofastronom Rudolfs II., Tycho Brahe, dessen früher Tod mangelnder Trinkfestigkeit zugeschrieben wird, fand die letzte Ruhe in der Teyn-Kirche.

Obwohl nach 1621 die Rekatholisierung des überwiegend protestantischen Landes im Auftrag des Kaisers von den Jesuiten mit großer Strenge und Hartnäckigkeit durchgeführt wurde, erhielten sich hussitische und protestantische Überlieferungen. Auf sie beruft sich die 1918 gegründete von Rom unabhängige Tschechoslowakische Kirche. Sie feiert das Abendmahl in beiderlei Gestalt und duldet keinen Prunk in ihren Gotteshäusern. In Prag ist ihre größte Kirche St. Nikolaus in der Altstadt, die den Altstädter Ring nach Nordwesten abschließt.

Der wichtigste Bau – wenn auch nicht in architektonischer Hinsicht – ist das **Rathaus,** das den *Malé náměstí* (Kleiner Ring) vom Altstädter Ring abtrennt. Ursprünglich bildeten beide Plätze zusammen den Teyn-Hof, den ältesten Markt von Prag. König Johann von Luxemburg erlaubte 1338 den Bürgern, sich aus dem Ertrag von Weinsteuern ein Rathaus zu bauen. Der Kern des Gebäudes mit dem 1364 angebauten Turm und der Erkerkapelle ist gotisch, im 19. Jahrhundert kam noch ein Anbau dazu, der, 1945 zerstört, nicht wieder aufgebaut wurde.

Hauptattraktion des Rathauses ist die 1490 von Meister Hanuš z Růže konstruierte **astronomische Uhr.** Zu jedem Stundenschlag öffnen sich oben zwei Türchen, und an den geöffneten Türen zieht der Heiland mit den zwölf Aposteln vorbei. Jeder neigt sich grüßend dem heraufstaunenden Zuschauer zu und zieht weiter. Nachdem der letzte gegangen ist, klappen die Türen zu, und der Hahn kräht. An den Seiten sieht man den Sensenmann, den Türken, den Geizhals und den Eitlen. Der Mittelteil der Uhr zeigt in sphärischen Kreisen Jahr, Monat, Tag, Stunde, die Stellung der Planeten und der Fixsterne sowie den Lauf von Sonne und Mond. Den unteren Teil nimmt die Kopie eines Gemäldes von Josef Manés ein. Die Prager waren seinerzeit so eifersüchtig darauf bedacht, daß nirgends in der Welt eine solche Wunderuhr gebaut würde, daß sie dem Uhrmacher und Astronom die Augen ausbrannten. Als der blinde Hanuš seinen Tod nahen fühlte, ließ er sich noch einmal zum Uhrwerk führen, tastete im Räderwerk herum, plötzlich knirschte es, kollerte und – die Uhr stand; es dauerte viele, viele Jahre, bis sie wieder zu ticken begann.

Im Pflaster vor dem zerstörten Teil des Rathauses sind die Stellen markiert, wo 1621 die adeligen und bürgerlichen Anführer des böhmischen Aufstandes, dessen Ziel Lösung der Personalunion mit Habsburg und selbständiges Königreich Böhmen war, hingerichtet wurden.
Die Reihe der alten Bürgerhäuser, die den Altstädter Ring im Süden einrahmt, wurde 1945 während des Maiaufstandes stark beschädigt. Ihre Barock- und Renaissancefassaden sind aber so gut restauriert worden, daß man die Originale zu sehen glaubt.
Eines der Häuser, gerade gegenüber der astronomischen Uhr trägt den Namen «U Bindrů» (bei Binder) und ist eine Weinstube. Hier kann man ein Weilchen verschnaufen. Immerhin hat man schon neun Jahrhunderte durchwandert und trinkt nun seine zwei Dezi Wein auch auf historischem Boden. Im Hauptraum mit seinem romanischen Gewölbe soll neben der verputzten Säule der Scharfrichter, der vor dem Rathaus die Hinrichtungen zu vollstrecken hatte, seinen Platz gehabt haben. Anderen Berichten zufolge war «U zelené žáby» (Zum grünen Frosch) am Kleinen Ring sein Stammlokal. Die Häuser aus der Prager Frühzeit waren nicht unterkellert und hatten daher oft unter Moldauüberschwemmungen zu leiden. So schüttete man eines Tages Straßen und Plätze auf, die Erdgeschosse wurden zu Kellern, und auf den romanischen Grundgeschossen entstanden neue gotische Stockwerke, die schließlich ein Renaissance- oder Barockgiebel krönte. Die Kellerräume unter der Weinstube «U Bindrů» gehen weit über den Grundriß des Hauses hinaus. Auf der einen Seite reichen sie bis tief unter die Melantrichova, wo die Weinstube, «U zlaté konvice» (Zur goldenen Kanne), in den unterirdischen Gewölben eingerichtet wurde, auf der anderen unter den Altstädter Ring.

Portal der Apotheke am Kleinen Ring

Spaziergang aufs Geratewohl

Lustig ist es, sich jetzt südwestlich über den Kleinen Ring ohne Reiseführer und Stadtplan dem Gewirr der Gassen und Gäßchen anzuvertrauen. Ohne mit «Aha» festzustellen, daß dies etwa die *Ägidiuskirche* ist, jenes das *Clam-Gallas-Palais,* hier die *Bethlehemkapelle,* dort das *Náprstek-Museum.* Alle diese Einzelheiten wird man früh genug kennenlernen. Aber das Fluidum einer mittelalterlichen Stadt mit allen Sinnen, auch mit der Nase, aufzunehmen, ist nur möglich, wenn man unangekränkelt von stadthistorischen Kenntnissen die gewundenen Gassen entlangschlendert, unvermutet sich öffnende Plätze überquert, mutig sich in ein *Durchhaus* wagt, dessen phantastisch ineinandergeschachtelte Bauten, Arkaden, Treppenhäuser und Balkone bestaunt, von einem Hof in einen zweiten, gar dritten gerät und schließlich wieder auf einer richtigen Gasse landet. Wirklich verirren kann man sich nicht; unversehens ist man an der Moldau oder, wenn man nach Süden abgetrieben wurde, auf der Nationalstraße.

Die Neuzeit hat uns wieder. Nun kann man mit ruhigem Gewissen zu Mittag essen. Aber Vorsicht: die Prager essen früh, zwischen zwölf und ein Uhr sind die meisten Restaurants sehr besetzt. Danach ist es gemütlich, nicht zu voll und nicht zu leer. In der Národní třída (Nationalstraße), auf beiden Seiten des Wenzelsplatzes, in der Vodičkova (Wassergasse) und Am Graben gibt es eine Menge Gaststätten.

Der Hradschin – eine Welt für sich

Man sollte sich (ver)führen lassen

Historisch-systematisch läßt Prag sich nicht erkunden. Auch Besucher, die gewöhnt sind, bei Stadtbesichtigungen einen Teil nach dem anderen gründlich abzuwandern, werden wahrscheinlich hier ihr Prinzip durchbrechen, nicht erst die ganze Altstadt, die Jüdische Stadt und die Neustadt erforschen, ehe sie zur Kleinseite und zum Hradschin hinaufgehen. An gar zu vielen Stellen der Innenstadt lockt plötzlich der Hradschin von fern mit seinen Türmen, die Moldau verführt zu einem Uferbummel, und die Geschäftsstraßen der Neustadt fordern mit ihren Auslagen zum Vergleich des Warenangebotes mit dem zu Hause auf.

Für den Hradschin braucht man Zeit, aber auch Lust, nicht nur auf architektonische Sehenswürdigkeiten, sondern ebenso

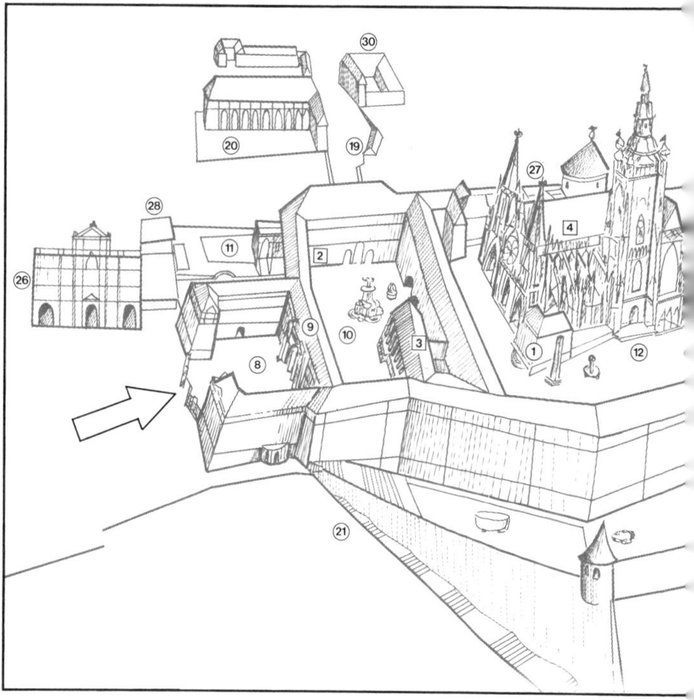

1 Informationsbüro
2 Bildergalerie der Prager Burg
3 Hl.-Kreuz-Kapelle
4 St.-Veits-Dom
5 Palast Karls IV.
6 St.-Georgs-Kirche
7 Goldenes Gäßchen, Dalibor-Turm
8 Erster Burghof
9 Matthias-Tor
10 Zweiter Burghof
11 Bastei
12 Dritter Burghof
13 Georgsplatz
14 Allerheiligenkapelle
15 Georgsgasse
16 Haus der Tschechoslowakischen Kinder
17 Schwarzer Turm
18 Lustschloß

19 Pulverbrücke
20 Königliche Reitschule
21 Neue Schloßstiege
22 Alte Schloßstiege
23 Burggarten
24 Musikpavillon
25 St.-Georgs-Kloster
26 Sternberg-Palais
(25 + 26 = Nationalgalerie)
27 Restaurant Vikarka
28 Restaurant Na Baště
29 Weinstube zum Goldenen Gäßchen
30 Weinstube Löwenhof

Führungen: täglich außer montags 9 bis 17 Uhr. – Öffnungszeiten der Nationalgalerie: täglich außer montags 10 bis 18 Uhr

dazu, der Geschichte dieser einzigartigen Anlage zu folgen. Der ganze Komplex von Burg und Burgviertel läßt sich nicht auf einmal bewältigen. Man hat mehr davon, sich zunächst die Burg selber vorzunehmen und bei einem zweiten Gang das Burgviertel mit seinen Besonderheiten zu betrachten. Übrigens werden die zur Besichtigung freien Gebäude auf dem Hradschin im Sommer um 18, im Winter um 17 Uhr geschlossen. Es ist daher ratsam, gleich vormittags hinaufzusteigen und Mittagspause in einer der nahen Gaststätten zu halten.

Zu Fuß zur Prager Burg

Man kann zur Burg hinauffahren, reizvoller ist es, zu Fuß zu gehen. Am unteren Ende des Wenzelplatzes führt geradeaus die Gasse Na můstku (Am Brückl) über die Rytířská in die Melantrichova, die auf den Altstädter Ring mündet. Hier biegt man links ein und setzt damit den auf dem ersten Gang in die Altstadt unterbrochenen Krönungsweg fort. Er führt durch die *Karlova* (Karlsgasse) mit ihren Renaissance- und Barockhäusern zur Karlův most (Karlsbrücke). Wo die *Husova* (Husgasse) die Karlova durchschneidet, steht das *Clam-Gallas-Palais,* das bis 1945 im Besitz der Grafen Clam-Gallas war. Sein gewaltiges Portal tragen zwei noch gewaltigere Giganten. Ihr Schöpfer ist Matthias Braun, dem das barocke Prag viele Plastiken, Skulpturen, Portale und Grabmäler verdankt. Der Prag-Besucher wird bald Brauns Stil von dem Fischer von Erlachs und Ferdinand Max Brokoffs unterscheiden. Aus Brauns Werkstatt stammt auch die Innentreppe mit ihren Reliefs und Vasen. Italienische Arbeit dagegen ist die Stuckverzierung des Treppenhauses. Heute beherbergt das

Palais das Archiv der Stadt Prag. Auf dem weiteren Weg durch die Karlsgasse muß man sich auf der linken Seite das Bierlokal «U Malvazů» merken. Hier wird Bier ausgeschenkt, das man nirgendwo sonst auf der Welt trinken kann, es wird ausschließlich für Malvaz gebraut. Der Wirt sorgt darüber hinaus für kräftige Mahlzeiten.

Die Karlsgasse endet am Křížovnické náměstí (Kreuzherrenplatz) mit den beiden Barockkirchen *St. Salvator* und *St. Franziskus,* ihre Fortsetzung ist die 520 Meter lange und 10 Meter breite **Karlsbrücke.** Zur Zeit Karls IV. gebaut und in den vergangenen 600 Jahren nur wenig der Flußströmung entsprechend verändert, spielte sie in Prags dramatischer Geschichte eine wichtige, zweimal auch die entscheidende Rolle. 1648 wurden auf der Karlsbrücke die Schweden zurückgeschlagen. Und im Siebenjährigen Krieg, als die Kleinseite von preußischen Truppen besetzt war, verwehrte die Karlsbrücke den Übergang über die Moldau. Den Bau des **Brückenturms** begann Peter Parler 1357; in der Regierungszeit Wenzels IV. (1378–1419) wurde er vollendet. Plastiken des 14. Jahrhunderts zieren die dem Kreuzherrenplatz zugewandte Seite des Turmes. Hoch oben haben die Schutzheiligen des Landes, St. Vojtěch (Adalbert) und St. Sigismund ihren Platz, darunter St. Veit und, zu dessen beiden Seiten sitzend, Karl IV. und sein Sohn Wenzel IV. Die der Moldau zugewandte Seite büßte 1648 während der schwedischen Belagerung ihre Reliefs ein. Das Turmtor krönen die Wappen der Länder, die zum Reich Karls IV. gehörten. Der Eisvogel im Liebesknoten oberhalb und rechts und links vom Torbogen ist König Wenzels Symbol. Die Reliefs der Badefrauen gedenken jener Bademagd Susanna, die ihren König Wenzel – den Standesherren wie Bürger mehrmals hinter Schloß und Riegel setzten, um ihm diese oder jene Privilegien abzupressen – einmal aus

der Gefangenschaft der Altstädter befreite und ihn nächtlicherweise über die Moldau ruderte, denn die Kleinseite war dem König stets treu ergeben. Zum Lohn wurde Susanna nicht nur die persönliche Huld des Königs zuteil, auch die Berufe der Bader und Barbiere, bis dahin unehrbare Gewerbe, erhob Wenzel um Susannas willen zur ehrbaren Zunft.
Der Turm ist zugänglich, wer sich die Mühe macht hinaufzusteigen, wird mit herrlichen Ausblicken belohnt. **30 Statuen und Statuengruppen** geben der Karlsbrücke ihre unvergleichliche Silhouette. Zwei Skulpturen sind zwar durch Kopien ersetzt, neun stammen aus dem 19. und 20. Jahrhundert und reichen bei weitem nicht an die Meisterwerke von Brokoff und Braun heran. Der Gesamteindruck ist dennoch bezaubernd.

Altstadt

1. Gruppe mit St. Ivo. Kopie des im Nationalmuseum aufbewahrten Originals von Matthias Braun, 1711.

2. Madonna mit St. Bernhard von Matthias Wenzel Jäckel, 1709.

3. St. Barbara, St. Margareta, St. Elisabeth von Ferdinand Maximilian Brokoff, 1707.

4. Madonna mit hl. Dominikus und Thomas von Aquino. Kopie eines Originals von M.W. Jäckel, 1708.

5. Beweinung Christi von Emanuel Max, 1859, an der Stelle einer Pietà aus dem 15. Jahrhundert.

6. Vergoldete Kreuzigungsgruppe, 1629. Statuen von E. Max, 1861. Die vergoldete hebräische Lobpreisung Christi wurde aus dem Bußgeld angefertigt, das einem Juden wegen Schmähung des Kreuzes auferlegt wurde.

7. St. Josef von Josef Max, 1854.

8. St. Anna Selbdritt von M.W. Jäckel, 1707.

9. Franziskus-Xaverius-Gruppe von Čeněk Vosmík, 1913. Kopie des Originals von F. M. Brokoff, 1711, das bei der Hochwasserkatastrophe 1890 zerstört wurde.

10. Kyrill- und Method-Gruppe von Karel Dvořák, 1928, anstelle der Ignatius-Statue von F. M. Brokoff, die sich im Nationalmuseum befindet.

11. Christophorus von E. Max, 1857.

12. Johannes der Täufer von Josef Max, 1857.

13. St. Franziskus aus Borgia-Gruppe von F. M. Brokoff, 1710.

14. St. Norbert, St. Wenzel, St. Sigismund von J. Max, 1853.

15. St. Ludmila aus der Werkstatt M. Brauns, 1720.

16. St. Johan von Nepomuk, 1683. Bronzefigur mit Reliefs nach Matthias Rauchmiller, Modell von Jan Brokoff.

17. St. Franziskus Seraphinus von J. Max, 1855.

18. St. Antonius von Padua von Johann Ulrich Mayer, 1707.

19. St. Vinzenz Ferrarius und St. Prokop von F. M. Brokoff, 1712.

20. St. Judas Thaddäus von J. U. Mayer, 1708.

21. St. Nikolaus von Tolentino von Johann Friedrich Kohl, 1708.

22. St. Augustinus von J. F. Kohl, 1708.

23. St.-Luitgard-Gruppe von M. Braun, 1710.

24. St. Cajetan von F. M. Brokoff, 1709.

25. St. Adalbert, vermutlich von F. M. Brokoff, 1709.

26. St. Philipp Benitius von Michael Bernhard Mandel, 1714.

27. St. Johann von Matha, St. Felix von Valois, St. Ivan und die Figur des Türken von F. M. Brokoff, 1714.

28. St. Veit von F. M. Brokoff, 1714.

29. St. Wenzel von Josef Emil Böhm, 1858.

30. Erlösergruppe mit St. Kosmas und St. Damian von J. U. Mayer, 1709.

Kleinseite

Ein Wort zur **Nepomuk-Figur** (16): Auf Geheiß König Wenzels IV. wurde der Generalvikar Johann von Nepomuk in einen Sack gesteckt und von der Karlsbrücke aus in die Moldau geworfen. Über den Grund dieser drakonischen Bestrafung gibt es die verschiedensten Geschichten. Die geläufigste besagt, Nepomuk, Beichtvater der Königin Sophie, habe sich geweigert, dem König das Beichtgeheimnis seiner Gattin zu verraten; eine andere will wissen, Nepomuk habe den Standesherren Königin Sophies Beichtgeheimnis preisgegeben und ihnen dadurch vorzeitig Kenntnis von königlichen Plänen verschafft. Am wahrscheinlichsten ist jedoch, daß Nepomuk vom König in seinen Streitigkeiten mit dem Erzbischof als Sündenbock benutzt wurde. Während der Gegenreformation griffen die Jesuiten auf den so traurig ums Leben gekommenen Generalvikar zurück, um der Bevölkerung, die den Märtyrer Jan Hus verehrte, einen anderen Märtyrer namens Jan zu präsentieren. Nepomuk wurde 1729 heiliggesprochen und erhielt im St.-Veits-Dom ein Grabmal, für das 37 Zentner Silber verbraucht wurden. Den Entwurf schuf Joseph Emanuel Fischer von Erlach, das Modell Antonio Corradini.

Am anderen Moldauufer wird die Karlsbrücke von den beiden *Kleinseitner Brückentürmen* bewacht, der eine romanisch – Überrest der Judithbrücke aus dem 12. Jahrhundert, an deren Stelle die Karlsbrücke gebaut wurde –, der andere gotisch. Durch die *Mostecká ulice* (Brückengasse) geht der Weg zum **Malostranské náměstí** (Kleinseitner Ring) mit der Kleinseitner *Nikolauskirche*, der bedeutendsten Prager Barockkirche. Die den Platz umgebenden Gebäude haben sich vorwiegend böhmische Adelsfamilien im 17. und 18. Jahrhundert als Stadtpalais bauen lassen. (Einzelheiten über die Kleinseite s. S. 121–137.)

Vom Kleinseitner Ring kann man, dem Krönungsweg folgend, die *Nerudova* (Nerudastraße) und dann die Schloßauffahrt hinaufgehen oder durch die *Tomášská* (Thomasgasse) links in die *Thunovská* (Thungasse) einbiegen und die *Nové zámecké schody* (Neue Schloßstiege) hinaufsteigen. Beide Wege führen zur Burgrampe und dem weiten **Hradčanské náměstí** (Burgplatz) mit herrlichem Blick auf die Stadt. Ich empfehle, die Nerudastraße für den Besichtigungsgang durch die Kleinseite aufzusparen und diesmal die Neue Schloßstiege zu benutzen.

In der Burg – Spuren von 1000 Jahren

Die ganze Ostseite des Burgplatzes nimmt die Front des Pražský Hrad (Prager Burg) beziehungsweise seines jüngsten Teiles ein. Es ist der dreiflügelige Palast mit dem **ersten Burghof,** den Maria Theresia bauen ließ. Der nächstältere, mit dem zweiten Burghof, entstand zur Zeit Rudolfs II., auf und unter dem dritten Burghof gruppieren sich die jüngsten wie die ältesten Gebäude. Ihr wirkliches Alter sieht man ihnen von außen allerdings nicht an, und man muß tief ins Innere steigen, das die Bauten aus dem 10. bis 12. Jahrhundert birgt.
Durch ein Rokokotor betritt man den ersten Hof. Der **Theresianische Palast** wurde nach Schleifungen der Befestigungen gebaut, die Burg und Burgviertel (Hradčany) trennte. Den Mitteltrakt des Palastes unterbricht das *Matthias-Tor.* Es ist der erste profane Barockbau in Prag, 1614 von Kaiser Matthias in Auftrag gegeben als Hauptzugang zur damals noch befestigten Burg. In der Durchfahrt links geht es zum *Säulensaal,* rechts über eine Rokokotreppe zu den *Empfangsräumen des tschechoslowakischen Staatspräsidenten,* zum *Spanischen*

Saal und anderen, dem Besucher nur selten zugänglichen Sälen. Der Spanische Saal hat noch einen zweiten Zugang von der Bastei (Na baště) aus.
Durch die Durchfahrt des Matthias-Tores kommt man in den **zweiten Burghof.** Dieser Teil der Burg entstand nach 1534 auf Fundamenten aus dem 11. und 12. Jahrhundert und Überresten der Bauten Soběslavs II. († 1180). Gegenüber dem Matthias-Tor stand der Soběslav-Turm, in dem später gelegentlich Wenzel IV. gefangen gesessen hat. Unter Kaiser Rudolf II., der sich wenig um Regierungsgeschäfte kümmerte, um so mehr um seine prachtvollen Sammlungen, erlebte der neu errichtete Palast seine Glanzzeit. Nach des Kaisers Tod wurde ein großer Teil seiner Gemäldesammlung nach Wien gebracht, und die berühmte *Rudolfinische Schatzkammer* plünderten 1648 die Schweden. Im Mauerwerk erhielten sich kaum noch kenntliche Reste des «mathematischen Turms», auf dessen flachem Dach Tycho Brahe und Johannes Kepler ihre astronomischen Berechnungen angestellt hatten. Die *Burgkapelle des Heiligen Kreuzes* wurde erst 1753 von Anselmo Lurago gebaut, 1852 bis 1858 restauriert. Sie enthält heute einen Teil des Domschatzes von St. Veit mit kostbaren Meßgeräten, kirchlichen Kleinodien, zahlreichen Reliquien, zum Beispiel die Schädel der Heiligen Wenzel und Vojtěch (Adalbert), Wenzels Helm und Panzerhemd, ferner Kopien der Krönungsinsignien sowie wertvolle mittelalterliche sakrale und profane Kleinodien. Von der fast abstrusen Reliquiensammlung Karls IV. sind nur die künstlerisch wertvollen Stücke in der Heiligkreuz-Kapelle ausgestellt, die übrigen blieben im Dom. Merkwürdig mutet der Fetischismus eines auf anderen Gebieten so nüchternen Kaisers an. Er war auf seine Reliquien ungeheuer stolz und schrieb 1354 an den Erzbischof Arnošt von Pardubice: «Wir glauben, daß es in Euro-

pa mit Ausnahme von Rom keinen Ort gibt, wo der Pilger mehr Reliquien fände als in der Metropolitankirche zu Prag.» Es entstand eine regelrechte Reliquienindustrie, die den Kaiser ununterbrochen mit neuen Heiligtümern versorgte. Er erwarb den Stab Mosis, mit dem dieser den verdurstenden Kindern Israels Wasser aus den Felsen geschlagen und das Rote Meer geteilt hatte; das Gewand der Jungfrau Maria besaß er ebenso wie ein Stück Tischtuch vom Letzten Abendmahl, selbst Reliquien der Erzväter Abraham, Isaak und Jakob fehlen nicht. Unter die Gebeine der Heiligen haben sich allerdings auch ein Stückchen Walrippe, Schulterblatteile eines Diluvialnashornes und der Rest eines Elefantenstoßzahnes verirrt.

Der Nordflügel des Palastes enthält eine künstlerische Sensation ersten Ranges: nachdem der Rest der auf dem Hradschin gebliebenen Rudolfinischen Sammlungen 1648 nahezu vollständig den Schweden als Kriegsbeute zugefallen war, entstand unter Ferdinand II. und Leopold I. eine zweite Gemäldesammlung, die 1782 unter den Hammer kam. Man hielt die Sammlung für verloren, bis 1960 unter allerlei Gerümpel in den Kanzleistuben und Abstellräumen des Schlosses eine Anzahl völlig verkommener Gemälde entdeckt wurde: es handelte sich um einen Teil der verloren geglaubten zweiten **Prager Burggalerie.** Durch Farbanalysen, Röntgenstrahlen, Natriumdampfentladelampen gelang es, 130 hervorragende Gemälde wiederherzustellen, darunter mehrere Veronesi, Tintoretti, Bassani und andere venezianische Meister. Fachleute haben die Originale von Schmutz und Übermalungen gesäubert und ihren ursprünglichen Zustand wiederhergestellt.

Bei der Umgestaltung der ebenerdigen Bauten des Nordflügels für die Zwecke der jetzigen Burggalerie wurden die Mauerreste des ältesten Kirchleins der Burg, einer *Marienkirche,*

freigelegt. Fürst Bořivoj († 894), den seine Gefolgschaft verjagte, als er sich hatte taufen lassen, floh ins Mährische und gelobte der Mutter Gottes eine Kirche, wenn sie ihm bei der Rückkehr in die Heimat behilflich sein würde. Bořivoj erfüllte sein Gelübde. Erhalten blieb die nördliche Hälfte des Kirchenschiffs mit Apsis und Altar. Der obere Teil des Mauerwerks geht auf das 10. Jahrhundert zurück, die Teile darunter – eine Gruft mit zwei Gräbern – stammen aus dem ausgehenden 9. Jahrhundert.
Durch die Toreinfahrten an der Nordseite kommt man links in den *Hirschgraben,* in dem vom 16. bis 18. Jahrhundert Hirschhetzen stattfanden. Heute ist er ein Park mit exotischen Vögeln, Bärengehege, künstlichen Felsen und einem Teich.
Auf der Ostseite des zweiten Hofes führen zwei Tordurchfahrten in den *dritten Burghof,* den Kern der Burg. Wer aus der Durchfahrt heraustritt, bleibt unwillkürlich stehen. Unvermittelt ragt das Hauptportal des **St.-Veits-Domes** empor, dessen Türme schon längst von weitem lockten.

Kirche, Mausoleum, Museum: der St.-Veits-Dom

1344 war Prag Erzbistum geworden. Karl IV., damals Markgraf von Mähren und Landesverweser des Königreichs, stiftete daher eine Metropolitankirche auf dem Hradschin. Der für den Dombau bestimmte Platz war geheiligter Boden. Zu Beginn des 10. Jahrhunderts ließ Wenzel der Heilige hier eine St. Veit geweihte Rotunde bauen, und 100 Jahre später stiftete Herzog Spytihněv eine Basilika. Die Reste beider Kirchen entdeckte man erst beim letzten Dombauabschnitt.

Der erste Baumeister war bis 1352 Matthias von Arras, ihm folgten Peter Parler (1352–1399) und dessen Söhne (1399–1419). Die Hussitenkriege unterbrachen den Bau, im 16. Jahrhundert nahm man die Arbeiten wieder auf. Den bis dahin unvollendet gebliebenen *Hauptturm* stattete 1554 Bonifaz Wolmut mit einem Renaissancehelm und der Brüstung aus. Der Dreißigjährige Krieg bedeutete eine neue lange Bauunterbrechung. Erst Ende des 17. Jahrhunderts ging die Arbeit weiter und geriet dann erneut ins Stocken. 1770 erhielt der Hauptturm sein barockes Zwiebeldach von Nikolaus Pacassi. Tschechische Patrioten gründeten zu Beginn des 19. Jahrhunderts eine Gesellschaft zur Vollendung des Doms, 1873 legte man den Grundstein zum Dreischiff, das 1929 am tausendsten Todestag des heiligen Wenzel eingeweiht wurde. Gottesdienst wird im Dom aber schon seit dem Ende des 14. Jahrhunderts gehalten.

Mit der Beschreibung des Dominneren allein ließen sich Bände füllen. Ich empfehle, sich *zunächst* einer Führung anzuschließen. Sie informiert über die Baugeschichte, die beteiligten Künstler, erklärt die 21 Kapellen ausführlich und weist auf alle Besonderheiten und Absonderlichkeiten dieses großartigen Bauwerks hin. *Danach* aber wird man sicher noch einmal für sich allein in aller Ruhe Einzelheiten betrachten und sich dabei wahrscheinlich in erster Linie für den alten, den östlichen Teil interessieren: den Chor, seine Kapellen und den Hauptturm. Bauvorbilder waren für den St.-Veits-Dom die Kathedralen in Narbonne und Toulouse. Matthias von Arras schuf das Presbyterium und die fünfeckigen Umgangskapellen von der Sakristei bis zur *Kreuzkapelle.* Peter Parler baute die *Wenzelskapelle,* die viereckigen Kapellen, den anschließenden Chorumgang, das Triforium über den Chorarkaden, die Chorfensterwand, das Deckengewölbe und den unteren

Teil des Hauptturmes mit der anliegenden *Goldenen Pforte.* Die Bildnisbüsten im inneren Triforium und die Heiligenbüsten im alten Teil des oberen Triforiums sind Arbeiten der Parler-Bauhütte. Der Meister selber schuf wahrscheinlich die *Wenzelstatue* für die Wenzelskapelle und bestimmt die *Grabmalstatue von Ottokar I.*

Die königliche Gruft aus weißem Marmor vor dem Hochaltar entstand zwischen 1564 und 1589. Die Deckplatte zieren die Gestalten Ferdinands I. in der Mitte, seines Sohnes Maximilian rechts, seiner Gattin Anna Jagiello links. Reliefs von Karl IV., seinen vier Ehefrauen und seinen Nachfolgern schmükken die Seitenwände.

Das *königliche Oratorium* mit seinem spätgotischen ornamentalen Überschwang baute ein Vorläufer von Benedikt Ried (1493). Die 1873 wiederaufgenommenen Bauarbeiten umfassen das Querschiff, den anschließenden Westteil mit seinen Kapellen und die beiden *Türme der Westfront.* Zentrum der Westfront ist das große *Rosettenfenster* mit seiner Darstellung der Schöpfungsgeschichte. Beidseitig des Fensters sieht man Büsten der Künstler, die sich um den letzten Bauabschnitt besonders verdient gemacht haben (Josef Mocker, Kamil Hilbert, Zdeněk Wirth, František Kysela). Von den drei Portalen zeigt das mittlere in Flachreliefs Ereignisse aus der Geschichte des Domes von der ersten St.-Veits-Rotunde an bis 1929. Die Seitenportale sind der St.-Wenzel- und der St.-Adalbert-Legende gewidmet. Der Dom ist 124 Meter lang, 33 Meter hoch und in der Querschiffsachse 60 Meter breit. 28 Pfeiler tragen das Gewölbe.

Die rechte Seite des Südschiffes beginnt mit einer *Ludmila-Kapelle.* Den Fensterentwurf «Ausgießung des Heiligen Geistes» sowie das Mosaik «Taufe Christi im Jordan» schuf Max Švabinský (1936). Die *Kapelle des Heiligen Grabes* schmückt

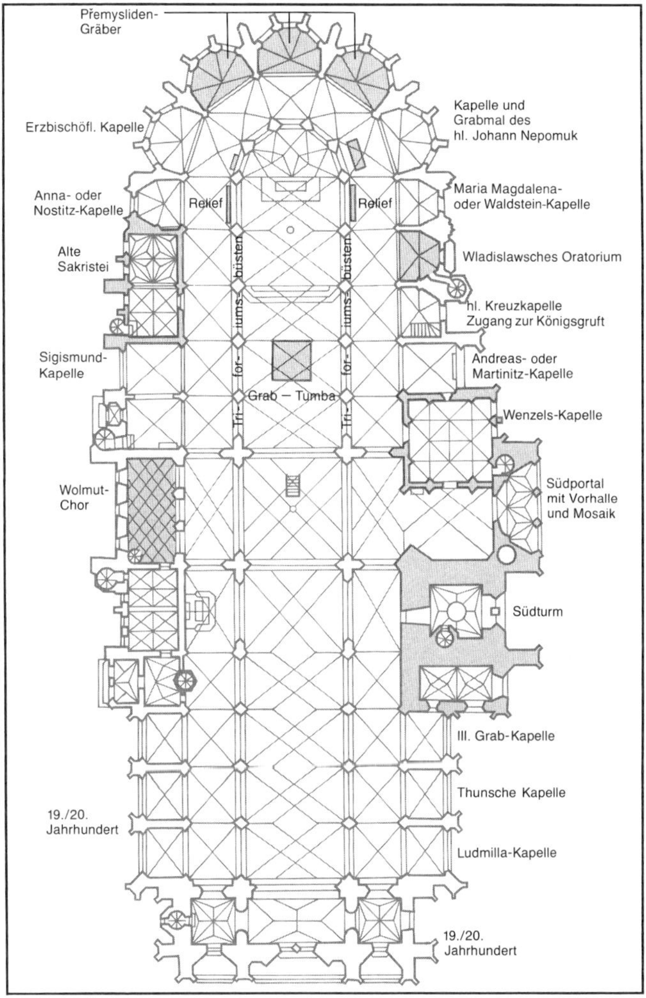
Přemysliden-Gräber
Erzbischöfl. Kapelle
Kapelle und Grabmal des hl. Johann Nepomuk
Anna- oder Nostitz-Kapelle
Relief
Relief
Maria Magdalena- oder Waldstein-Kapelle
Alte Sakristei
Wladislawsches Oratorium
Tri-foriums-büsten
Tri-foriums-büsten
hl. Kreuzkapelle
Zugang zur Königsgruft
Sigismund-Kapelle
Andreas- oder Martinitz-Kapelle
Grab – Tumba
Wenzels-Kapelle
Wolmut-Chor
Südportal mit Vorhalle und Mosaik
Südturm
Ill. Grab-Kapelle
Thunsche Kapelle
19./20. Jahrhundert
Ludmilla-Kapelle
19./20. Jahrhundert

ein Fenster von Karel Svolinský (1933), die nächste, die *Thunsche Kapelle,* eines von František Kysela. Im ehemaligen *Kapitelsaal* daneben werden Handschriften, Meßbücher, Gradualien und Evangelienbücher aufbewahrt. Die wertvollsten Handschriften sind ein Markusevangelium aus dem 6. und ein Evangeliar aus dem 9. Jahrhundert. Mit dem Hauptturm, in den Peter Parler die *Hasenburgsche Kapelle* hineinbaute, beginnt der alte Teil. Die erste und zugleich kostbarste ist die *Wenzelskapelle.* Parler baute sie 1362 bis 1367 an der Stelle der Südapsis der romanischen Rotunde. Der untere Teil der Wände ist mit riesigen böhmischen Halbedelsteinen ausgelegt und darüber mit einem Gemäldezyklus «Christi Passion» (1372/73) geschmückt. Die Gemälde über dem Gesims stellen Begebenheiten aus der St.-Wenzels-Legende dar, sie werden dem Meister von Leitmeritz (16. Jh.) zugeschrieben. Das Grabmal Wenzels aus dem 14. Jahrhundert wurde zu Beginn unseres Jahrhunderts restauriert. An der Südostecke führt eine Tür aus dem 14. Jahrhundert mit einem noch 100 Jahre älteren Türring zur Kronkammer, wo hinter sieben Schlössern und Riegeln die Krönungsinsignien aufbewahrt werden. Der Wenzelskapelle folgen die *Martinic-* und die *Kreuzkapelle.* Von hier aus kann man in den unterirdischen Teil des Domes hinabsteigen zu den Resten der Rotunde und dem Ostteil der romanischen Basilika, welche die Fürsten Spytihněv und Břetislav II. bauen ließen, sowie zur *Königsgruft* mit den Sarkophagen Karls IV., seiner Familienmitglieder und späterer Kaiser und Könige.

Wenige Schritte weiter, in der *Waldsteinkapelle,* haben die beiden ersten Dombaumeister, Matthias von Arras und Peter Parler, ihre Grabdenkmäler. Dann steht man vor dem silbernen Denkmal St. Nepomuks, das nach Entwürfen Joseph Emanuel Fischer von Erlachs 1733 bis 1736 entstand. An der

Seitenwand fesselt das aus Parlers Werkstatt stammende Grabmal des Erzbischofs Jan Očko von Vlašim. In der *Reliquienkapelle,* auch Sächsische oder Sternberg-Kapelle genannt, ist die schon erwähnte Grabstatue Ottokars I. zu sehen und die Ottokars II. von einem Parler-Schüler. Auch in den nächsten Kapellen finden wir Grabmäler aus Parlers Werkstatt: Fürst Břetislav I. und seine Gemahlin Judith, Spytihněv II., Břetislav II. und Bořivoj II.
Den *romanischen Leuchter* links neben dem St.-Veits-Altar sollen der Chronik zufolge böhmische Krieger nach der Schlacht von Mailand (1162) aus Italien mitgebracht haben.
Den Kapellenkranz unterbricht nach der *Sigismundkapelle* das Querschiff mit der Renaissanceempore von Wolmut an der nördlichen Abschlußwand. Drei neue Kapellen schließen den Kranz: die *Erzbischöfliche,* die *Schwarzenbergische* und die *Bartoň-Dobenínsche.*
Neben dem Dom steht die ehemalige *Probstei* aus dem 11. Jahrhundert, deren Rückwand an die Spytihněv-Basilika anschloß. Ihr heutiges Aussehen stammt aus einem Umbau Mitte des 16. Jahrhunderts. Sie ist jetzt Kulturhaus der Angestellten der Präsidialkanzlei.

Rundgang durch den dritten Burghof und den Königspalast

Als nach Gründung der ersten Tschechoslowakischen Republik der Staatspräsident seinen Sitz auf dem Hradschin nahm, wurden Burghof und Gebäude restauriert; 1928 stellte man zum Gedächtnis der im Ersten Weltkrieg Gefallenen und als Symbol der tschechischen und slowakischen Einheit den 17

Meter hohen *Monolith* aus Mrakotiner Marmor auf. Die *St.-Georgs-Statue* in Bronze daneben schufen 1373 die Brüder Georg und Martin von Cluj (Klausenburg).
Wer den großen, kühl wirkenden Platz – im Westen und an der Südseite von der vornehmen Fassade des langgestreckten Palastes eingefaßt – betritt, ahnt nicht, was sich unter dieser klassischen Gelassenheit verbirgt. Unter den Granitplatten im **dritten Burghof** befinden sich, durch eine Betonkonstruktion konserviert, die Reste der ältesten Bauten auf dem Burghügel: Plänerkalk- und Lehmwälle aus dem 9. Jahrhundert, Gruppen von Holzbauten, mit Holz und Stein befestigte Gassen, ein Krieger- oder Fürstengrab, ebenfalls aus dem 9. Jahrhundert, eine Bartholomäus-Kapelle und die Reste von steinernen Häusern aus dem 12. Jahrhundert. Diese Unterwelt ist dem Publikum jedoch nicht zugänglich.
Die oberirdischen Gebäude sind relativ jung: der Renaissancepalast Kaiser Rudolfs II., das Frühbarockpalais der Gattin Kaiser Ferdinands III. (1637–1657) und der Palast Kaiser Maximilians II. (1564–1576). Alle drei Gebäude faßte Nicolo Pacassi im Auftrag Maria Theresias in eine zusammenhängende Baueinheit zusammen und schuf die einheitliche Rokokofassade (1753–1775). Der *Palast,* inzwischen innen weiter modernisiert, ist heute wie während der ersten Tschechoslowakischen Republik Sitz des Präsidenten der Republik.

Der anschließende kurze Ostflügel ist der **Königspalast Karls IV.** Der König und spätere Kaiser war ein sparsamer Hauswirt im Gegensatz zu seinem Vater Johann von Luxemburg, der durch die Heirat der letzten Přemyslidenprinzessin Eliška den Thron errungen hatte. Johann, der weder Neigung noch Begabung zum Regierungsgeschäft besaß, hatte in ritterlicher Sorglosigkeit aus dem Vollen gelebt und die Landesfinanzen kräftig zerrüttet. Karl IV. benutzte daher für den Bau seiner Residenz die soliden Mauern der von Ottokar II. gebauten und 1302 ausgebrannten Burg. Auch Ottokar, der große tschechische Städte- und Burgengründer, hatte seinerzeit seine Burg auf eine ältere aufgestockt, die Soběslavs I. (1125–1140).

Karls IV. Residenz genügte auch seinen Nachfolgern noch, die an dem gotischen Palast lediglich mehrere unwichtige Veränderungen vornahmen, da sie meist im Königshof in der Altstadt residierten. Erst Vladislav III. aus der polnischen Jagiellonen-Dynastie (1471–1516) veranlaßte im Inneren einen völligen Umbau. So entstand der nach ihm benannte *Vladislav-Saal.* Einzigartig ist die Deckenwölbung des 13 Meter hohen, 62 Meter langen und 16 Meter breiten Saales. Baumeister Benedikt Ried löste die strenge gotische Kreuzrippenstruktur in die weichere Linienführung eines Netzgewölbes auf. Auf die Fenster des Vladislav-Saales sind die Prager besonders stolz: Sie stammen aus dem Jahre 1493 und sind die ersten Renaissancefenster nördlich der Alpen. Vladislavs Sohn Ludwig, der letzte selbständige böhmische König (1516–1526), fügte einen Renaissancebau, den *Ludwigsflügel,* hinzu, den auch sein Nachfolger Ferdinand I. aus dem Haus Habsburg noch benutzte. Aber schon Maximilian II. baute sich eine neue Residenz im dritten Burghof, und der ältere Palast diente nur noch zu Amtszwecken.

Aus der Zeit Karls IV. ist die *Grüne Stube* in ihren alten Maßen erhalten geblieben. Hier erledigte der Kaiser kleinere Gerichtsverhandlungen; später war sie Sitzungsraum des Hofgerichts. Hier versammelten sich auch am 23. Mai 1618 die böhmischen Stände vor der Vollziehung des bereits beschlossenen Fenstersturzes. Und nach der Niederlage am Weißen Berge (1620) trat in der Grünen Stube die Liechtensteinische Kon-

Der Vladislav-Saal

fiskationskommission zusammen, die das Vermögen der am böhmischen Aufstand führend Beteiligten zu erfassen und einzuziehen hatte.
Hinter der Grünen Stube kommt man in zwei kleinere spätgotische Räume mit farbigem Rippengewölbe aus der Vladislav-Zeit. Der erste Raum soll König *Vladislavs Schlafgemach* gewesen sein. Die Kunsthistoriker bestreiten dies zwar, trotzdem ist die Bezeichnung haften geblieben. Das zweite Zimmer diente zur Aufbewahrung der Hoftafeln, eine Art Grundbuch- und Katastererfassung der königlichen Besitzungen: Städte, Burgen, Forste, Landgüter und so weiter. Eine Tür an der Südwestecke des Vladislav-Saales führt in den *Ludwigsflügel,* den Benedikt Ried dem Palast anfügte (1502–1509). Hier war die *Böhmische Kanzlei* untergebracht. In ihrem vorderen Raum amtierten die Schreiber, im hinteren der Kanzler und der Rat der Statthalter. Aus dem linken östlichen Fenster dieses hinteren Raums wurden im Mai 1618 die kaiserlichen Statthalter samt ihrem Schreiber «28 Ellen tief» in den Burggraben geworfen. Sie landeten, ohne größeren Schaden zu nehmen, auf einem Abfallhaufen. Die beiden frommen katholischen Herren empfanden dies als einen besonderen Akt himmlischer Gnade. Im Schloß zu Telč hängt ein Gemälde, auf dem Statthalter Vilém Slavata hatte darstellen lassen, wie Engelsfittiche ihn vor schmählichem Tod bewahrten. Anlaß zum Fenstersturz hatten die permanenten Verletzungen des Religionsfreiheit gewährenden Majestätsbriefs Rudolfs II. (1609) geboten. Der Fenstersturz wurde zum Signal für den Dreißigjährigen Krieg.
Ein Stockwerk höher betritt man durch eine intarsienbelegte Renaissancetür die *Reichshofkanzlei* Rudolfs II. Bis auf den Bilderschmuck haben wir es mit der originalen Einrichtung des frühen 17. Jahrhunderts zu tun. Von hier aus regierte der

Kaiser das ganze Heilige Römische Reich. Unvorstellbar mit wie wenig Bürokratie man damals auskam. In der Reichshofkanzlei wurde auch am 19. Juni 1621 den 27 böhmischen Herren und Bürgern das Todesurteil verlesen, die als Führer des großen böhmischen Aufstandes dem Land die Unabhängigkeit wiedergeben und die Glaubensfreiheit retten wollten. Unten am Altstädter Ring finden wir den Platz, auf dem die Männer hingerichtet wurden.

An der Südostecke des Vladislav-Saales tritt man durch ein Spitzbogenportal auf eine Aussichtsterrasse. Die letzte Tür an der Nordwand gegenüber führt in die *Alte Landrechtsstube.* Sie stammt aus der Zeit Karls IV., wurde aber um 1500 von Benedikt Ried umgebaut, nach dem Brand von 1541 von Bonifaz Wolmut erneuert und erhielt ihre jetzige Einrichtung im 17. Jahrhundert. In der Alten Landrechtsstube tagte das oberste Landesgericht. Bis 1847 versammelten sich hier die böhmischen Stände zu regelmäßigen Sitzungen. Auch der Blutige Landtag von 1547, jenes Strafgericht Ferdinands I. nach dem ersten vergeblichen böhmischen Aufstand gegen Habsburg, trat hier zusammen. Auf diesem Landtag bezeichnete der König zum erstenmal die Länder der böhmischen Krone als habsburgische Erbländer. Er entzog den Städten, auch den königlichen, eine Reihe ihrer bisherigen Rechte, führte die königliche Statthalterschaft in Prag ein und verurteilte die Hauptschuldigen am Aufstand zum Tode. Sechs von ihnen konnten fliehen.

Mit Tomáš G. Masaryk kamen Vladislav-Saal und Alte Landrechtsstube neu zu Ehren, und die heutige Republik setzt die von Masaryk wiederbelebte Tradition fort: Im Vladislav-Saal tritt alle fünf Jahre das Parlament zur Präsidentenwahl zusammen. Nach der Wahl leistet der neue Präsident der Republik im Saal vor dem Parlament den Eid, zieht sich dann in

die Alte Landrechtsstube zurück und unterzeichnet in Gegenwart des Parlamentspräsidenten und des Ministerpräsidenten seinen Eid.
Vom Doppelportal neben der Tür zur Alten Landrechtsstube geht es links eine Wendeltreppe hinauf in die Räume der *Böhmischen Landtafeln,* rechts zur *Reiterstiege.* Da der Vladislav-Saal auch zu Turnieren benutzt wurde, baute Benedikt Ried diese flach- und breitstufige Treppe zum Georgsplatz hinunter, damit die Turnierteilnehmer, wie es Vorschrift war, zu Pferde auf dem Turnierplatz antreten konnten.
Man geht die Reiterstiege hinab und kann dann die gotischen und romanischen Teile des Palastes besichtigen. Der erste Raum stammt noch aus der Zeit Ottokars II. (1254–1278) und diente zur Aufbewahrung der Alten Landtafeln, die beim Brand von 1541 vernichtet wurden. Ein Arkadengang, ebenfalls aus der Zeit Ottokars II. führt zu einem Umgang, von dem aus Reste eines romanischen Raums mit Kamin zu sehen sind. An der Ostwand sieht man Reste eines Portals zur Tribüne der fürstlichen Allerheiligenkapelle. Durch ein weiteres Portal, an einem alten Ofen vorbei, betritt man den ursprünglich aus zwei Räumen bestehenden Karlssaal. Weiter geht es durch die Alte Registratur in den *Säulensaal Wenzels IV.* Beide Räume wurden im 18. Jahrhundert als Eiskeller und Speisekammern benutzt. Auf dem Rückweg durch die Alte Registratur kann man zur angeblichen Kerkerzelle des Johannes von Nepomuk gelangen. Zurück im Palasthof, steigen wir noch ein Stockwerk tiefer und gehen an Befestigungen aus dem 9. Jahrhundert vorbei zum elf Meter breiten und 50 Meter langen Soběslav-Palast. In der anstoßenden Kammer, die unter der Allerheiligenkapelle liegt, waren während des Zweiten Weltkriegs die Krönungsinsignien und besonders wertvolle Teile des Domschatzes von St. Veit untergebracht.

Der gesamte Komplex der beiden ältesten Teile des Königspalastes enthält ein frühgeschichtliches Museum.
Nach dem Verlassen des Palastes kommen wir auf den Georgsplatz (Jiřské náměstí). An seiner rechten Ecke ragt die an die Außenmauer des Vladislav-Saalbaus gelehnte kleine Allerheiligenkirche hervor. Ursprünglich ein Werk Peter Parlers nach dem Vorbild von Sainte Chapelle in Paris, wurde sie nach mehreren Bränden 1570 bis 1574 umgebaut. Peter Prachner schnitzte das hölzerne Altarwerk, dessen etwas älteres Altarbild Wenzel Reiner malte. Ein Barocksarkophag enthält die Gebeine des Nationalheiligen St. Prokop, der im Kloster Sázava, dem böhmischen Missionszentrum, gewirkt hat. Zwölf Bilder von Christian Dittmann (1699) erzählen Prokops Lebensgeschichte. Die Kirche ist vom Vladislav-Saal her zugänglich.

St.-Georgs-Kloster und St.-Georgs-Kirche

An der Ostseite des Georgsplatzes liegen das Benediktinerinnenkloster St. Georg und die St.-Georgs-Kirche (kostel sv. Jiří). Das Kloster ist eine Gründung der seligen Mlada, Schwester Boleslavs II. Sie war eine sehr energische Dame. Es paßte ihr nicht, daß Böhmen zur Jurisdiktion des Bistums Regensburg gehörte. Daher pilgerte sie zum Heiligen Vater und brachte aus Rom die Gründungsurkunde für das Bistum Prag mit (973). Das St.-Georgs-Kloster war das vornehmste böhmische Frauenkloster; die jeweilige Äbtissin hatte die böhmischen Königinnen zu krönen. Das Kloster diente mehr der Erziehung adeliger Töchter in feiner Lebensart als frommer Kontemplation. Die jungen Mädchen lernten hier schreiben,

lesen, rechnen, sticken und höfisches Benehmen, bis ihre Väter sie vorteilhaft verheirateten.
Kaiser Josef II. hob das Kloster auf. Längere Zeit dienten die Räume dann als Kaserne. Nach einer gründlichen Umgestaltung im Inneren ist hier seit 1974 eine Sammlung böhmischer Kunst von der Gotik bis zum Barock untergebracht. Vor allem anderen erwähne ich die *gotischen Tafelbilderzyklen* der südböhmischen Meister von Hohenfurth und von Wittingau sowie die Zyklen des Meisters Teodoricus von Karlstein. Die St.-Georgs-Kirche ist älter als das Kloster. Sie stammt aus dem frühen 10. Jahrhundert und ist das älteste erhaltene romanische Bauwerk des Landes. Die dreischiffige Basilika wurde allerdings erst nach dem großen Brand von 1142, der auch den Soběslav-Palast stark beschädigte, gebaut. Im Inneren ist jedoch der Baukern der älteren Basilika zu erkennen. Die ersten christlichen böhmischen Herzöge und Könige haben ihre Grabstätte in der St.-Georgs-Kirche. Auf der Empore blieben *Wandmalereien* aus dem 13. Jahrhundert erhalten mit Darstellungen von Christus und Maria und dem himmlischen Jerusalem. Das *dreiteilige Relief* an der Stirnwand der Marienkapelle (um 1200) zeigt die Krönung Mariä durch die Engel, der, andächtig kniend, König Ottokar I. und drei Äbtissinnen des Georgsklosters beiwohnen. Dem Presbyterium der Basilika schließt sich die *Ludmilakapelle* an. Die Fürstin Ludmila war eine fromme Christin, die auch ihren Enkel Wenzel, den späteren Heiligen, im christlichen Glauben unterwies. Ihre Schwiegertochter aber wollte von dem neuen Glauben nichts wissen und ließ Ludmila als Zauberin umbringen. Die um ihres Glaubens willen ermordete Fürstin wurde als Märtyrerin heiliggesprochen.
Die Lust späterer Generationen, alte Kirchen nach ihrem Geschmack zu verschönern, trug der Georgskirche im 16. Jahr-

hundert das südliche Renaissance-Seitenportal ein, in der ersten Hälfte des 18. Jahrhunderts die barockisierte Stirnseite und die *Eckkapelle des heiligen Nepomuk.*
Gegenüber der Kirche am Beginn der Georgsgasse (Jiřská ulice) steht das *Palais des Adeligen Damenstiftes,* heute Archiv des Innenministeriums, daneben ein *Lobkowitz-Palais* aus der zweiten Hälfte des 16. Jahrhunderts, 1677 und 1791 modernisiert. Ein Tor (um 1500) bildet hier den Abschluß des Burgkomplexes. Der *Schwarze Turm* (Černá Věž) rechts davon ist ein Rest der romanischen Festungsmauer aus dem 12. Jahrhundert.

Im Goldenen Gäßchen

Am Ende der Georgsgasse führt eine Treppe links hinauf zum Goldenen Gäßchen (Zlatá ulička). Sie ist Teil der ehemaligen Burgmauer. In den Nischen und Mauerbögen bauten sich nach dem letzten großen Brand der Kleinseite (1541) Obdachlose behelfsmäßige Unterkünfte; unter ihnen waren einige Goldschmiede, daher hat das Gäßchen seinen Namen, nicht, wie die Legende wissen will, nach den zahlreichen von Rudolf II. beschäftigten Alchimisten. Von ihnen hat vermutlich keiner dort gewohnt. Zeitweise war auch die Burgwache in der Gasse untergebracht; nachdem ihr andere Behausungen zugewiesen worden waren, wurde die Gasse zum Armenquartier.
Die winzigen Häuschen bestehen aus einem Raum zu ebener Erde mit offenem Herd und einer noch winzigeren Mansarde. Kartenlegerinnen, allerlei fahrendes Volk und lichtscheue Elemente hausten hier; das machte die Gasse mehrere 100 Jahre später so anziehend für die Künstler. Der Dichter Jaro-

Dächer im Goldenen Gäßchen auf dem Hradschin

slav Seifert lebte zeitweise hier; auch Franz Kafka entfloh für kurze Zeit der drückenden Atmosphäre des väterlichen Hauses in die verkommene Romantik dieses Gäßchens. Heute sind die Häuschen nicht mehr bewohnt. Sauber getüncht und bunt bemalt, wurden sie in Souvenir- und Trödelläden umgewandelt.

Anfang und Ende der Gasse bilden zwei Türme: der *Weiße Turm* (Bílá Věž) begrenzt sie im Westen, der *Daliborka-Turm* im Osten. Er diente als Kerker für besonders schwere Fälle. Sein erster Insasse war Herr Dalibor von Kozojedy, der auf seinen Gütern entlaufene Leibeigene aufgenommen und ihrem Besitzer nicht zurückgeliefert hatte. Dafür wurde er 1498 enthauptet. Während der Kerkerhaft, sagt man, habe Herr Dalibor sich die Zeit durch Geigenspiel vertrieben, er spielte so schön und herzergreifend, daß die Kleinseitner Bürger

Es ist hier etwas, was an Venedig erinnert...

Ich kam mit einer Art Vorurteil gegen Prag hier an. Demungeachtet aber konnte ich mich des grandiosen Eindrucks nicht erwehren, den die Stadt auf jeden Beschauenden machen muß. Die Lage im Kessel von schönen reich bepflanzten Bergen, überall vorteilhafte Linien bildend, der breite Fluß mitten durch die Stadt, das Häusergewühl durch sonderbare Türme und hervorragende Gebäude aller Art wohltuend unterbrochen und in Partien gesondert, der Hradschin das Ganze krönend, alles trägt dazu bei, diese Stadt, recht gemäldehaft, zu einer der schönsten für den Beschauer zu machen. Es ist hier etwas, was an Venedig erinnert, das Fortlebende nämlich, das Altertümliche zwischen und neben dem Neuen. Rathaus und die Türme an der Brücke rufen Florenz zurück, und im ganzen machte mir Prag wirklich einen ähnlichen Eindruck mit letztgenannter Stadt. Der schönste Überblick ist vom sogenannten Laurenziberge. Ich war gegen Abend in dem oben genannten Gasthause, und ich muß gestehen, daß ich mir etwas Reizenderes kaum denken kann als Prag von diesem Standpunkte.
(Franz Grillparzer: Reisetagebuch 1826)

---

abends zum Turm hinaufstiegen, um dem rührenden Spiel zu lauschen. Und ein beliebtes Sprichwort lautet: «Die Not hat Dalibor geigen gelehrt.»
Wenn auch in der Goldenen Gasse keine Alchimisten gewohnt haben, so gab es doch zur Zeit Rudolfs II. und auch noch später mehr als genug von ihnen unten in der Stadt und oben auf der Burg, zum Beispiel in der Vikarsgasse an der Nordseite des Veitsdomes. Sie brauten und brodelten und erfanden eine Menge guter Dinge: Duftwässer und Seifen, Arzneien und Liköre, auch Farben, Tinten und Haarwuchsmittel. Nur mit der Goldherstellung wollte es nicht klappen: manche

Alchimisten wechselten eines Tages resigniert ihren Beruf und machten als Köche bei reichen Aristokraten solide Karrieren, andere landeten als Betrüger im Gefängnis.
Zwischen dem Anfang der Goldenen Gasse und der Georgsgasse steht das *Oberste Burggrafenamt* (Purkrabství) von 1555. Das weitläufige Gebäude ist zum *Haus der tschechoslowakischen Kinder* (Dům československých dětí) umgewandelt worden. Die Angehörigen der tschechoslowakischen Jugendorganisationen finden sich hier zu Veranstaltungen, Arbeitsgemeinschaften, Vorträgen, Musik- und Laienspielzirkeln zusammen. Bibliothek, Lesesaal, Musiksaal, Theatersaal, Werkstätten für Töpferei, Malerei, Bildhauerei und Modellieren bieten reiche Möglichkeiten für individuelle Betätigung wie für Gemeinschaftsveranstaltungen. Auch Jugendtagungen mit ausländischen Gästen werden hier abgehalten. Erwachsenen ist der Zutritt verboten.
Aus dem östlichen Burgtor am Ende der Georgsgasse tritt man auf die *Artilleriebastei* hinaus, die einen schönen Blick auf die Stadt gewährt.
Den Rückweg zur Stadt hinunter kann man über die *Staré zámecké schody* (Alte Schloßstiege) nehmen und von der Haltestelle *Klárov* aus mit der Straßenbahn zum Wenzelsplatz fahren; sollte es Samstag oder Sonntag sein, kann man durch den *Burggarten* zurück zum Hradčanské náměstí spazieren, die Neue Schloßstiege oder die Nerudastraße hinab zur Kleinseite gehen und am Kleinseitner Ring in eine Straßenbahn steigen.

Etwas benommen und wohl auch ein wenig beklommen kehrt man vom Hradschin ins Hotel zurück. Es gibt viele berühmte und auch viele kaum bekannte Orte auf der Welt mit einzigartigen historischen Zeugnissen, die verblüffen, deprimieren

oder erfreuen, je nachdem, aus welcher Zeit sie stammen und welche Assoziationen sie im Betrachter wecken. Es gibt aber wahrscheinlich kaum einen Ort auf der Welt, an dem man auf verhältnismäßig kleinem Raum gleich 1000 Jahren religiösen, kulturellen und politischen europäischen Lebens in derartiger Konzentration begegnet. Welche Vorstellungen und Ideen Europa in diesem Zeitraum bewegt haben, sei es auf dem Gebiet der Religion, der Baukunst und Malerei, der Musik, der Wissenschaft, der Staatstheorie und Politik, sie fanden ihre Manifestationen auf der Prager Burg. Alle wechselvollen politischen Konstellationen Gesamteuropas, die Verwirrungen, Fortschritte und Rückschläge bewirkt haben, fanden hier einen Niederschlag. Wir betreten Räume, in denen vor Jahrhunderten Entscheidungen gefällt wurden, die bis heute wirken. Flüchtigkeit und Dauer menschlicher Bemühungen kann man hier buchstäblich mit Händen greifen.
Gut ist es, den Tag mit einem nächtlichen Bummel durch die fast menschenleeren Straßen an die Moldau zu beschließen. Die Beleuchtung ist sparsam, aber gerade recht, das zugleich Andersartige und Anheimelnde dieser Stadt in sich aufzunehmen. Wer am späten Abend durch Prag gewandert ist, wird sich auch bei Tage nicht mehr fremd fühlen. Allmählich beginnt der Besucher zu spüren, wie verschieden die Elemente sind, aus denen Prag entstand, wie verschieden sie wirkten und noch wirken.
Langsam wächst das Verständnis für Prags Atmosphäre, dieses eigenartige, einmalige Gemisch von bewußt bewahrter Tradition und modernem Leben. Prag ist nicht mehr nur die Stadt der 100 Türme, man beginnt schon, ihre aberhundert Gesichter zu unterscheiden.

Die Jüdische Stadt

Der Weg ist leicht zu finden

Man geht vom Wenzelsplatz durch nun schon bekannte Straßen (Na můstku, Rytířská, Melantrichova zum Altstädter Ring) und verhält gern hin und wieder den Schritt. Zum Beispiel an der Rytířská: blickt man die Straße links hinab, erkennt man am Ende das vorgebaute behäbige Eckhaus *Zu den drei goldenen Löwen,* in dem Mozart während der Proben zu «Don Giovanni» wohnte; rechts oben steht das *Tylovo Divadlo* (Tyl-Theater, früher Ständetheater), in dem «Don Giovanni» 1787 uraufgeführt wurde. Geradeaus in der Melantrichova geht links die kleine Gasse *V kotcích* (Kotzengasse) ab. Das ganze Sträßchen ist eine Art Trödelmarkt: Hier werden billige Stoffe, Unterwäsche, Bänder, Litzen, Knöpfe, aber auch gebrauchte Schuhe, Kleidungsstücke und andere Altwaren verkauft. In dem Haus genau auf der Mitte der rechten Seite wurde Karl IV. zum böhmischen König gekrönt. Der Umsatz in der Kotzengasse ist gut, ständig umlagern Kauflustige in dichten Trauben die Stände. Die Händler beziehen ihre Waren von den staatlichen Handelsorganisationen. Beim Weitergehen erfreut links die *Havelská ulice* (Galligasse) mit ihren ebenmäßigen Laubengängen. Hier fanden im Mittelalter internationale Handelsmessen statt. Noch zu Beginn unseres Jahrhunderts boten – Relikte längst verflossener Welthandelsgepflogenheiten – Altwarenhändler ihre Schätze feil. Letzter Rest ist der staatliche Trödelmarkt in der parallellaufenden Kotzengasse.

Rechts in die Ecke eines kleinen Platzes drückt sich die *Gallikirche* (kostel sv. Havla). Ihre barocke Giebelfront läßt nicht vermuten, daß sie im 13. Jahrhundert eine der vier Hauptkirchen der Stadt war. Im 14. Jahrhundert wurde sie gotisch renoviert; Karl IV. erwarb zu dieser Gelegenheit in der Schweiz den Schädel des heiligen Gallus und schenkte ihn der Kirche. Trotz der im 18. Jahrhundert hinzugefügten Barockaltäre, -kapellen und -emporen und des Rokoko-Deckengemäldes (1765) dominiert die Gotik. Um die Gallikirche herum hatten bayrische Kolonisten ein Marktviertel gegründet, das 1234 Stadtrecht erhielt.

Die *Melantrichova* trägt ihren Namen zu Ehren des Buchdruckers Jiří z Aventina Melantrich, der um 1600 fünf Bibelausgaben, die Werke des Erasmus und anderer Humanisten in tschechischer Sprache herausgab. Auf der linken Seite der Melantrichova steht das Teyflsche Haus. Zur schönen Witwe Teyfl von Zeilberk unterhielt seinerzeit Ferdinand V. von der Pfalz, der Winterkönig, galante Beziehungen. Rechts im Eckhaus Melantrichova/Kožná (Ledergasse) steht das Haus *Zu den zwei goldenen Bären* mit seinem schönen Renaissanceportal und den beiden Bären, die dringend einer frischen Vergoldung bedürfen. Hier hatte der Vater von Egon Erwin Kisch (1885–1948) seine Tuchhandlung, und hier verübte der «rasende Reporter» seine ersten Bubenstreiche.

Das Tyl-Theater (Tylovo-Divadlo), in dem 1787 Mozarts «Don Giovanni» uraufgeführt wurde

Renaissanceportal des Hauses «Zu den Zwei Goldenen Bären», Geburtshaus von Egon Erwin Kisch, dem «rasenden Reporter»

Auf dem Altstädter Ring angekommen, passiert man das Rathaus, überquert den Platz in nordwestlicher Richtung und biegt an der Altstädter Nikolauskirche links in die *Kaprová* (Karpfengasse) oder geht rechts die *Pařížská* (Pariser Straße) entlang. Hier beginnt die ehemalige Jüdische Stadt, sie wurde Ende des vorigen Jahrhunderts – schon damals nicht mehr Getto, sondern Schlupfwinkel der Prager Halb- und Unterwelt – abgerissen, das Gewirr von Gäßchen, Höfen, Hinterhöfen und versteckten Winkeln beseitigt; statt dessen entstanden ganz gewöhnliche bürgerliche Großstadtwohnstraßen mit Etagenhäusern im Jugendstil. Nur sechs von 17 Synagogen blieben erhalten sowie die Namen der Hauptstraßen des ehemaligen Gettos, das *jüdische Rathaus* und der *Alte jüdische Friedhof.* Sie blieben auch im Dritten Reich erhalten, weil Himmler hier ein «exotisches Museum einer ausgestorbenen Rasse» einrichten wollte und aus allen von den Deutschen okkupierten Ländern wertvolle Dokumente und Zeugnisse jüdischer Kultur nach Prag schicken ließ.

Das Staatliche Jüdische Museum

Heute bilden die Synagogen und das jüdische Rathaus gemeinsam einen Museumskomplex, der einen erschütternden Einblick in die Geschichte des Judentums, seiner Leistungen und seines Martyriums 1933 bis 1945 gewährt. Das Museum verfügt über eine umfangreiche Bibliothek und ein ausgezeichnetes Archiv.

Mitte des 10. Jahrhunderts kamen aus dem Orient Juden als freie Kaufleute an die Moldau und siedelten sich nahe der Furt an. Zwischen ihnen und den später aus europäischen

Ländern zuwandernden Glaubensbrüdern bestand lange ein etwas gespanntes Verhältnis. Man hielt sich voneinander fern. Die Geistkirche und die Geiststraße (Dušní ulice) bildeten die Demarkationslinie. Wo die älteste, die morgenländische Synagoge (die Altschul) gestanden hatte, baute 1867/68 Vojtěch Ignac Ullman die *Spanische Synagoge.* Sie enthält eine Textilsammlung von etwa 3000 Synagogenvorhängen und -mänteln. Hier können wir die Entwicklungsgeschichte der Web-, Stick- und Spitzenklöppelkunst vom Ende des 16. Jahrhunderts bis 1938 verfolgen.
Die Jüdische Stadt bildete ein sich selbst verwaltendes Gemeinwesen mit eigenem Bürgermeister innerhalb der Altstadt. Im 13. Jahrhundert wurden, wie überall in Europa, auch in Prag die Juden von Handwerk und Landwirtschaft ausgeschlossen und ihre Wohnsitze auf das bis dahin schon von ihnen besiedelte Areal beschränkt. Welch fürchterliches Gewimmel da bald herrschen mußte, kann man sich leicht vorstellen. Repressalien und Pogrome blieben nicht aus. Doch im ganzen hatte die jüdische Gemeinde es leichter als in anderen mitteleuropäischen Städten. An Zahl und Finanzkraft stark, hatte sie im Mittelalter politisches Gewicht, und bei Streitigkeiten der Prager Städte untereinander bildete oft die jüdische Unterstützung das Zünglein an der Waage. Karl IV. verlieh den Juden das Recht auf eine eigene Fahne (1358) und auf die Beteiligung am Krönungszug. Ferdinand III. und Karl VI. (1716) bestätigten diese Rechte. Seit der Mitte des 15. Jahrhunderts schmolz die Zahl der reichen jüdischen Familien rasch zusammen. Die meisten Gettobewohner lebten vom kleinen und ambulanten Handel. Die wenigen Reichen verwandten einen Großteil ihrer Vermögen auf die Wohlfahrt der Gemeinde sowie für wissenschaftliche und kulturelle Zwecke. Die Entwicklung der Wissenschaft, speziell der Me-

dizin und Astronomie, ist seit der Renaissance untrennbar mit jüdischen Namen verbunden.

Von Zisterziensern gebaut: die Altneu-Synagoge

Mittelpunkt der Jüdischen Stadt war seit 1270 die Altneu-Synagoge. Sie ist die älteste der in Europa noch bestehenden Synagogen und die einzige von Zisterziensern gebaute. In Prag dient nur sie, neben der samstags und an Feiertagen benutzten Jerusalemer Synagoge, als Gotteshaus.
Auffallend ist ihr Fünfrippengewölbe, und es geht die Sage, die Bauherrin hätte diese zusätzliche Rippe verlangt, weil in einer Synagoge das Kreuz-Symbol nicht auftauchen dürfe. Das leuchtet zwar ein, stimmt aber nicht, es gibt auch christliche Zisterzienserkirchen mit fünfrippiger Wölbung.
Der Eingang ist an der Südseite. Hat man das Portal mit dem außergewöhnlich schönen *Tympanon* durchschritten, fällt der Blick auf die ehrwürdige Judenfahne. Die Mitte des Gotteshauses nimmt, durch handgeschmiedete Gitter vom übrigen Synagogenraum abgetrennt, die *Kanzel* (Almemor) ein. An der Ostwand steht der *Altar* mit der *Thora-Lade,* daneben der *Sitz des berühmten Rabbi Löw.* Zu Beginn des 14. Jahrhunderts erhielt die Synagoge eine Vorhalle, in der im 17. Jahrhundert zwei Kassen für die Steuereinnehmer eingebaut wurden. 100 Jahre später kamen noch zwei zugemauerte, mit recht kleinen Fenstern versehene Seitenschiffe dazu, die den Frauen, die ja keinen Zutritt zur Synagoge hatten, die Teilnahme am Gottesdienst ermöglichten. In schlimmen Zeiten war die Altneu-Synagoge Fluchtburg, ohne doch die gehetzten Menschen

schützen zu können. Besonders schrecklich war der Pogrom von 1388. Die Verfolger richteten in der Synagoge ein entsetzliches Gemetzel an. Man sagt, zum Gedächtnis an unschuldig vergossenes Blut seien die blutbespritzten Wände seitdem nicht mehr getüncht worden.
Neben diesem Gotteshaus steht das *jüdische Rathaus* aus den achtziger Jahren des 16. Jahrhunderts, 1763 wurde es umgebaut, vergrößert und erhielt einen hölzernen Turm mit einer Turmuhr, an deren hebräischem Zifferblatt die Zeiger rückwärts laufen. An das Rathaus schließt die *Hohe oder Rathaussynagoge* an. Im 17. Jahrhundert renoviert, enthält sie jetzt, erneut restauriert, wertvolle Sammlungen aus der jüdischen Kultur- und Wissenschaftsgeschichte. Diese Gebäude ließ Mordechai Maisel, der reichste Mann von ganz Prag, der jüdischen Gemeinde auf seine Kosten errichten. Ihm zu Ehren heißt die Straße *Maislova ulice* (Maiselgasse) und eine weitere Synagoge, 1590 bis 1592 gebaut, in derselben Straße, die *Maisel-Synagoge.* Leider hat man sie 1893 bis 1905 neugotisch renoviert. Sie beherbergt heute eine große Sammlung hauptsächlich silberner Kultgeräte des 17. bis 19. Jahrhunderts aus Prager, Wiener, Nürnberger und Augsburger Silberschmiedewerkstätten.

In der *Alten Friedhofsgasse* (U starého hřbitova) steht die *Klausen-Synagoge* vom Ende des 17. Jahrhunderts und daneben die erst 1906 gebaute *Totenhalle* (Zeremonienhalle). Beide Gebäude sind kulturhistorische Museen ersten Ranges. Die *Klausen-Synagoge* zeigt unter dem Motto «Juden in Prag vom 10. Jahrhundert bis 1848» eine ständige Ausstellung, Fotografien vom Ende des 19. Jahrhunderts zeigen das Gettoviertel vor seiner Beseitigung. Die Ausstellung in der Zeremonienhalle «Generalprobe» veranschaulicht und dokumentiert den jüdischen Leidensweg während der Okkupation von 1939 bis 1945.

Zeugen der Geschichte auf dem Alten Jüdischen Friedhof

Am Ende der Alten Friedhofsgasse beginnt der Alte Jüdische Friedhof; er wurde zu Beginn des 15. Jahrhunderts angelegt. Das älteste erhaltene Grabmal ist das des gelehrten Dichters Avigdor Karo. Sein Stein trägt das Datum 25. April 1439. Bei zunehmender Bevölkerung und der Schwierigkeit, den Friedhof entsprechend zu vergrößern, reichte der Platz bald nicht mehr aus. Über die alten Gräber schüttete man daher Erde, um Platz für die nächste Generation zu gewinnen. Teilweise in zehn Schichten übereinander liegen die Toten, daher rührt das dichte Beieinander der Grabsteine. 1787, zur Zeit Josefs II., der den Beginn der jüdischen Emanzipation einleitete und den Gettozwang erheblich milderte, wurde der Alte Friedhof geschlossen.

Neben den unzähligen Grabsteinen unbekannter Bürger findet man die Gräber all derer, die in die jüdische und Prager Geschichte eingegangen sind, sei es als Gelehrte wie der Astronom und Historiker David Gans (1541–1613) und der Philosoph Joseph Delmedigo (1591–1655), sei es als Repräsentanten und Förderer ihrer Gemeinde wie Mordechai Maisel (1528–1613), als Buchdrucker, als Baumeister wie die Familie Horovský, als Lehrer der Jugend und Ratgeber Kaiser Rudolfs II. wie Rabbi Löw († 1609). Sein Ruhm als gütiger, weiser, gar zaubermächtiger Mann hat die Jahrhunderte überdauert. In die Ritzen zwischen den Steinen seiner Tumba stecken noch heute Liebende, Abiturienten, Studenten und Sportler Zettelchen mit ihren Wünschen, und bitten den Rabbi, für deren Erfüllung zu sorgen. Löws phantastischer, künstlich aus Lehm geschaffener Diener Golem hat Dichter, Musiker und Schauspieler beschäftigt. Man denke an Achim von Arnim, Gustav Meyrink, Egon Erwin Kisch, Eugène d'Albert und schließlich an Paul Wegeners Golemfilm.

Im Süden schließt die *Pinkas-Synagoge* den Friedhof ab. Sie stammt aus der Wende vom 11. zum 12. Jahrhundert und erhielt ihren Namen im 14. Jahrhundert nach Rabbi Pinkas, dem das Grundstück, auf dem sie steht, gehörte. Salman Horovský baute sie 1536 um und überdachte das spätgotische Hauptschiff mit einem von Renaissancestützen getragenen Rippengewölbe. 1625 noch einmal renoviert, erhielt sie eine Frauengalerie, eine Vorhalle und einen Sitzungssaal. Die Pinkas-Synagoge ist zur Gedächtnisstätte geworden für 78 000 tschechoslowakische Juden, die der deutschen Okkupation zum Opfer fielen. Ringsherum bedecken die Namen der Hingemordeten, in winzigen Lettern aufgemalt, alle Wände von oben bis unten.

Auch das jüdische Viertel konfrontiert mit annähernd 1000 Jahren abendländischer Geschichte, einem Teilaspekt, der dem christlichen Abendland nicht zur Ehre gereicht.

Der Rückweg in die Innenstadt, am Moldauufer links entlang, entlastet ein wenig von der akuten Bedrückung, die die Judenstadt bedeutet. Die Schönheit des sanften Moldaubogens, der vom Fluß heraufstreichende Wind und die Silhouetten des anderen Ufers schaffen Abstand und zugleich Bindung. Hat man den Uferweg bis zur Karlsbrücke zurückgelegt, lockt schon fast unwiderstehlich das andere Ufer: die Kleinseite.

Natürlich kann man auch weiter der Geschichte folgen: Durch die *Široká* (Breite Straße), die Hauptstraße des Gettos, weiter in die *Haštalská* (Kastulusgasse), über den *Haštalské náměstí* (Kastulusplatz), an der *Kastulus-Kirche* nördlich vorbei kommt man zum Territorium des *Anežka-Klosters* und zum unterhalb des Straßenniveaus liegenden Gebäudekomplex des *Konvents der Barmherzigen Brüder.* Anežka, die Schwester König Wenzels I., hatte 1234 ein Klarissinnenkloster gegründet, das ihren Namen erhielt. 1782 aufgehoben, verfielen die Klostergebäude jämmerlich. 1965 begannen Ausgrabungs- und, soweit möglich, Restaurierungsarbeiten; sie sind noch nicht abgeschlossen. Im Hauptbau wurde eine ständige Ausstellung tschechoslowakischer Malerei des 19. Jahrhunderts eingerichtet. Im Konvent der Barmherzigen Brüder bestand seit dem 14. Jahrhundert ein Spital, das im 17. und 18. Jahrhundert durch seine Anatomie und seine chirurgische Klinik zu europäischer Berühmtheit gelangte.
Häufig wird die Meinung vertreten, die jüdische Siedlung sei die älteste am Moldauufer; die Tschechen hätten anfänglich an den Hängen von Vyšehrad und Hradschin ihre Wohnstätten gehabt. Der Meinungsstreit um die Anciennität ist nicht entschieden. Wie dem auch sei, die enorme räumliche Ausdehnung des alten Prag verblüfft. Noch ein langes Stück moldauabwärts zogen sich die Häuser von niederländischen und deutschen Kolonisten entlang. Zeugen jener frühen Besiedlung sind die *Clemenskirche* (kostel sv. Klimenta), ein romanischer, im 14. Jahrhundert gotisch erneuerter Bau, und die ursprünglich auch romanische *Peterskirche,* die Pfarrkirche der deutschen Kaufmannssiedlung. Bis ungefähr an die *Hlávka-Brücke* reichte schon im 13. Jahrhundert die Stadt auf der einen Seite, auf der anderen bis zum Graben und zur Nationalstraße.

Man braucht nicht mit der Altstadt anzufangen

Promenade durch die Letná-Anlagen und die Chotek-Gärten

Wir kamen am Nachmittag in Prag an. Das Hotel lag nicht in der Innenstadt, sondern auf der anderen Moldauseite in der Nähe vom Sportplatz Letná, nicht allzuweit vom Burgviertel entfernt. Mein Begleiter besuchte die Stadt zum erstenmal, und ich wollte ihm Prag von einer besonders schönen Seite zeigen. In der Altstadt kann es an Sommernachmittagen sehr staubig und stickig sein, zudem hatten sich in diesem Sommer ganze Gassen hinter Holzgerüsten versteckt: die Altstadt wird mit aller Energie restauriert und renoviert. Es wird noch Jahre dauern, bis die zu erhaltende Bausubstanz so weit gesichert ist, daß der Besucher den rechten Eindruck erhält. Für einen Neuling, der mühselig über Holzplankenstege und unter Baugerüsten entlangtappen muß, ist nicht ganz leicht einzusehen, was daran schön sein soll. So machten wir den ersten Bummel oberhalb der Moldau durch die Letná-Anlagen, wo sommerlich fröhliches Durcheinander von Kindern, Kinderwagen und Hunden herrschte. Ununterbrochene Bankreihen säumen Wege und Alleen, dichtbesetzt mit redseligen, strickenden Großmüttern, lesenden oder diskutierenden jungen Leuten, schweigsamen alten Männern und vespernden älteren Ehepaaren. Durch die Chotek-Gärten, über die breite Allee Mariánské Hradby kamen wir am Lustschloß der Königin Anna, dem Belvedere, vorbei, einem bezaubernden Renaissancepalais im relativ kleinen französischen Garten. An der Pulverbrücke (U prašného mostu) geht es dann links hinauf zum Hradschin; an der rechten Straßenseite liegt die königliche Reitschule mit ihrer weiten Gartenterrasse. In der ehemaligen Reitbahn wird moderne Malerei ausgestellt. Gegenüber im Königsgarten steht das *Ballhaus*. Es wurde von Bonifaz Wohlmut zwischen 1567 und 1569 nicht etwa als Tanzsaal gebaut, sondern für die so beliebten Ballspiele. Heute dient es Repräsentationszwecken. Im Inneren sind vor allem die Brüsseler Tapisserien bemerkenswert.

Abendstimmung auf dem Hradschin und ein Streifzug durch das Burgviertel

Auf dem Hradschin war der tägliche Besucherstrom – ich weiß nicht, wieviel tausend Menschen täglich einzeln und in Gruppen hinaufpilgern – schon verebbt. Wir spazierten fast allein durch die Burghöfe und dämpften unwillkürlich Schritt und Stimme. Die seltsame Mischung von Vergangenheit und Gegenwart machte die Wanderer beklommen und löste gleichzeitig aus den Bedrängnissen des Tages. Ein blaudunstiger Abend senkte sich unten auf die Stadt. Wir umwanderten

den Hradčanské náměstí (Burgplatz) mit dem *erzbischöflichen Palais* (1765), dem *Sternberg-Palais*, heute *Nationalgalerie*, und dem Martinic-Palais rechts und den beiden *Schwarzenberg-Palästen*, heute Armeemuseum und Schweizerische Botschaft, links, gingen an der westlichen Begrenzung des Platzes, *dem Toskanischen Palast*, vorbei und die *Loretánská* (Loretogasse) hinauf zum *Loretánské náměstí* (Loretoplatz). Seine ganze Westseite nimmt der kolossale *Černín-Palast* ein (jetzt Außenministerium). Er wirkt wie eine hochmütig-trotzige Demonstration feudaler Adelsmacht dem König gegenüber. Auf der Ostseite des Platzes klettern die zierlichen Giebel und der Glockenturm der Loretoanlage in den abendlichen Himmel. Das alte Kapuzinerkloster schließt den Platz nach Norden ab. Drei charakteristische Gebäude: *Loreto* mit der *Santa Casa* im Innenhof ist typisch für das leidenschaftliche Festhalten an mittelalterlicher Frömmigkeit in den Ungewißheiten der Renaissance; der *Černín-Palast* – Manifestation jenes säkularisierten Weltverständnisses der Renaissance, das sich seit dem 16. Jahrhundert überall in Europa gebieterisch Ausdruck verschafft. Unberührt vom wechselvollen Getriebe menschlicher Irrungen: das *Kapuzinerkloster*, irdischer Hoffart abgewandt, bietet es dem Betrachter nur die abwehrenden Außenmauern dar, keine elegant verzierte Fassade, kein kunstvoll geschmiedetes Tor, kein üppiges Portal reizen das Auge.
An der östlichen Klostermauer führt die *Kapucínská* abwärts, an der westlichen die *Černínská*. Beide münden auf ein Gäßchen mit dem schönen Namen *Nový svět* (Neue Welt). Hier am äußersten Rand des Burgviertels lebten in winzigen, windschiefen Häuschen dicht zusammengedrängt arme Leute. Durch die offenen Haustüren blickt man in enge Flure, auf krumme, verwinkelte Stiegen. Muffiger Geruch von feuchtem Mauerwerk und Essensdunst schlagen dem Neugierigen ent-

gegen. Tycho Brahe soll im Haus Nummer 76/1 gewohnt haben, will die Fama wissen. Weniger seinetwegen als wegen des kleinen Restaurants *U zlaté hrušky* (Zur Goldenen Birne) waren wir in die Neue Welt hinabgestiegen. Die alten, niedrigen, sparsam erhellten Räume sind schlicht, sauber und behaglich, Essen und Getränke gut. Leider war an diesem Abend das Lokal geschlossen, auch der dazugehörige Wirtsgarten gegenüber. Wir mußten umkehren. Neben Loreto, wohl ursprünglich Teil des Wallfahrtsunternehmens, steht das Gasthaus *U Lorety*. In dieser Abendstunde ist das tagsüber volle Restaurant nur schwach besucht, und die Kellner widmen sich mit größter Sorgfalt den wenigen Gästen.

Ausgezeichneter südmährischer Wein, in einem saubergeweißten Lokal an schweren, schwarzbraunen Holztischen getrunken, gibt einem ersten Abend in Prag zeitlose Leichtigkeit und verlockt zu weiterem Herumbummeln. Westlich hinter dem Loretoplatz, leicht ansteigend, öffnet sich ein langgestreckter Platz: *Pohořelec* (Brandstätte). 1375 angelegt, wohnten an ihm einst Schloßbedienstete und ähnliche arme Teufel in wenig soliden Holzhäusern; mehr als einmal brannte die Siedlung ab, daher der Name. Heute beherrscht das 18. Jahrhundert den Platz, nur die Laubengänge erinnern daran, daß man schon seit dem 15. Jahrhundert, als Pohořelec oft genug abgebrannt war, in Stein baute. Am linken oberen Ende des Platzes führt ein Barockportal in die **Klosteranlage Strahov,** das berühmte Prämonstratenserstift, das hier von 1140 bis 1950 bestand. Seit 1953 ist das Klostergebäude **Museum der Tschechoslowakischen Nationalliteratur.** Natürlich muß man Museum und Klosteranlage am Tage besichtigen. Aber es ist schön, ohne historische Einzelkenntnisse den nur wenig beleuchteten, schlecht gepflasterten breiten Hof mit seinen alten

Bäumen entlang zu tappen, im Schatten der Bäume die beiden Kirchen zu erspähen, die noch nichts von ihrer Geschichte und kaum etwas von ihren Formen verraten.
Wir traten auf die östliche Gartenterrasse hinaus, die einen weiten Blick über Fluß und Stadt gewährt. Am Ende der Terrasse steht ein kleiner Pavillon. Hier frühstückte 1812 die französische Kaiserin Marie-Louise bei ihrem Besuch im Stift. Heute ist der Pavillon ein Erfrischungskiosk für Reisegruppen aus aller Welt. Sic transit gloria mundi!
Wir stiegen den Strahov-Garten abwärts den fernen Lichtern der Stadt zu und kamen wieder auf den Hradčanské náměstí. Jetzt, in voller Dunkelheit, nur beleuchtet von einem vielarmigen Kandelaber, wirkt die seltsame Dachkonstruktion des zweiten Schwarzenberg-Palasts, dessen Architekt ein wenig zu schwungvoll orientalische Formen mit strenger Renaissancegliederung verbunden hat, noch bizarrer als im Tageslicht, während das elegante erzbischöfliche Palais in vornehmer Zurückhaltung seinen ausgewogenen Maßen vom Laternenlicht schmeicheln läßt.

Nächtlicher Heimweg über die Karlsbrücke

Die Neue Schloßstiege abwärts kamen wir auf die Thunovská (Thungasse) und gingen weiter über den Kleinseitner Ring durch die Brückengasse mit ihren eng aneinanderliegenden Barockhäusern zur Karlsbrücke.
Es war recht spät geworden und Zeit für einen Schlaftrunk. Links vor der Brücke tut sich ein kleiner Platz auf. An seiner rechten Seite steht das Gasthaus *U tří pštrosů* (Zu den Drei Straußen), schräg gegenüber die Weinstube *U patrona* (Beim

Seitenportal der Salvatorkirche an der Karlova

Patron). Wir entschieden uns für die Drei Strauße, ein gemütliches, altes Gasthaus, dessen Spezialität «Gulasch nach Straußenart» sehr zu empfehlen ist. In der Weinstube «U patrona» trifft man sich nach Theater- oder Konzertschluß zu

Wein und kleinen Gerichten. Mir haben es ganz besonders die Champignons im zarten Eierkuchenteig, knusprig ausgebakken, angetan.
Das Haus zu den Drei Straußen war seit 1597 Ausspann und Herberge. Einmal kamen türkische Abgesandte und brachten dem Kaiser drei Strauße als Geschenk. Sie kamen spät in der Nacht an und kehrten in der Herberge an der Karlsbrücke ein. Die seltenen Vögel aber, im grimmigen Winter auf die Reise geschickt, hatten sich bös erkältet und gingen elendiglich zugrunde. Von dieser traurigen Begebenheit erhielt das Gasthaus dann seinen Namen.
Heute bevölkern abends junge Leute, Liebespaare, aber auch welterfahrene alte Männer die Gaststube. Es geht laut und fröhlich, aber sehr gesittet zu. Hat einer wirklich mehr getrunken, als ihm zuträglich ist, sorgt der Wirt knapp und ohne Aufhebens für sein unverzügliches Verschwinden.
Über die Karlsbrücke am Abend heimzugehen, mit oder ohne Mond, selbst bei Regen und Wind, ist herrlich und romantisch. Die eigenartige Stimmung läßt sich nicht beschreiben, man muß den Weg schon selber machen. Vom anderen Ufer leuchtet weiß die Salvatorkirche. Die schwarzen Statuen auf ihrer Attika erscheinen wie eine lebendige Versammlung wirklicher Menschen, die sich im nächsten Augenblick in Bewegung setzen, irgend etwas unternehmen könnten: vielleicht im Innern der Kirche verschwinden, vielleicht auch ganz einfach herabsteigen und in den engen, dunklen Gassen davongehen.
In der Altstadt ist es jetzt still, nirgends mehr Licht in den Fenstern. Anscheinend sind wir allein noch auf in der schlafenden Stadt. Erst am Wenzelsplatz trifft man vereinzelte Grüppchen junger Leute, hie und da einen Angetrunkenen und, was das Wichtigste ist, ein Taxi.

Eine Stadt wie die Kleinseite...

Die kleinere Prager Stadt

Eine Stadt wie die Kleinseite gibt es nirgends sonst auf der Welt. Wohlgemerkt: es handelt sich um eine regelrechte Stadt, die schon 1257 Stadtrecht erhielt, allerdings nicht Nürnberger Recht wie vier Jahre vorher die Prager Altstadt, sondern Magdeburger Recht – ein Grund mehr, daß Kleinseite und Altstadt sich hin und wieder nicht ganz grün waren. Erst 1784 faßte Josef II. Altstadt, Kleinseite und Neustadt in einer Großgemeinde zusammen.
Die kleinere Prager Stadt entstand am Fuß des Burghügels aus einer Niederlassung von Handwerkern und Gewerbetreibenden, die ihr Auskommen den wachsenden Bedürfnissen der Hofhaltung verdankten. Auch der Bischofssitz, die Residenz des Großpriors des Malteserordens und eine Reihe von Klöstern lagen auf der Kleinseite. Es gab genug Verdienstmöglichkeiten, aber ein bürgerliches Patriziat entwickelte sich begreiflicherweise nur schwach. Im 14. und 15. Jahrhundert

Auf der Kleinseite

Alte Häuser, steilgegiebelt,
hohe Türme voll Gebimmel, –
in die engen Höfe liebelt
nur ein winzig Stückchen Himmel.

Und auf jedem Treppenpflocke
müde lächelnd – Amoretten;
hoch am Dache um barocke
Vasen rieseln Rosenketten.

Spinnverwoben ist die Pforte
dort. Verstohlen liest die Sonne
die geheimnisvollen Worte
unter einer Steinmadonne.

(Rainer Maria Rilke: Larenopfer)

---

begannen die reichen Feudalherren, sich Stadthäuser auf der Kleinseite, möglichst nahe der Burg, zu bauen. Dreimal brannte die Stadt nieder: 1419, 1503, 1541. Zweimal wurde sie im Dreißigjährigen Krieg verwüstet. Aber aus all den Unbilden erstand sie jedesmal neu und schöner: die Adelshäuser wurden zu Palais, es gab schließlich so viele, daß die zum Teil sehr respektablen Bürgerhäuser dazwischen sich kaum bemerkbar machten.
Besonders emsige Bautätigkeit setzte nach dem Sieg der Gegenreformation ein. Zunächst waren es die Jesuiten mit Neu- und Umbauten von Kirchen und Klöstern, die ad maiorem Dei gloriam ihre geistliche Macht über die noch trotzende Bevölkerung zum Ausdruck brachten. Schon während des Dreißigjährigen Krieges begann auch der Adel zu bauen. Besonders aufwendig trieben es die neu zugezogenen Familien – Ita-

liener, Franzosen, Deutsche –, die dem Kaiser halfen, seinen Krieg zu gewinnen, für ihre Dienste mit den Besitzungen der vertriebenen Adligen und Bürger belohnt wurden und konfiszierte Güter zu Schleuderpreisen aufkaufen konnten.

Die Kleinseite wurde zur Stadt der Aristokraten und der Geistlichkeit, der ausländischen Baumeister und Künstler. Die Masse der Bevölkerung hatte keinen Anteil an dem kulturellen Aufschwung der nächsten 100 Jahre. Das eingesessene Bürgertum tschechischer und deutscher Zunge hatte 1621 sein Selbstbewußtsein verloren. Mehr als 100 Jahre erfolgloser Behauptungsversuche gegen gewaltsame königliche und kaiserliche Übergriffe und schließlich der fürchterliche Krieg hatten es zerbrochen. Die Überlebenden wollten nur noch überleben, duckten sich vor jeder Macht, vor der kaiserlichen ebenso wie vor der jesuitischen und nicht minder vor den Aristokraten, die, dem Hof in Wien nahe, teilhatten an der wie ein unverständliches Gottesurteil über die einfachen Leute verhängten «Macht».

Man hatte sie täglich vor Augen, diese Macht. Denn der Adel war in die Stadt gezogen. Was ihm an direkter politischer Wirkungsmöglichkeit verlorengegangen war, hatte er an klingender Münze gewonnen, der katholisch gebliebene alteingesessene wie der neu hinzugekommene Kriegsadel. Die Herren paradierten voreinander mit ihrer «Macht», indem sie sich gegenseitig übertrumpften im Bau neuer Paläste, modernster Parkanlagen, die teuersten italienischen Baumeister und Architekten beschäftigten, die berühmtesten Musiker engagierten, ihren Rang an der Zahl ihrer Lakaien maßen und an der Großzügigkeit ihrer Stiftungen für die Kirche.

Zunächst mochte dem Zusammenrücken der Standesherren aus ihren Stammburgen in die Stadt – jedenfalls beim eingesessenen Adel – ein trotziges Solidaritätsgefühl gegenüber dem landfremden Kaiser beigemischt gewesen sein. Nicht von ungefähr bauten sie ihre Paläste rund um die Burg. Wie ein Schutzring umgaben die Adelspalais die alte Königsburg. Aber bald ging man zur Tagesordnung über. Sie bestand darin, die aus den riesigen Besitzungen üppig fließenden Einkünfte in Glanz, Pracht und Trubel umzusetzen.

Nichtachtung gegenüber Menschen niederen Standes bestimmte die Beziehungen zur Stadtbevölkerung bis weit ins 18. Jahrhundert. Die übermütige Adelssippschaft kümmerte sich keinen Pfifferling um die verelendete Stadt, die noch an den Wunden des Dreißigjährigen Krieges krankte.

Aber die vom Adel getragene Kultur besaß Wirkkraft und strahlte seit dem frühen 18. Jahrhundert in ständig zunehmender Intensität auf das sich ganz allmählich wirtschaftlich erholende Bürgertum aus. Architektur, bildende Kunst, Literatur und in erster Linie die Musik verfeinerten Geschmack und Lebensformen und führten gegen Ende des Jahrhunderts zu wachsender Annäherung zwischen adligen und bürgerlichen Gelehrten und Wissenschaftlern, deren gemeinsamer Bemühung die tschechische Wiedergeburt des 19. Jahrhunderts zu verdanken ist.

Porträt des «verrückten» Grafen Sporck

Die eindrucksvollste Gestalt jener Epoche ist Franz Anton Graf Sporck, eine der denkwürdigsten Barockfiguren überhaupt. In ihm traf alles zusammen, was für diese Ära kennzeichnend ist, und dazu kamen noch die Impulse, die er aus der beginnenden französischen Aufklärung erfuhr: ein neuer Sinn für den Umgang mit Menschen und eine souveräne Verachtung für alle dieser neuen Haltung entgegenstehenden Institutionen, soweit sie nicht zufällig seiner Eitelkeit schmeichelten.

In seiner Schrift «Der große Herkomannus» geißelt Sporck den Götzen des Herkommens, der Konvention, den die Menschen sklavisch anbeten. Die vielen Bücher, die seitdem gegen gesellschaftliche Zwänge geschrieben wurden, wären auch ohne ihn geschrieben worden, aber seine unglaublich vielseitige und rücksichtslose Aktivität war es, die den Geist der Aufklärung in die böhmischen Länder brachte. Wie sein Vater aus obskurer westfälischer Herkunft zum kaiserlichen General wurde, so stieg der Sohn auf zum Streiter im Kampf der Geister und verdient in all seiner Skurrilität achtungsvolle Erinnerung.

Als Gerechtigkeitsfanatiker Kohlhaasscher Prägung lag Sporck fast ständig mit irgend jemandem im Gerichtsstreit: mit Gutsnachbarn, mit den Jesuiten, mit den Behörden. Seine Prozesse kosteten ihn insgesamt 250000 Gulden, nach heutiger Kaufkraft sind das etwa drei Millionen DM. Eine kritische Denkschrift zur Gerichtspraxis trug ihm eine Buße von 30000 Gulden ein und dann zwölf Wochen Schuldhaft im Weißen Turm auf dem Hradschin, weil er die Buße natürlich nicht bezahlte. Sein letzter Prozeß war ein Ketzerprozeß: er hatte von seiner eigenen Druckerei 25 theologische Bücher drucken und verbreiten lassen, ohne sie der Zensur vorgelegt zu haben.

Sporcks Tätigkeitsdrang kannte keine Grenzen: seiner großen Druckerei gliederte er eine Kupferstecherschule an. In Prag gründete er das erste Opernhaus, das nicht nur der Unterhaltung, sondern auch der moralischen Belehrung diente. In *Kuks* (Kukus) baute er ein Heim für die Alten und Kranken seiner Herrschaft sowie einen eleganten Badeort mit Theater,

Bibliothek und allem erdenklichen zeitgenössischen Komfort. Er gründete die erste Freimaurerloge in Böhmen, stiftete trotz seiner jansenistischen und pietistischen Neigungen ein Zölestinerinnenkloster, kümmerte sich um Entwicklung und Intensivierung der Landwirtschaft, widmete sich theologischen und moralphilosophischen Studien, schleppte von seinen Auslandsreisen an, was ihm brauchbar schien und gefiel: aus Tirol brachte er Matthias Braun, den großen Bildhauer, mit, aus Nürnberg den berühmten Kupferstecher Renz, aus Paris das Waldhorn.

Und schließlich war Sporck auch ein derber Spaßvogel. Unzählige Anekdoten darüber, wie der Graf wirkliche und vermeintliche ihm angetane Unbill heimzahlte, waren im Umlauf. Beispielsweise erschien er auf dem Hofball anläßlich der Krönung Kaiser Karls VI. in weißen Hirschlederhosen. Auf das Unpassende seiner Kleidung hingewiesen, erklärte er, sein Anzug sei durchaus passend. Er trage zu Ehren des Kaisers seine kostbarste Hose; 5000 Gulden habe er dafür ausgegeben. Er hatte nämlich einen weißen Hirsch abgeschossen, der aus den kaiserlichen Forsten in seinen Wald geraten war, und dafür 5000 Gulden Buße zahlen müssen.

Posthum bekam Sporck den Beinamen «der edle Graf». Aber Nachfolge in seinen philanthropischen Bestrebungen fand er kaum, die Zeit war noch nicht reif.

Im ausgehenden 18. Jahrhundert verebbte die feudale Herrlichkeit der Kleinseite. Maria Theresia hatte die Selbstverwaltung des Königreiches, dessen Organ die «Böhmische Kanzlei» war, schon 1749 beseitigt und in Wien einen straff zentralisierten Verwaltungsapparat aufgebaut, der die Angelegenheiten sämtlicher habsburgischer Länder regelte und sie auf den Status von Provinzen herabdrückte. Wer in der Politik oder in der großen Welt eine Rolle spielen wollte, mußte sich nach Wien bequemen. Viele Adelsfamilien folgten nach und nach dem Zug der Zeit, hielten sich – wenn sie nicht auf ihren Gütern weilten – immer öfter in Wien und immer seltener in Prag auf. Zum Glück modernisierten und renovierten sie ihre Prager Palais nur, soweit es unumgänglich war, so daß das barocke Stadtbild der Kleinseite erhalten blieb; sie selber wurde wieder zur Stadt der Handwerker, der kleinen Beamten und Angestellten, der die nicht allzu zahlreichen Aristokraten, das Offizierskorps und die staubigen Hofräte einen schwachen Abglanz der einstigen Pracht retteten. Wen eine kleine Exkursion die bedeutendsten Kleinseitner Bauten entlang nicht lockt, kann die nächsten Seiten getrost überschlagen.

Palais und Bürgerhäuser

Wir beginnen den Weg an der *Mostecká* (Brückengasse) – Ecke *Lázeňská* (Badgasse), beim *Saskův Dum* (Sachsenhaus), das Karl IV. einst dem Herzog von Sachsen schenkte. Es ist das älteste Adelshaus der Kleinseite und das einzige, das bis zur völligen Unkenntlichkeit modernisiert worden ist. Nur das Portal erinnert an die Geschichte des Hauses.
Das alte *Badehaus* aus dem 14. Jahrhundert in der Lázeňská (Nr. 286/6) wurde im 18. Jahrhundert in ein Hotel verwandelt und hat so prominente Gäste wie Suworow und Chateaubriand beherbergt. Auf der anderen Seite (Nr. 285/11) im *Goldenen Einhorn* («U zlatého jednorožce») wohnte 1796 Ludwig van Beethoven. Wieder auf der linken Seite der Lázeňská ist der Eingang zur Malteserkirche *Maria unter der Kette* (kostel Panny Marie pod řetězem). Die Kirche wurde 1169 noch spät-

romanisch begonnen; Ansätze, sie gotisch zu vollenden, kamen nicht zum Abschluß. Sie ist eine der wenigen Prager Kirchen, die abgesehen von dem durch Carlo Lurago barockisierten Presbyterium, ihre romanisch-frühgotische Strenge bewahrt haben.

Die Lázeňská mündet auf den rechteckigen *Großprioratsplatz* (Velkopřevorské náměstí), dessen vornehm-stille Schönheit ein Saum alter Bäume noch unterstreicht. Links steht der in den Jahren 1726 bis 1738 gebaute *Palast des Malteser Großpriorats,* mit Portal- und Treppenhausskulpturen von Matthias Braun. Gegenüber das *Buquoy-Palais* von 1719, im 19. Jahrhundert teilweise umgebaut, beherbergt heute die Französische Botschaft. Daneben (Nr. 490/1) steht das *Renaissancehaus der Herren Mettych von Čečov,* dessen einen Flügel Hrzán von Harasov barockisieren ließ. Im Garten des ehemaligen Großpriorats, heute Musikabteilung des Nationalmuseums, gibt es während der Sommermonate häufig Konzerte alter Meister.

Zurück auf der Lázeňská biegt man links ab zum *Maltézské náměstí* (Malteser Platz). Auf seiner Westseite sind das *erste Prager Postamt* (Nr. 480/8) aus der Zeit Rudolfs II. bis 1723 und das *Rokokopalais der Ritter von Turba* (Nr. 477/6) zu erwähnen. Die ganze Ostseite nimmt das beinahe derbe *Palais* der *Straka zu Nedabylice* aus dem 17. Jahrhundert ein, heute Blindenkonservatorium. Der repräsentativste Bau des Platzes ist der *Nostiz-Palast* auf der Südseite, um 1660 entstanden. Zu ihm gehörte ein großer englisch angelegter Park, der inzwischen zu einer vielbesuchten öffentlichen Anlage wurde. Im Süden verläßt man den Malteser Platz nach rechts durch die *Harantova* und kommt auf die *Karmelitská,* die auf dem kurzen Wegstück bis zum Kleinseitner Ring drei Palais auf der rechten Seite hat: Nr. 368/8 das klassizistische *Rohan-Palais* von 1796 mit einer Fassade von 1838; Nr. 382/14 ein *Sporck-Palais;* Nr. 379/18 ein *Thun-Hohensteinsches Palais,* beide aus der ersten Hälfte des 18. Jahrhunderts. Das Thun-Hohensteinsche Palais wurde einige Generationen später zum Hotel. Hier logierten Nelson, Lady Hamilton und Carl Maria von Weber.

Gegenüber steht die *Kirche Maria de Viktoria* (chrám Panny Marie Vítězné). 1611 bis 1613 als erste originale Barockkirche von deutschen Protestanten gebaut, erhielten im Zuge der Rekatholisierung die Karmeliter das Gotteshaus und fügten ein Kloster hinzu. Die Kirche erfreut sich seit langem eines großen Rufes in der gesamten katholischen Welt, vor allem aber in den lateinamerikanischen Ländern, denn sie beherbergt das wundertätige *Prager Jesulein.* Eine Fürstin Lobkowitz, gebürtige Spanierin, brachte das Wachsfigürchen in ihrem Brautschatz aus Spanien mit und schenkte es 1628 der Kirche. Das Jesuskind bewirkte bald so viele erstaunliche Wunder, daß ihm aus Dankbarkeit zahllose prächtige Gewänder genäht und gestickt wurden; zu jedem Kirchenfest kann es sich unter vielen Roben die jeweils passende aussuchen. Selbst Kaiserin Maria Theresia stickte dem Wunderbild eigenhändig ein kostbares Gewand. An der Ecke zum *Tržiště* (Marktplatz), eigentlich nur einem breiten Boulevard, steht das von außen ziemlich düster wirkende *Vrtba-Palais* aus der Mitte des 17. Jahrhunderts. Es erschließt seine Schönheit erst, wenn man das Eingangstor durchschritten hat. Die einzelnen Flügel enthalten Privatwohnungen und einen Kindergarten, die Innenräume kann man daher nicht besichtigen. Sehenswert ist die Anlage des Gebäudes mit seinen vier Höfen und dem Wunderwerk seines Terrassengartens, dessen Skulpturen Matthias Braun mit seinen Schülern schuf.

Der Markt (Tržiště) ist der bürgerlichste Platz der Kleinseite.

Kein Wunder: hier wohnten die Händler, und hier wurde Markt gehalten. Aus dem Rahmen fällt nur am oberen Ende links der *Schönborn-Palast,* zwischen 1643 und 1656 gebaut, mit seinem gleichzeitig angelegten Park. Giovanni Santini modernisierte den Bau 1715. Heute residiert hier die Amerikanische Botschaft.

Am oberen Ende des Tržiště beginnt die *Vlašská* (Welsche Gasse), eine Künstlerkolonie aus dem 16. Jahrhundert. Rudolf II. hatte die «welschen», vorwiegend italienischen Bildhauer und Baumeister nahe der Burg angesiedelt. Auch Aostalis, der die Pläne zum Wiederaufbau der Kleinseite nach dem Brand von 1541 ausarbeitete, wohnte hier. Von den Künstlerhäusern sieht man nichts mehr; aber das Anfang des 17. Jahrhunderts für die fremden Künstler errichtete Welsche Hospital ist noch da und inzwischen zum Istituo cultura italiana geworden.

In der Welschen Gasse imponiert ein *Lobkowitz-Palast,* 1703 bis 1707 gebaut und 1763 von Palliardi modernisiert. Sein Terrassengarten, Ende des 18. Jahrhunderts in einen englischen Park umgewandelt, ist der Öffentlichkeit zugänglich und ein Teil des ausgedehnten Parkgürtels geworden, der die Kleinseite im Süden, Westen und Norden umgibt.

Von der Vlašská rechts ab krümmt sich in geradezu idyllischem Bogen die kleine *Šporkova,* in deren äußerste Biegung sich das ältere Sporck-Palais schmiegt, den *Janský vršek* (Johannishügel) hinauf, der die Verbindung zur *Nerudova* (Neruda-Straße) bildet. Das Barockpalais Ecke Nerudova – Janský vršek mit dem Nikolausrelief gehörte der Familie Bretfeld, deren fabelhafte Bälle berühmt waren. Auch Casanova und Mozart haben im Palais Bretfeld das Tanzbein geschwungen.

Die Nerudova war ursprünglich der Hauptzugang zur Burg und der letzte Abschnitt des Krönungsweges. Heute ist es eine

Bürgerstraße des Hochbarock. Man sollte, vom Johannishügel kommend, rasch hinauf bis an ihr Ende gehen zu dem kleinen Platz, von dem die *Radnické schody* (Rathausstiege) und der *Uvoz* (Hohlweg) abzweigen, und dann langsam die Straße hinabspazieren, um sich an den Hauszeichen zu erfreuen. Da ist rechts das Haus zum *Grünen Hirschlein,* daneben das zum *Weißen Schwan.* Ihm folgt mit zwei Frühbarockgiebeln das Haus zu den *Zwei Sonnen* mit einer kleinen Schenke im Erdgeschoß. Hier wohnte Jan Neruda (1834–1891), ein glänzender Journalist und kluger Erzähler. Seine warmherzig-ironischen «Kleinseitner Geschichten» sind erstklassige Milieuschilderungen. Bei ihrer Lektüre wird manch tieferer Grund für die tschechisch-deutschen Spannungen klar.
Das nächste Haus heißt zum *Grünen Krebs,* das folgende hat einen *Löwen* zum Zeichen, dessen Pranken einen beachtlich großen Trinkbecher liebevoll umschließen. Das Haus zum *Esel in der Wiege* entzückt durch seine Barockfassade. Auf der anderen Straßenseite, im Haus zum *Goldenen Hufeisen,* ließ sich 1748 der erste Kleinseitner Apotheker nieder. Heute ist hier ein kleines, hochinteressantes *pharmazeutisches Museum* untergebracht.
Auf halber Höhe der Straße stehen sich das *Morzin-Palais* und ein *Thun-Hohenstein-Palais* gegenüber. Im Morzin-Palais residiert die Rumänische Botschaft. Die den Balkon tragenden gewaltigen Mohren, die Büsten Tag und Nacht wie auch die Allegorie der vier Weltteile auf der Attika stammen von Ferdinand Max Brokoff. Letzte Hand an den Bau legte Giovanni Santini.
Links das Thun-Hohenstein-Palais (Italienische Botschaft) entstand nach Santinis Plänen. Das Portal trägt das Wappen der Grafen Kolovrat. Matthias Braun schuf die Statuen Jupiter und Juno und die beiden Adler am Portal. An der oberen

Palastseite führt eine Treppe zur Neuen Schloßstiege hinauf. Zwei überdachte Verbindungsgänge ermöglichen den direkten Zugang vom Palais in die *Kajetankirche,* ebenfalls ein Werk Santinis.

Weiter die Straße hinab steht das Haus des Goldschmiedes Bartholomäus Schumann. Von der schlichten Renaissancefassade hebt sich sein Zeichen, ein *goldener Kelch,* ab. Das nächste Haus, 1704 von Christoph Dientzenhofer umgebaut, gehörte später Giovanni Santini. Haus Nr. 12 hat *drei zierliche Geigen:* drei Generationen lang wohnten hier Geigenbauerfamilien.

Kurz vor dem Kleinseitner Ring biegt links der Verbindungsgang zur 1764 gebauten Neuen Schloßstiege (Nové zámecké schody) ab. Er führt zunächst auf die Thunovská. Vor uns haben wir das *Vežnikosvký-Palais* (Nr. 184/20). Wir gehen rechts die nun ganz schmal werdende Thunovská ein Stückchen abwärts und dann links hinauf zum *Thun-Palast* (Britische Botschaft), einem weitläufigen Bau des 16. Jahrhunderts, den Anselmo Lurago 1716 bis 1727 zeitgenössisch umbaute. Die neugotisch renovierte Front kann dem Gesamteindruck nicht viel anhaben.

Die Thunovská endet auf der Tomášská (Thomasgasse). Wir gehen vorher schon nach links in die *Sněmovní* (Landtagsgasse), eine breitangelegte Straße mit einer ganzen Sammlung von Adelshäusern. Zunächst an der Ecke (Nr. 176/6) wieder ein *Thun-Palais,* 1696 bis 1720 gebaut, später *Bondini-Theater;* es brannte 1794 ab und wurde von den böhmischen Ständen 1801 wieder aufgebaut. Das Gebäude Nr. 175/5 ist das *Spätbarockpalais des Grafen Lažanský;* Nr. 174/7 das alte *Černín-Palais,* 1713 barockisiert; Nr. 171/13 das *Harbuval-Chamaré-Palais,* heute Sitz des Caritasverbandes. Nr. 165/6 *U zlaté labutě* (Zum Goldenen Schwan) ist eines der schönsten bürgerlichen Renaissancehäuser Prags. Aostalis baute es im Jahre 1589.

Die Sněmovní, inzwischen dreieckig auseinanderstrebend, verengt sich in ihrer geraden Fortsetzung zu einem schmalen Gäßchen und wird zur Treppe, die zu der beliebten kleinen Weinstube «Zlatá studně» (Goldenes Brünnel) auf halber Höhe der Burgmauer hinaufsteigt. In einem Kniebogen nach rechts führt die Sněmovni zum *Valdštejnské náměstí* (Waldsteinplatz). Mit diesem Platz und der *Valdštejnská* (Waldsteingasse) beenden wir den Gang vorbei an Prager Herren- und Bürgerhäusern.

Waldsteinpalast und Waldsteingasse

Albrecht Waldstein (Wallenstein, wie wir ihn aus der Literatur kennen), Herzog von Friedland, ließ sich seinen Palast in großer Eile bauen (1624–1630), um dem Kaiser, der sich zwar seine Schlachten von dem Feldherrn gewinnen ließ, ihn selber aber gar nicht gern leiden mochte, in aller Deutlichkeit zu demonstrieren, daß mit ihm, dem Generalissimus, nicht zu spaßen sei. Nicht er sei von des Kaisers Gunst abhängig, sondern viel mehr der Kaiser von seiner Feldherrnkunst. Der riesige Bau ist mehr wuchtig als schön, düster und drohend beherrscht seine Front die ganze Längsseite des Platzes. Drei italienische Architekten: Spezza, Sebregondi, Pieroni, wurden beschäftigt, zwölf Häuser (nach anderer Quelle 23) mit ihren Gärten aufgekauft, um Platz für den Palast mit seinen fünf Höfen, dem Reitstall und dem französischen Garten zu gewinnen. Im Garten finden an Sommerabenden Konzerte statt, und zweimal wöchentlich spielen die Prager städtischen

Das Haus zu den zwei goldenen Bären

In seinen Lebenserinnerungen erzählt Egon Erwin Kisch von seinem Geburtshaus, dem Haus zu den zwei goldenen Bären: «Der Gang, der in den Hof führt ist breit und gewölbt, aber auch voller Finsternis, Eisentüren rechts und links schließen vier Kellergewölbe ab, die bisher keine lebendige Seele betreten hat. Beim Kellereingang hängt ein Eisenring mit dem Rest einer geheimnisvollen Kette, und unten im Keller ist, wie wir gut wissen, ein Rittersaal mit Nebenräumen, von wo einstmals zwei unterirdische Gänge zur Teynkirche und zum Rathaus führten. Wenn wir groß sind, decken wir diese längst verschütteten Gänge auf, krauchen bewaffnet durch sie durch und leisten etwas Großes, das ist sicher.»

Bühnen Stücke von Shakespeare und Goldoni. Die imponierende Anlage war kaum beendet, als der Kaiser dennoch seinen Generalissimus entließ, dieser sich grollend auf sein Stammschloß nach *Jičín* (Gitschin) in Nordböhmen zurückzog und nur selten sein neues Prachtgebäude auf der Kleinseite besuchte. Noch einmal konnte der geniale Condottiere, den zeitlebens finsterer Aberglaube quälte, triumphieren, als der Kaiser ihn 1632 erneut zum Oberbefehlshaber berief. Noch einmal waren ihm die Sterne gewogen, denen er zu seinem Unglück mehr vertraute als seinem Verstand, dann fiel er 1634 in Eger von Mörderhand. Piccolomini, der die Intrige eingefädelt hatte, erhielt zum Dank vom Kaiser die Hälfte der Waldsteinschen Besitzungen in Nordböhmen, die andere Hälfte bekam die Familie Clam-Gallas.
Die ganze rechte Seite der Waldsteingasse entlang erstreckt sich *Waldsteins Reitschule,* sie enthält heute einen Teil der *Nationalgalerie.*
Auf der linken Seite steht, noch in den Waldsteinplatz hinein-

ragend, das *Ledebur-Palais* (Nr. 162/3, von Palliardi Ende des 18. Jahrhunderts gebaut, mit seinem älteren bezaubernden Terrassengarten, in dessen Sala Terrena (Santini, Anfang des 18. Jh.) an Sommerabenden auch Shakespeare-Aufführungen stattfinden. Nebenan das *Pálffy-Palais* stammt aus der Mitte des 18. Jahrhunderts, das anschließende *Kolovrat-Palais* (Nr. 154/10) baute Palliardi um 1780. Den Schluß bildet das *Fürstenberg-Palais* (Nr. 153/8) aus den Jahren 1743 bis 1747. Wie fast alle Adelssitze der Stadt sind auch diese Palais zu Amtsgebäuden geworden: das Fürstenbergsche ist Polnische Botschaft, Kolovrat- und Pálffy-Palais beherbergen das Ministerium für Schulwesen und Kultur. Nur die malerischen *Terrassengärten,* die hinter den Palais bis hinauf zur Burg ansteigen, sind manchmal an Samstagnachmittagen und Sonntagen vom Burggarten aus für das Publikum zugänglich.

Am Kleinseitner Ring

Mittelpunkt der Kleinseite ist ihr Ring (Malostranské náměstí). Süd- und Ostseite säumen die Laubengänge der Bürgerhäuser und des Rathauses an der Ostecke. Im Rathaus wurde 1575 die Böhmische Konfession abgefaßt, die als Grundlage zu Verhandlungen mit dem Kaiser hinsichtlich der Glaubensfreiheit und der Bestätigung alter politischer Freiheiten diente. An der Nordseite steht neben einem *Sternberg-Palais* aus dem Ende des 17. Jahrhunderts das Haus *U Montagů.* Es gehörte den Herren von Smiřický. Hier faßten die böhmischen Stände – adelige wie bürgerliche, tschechischer wie deutscher Zunge – am 23. Mai 1618 den Entschluß, die böhmischen Angelegenheiten selber in die Hand zu nehmen und das Haus

Habsburg für abgesetzt zu erklären. Den Auftakt bildete der berühmte Fenstersturz. Der unvermeidlich gewordene böhmische Aufstand ging über in den Dreißigjährigen Krieg.
Die gesamte Westseite des Ringes nimmt der monumentale *Liechtenstein-Palast* ein (in seiner heutigen Gestalt aus dem Jahre 1791). Hier wohnte Karl von Liechtenstein, der «blutige Statthalter», nach dem Sieg über die Aufständischen. Er sorgte, nachdem das Todesurteil über die 27 Anführer verhängt worden war, für die brutalen Modalitäten bei der Hinrichtung am 19. Juni 1621, nur Köpfen oder Hängen schien zu milde, nicht drastisch genug in der abschreckenden Wirkung.
In der Mitte des Kleinseitner Ringes und ihn mit dem angebauten Jesuitengymnasium in eine obere und eine untere Hälfte teilend, steht die *St.-Nikolaus-Kirche:* Symbol des habsburgischen Sieges. Sie ist die schönste Barockkirche in Prag. Nur zwei Generationen haben an ihr gebaut, daher die Einheitlichkeit in der künstlerischen Konzeption. Christoph Dientzenhofer baute die Kirche in den Jahren 1704 bis 1711, sein Sohn Kilian Ignaz schuf den Plan für die Kuppel, und Anselmo Lurago beendete den Bau 1755 mit dem schlanken Glockenturm. Einzigartig ist das Deckenfresko «Die Erhöhung des heiligen Nikolaus» von Johann Lukas Kracker, das der Künstler kongenial in die Kuppelwölbung eingliederte. Am Innenschmuck der Kirche haben alle bedeutenden zeitgenössischen Prager Maler und Bildhauer mitgewirkt: Franz Xaver Balko, Ignaz Platzer, Karel Škréta, Ludwig Kohl, Ignaz Raab, Richard und Peter Prachner, Francesco Soliman.
Es gibt viele malerische Winkel auf der Kleinseite, die nicht alle erwähnt werden können. Nur ein Wort noch über die **Kampa,** die schmale, dem Kleinseitner Moldauufer vorgelagerte Insel. Ein unscheinbarer Bach, die *Čertovka* (Teufels-

Das Haus der unzufriedenen Leute

Auf der Kleinseite steht ein altes Haus, in dem nur unzufriedene Leute wohnen. – Jeden, der es betritt, befällt quälendes Mißbehagen. – Ein düsteres Ding, das bis an den Bauch in der Erde steckt.
– Im Keller liegt eine eiserne Platte: wer sie hebt, der sieht einen schwarzen engen Schacht mit schlüpfrigen Wänden, die kalt hinunter in die Erde zeigen.
Viele schon hatten an einem Strick Fackeln hinabgelassen. – Tief in die Dunkelheit hinunter, und das Licht war immer schwächer und schwelender geworden, dann erlosch es, und die Leute sagten: Es ist keine Luft mehr. –
So weiß keiner, wohin der Schacht führt.
(Gustav Meyrink: Des deutschen Spießers Wunderhorn)

---

bach), trennt die Kampa vom Festland. Von der Karlsbrücke aus führt eine Treppe hinunter auf einen langgestreckten, mit Kastanien bestandenen Platz, auf dem häufig Wanderausstellungen und Töpfermärkte stattfinden; altersgraue Häuser zu beiden Seiten wirken ein wenig wie außerhalb der Welt, obwohl auch hier wie überall – vielleicht sogar mehr – Kinder herumtoben und Mütter aus den Fenstern herunterschelten. Die Mühle tut das Ihre für die romantische Stimmung. Im Weitergehen kommt man zum Eingang der Parkanlage, die den Hauptteil der Insel ausmacht. Drei Parks wurden zu einer Anlage verbunden: der *Nostiz-Garten,* der *Odkolek-Garten* und der *Michna-Garten.* Drei kleine Brücken über die Čertovka verbinden die Kampa mit dem anderen Moldauufer. In einem barocken Gartenhaus (Nr. 501/7) wohnte der Jesuitenpater Josef Dobrovský, Sprachforscher und Historiker, der den Grundstein zur tschechischen nationalen Wiedergeburt legte.

Prager Gärten und noch einmal das Burgviertel

Unterwegs vom Kinský-Garten zum Petřín

Die Prager Gärten – in Wirklichkeit sind es Parks – haben viele Gesichter, bieten Attraktionen aller Art für jede Stimmung, für jeden Geschmack. Bei schönem Wetter wimmelt es in ihnen vom frühen Nachmittag an von Besuchern jeden Alters. Stille Genießer werden einen Vormittagsspaziergang vorziehen. Als Ausgangspunkt schlage ich den *Kinský-Garten* vor. Am besten fährt man mit der Straßenbahn bis zum *Realistické divadlo* (Realistisches Theater) und nimmt dann den Weg aufwärts durch den Kinský-Garten, den *Petřín,* den *Seminargarten,* den *Lobkowitz-Garten* bis zum *Strahov.* Unterwegs gibt es allerlei Sehenswertes: das Kinský-Sommerschloß, heute ethnographische Abteilung des Nationalmuseums, eine Holzkirche aus der Karpato-Ukraine, Barock-, Rokoko- und moderne Statuen, künstliche Teiche, das Denkmal von *Karel Hynek Mácha* (1810–1836), dem ersten in tschechischer Sprache dichtenden Lyriker, die Sternwarte, die Hungermauer, den Aussichtsturm, die Laurentiuskirche, die Drahtseilbahn, das Aussichtsrestaurant «Nebozízek» und vieles andere. Einigem davon wird man unterwegs begegnen, anderem nicht ohne weiteres, man sollte ihm nicht nachrennen. Das Schöne sind die Gärten selbst, nicht ihr Beiwerk.

Allerdings darf man keine säuberlich gepflegte, korrekt gestutzte und beschnittene Anlage erwarten. Die weiten Wiesenflächen sind nicht zu englischen Rasenplätzen geschoren. Den Reiz dieser Gärten macht ihre Verwilderung aus.

Es ist herrlich, an einem Sommermorgen den Seminargarten hinaufzugehen und kaum einem Menschen zu begegnen. Nur selten trifft man auf einen Gärtner, vereinzelt leuchten Blumenrabatten an den Wegrändern; Äpfel-, Birnen- und Zwetschgenbäume im hohen Gras wecken sentimentale Erinnerungen an großartige Kinderungezogenheiten, malerische Verwilderung suggeriert die Illusion eigener Ungebundenheit. Aus dem hellen, übermütigen Sommerglanz gerät man durch ein Pförtchen in ehrwürdiges Dämmerlicht. Die alten Lobkowitzschen Bäume wehren die Sonne ab. Durchquert man den Park, ist man im Strahov-Stift-Garten, an dessen Südhang die Mönche Wein anbauten. Wer noch nicht müde ist, wird links hinauf bis zum Gipfel des Petřín (Laurenziberg) gehen, vielleicht auch noch die 299 Stufen des Aussichtsturmes bewältigen und den weiten Rundblick über die Stadt genießen. Dem Turm gegenüber steht die *Laurentiuskirche* (kostel sv. Vavřince), deren romanischer Ursprung am Südteil noch sichtbar ist. Herzog Svatopluk I. ließ 1108 die Kirche bauen zum Dank dafür, daß es ihm gelungen war, die Rivalen um den tschechischen Thron, die Familie der Vršovice, für immer auszuschalten. Zwischen 1735 und 1770 ließ die Zunft der Prager Köche, um sich die Gunst ihres Schutzheiligen zu garantieren, die Kirche umbauen. Die Straße hinauf zur Laurentiuskirche führen Kalvarien-Stationen, deren Altarbilder ziemlich verwit-

tert sind. Unterhaltsamer für Nachmittagsspaziergänger ist das *Spiegellabyrinth* am Eingang zu dem *Schlachtenpanorama*, das die Vertreibung der Schweden von der Karlsbrücke 1648 darstellt, ein drastisches Rundgemälde von Karl Alois Liebscher und Vojtěch Bartoněk.
Ein angenehm kühler Waldweg führt nordwestlich am äußeren Rand des Strahov-Gartens zum Kloster.

Das Strahov-Stift

Gegründet wurde das Prämonstratenserkloster 1140 von Vladislav II., und seine weithin bestaunte Besonderheit bestand zunächst in dem von den Mönchen angelegten kunstvollen Wasserleitungssystem.
Den Klosterhof umgeben die Wirtschaftsgebäude mit der Brauerei. Die Mönche verstanden nicht nur Wein anzubauen, sondern auch Bier zu brauen. Links die *St.-Rochus-Kirche* stiftete Rudolf II. zum Dank für die 1599 vorübergegangene Pest. Gegenüber an der *Hauptkirche Mariä Himmelfahrt* (chrám Panny Marie na Strahově) sind alle Stilepochen vertreten: ursprünglich war sie eine romanische Basilika mit gotischem Querschiff. Im 17. Jahrhundert verlängerte man die Kirche, das 18. verzierte sie mit zwei Zwiebeltürmen und führte den barocken Umbau aus.
Seit 1953 ist das Stiftsgebäude **Museum der Tschechoslowakischen Nationalliteratur** (Památník národního písemnictví). Den Grundstock dazu bildete die berühmte, aus 130000 Bänden bestehende Stiftsbibliothek, die, angefangen mit illuminierten Handschriften aus dem 9. Jahrhundert, eine Menge bibliophiler Kostbarkeiten besitzt. In zwei riesigen Barocksälen

Die Mondgöttin ziert dieses Haus im Uvoz (Hohlweg) nicht weit vom Strahov-Stift

Zone

Du bist in dem Garten eines Gasthofs in der Umgebung von Prag,
Du fühlst dich ganz glücklich, eine Rose steht auf dem Tisch,
Und du beobachtest, statt an deinem Prosagedicht zu schreiben
Den Goldkäfer, der im Herzen der Rose schläft.
Voll Schrecken siehst du dich gezeichnet in den Achaten
von Sankt Veit.
Du warst auf den Tod traurig am Tage, als du dich dort sahst.
Du gleichst dem Lazarus, der durch das Tageslicht verwirrt ist.
Die Zeiger im Judenviertel gehen rückwärts,
Und auch du gehst langsam in dein Leben zurück,
Während du zum Hradschin hinaufsteigst und abends mitzuhörst,
Wie man in den Schenken tschechische Volkslieder singt.
(Guillaume Apollinaire)

---

und den sie verbindenden Korridoren ist die alte Stiftsbibliothek untergebracht. In den übrigen Räumen, den weiten Fluren und Sälen, folgt der Besucher chronologisch der Entwicklung der tschechoslowakischen Literatur von ihren Anfängen bis heute. Den ersten Schwerpunkt bildet die humanistische Literatur, dann folgt seit dem 17. Jahrhundert der große Rückschlag: es gibt zwar Kalender, Hauspostillen, gar Kochbücher in tschechischer Sprache, aber keine wissenschaftlichen und schöngeistigen Werke. Das 19. Jahrhundert bringt den Neubeginn mit Dobrovský, Jungmann, Šafařík, Erben, Mácha und nicht zu vergessen Božena Němcová, die, 1862 gestorben, noch heute die volkstümlichste tschechische Dichterin ist (vgl. S. 217f.).
Vom Strahov-Stift aus ist noch ein anderer Spaziergang zu empfehlen: man geht links vom Pohořelec die *Belohorská* entlang, die zum *Weißen Berge* führt, bis zum *Benediktinerkloster*

Břevnov und der *Margarethenkirche.* Hier entstand 993 der erste romanische Klosterbau in Böhmen. Im Laufe der Zeit mehrfach umgebaut, erhielt er seine barocke Gestalt durch Christian und Kilian Ignaz Dientzenhofer in den Jahren 1700 bis 1720. Auch die Margarethenkirche – sie gehört zu den schönsten Barockkirchen Prags – schufen Vater und Sohn Dientzenhofer. Die Altarbilder malte Peter Brandl, die Dekkenfresken Jakob Steinfels. Unter dem Presbyterium wurde eine frühromanische Krypta freigelegt.

Zwei Schatzkammern: Santa Casa von Loreto und Sternberg-Palais

Vom Hof des Strahov-Klosters gehen wir die Treppe hinunter über den Pohořelec, rechts in die Loretánská, dann links zur Loretoanlage mit ihrer graziösen Fassade von Kilian Ignaz Dientzenhofer.
Eine Legende berichtet, daß es den himmlischen Heerscharen ein arger Greuel war, das Häuschen in Nazareth, in dem der Erzengel Gabriel der Jungfrau Maria ihre Erwähltheit verkündet hatte, im Land der Ungläubigen zu wissen. 1291 trugen sie es daher aus Palästina fort; zuerst nach Serbien, dann nach Mittelitalien und schließlich in den Loretohain bei Ancona, wo es seitdem mit der gebührenden Hingabe betreut wird.
Als die Jesuiten mit der sehr schwierigen Aufgabe begannen, das zu 90 Prozent protestantische Land zu rekatholisieren, suchten sie neue religiöse Mittelpunkte zu schaffen. Eine besonders gute Hand bewiesen sie mit der Nachbildung des Loretoheiligtums. 1626 wurde der Bau einer getreuen Kopie der

Santa Casa begonnen: ein fensterloser Raum mit zwei türlosen Eingängen, die Außenwände mit Reliefs aus dem Leben Christi und Mariä geschmückt. Im Innern befindet sich die eigentliche Kopie des Hauses von Nazareth. Zusätzliche Popularität gewann die Kapelle durch die Anwesenheit der seinerzeit am häufigsten bemühten Heiligen: St. Florian, Beschützer vor Feuersnot, St. Rochus, Nothelfer gegen die Pest, St. Apollinaria, Heilerin der Zahnschmerzen, St. Antonius, Finder verlorener Gegenstände und Helfer auf der Suche nach einem Bräutigam.

Nachbildungen der wichtigsten Stücke im italienischen Loreto zieren die Prager Santa Casa: Kopien eines Marienzyklus, ein goldenes Herz aus getriebenem Dukatengold neben dem Altar und die aus Ebenholz geschnitzte schwarze Madonna von Loreto. Unter der Santa Casa hat die Familie Lobkowitz wegen ihrer Verdienste um Bau und Ausschmückung ihre Gruft. Ein *Kreuzgang,* in zwei Bauabschnitten errichtet, umgibt die Santa Casa: der ebenerdige Gang 1634, der Oberstock 100 Jahre später. Der Kreuzgang besitzt sechs Kapellen und 22 Altäre, an seiner Westseite ist die Loretokirche eingebaut. Leider sind die Kapellen im Kreuzgang durch Glastüren verschlossen, so daß man vom Inneren keinen deutlichen Eindruck erhält. Immerhin, drückt man sich die Nase gehörig platt, kann man beispielsweise in der ersten Kapelle rechts die *heilige Kümmernis* ganz gut sehen, die – einst eine portugiesische Prinzessin – ihre jungfräuliche Reinheit bis zum Tod bewahren wollte. In höchster Not, der Papa hatte schon den Bräutigam parat, erflehte sie sich einen Bart, und über Nacht wuchs ihr tatsächlich ein prachtvoller Vollbart. Der Bräutigam verzichtete auf die Braut, der erboste Vater ließ die ungehorsame Tochter kurzerhand kreuzigen.

Im Oberstock des Kreuzganges ist ein Teil des Loretoschatzes

ausgestellt. Sein materieller Wert ist gewaltig, der künstlerische unterschiedlich, die Besichtigung in jedem Falle hochinteressant. Prunkstück ist die weltberühmte *Diamantenmonstranz* mit ihren 6222 Diamanten, eine Wiener Arbeit von 1699. Die Monstranz ist aus vergoldetem Siber angefertigt, 90 Zentimeter hoch, 70 Zentimeter breit und wiegt 12 Kilogramm.
Wer sich beim Schlag einer vollen Stunde im Oberstock aufhält, sollte auf den kleinen Balkon heraustreten, um das *Turmglockenspiel* besser zu hören. Seine Glocken umfassen zwei volle Oktaven mit Halbtönen und Terzen. Für jeden Abschnitt des Kirchenjahres gibt es eine Walze mit dem entsprechenden Choral.

Von Loreto aus geht man nach links, dann wieder nach links zum Hradčanské náměstí hinunter und zum **Sternberg-Palais.** Der von Martinelli und Alliprandi in den Jahren 1698 bis 1720 geschaffene Bau enthält bemerkenswerte Deckengemälde. Hier, im heutigen Nationalmuseum, finden wir reiche Sammlungen mittelalterlicher Kunst, Renaissance- und Barockmalerei und französische Maler des 19. und 20. Jahrhunderts. Von deutschen Malern seien *Albrecht Dürer* (Rosenkranzfest), *Lucas Cranach d. Ä.*, die beiden *Holbein* genannt, von den Niederländern *Rembrandt* (Der Rabbiner), *Anton van Dyck* (Abraham und Isaak), *Rubens*, dic *bciden Breughel*, von den Spaniern *El Greco*, *Murillo* und *Goya.* Besonders reich ist die Sammlung des 19. und 20. Jahrhunderts: *Delacroix, Corot, Courbet, Monet, Pissarro, Toulouse-Lautrec, Matisse, Cézanne, Gauguin, Maillol, Chagall, Picasso.* In der Skulpturensammlung dominieren Werke von *Auguste Rodin.* Diese wenigen Stichworte dürften genügen, um das Interesse an der Galerie zu wecken.

Neustadt und Vyšehrad

Skizzen aus der «neuen» Stadt

Der Pragbesucher, durch die Schönheiten und Seltsamkeiten in Altstadt, Kleinseite und auf dem Hradschin verwöhnt, wird kaum einen Besichtigungsgang durch die Neustadt machen wollen. Doch diese «neue» Stadt ist immerhin schon mehr als 600 Jahre alt, und es gibt auch hier viele interessante Stellen und schöne Gebäude.

Parallel zum Graben verläuft die *Jindřišská* (Heinrichsgasse) mit *Hauptpostamt* und *Heinrichskirche* (kostel sv. Jindřicha). Karl IV. stiftete die Kirche 1348. 1526 kam eine Renaissance-vorhalle dazu, und im 17. Jahrhundert folgten zwei Barock-kapellen. Das Innere wurde im Laufe des 18. Jahrhunderts barockisiert, das 19. Jahrhundert versuchte sich mit der Re-gotisierung der Kirche. Den gotischen Glockenturm nebenan stifteten zur Erinnerung an die Hussitenkriege die Neustädter Bürger.

In der *Hybernská* (Hiberner Gasse) finden wir ein *barockes Kinský-Palais.* Die Hybernská hat ihren Namen von den iri-

schen Franziskanern, den Hibernern. Ihre Kirche wurde 1808 bis 1811 in ein Empiregebäude umgewandelt, heute dient es Kunst- und Gewerbeausstellungen.
Die Kirche «Maria im Schnee» am Jungmannplatz und die Stephanskirche mit dem spätgotischen Glockenturm im Hof auf der anderen Seite des Wenzelplatzes habe ich schon erwähnt (s. S. 59). Immer wieder staunt man, welche Ausmaße Karl IV. seiner neuen Stadt bestimmt hat. Gewiß, die «lärmenden und übelriechenden Gewerbe», die sich hier niederließen, brauchten Platz: die Mälzer, Gerber und Metzger – um 1350 zählte man in der Neustadt schon 100 Metzger, fast ebensoviel wie im Jahre 1900. Brauereien, Darren, Zinngießereien, Stellmachereien und Schmiedewerkstätten störten einander nicht in den breiten, auf freie Plätze mündenden Straßen. In dem großen spitzwinkligen Dreieck Vyšehrad–Nationalstraße–Heinrichskirche, in dem wir überall verstreut der Bautätigkeit Karls IV. begegnen, hätte sich bequem eine ganze Reihe normaler mittelalterlicher Städte unterbringen lassen.
Am **Karlsplatz** gibt es das *Neustädter Rathaus,* die *Ignatiuskirche* und das *Fausthaus* zu betrachten. Der Platz ist kürzer als der Wenzelsplatz, dafür breiter und als Park angelegt, eine angenehme Oase zwischen den verkehrsreichen Neustadtstraßen. Vom Wenzelsplatz kommend, geht man die Vodičkova hinauf, die an der Nordostecke des Karlsplatzes mit dem Neustädter Rathaus endet, oder die Štepánská bis zur Žitná. Ihr folgt man nach rechts bis zum Platz. Linker Hand hat man die Ignatiuskirche und 100 Meter rechts das Neustädter Rathaus (s. S. 60). Der Ignatiuskirche (kostel sv. Ignáce), einem wundervollen Barockbau, schließt sich ein Jesuitenkolleg aus der zweiten Hälfte des 17. Jahrhunderts an, heute ist es ein Krankenhaus.

Der tschechische Doktor Faustus

Das Fausthaus an der Südwestecke vom Karlsplatz enttäuscht zunächst durch die schöne Barockfassade. Unter «Fausthaus» stellt man sich ja etwas bedeutend Älteres vor als 18. Jahrhundert. Tatsächlich aber stammt das Haus aus der Gründungszeit der Neustadt, wurde Mitte des 16. Jahrhunderts umgebaut und erhielt um 1740 seine neue Fassade. Seit Fürst Wenzel von Troppau im ausgehenden 14. Jahrhundert sich in diesem Hause mit der Schwarzen Kunst befaßt hatte, hing dem Gebäude ein geheimnisvolles Odium an, und immer wieder wohnten Alchimisten darin: zur Zeit Kaiser Rudolfs II. der schottische Hochstapler und Goldmacher Edward Kelly, im 18. Jahrhundert Ferdinand und Anton Mladota. Der Name «Fausthaus» kam erst im 19. Jahrhundert auf. Als die Sagen über den «tschechischen Doktor Faustus» im Druck erschienen, lokalisierte man ihren Schauplatz in diesem alten Alchimistenhaus. Zusammengefaßt sieht die Fabel etwa so aus: In alten Zeiten kam ein fahrender Scholar von irgendwoher in die große Prager Stadt. Geld hatte er natürlich nicht, aber sein Name war Šťastný, zu deutsch Glücklich. Humanistisch-gelehrtem Brauch folgend, übersetzte er seinen Namen ins lateinische «Faustus» und zog in das verkommene, leerstehende Haus am Karlsplatz. Neugierig stöberte er in Stuben, Kellern und Kammern herum; in der Bibliothek fand er einen goldenen Taler. Ein gutes Omen für einen armen Studenten, der in die Metropole kommt und Glücklich heißt. Am nächsten Tag fand er wieder einen und so fort, Tag für Tag. Bald gab er das Studieren auf und traktierte statt dessen seine Kommilitonen in den Schenken. Einmal, in weinseliger Stimmung, prahlte Faustus, er könne jederzeit soviel Gold haben, wie er wolle. Nach diesem Abend sah ihn niemand wieder. Als

«Dieses Mütterchen hat Krallen»

Prag läßt mich nicht los. Uns beide nicht. Dieses Mütterchen hat Krallen. Da muß man sich fügen oder –. An zwei Seiten müßten wir es anzünden, am Vyšehrad und am Hradschin, dann wäre es möglich, daß wir loskommen.
(Franz Kafka an Oskar Pollak, 1902)

Freunde ihn suchten, fanden sie in seinem Haus nur Blutspuren an den Wänden und ein Loch in der Decke, durch das der Teufel den armen Kerl geholt hatte.
Neben dem Fausthaus ist der Zugang zum *Emmauskloster Na slovanech.* Mit Bewilligung des Papstes hatte Karl IV. hier ein Kloster nach slawischem Ritus gestiftet. Der glagolitische Teil des Reimser Evangeliums, auf das die französischen Könige bis 1789 ihren Eid leisteten, stammt aus diesem Kloster. Im 15. Jahrhundert übernahmen die Hussiten die Gebäude, und seit 1446 bestand hier das einzige utraquistische böhmische Kloster. Im 17., 18. und 19. Jahrhundert kam es zu verschiedenen Umbauten und bei einem Luftangriff im Februar 1945 zu schwerer Beschädigung. Inzwischen ist der Gebäudekomplex erneuert worden. Im ehemaligen Kloster sind heute einige Institute der tschechoslowakischen Akademie der Wissenschaften untergebracht. Die 1372 geweihte Klosterkirche besteht aus drei gleich großen Schiffen, später wurde sie barockisiert und im 19. Jahrhundert neogotisch renoviert. Beim Wiederaufbau in der zweiten Hälfte der sechziger Jahre unseres Jahrhunderts wurde das Innere der Kirche wieder in ihren ursprünglichen Zustand versetzt; 1967 erhielt sie eine interessant gipfelnde Front: ein freier Kompromiß zwischen dem alten gotischen Hochgiebel und den im Barock hinzugebauten

Türmen. Im Klosterareal entstand 1970 bis 1972 ein moderner Bautenkomplex, in dessen Glasfronten sich die alten Klostergebäude spiegeln. In unmittelbarer Nähe des Klosters steht die Kirche des *heiligen Nepomuk auf dem Felsen* (kostel sv. Jana na skalce). Kilian Ignaz Dientzenhofer baute sie 1730 bis 1739. Die Deckenfresken wurden 1748 geschaffen, die Statuen auf der Freitreppe von Seeling allerdings erst 1888.

Auf den Spuren Karls IV. zum Vyšehrad

Wen es gelüstet, zu Fuß weiterzugehen, wandelt mit einigen Zickzackwegen auf Karls IV. Spuren. Geht man an der Südostecke des Karlsplatzes die Straße *U nemocnice* entlang und weiter in der Kateřinská, kommt man an der *St.-Katharinen-Kirche* (Kateřinka) vorbei. Kirche und Kloster stiftete Karl IV. 1355. Von der gotischen Kirche blieb nur der schlanke Turm erhalten. Kilian Ignaz Dientzenhofer baute die alte Kirche 1737 bis 1741 völlig um und schuf damit eines seiner reifsten Werke. Das Kloster ist jetzt eine Nervenheilanstalt. Rechts von der Kateřinská ulice zweigt die Straße *Ke Karlovu* ab, an deren Ende der *Karlshof* (Karlov) steht. 1350 gründete Karl IV. hier ein Domherrenkloster des heiligen Augustin mit einer Karl dem Großen gewidmeten Kirche. Aus der Zeit Karls IV. ist nur die achteckige Umfassungsmauer erhalten, deren Grundriß der Begräbniskapelle Karls des Großen in Aachen nachgebildet worden war. Das Presbyterium ist spätgotisch (1498), und die interessante Wölbung stammt aus dem Jahr 1575. Innenausstattung und weitere Anbauten gehören ins 18. Jahrhundert. Kaiser Josef II. hob das Kloster auf, heute ist es ein Krankenhaus.

Ebenfalls in der Straße Ke Karlovu (Nr. 462/20) steht die *Villa Amerika,* ein ehemaliges Lustschlößchen, das K. I. Dientzenhofer baute. Im Innern wurde ein *Dvořák-Museum* eingerichtet. Links von der Ke Karlovu zweigt die Gasse *Na bojišti* ab mit ihrem Gasthaus *Zum Kelch* (hostinec U kalicha); es erlangte internationalen Ruhm durch Jaroslav Hašeks Roman «Die Abenteuer des braven Soldaten Schwejk». Leider ist ihm dieser Ruhm schlecht bekommen – man hat die kleine Wirtschaft zu einer Attraktion für die Fremden gemacht, so daß sie genau das verlor, was sie früher anziehend machte: Lokalkolorit.

Rechts von der Ke Karlovu geht die *Apolinářská* ab mit der *Apollinariuskirche* (kostel sv. Apolináře), die ebenfalls Karl IV. gründete. Am Ende der Gasse stößt man auf die Straße *Na slupi,* die links hinauf zum Vyšehrad führt. Hier kommt man an der *St.-Marien-Kirche Na slupi,* auch Na trávníčku genannt, vorüber: auch sie aus der zweiten Hälfte des 14. Jahrhunderts. Ihre Wölbung, auf der Zentralsäule ruhend, gehört dem 15. Jahrhundert an. Der Turm ist schief: seine Spitze weicht 50 Zentimeter von der Vertikalachse ab.

Dann geht es gemächlich durch die Přemyslova die Grünanlagen des **Vyšehrad** aufwärts. Auf der Felskuppe thronte vor grauen Zeiten eine frühslawische Burg. Über den Zeitpunkt ihrer Entstehung ist nichts Sicheres bekannt. Die ersten exakten Daten haben wir aus der zweiten Hälfte des 10. Jahrhunderts, als die *Peter-Paul-Kirche,* eine romanische Basilika, und das *Domkapitel* gegründet wurden. Unterhalb des Vyšehrad bestand auch schon in romanischer Zeit eine Siedlung «Podskalí» (Unterm Felsen), sie wurde später in das Befestigungssystem der Neustadt einbezogen, und es blieb von ihr nichts erhalten als das Flößerhaus, das ehemalige, 1908 restaurierte Zollhaus.

Auch der Vyšehrad bietet kaum noch historische Sehenswürdigkeiten. Im 12. Jahrhundert verlegten die tschechischen Fürsten ihre ständige Residenz auf den Hradschin, die Vyšehrader Burg verfiel. Karl IV. ließ sie neu befestigen, einige neue Bauten errichten und die Peter-Paul-Kirche gotisch umbauen. Zur Zeit König Georgs von Poděbrady bestand eine Hussitensiedlung auf dem Plateau. 1654 wurde der ganze Bezirk zu einer Festung ausgebaut und blieb es bis 1886. Ein Teil der östlichen Festungsmauern steht noch. Der Platz der frühslawischen Burg ist jetzt eine Parkanlage. Auch die Ruinen auf dem Felsvorsprung sind keine Reste der alten Burg, sie gehören zur Befestigungsanlage Karls IV. Die Peter-Paul-Kirche schließlich wurde 1885 bis 1887 regotisiert. Nur Reste der romanischen Basilika *St. Laurentius* und die Rotunde des *heiligen Martin* an der Festungsmauer zeugen von der alten Besiedlung. Trotzdem ist der Vyšehrad der Bevölkerung lieb und teuer. Um *ihn* kreisen die alten Sagen vom Urvater Čech, von Libuša und Přemysl, dem Pflüger, nicht um den Hradschin.

Prag

153 Die **Neue Schloßstiege** (Nové Zámecké schody) führt von der Thunovska zum Hradschin

154 Der **St.-Veits-Dom**
Die Karlsbrücke verbindet **Altstadt und Kleinseite**

155 **Loreto** – die Nachbildung des italienischen Wallfahrtsortes bei Ancona, von den Jesuiten im 17. Jahrhundert gebaut

156 Blick vom Burgplatz auf **Stift Strahov**
Der Theologische Saal der Bibliothek im **Strahov-Stift**

Dies ist mit ein Grund, daß das historisierende 19. Jahrhundert auf dem Vyšehrad einen Ehrenfriedhof für bedeutende Söhne und Töchter des Landes anlegte: Bedřich Smetana und Antonín Dvořák liegen hier begraben, die Bildhauer Josef Václav Myslbek und Jan Štursa, der Maler Mikoláš Aleš, Schriftsteller und Dichter wie Karel Čapek, Vítezslav Nezval, Marie Pujmanová, Božena Němcová, Jan Neruda, ebenso Politiker und berühmte Wissenschaftler.
Geht man den Vyšehrad-Hügel an seinem Westrand abwärts, erreicht man bald die ins Stadtinnere fahrende Straßenbahnlinie. Ich schlage vor, nicht bis ins Zentrum zu fahren, sondern am Jiráskovo náměstí auszusteigen, das Gottwald-Ufer (Gottwaldovo nábřezí) in Richtung Nationaltheater entlangzuschlendern und dann rechts ein paar Schritte in die Šítková hinaufzugehen. Wo die Vojtěšská die Šítková schneidet, schmiegt sich zwischen die öden großen Häuser der Jahrhundertwende die kleine *Adalbertkirche* mit der *Barockkapelle zum Heiligen Kreuz,* dem alten Pfarrhaus und einem Glockenturm aus dem Jahre 1700. Die Kirche (14. Jh.) ist dem heiligen Adalbert (Vojtěch) geweiht, dem Märtyrer, der nach emsiger Missionstätigkeit in Böhmen ins rauhe Prussenland reiste und nach anfänglichen Missionserfolgen von den ungebärdigen Heiden im Samland 997 erschlagen wurde. Um 1720 wurde die Kirche barockisiert, aber Ende des 19. Jahrhunderts zum Teil in ihrer ursprünglichen Gestalt wiederhergestellt. Auch die aus der ersten Hälfte des 16. Jahrhunderts stammenden Deckenmalereien sind inzwischen freigelegt worden. Von 1874 bis 1877 war Antonín Dvořák Organist an der Adalbertkirche. Im Pfarrhaus befindet sich eine Sammlung barocker Musikinstrumente. Beachtenswert ist das Treppenhaus mit Plastiken von Ignaz Platzer und den Gemälden von Johann Hoffmann.

Nun geht man die Vojtěšská nach rechts weiter (parallel zum Gottwald-Ufer in Richtung Jiráskovo náměstí) und trifft bald auf die Resslova, der man links hinauf folgt. Auf ihrer rechten Seite sehen Sie die gotische *St.-Wenzels-Kirche* aus dem 14. Jahrhundert, in deren Frontwand Reste des ursprünglich romanischen Baus erhalten blieben.

Auf der linken Seite steht die *Kyrill-und-Method-Kirche,* die Kilian Ignaz Dientzenhofer in den Jahren 1730 bis 1736 baute. In der Krypta verbarg sich 1942 nach ihrem gelungenen Attentat auf den stellvertretenden Reichsprotektor von Böhmen und Mähren, Reinhard Heydrich, die kleine Gruppe Fallschirmspringer der tschechoslowakischen Legion. Ihr Versteck wurde verraten; als die SS in die Kirche eindrang, gaben sie sich selbst den Tod.

Vier Sehenswürdigkeiten am Stadtrand

Auch in den ehemaligen, längst mit Prag zusammengewachsenen Vorstädten gibt es viel Interessantes zu entdecken. Ich will aber nur auf vier Bauwerke hinweisen: in Žižkov, östlich der Altstadt, auf das *Nationale Ehrenmal,* im Norden auf *Schloß Troja,* im Süden auf die *Bertramka* in Smichov und auf *Schloß Stern* (Letohrádek Hvězda) am Weißen Berge.

Das 1927 gebaute **Nationale Ehrenmal** auf dem Vítkov-Berg, auch Žižkov genannt, ist weithin sichtbar. Es symbolisiert mit dem Reiterstandbild Jan Žižkas, der 1420 hier die Hussiten zum Sieg über die Truppen Kaiser Sigismunds führte, den tschechoslowakischen Freiheitskampf. Dieses **größte Reiterstandbild der Welt** schuf Bohumil Kafka. Dahinter steht das zwischen 1929 und 1932 nach Plänen von Jan Zázvorka er-

Slowakische Sprichwörter

Einen guten Birnbaum schüttelt man am meisten.

Auch in der Hölle läßt sich's leben, wenn du dort einen Onkel hast.

Tschechische Sprichwörter

Wer sich schleppt, rennt nicht davon.

Mit wem du umgehst, durch den kommst du um.

In der Nähe der Jauchegrube wirst du auch stinken.

---

richtete Gebäude des Nationalen Ehrenmals mit dem Grab des Unbekannten Soldaten. Berühmte tschechoslowakische Maler und Bildhauer, wie Maximilián Švabinský, Ladislav Kofránek und Karel Pokorný, besorgten die innere Ausgestaltung des monumentalen Baues. Seit 1945 werden in ihm auch die bedeutendsten kommunistischen Führer beigesetzt.
Der Weg zum Vítkov-Berg ist leicht zu finden: man geht die Hybernská zu Ende, dann links die *Husitská* entlang und kann den kurzen Aufstieg zum Ehrenmal nicht verfehlen. Nimmt man die Straßenbahn am Wenzelsplatz, steigt man an der Haltestelle *U památniku* aus. Ein wenig unterhalb des Ehrenmals hat das *Museum der tschechoslowakischen Armee* seinen Sitz.

Weiter draußen, ebenfalls auf der rechten Moldauseite, 45 Minuten von der Stadtmitte entfernt, finden wir **Schloß Troja**, Sommerresidenz der Grafen Sternberg. Es ist ein Werk Jean-Baptiste Matheys aus den Jahren 1679 bis 1685. Die Innenräume und die Kapelle wurden von Abraham Godin und den beiden Marchetti ausgemalt. Die Skulpturen auf der Freitreppe, die den Kampf der Titanen gegen die Götter darstellen, schufen die Brüder Johann Georg und Paul Heermann zwischen 1685 und 1703.

Im Prager Süden auf der linken Moldauseite, mit der Straßenbahn von der Stadtmitte 40 Minuten entfernt, liegt **Schloß Stern.** Italienische Baumeister bauten das Renaissanceschlößchen 1555/56 auf sechseckigem Grundriß, auch das Dach ist sechseckig, so daß der ganze Bau einem Stern gleicht. Die mit reichen Stukkaturen geschmückten Räume beherbergen ein Museum für den Schriftsteller Alois Jirásek (1851–1930). Seine historischen Romane trugen viel zur Popularisierung der tschechischen Geschichte bei und sind auch heute noch in der Bevölkerung beliebt. In der Nähe des Schlosses fand die Entscheidungsschlacht am Weißen Berge statt, an der 1620 der böhmische Aufstand gegen Habsburg zerbrach.

Die **Bertramka** ist eine Mozart-Gedenkstätte. An der Tomáškova verläßt man die Straßenbahn, geht die *Duškova* entlang und die *Mozartova* hinauf. Ende des 18. Jahrhunderts gehörte die Villa dem Musikerehepaar Dušek, bei dem Mozart häufig zu Gast war. Hier schrieb er seinen «Don Giovanni» und beendete die zur Krönung Kaiser Leopolds II. bestimmte Oper «Titus». Das von ihm benutzte Cembalo und andere Erinnerungsstücke aus jener Zeit blieben erhalten. Heute finden in der Bertramka Mozartkonzerte statt, an Sommerabenden auch im Garten der Villa. Die vielen Eintragungen berühmter Musiker in den Gedenkbüchern auf der Bertramka erinnern daran, wie sehr die Musik ein Lebenselement der Stadt ist. Mozart nannte sie «das Musikkonservatorium Europas».

Tagesfahrten in die nähere und weitere Umgebung

Erster Vorschlag: Veltrusy – Terezín – Litoměřice – Libochovice – Prag [rund 140 Kilometer]

Über die Bedeutung von Theresienstadt (Terezín) zu sprechen, ist hier kaum der Ort. Was sich dort zwischen 1941 und 1945 ereignet hat, weiß jeder. Dieses Wissen durch eigene Anschauung zu vertiefen, werden viele Reisende wünschen. Von Prag ist Theresienstadt nur 60 Kilometer entfernt. Man benutzt die E 15 (Staatsstraße 8). Knapp auf halbem Wege, bei **Veltrusy,** zeigt sich ein großer englischer Park mit allerlei architektonischen Attraktionen, in ihm verborgen steht ein *Ba-*

rockschloß. Innen sind vor allem das japanische und das chinesische Kabinett sehenswert sowie der Maria-Theresia-Salon, den die Kaiserin bei einem Schloßbesuch bewohnte. Nach der Ausfahrt aus Prag ist ein erster Halt in so anmutiger Gegend erfrischend. Von der Hauptstraße links ab führt ein kurzer Weg zum **Renaissanceschloß Nelahozeves,** in dem heute mittelböhmische Kunst des 20. Jahrhunderts ausgestellt ist. Das Dorf ist der *Geburtsort von Antonín Dvořák* (1841–1904); in seinem Geburtshaus wurde eine Gedenkstätte eingerichtet. Auf der Weiterfahrt sieht man nach etwa 15 Kilometer rechts der Straße die glockenförmige Kuppe des Berges *Říp* mit der romanischen *St.-Georgs-Rotunde,* auf dem der Urvater Čech sich mit seinem Stamm angesiedelt haben soll. Bei Roudnice führt ein bequemer Fußweg hinauf (300 m).

Die Festung **Theresienstadt,** heute 2700 Einwohner, dient seit der Mitte des 19. Jahrhunderts als Kerker für politische Häftlinge. Gavrilo Princip, der Attentäter von Sarajevo, saß hier bis zu seinem Tod gefangen. Während des Ersten Weltkrieges war Theresienstadt Gefangenenlager für 20000 Mann. Im Zweiten Weltkrieg wurde die ganze Stadt in ein Getto und die *Kleine Festung,* ein der Stadt vorgelagertes Fort, in ein Konzentrationslager verwandelt. Es blieb in dem Zustand erhalten, in dem sie als KZ benutzt wurde, mit den deutschen Aufschriften an den Baracken und Teilen der damaligen Einrichtung. Hier ist nachträglich nichts hinzugefügt, kein falsches Pathos verwischt den Eindruck. Am Eingang zur Kleinen Festung kann man sich einen deutsch geschriebenen Leitfaden kaufen und den Weg des Grauens allein machen.

Theresienstadt ist so niederschmetternd, daß mancher Besucher anschließend kaum in der Lage sein wird, der schönen alten Stadt **Leitmeritz** (Litoměřice, rund 24000 Einwohner) seine Aufmerksamkeit zu widmen. Trotzdem einige Hinweise:

Das älteste erhaltene Bauwerk ist ein *gotischer Glockenturm,* der im 13. Jahrhundert in die Stadtbefestigung einbezogen wurde. Daneben die *Allerheiligenkirche* aus dem Beginn des 13. Jahrhunderts. Sie wurde im 18. Jahrhundert barockisiert. Der *St.-Stephans-Dom* stammt aus dem 17. Jahrhundert und steht an der Stelle der ältesten Kirche von 1057. Im Innern finden wir Gemälde von Karel Škréta und Lucas Cranach. Ins 17. Jahrhundert gehört auch die *Jakobskirche* mit dem ehemaligen Dominikanerkloster, in das 18. die *Wenzelskapelle* und die *Kirche Mariä Verkündigung* mit Fresken von Jan Hyebel. Der schönste Profanbau ist das spätgotische *Rathaus* mit seinen Giebeln und dem Laubengang (1537–1539 Renaissance-Umbau). Den Rückweg nach Prag braucht man nicht auf derselben Straße zurückzulegen. Man verläßt Litoměřice über die Elbebrücke Richtung Theresienstadt, biegt rechts ab auf die Staatsstraße 15 und fährt an **Lovosice** (Lobositz, ca. 11000 Einwohner) vorbei, das schon von weitem am farbigen Rauch und Qualm seiner chemischen Werke zu erkennen ist. Zu Beginn des Siebenjährigen Krieges kam es hier zu einer Schlacht, nach der jede der feindlichen Parteien sich als Sieger fühlte. Die Preußen hielten ihr Te Deum in Lobositz ab, die Österreicher im 20 Kilometer entfernten Budyně (Budin).

Auf der Weiterfahrt nach **Třebenice** (Trebnitz) passiert man rechts den Hügel *Boreč,* aus dessen Spalten ständig warme Luft strömt. Auch im härtesten Winter wächst um seine Erdspalten frisches grünes Moos. Hier in der Umgebung von Třebenice liegen die reichsten böhmischen Granatvorkommen. Lange, bis in die Gegenwart, wurde der Granat im Tagebau gefördert. Man grub Erde und Sand um, siebte sie durch Siebe mit 1 Zentimeter weiten Maschen und fliessendes Wasser, das den Granatsand reinigte. Heute wird hauptsächlich mechanisch und aus großer Tiefe gefördert. Třebenice hat in einer ehemaligen Kirche ein kleines *Granatmuseum* eingerichtet, das die Art der Gewinnung und Verarbeitung in Vergangenheit und Gegenwart anschaulich demonstriert. Zu den Exponaten gehört auch die Granatschmuckgarnitur der Ulrike von Levetzow, Goethes letzter Liebe. Sie wohnte im nahen Schloß Treblitz, und da sie pietätvoll alle Andenken an Goethe aufbewahrt hatte, finden wir sie nun hier im Museum, in dem auch ihr Schlafzimmer zu sehen ist.

In Třebenice verläßt man die Staatsstraße 15 und biegt links in die kleine Straße nach **Libochovice** ab (10 km). Auf halbem Weg bei **Klapy** liegt auf einem Basaltkegel die Burgruine *Hazmburk* (Hasenburg) aus dem 14. Jahrhundert. Wer den Weg hinauf nicht scheut, hat von dort einen herrlichen Blick auf die Kegelberge des böhmischen Mittelgebirges, aus dessen Massiv kahle, sechskantige Basaltsäulen ragen.
Das *Renaissanceschloß* am Fluß Ohře (Eger) in Libochovice (knapp 3000 Einwohner), ursprünglich eine gotische Burg, baute Jan Lobkowitz (1560). Von der Festung zeugen gotische Reste im Mauerwerk der Kapelle. Das Schloß wurde zwischen 1683 und 1690 von Antonio Porta vergrößert und barockisiert. Es besteht heute aus vier Flügeln, drei davon haben Arkaden, die einen Innenhof umschließen. Die Salla Terena im Erdgeschoß bewahrte ihre originalen Renaissancemalereien. Zu den schönsten Räumen gehört der Saturn-Saal im Südflügel (Kamin, Skulpturensammlung, Barockstukkatur).

Wer noch nicht müde ist, kann auf dem Weg nach Prag einen kleinen Umweg über **Louny** (Laun), 21 Kilometer westlich von Libochovice, zu den Ausläufern des böhmischen Mittelgebirges machen. Louny, rund 20000 Einwohner, seit dem

13. Jahrhundert eine königliche Stadt, besitzt eine herrliche Kirche aus dem frühen 16. Jahrhundert mit dreiteiligem Zeltdach. Benedikt Ried, der den Vladislav-Saal der Prager Burg schuf, baute die Kirche und wurde auch in ihr beigesetzt. Ein anderes interessantes gotisches Baudenkmal ist die Žatecká brána, das Saazer Tor. Louny liegt mitten im berühmten *Saazer Hopfengebiet,* dem die böhmischen Biere ihren Weltruhm verdanken.

Egon Erwin Kisch, dessen Reporterauge kein einziger sozialer Übelstand entging, schildert die Zustände bei der **Hopfenernte** zu Beginn unseres Jahrhunderts. Sie wurde vorwiegend durch Saisonarbeit Arbeitsloser eingebracht. Kisch schloß sich einer Gruppe «Arbeitslustiger», wie er das Häuflein verelendeter Proletarier nennt, an. Leiterwagen befördern sie zum Arbeitsort: «Links blickt vom Berge die Stadt Saaz in das Egertal. Schwarze Türme von robustem Bau, wuchtige Wälle, gegen die einst die Mauerbrecher der Hussiten angerannt sind, und hohe Kuppeln drohen in das Land. Dunkel getönte Entschlossenheit ist auf diesem Gemälde aus der Ritterzeit, und da sich bei der Weiterfahrt zwischen die Beschauer und die gebieterische Burgenlandschaft die dünnen Stämme der Hopfengärten in schnurgerader Reihe stellen, sieht es aus, als ob ein ungeheures Heer von Reisigen mit Lanzen in Reih und Glied unten vor der Feste stünde. Bald schwindet das historisch-kriegerische Gemälde, die Landschaft wird sonnig und friedlich, grüne Rübenfelder, weites Kornland, und auf den Kuppen der Berge schwelgt der August. Nun sehen die Hopfengärten nicht mehr so feindselig aus, sie sind jetzt schwermütige Parkanlagen geworden, die Lenôtres-Gartenmesser kunstvoll gerade geschnitten.»
Die Saisonarbeiter waren primitiv untergebracht, ihre Entlöh-

nung miserabel: zwanzig Heller (1 Heller = 1 Pfennig) gab es für jeden Viertelhektoliter gepflückten Hopfens und allabendlich für jeden Erwachsenen einen halben Liter Milch und einen Liter Kartoffeln. Der Arbeitstag begann früh, Kisch erzählt vom ersten:

«Am Rande des Hopfenfeldes bauen die Knechte ein Zelt für den Hopfenweiner, der die gepflückten Fruchtzapfen entgegennimmt, ihr Quantum mißt und sie in die Leinwandsäcke schüttet. Es ist ein Hopfengarten mit Drahtbau, in dem wir pflücken. Die Stangenanlagen kommen später dran. An jeder Pflanzenreihe – deren Intervalle betragen anderthalb Meter – nimmt ein Hopfenpflücker Platz, die Kinder arbeiten mit Vater und Mutter in der gleichen Reihe... Durch einen starken Ruck werden die von Hopfenlaub umschlungenen, etwa sieben Meter langen Drähte, die in den Reihen in einer Distanz von einem Meter voneinander entfernt stehen, herabgerissen, der Pflücker zieht den unteren Teil der Ranke an sich und beginnt die teils traubenförmig, teils einzeln an den Stengeln stehenden zapfenartigen Kätzchen mit der Hand abzupflükken. Die Fruchtzapfen, die Dolden, sind eiförmig, ein bißchen spitz zulaufend, etwa zweieinhalb Zentimeter lang, von gelblichgrüner Farbe; sie enthalten einen goldgelben Staub an den Blättchen: das Hopfenmehl (Lupulin), den wertvollsten Bestandteil des Hopfens.

Lieder werden gesungen, Gassenhauer und Volkslieder von schwermütiger Erotik.

Aber bald verstummt der Gesang und auch die Gespräche. Die Pflückenden kommen auseinander, die Erfahrenen sind den Rekruten weit voraus, besonders jene, denen ihre Kinder behilflich sind, haben schon viele Drähte losreißen und abpflücken und ihre Sitzplätze vorwärtsschieben können. Ein Wettrennen hat Platz gegriffen, die Anfänger bleiben um

Das Wirtshaus

Ich liebe die Wirtshäuser von Prag,
wo man sitzt zu zweit,
wo man eine einfache Mahlzeit ißt,
wo man sich nur mit den Augen unterhält.

Ich liebe die ländlichen Schenken,
in denen ich oft einkehrte,
am Fenster meine kleine Mahlzeit aß
und meinen Schmerz in Fröhlichkeit vergrub.

Aber was ich noch mehr und über alles liebe,
das ist mein immer offenes Land,
ein wahres Wirtshaus zur Sonne,
in dem man leben und sterben kann.

(Vilém Zavada)

Pferdelängen zurück, und man muß schreien, will man einen Freund oder eine Freundin mit einer geistvollen Bemerkung beehren...

Die Dolden sind klein, die Körbe sind groß, es dauert fast eine Stunde, bevor man einen Korb gefüllt hat. Die erste Pflückerin, die ihren Korb zum Hopfenweiner trägt, bedeutet eine Sensation, neidvolle Zurufe: ‹Seht mal an, die Jindra geht schon schütten, die hat halt vier Hände. Die ist das Abknüpfen gewohnt.›

Noch schneller bewegen sich die Hände, man will nicht allzu sehr nachstehen. Bald ist das Zelt dicht von Pflückern mit gefüllten Körben umgeben. Ein hölzernes Maß, das einen Viertelhektoliter faßt, steht in einem großen Schaff. In das Maß schütten sie den Inhalt der Körbe. Der Hopfenweiner preßt die Dolden tüchtig in das Maß, damit es möglichst viel faßt.

Was dennoch über den Rand ins große Schaff fällt, kann sich der Pflücker wieder als Vorrat zurücknehmen...
Tag für Tag wird so gepflückt, ohne Mittagspause bis sechs Uhr abends und etwas drüber hinaus. Die Finger sind von den rauhen, mit Klimmhaaren besäten Stengeln ganz schwarz und zerschnitten. Der Hopfengarten hat sich schon gelichtet, so viele Drähte sind schon gefallen, und schon scheint es, als würden wir ihn bald abgepflückt sehen.
Inzwischen war jedoch Unzufriedenheit eingezogen, Gerüchte von fabelhaften Löhnen in anderen Fluren waren in unsere Reihen gedrungen...»
Auch heute noch ist die Hopfenernte hauptsächlich Handarbeit. Die Hopfengärten gehören in der Regel Genossenschaften, nur wenige sind Staatsbesitz. Die Ernte besorgen wie anno dazumal Saisonarbeiter. Einen großen Anteil der Pflükker stellen Schüler der oberen Klassen (die dafür sechs Tage schulfrei bekommen) und Studenten. Die Mechanisierung der Hopfenernte steckt noch in den Anfängen.

Wem der Abstecher ins Saazer Hopfenland zuviel wird, fährt von Libochovice sieben Kilometer östlich nach **Budyně nad Ohří** (Budin an der Eger), dort rechts ab auf die Staatsstraße 30 über **Slaný** (Schlan) nach Prag zurück. 20 Kilometer vor Prag zweigt rechts die Straße nach **Lidice** ab, jenem Bergarbeiterdorf, das Himmler aus Rache für den Mord an Heydrich vernichten ließ.
In der Nacht vom 9. zum 10. Juni 1942 umzingelten SS-Männer das Dorf. Alle Bewohner wurden aus den Häusern gejagt, Frauen, Männer, Kinder voneinander getrennt. Die Frauen schaffte man auf Lastautos in das nahe *Kladno,* von dort in verschiedene Konzentrationslager. Alle männlichen Bewohner von 15 Jahren aufwärts wurden erschossen. Von den Kin-

dern kam später ein Teil in Gaskammern um. Das Dorf wurde dem Erdboden gleichgemacht, was sich nicht verbrennen ließ, wurde gesprengt. Bulldozer ebneten zum Schluß die Grundmauern ein. Lidice bestand nicht mehr, sein Name verschwand aus allen amtlichen Verzeichnissen und wurde aus allen Karten getilgt.
Wenig später bildete sich in England ein Komitee «Lidice must live». Gleich nach dem Krieg begann der Bau eines neuen Lidice, bei dem junge Leute aus aller Welt mithalfen. Aus englischer Initiative entstand zwischen dem neuen und dem alten Lidice ein großer Rosengarten. Den Hinrichtungsort der 192 Männer bezeichnet ein hohes Holzkreuz.

Zweiter Vorschlag: Křivoklát – Beroun – Zlatý kůň – Karlštejn – Zbraslav [120 Kilometer]

Ausfahrt auf der Staatsstraße 6 bis Unhošt. Der kürzeste und zugleich hübscheste Weg führt dann hinter dem Ort links ab, auf einer Bezirksstraße 23 Kilometer bis zur tief im Wald an steilem Hang gelegenen Burg **Křivoklát** (Pürglitz) – einer der ältesten tschechischen Burgen. Der erste urkundliche Bericht stammt von 1109. Vladislav I. ließ hier an Stelle seiner Jagdhütte eine hölzerne Burg errichten zum Wohnsitz bei längeren Jagden und – um wichtige politische Gefangene aufzubewahren, die hier in der Waldeinöde vor Befreiungsversuchen ziemlich sicher waren. Bald wurde die Burg zur Schlüsselfestung, die Prag vor Überraschungen aus dem Westen schützte. Die ersten steinernen romanischen Bauten errichtete Anfang des 12. Jahrhunderts König Wenzel I. Trümmer des romanischen Palastes und der Kapelle im oberen Burgtrakt sowie der runde Turm an der Ostspitze sind noch erhalten. Im übrigen weist die Burg chronologisch alle Phasen der Gotik auf. Mitte des 13. Jahrhunderts baute König Přemysl Ottokar II. einen großen einstöckigen Saalbau; seine Bautätigkeit rings im Land hatte eine ähnliche Funktion für die Festigung des Staates wie 300 Jahre früher die König Heinrichs I. für die deutschen Länder. Die *gotischen Arkaden* in der Durchfahrt des Erdgeschosses gehören zu den schönsten Baudenkmälern der Epoche. Wenzel II. (1278–1305) vervollständigte die Burg so, daß Karl IV., der als Kind auch eine Zeitlang in Křivoklát in Gewahrsam gehalten worden war, nur geringe Änderungen vornahm. Um die Wende vom 15. zum 16. Jahrhundert kam es zu einem Umbau in Vladislav-Gotik, an dem drei Bauhütten mitwirkten. Nicht urkundlich belegt, aber dennoch unverkennbar war eine von ihnen die des Matthias Rejsek, des bedeutendsten Meisters der Vladislav-Gotik neben Benedikt Ried. Verheerende Brände (1633 und 1828) zerstörten das spätgotische Meisterwerk, unversehrt blieb nur die *Kapelle.* Ihr Altar, die 16 geschnitzten Apostel und böhmischen Patrone an den Stützpfeilern, das Netzgewölbe der Decke vermitteln eine Ahnung dessen, was in den übrigen Burgflügeln vom Feuer vernichtet wurde. Um 1850 begann die Rekonstruktion der Burg, sie dauerte bis 1923. Weitere Restaurierungen sind im Gange.

19 Kilometer südöstlich liegt die Stadt **Beroun** (Beraun, knapp 24000 Einwohner) mit ihren Wällen und Toren, die sich als Industriestadt nun mehr und mehr ausweitet. Sechs Kilometer südlich beginnt das *Tropfsteinhöhlengebiet von Koněprusy* (Koněpruské jeskyně). Es gehört zum Kalksteinkamm des böhmischen Karstes, der hier **Zlatý kůň** (goldenes Roß)

heißt. 1950 entdeckte man bei Steinbrucharbeiten diese Höhlen. Durchsichtig wie Glas sind die schräg aus den Grottenwänden herausgewachsenen Tropfsteingebilde. Ein kleiner See bildet den Grund der Höhle. Man fand Skelette von Höhlenbären, Höhlenhyänen, Nashörnern und menschliche Schädelbasisfragmente, Stirnbeinteile und einen Unterkiefer aus dem älteren Quartär. Im Mittelalter hat eine der Grotten wahrscheinlich als Falschmünzerwerkstatt gedient. Ein Feuerplatz und, ringsherum verstreut, mehr als 100 aus versilbertem Kupferblech geschmiedete Scheidemünzen deuten darauf hin. Auch oberirdisch gibt es merkwürdige, durch Kalksteinerosion entstandene Felsbildungen: eine Felsenbrücke, ein steinernes Tor, ein skurriles Felsgebilde, das einem ungeschlachten Elefantenschädel ähnelt.

Von Koněprusy östlich taucht nach etwa 20 Kilometer hoch über dem hier sehr engen, waldigen Berounka-Tal **Burg Karlstein** (Karlštejn) auf. Den Burgberg muß man zu Fuß erklimmen, ein Weg von anderthalb Kilometer. Karl IV. ließ sie in den Jahren 1348 bis 1355 bauen, vor allem als Aufbewahrungsort für die Reichskleinodien und für seine wertvollsten Reliquien. Der Kaiser war ein vorsichtiger, etwas mißtrauischer Mann und wollte die für ihn wichtigsten Dinge, die Symbole seiner Macht von Gottes Gnaden und die seinen Erdenwandel beschützenden Reliquien, in absolut sicherer Hut wissen. Zu diesem höheren Zweck wurde die Lage der Gebäude je nach ihrer Wichtigkeit abgestuft: zuunterst das Burggrafenamt, ihm schloß sich der königliche Palast mit dem *Marienturm* an, der mit dem höchstgelegenen, wichtigsten Bestandteil der Burg, dem *Hohen Turm,* durch einen gedeckten Gang verbunden war. Im Marienturm stiftete der Kaiser die *Kapitelkirche Unserer Lieben Frau.* Ost- und Westwände sind mit Szenen aus der Apokalypse ausgemalt, die Südseite zeigt in mehreren Bildern Karl als Reliquiensammler. Das schönste ist jenes, auf dem der Dauphin von Frankreich dem Kaiser einige Reliquien überreicht. Eine Türöffnung führt in Karls der heiligen Katharina geweihte *Privatkapelle.* Riesige in Gold gefaßte Halbedelsteine und Bildnisse der sieben böhmischen Landespatrone bilden den Wandschmuck. Die Nische oberhalb des Altars füllt ein Wandgemälde der Gottesmutter mit dem Kind. Sie neigen sich huldvoll dem Kaiser und seiner Gemahlin Anna von Schweidnitz zu, deren Bildnis gegenüber, oberhalb des Kapelleneingangs, zu sehen ist. Der hölzerne Gang vom Marienturm zum Hohen Turm konnte bei Gefahr jederzeit abgerissen werden. Der Hohe Turm dagegen galt als uneinnehmbar, er hielt in der Tat auch noch 80 Jahre später der hussitischen Belagerung stand. Der wichtigste Raum im Turm ist die *Heiligkreuz-Kapelle,* die Schatzkammer für die Reichsinsignien und die Reliquien. Dieser Funktion entsprach ihre kostbare Ausstattung: in Gold gefaßte Halbedelsteine als Wandbekleidung. In der vergoldeten Deckenwölbung spiegelt sich das durch die bunten Fenster einfallende Licht. Oberhalb der Halbedelsteintäfelung bedecken *Tafelbilder* des Meisters Theodoricus die Wände. Das *Triptychon* über der Altarnische ist ein Werk des Thomas von Modena. An der Stirnseite des Priesterchores schließlich, vom Laienchor durch ein vergoldetes Gitter getrennt, befand sich der «Tresor».

Der Kaiser zog sich gern und oft in die Abgeschiedenheit Karlsteins zurück. Nur männliches Gefolge durfte ihn begleiten; keine Frau, nicht einmal seine eigene, hatte Zutritt zur Burg. Das reizte Neugier und Mißtrauen der sehr jungen und sehr temperamentvollen Bianca von Valois, Karls erster Gattin. Als Page verkleidet, schmuggelte sie sich eines Tages in die kaiserliche Suite. Erleichtert – und wohl auch ein ganz

klein wenig enttäuscht, weil es nichts Sensationelles zu entdecken gab – überzeugte sie sich, daß keine Frau im Spiel war. Jaroslav Vrchlický verarbeitete die Anekdote zu dem Lustspiel «Eine Nacht auf Karlstein», das im Sommer im Burghof aufgeführt wird.
Karlstein wurde als Hort der Krönungskleinodien zum Symbol des böhmischen Königtums, nachdem die Reichskleinodien während der Hussitenkriege nach Wien geschafft worden waren. Erst im Dreißigjährigen Krieg verlor die Burg, deren Festungsanlage inzwischen veraltet war, ihre Bedeutung. Die Kleinodien fanden einen neuen Platz im St.-Veits-Dom. Karlstein verfiel.
Im 19., dem historisch so interessierten Jahrhundert entdeckte man die Burg wieder und begann 1888, sie zu restaurieren. Burgpalast und Burggrafenamt wurden erheblich verändert, Marienturm und Hoher Turm ziemlich getreu renoviert.

Von Karlstein führt der Weg östlich, später nordöstlich das Berounka-Tal abwärts aus der bergigen Waldlandschaft in die Ebene des *Radotín.* Rechts ab geht die Straße zum nahen Zbraslav (Königssaal). **Schloß Zbraslav** beherbergt eine ständige Galerie tschechoslowakischer Bildhauerkunst des 19. und 20. Jahrhunderts. Die Gebäude stammen überwiegend aus dem 18. Jahrhundert. Das ursprüngliche Benediktinerkloster wurde 1239 vom Prager Bistum erworben und wenig später von Ottokar II. gekauft. Der König ließ sich hier einen Jagdhof bauen. Sein Sohn Wenzel II. schenkte 1292 den Jagdhof den Zisterziensern. Sie bauten gegenüber dem neuen Konvent dem König zum Dank eine Aula regia, daher Königssaal.
Die große vierschiffige *Marienkirche* mit zwölf durch Kreuzgewölbe eingewölbten Feldern, einem breiten Querschiff und

einem dreischiffigen Chor mit elf in den Bau einbezogenen Kapellen war zu ihrer Zeit die schönste landauf, landab. Wenzel II. wurde 1305 in ihr beigesetzt, später auch andere Mitglieder des königlichen Hauses. Enea Silvio Piccolomini, der spätere Papst Pius II. (1458–1464), berichtete, Kloster Königssaal überrage alle übrigen Klöster und sei ein erstaunliches Werk.
Die fromme Pracht überdauerte nicht viel mehr als 100 Jahre: 1420 brandschatzten und plünderten die Hussiten das Kloster. Die Mönche restaurierten die Gebäude, so gut es eben gehen wollte in einer Zeit, in der die Bevölkerung – gelinde gesagt – wenig Sympathien für den geistlichen Stand hegte. Im Dreißigjährigen Krieg wurde Königssaal abwechselnd von Schweden und Kaiserlichen belagert und schließlich 1645 wieder verbrannt. Das Kloster bestand aber weiter, doch erst 1709 war es reich genug, einen großzügigen Neubau nach Santinis Plänen zu beginnen. 1739 folgte der Umbau der alten Prälatur. Zu ihrem Haupteingang kommt man über einen kleinen Hof, der durch ein Tor im Turm zugänglich ist: das einzige Überbleibsel des stolzen gotischen Klosters.
Auch der *Jakobskirche* ist ihr Alter nicht anzusehen. Man hat sie schon 1650 völlig umgebaut. Nur das Tafelbild der Königssaaler Madonna aus der zweiten Hälfte des 14. Jahrhunderts im südlichen Seitenschiff ist geblieben. Pietätvoll aber hat man in der Statue «Přemysl der Pflüger» von Jan Štursa drei Schädel aufbewahrt, die als Köpfe von Wenzel II., Wenzel III. und Königin Eliška, der Mutter Karls IV., gelten.
Der zweiten Blüte des Klosters war auch nur kurze Zeit beschieden. Es fiel 1783 unter die Klostersequestrierungen Kaiser Josefs II. Schon im Jahr darauf richtete Josef von Sauvaige hier die erste böhmische Zuckerfabrik ein. 50 Jahre später erwarb die Familie von Oettingen-Wallerstein den gesamten

Klosterkomplex und verwandelte ihn in ein komfortables Landschloß. Heute ist das ehemalige Benediktiner- und spätere Zisterzienserkloster eine *Dependance der tschechoslowakischen Nationalgalerie.*

Dritter Vorschlag: Poděbrady – Pardubice – Kačina – Kutná Hora – Kolín – Prag [215 Kilometer]

52 Kilometer östlich von Prag (E 12, Staatsstraße 11) an der Elbe liegt die Stadt *Poděbrady,* in deren Burg 1420 Georg von Poděbrady, der erste gewählte böhmische König, geboren wurde. Die Besichtigung des heute als Herzheilbad bekannten Ortes nimmt wenig Zeit in Anspruch. Auf der Staatsstraße 11 geht es weiter über *Chlumec nad Cidlinou (Kulm)* mit seinem von Giovanni Santini und Maximilian Kanka 1713 bis 1723 gebauten *Schloß,* das man sich unbedingt ansehen sollte, nach **Pardubice** (Pardubitz, ca. 92000 Einwohner). Arnošt von Pardubice (Ernst von Pardubitz), Erzbischof von Prag und Freund Karls IV., hat sich, wie vor ihm schon sein Vater, um die Entwicklung der Stadt verdient gemacht. Zu wirklicher Bedeutung kam sie dann an der Wende vom 15. zum 16. Jahrhundert unter Wilhelm von Pernstein und seinen Söhnen, die italienische Meister kommen ließen. In der Baukunst, Bildhauerei, Malerei und Fortifikationstechnik entstanden in Pardubice die ersten Werke reifer Renaissance. König Ferdinand I. war so entzückt davon, daß er sich für den Bau des Lustschlosses seiner Gemahlin Anna, des Belvedere in Prag, die Künstler von Pardubice auslieh. Auch die Bürger der Stadt profitierten von den italienischen Meistern: nach dem

Brand von 1538, bei dem nur sieben Häuser verschont blieben, ließ Johann von Pernstein auf den spätgotischen Grundrissen nach einem Gesamtplan die Stadt neu aufbauen, und es entstand ein einheitliches Renaissancestadtbild. Obwohl die Zerstörungen des Dreißigjährigen Krieges vieles vernichteten, zählt Pardubice noch heute zu den wertvollsten Städten des Landes.

Die Straße von Pardubice nach Kutná Hora führt an Schloß *Kačina* vorbei, einem völlig stilreinen böhmischen Empireschloß. Man sagt, es sei Gatschina, der Sommerresidenz Zar Pauls I., nachgebildet. Obwohl Maße, Proportionen und Weiträumigkeit an den Petersburger Klassizismus erinnern, veranlaßte wohl mehr die Ähnlichkeit des Namensklanges zu der Annahme. Im Schloßinnern sind die Bibliothek, das Schloßtheater und ein Landwirtschaftsmuseum zu besichtigen.

Die wichtigste Station dieses Ausflugs ist **Kutná Hora** (Kuttenberg). Die Stadt, heute rund 21000 Einwohner, entstand im 13. Jahrhundert und entwickelte sich in unwahrscheinlicher Fixigkeit: ein Mönch hatte in den Weinbergen des nahen Klosters *Sedlec* (Sedlitz) Silberadern entdeckt. Man rief thüringische und Harzer Bergleute ins Land, die das Bergmannshandwerk lehren sollten. Sie fuhren in Kapuzenmänteln – Kutten – unter Tage, daher der Name Kuttenberg. Es kam zu einem regelrechten Silberrausch. Wer nichts zu verlieren hatte, aber rasch reich werden wollte, ging nach Kuttenberg. Das unübersichtliche Gewirr der vielen bis heute erhaltenen Gäßchen – sie schlängelten sich ursprünglich zwischen den Schmelzhütten und Schächten durch – bezeugt das rasche, regellose Wachstum der Stadt. Um Ordnung in den Taumel zu bringen, erließ Wenzel II. ein besonderes Bergrecht, «ius rega-

Der St.-Barbara-Dom; der Engel auf der gotischen Deckenmalerei zeigt auf seinem Schild die gekreuzten Hämmer; der Silberbergbau hat die Stadt reich gemacht und den Bau eines solchen Doms erst ermöglicht

le montanorum». Böhmen wurde zur europäischen Silbergroßmacht und der in Kuttenberg geprägte Prager Groschen zum beliebtesten Zahlungsmittel. Nach der Erschließung überseeischer Silbervorkommen ging die Rentabilität bald zurück, und im Laufe des 18. Jahrhunderts gab man das Silberschürfen auf.

Im 14. und 15. Jahrhundert aber war Kuttenberg eine reiche, stolze Stadt und hatte den Ehrgeiz, an Pracht und politischem Einfluß Prag zu überflügeln. Wenzel II. ließ sich 1300 hier einen Königshof erbauen, nach seinem Tod wurde der Hof Münzstätte, und da die Münzpräger anfänglich meistens Florentiner waren, nannte man die Münzstätte den *Welschen Hof*

(Vlašský dvůr). Als einzige Stadt außer Prag besaß Kuttenberg Stimme im Landtag. Wenn es in Prag politisch dicke Luft gab und die Stadt wieder einmal königliche Wünsche nicht erfüllen wollte, dann taten die Kuttenberger dem König jeden Gefallen. So wurde in Kuttenberg jenes berühmte Dekret Wenzels IV. (1409) erlassen, das das einheimische Element an der Karlsuniversität stärkte und den Einfluß der ausländischen Studenten erheblich einschränkte. 1471 fand hier sogar eine Königswahl statt, die des Vladislav Jagiello.
Kunst, Wissenschaft und Handwerk blühten in der reichen Stadt: hier wurde die berühmte *Kuttenberger Bibel* gedruckt; Graduale-Illuminatoren, Maler, Schnitzer, Steinmetzen und Glockengießer siedelten sich an. Die *Kuttenberger Glocken* sind noch heute die wertvollsten im ganzen Land.

Der zwölfeckige gotische Rejsek-Brunnen oberhalb des Steinhauses

Als Karl IV. den Veitsdom stiftete, begannen die Kuttenberger mit dem Bau ihres *Barbaradomes.* Die Anfänge stammen aus der Parlerschen Bauhütte, ihren spezifischen Charakter erhielt die fünfschiffige Kirche mit dem dreifachen Zeltdach durch Matthias Rejsek und Benedikt Ried. An der höchsten Stelle des langgestreckten Bergkammes gelegen, bezaubert die Kirche schon von weitem durch ihren Außenchor und die Eleganz ihrer Strebebögen und Pfeiler. Reste der Wandmalereien zeigen statt religiöser Motive Bergleute und Münzschmiede bei der Arbeit.
Die *Allerheiligenkirche* mit dem Bergmannszeichen am Turm ist die älteste Kirche der Stadt; ein Wandgemälde erzählt von der legendären Entdeckung des Silbers durch den Mönch von Sedlec. Auch die *Jakobskirche* ist ursprünglich gotisch, heute dominiert allerdings das Barock teils durch bauliche Änderungen, mehr noch durch den Hauptaltar und die Bilder von Peter Brandl und Franz Xaver Balko. Interessant ist das geschnitzte *Stadtpanorama* aus dem 17. Jahrhundert in der Kapelle unter dem Turm.
Der wertvollste Profanbau ist der *Vlašský dvůr* (Welsche Hof), und das schönste Patrizierhaus ist das sogenannte *Steinhaus,* dessen ganze Fassade in reiche steinerne Verzierungen der Vladislav-Gotik aufgelöst ist. Die umliegenden Barockhäuser haben vielfach noch gotische Portale. Etwas oberhalb des Steinhauses steht der *zwölfeckige Rejsek-Brunnen,* ein ungewöhnlich prächtiges Zeugnis gotischer Steinmetzkunst. Der *Hrádek,* die kleine befestige Burg mitten in der Stadt, enthält das *Stadtmuseum,* das einen Überblick über Kuttenbergs Gewerbegeschichte bietet.

Den Rückweg nach Prag nimmt man entweder auf der Staatsstraße 333 oder mit einem kleinen Umweg über **Kolín** (31 000

Ein Ton kann zuweilen meine Seele schmelzen

... Nicht weit von Kolín aß ich zu Mittage in einem Wirtshause an einer Straße, ohne mich eben viel um die Mahlzeit zu bekümmern. Da tönte mir aus der Ecke des großen, finstern Zimmers eine schwache, zitternde, einfach magische Musik zu. Ich gestehe Dir meine Schwachheit: ein Ton kann zuweilen meine Seele schmelzen und mich wie einen kleinen Knaben gängeln. Es war nicht Harfe, nicht Laute, nicht Zither; man konnte mir den eigentlichen Namen nicht nennen; am ähnlichsten war es der russischen Balalaika.
(Aus: Johann Gottfried Seume: Spaziergang nach Syrakus 1802)

Einwohner). Wählt man den zweiten Weg, durchfährt man kurz hinter Kutná Hora den Ort Sedlec mit seinem *Beinhaus.* Neugierige seien vor der Besichtigung gewarnt: es ist ein Monstrum an makabrem Kitsch aus dem 19. Jahrhundert. Auf dem Ortsfriedhof ist an die kleine *Zisterzienserkirche,* die heute als Abstellraum dient, eine *Kapelle* angebaut, deren gesamtes Interieur aus Menschenknochen und -schädeln besteht: Kronleuchter, Säulen, Kruzifixe, ein überdimensionales Wappen der Familie Schwarzenberg, zu Sarkophagen getürmte Schädelpyramiden, imitierte Barockputten, die spielerisch Totenschädel in den Händen halten. Sehenswert dagegen ist die barock-gotische *Mariä-Himmelfahrts-Kirche* mit Fresken von J. Steiner und Bildern von Peter Brandl.
In Kolín, wo der große Friedrich von Preußen seine schwere Niederlage zu Beginn des Siebenjährigen Krieges erlitt, ist die gotische *Bartholomäuskirche* zu besuchen, deren Presbyterium Peter Parler schuf. Auf dem letzten Wegstück nach Prag, in der Nähe von *Český Brod* (Böhmisch-Brod), fand die Schlacht bei Lipany (Lipan) 1434 statt. Ein Denkmal ehrt das Schlachtfeld, auf dem die Hussiten besiegt wurden.

Vierter Vorschlag: Konopiště – Benešov – Český Šternberk – Prag [120 Kilometer]

Dies ist ein gemächlicher Vorschlag: Auf der Autobahn D1 (Richtung Brünn) fährt man bis zur Ausfahrt *Mirošovice* (21 km), dann auf der Staatsstraße 3 bis kurz vor *Benešov* (15 km), wo ein Wegweiser rechts nach Schloß **Konopiště** zeigt. An der kleinen Waldstraße liegt ein Motel. Hier kann man den Wagen parken und durch lockeren Laubwald zu Fuß die drei Kilometer zum Schloß hinaufgehen, man kann aber auch hinauffahren.

Der österreichische Thronfolger Franz Ferdinand d'Este erwarb 1887 das Schloß, ließ es in akademisch-historisierender Manier regotisieren und stattete es verschwenderisch mehr kostbar als schön aus. In der Folgezeit erlebte Konopiště eine Reihe wichtiger staatspolitischer Konferenzen. Am schwersten wog die Unterredung Kaiser Franz Josefs mit Kaiser Wilhelm im Juli 1914, deren Ergebnis das verhängnisvolle Übereinkommen zum gemeinsamen Feldzug war. Franz Ferdinand war ein leidenschaftlicher Sammler. Den Grundstock seiner Sammlungen bildeten die Kunstschätze des Hauses Este; unermüdlich sammelte der Erzherzog Kostbarkeiten aus aller Herren Ländern. Die 82 Säle des Schlosses wurden vollgestopft mit Kunstschätzen, Raritäten und Kuriositäten. Die wertvollsten Sammlungen befinden sich heute in staatlichen Museen. Dem Schloß blieben die Waffensammlung, eine Bildergalerie und ein *St.-Georgs-Museum.* In bedrängender Fülle gibt es Plastiken, Reliefs, Gemälde, Schnitzereien, Skulpturengruppen, St. Georg als Briefbeschwerer, als Tintenzeug, als Lampenfuß, St. Georg gegossen, geschmiedet, aus Gold, Silber, Bronze, Gips und Porzellan.

Trotz verschiedener Umbauten im Laufe von sechs Jahrhunderten blieb die ursprüngliche Disposition des Schlosses erkennbar: Ende des 13. Jahrhunderts nach dem Schema der französischen Burgfestungen gebaut, war Konopiště die modernste, technisch vollkommenste Festung im ganzen Königreich. Ein Turm, der sicherste Kerker im ganzen Land, beherbergte einige Zeit auch Wenzel IV. Dem prominenten Gefangenen zu Ehren heißt er seitdem Václav-Turm.
Einen Aufenthalt in Benešov kann man sich sparen, interessanter ist das *Barockschlößchen Jemniště* mit seiner von Wenzel Reiner ausgemalten *Kapelle.* Es enthält zudem eine Ausstellung *Theatrum Mundi* mit Landkarten, Plänen und Veduten des 17. Jahrhunderts von Amsterdamer Kartographen.
Der Umweg beträgt acht Kilometer. Nach Český Šternberk (Böhmisch-Sternberg) fährt man über *Struhařov* und *Divišov.*

Die aus der Mitte des 13. Jahrhunderts stammende **Burg Sternberg** thront auf einem schmalen, schroffen Felsvorsprung hoch über dem Fluß Sázava. Später erweitert und um-

---

Tschechoslowakische Frauen

In der Tschechoslowakei wächst die Anzahl der Frauen mit einer Hochschul- oder abgeschlossenen Fachausbildung mit Abitur ständig. Frauen bilden 46 Prozent aller Werktätigen, und aus der Gesamtzahl der Fachleute mit einer Mittel- oder Hochschulausbildung entfallen auf Frauen 52 Prozent. Das Bildungsniveau der tschechoslowakischen Frauen stieg wesentlich in den letzten zwanzig Jahren, als für sie günstige Bedingungen zum Direkt- bzw. Fernstudium geschaffen wurden.
(Aus: Tschechoslowakisches Leben, Oktober 1984)

---

gebaut, erhielt sie ihre jetzige Gestalt nach dem Dreißigjährigen Krieg. Aus den ältesten Zeiten der Burg blieb ein frühgotisches Tympanon erhalten, das in das neogotische Portal der Schloßkapelle im Südturm eingefügt wurde. Bis zum Frühjahr 1966 wohnte der letzte Graf Sternberg im Schloß. Zum Dank für seine unnachgiebige Haltung den deutschen Okkupanten gegenüber behielt er nach der Verstaatlichung der Herrenhäuser Wohnrecht auf Lebenszeit.
Der Rückweg nach Prag führt auf einer Bezirksstraße über *Rataje nad Sázavou* durch das hügelige, ungemein anmutige Sázava-Tal am gleichnamigen Kloster vorüber. *Kloster Sázava* (Sazau) ist eines der ältesten des Landes und historisch das wichtigste. Der heilige Prokop, böhmischer Landespatron, entfaltete von hier aus seine Missionstätigkeit nach slawischem Ritus. Das Kloster blieb noch lange nach dem Übergang zum römischen Ritus Mittelpunkt geistlicher und geistiger Bildung. – Wem die idyllische Fahrt durch kleine, abgelegene Orte nicht zusagt, nimmt den Rückweg nach Prag über Benešov und von dort die Staatsstraße 3.

Fünfter Vorschlag: Eine Dampferfahrt auf der Moldau

Ausgangspunkt für diesen Ausflug ist die Schiffslände an der *Palacký-Brücke* in Prag. Die Abfahrtszeiten erfährt man bei Čedok.
Die Fahrt geht an Zbraslav vorbei zur Talsperre *Slapy.* 40 Kilometer zieht der Dampfer stromauf, streckenweise von Fichtenwäldern flankiert. Die Talsperre Slapy gehört zum *Projekt Moldaukaskaden,* das zur Sicherung der Elektrizitätsversor-

gung des Landes beiträgt. Überall wo die vorhandene Wasserenergie es zuläßt, werden Talsperren gebaut. Das größte Projekt, die Moldaukaskaden, besitzt insgesamt acht Staustufen.

Das Gebiet von Slapy mit seinem 44 Kilometer langen See ist ein Erholungszentrum. An den Waldufern haben sich die Prager Wochenend- und Ferienhäuser gebaut: Bungalow-Kolonien und Ferienheime wurden auf Inseln und an den Ufern eingerichtet; Motorboote besorgen den Verkehr von einem Ufer zum andern. Der Dampferausflug nach Slapy ist eine Tagesunternehmung. Wer derartiges nicht liebt, aber doch einen Eindruck von den Moldaukaskaden gewinnen möchte, fährt mit dem Auto zur Staustufe nach **Orlík.** Auf der Staatsstraße 4 nach Süden geht es durch den bei Zbraslav beginnenden Gebirgskamm *Brdy-Wald* über **Dobříš** mit seinem großen Barockschloß, das dem tschechischen Schriftstellerverband gehört und seinen Mitgliedern als Erholungsheim dient. Ein Abstecher von sechs Kilometer in die alte Bergmannsstadt **Příbram** lohnt sich. Hier wurde seit dem 14. Jahrhundert Silber geschürft. Heute gewinnt man nur noch Blei.

Eine gedeckte Treppe führt von der Stadt zur barocken *Wallfahrtskirche* auf dem *Heiligen Berg* (Svatá hora). Es ist der meistbesuchte Marienwallfahrtsort in der Tschechoslowakei. Von Příbram nach Orlík sind es 23 Kilometer, davon 13 auf der Staatsstraße 4, dann links ab zehn Kilometer auf einer Bezirksstraße.

Schloß Orlík liegt auf steilem Felsen über dem Stausee in einem großen Park. Die Burg aus dem 13. Jahrhundert wurde neugotisch restauriert. Die Inneneinrichtung der letzten Besitzer, Familie Schwarzenberg, blieb unberührt. Hinzu kam ein Teil der Bildergalerie des Malteserordens, der im Zweiten Weltkrieg im Schloß Aufnahme gefunden hatte.

Vier Tage Südwest- und Westböhmen

Erster Tag

Ausfahrt auf der Staatsstraße 4 die Osthänge des Brdy-Waldes entlang über *Dobříš* und *Příbram* (s. S. 183/84) bis *Strakonice* mit seiner Burg aus dem frühen 13. Jahrhundert. Ihr Erbauer, Bavor I. von Strakonice, stiftete den größeren Teil dem Johanniterorden. Nach dem Aussterben der Familie ging das ganze Anwesen in Ordensbesitz über und war fast 300 Jahre lang Residenz des Großpriors. Von Strakonice nach *Domažlice* führt die Staatsstraße 22 über *Horažd'ovice* und *Klatovy* (Klattau).
Die landschaftlich reizvolle Fahrt läßt sich durch ein paar Umwege noch verlängern. Das ganze Gebiet zwischen Prag und Domažlice ist mit Burgen und Burgruinen geradezu ge-

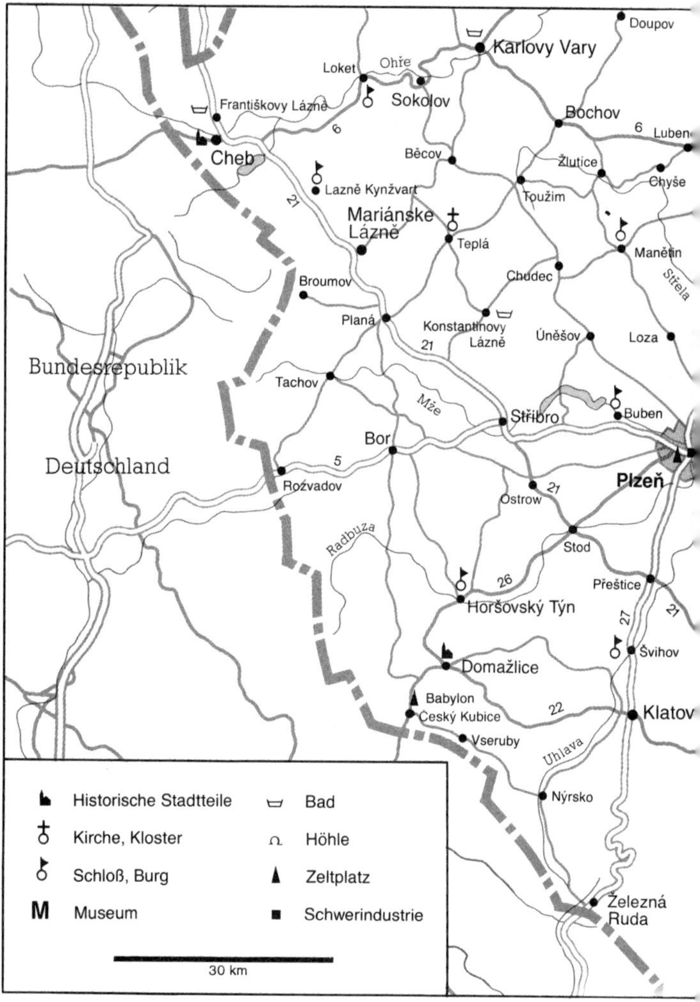
Doupov
Karlovy Vary
Loket
Ohře
Sokolov
Františkovy Lázně
Bochov
6
Luben
Cheb
Bečov
Žlutice
Chyše
Lazně Kynžvart
21
Toužim
Mariánske Lázně
Teplá
Manětin
Broumov
Chudec
Střela
Planá
Konstantinovy Lázně
Úněšov
Loza
Bundesrepublik Deutschland
Tachov
Mže
Stříbro
Buben
Bor
5
Rozvadov
Plzeň
Ostrow
Radbuza
Stod
26
Přeštice
Horšovský Týn
27
Švihov
Domažlice
Babylon
Český Kubice
22
Klatov
Vseruby
Uhlava
Nýrsko
Železná Ruda
Historische Stadtteile
Kirche, Kloster
Schloß, Burg
M Museum
Bad
Höhle
Zeltplatz
Schwerindustrie
30 km

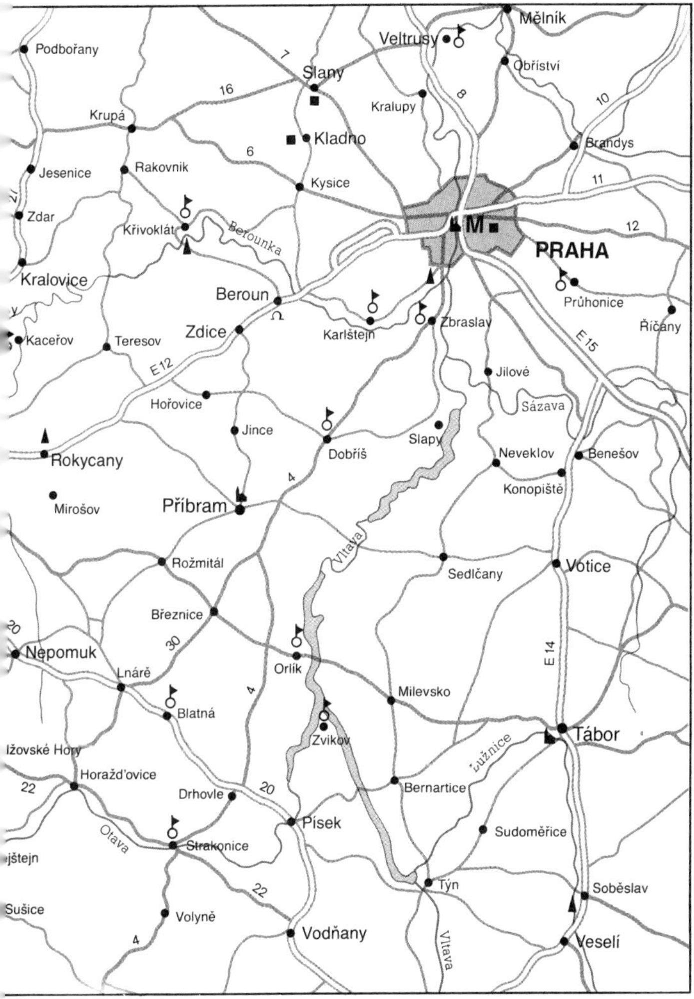
Mělník
Podbořany
Veltrusy
7
Slany
Obříství
16
Kralupy
8
10
Krupá
6
Kladno
Brandys
Jesenice
Rakovnik
Kysice
11
Zdar
Křivoklát
Berounka
M
12
PRAHA
Kralovice
Beroun
Průhonice
Kaceřov
Teresov
Zdice
Karlštejn
Zbraslav
Říčany
E 12
E 15
Jilové
Hořovice
Sázava
Jince
Slapy
Rokycany
Dobříš
Neveklov
Benešov
4
Konopiště
Mirošov
Příbram
Vltava
Rožmitál
Sedlčany
Votice
Březnice
20
30
E 14
Nepomuk
Orlík
Lnáře
4
Milevsko
Blatná
Tábor
Zvíkov
Lužnice
Horažďovice
22
Bernartice
Drhovle
20
Otava
Písek
Sudoměřice
Strakonice
22
Týn
Soběslav
Sušice
Volyně
4
Vodňany
Vltava
Veselí

spickt, die eindrucksvoll die politische Rolle des Adels im hohen Mittelalter demonstrieren. Von den 2695 tschechoslowakischen Burgen und Schlössern liegen 600 in Mittelböhmen. Ein Blick auf die Karte genügt: *Schloß Rožmitál* (Rosental) liegt nur 15 Kilometer von Příbram; zehn Kilometer weiter in Richtung Strakonice: das *Renaissanceschloß Březnice.* Nach weiteren 20 Kilometer kommen wir zum Städtchen **Blatná** (ca. 5500 Einwohner) mit seinem Wasserschloß. Von den Herren Strakonice im 13. Jahrhundert als Festung gebaut, erbte sie die Familie Rosental, die, versippt mit zwei anderen böhmischen Adelsfamilien und verschwägert mit König Georg von Poděbrady, um 1500 zu den reichsten Familien des Landes gehörte. Sie verwandelte die Burg in ein Renaissanceschloß.

In Blatná nimmt man die Straße 20 südostwärts bis *Sedlice,* biegt kurz hinter dem Ort nach rechts auf die Bezirksstraße nach Strakonice ab. Auf der Weiterfahrt nach Domažlice empfehle ich, in *Klatovy* noch einmal vom Weg abzuweichen und zur **Wasserburg Švihov** (Schwiehau) zu fahren: elf Kilometer nach Norden auf der Straße 27. Švihov ist eine der jüngsten böhmischen Burgen. An ihrem Bau wirkte maßgeblich Benedikt Ried mit. Ein Teil der Befestigungen mußte auf Befehl des Kaisers nach dem Dreißigjährigen Krieg geschleift werden, denn die Anlage war so zweckmäßig und solide, daß sich hier Widerstand gegen den Kaiser leicht konzentrieren ließ. Die teilweise Restaurierung vermittelt einen guten Eindruck von der Burganlage, die in ihrer Komposition ein Übergangsglied zwischen gotischer Burg und Renaissanceschloß darstellt. Die Lage ist bezaubernd: mitten in einer weiten, sanften Wiesenlandschaft, die am Horizont sanfte Hügelketten begrenzen.

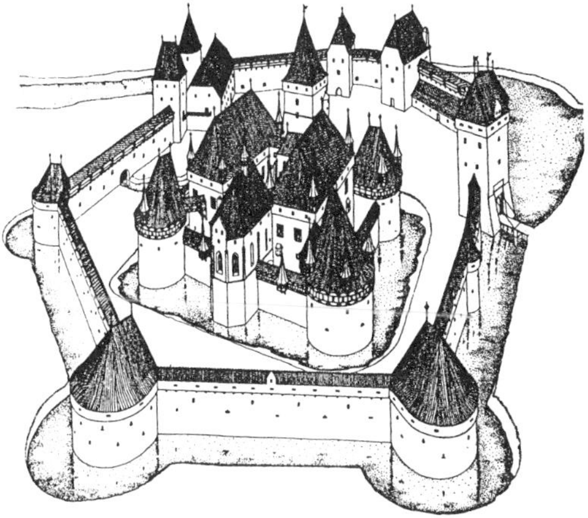

Burg Švihov

Domažlice (rund 11 500 Einwohner), das Zentrum des Chodenstammes, liegt im Vorland der südlichen Ausläufer des Český les (böhmischer Teil des Oberpfälzer Waldes) und der nördlichen Ausläufer der Šumava (Böhmerwald). Die Stadt entzückt durch geschlossene Altertümlichkeit. Ihre einstige Bedeutung als Schützerin der Handelsstraße von Regensburg nach Prag glaubt man ihr gern, wenn auch von der alten Chodenburg nur Reste und ein Turm übrig sind und aus der romanischen Kirche ein Barockdom gemacht wurde (Christoph Dientzenhofer). Das unerschrockene, kriegstüchtige Völkchen leistete als Grenzschutz so wertvolle Dienste, daß es mit besonderen königlichen Privilegien ausgestattet war. Und als 1487 die Leibeigenschaft gesetzlich verankert wurde, blieben die Choden freie Leute. Besonders standhaft und mutig erwiesen sich die Choden während der Hussitenkriege im Heer Jan Žižkas. Sie waren so gefürchtet, daß, als es nahe bei Domažlice zur Schlacht kommen sollte, das kaiserliche Heer samt dem päpstlichen Legaten in wilder Panik die Flucht ergriff, als das

hussitische Angriffssignal, ihr Choral «Die ihr Gottes Streiter seid», aus den rauhen Chodenkehlen über das Land dröhnte. 1620, nach der Schlacht am Weißen Berge, wurden die chodischen Privilegien aufgehoben, und das ganze Ländchen wurde einem Adeligen verkauft.
Zum Übernachten stehen am sieben Kilometer südlich gelegenen *Babylonsee* und an den ihn umgebenden waldigen Berghängen mehrere Hotels zur Verfügung – einfache und anspruchsvolle –, ein Campingplatz und ein Feriendorf. Aber: rechtzeitig reservieren!

Zweiter Tag

Von Babylon aus gibt es die herrlichsten Wandermöglichkeiten, gemächliche Spaziergänge und anspruchsvollere Touren. Sehr schön ist es auch, ein Stück weit nach Südosten in den Böhmerwald hineinzufahren, etwa auf der Straße 22 bis sechs Kilometer hinter *Kdyně* (ca. 5000 Einwohner), rechts ab ins Gebirge über *Pocinovice, Nýrsko* bis *Železná Ruda* (Eisenstein). Hin und zurück 120 Kilometer.

Dritter Tag

Die Fahrt ins tschechische Bädergebiet führt über **Horšovský Týn** (Bischofteinitz, 3600 Einwohner), zehn Kilometer nördlich von Domažlice, das aus einer Wachtburg in den siebziger Jahren des 13. Jahrhunderts in eine mächtige Bischofsburg verwandelt wurde. Einige gotische Keller und Wohnräume

Kurgäste in Marienbad mit den charakteristischen Trinkbechern

sowie die im 16. Jahrhundert teilweise umgebaute Burgkapelle blieben erhalten. Im 15. Jahrhundert ging die Burg in weltliche Hände über, die Besitzer wechselten; die letzten legten Park und Garten neu an und bauten den gesamten Schloßkomplex in Pseudorenaissance um. Hier gibt es ein interessantes *Museum feudaler Wohnkultur* und wertvolle Gemälde aus dem 17. Jahrhundert.

Konstantinsbad ist ein kleines Herzheilbad; ich erwähne es mehr der Vollständigkeit halber. Auf der Weiterfahrt nach Marienbad sollte man aber beim **Kloster Teplá** (Tepl) haltmachen. Das 1193 gegründete Prämonstratenserstift besitzt eine kostbare, 80000 Bände umfassende Bibliothek mit zahlreichen wertvollen Handschriften und Frühdrucken. Im 17. und 18. Jahrhundert wurde die Klosteranlage unter Mitwirkung von Christoph Dientzenhofer barockisiert.

In der Kolonnade von Marienbad

Den Mönchen waren die Marienbader Heilquellen schon seit dem 13. Jahrhundert bekannt. Sie richteten die ersten Bäder ein und versuchten, auch Kochsalz aus den Quellen zu destillieren. Durch die Initiativen des Abtes Reittenberger und des Arztes Nehr begann um die Wende vom 18. zum 19. Jahrhundert die große Entwicklung **Marienbads** (heute etwa 15000 Einwohner). Nicht zuletzt wegen seiner einzigartigen Lage in einem nach Süden gewandten Tal war es bald neben Karlsbad der beliebteste internationale Kurort. Heute werden 39 von seinen 140 Heilquellen zu Trink- und Badekuren genutzt. Zahllose bedeutende Persönlichkeiten haben hier Erholung gefunden, darunter Frédéric Chopin, Richard Wagner, Rudyard Kipling, Mark Twain, Franz Kafka. Goethe traf Ulrike von Levetzow in den Sommern 1821 bis 1823 in Marienbad und gab seiner Liebe zu ihr in den 1823 entstandenen Marienbader Elegien Ausdruck.

1854 notiert Friedrich Hebbel in sein Reisetagebuch:

«Nach Tische mitten im Regen mit meiner Frau zur Friedrich-Wilhelms-Höhe hinauf, dem schönsten Punkt des Ortes, den wir noch nicht erstiegen. Unter den dichten Tannen gingen wir ziemlich geschützt, und wie wir oben waren, kam die Sonne. Links und rechts Felsblöcke. Oft von Steinnelken überwuchert, und ein üppiger Blumenflor, der doppelt heiße Düfte ausströmte, versteckte Bäche, laut und wild unter den Farnkräutern dahinhüpfend, und von Zeit zu Zeit ein dreister Vogel oder ein nasser, nur noch schwer flatternder Schmetterling. Zwischendurch Partien, die recht schauerlich an Tod und Verwesung gemahnten, weil unter den grünen Tannen schichtenweise die seit vielen Jahren abgefallenen Nadeln vergilbt und modernd und dem Wind unzugänglich liegengebliebenen waren, bemooste Stümpfe darunter gesät, so faul und morsch, daß sie in der Nacht leuchten und glimmen müssen.

Die Aussicht vom Gipfel herab imposant, man hat das Tal, das Marienbad einschließt, zweigeteilt vor sich und sieht in eine wahre Unendlichkeit hinaus.»

Das nahe *Lázně Kynžvart* (Königswart), ein Kinderkurort, ist für den Reisenden nicht so sehr als Badeort interessant wie durch das *Schloß Königswart.* Fürst Metternich verwandelte das ererbte Barockschlößchen in einen Empiresommersitz. Die erlauchtesten Geister der Epoche waren hier bei ihm zu Gast, unter anderen Humboldt, Beethoven, Goethe und Kaspar Sternberg. Des Staatskanzlers fast bubenhafter Sammlerlust verdanken wir neben wertvollen Sammlungen auch Kuriositäten aus aller Welt, die jedes Raritätenkabinett zieren würden.

Vierter Tag

Von Marienbad bis Eger (Cheb) sind es 29 Kilometer. Kurz vor Ende des Zweiten Weltkrieges wurde der mittelalterliche Stadtkern **Egers** von Bomben zerstört. Doch inzwischen wurde er mit großer Sorgfalt renoviert. Das *Pachelbel-Haus,* in dem Wallenstein den Tod fand, ist das Regionalmuseum von Cheb mit interessanten archäologischen, naturwissenschaftlichen und ethnographischen Sammlungen sowie kulturhistorischen Expositionen. Auch Wallensteins Sterbezimmer ist zu besichtigen.

Die Geschichte der Stadt (heute rund 30000 Bewohner) und der staufischen Kaiserpfalz ist wechselvoll und hochinteressant, läßt sich aber nicht in wenigen Zeilen skizzieren. Der Besucher wird sich ausmalen können, daß hier im Grenzgebiet bayrischer und böhmischer Interessen der Besitz eines festen

Stützpunktes für beide Seiten wichtig war. Friedrich Barbarossa ließ um 1170 die Pfalz bauen. Nach dem Aussterben der Staufer war Eger abwechselnd in bayrischen und tschechischen Händen, bis das Gebiet 1322 als Erbpfand dauernder Bestandteil des böhmischen Staates wurde. Für die Bevölkerung der Stadt und des Egerlandes änderte sich dadurch nichts. Das deutsch besiedelte Gebiet wurde durch seine Zugehörigkeit zu Böhmen in seiner Entwicklung nicht beeinträchtigt. Zu ernsten Spannungen kam es erst während der Ersten Tschechoslowakischen Republik.
Die Kaiserpfalz verfiel seit dem 18. Jahrhundert. Auch hier haben Stadt und Staat viel getan, um zu erhalten, was sich von den romanischen Resten der Burg irgend erhalten ließ, und die gesamte Anlage rekonstruiert.
Daß die Egerquellen heilkräftige Mineralien enthalten, war schon seit 1542 bekannt. Zum Kurort wurde das Gelände erst im ausgehenden 18. Jahrhundert und erhielt zu Ehren Franz' II., des letzten Römischen Kaisers Deutscher Nation, den Namen *Franzensbad.* J. Pöschmann, Kreisphysikus von Eger, verwendete als erster europäischer Arzt Moor zu Heilzwecken und eröffnete 1827 seine öffentliche Moor-Heilanstalt. Heute ist Františkovy Lázně als Kurort für Frauenkrankheiten berühmt.

Auf dem Weg von Františkovy Lázně nach Karlsbad (Karlovy Vary) kommt man durch **Loket** (2000 Einwohner) mit seiner über dem hier sehr schmalen, felsigen Egertal liegenden *Burg* (Loket – Ellbogen). Die Burg, im 13. Jahrhundert gegründet, bewachte den Handelsweg von Eger nach Saaz (Žatec) und Prag. Im Laufe der Jahrhunderte mehrfach umgebaut, sank sie im 19. Jahrhundert zum Kreisgefängnis herab. Inzwischen ist die Burg, soweit es möglich war, restauriert

worden. Was Goethe über Loket schreibt, ist nicht übertrieben:
«Heute waren wir in Elbogen... das über alle Beschreibung schön liegt und sich als ein landschaftliches Kunstwerk von allen Seiten betrachten läßt.»

Karlsbad (60000 Einwohner, 12 Heilquellen) ist für einen gesunden Sterblichen schlicht gesagt – scheußlich. Die protzige Architektur des Fin de siècle hat die ursprüngliche Schönheit

---

197 **Burg Pernštyn** (Pernstein)
198 **Burg Karlštejn** ließ Karl IV. als Aufbewahrungsort für die Reichskleinodien bauen
Burg Zvikov (Klingenberg) liegt auf einem Felsvorsprung am Zusammenfluß von Otava und Moldau
199 Der Kreuzgang im gotischen Zisterzienserinnenkloster Porta Coeli umschließt ein malerisches Paradiesgärtlein
Das Nationaltheater in **Brünn**
200 Renaissancehäuser am Hauptplatz in **Telč**
Der St.-Barbara-Dom in **Kutná Hora** gilt als das schönste Werk böhmischer Gotik
201 Auf der Rückseite des gotischen Hauptaltars der St.-Barbara-Kirche in **Kutná Hora** reckt ein Lebensbaum seine goldenen Äste zum wappengeschmückten Kreuzrippengewölbe empor
202 Die beiden Statuengruppen von Lorenz Matielli (1684–1747) an der Freitreppe des Schlosses **Vranov** stellen links Herakles dar, der den Riesen Anthäus besiegte, und rechts Äneas, der seinen blinden Vater aus dem brennenden Troja rettet
203 **Schloß Kačina** ist ein in Mitteleuropa seltenes Beispiel eines reinen Empirebauwerks
Der Renaissance-Innenhof von **Schloß Mělník**
204 Die Kuranlagen von **Marienbad**
Wandelhalle im Kurpark von **Karlsbad**

MAHENOVO DIVADLO

des Tales vernichtet. Aber Karlsbad ist so berühmt – ich denke an die Karlsbader Beschlüsse, das Karlsbader Salz und die Karlsbader Oblaten –, daß mancher doch gern einen Nachmittag und Abend hier verbringt. Der Sage nach hat nicht nur Karl IV. hier seinen Rheumatismus kuriert, schon Karl den Großen sollen die heißen Quellen von seiner Gicht befreit haben. Über den Karlsbader Pomp beschwerte Goethe sich 1829 in einem Brief an Eckermann:

«Prächtige Gebäude und Zimmer sind für Fürsten und Reiche, *meiner* Natur ist es ganz zuwider. Ich bin in einer prächtigen Wohnung, wie ich sie in Karlsbad gehabt, sogleich faul und untätig.» Einige Jahre früher räsoniert er: «Eine kleine Liebschaft ist das einzige, was uns einen Badeaufenthalt erträglich macht.» Nicht immer hat Goethe so geurteilt, 1806 bezeichnet er die Lage Karlsbads zwischen den «uralten Granitfelsen» als «sehr interessant». Es gab hinreichende und vielfältige Beschäftigung: botanisieren, zeichnen, Mineralogie und Meteorologie, wobei ihm gerade für die meteorologischen Beobachtungen, wie er ausdrücklich anführt, die Bewölkung und das häufig «regnichte Wetter» äußerst nützlich waren.

Anregende Gesellschaft fand der prominente Badegast genug, in Karlsbad selbst wie auf Schloß Königswart bei Metternich. Bedenkt man, daß Goethe im Lauf von drei Jahrzehnten immer wieder in Karlsbad weilte, muß es ihm doch recht gut gefallen haben, und sein erster Eindruck scheint aufs Ganze gesehen doch richtig gewesen zu sein: «Vom Granit durch die ganze Schöpfung durch, bis zu den Weibern, alles hat dazu beigetragen, den Aufenthalt angenehm und interessant zu machen.»

Wer noch länger im Land herumreisen will, dem sei empfohlen, über *Chomutov* (Komotau) und *Teplice* (Teplitz) nach

Aus solchen Schnabeltassen trinken die Karlsbader Kurgäste das heilende Wasser

Ústí nad Labem (Aussig) weiterzufahren und sich der Reiseroute «Nord- und Ostböhmen» anzuschließen. Allerdings muß er dabei, nachdem er das zauberhafte Egertal durchfahren und sich hoffentlich an dem schier einzigartig schönen Stadtkern von *Kadán* (Kaden, ca. 19000 Einwohner) erfreut hat, die häßlichsten Regionen des Landes durchqueren, in denen sich die Industrie – vor allem Braunkohleförderung – verheerend in die Landschaft eingefressen hat.
Für die übrigen geht der Weg über **Pilsen** nach Prag zurück. Pilsen gehört zu den wichtigsten Industriestädten des Landes (Škoda-Werke: Autos, Lokomotiven, Kraftwerkanlagen, Fabrikausrüstungen). Viel berühmter ist natürlich das Pilsner Bier, das in die ganze Welt exportiert wird. Aber die Einwohner selber sind auch nicht faul. Hält schon die ČSSR vor Bayern den Weltrekord im Bierkonsum mit 131 Liter pro Kopf der Bevölkerung, so liegt Pilsen innerhalb des Landes mit 191 Liter pro Kopf weit an der Spitze. Der alte Kern der heute fast 200000 Einwohner zählenden Stadt blieb nicht so geschlossen erhalten wie in Prag oder wie

auch in den meisten Kleinstädten. Doch trifft man auf viele wertvolle Bauwerke. Die größte Kostbarkeit der Stadt ist die *gotische Madonna aus Tonschiefer in der Bartholomäuskirche* (14. Jh., im 19. Jh. renoviert). Auf die teilweise sehr schönen Häuser am Markt und auf das Rathaus (1556) braucht nicht erst hingeweisen zu werden, man sieht sie sowieso, wenn man in Pilsen haltmacht. Aber ein Besuch der *Marienkirche des Franziskanerklosters* und seines *Kreuzganges* (14. Jh.) sei empfohlen.

Eisenkruzifix aus dem südwestböhmischen Bergland (1890)

Eine Woche Nord- und Ostböhmen

Stichworte zur Route

Böhmische Schweiz, Iser-, Riesen-, Adlergebirge und *Böhmisches Paradies* sind die Stichworte der Route. In diesen landwirtschaftlich großenteils unergiebigen Gebirgen entwickelten sich früh besondere Gewerbe: Woll- und Leinenweberei, Glaserzeugung und Edelsteinschleiferei. Schon aus dem 14. Jahrhundert sind neun Glasbläsereien bekannt. Seit mehr als 300 Jahren ist böhmisches Glas weltberühmt. Einen ebenso guten Ruf und eine gleich lange Tradition besitzt die Weberei. Wie Brünn das «mährische Manchester», so wurde im 19. Jahrhundert Reichenberg (Liberec) das «böhmische Manchester» genannt.
Neben den alteingesessenen Industrien haben sich inzwischen viele andere Industriezweige in Nord- und Ostböhmen angesiedelt: in erster Linie Maschinenbau und chemische Industrie, dann Papierfabriken, Zuckerwaren, Schokolade, Lebensmittel, Keramik, Bierbrauerei und vieles andere. In beängstigender Unbefangenheit qualmen, rauchen, stinken Schlote ins Land. Die ökologische Gefahr ist mittlerweile zwar erkannt, aber nicht gebannt.
In *Nový Bor* (Haida), *Jablonec* (Gablonz), *Harrachov* (Harrachsdorf), *Železný Brod* (Eisenbrod), *Turnov* (Turnau), den Zentren der Glaserzeugung und Edelsteinschleiferei, ist Gelegenheit, Glashütten, Glasmalerwerkstätten, Raffinerien und Schleifereien zu besichtigen. Im Technischen Nationalmuseum Jablonec ist ein *Glasmuseum* untergebracht. Hauptzentrum der Glasmacher ist Železný Brod. Hier werden geätzte und geschliffene Gläser, Hüttenglasplastiken, gezogene und geblasene Glasfiguren hergestellt. 1920 entstand eine Glasmacherfachschule, die inzwischen um zwei Spezialschulen erweitert wurde: eine kunstgewerbliche und eine technologische.

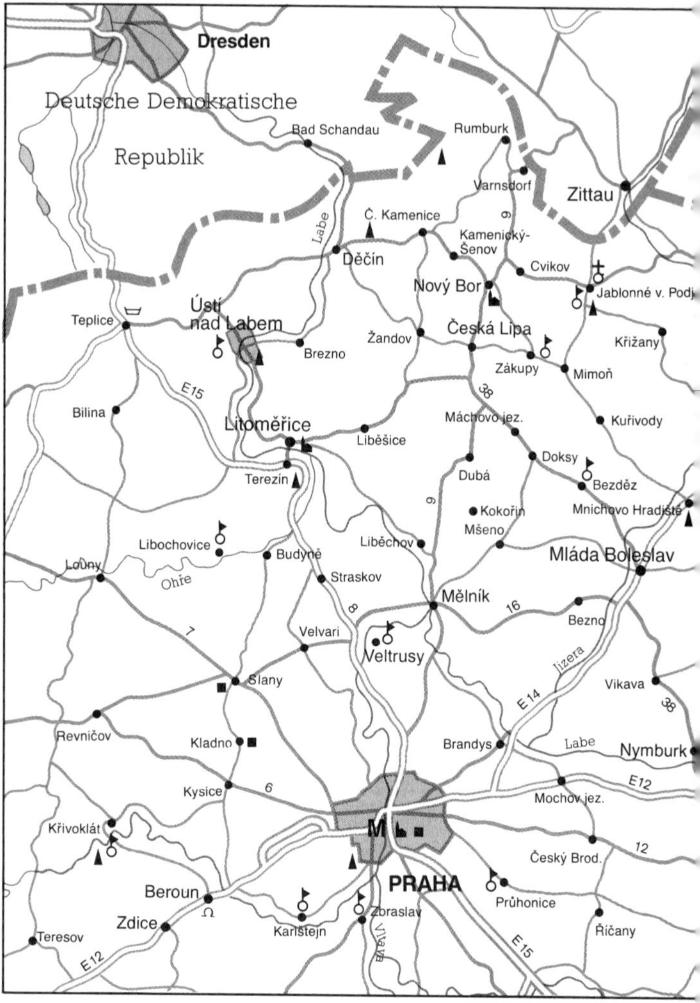
Dresden
Deutsche Demokratische Republik
Bad Schandau
Rumburk
Varnsdorf
Zittau
Č. Kamenice
Kamenický-Šenov
Děčín
Labe
Cvikov
Nový Bor
Jablonné v. Podj
Teplice
Ústí nad Labem
Česká Lípa
Žandov
Brezno
Zákupy
Křižany
Mimoň
Bilina
E15
Máchovo jez.
Kuřivody
Litoměřice
Liběšice
Doksy
Dubá
Bezděz
Terezín
Kokořín
Mnichovo Hradiště
Mšeno
Libochovice
Liběchov
Louny
Budyně
Mladá Boleslav
Ohře
Straskov
Mělník
Bezno
Velvari
Veltrusy
Jizera
Slany
Vikava
Revničov
Kladno
Brandys
Labe
Nymburk
Kysice
Mochov jez.
E12
Křivoklát
Český Brod.
PRAHA
Beroun
Průhonice
Zdice
Karlštejn
Zbraslav
Říčany
Teresov
Vltava
E15
E14
E12

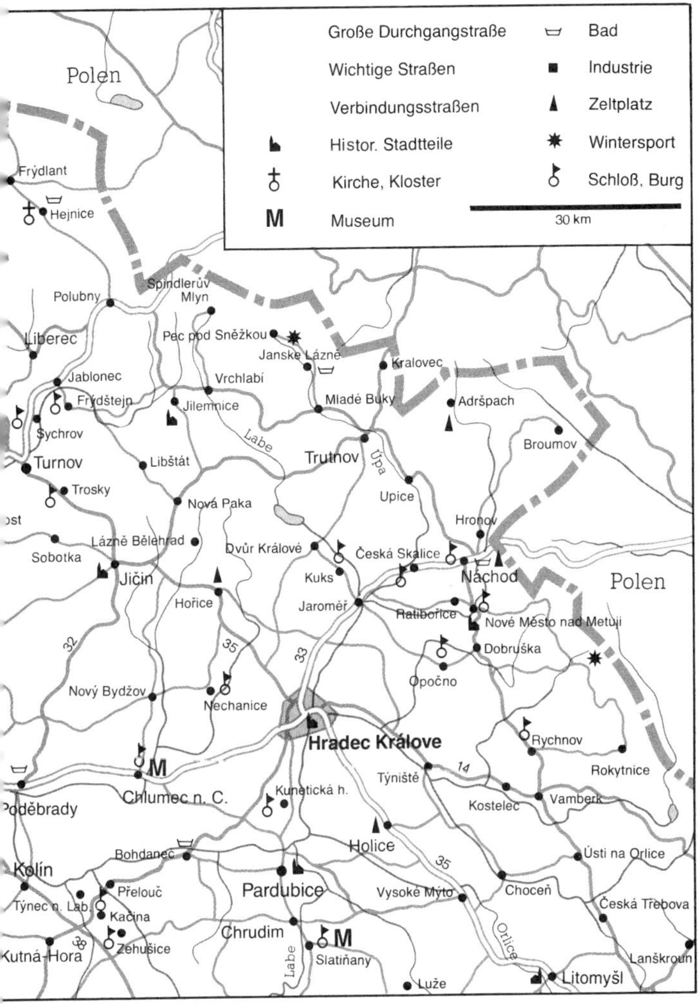
Große Durchgangstraße
Wichtige Straßen
Verbindungsstraßen
Histor. Stadtteile
Kirche, Kloster
M Museum
Bad
Industrie
Zeltplatz
Wintersport
Schloß, Burg
30 km
Polen
Frýdlant
Hejnice
Polubny
Špindlerův Mlyn
Liberec
Pec pod Sněžkou
Janské Lázně
Kralovec
Jablonec
Vrchlabí
Frýdštejn
Jilemnice
Mladé Buky
Adršpach
Sychrov
Labe
Broumov
Turnov
Libštát
Trutnov
Úpa
Trosky
Upice
Nová Paka
Hronov
Lázně Bělohrad
Sobotka
Dvůr Králové
Česká Skalice
Jičín
Kuks
Náchod
Polen
Hořice
Jaroměř
Ratibořice
Nové Město nad Metují
32
35
33
Dobruška
Opočno
Nový Bydžov
Nechanice
Hradec Králove
Rychnov
Týniště
14
Rokytnice
Chlumec n. C.
Kunětická h.
Kostelec
Vamberk
Poděbrady
Holice
Bohdanec
Ústi na Orlice
Kolín
Pardubice
Choceň
Přelouč
Vysoké Mýto
Týnec n. Lab.
Kačina
Česká Třebova
Chrudim
M
Kutná-Hora
Žehušice
Slatiňany
Orlice
Lanškroun
Lože
Litomyšl

Das Museum neben der Schule informiert über den Werdegang der Glasindustrie.
In Turnov, 14 Kilometer südwestlich von Železný Brod, mit seiner Bijouteriefachschule begann im 17. Jahrhundert die Edelstein- und Halbedelsteinschleiferei, als man in der Umgebung, besonders am Berg *Kozákov,* Achat, Amethyst, Jaspis und Chalzedon fand. Um die Wende vom 18. zum 19. Jahrhundert kam die Verarbeitung des aus Třebenice (s. S. 163f.) gelieferten Granats hinzu, die der kleinen Stadt Turnov Weltruhm brachte.

Erster Tag

Für die Anfahrt von Prag aus schlage ich die Staatsstraße 9 vor, die über **Mělník** (20000 Einwohner) am Zusammenfluß von Moldau und Elbe führt. Hier legte Karl IV. Weinberge an, die heute das beliebte Gewächs «Ludmila» tragen. Und hier stand schon im 10. Jahrhundert eine Burg, die Karl IV. später zum Leibgedinge der Königinnen ausbaute. Heute präsentiert die Burg sich als Renaissanceschloß mit einem Museum vor- und frühgeschichtlicher Funde aus der Umgebung und einer Galerie, die neben Werken italienischer und niederländischer Meister die böhmischer Barockmaler, unter anderen Peter Brandl, Wenzel Reiner und Karel Škréta, besitzt. Vom Schloßrestaurant bietet sich ein schöner Blick auf beide Flüsse. Weiter geht es über Litoměřice und Terezín (Leitmeritz und Theresienstadt, s. S. 162) ins Elbetal nach Ústí nad Labem. Das Tal ist, von der Industrie beansprucht, heute nicht mehr so schön wie im Jahre 1800, als Heinrich von Kleist entzückt seiner Braut berichtet:

«Ja, liebes Mädchen, das ist ein anderer Stil von Gegend, als man in unserem märkischen Vaterland sieht... Von Teplitz fuhren wir tiefer in Böhmen nach Lobositz, das am südlichen Fuße des Erzgebirges liegt, da wo die Elbe hineintritt. Wie eine Jungfrau unter Männern erscheint, so tritt sie schlank und klar unter die Felsen leise, mit schüchternem Wanken naht sie sich, das rohe Geschlecht drängt sich, den Weg ihr versperrend, um sie herum, der Glänzend-Reinen ins Auge zu schauen, sie aber, ohne zu harren, windet sich, flüchtig errötend hindurch. In Aussig ließen wir den Wagen zu Lande fahren und fuhren auf der Elbe nach Dresden. Ach Wilhelmine, es war einer von jenen lauen, süßen, halbdämmernden Tagen, die jede Sehnsucht und alle Wünsche des Herzens ins Leben rufen.»
Ústí nad Labem hat geringe Reize. Man wird zum Übernachten lieber nach *Teplice* (Teplitz) fahren, wo schon Peter der Große zur Kur weilte, Beethoven und Goethe sich begegneten, aber kein Gefallen aneinander fanden, und wo am 9. September 1813 die Monarchen von Rußland, Österreich und Preußen ihren Allianztraktat gegen Napoleon schlossen.

Zweiter Tag

Am nächsten Morgen sollte man zeitig nach Děčín (Tetschen) und in die Böhmische Schweiz aufbrechen, tschechisch heißt sie **Děčínské steny** (Tetschener Wände). Auf den Sandstein- und Tonschieferablagerungen der Kreidezeit entstanden hier im Laufe der Jahrtausende durch Wasser-, Wind- und sonstige Witterungseinflüsse die merkwürdigsten Felsgebilde mit steilen Wänden und schmalen Cañons, riesigen vorzeitlichen

Stadtruinen ähnlich. Bizarr, ja unheimlich nehmen sich diese Felsenstädte rechts der Elbe aus, dicht an der Grenze zur DDR; von *Hřensko* (Herrnskretschen) aus sind sie zugänglich.
Kleine Bezirksstraßen führen durch die Děčínské steny südostwärts bei *Česká Kamenice* (Böhmisch-Kamnitz) auf die Staatsstraße 13 und in die Glasbläserstadt *Nový Bor* (Haida). Am Abend kann man – den Südhang der Lužické hory (Lausitzer Berge) entlang, um den Nordhang des Ještědské pohoří (Jeschken) herum, an seinen Osthängen südwärts über Liberec (Reichenberg) – in *Jablonec* (Gablonz) sein.
Die Fahrt ist heiter, man möchte es mit Grillparzer halten, der, als er ins Gebirge kam, seinen Reisewagen verließ und zu Fuß weiterging, «der wehenden Luft entgegen, die Körper gewinnt und trinkbar wird».
Jablonec ist eine von vielen fleißigen Gebirgsstädten, die nach des Tages Mühen rechtzeitig zur Ruhe geht. Spaziert man nach dem Abendbrot ein wenig durch die Straßen, sieht man kaum noch Licht hinter den Fenstern; die Straßenbeleuchtung ist sparsam, die Gassen sind leer, nur auf dem Ring ein paar Nachzügler, ihre Wortfetzen verflattern, dann nichts mehr.

Dritter und vierter Tag

In zwei Tagen läßt sich ein erster Eindruck vom **Riesengebirge** gewinnen, wenn man Fahrt und Wanderungen gut kombiniert. Von Jablonec auf der E 14 über *Tanvald* nach *Jilemnice* (Starkenbach) sind es 45 Kilometer. Man kann noch am Vormittag in Jilemnice sein, sich im Hotel einrichten und dann 23

Kilometer auf den *Krkonoš* (Rübezahl, 1296 Meter) fahren. Von dort führt ein Kammweg zur Elbquelle (Labská studánka), weiter zum Elbfall (Labský důl) und zur Kesselkoppe (Kotel, 1435 m), eine ebenso vielseitige wie bequeme Halbtagswanderung.

Am vierten Tag geht eine 45-Kilometer-Fahrt von Jilemnice über *Vrchlabí* (Hohenelbe), *Janské Lázně* (Johannisbad) nach *Pec pod Sněžkou* (Petzer). Die ersten 16 Kilometer auf der E 14. In Dolní Lanov (Niederlangenau) empfiehlt es sich, die links abzweigende kleine Straße nach *Černý důl* (Schwarzthal) zu nehmen und am Fuß der *Černá hora* (Schwarzer Berg) entlang nach Janské Lázně zu fahren. Kurz hinter dem Kurort zweigt man in *Svoboda nad Úpou* (Vrajt) links ab auf eine größere Straße und fährt die letzten zwölf Kilometer das Úpa-Tal (Aupa-Tal) aufwärts nach Pec pod Sněžkou.
Zur *Sněžka* (Schneekoppe, 1603 m) hinauf ist es nur noch ein Nachmittagsausflug. Zum Gipfel fährt eine Seilbahn. Ein Spaziergang von acht Kilometer führt über die Obří bouda (Riesenbaude) durch das Dunkelgrün des Naturschutzgebietes Obří důl (Riesengrund) zurück nach Pec.

Fünfter Tag

Auf einigen Umwegen nun zum *Adlergebirge* (Orlické hory). Man kann über *Trutnov* (Trautenau) direkt nach Náchod fahren, dem nördlichen Zugang zum Adlergebirge. Aber es ist Zeit genug, einen kleinen Bogen zu schlagen und **Kuks** (Kukus) mit Betlem zu besuchen. Kuks ist das Werk des Grafen Franz Anton Sporck, jenes «verrückten» Kavaliers, der,

Wohltäter der Armen, Mäzen der Künstler, Volkserzieher und rechthaberischer Prozeßhansl, seinen Zeitgenossen uferlosen Gesprächsstoff bot (s. S. 124ff.). Kuks liegt auf der Strecke Trutnov–Jaroměř (Jermer), 17 Kilometer südlich von Trutnov und acht Kilometer nördlich von *Jaroměř.* Sporck gründete Ende des 17. Jahrhunderts hier am linken Elbufer ein Bad. Er baute eine Kapelle, Gasthöfe, Badehäuser, ein Verwaltungshaus. Sein Schloß enthielt im Erdgeschoß Wannenbäder, ein Theater und eine Bibliothek. Von all der Pracht ist außer einer Freitreppe mit Kaskaden kaum etwas übriggeblieben. Auf dem anderen Ufer ließ der Graf zu Beginn des 18. Jahrhunderts ein Hospital mit einer Kirche für die Alten und Kranken seiner Herrschaft errichten, das heute als Heilanstalt dient. Die Gebäude sind schlicht und würden den Umweg nicht rechtfertigen ohne die *Skulpturen des Matthias Bernhard Braun.* Er vermochte seine dem Lebensgefühl Sporcks kongeniale Auffassung von Mensch, Leben, Gott und Welt in Stein zu übersetzen. Brauns Allegorien der acht Seligkeiten auf der Terrasse vor der Kirche, seine Statuenreihen der Tugenden und Laster mit den Gestalten der Religion und des Todesengels vor dem Hospital in weiträumig-bewegter Landschaft sind der freieste Ausdruck menschlicher Gebundenheit, den man sich vorstellen kann. Alles Enge, Kleinliche bleibt zurück.

Westlich vom Schloß ließ Sporck zwischen 1726 und 1733 ein Waldstück von Braun zum Schauplatz in Stein gehauener *Szenen aus der Bibel und den Heiligenlegenden* machen. Man kehrt zum Ort zurück und fährt den Hinweisschildern **Betlem** nach (ca. 3 km), kommt zu einem großen Parkplatz, spaziert in den Wald hinein und trifft nach 15 Minuten auf die Statuen, Statuengruppen und Reliefs, für die der Bildhauer die an Ort und Stelle vorhandenen Felsen und Felsblöcke mit verwendete. Zu den verhältnismäßig gut erhaltenen Skulpturen gehören die Büßer Onuphrius und Garino. 1726 entstand das Relief der Visionen des St. Hubertus, am benachbarten Felsen (1731) die «Geburt des Herrn», die dem Ort den Namen verlieh: *Bethlehem.* Freistehende und Relieffiguren vereinigen sich hier zu einer Szene; der Krippengruppe schließt sich das Relief «Ankunft der Heiligen Drei Könige» an. In der Nähe blieb noch der «Jakobsbrunnen» rudimentär erhalten. Obwohl vom großartigen Ensemble dieser Szenen und Einzelstatuen nur noch Bruchstücke vorhanden sind, ist der Eindruck von der gewaltigen Komposition stark.

Zurück in Jaroměř sollte man unbedingt das prachtvolle *Barockschloß* besichtigen. Auf der Weiterfahrt nach Náchod (E 12) kommt man in *Česká Skalice* (Böhmisch-Skalitz) am Museum der Schriftstellerin **Božena Němcová** vorüber, die Unschätzbares für die tschechische Literatur geleistet hat. 1820 als Tochter des Stallmeisters von Ratibořice geboren, gehörte sie zu jenen hochbegabten, geistesstarken Frauen, die überall in Europa in der ersten Hälfte des 19. Jahrhunderts für sich selbst die Emanzipation vorwegnahmen und es zur eigenen Leistung jenseits der «fraulichen Domäne» brachten, wie etwa die Droste oder George Sand. Die nationale Bedeutung der Němcová aber überragt bei weitem die ihrer französischen und deutschen Schwestern, obschon diese ihr als Dichterinnen ebenbürtig, wenn nicht überlegen waren. Zwei Jahrhunderte lang hatte es kaum tschechische Literatur gegeben; die Sprache war fast zum Dialekt der untersten Schichten abgesunken, als Ende des 18. Jahrhunderts tschechische und slowakische Gelehrte begannen, sich um ihre aussterbenden Muttersprachen zu kümmern. Der Wiederbelebungsprozeß dauerte fast 50 Jahre. Noch bis in die Mitte des 19. Jahrhun-

derts wurden fast alle Schriften der tschechischen und slowakischen nationalen Erwecker deutsch verfaßt. Selbst František Palacký schrieb sein berühmtes Geschichtswerk zunächst in deutscher Sprache.
Božena Němcová brachte die schwerfällig und ausdrucksarm gewordene tschechische Sprache wieder zum Klingen. Aber nicht nur das trug ihr Liebe und Verehrung ihrer Landsleute ein: sie machte die «einfachen Leute» literaturwürdig; Tschechen wurden wieder zum künstlerischen Sujet. Ähnlich den Brüdern Grimm sammelte die Němcová Volksmärchen und Sagen, die sie nacherzählte, sie schrieb Novellen aus dem bäuerlichen Milieu und schließlich ihren großen Roman «Babička» (Großmütterchen). In der Hauptgestalt der Großmutter, einer Frau aus dem Volk, vereinen sich alle Eigenschaften, deren ein gutes Leben bedarf: Charakterfestigkeit, Güte und Weisheit. In ihre Darstellungen der «tschechischen Realität» verwebt Božena Němcová ihren Traum vom harmonischen Leben, das der zu Lebzeiten häufig Angefeindeten und ihres unkonventionellen Lebenswandels wegen Mißachteten nicht zuteil wurde. Sie starb als Zweiundvierzigjährige in bitterer Armut.
Der Roman «Babička» ist ein Synonym für die Entstehung der modernen tschechischen Dichtung. Sein Schauplatz liegt nur wenig abseits von Česká Skalice am rechten Ufer der Úpa: *Schloß Ratibořice* und seine Umgebung – die Alte Bleiche, das Wehr, die Mühle – wird als Erinnerungsstätte sorgfältig gepflegt.
Die «Schloßherrin» des Romans war übrigens die kapriziöse Herzogin von Sagan, Metternichs Freundin. Auf ihre Initiative kam es 1813 im Schloß Ratibořice zu Beratungen zwischen Zar Alexander I., König Friedrich Wilhelm III. und Metternich.

15 Kilometer weiter, dicht an der polnischen Grenze, liegt die Industriestadt **Náchod** (20000 Einwohner) mit ihrer alten Holzkirche auf dem Ringpatz. Es macht keine Mühe, zu Fuß zum *Schloß* hinaufzugehen; schlägt man den Fahrweg ein, der um den Fuß des hohen, bewaldeten Felsens herum nach wenigen Kilometern von rückwärts zum Schloß führt, kann man noch einen Blick auf den kleinen Soldatenfriedhof tun, der unaufdringlich und bescheiden die 1866 hier Gefallenen beherbergt. Es ist merkwürdig, nach mehr als 100 Jahren an einem abseitigen Waldsträßchen, fast verwunschen hinter hohem Eisengitter, diesen Friedhof zu entdecken. Seine Grabsteine und Platten werden sorgsam saubergehalten, so daß die deutschen Fraktur-Inschriften deutlich lesbar sind. Manierlich gestutzte, niedrige Buchsbaumhecken fassen die schmalen Wege ein. 1946 wurde der letzte deutsche Herr auf **Schloß Náchod** hier beigesetzt.
Das Schloß wurde im 13. Jahrhundert als Wachtburg für den Grenzübergang zur Grafschaft Glatz und zur Sicherung des Handelsweges angelegt. In das 16. Jahrhundert fällt der Umbau in ein Renaissanceschloß unter den Herren Smiřický. Nachdem einer von ihnen als Mitinitiator des böhmischen Aufstandes von 1618 hingerichtet worden war, schanzte Wallenstein die Besitzung seinem Anhänger Trčka von Leipa (Lípa) zu, nach Wallensteins Ermordung schenkte der Kaiser sie Wallensteins Gegenspieler, Octavio Piccolomini. Die Piccolomini taten bis 1757 das Ihre zur Vergrößerung und Verschönerung des Schlosses. Die späteren Besitzer, Herzog Peter von Kurland (Vater der Herzogin von Sagan) und schließlich die Schaumburg-Lippe, haben nicht mehr viel verändert. Von den interessanten und wertvollen Einrichtungsstücken – dem Bett Piccolominis, einem Porträt des Piccolomini-Papstes, einem Jugendbildnis Kaiser Franz Josefs, der entzückenden

Puppenstube der letzten Schloßkinder und vielem anderen – sind vor allem die schweren flämischen Gobelins aus dem 17. und 18. Jahrhundert hervorzuheben.
Wer vom Weg abweichen möchte, dem sei ein Abstecher nach **Broumov** (Braunau, 8000 Einwohner) empfohlen, 31 Kilometer nordöstlich, nahe der polnischen Grenze. Man durchfährt das Braunauer Mittelgebirge und kommt nach 19 Kilometern durch **Police nad Metují** (Politz a. d. Mettau), Ausgangspunkt zu Wanderungen in das Sandsteinfelsengebiet der Braunauer oder Politzer Wände. Stadt und Umgebung von Broumov weisen allerlei Sehenswertes auf, das hier nicht näher beschrieben werden soll: etwa die sternförmige *Barockkapelle* von Kilian Ignaz Dientzenhofer auf dem Berg Hvezda (Stern), das ebenfalls von Dientzenhofer gebaute Kloster in Police oder die alten Holzhäuser. Broumovs bedeutendstes Baudenkmal ist das 1322 gegründete *Benediktinerkloster.* Das heutige Gebäude und die Klosterkirche wurden nach Entwürfen Dientzenhofers zwischen 1727 und 1735 gebaut. Es besitzt eine hervorragende Bibliothek mit Handschriften aus dem 9. Jahrhundert. Die Fresken und Bilder in der Klosterkirche schufen Johann Jakob Steinfels und Wenzel Reiner, der Hauptaltar stammt von Ferdinand Maximilian Brokoff. Auf dem Kirchhof blieb eine Holzkirche aus der Mitte des 15. Jahrhunderts erhalten.

Sechs Kilometer südlich von Náchod liegt die Renaissancestadt **Nové Město nad Metují** (Neustadt an der Mettau, knapp 8000 Einwohner). 1526 verwüstete ein großer Brand die erst 1501 angelegte Stadt, die den Söhnen Wilhelms von Pernstein gehörte (s. S. 175). Der Tradition des Vaters getreu ließen sie – ähnlich wie in Pardubice – aus Stein und Ziegeln eine neue Stadt bauen und in das Befestigungssystem der

Burg einbeziehen, so daß auch hier Stadt und Schloß zur architektonischen Einheit wurden. Die Stadt selber überstand die rauhen Zeitläufte bis heute recht glimpflich, während dem Schloß böse mitgespielt wurde. Im Dreißigjährigen Krieg wechselte es mehrfach den Besitzer: erst in den Händen Wallensteins und seines Anhanges, kam Nové Město genau wie Náchod 1638 an Piccolomini und seine Getreuen.

Die neuen Besitzer bauten auf, bauten um, erweiterten, veränderten, und zu Beginn unseres Jahrhunderts war das Schloß dennoch verkommen und arg verfallen. Der Textilindustrielle Bartoň von Dobenín, der in weitem Umkreis der Bevölkerung Arbeit und Brot gab, kaufte 1908 die Waldungen der Herrschaft Nové Město und bekam das Schloß sozusagen als Dreingabe, Dušan Jurkovič restaurierte den Bau. Seitdem geben die Jugendstilelemente dem Ganzen etwas Beschwingtes und Heiter-Liebenswürdiges. Die Wohnräume wurden teils kostbar, teils geschmackvoll in Jugendstil, Nouvel art und historisierendem Phantasiestil eingerichtet. Nach und nach kamen echte alte Stücke dazu. Der Besitzer, der sich in so hervorragender Weise um die wirtschaftliche Entwicklung des ganzen Gebietes verdient gemacht hatte, konnte nach 1945, als sämtliche Schlösser verstaatlicht wurden, seinen Lebensabend ungestört im Schloß verbringen. Die Einrichtung blieb unverändert und illustriert prächtig die Wohnkultur des frühen 20. Jahrhunderts.

Die Fahrt geht nun 25 Kilometer südwärts am Westrand des Adlergebirges entlang nach **Rychnov nad Kneznou** (Reichenau an der Knežna), dem Wirtschafts- und Kulturzentrum des Adlergebirges mit rund 9000 Bewohnern. Wer noch Lust hat, eines der besten Renaissanceschlösser zu besichtigen, zweigt in *Dobruška* rechts ab: *Schloß Opočno* liegt nur fünf Kilometer entfernt.

Rychnov ist eine alte Tuchmacherstadt. Einige Tuchmacherhäuschen blieben unterhalb der Burg erhalten. Schloß und Herrschaft Reichenau gehörten von 1670 an der Familie Kolovrat, die Renaissanceschloß und spätgotische Kirche in eine großzügige Barockanlage umwandelte. Das Schloß enthält zwei wertvolle Bildergalerien: die Kreisgalerie von Hradec Králové (Königgrätz) und die schloßeigene, deren Sammlung von Familienporträts die Entwicklung der Porträtmalerei vom 16. bis in die Mitte des 19. Jahrhunderts zeigt.
Im Erdgeschoß befinden sich die Reste der Schloßbibliothek. Franz Anton Kolovrat, langjähriger Oberstburggraf von Prag, hatte sich ebenso wie sein Vetter Kaspar Sternberg mit großem Eifer um die Landesgeschichte bemüht. Beide haben viel zur Belebung des tschechischen Selbstbewußtseins beigetragen und die Arbeit der bürgerlichen Patrioten nach Kräften unterstützt. Kolovrat gehörte zu den Gründern des Nationalmuseums in Prag, dem er zur Eröffnung seine reiche Bibliothek schenkte. Seiner Initiative ist es zu verdanken, daß die Bauarbeiten am St.-Veits-Dom wiederaufgenommen wurden.
Das **Adlergebirge** haben wir nur in seinen Nord- und Weströndern gestreift, darum noch ein paar Hinweise: Das Gebirge verläuft von Náchod 40 Kilometer die Staatsgrenze entlang südostwärts bis zur Tichá Orlice (Stille Adler). Es ist touristisch ausgezeichnet erschlossen. Der höchste Gipfel ist 1115 Meter hoch und heißt *Velká Deštná.* Die Kammhöhe liegt zwischen 700 und 1000 Meter. Mit seinen dichten Nadelwäldern erinnert das Adlergebirge hin und wieder an den Schwarzwald. Die Gebirgsfahrt ist eine helle Freude. Man fährt von Dobruška aus zur Velká Deštná 23 Kilometer. Übernachtung in *Deštná* oder *Šerlich* (Scherlichgraben). Eine Hochstraße führt über Rokytnice nach Vamberk, wo man auf die E 11 nach Hradec Králové trifft.

Das Waldstein-Palais in Jičín (Gitschin)

Sechster Tag

Von Rychnov geht westwärts eine Verbindungsstraße von der Staatsstraße 14 zur 11, man erreicht sie nach acht Kilometer bei Častolovice. Die Besichtigung von *Schloß Častolovice* lohnt sich, denn die pseudogotischen Umbauten und Dekorationen sind entfernt, und der Renaissancecharakter ist weitgehend wiederhergestellt worden.
Nach 30 Kilometer auf der 11 erreicht man Hradec Králové (Königgrätz, s. S. 257 f.) und nach weiteren 49 Kilometer die unter Denkmalschutz stehende Wallensteinstadt **Jičín** (Gitschin, 16500 Einwohner).
Albrecht Waldstein (Wallenstein), Sproß einer unbedeutenden nordböhmischen Adelsfamilie, machte Jicín in den wenigen Jahren seines Glanzes, als ihm praktisch ganz Nord- und Ostböhmen gehörte, zur Metropole seines Herzogtums Friedland (Frydlant). Den Ringplatz schmücken Renaissance- und Barockhäuser; das 52 Meter hohe, mächtige *Walditzer Tor* (Valdišská brána) hat nicht erst der Feldherr bauen lassen, es stammt schon aus dem Jahr 1568, aber die *Kirche ohne Turm* ist sein Werk, ebenso das *Waldsteinpalais* (1624–1634).
Wallenstein hatte große Pläne zum Ausbau der Stadt: er ließ das Schloß erheblich erweitern, an seiner Ostseite kam eine neue Kirche hinzu. Südlich vom Stadtkern entstand die Neustadt, nordöstlich gründete er das Kartäuserkloster in Walditz (Valdice), ließ einen großen Park (Libosad) mit einem Lustschlößchen anlegen, der durch eine vierreihige Lindenallee mit der Stadt verbunden war. Weitere Pläne zur Stadterweiterung nach Osten wurden nach Wallensteins Tod (1634) nicht mehr ausgeführt.
Nachtquartier finden wir im **Böhmischen Paradies** (Český ráj). Diesen zutreffenden Namen erhielt das Gebiet im Drei-

eck zwischen Jičín–Železný Brod (Eisenbrod)–Mnichovo Hradiště (Münchengrätz), das, in Kiefernwäldern verborgen, mehrere **Felsenstädte** besitzt: bei Mnichovo Hradiště unterhalb des Berges *Mužský*, bei Turnov *Hrubá skála*, bei Železný Brod *Malá skála*. Im Felsengebiet Malá skála befinden sich auch die berühmten *Kelchgrotten*, in denen im 17. Jahrhundert die verfolgten Kalixtiner ihre geheimen Gottesdienste abhielten. Und schließlich *Prachovské skály*.

Drei Kilometer westlich von Jičín, Richtung Sobotka-Mladá Boleslav, steht rechts an einer Abzweigung ein riesiges Schild, das zum Besuch der Felsenstädte einlädt. Eine kleine Straße schlängelt sich zu Tal, durch ein Dorf und den waldigen Berg wieder hinan (fünf Kilometer). Dann kommt links der Berggasthof Český ráj, 200 Meter weiter rechts, abseits der Straße, der Berggasthof Skalní Město.

Auf 125 Quadratkilometer erstreckt sich ein Labyrinth von hohen, schmalen Sandsteinfelsen und gigantischen Blöcken. Mit Grotten, Höhlen, engen Durchlässen und steilen Aussichtsfelsen boten diese natürlichen Festungsanlagen in prähistorischer Zeit ein ideales Ansiedlungsgebiet. Bei Mnichovo Hradiště grub man eine bedeutende vorgeschichtliche Siedlung aus. Münchengrätz hat aber noch eine andere Attraktion: sein *Schloß* auf einer Anhöhe außerhalb der Stadt mit dem benachbarten *Kapuzinerkloster*. Ursprünglich eine Festung aus dem 15. Jahrhundert, fand im 17. Jahrhundert der Renaissanceumbau statt, um die Wende zum 18. der barocke Ausbau. Von der Innenausstattung des frühen 18. Jahrhunderts ist die des «goldenen Kabinetts» am prächtigsten. Die Säle enthalten Barock- und Rokokomobiliar und wertvolle Sammlungen: chinesisches Porzellan, Waffen, Bücher, Bilder. Wichtigste Bestandteile dieser Sammlungen sind die vom Prager Erzbischof Friedrich Waldstein (1644–1694) gegründete

Prachovské skály: Felsformationen im «Böhmischen Paradies»

Bibliothek und die Bildergalerie, zu der unter anderem 112 kostbare Miniaturen gehören. An den Schloßpark schließt sich das Kloster mit einer Kirche aus dem 17. Jahrhundert und der *St.-Anna-Kapelle* aus dem 18. Jahrhundert an. In dieser Kapelle ruhen seit 1785 die sterblichen Überreste Albrecht Waldsteins, der nach seiner Ermordung 1634 in Eger zunächst im Minoritenkloster Stříbro (Mies) beigesetzt, dann ins Kartäuserkloster Walditz überführt worden war. Nach Aufhebung des Klosters durch Josef II. holte Graf Vinzenz Waldstein den berühmten Verwandten nach Münchengrätz.

Siebter Tag

Wenige Minuten von den beiden erwähnten Gasthöfen entfernt beginnt die Felsenstadt aus Sandstein **Prachovské skály,** in der man stundenlang herumwandern kann. An manchen Stellen begegnet man Führern, die örtliche Besonderheiten erklären und mit großem Vergnügen Sagen und Legenden erzählen, die sich um das romantische Felsenlabyrinth ranken. Folgt man später der Straße, auf der man am Abend vorher ankam, stößt man bei Libuň auf die Staatsstraße 35, fährt links nach *Újezd pod Troskami* und von dort fünf Kilometer bis zur **Ruine Trosky,** deren Silhouette weithin sichtbar ist. Mitten aus dem Sandsteingebiet ragen hier unvermittelt zwei erloschene Basaltkegel auf. Sie boten sich als Burgtürme für eine Festung geradezu an. Sie entstand auch im 14. Jahrhundert, wechselte häufig den Besitzer und verfiel schon im 17. Jahrhundert. Erst die Romantik entdeckte die merkwürdige Ruine neu, den historischen Aspekt, mehr noch aber den geologischen. Vor allem begeisterte sie Alexander von Humboldt, und es gelang, die Ruine mit ihren Turmresten, der breiten Bába (Großmutter) und der schlanken Panna (Jungfrau), auf den Basaltkegeln zu erhalten. Bis dicht an die Burg führt die Straße, nach einem Aufstieg von wenigen Minuten bietet sich eine weite Sicht über das Böhmische Paradies, sie ist zu jeder Tageszeit und bei jeder Beleuchtung prachtvoll. Wieder in Újezd pod Troskami, fährt man über *Sobotka* (zehn

Kilometer) an dem kleinen *Barockschlößchen Humprecht* vorbei, das Carlo Lurago 1627 für Humprecht Černín von Chudenice baute. Heute enthält es eine Ausstellung von Kinderbüchern und Illustrationen, der Geschichte der Kinderliteratur und ihrer bekanntesten Gestalten in aller Welt.
Vier Kilometer weiter kommt man zur **Burg Kost.**
Die Lage der Burg, die Gebäude, das kleine Dorf zu ihren Füßen, der geschwätzige Bach, das sanft geschwungene Auf und Ab zwischen Höhen und Tal erscheinen wie ein lebendig gewordenes Idyll aus dem Märchen. Zum Glück für die Burg starb ihr Besitzer Albrecht Waldstein zu früh, um seine weitgreifenden Modernisierungspläne verwirklichen zu können. Nur im Erdgeschoß hatte der Umbau schon begonnen, dort sollte eine Salla terrena entstehen. Kost wurde in der Folgezeit nicht mehr bewohnt. Der Burghauptmann mit der Besatzung hatte seine Wohnung in der Vorburg. So blieb der mittelalterliche Charakter gewahrt. Eine Ausstellung mittelalterlicher Kunst kommt in den Räumen zu schöner Wirkung.
In *Podkost,* dem Dörfchen unterhalb der Burg, folgt man der kleinen Straße, auf der man herkam, einen Kilometer nordwestlich, biegt links ab, überquert nach sechs Kilometer die Verbindungsstraße Mnichovo Hradiště–Jičín und fährt geradeaus weiter auf der Straße 16 nach Mladá Boleslav (Jung-Bunzlau, 16 Kilometer).
Mladá Boleslav ist eine sehr alte und ganz junge Stadt mit rund 46000 Bewohnern. Boleslav II. (967–999) gründete hier eine mächtige *Burg,* sie gibt der Altstadt ihr Gepräge. Die neue Stadt wird beherrscht vom Škoda-Automobilwerk. Hier erlebt man den Alltag einer modernen tschechischen Industriestadt. Man kann sich ruhig Zeit lassen – bis Prag sind es nur 57 Kilometer –, ehe man das Isertal abwärts über *Brandýs* (Brandeis) in die Metropole zurückfährt.

Acht Tage Südböhmen und Mähren

«Gott offenbart sich am ehesten auf den Bergen!»

Der Parole «Gott offenbart sich am ehesten auf den Bergen!» folgten im Sommer 1419 Tausende von Menschen auf die Berge, wo Wanderprediger das Abendmahl in beiderlei Gestalt austeilten, den Untergang der Welt und den Anbruch des Königreichs Christi prophezeiten, in dem «der Mensch dem Menschen nicht mehr hörig sein, das Schinden der Armen aufhören wird, die Herren wie die Stoppeln im Kaminfeuer verbrannt sein werden». Diese Pilgerscharen, die von überall her zu den Bergen wallfahrteten, bildeten den Grundstock der Hussitenarmee. Sie wollten aus den Trümmern der alten Welt ein neues Reich errichten, in das Christus vom Himmel herabsteigen und die Regierung in die Hände des gemeinen Volkes legen werde. Allein auf dem südböhmischen Berg Tábor sollen 40000 Wallfahrer zusammengekommen sein: landlose Bauern, Knechte, verelendete Handwerker und besitzlose Edelleute.

Und als auf einem Berg bei Prag der Prediger Václav Koranda verkündet hatte: «Brüder, die Zeit ist gekommen, daß ihr den Pilgerstab hinlegt und die Waffe zur Hand nehmet, denn der Feinde sind immer mehr und Ziegenböcke nähern sich den blühenden Weingärten des Herrn», da setzten sich die Tábor-Pilger auf einer steil ansteigenden Landzunge am Zusammenfluß von Tismenice und Lužnice fest, begannen in fieberhafter Eile, sich zu verschanzen, und nannten ihre Festung **Tábor.** Sie wurde rasch zum Zentrum der Hussitenbewegung. Hierher kamen die fähigsten Truppenführer – vor allem Žižka von Trocnov – und die beredtesten Prediger. Jede einzelne der krummen, den Berg hinanschleichenden Gassen wurde als Verteidigungsposition angelegt, die gesamte Fläche unter dem Marktplatz und dem Rathaus bildete ein Netzwerk von in den Fels gehauenen Kellern und Gängen. Die Prediger schufen die neue Gesellschaftsordnung: «In Tábor gehört mir und dir nichts, denn alle in der Gemeinde haben Anteil an allem.»

Bottiche und Fässer standen neben der Kirche, in die jeder Neuankömmling seine gesamte Habe legte. Gewählte Botichverwalter wirtschafteten mit diesem gemeinsamen Eigentum für alle. Auch die Versorgung des Kriegsvolkes bestritt dieser Fonds.

Überall im Land entstanden nach Tábors Vorbild ähnliche, von chiliastischer Inbrunst inspirierte und getragene Kommunen. Das arme Volk war aufgestanden: gegen religiöse und klerikale Mißstände, gegen Herrenwillkür, gegen reiche deutsche Patrizier, die den Aufstieg tschechischer Handwerker verhinderten. Der Krieg der Rechtlosen gegen die Mächtigen währte eine halbe Generation. Zwietracht in den Reihen der Hussiten verhalf schließlich der Gegenseite zum Sieg. Aber das revolutionäre Feuer schwelte weiter und brach – unter anderen äußeren Voraussetzungen – immer wieder aus, besonders heftig im frühen 17. Jahrhundert.

Viele böhmische Städte tragen Narben aus den Hussitenkriegen, aber nur in Tábor wird jene Zeit lebendig. Auf dem Marktplatz stehen noch die steinernen Tische, an denen das Abendmahl in zweierlei Gestalt für die Brüder und Schwestern ausgeteilt wurde, die engen, gebogenen Gassen winden sich wie vor 500 Jahren den Berg hinauf zum Ringplatz. Geduckt sind die Häuser und düster, bedrohlich abweisend ihre Fassaden. Wer sich noch mehr mit der Hussitenbewegung befassen möchte, dem sei ein Besuch des Hus-Museums empfohlen.

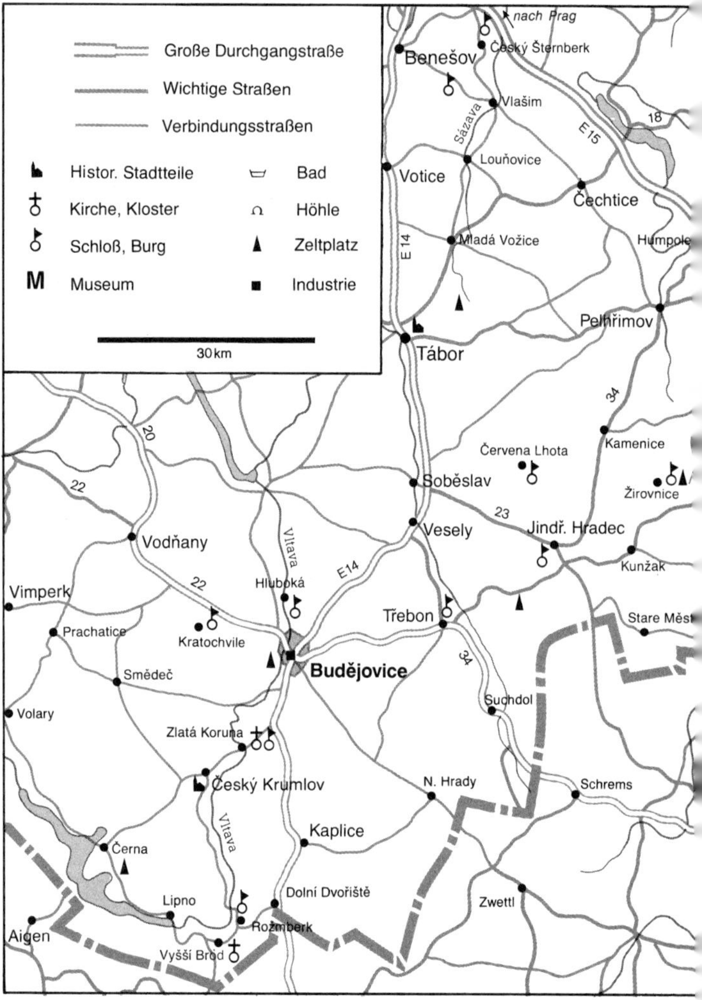
Große Durchgangstraße
Wichtige Straßen
Verbindungsstraßen
Histor. Stadtteile
Kirche, Kloster
Schloß, Burg
Museum
Bad
Höhle
Zeltplatz
Industrie
30 km
nach Prag
Benešov
Český Šternberk
Vlašim
Sázava
18
E15
Louňovice
Votice
Čechtice
E14
Mladá Vožice
Humpolec
Pelhřimov
Tábor
34
Kamenice
Červena Lhota
Soběslav
Žirovnice
20
22
23
Vesely
Jindř. Hradec
Vodňany
Vltava
Kunžak
Vimperk
Hluboká
E14
Třebon
Stare Město
Prachatice
Kratochvile
Budějovice
34
Směděč
Suchdol
Volary
Zlatá Koruna
Český Krumlov
N. Hrady
Schrems
Kaplice
Černa
Dolní Dvořiště
Lipno
Zwettl
Rožmberk
Aigen
Vyšší Brod

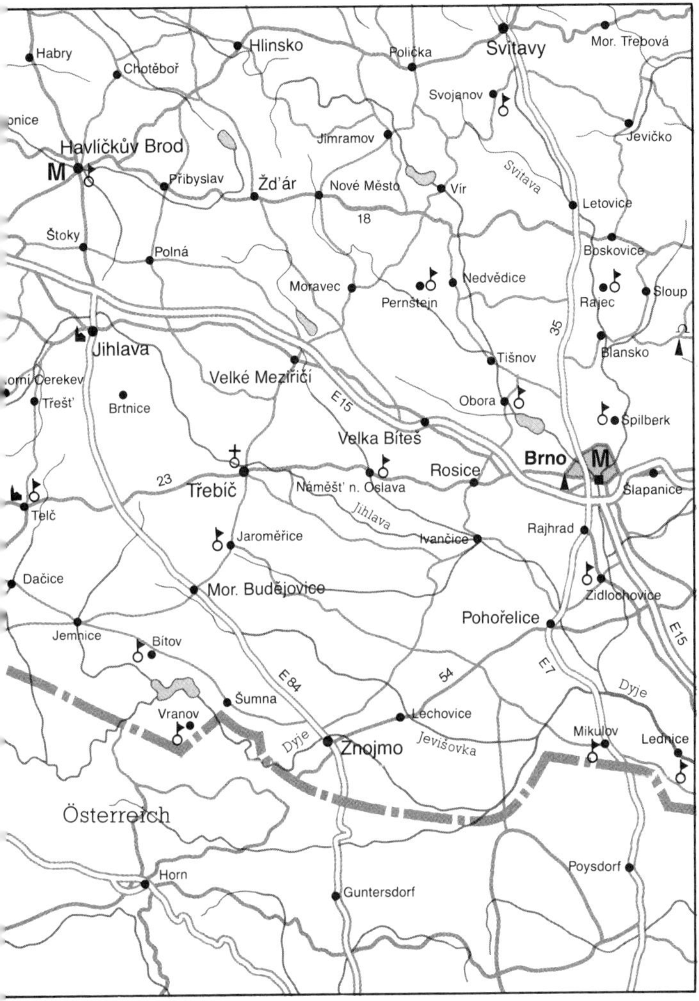
Habry
Chotěboř
Hlinsko
Polička
Svitavy
Mor. Třebová
Svojanov
Jevíčko
Havlíčkův Brod
M
Jimramov
Přibyslav
Žďár
Nové Město
Vír
Svitava
Letovice
18
Štoky
Polná
Boskovice
Moravec
Pernštejn
Nedvědice
Rajec
Sloup
35
Jihlava
Tišnov
Blansko
Velké Meziříčí
Třešť
Brtnice
E15
Obora
Špilberk
Velka Biteš
Brno
M
Rosice
23
Třebíč
Náměšť n. Oslava
Šlapanice
Telč
Jihlava
Jaroměřice
Ivančice
Rajhrad
Dačice
Mor. Budějovice
Zidlochovice
Pohořelice
Jemnice
Bítov
E15
E7
54
E84
Dyje
Šumna
Vranov
Lechovice
Mikulov
Lednice
Dyje
Znojmo
Jevišovka
Österreich
Poysdorf
Horn
Guntersdorf

Erster Tag

Von Prag bis Tábor sind es 89 Kilometer auf der Staatsstraße 3 (E14). Wer das Domizil von Johannes Hus sehen möchte, in dem er nach seiner Verbannung aus Prag von 1412 bis 1414 lebte und schrieb – in tschechischer, nicht in lateinischer Sprache –, fährt auf einer Nebenstraße sechs Kilometer südöstlich zur *Ruine Kozí Hrádek* (Ziegenburg). Was Luther für die Entwicklung der deutschen Schriftsprache tat, leistete Hus in Kozí Hrádek und zuletzt in *Burg Krakovec* für die tschechische. Von Krakovec aus, etwa zehn Kilometer westlich von Křivoklát, trat der Reformator den Weg nach Konstanz an.

Dann geht es zurück über Tábor 20 Kilometer westwärts zum Schloß Zvíkov (Klingenberg) auf dem hohen Vorsprung über der Mündung der Otava in die Moldau, oberhalb des Stausees. Zvíkov, einst königliche Burg, wurde seit dem 16. Jahrhundert nicht mehr modernisiert und vermittelt daher den großartigen Eindruck eines hoch- und spätmittelalterlichen Königssitzes. Einzelne Restaurationen aus dem 17. und 18. Jahrhundert beeinträchtigen den Gesamteindruck nicht.

Eine Talstraße führt nun schnurstracks nach Süden, rechts und links flankiert von den südlichen Ausläufern der mittelböhmischen Berge bis *Záhoří*. Von dort fährt man auf der Staatsstraße 33 noch sieben Kilometer südwärts und ist in **Písek** (knapp 30000 Einwohner), der alten Goldwäscherstadt mit der *ältesten Steinbrücke* des Landes (13. Jh., Figurenschmuck 18. Jh.) und der *Burg* (heute Stadtmuseum) auf dem großen Marktplatz. Auch Písek war Hussitenstadt mit der von Tábor übernommenen Gemeindeordnung und wurde sogar gelegentlich den fünf böhmischen Städten zugerechnet, die als einzige vom Weltuntergang verschont werden und den

Písek: die älteste Steinbrücke Böhmens

Frommen Rettung bei Erscheinen des Antichrist bieten würden. Mittlerweile macht auch hier die Gegenwart ihr Recht mit Textilindustrie und einer Instrumentenfabrik geltend.

Zweiter Tag

Bis *Vodňany* (Wodnian) auf der Staatsstraße 20, dann geht es auf der 22 nach *Hluboká* und zum *Bezdrev-See*. Man kann aber auch kurz hinter Vodňany rechts ab auf einer kleinen Straße nach *Netolice* (Netolitz) fahren und das nahe Lustschloß **Kratochvile** (Kurzweil) besuchen. Den Renaissancebau ließ Wilhelm Rosenberg 1583 bis 1589 errichten. Es ist eine Art italienische Villa, allerdings mit Vorburg, angedeuteten

Befestigungen, Wassergräben und einer Zugbrücke. Schönster Raum des Schlosses ist der goldene Empfangssaal im ersten Stock, den Antonio Melani mit reichem Stuck-, Malerei- und Vergoldungsschmuck versehen hatte. In den übrigen Räumen waren Fensterpaletten und Wände von Georg Widmann ausgemalt. Die Schloßkirche, in ihrer Disposition noch gotisch, besaß an Wänden und Wölbungen Renaissancedekor. Nach dem Tode des Bauherrn verfiel das Schloß allmählich und wurde erst nach 1945 restauriert.
Schloß Hluboká (Frauenberg), auf langgezogenem Riff über der Moldau zwischen 1839 und 1871 im Tudorstil gebaut, erinnert kaum noch an seinen Ursprung als königliche Burg des 13. Jahrhunderts. Die pompöse Inneneinrichtung entspricht dem Zeitgeschmack; doch wegen der Schätze an Gobelins und Gemälden lohnt sich die Schloßbesichtigung trotzdem. Die Aleš-Galerie in der Reithalle enthält hochinteressante Werke südböhmischer Maler vom frühen Mittelalter bis zur Gegenwart. Nach dem Prunk von Hluboká tut es wohl, den kurzen Weg durch Eichenalleen zum *Jagdschloß Ohrada* an den Teich Munice zu fahren und ein Weilchen am stillen, von alten Bäumen gesäumten Ufer zu sitzen.

Neun Kilometer südlich kommen wir nach **České Budějovice** (Budweis, 90 000 Einwohner). Es hat zwar noch seinen großzügigen quadratischen, von Laubengängen eingerahmten Marktplatz mit dem *Samson-Brunnen* von 1720 und zahlreiche ehrwürdige Bauten – erwähnt seien das *Rathaus* (1727–1730) und der 72 Meter hohe *Turm* neben der *St.-Nikolaus-Kirche* (1549–1577) –, doch geprägt wird die Stadt von der Industrie: Holzverarbeitung, vor allem Bleistifte, Lebensmittel, Limonade, Bier. Gleich hinter der Altstadt breiten sich moderne Wohnsiedlungen aus.

Schon wenige Kilometer südwestlich ändert sich das Bild. Der Weg (Staatsstraße 3) führt wieder durch hügeliges Gelände, blaue Schatten am Horizont künden die Nähe des Böhmerwaldes an. Schließlich durchschneidet die Straße in immer kühneren Kurven bergauf, bergab den Wald, den nur wenige Orte unterbrechen. Bald ist man in **Český Krumlov** (Böhmisch-Krumau, 13600 Einwohner). Hier wird intensiv an der Restaurierung des mittelalterlichen Stadtkerns gearbeitet. Der Weg in die Altstadt ist daher für Autos gesperrt. Nur wer sich sein Nachtquartier im Hotel «Český Krumlov» reserviert hat, darf die holprige, steile Straße bis zum Marktplatz mit seinen Renaissance- und Barockhäusern befahren. Enge Gassen winden sich an den Platz heran, viele ihrer Häuser sind architektonische Kostbarkeiten.

Jenseits der Moldau, am Hang des felsigen Klet' (Schöninger, 1084 m), thront das mächtige **Schloß Krumau.** Es entstand im Laufe von vier Jahrhunderten aus einer Grenzfeste, die den Weg von und nach Österreich sicherte. Burg und Stadt sind Gründungen der Wittigonen, eines Geschlechtes, das im Guten wie im Bösen jahrhundertelang die Geschicke des Landes mitbestimmte. Es ist das Geschlecht Witikos, dessen Anfängen Adalbert Stifter seinen großen Roman widmete. Witiko (Vítek von Prčice) hatte fünf Söhne, die nach des Vaters Tod (1197) den Besitz teilten. Im Wappen der fünfblättrigen Rose symbolisiert jedes Blatt einen Zweig der Familie. Bis ins Mährische und Südwestböhmische ziert in weitem Umkreis die fünfblättrige Rose Burgen, Schlösser und Stadttore. Mit dem Namen Rosenberg, der zunächst nur Beiname eines Zweiges war, bezeichnete man später meist das ganze Geschlecht. Hauptsitz wurde bald das zu Lebzeiten des Stammvaters gegründete Krumau. Und merkwürdig genug bei einer so großen Sippe: sie bewahrte ihren Familiensinn und konnte durch ihre Geschlossenheit alle politischen und religiösen Wirren stets zur Mehrung der eigenen Macht nutzen. Das geschah nach dem Aussterben der Přemysliden, während der Regierung König Johanns von Luxemburg, noch intensiver zur Zeit Wenzels IV., der seine Gefangenschaften mehrfach den Rosenbergern zu verdanken hatte. Den Höhepunkt ihrer Macht erlangten die Wittigonen mit Wilhelm von Rosenberg. Er hatte seit seinem 35. Lebensjahr das höchste böhmische Staatsamt, das Oberstburggrafenamt, inne, eine Zeitlang wurde er sogar als Thronkandidat für den erledigten polnischen Königsthron genannt, und die katholische Adelspartei hätte ihn gern als Nachfolger Rudolfs II. auf dem böhmischen Thron gesehen. Mit Wilhelms Tod (1592) endete die rosenbergische Herrlichkeit.

Sein Bruder Peter Vok, Kriegsheld, leidenschaftlicher Jäger, wilder Saufkumpan, dabei hochgebildet und in den Wissenschaften sehr bewandert, war eigentlich schon ein Barockmensch. Seiner Zeit voraus, ertrug er sie nicht. Er verkaufte Krumau an Kaiser Rudolf II. und zog sich nach Třebon (Wittingau) zurück. Mit ihm starb 1611 die Familie im Mannesstamm aus.

Der gotische Ursprung des Schlosses ist leicht zu erkennen, doch die Renaissance dominiert. Wilhelm von Rosenberg, der tüchtige Politiker, war auch ein glänzender Ökonom. Er führte auf seinen Gütern rationellere Wirtschaftsmethoden ein, modernisierte seine Burgen und Schlösser, vor allem Krumau. Die Barock- und Rokokoumbauten und die Erweiterungen der späteren Besitzer erscheinen als Zutat und Zierat. Nur wenig jünger als Schloß und Stadt Krumau ist das sieben Kilometer nordöstlich liegende Zisterzienserkloster *Zlatá Koruna* (Goldenkron). Ottokar II. stiftete es zum Dank für seinen Sieg bei Kressenbronn 1260 über die Ungarn. Er liebte dieses

Kloster ganz besonders und machte es zum reichsten in Südböhmen.

Bei Český Krumlov beginnt, von Süden nach Nordwesten ziehend, der **Böhmerwald** (Šumava). Schöner und verlockender als Adalbert Stifter (1805–1868) in seiner Novelle «Hochwald» wird ihn kaum jemand beschreiben können:
«Um die Mitternachtseite des Ländchens Österreich zieht ein Wald an die dreißig Meilen lang seinen Dämmerstreifen westwärts, beginnend an den Quellen des Flusses Thaya, und fortstrebend bis zu jenem Gränzknoten, wo das böhmische Land mit Österreich und Bayern zusammenstößt. Dort, wie oft die Nadeln bei Kristallbildungen, schoß ein Gewimmel mächtiger Joche und Rücken gegeneinander, und schob einen derben Gebirgsstock empor, der nun den drei Landen weithin sein Waldesblau zeigt, und ihnen allerseits wogiges Hügelland und strömende Bäche absendet. Er beugt, wie seines Gleichen öfter, den Lauf der Bergeslinie ab, und sie geht dann mitternachtwärts viele Tagereisen weiter...
Wenn sich der Wanderer von der alten Stadt und dem Schlosse Krumau, dieser grauen Witwe der verblichenen Rosenberger, westwärts wendet, so wird ihm zwischen unscheinbaren Hügeln bald hier, bald da ein Stück Dämmerblau hineinscheinen, Gruß und Zeichen von draußen ziehendem Gebirgsland, bis er endlich nach Ersteigung eines Kammes nicht wieder einen anderen vor sich sieht, wie den ganzen Vormittag, sondern mit eines die ganze blaue Wand von Süd nach Nord streichend, einsam und traurig. Sie schneidet einfärbig mit breitem vertikalen Band den Abendhimmel, und schließt ein Tal, aus dem ihn wieder die Wasser der Moldau anglänzen, die er in Krumau verließ, nur noch jugendlicher und näher ihrem Ursprung. Im Tale, das weit und fruchtbar ist, sind Dör-

fer herumgestreut, und mitten unter ihnen der kleine Flecken Oberplan. Die Wand ist obgenannter Waldesdamm, wie er eben nordwärts beugt, und daher unser vorzügliches Augenmerk. Der eigentliche Punkt aber ist ein See, den sie ungefähr im zweiten Drittel ihrer Höhe trägt.

Ein Gefühl der tiefsten Einsamkeit überkam mich jedesmal unbesieglich, so oft und gerne ich zu dem märchenhaften See hinaufstieg. Ein gespanntes Tuch ohne eine einzige Falte liegt es weich zwischen dem harten Geklippe, gesäumt von einem dichten Fichtenbande, dunkel und ernst, daraus manch einzelner Urstamm den ästelosen Schaft emporstreckt, wie eine einzelne antike Säule. Gegenüber diesem Waldbande steigt ein Felsentheater lotrecht auf, wie eine graue Mauer, nach jeder Richtung den selben Ernst der Farbe breitend, nur geschnitten durch zarte Streifen grünen Mooses, und sparsam bewachsen von Schwarzföhren, die aber von solcher Höhe so klein herabsehen, wie Rosmarienkräutlein. Auch brechen sie häufig aus Mangel des Grundes los und stürzen in den See hinab, daher man über ihn hinschauend der jenseitigen Wand entlang in gräßlicher Verwirrung die alten ausgebleichten Stämme liegen sieht, in traurigem Weiß leuchtendem Verhack die dunklen Wasser säumend. Rechts treibt die Seewand einen mächtigen Granitgiebel empor, Blökenstein geheißen, links schweift sich ein sanftes Dach herum, von hohem Tannenwald bestanden, und mit einem grünen Tuche des feinsten Mooses überhüllet.»

Der «kleine Flecken Oberplan» ist Stifters Geburtsort. Heute heißt es **Horní Planá** und hat sich seit Stifters Zeiten sehr verändert; ein liebevoll betreutes *Stiftermuseum* hält die Erinnerung an den großen Dichter wach, oberhalb des Städtchens steht ein Stifter-Denkmal. Horní Planá liegt nun am nordwestlichen Ufer des riesigen Lipno-Stausees, der den Landschaftscharakter des Tals verwandelte. Aber der Hochwald jenseits des Flusses in seiner schwermütigen Schönheit, dem Wechsel vom Düster-Unheimlichen zum Sanft-Vertrauten ist geblieben.

Dritter Tag

Nach einem geruhsamen Nachmittag und Abend in Český Krumlov und seiner Umgebung, wobei man dem *Kloster Zlatá Koruna* einen Besuch abstatten sollte, fährt man am Morgen über *Černá v Pošumaví* nach *Horní Planá* (29 Kilometer). Acht Kilometer nordwestlich in *Želnava* geht links eine kleine Straße ab, zunächst nch Süden, dann über die Moldau hinüber und ihr nach Nordwesten folgend, klettert sie zwischen Wald und Fluß bergan nach *Stožec.* Hier läßt man den Wagen stehen, steigt entweder vollends zum Gipfel des *Berges Stožec* (1065 Meter) hinauf oder geht einfach in dem touristisch noch unberührten Wald spazieren.
Wer sich lieber an die Zivilisation hält, bleibt auf der nördlichen Moldauseite. Helle Wald- und Weidehänge wechseln nun mit dunklem Hochwald, moosigen Wiesen und spärlichen Birkengehölzen. Die beiden alten Glasbläserstädte *Volary* und *Lenora* (Wallern und Leonorenhain) bieten keine besonderen Sehenswürdigkeiten. Von Lenora aus gibt es einen Wanderweg hinauf zum *Boubín* (1362 m) mit seinem unter Naturschutz stehenden Urwaldgebiet. In *Vimperk* (Winterberg) – auch hier gibt es eine rosenbergische Burg – kann man zu Mittag essen und den Rückweg am Fuß des Gebirges entlang über *Šumavské Hostice, Husinec* und **Prachatice** (10300 Einwohner) nehmen. In Husinec wurde Hohannes Hus

(1370–1415) geboren. Sein Geburtshaus wird als Museum gepflegt. Prachatice legten die Rosenberger 1322 am Warenumschlagplatz zwischen Bayern und Böhmen, dem «goldenen Steig», an. Noch heute läutet jeden Abend um zehn Uhr die «Säumerglocke», die in alter Zeit verirrten Kaufleuten die Lage der Stadt anzeigte. Das schönste der mittelalterlichen Bauwerke in Prachatice ist das *Rathaus* von 1571 mit seinen Fresken und gereimten Inschriften. Der Rückweg nach Český Krumlov führt wieder ins Gebirge hinauf und trifft in *Volary* mit dem Hinweg zusammen.

Vierter Tag

Der nächste Tag ist eine Reise durch die ehemalige Witigonenherrschaft. Wir fahren von Český Krumlov 24 Kilometer auf einer Waldstraße stets an der Moldau entlang. Eine idyllische Fahrt, wenn auch zweimal Fabrikanlagen roh daran erinnern, in welchem Jahrhundert wir leben. Auch der winzige Ort *Rožmberk* (Rosenberg) gehört ins Idyll: Gleich gegenüber der romanisch-gotischen Kirche steht das arg ramponierte Barockhaus des ehemaligen Gasthofs, an dessen Seitenwand noch die verwitterte deutsche Aufschrift «Wirtschaft zum goldenen Bären» zu lesen ist. Und hoch oben über dem Ort ragt das Doppelschloß *Rožmberk nad Vltavou* (Rosenberg an der Moldau) auf waldigem Felsvorsprung, das Wittikos dritter Sohn erbaute. Die ältesten Teile der Burg aus dem 13. Jahrhundert verbrannten im 16. Jahrhundert, nur der Turm Jakobinka blieb erhalten. Die jüngere sogenannte Untere Burg, im Laufe der Zeit immer wieder den sich ändernden Bedürfnissen angepaßt, präsentiert sich in Neugotik.

Schloß Třeboň (Wittingau)

Wir setzen die Fahrt durch das romantische Moldautal noch neun Kilometer fort bis zum Kloster *Vyšší Brod* (Hohenfurth). Die Rosenberger stifteten es 1259 und erkoren es zu ihrer Familiengrabstätte.

Die Klostergebäude sind rings von einer Festungsmauer umgeben. Besonders schön ist der hochgotische Kreuzgang mit seinen verschieden geformten Fenstern und der frühgotische Saal. Über *Dolní Dvořiště* geht es nordwärts bis fünf Kilometer hinter *Kaplice* (Kaplitz) auf der E 14, dann rechts ab über *Trhové Sviny* (Schweinitz) in das Fischteichgebiet von **Třeboň** (Wittingau, 6000 Einwohner). Die südböhmische Teichwirtschaft verdankt ihr Entstehen Karl IV. Wilhelm Rosenberg wirkte auch hier als großzügiger Modernisator und legte 1584 bis 1590 den bis heute größten Karpfenteich, den Rožmberk-See mit einer Fläche von 710 Hektar, an. Der aus seiner Zeit stammende, mit Eichenbohlen befestigte Damm ist 2,5 Kilometer lang, 80 Meter breit und zwölf Meter hoch.

Die Innenstadt von Třeboň hat ihren mittelalterlichen Charakter bewahrt, es wäre ihr nur mehr bauliche Pflege zu wünschen. Im Schloß befindet sich das berühmte Wittingauer Archiv. Im angrenzenden *Augustinerkloster* ist der *Altar des Meisters von Wittingau* (1380) zu besichtigen. Die Altarbilder allerdings, die größten Meisterwerke böhmischer Malerei der Gotik, sind in der Nationalgalerie in Prag. Mehr als die Stadt wird den Urlauber das Seengebiet als etwas ganz Besonderes ergötzen. Einen ersten Eindruck kann er schon vom Ende des Schloßparks aus gewinnen. Seine weiten Wasserflächen lassen der Phantasie und dem Gemüt Spielraum. Pappeln und Erlen bringen einen melancholischen Zug ins Bild. Es ist, als wären die Grenzen aufgehoben, die Wasser und Land trennen. Dabei stammt der Reiz des Ganzen doch eben daher, daß sie nicht zu weit gesteckt sind.

Třeboň ist das wichtigste Zentrum tschechoslowakischer Fischzucht. Die einzelnen Teiche verbindet ein noch aus dem Mittelalter stammendes Kanalsystem. Alle drei Jahre wird «ausgefischt» – das große, Tage dauernde Ereignis für den ganzen Bezirk.

Von Třeboň bis **Jindřichův Hradec** (Neuhaus, rund 20000 Einwohner) sind es 28 Kilometer. Heinrich (Jindřich), Witikos Ältester, gründete Burg und Stadt und nannte sie «nova domus». Daher erhielt dieser Wittigonenzweig den Beinamen Neuhaus. Aus der Frühzeit der Burg ist im «Roten Turm» eine gotische Küche mit einem Teil der originalen Einrichtung erhalten geblieben und im Oberstock des Turmes der Gerichtssaal mit seinen stark verwitterten Wandmalereien «Landgericht» und «Vogelparlament». Von der zweiten Hälfte des 16. Jahrhunderts an wurde die Burg nach und nach in ein Renaissanceschloß umgebaut. Mitte der achtziger Jahre sind wieder umfangreiche Reparaturarbeiten im Gange.

Fünfter Tag

Telč ist ein Juwel. Das Städtchen (5300 Einwohner) steht mit seinem **Schloß,** dem **Marktplatz** mit den Arkaden, dem **barokken Stadtbrunnen,** der **St.-Jakob-Pfarrkirche** (14. Jh., 1443 spätgotisch umgebaut), der barocken **Jesuitenkirche** und seinen Renaissancehäusern unter Denkmalschutz.

Ursprünglich war dieser östlichste Besitz der Neuhauser Wittigonen eine kleine königliche Wachtburg an der Kreuzung zweier Landesstraßen, zur Zeit der Besiedelung des Grenzwaldes an der Dyje (Thaya) angelegt. Sie hatte schon keine wirkliche Funktion mehr, als König Johann von Luxemburg sie Oldřich (Ulrich) von Neuhaus abtrat und dafür von ihm eine kleine Wachtburg an der ungarischen Grenze einhandelte. Der großartigste Herr auf Telč war Zacharias. Er ließ die Burg in ein Renaissanceschloß umbauen. Das geriet so prächtig, daß es in gar keinem Verhältnis zu den schäbigen kleinen Holzhäusern des Städtchens stand. Herr Zacharias ließ daher alle Häuser abreißen und eine funkelnagelneue Stadt aus Stein nach seinen genauen Anweisungen bauen. Schloß und Stadt wurden so zu einer bezaubernden architektonischen Einheit. Zum Glück für diese Renaissancesymphonie endete die Bautätigkeit in Telč 1604, als die Neuhauser Linie ausstarb. Die Erben Slavata interessierten sich mehr für die hohe Politik, was einem von ihnen den Fenstersturz aus der Prager Burg eintrug. Seine wundersame Errettung vor schmählichem Tod durch zwei himmlische Engel ist in einem Gemälde in Telč verewigt.

Aus der sanften Wiesen- und Hügelwelt der Vrchovina geht es nach Süden die Dyje (Thaya) aufwärts bis *Dačice* (Datschitz), mit seinem aus einem Renaissancebau entstandenen Empireschloß, dann südostwärts über *Jemnice* (Jamnitz) in Mittelgebirgshöhen zum Stausee der Dyje-Talsperre (Vranovská přehradní nádrž) und nach *Znojmo* (Znaim).

Der direkte Weg von Telč nach Znojmo führt über *Moravské Budějovice* (Mährisch-Budwitz) auf der E84 und berührt die *Talsperre Vranov* nicht. Der Stausee mitten im Wald liegt aber zu schön, als daß man ihn übergehen dürfte. Wer gern auf kleinen Straßen fährt, wird über Dačice – Jemnice – Štítary (Schiltern) und Šumná reisen und ein Kilometer südlich von Šumná rechts nach **Vranov** (Frain) abbiegen.

Die alte Stadt am Ostufer des Stausees mit ihrem mächtigen Damm und dem modernen Kraftwerk ist eine beliebte Sommerfrische.

Auf schroffem Felsen oberhalb des Ortes liegt **Schloß Vranov,** eine Grenzfestung gegen Österreich aus dem 11. Jahrhundert. Einzigartig ist das Miteinander der Baukörper über Romanik, Gotik, Renaissance und Barock. Krönung des Ganzen ist der von Johann Bernhard Fischer von Erlach gebaute *Ahnensaal* (1688–1695). Ein Schloßtrakt wächst förmlich aus dem anderen, die einzelnen Bauten fügen sich zu grandioser Harmonie. Wer mit Burgen, Schlössern, Klöstern und Ruinen nichts im Sinn hat und bisher nur aus Wohlerzogenheit das eine oder andere besichtigte – Vranov sollte auch er besuchen. Es ist das Muster eines nordalpinen Herrensitzes.

Unten vom Ort Vranov fahren Motorschiffe über den See nach *Schloß Bítov* (Vöttau). Auch aus einer frühmittelalterli-

Sgraffiti auf einem alten Haus am Hauptplatz in Znojmo (Znaim)

chen Grenzfestung entstanden, verlor es durch die neugotische Renovierung viel von seinem Gesicht.
Wie ernst man es im Mittelalter mit der Grenze nach Österreich nahm, zeigen die vielen Wachtburg-Ruinen. Die gewaltigste in dieser Gegend, nicht weit von Bítov, ist *Cornštejn* (Zornstein). Uneinnehmbar. Sieben Tore waren zu überwinden, ehe man in den Innenhof kam.

Znojmo, als Feste Stadt Znaim urkundlich schon 1048 belegt, steht unter Denkmalschutz. Hier blieb sogar der romanische Grundriß der winkligen Gassen unterhalb des Schlosses erhalten; das Schloß (17./18. Jh.) steht an der Stelle einer ursprünglich romanischen Burg (im Schloß Kunstgalerie und kunsthandwerkliche Sammlungen). Nirgends sonst in den Ländern der böhmischen Krone findet man romanische Wandmalereien wie in der *Rotunde der heiligen Katerina*

Malerisches Böhmen

Malerisch wie die böhmischen Dörfer sind auch die böhmischen Städte, so viel ich deren im Nordosten des Landes kennen lernte. Daß sie nicht groß sind, thut ihnen keinen Abbruch. Sie sind klein, aber sie sind nicht unbedeutend. Im Gegenteil, alle sehen nach etwas aus und der «Ring» auch des kleinsten Städtchens macht in der Regel einen großstädtischen Eindruck. Hier stehen Kirche und Rathaus, in der Mitte erhebt sich eine Mariensäule, und Arcaden und Lauben umziehen den Platz und steigern den stattlichen Eindruck des Ganzen. Man empfindet etwas von einer alten Cultur; alte Zusammenhänge mit dem Süden, mit Italien, werden sichtbar.
(Theodor Fontane: Der deutsche Krieg von 1866)

(12. Jh.). Erwähnenswert in dem schön über der Thaya (Dyje) gelegenen Ort sind auch einige *Patrizierhäuser* in der Altstadt, deren *riesige Keller* teils ineinander übergehen – einige davon sind zugänglich. Aus dem 16. Jahrhundert stammt die doppelstöckige *St.-Wenzels-Kapelle,* nicht weit davon steht die *St.-Nikolaus-Kirche* (1338–1440), ein imposanter Bau mit barocker Innenausstattung und einem Turm aus dem 19. Jahrhundert. Vom alten Rathaus ist lediglich der *gotische Turm* (Mitte 15. Jh.) übriggeblieben.
Johann Gottfried Seume lobte um 1800 Znaim über die Maßen: «Hier möchte ich wohl wohnen, so lieblich und freundlich ist die ganze Gegend, selbst unter dem Schnee. An der einen Seite stößt die Stadt an ziemliche Anhöhen und auf der anderen wird die Landschaft sehr malerisch durch die Menge von Weingärten, die alle an sanften Abhängen hingepflanzt sind. Die beiden Klöster an den beiden Enden der Stadt sind, wie die meisten Mönchsstifte, treffliche Plätze. Das eine, nach der österreichischen Seite, hat Josef II. mit eingezogen. Die Gebäude derselben sind so stattlich, daß man sie für die Wohnung eines kleinen Fürsten halten sollte.» Heute ist die Stadt Industrie- und Weinbauzentrum mit knapp 40000 Einwohnern.

Sechster Tag

Von Znojmo nach Brünn (Brno) sind es 136 Kilometer, wenig genug, nicht den direkten Weg zu benutzen, sondern über **Mikulov** (97 km) zu fahren, das ehemalige Nikolsburg (7000 Bewohner). Ein Name, der vage Erinnerungen an den Geschichtsunterricht wachruft: die junge Kaiserin Maria There-

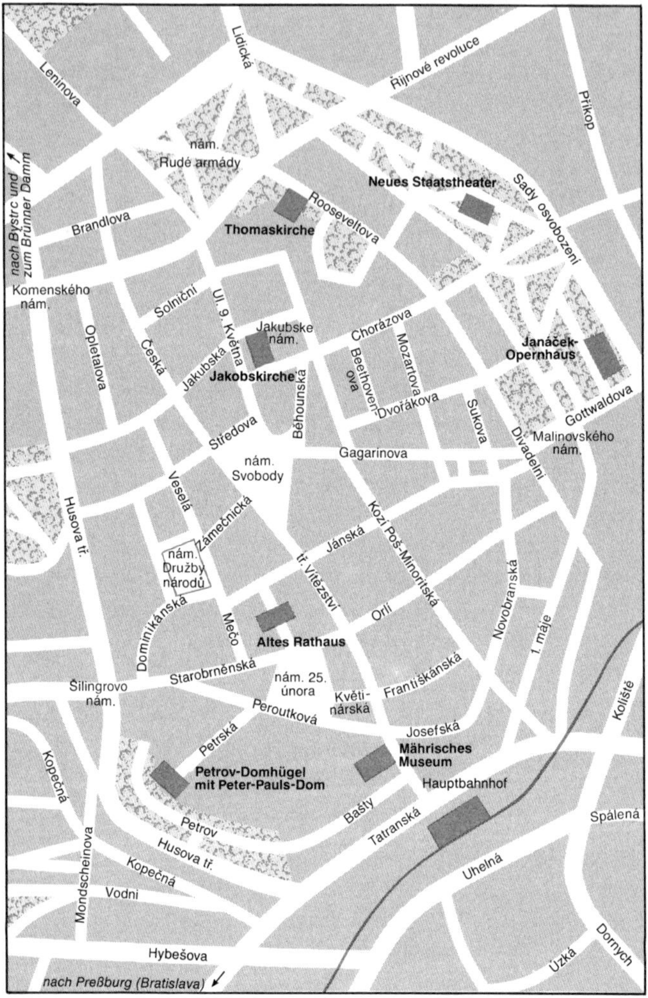
Leninova
Lidická
Říjnové revoluce
Příkop
nám.
Rudé armády
nach Bystrc und zum Brünner Damm
Neues Staatstheater
Sady osvobození
Brandlova
Thomaskirche
Rooseveltova
Komenského nám.
Solniční
Ul. 9. Května
Jakubske nám.
Chorázova
Opletalova
Česká
Jakubská
Jakobskirche
Běhounská
Beethovenova
Mozartova
Janáček-Opernhaus
Dvořákova
Sukova
Gottwaldova
Středova
Divadelní
Malinovského nám.
nám. Svobody
Gagarinova
Veselá
Husova tř.
Zámečnická
Kozí
Poš-Minoritská
Jánská
nám. Družby národů
tř. Vítězství
Dominikánská
Mečo
Altes Rathaus
Orlí
Novobranská
1. máje
Starobrněnská
Šilingrovo nám.
nám. 25. února
Květinárská
Františkánská
Peroutková
Josefská
Koliště
Petrská
Mährisches Museum
Kopečná
Petrov-Domhügel mit Peter-Pauls-Dom
Hauptbahnhof
Bašty
Tatranská
Spálená
Petrov
Husova tř.
Kopečná
Uhelná
Mondscheinova
Vodni
Dornych
Úzká
Hybešova
nach Preßburg (Bratislava)

sia nahm hier die Huldigung der mährischen Stände entgegen. 1805 residierte Napoleon während der Friedensverhandlungen mit Österreich nach der Schlacht bei Austerlitz im Schloß. Und 1866 schloß Bismarck mit Österreich den Frieden zu Nikolsburg und stellte damit die Weichen für die erste Hälfte des 20. Jahrhunderts. Schließlich, 1945 im April, steckten SS-Formationen Nikolsburg in Brand. Was blieb, waren die große alte Bibliothek und das berühmte Weinfaß von 1643.

Von Mikulow nach Brünn sind es 50 Kilometer auf der E7.

Brünn ist annähernd 1000 Jahre älter als Prag. Zur Zeit der keltischen Landnahme entstand hier die erste Siedlung, in der Römerzeit als oppidum Eburodunum bekannt. Der Platz, gegen Norden durch bewaldete Höhenzüge geschützt, nach Süden offen, bot gute Lebensbedingungen für Mensch und Vieh. Auf dem Boden des heutigen Brünn und im weiteren Umkreis belegen reiche archäologische Funde uralte Siedlungen aus keltischer, germanischer und schließlich slawischer Zeit. Das erste westslawische Staatswesen entstand im 7. Jahrhundert und fand Höhepunkt und größte Ausdehnung im Großmährischen Reich im 9. Jahrhundert, als es, weit über Mähren hinausgreifend, die tschechischen und slowakischen Stämme, die Sorben und sogar die Schlesier bis nach Westpolen vereinigte. Nach dem Tode Svatopluks (894) lösten sich die Randgebiete, die vordringenden Ungarn taten ein übriges: das riesige Reich zerbrach. Es war zu schnell groß geworden. Seine Herrscher hatten zwar versucht, durch emsige Missionstätigkeit (Berufung der Slawenapostel Kyrill und Method, 864) den äußeren staatlichen Zusammenhang mit einem geistigen Band zu festigen, für ein dauerhaftes Reich aber von der Ausdehnung Großmährens war die Zeit nicht reif.

Das Erbe Svatopluks traten politisch und kulturell die Přemysliden an, die in zäher und sorgfältiger Kleinarbeit Stufe

um Stufe aufbauten, was den mährischen Fürsten nicht gelungen war.
Schon im 11. Jahrhundert kam Mähren an Böhmen, war vorübergehend (1182–1197) reichsunmittelbare Markgrafschaft mit Brünn als markgräflicher Residenz und seit 1197 böhmisches Kronland. Die verkehrsgünstige Lage machte Brünn zu einem wichtigen Umschlagplatz für Waren aus Venedig und Genua wie auch aus den Hansestädten an Nord- und Ostsee.
Für ihre Standhaftigkeit im Dreißigjährigen Krieg erhielt die Stadt eine Reihe kaiserlicher Privilegien und wurde zur «Reichsfestung ersten Ranges» erhoben. Diese neue Würde, äußerlich kenntlich durch die mächtigen Ziegelbastionen rings um die Stadt und die Umwandlung der alten Burg in eine Zitadelle, hemmte begreiflicherweise die wirtschaftliche Entwicklung. Erst das 18. Jahrhundert brachte neuen Auftrieb. Von der Regierung gefördert, kamen unter Anleitung

Südböhmisches Grabkreuz
(19. Jh.)

belgischer, holländischer und niederrheinischer Fachleute die ersten Textilfabriken zustande. Nun ging es rasch voran, es dauerte nicht lange, bis man Brünn das «mährische Manchester» nannte. Daneben entwickelte sich die Maschinenbauindustrie und erreichte internationalen Ruf. Brünn wuchs und dehnte sich aus – die Festungsmauern hatte schon Napoleon schleifen lassen –, und am 1. Januar 1900 war sie mit 100000 Einwohnern Großstadt geworden.

Trotz ihrer heute bald 400000 Einwohner und obwohl die Stadt vor allem Industriestadt ist, wirkt sie ungemein gemütlich, sie verbindet das Breite und Gemächliche einer Provinzhauptstadt des 19. Jahrhunderts mit Tempo und Temperament der Gegenwart in unnachahmlich sympathischer Weise. Auch das Stadtzentrum ist etwas Besonderes: Es gibt keine eigentliche «Altstadt». Fin de siècle mit Pseudorenaissance und Sezession des frühen 20. Jahrhunderts herrschen vor. Die im 19. Jahrhundert so rasch prosperierende Stadt dokumentierte ihren Wohlstand mit prächtigen Bauwerken im Geschmack der Zeit; ihm fielen große Teile wertvoller älterer Bausubstanz zum Opfer. Das Stadtzentrum dehnt sich auch noch über die gegenüber dem Bahnhof beginnende Fußgängerzone (der größten in der Tschechoslowakei) hinaus nach Norden und Westen aus und bezieht die in Grünanlagen umgewandelten, eingeebneten Festungswälle harmonisch ein. Sie werden von lebhaftem Großstadtverkehr und munterem Straßenbahngeklingel flankiert.

An historischen Baudenkmälern kann Brünn sich mit Prag nicht messen. Doch es gibt genug schöne Barockbauten, interessante Kirchen, Klöster und Museen, die der Besucher leicht finden wird. Ich will hier nur auf drei besonders wichtige Bauten hinweisen: die spätgotische **Jakobskirche** von Anton Pilgram, dem Baumeister des Wiener Stephansdoms, mit ihrem

wunderbar hellen, hohen Hallenraum. Sie steht in der 9. Května-Straße, die zum Náměstí Svobody (Freiheitsplatz) führt. Denn das **alte Rathaus** in einer Parallelstraße der Vítěství, die auf den Krautmarkt (heute Náměstí 25. února) mündet, mit seinem spätgotischen Portal am Turm. Anton Pilgram schuf es 1510/11. Der gekrümmte oberste Fiale, so wird erzählt, sei Pilgrams Rache für den Geiz der Brünner Ratsherren. Und schließlich auf den Domhügel Petrov mit dem **Peter-Paul-Dom,** den man vom Krautmarkt aus erreicht.
Am Westrand der Stadt liegt der **Špilberk.** Als Kerker für politische Häftlinge, später auch für Verbrecher, hatten die unterirdischen Kasematten des Špilberk, der ursprünglich eine gotische Burg (2. H. 13. Jh.) war, den Ruf, die schrecklichsten Verliese Europas zu sein. Kaiser Josef II. behagte dieser üble Leumund nicht. Er ließ sich selbst in einer der Schreckenskammern anketten – wenn auch nur für zwei Stunden –; das Erlebnis war nachdrücklich genug, um ihn zu veranlassen, die Folterkammern und die tiefsten Kasematten zu schließen. 150 Jahre später brachten die Nazis sie wieder zu Unehren.
Das Gelände der großen Brünner *internationalen Industriemessen* kann auch Nichtfachleute amüsieren, weil es als Kultur- und Erholungspark das ganze Jahr in Betrieb ist mit Restaurants, Kinderspielplätzen und Kino. Im Bereich der Ausstellungspavillons dominiert der *gläserne Turm,* der eine Übersicht über das ganze Gelände und einen Blick auf die Stadt gewährt. Am Südausgang schließt eine Stadtwaldanlage mit Aussichtsrestaurants an.

Zu einem zweiten Tag in Brünn verlockt vielleicht das Schlachtfeld von *Austerlitz* (Slavkov), 20 Kilometer östlich der Stadt, wo man auf Napoleons Spuren wandeln und **Schloß Austerlitz** besuchen kann, in dem nach der Dreikaiser-

Kloster Porta Coeli in der Nähe von Brünn: Tympanon über dem Hauptportal (Ausschnitt)

schlacht (1805) der Waffenstillstand unterzeichnet wurde. Ein Flügel im Erdgeschoß des Schlosses enthält ein Museum mit Fundstücken vom Schlachtfeld: Waffen, Feldflaschen und ähnliches. An einer Reliefkarte kann man den Schlachtverlauf nachvollziehen. Auch ein Bauerntisch ist zu bewundern, an dem die beiden geschlagenen Kaiser – Franz und Alexander – eine kärgliche Bauernsuppe zum Nachtmahl verzehrt haben sollen. Und der Strunk jener alten Linde bei der während der Schlacht verbrannten Mühle, an der Napoleon und Kaiser Franz zusammentrafen und die Präliminarien der Waffenstillstandsbedingungen aushandelten, hat einen Ehrenplatz. Südwestlich der Stadt steht in der Gemeinde *Prace* das von Josef Fanta zwischen 1909 und 1911 gebaute Friedensmal.
Hübsch ist auch ein Ausflug von Brünn aus nordwestlich das

Švratka-Tal aufwärts, an der *Talsperre von Knínice,* dem Brünner Meer, entlang zur *Burg Veveří* (Eichhorn), dem gotischen *Kloster Porta Coeli* und zur *Burg Pernštýn* (Pernstein) bei Nedvědice. Ein Ausflug von insgesamt 100 Kilometer.

Siebter Tag

Die Hauptattraktion des Gebietes um Brünn ist der Mährische Karst und hier vor allem das **Höhlengebiet Macocha.** Auf der Staatsstraße 43 fährt man 18 Kilometer nordwärts bis kurz vor *Lipůvka,* dann rechts ab zwölf Kilometer nach *Blansko* und weiter im *Punkva-Tal* am Restaurant Skalní mlýn vorbei bis zur *Katharinenhöhle* (Kateřinské jeskyně), dann zur oberen Macocha-Brücke, die einen schwindelerregenden Blick in die 138 Meter tiefe Macocha-Schlucht gewährt, und anschließend zur *Punkva-Höhle.* Man durchwandert die langgestreckten, trockenen Höhlensäle mit ihren phantastischen Tropfsteinbildungen und kommt durch eine Art Tunnel auf den Grund der Macocha-Schlucht, die beim Deckeneinsturz einer riesigen Höhle entstanden ist. Ein künstlicher Gang führt zur hier unterirdisch fließenden Punkva mit einer Bootslände. Über drei unterirdische Seen fährt man zum schönsten Teil des ganzen Höhlengebietes, dem «Märchendom». Zarte, federförmige Gebilde, Tropfsteinwasserfälle, gewaltige Stalagmiten, Stalaktiten und Stalagnaten schufen eine überwältigende Architektur.

In der Nähe gibt es noch andere interessante Höhlen, etwa die von *Sloup, Šošůvka* und *Ostrov.* Man kommt an ihnen vorüber, wenn man nördlich zur Straße 43 zurückkehrt. Fünf Kilometer vor der Einmündung der Bezirksstraße auf die

Hauptstraße liegt das *Barockschloß Rájec* (Raitz), in dem das Mährische Karst-Museum und eine Galerie westeuropäischer, besonders niederländischer Maler des 17. Jahrhunderts untergebracht ist.
In *Bořitov* (Borstendorf) – mit einer romanischen Kirche – kommt man auf die Hauptstraße und fährt über *Svitavy* (Zwittau) nach **Litomyšl** (Leitomischl). Will man die Reise ostwärts fortsetzen, fährt man am besten von Sloup aus über *Prostějov* (Proßnitz) nach *Olomouc* (Olmütz) und findet weitere Anregungen im Reisevorschlag «Sieben Tage Mähren» (s. S. 259ff.). Litomyšl, heute 10000 Einwohner, hat seit 1259 Stadtrecht und steht unter Denkmalschutz. Die *Burg* stammt schon aus der großmährischen Epoche. Im Schloßbräuhaus wurde 1824 der Komponist Bedřich (Friedrich) Smetana geboren. Sehenswert sind auch die teils gut erhaltenen mittelalterlichen und barocken Häuser, der Marktplatz mit schönem Laubengang und das 1785 bis 1789 renovierte gotische Rathaus.

Achter Tag

Der nächste Weg zurück nach Prag führt über Pardubice und Kolín oder über Pardubice und Kutná Hora, beides rund 170 Kilometer. Wer Kutná Hora, Kolín und Pardubice schon von Prag aus besucht hat (s. S. 175ff.), wird sicher den etwa 15 Kilometer weiteren Weg über Hradec Králové (Königgrätz) nehmen, jene Festung, bei der 1866 die Entscheidung für die «kleindeutsche Lösung» fiel, die auch deutscherseits nicht durchweg als Fortschritt empfunden wurde. Die preußische Kronprinzessin Viktoria schrieb dem Kronprinzen ins Feldlager:

«Wie er gekommen, dieser Krieg, das wissen wir, wie ungerecht, brutal und inkonsequent unsere Politik, das wissen wir auch. Das Werk, das jetzt mit Blut und Eisen getan wird, hätte mit dem Schwerte des Geistes geschehen müssen... Bismarck will ja nicht ein einiges, freies Deutschland... Er will einen Junkerstaat, der der Zeitrechnung unserer Tage und der ganzen modernen Welt trotzt.»
Auch **Königgrätz,** entstand schon in großmährischer Zeit als Marktflecken am Handelsweg Donau–Ostsee und Prag–Krakau. Namen und Stadtrecht erhielt der am Zusammenfluß der Elbe und Orlice (Adler) gelegene Ort erst 1335, als er Residenz der böhmischen Königinnen und damit rasch eine der bedeutendsten Städte wurde. Schwere Rückschläge erlebte Königgrätz während des Dreißigjährigen Krieges. Die protestantische Stadt wurde stark zerstört. Vermögenskonfiskationen und Vertreibungen taten ein übriges zur materiellen und kulturellen Auspowerung.
Heute ist Hradec Králové ein wichtiges Industriezentrum (Dieselmotoren für Hochseeschiffe, Glas-, Holz-, Nahrungsmittel- und chemische Industrie sowie Musikinstrumentenbau), hat fast 100000 Einwohner und besteht eigentlich aus zwei Städten: aus der *Altstadt* auf dem «Hügel» oberhalb der Elbe und der neuen Stadt, mit deren Bau um die Jahrhundertwende nach modernen städtebaulichen Perspektiven begonnen wurde. Die schönsten Bauten finden wir auf dem «Hügel»: die *gotische Heiliggeist-Kathedrale* (1. Hälfte 14. Jh.) die *barocke St.-Clement-Kapelle,* die *Marienkirche* (1654–1666) des Anselmo Lurago mit Bildern von Peter Brandl. Die Burg der böhmischen Königinnen und das Burggrafenamt gibt es nicht mehr. An ihrer Stelle steht das ehemalige bischöfliche Seminar mit der *Nepomuk-Kirche.* Von Hradec Králové bis Prag sind es 101 Kilometer auf der E 12.

Sieben Tage Mähren

Erster Tag

Als Ausgangspunkt und erste Station nehmen wir das ehrwürdige **Olmütz** (Olomouc, 102000 Einwohner), 250 Kilometer südöstlich von Prag, an den Ausläufern des Mährischen Ge-

senkes gelegen. Es war im Mittelalter eine wichtige Stadt: schon 1068 Bischofssitz, später als mährische Metropole wurde Olmütz sogar 1573 mit einer Universität ausgestattet. Im Verlauf und infolge des Dreißigjährigen Krieges sank die Stadt zu müder Bedeutungslosigkeit. Sie mußte ihren hauptstädtischen Vorrang an Brünn abtreten und verlor auch die Universität an die erfolgreichere Schwesterstadt. Nachdem Olmütz während der Schlesischen Kriege zwischen Preußen und Österreich (1740–1742 und 1744–1745) zur Festung ausgebaut worden war, erstickte das ehemals blühende Gemeinwesen in Garnisonsstumpfsinn.
Der in Iglau aufgewachsene Gustav Mahler, der sich seine ersten Dirigentenlorbeeren in böhmischen und mährischen Städten verdiente, schrieb im Februar 1883: «Von dem Moment an, da ich die Schwelle des Olmützer Theaters übertrat, war mir zumute wie einem, der des Himmels Strafgericht erwartet... Ich bin so ziemlich immer allein, d.h. wenn ich keine Proben halte. – Bis jetzt habe ich beinahe ausschließlich Meyerbeer und Verdi dirigiert. Wagner und Mozart habe ich standhaft aus dem Repertoire hinausintrigiert – denn das könnte ich nicht ertragen, hier etwa den Lohengrin oder den Don Juan herunterzutaktieren. Morgen ist ‹Josef in Ägypten›. Ein ungemein liebenswürdiges Werk, in dem etwas von Mozarts Anmut steckt. Ich habe es auch mit wahrer Freude einstudiert. Und ich muß sagen, trotz der unsäglichen Gefühllosigkeit meiner Leute tun sie mir doch manches zulieb und haben diesmal mehr Ernst eingesetzt; freilich – leider nur eine Art Mitleid mit dem ‹Idealisten› – dies ist nämlich eine verächtliche Bezeichnung –, denn das können sie nicht fassen, daß ein Künstler ganz aufgehen kann in dem Kunstwerk. Oft wenn ich so mitten im Feuer bin und sie mitreißen möchte in einen höheren Schwung – und sehe die staunenden Gesichter

dieser Menschen, wie sie sich gegenseitig verständnisvoll anlächeln – da sinkt wohl mein schäumendes Blut auf eine Weile zusammen, und ich möchte für immer davonrennen.»

Welches Ausmaß die kulturelle Stagnation der österreichischen Monarchie im Laufe des 19. Jahrhunderts erreicht hatte, wird deutlich, wenn wir dem Brief Mahlers die Erinnerung Richard Wagners an seine Begegnung mit böhmischen Musikanten ein halbes Jahrhundert früher gegenüberstellen:
«... so zog ich in das schöne Böhmen ein, das Land der Harfenspieler und Straßensänger. In einem kleinen Städtchen traf ich auf eine Gesellschaft reisender Musikanten; sie bildeten ein kleines Orchester, zusammengesetzt aus einem Baß, zwei Violinen, zwei Hörnern, einer Klarinette und einer Flöte; außerdem gab es eine Harfnerin und zwei Sängerinnen mit schönen Stimmen. Sie spielten Tänze und sangen Lieder; man gab ihnen Geld, und sie wanderten weiter. Auf einem schönen schattigen Plätzchen neben der Landstraße traf ich sie wieder an; sie hatten sich da gelagert und hielten ihre Mahlzeit. Ich gesellte mich zu ihnen, sagte, daß ich auch ein wandernder Musiker sei, und bald wurden wir Freunde.
Ich frug, ob sie nicht auch andere Musik als Tanzmusik machten. ‹Ei wohl›, antworteten sie, ‹aber nur für uns und nicht vor den vornehmen Leuten.› Sie packten ihre Musikalien aus – ich erblickte das große Septuor von Beethoven; staunend frug ich sie, ob sie auch das spielten. ‹Warum nicht?› entgegnete der Älteste, ‹Joseph hat eine böse Hand und kann jetzt nicht die zweite Violine spielen, sonst sollten wir uns gleich damit eine Freude machen.›
Außer mir, ergriff ich sogleich die Violine Josephs, versprach, ihn nach Kräften zu ersetzen, und wir begannen das Septuor.
O welch Entzücken! hier an einer böhmischen Landstraße,

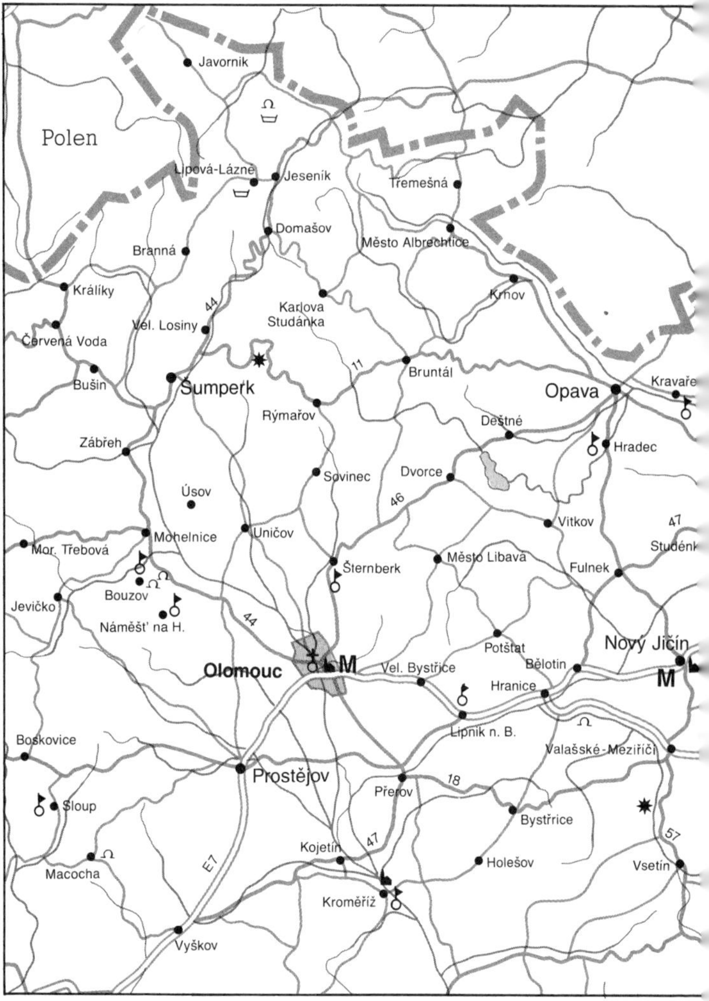

Javornik
Polen
Lipová-Lázně
Jeseník
Třemešná
Domašov
Město Albrechtice
Branná
Králíky
Krnov
Karlova Studánka
Vel. Losiny
Červená Voda
Bruntál
Bušin
Šumperk
Opava
Kravaře
Rýmařov
Deštné
Zábřeh
Hradec
Sovinec
Dvorce
Úsov
Vítkov
Mohelnice
Uničov
Mor. Třebová
Šternberk
Město Libavá
Fulnek
Studénka
Bouzov
Jevičko
Náměšť na H.
Potštát
Nový Jičín
Olomouc
Vel. Bystřice
Bělotin
Hranice
Lipník n. B.
Boskovice
Valašské-Meziříčí
Prostějov
Přerov
Sloup
Bystřice
Kojetín
Holešov
Vsetín
Macocha
Kroměříž
Vyškov

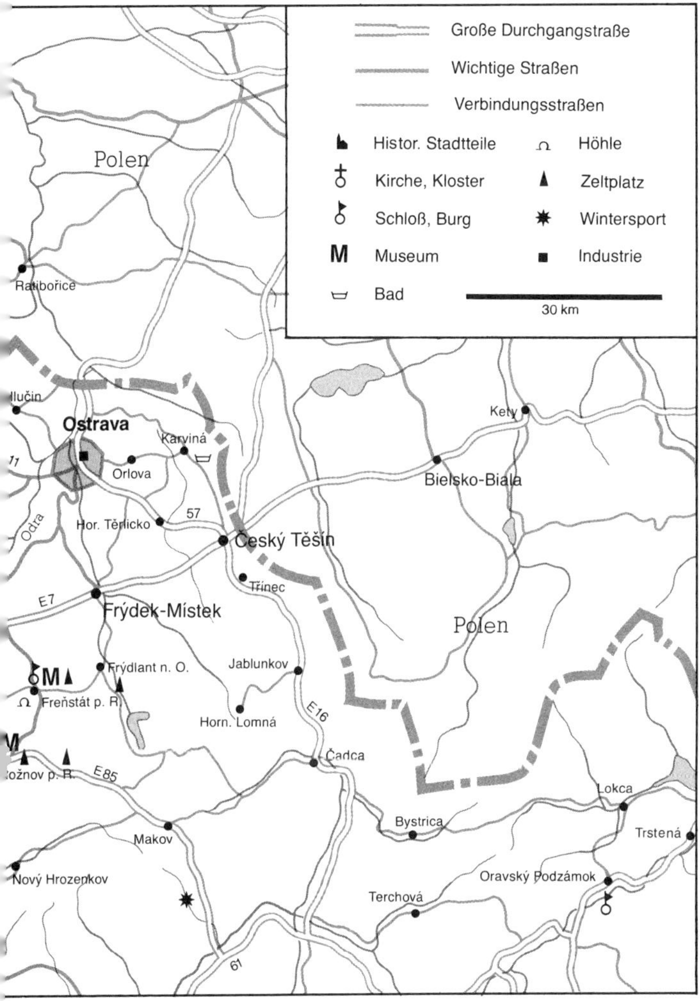
Große Durchgangstraße
Wichtige Straßen
Verbindungsstraßen
Histor. Stadtteile
Kirche, Kloster
Schloß, Burg
Museum
Bad
Höhle
Zeltplatz
Wintersport
Industrie
30 km
Polen
Ratibořice
Ostrava
Karviná
Orlova
Odra
Hor. Těrlicko
57
Český Těšín
Třinec
E7
Frýdek-Místek
Frýdlant n. O.
Frenštát p. R.
Jablunkov
Horn. Lomná
E16
Čadca
E85
Makov
Nový Hrozenkov
61
Kety
Bielsko-Biala
Polen
Lokca
Bystrica
Trstená
Oravský Podzámok
Terchová

Walachische Perlmutterspange für Männerhemden (Mähren, 19. Jh.)

unter freiem Himmel das Beethovensche Septuor von Tanzmusikanten mit einer Reinheit, einer Präzision und einem so tiefen Gefühle vorgetragen wie selten von den meisterhaften Virtuosen! Großer Beethoven, wir brachten dir ein würdiges Opfer!»

1886 wurde die Festung Olmütz geschleift, aber es dauerte lange, bis die Stadt sich aus der hundertfünfzigjährigen Starre löste. Heute gibt es hier bedeutende Industrieunternehmen; die Universität, Fachschulen und viele kulturelle Institutionen bringen neues Leben in die alte Stadt. Ihr Zauber liegt in den Fontänen. Olmütz ist an **Brunnen** reich: Tritonenbrunnen am Platz der Republik, 1707; Cäsarenbrunnen südwestlich des spätgotischen Rathauses, 1715; Herkulesbrunnen auf der Nordseite des Rathauses, 1668; Markusbrunnen in der Ulice 28. ríjna, 1730; Neptunbrunnen, 1695, und Jupiterbrunnen, 1707, auf dem Náměstí Rudé Armády. Sucht man die Brunnen, begegnet man den anderen Sehenswürdigkeiten: dem *Wenzelsdom* von 1131, der 1880 regotisiert wurde, der *Domdechantei* und der *erzbischöflichen Residenz* aus dem 17. Jahrhundert, dem *Zeughaus* (1771), der *Kirche Maria im*

Schnee am Platz der Republik, dem Palais der Grafen Salm, dem der Liechtenstein und der 36 Meter hohen *Dreifaltigkeitssäule* mit ihren 18 vergoldeten Kupferstatuen. In einer Kapelle am Wenzelsplatz ist eine der bedeutendsten spätgotischen Skulpturen der Tschechoslowakei zu sehen – eine Madonnenfigur von 1483. Die größte Orgel des Landes, ein Werk Michael Englers aus den Jahren 1740 bis 1745, steht in der gotischen Mauritiuskirche.

Zweiter Tag

Auf dem Weg ins Gebirge berühren wir 16 Kilometer nördlich von Olmütz Stadt und Schloß **Šternberk** (Mährisch-Sternberg, knapp 16000 Einwohner). Das Schloß gehört zu jenen, die, im 13. Jahrhundert als feste Burg gegründet, sich im Lauf der Jahrhunderte zum Schloß wandelten. Nach mehrfachem Besitzerwechsel gehörte das Schloß von 1705 bis 1945 der Familie Liechtenstein. Nach der Verstaatlichung wurde das vorhandene Mobiliar mit dem aus benachbarten Schlössern ergänzt, vor allem durch kostbare Holzplastiken, Tafelbilder und Gemälde niederländischer und italienischer Meister, so daß Schloß Šternberk heute ein *Museum feudaler Wohnkultur* von der Gotik bis ins ausgehende 19. Jahrhundert ist. Unterhalb des Schlosses liegen eine sehenswerte barocke Pfarrkirche und das barocke Augustinerkloster mit einem gotischen Kreuzgang (14. Jh.).
Die Fahrt geht weiter nach **Bruntál** (Freudenthal), zunächst auf der Straße 46, hinter Horní Lodenice auf der 45, durch das Niedere Gesenke. In Bruntál (17000 Einwohner), der Stadt zwischen Gesenke und Altvatergebirge, steht am Nord-

rand, wie es im Freudenthaler Urbarium von 1600 heißt, «ein gut aufgebautes, schönes **Schloß**». Es fiel, da sein Besitzer sich am böhmischen Aufstand beteiligt hatte, 1621 unter die kaiserliche Güterkonfiskation, gelangte an den Erzherzog Karl, den Hochmeister des Deutschen Ritterordens, und blieb bis zur deutschen Okkupation in Ordensbesitz. Heute beherbergt das Schloß ein Heimatkunde-Institut und eine Ausstellung wertvoller Sammlungen aus der Hochmeisterzeit.

Nördlich von Bruntál wird die Landschaft bald rauher. Die Straße windet sich nordwärts zum Bad *Karlova Studánka* (Karlsbrunn, 800 m) hinauf. Hier zweigt links die Gebirgsstraße ab zum **Praděd** (Altvater, 1492 Meter). Gut markierte Wege laden zum Wandern ein. Im Berghotel auf dem Gipfel findet man Unterkunft. Wem die strenge Gebirgsluft nicht behagt, fährt zum Übernachten besser nach *Jeseník* (Gräfenberg, 485 Meter).

Dritter Tag

Von Jeseník führt ein schöner Weg über den Osthang des Hrubý Jeseník (Altvatergebirge) in das Naturschutzgebiet *Rejvíz* (Reiwiesen) mit seiner einzigartigen Flora und seltenen Wildarten etwa 17 Kilometer östlich von Jeseník. Über *Vrbno* (Würbenthal) und *Karlovice* geht es durch das Opavatal nach Bruntál zurück, dort nimmt man die Staatsstraße 11, die durch den Taleinschnitt zwischen Hrubý Jeseník und Nízký Jeseník (Mährisches Gesenke) verläuft, allmählich in Waldhügelgelände übergeht und bei *Opava* (Troppau) in einen breiten, langgestreckten Talkessel mündet. Auch diese Stadt an der alten Bernsteinstraße zwischen Ostsee und Italien

blickt auf eine bewegte Geschichte zurück, wie wertvolle Baudenkmäler bezeugen. Doch der «Dunstkreis» des großen Ostrava macht sich gebieterisch und gräulich bemerkbar.
Ehe wir uns endgültig in das mährische Kohlenrevier begaben, gönnten wir uns noch einen Seitensprung. Auf der Karte war acht Kilometer südlich bei **Hradec** (Grätz, knapp 3000 Einwohner) das Symbol für «Schloß» eingezeichnet. Wir fuhren hin, weil wir nach dem unansehnlichen Opava noch ein wenig Feudalismus genießen wollten, ehe wir uns der modernen Industriegesellschaft zuwandten. Was wir fanden, mutete wie ein schlechter Witz an: scheinbar geradenwegs aus Ankers Steinbaukasten genommen, standen vor uns Schanzen, Türmchen, Tore aus rotem Ziegelstein. Eine Anlage, die Großpapas Kinderherz in Entzücken versetzt hätte. Eine Hohenzollernburg in Mähren? Trotzdem trieb uns die Neugier durch den preußisch-gotischen Torbogen in einen weitläufig ansteigenden englischen Park auf ein weißes, strenges Empire-Palais zu. Wir durchwanderten den Park, fasziniert von den Ausblicken ins Land, und sahen von weitem an seinem höchsten Punkt eine weiße Büste schimmern: Beethoven. Nun war unser Interesse wirklich wach. Wir zählten an den Fingern ab, welche Förderer adligen Geblüts Beethoven gehabt hatte: Waldstein, Liechtenstein, Razumovsky, Lichnowsky, Esterházy... neugierig geworden, wem der Besitz einst gehört haben mochte, gingen wir in das weiße Palais hinein. Wir fanden eine interessante moderne Gemäldeausstellung und im Oberstock sorgsam zusammengestellte Dokumente und Erinnerungen, die Beethoven, Liszt und Paganini mit diesem Hause verbanden. Schloß Hradec gehörte seit 1795 den Fürsten Lichnowsky, die im preußischen wie im österreichischen Schlesien begütert waren.

Von Opava bis Ostrava sind es 35 Kilometer. Der Schacht, die Schicht, die Hütte bestimmen Landschaft, Rhythmus und Tempo in weitem Umkreis.

Ostrava selbst scheint ein einziges Hüttenkombinat zu sein. Wohnstraßen verlaufen zwischen Werkanlagen, dampfenden Schloten. Nie verlöschende Feuer machen die Nacht zum Märchenwunder. Am Tage hängt der Himmel schwer, eine silberne Kuppel, über Stadt und Land. Ein eigentümlicher Reiz geht von dem grauweißen Staub und Dreck aus, der alles einhüllt. 1767 stieß man hier auf Kohlevorkommen, 1830 wurde der erste Hochofen angeblasen. In wenigen Jahrzehnten entstand das nordmährische Industriezentrum mit all der Problematik, die den Frühkapitalismus belastete. Inzwischen hat sich hier das bedeutendste Industriegebiet des Staates entwickelt mit Hütten-, Maschinenbau- und Chemiekombinaten. Das größte Eisenwerk, die Vitkovické železárny, besteht seit 1828, das modernste Hüttenkombinat ist die Nová hut' Klementa Gottwalda; seine Erzeugnisse – Brückenkonstruktionen, Schmiedestücke, Rohre, Schienen – gehen in die ganze Welt. Hier werden der größte Teil der tschechoslowakischen Steinkohle gefördert (jährlich rund 25 Millionen Tonnen) und 98 Prozent des tschechoslowakischen Kokses gewonnen.

Die Stadt Ostrava ist mit rund 325 000 Einwohnern die viertgrößte des Landes. Das gesamte Industrierevier, das nach Süden bis *Těšín* (Teschen) reicht, zählt weit über eine Million Einwohner. Die Stadt selber dehnt sich aus, soweit die Fabrikobjekte dies zulassen. Im übrigen entstanden und entstehen außerhalb der Stadt moderne Arbeitersiedlungen und in südlicher Richtung neue Städte. Das Wohnungsprogramm zeichnet sich durch Großzügigkeit und Weitsicht aus; viel Platz für Grünflächen und Spielplätze nimmt dem Genormt-Wohnen das Kasernenhafte.

Vierter Tag

Der Weg in die Beskiden führt über *Frýdek-Místek* (Barockschloß). Nach zwölf Kilometer das Ostravice-Tal aufwärts muß man sich entscheiden, ob man links ab über *Ostravice* zur *Lysá hora*, dem höchsten Berg der Mährischen Beskiden (1324 Meter) hinauf und in der Gipfelherberge übernachten oder rechts über *Frenštát pod Radhoštěm* weiter zum Höhlenluftkurort *Pustevny* will. Er ist mit einer Seilbahn von Frenštát aus zu erreichen.

Fünfter Tag

Von Pustevny zum *Radhošt* hinauf (1130 Meter) führt ein einstündiger Kammweg. Auf dem Gipfel, nahe der *Kapelle der Slawenapostel Kyrill und Method*, kann man das Standbild des alten *Heidengottes Radegast* (Radhošt) bewundern. Ein anderer schöner Spaziergang führt von Pustevny zur Skalice-Wiese mit Schwimmbad. Weiter geht es nach Süden über den *Solanec*, im Berggasthof Solán (870 Meter) oder im Hotel Tanečnice bei *Hrozenkov*, kann man übernachten.

Sechster Tag

Vor der Weiterfahrt über *Valašské Meziříčí* (Wallachisch-Meseritsch) und *Vsetín* (Wsetin) nach *Gottwaldov* sollte man nicht versäumen, in **Rožnov pod Radhoštěm** das Freilichtmuseum zu besuchen. Es vermittelt einen konzentrierten Eindruck von den bisher nur einzeln und verstreut wahrgenommenen Besonderheiten der Volkskunst in den Mährischen Beskiden. Bis Gottwaldov sind es 78 Kilometer. Die Straße führt durch das Bečva-Tal; links die *Vsetínské vrchy* (Wsetiner Höhen), rechts die *Hostýnské vrchy* (Hosteiner Höhen), lebhaft geschwungene Gebirgszüge zwischen 600 und 900 Meter hoch.

Gottwaldov (früher Zlín) gehört zu den modernsten tschechoslowakischen Städten. Sie zählt fast 85000 Einwohner und war in der ersten Tschechoslowakischen Republik – wenn auch noch sehr viel kleiner – weltberühmt durch den «Schuhkönig» Bat'a. Tomáš Bat'a (1876–1932) besaß in Zlín eine kleine Hausschuhfabrik, im Ersten Weltkrieg stellte er seine Produktion auf Armeebedarf um und konnte durch Kriegsgewinne seinen Betrieb beträchtlich erweitern. Die Konjunktur blieb günstig. Bat'a führte das Taylorsystem ein, begann mit Fließbanderzeugung und beteiligte die Arbeiter am Gewinn. Ende der zwanziger Jahre beherrschte Bat'a schon den Markt, es gab allerorten Bat'a-Filialen, bis in den Orient und sogar in Indien. Schließlich gründete Bat'a die sogenannten Schulen für junge Männer, in denen die Jungarbeiter sich beruflich qualifizieren und allgemein weiterbilden konnten. Bat'a besaß eigene Gummiplantagen und Rinderfarmen in Südamerika, Leder- und Textilfabriken und konnte während der Weltwirtschaftskrise eine Reihe in Bankrott geratener anderer Fabriken aufkaufen. Er war zu einer Macht im Staat geworden. Für die böhmischen und mährischen Schuster allerdings bedeutete Bat'a eine Katastrophe. Überall in den landwirtschaftlich unergiebigen Gebieten hatten die findigen Bewohner sich früh nach anderen Erwerbsquellen umgetan. Auf der böhmisch-mährischen Hochfläche, etwa vom Adlergebirge bis Jihlava (Iglau), war es die Schusterei. Man betrieb sie in

Holzschnitt (19. Jh.), wahrscheinlich aus Stípa, Südmähren

Heimarbeit. Faktoreien und kleinere Fabriken lieferten das Material. Seit alten Zeiten gab es hier eine Art Fünftagewoche: am Samstag wurde die fertige Ware zur Faktorei gebracht, die Entlohnung einkassiert und neues Material mitgenommen. Der Samstagabend und der ganze Sonntag gehörten der Schenke. Montags mußte der Rausch ausgeschlafen werden, von Dienstag bis Samstag wurde dann hart gearbeitet, selbstverständlich mit allen Familienmitgliedern vom Kleinkind bis zum Urahn. In den Schusterfamilien ging es äußerst genügsam und ganz und gar patriarchalisch zu.

Ein Freund von mir stammt aus einem Schusterdorf bei Chrudim und erzählte ein wenig von Lebensart und Ehrgefühl der Schuster: Sein Vater hatte elf Geschwister. Der Großvater vertrank natürlich auch, wie es nun mal der Brauch war, am Sonntag den Löwenanteil des Wochenlohns. Einmal wagte die Großmutter eine klägliche Bemerkung zu machen. Der Großvater, puterrot vor Zorn und Kränkung, stand auf, riß seinen Kneip (das scharfe Schustermesser, mit dem man das Leder zuschneidet, und sich vor Feinden schützt) aus der inneren Rocktasche, stieß ihn mit voller Wucht in die Haustür und verließ ohne ein Wort die Hütte. Eine Woche später kam eine Ansichtskarte aus Hamburg; der in seiner Hausvaterwürde so tief verletzte Großvater teilte mit, er habe sich nach Amerika eingeschifft. Jahre vergingen, die Söhne wurden wieder Schuster, die Töchter heirateten Schuster. Und fast auf den Tag genau nach zehn Jahren trat der Großvater in die Hütte, zog seinen Kneip aus der Tür und setzte sich, ohne auf den Trubel zu achten, den seine Heimkehr verursacht hatte, auf seinen Schusterschemel. Er hatte in Amerika genug gespart, um den Boden, auf dem seine Hütte stand, kaufen und ein richtiges Häuschen darauf bauen zu können. Mehr wollte er nicht. Er nahm das Schusterhandwerk in altgewohnter Weise wieder auf.

Bis in die zwanziger Jahre hinein hatten die Schuster auf der böhmisch-mährischen Hochfläche ihr recht mageres, aber sicheres Auskommen. Dann ruinierte die Bat'a-Konkurrenz die kleinen und mittleren auf Heimarbeit basierenden Betriebe. Die Wirtschaftskrise beschleunigte die Katastrophe. Die Bevölkerung eines ganzen Landstrichs wurde erwerbslos und geriet ins Elend. 1938 stellten die Bat'a-Werke 80 Prozent der gesamten Schuhproduktion her. Neben Schuhen wurden Gummischuhe, Socken, Strümpfe, Fahrräder, Reifen und im Krieg auch Panzerplatten produziert. Nach 1945 wurden die Bat'a-Werke nationalisiert, neue Industrien angesiedelt, vor allem Kunststofferzeugung und -verarbeitung. Die Stadt wuchs rapide, und man nahm ihr die Atmosphäre der Roboterstadt aus der Bat'a-Zeit, indem man wichtige Kulturinstitute nach Gottwaldov verlegte, in erster Linie Filmateliers, in denen die mit vollem Recht als die weltbesten geltenden

Kultur-, Kurz- und Zeichentrickfilme gedreht werden. Dem raschen Wachstum der Stadt entsprechen moderne Wohnsiedlungen. Hochhäuser bestimmen die hügelige Stadtsilhouette, nicht mittelalterliche Dome. Vom Dachgarten des Hotels «Moskva» bietet sich ein guter Überblick. Es fehlt Gottwaldov, stärker noch als Ostrava, jene Patina, die uns die meisten tschechoslowakischen Städte so liebenswert erscheinen läßt.

Letzte Station dieser Reise ist **Kroměříž** (Kremsier, 25000 Einwohner), 38 Kilometer nordwestlich von Gottwaldov. Im **Schloß** zu Kremsier tagte im Revolutionsjahr 1848 der erste österreichische Reichstag. Das Gebäude aus dem 16. Jahrhundert war bischöfliche Residenz. Nach dem zweiten großen Schloßbrand (1752) – den ersten hatten die Schweden 1643 gelegt und Stadt, Dom und Schloß kräftig verwüstet – rief Bischof Leopold von Egk die berühmtesten Künstler herbei: von Maulpertsch stammt das Deckenfresko im Lehenssaal, die Stukkaturen schuf F. Hirnle. Die Fresken in den Bibliothekssälen malte Josef Stern. Mehrere Schloßsäle haben ihre alte Einrichtung behalten, andere beherbergen das historische Museum, die Schloßgalerie im zweiten Stock enthält Werke von Tizian, Bassano, Veronese, von Dyck, Lucas Cranach, Peter Brandl, Jan und Pieter Breughel. Der Reichstag trat 1848 im großen Speisesaal zusammen, dessen kostbare Kristalllüster einen bezaubernden Schimmer auf die weißen Stuckwände werfen. Heute dient der prachtvolle Raum seiner guten Akustik wegen als städtischer Konzertsaal.
In einem Seitenflügel interessiert die ständige Gedächtnisausstellung für Max Švabinský (1873–1962), den hochbegabten, in Kroměříž geborenen Impressionisten, der unter anderem das Obecní dům neben dem Pulverturm in Prag ausschmük-

ken half und an der Vollendung des St.-Veits-Domes mit einigen Fensterentwürfen und Mosaiken mitwirkte.
Ebenso berühmt wie durch Reichstag und Schloß wurde Kremsier durch seinen *Schloßpark* und den *Lustgarten,* den die Italiener Tencala und Luchese zwischen 1666 und 1675 angelegt haben: Altanen, kleine Teiche, malerische Baumgruppen, Wasserspiele und Irrgärten. Aus Pompeji hierhergebrachte Statuen schmücken die 230 Meter lange «Pompejanische Allee». Im großen Glashaus spielt man während der Sommersaison Theater, und vor der Kolonnade finden an warmen Abenden Konzerte statt.

Siebter Tag

Für den Rückweg nach Prag gibt es zwei Möglichkeiten. Die erste führt über Brünn, Jihlava (Iglau), Havlíčkův Brod (Deutsch-Brod), Kolín (260 km). Die andere Route geht über Kojetín (Kojetein), Prostějov (Proßnitz), Žd'ar nad Sazavou und fällt in Havlíčkův Brod mit der ersten zusammen (295 km). Wählt man den ersten Weg, kann man die alte Silberstadt **Jihlava** (Iglau) besuchen. Der riesige Marktplatz – er soll der größte in Europa sein – hat von seiner Wirkung eingebüßt, seit in seiner Mitte das moderne Kaufhaus Prior prangt. Der Bau ist nicht häßlich, aber er stört das Bild. Außer den mittelalterlichen *Befestigungsanlagen* blieb ein Stadttor, das *Frauentor,* erhalten. Wenn Sie vom oberen Marktplatz daraufzugehen, kommen Sie links an der romanischen *Muttergotteskirche* der Minoriten vorüber, die König Ottokar I. 1221 stiftete. Nach einem Brand erhielt sie 1353 einen gotischen Chor. Im übrigen blieb die Kirche romanisch mit wenigen,

unaufdringlichen Barockisierungen. Von der alten Innenausmalung sind nur noch Reste zu sehen.
Auf der zweiten Route fährt man ein Stück durch die *Haná,* jene fruchtbare Niederung, in der eine ausgezeichnete Malzgerste wächst, neben dem Saazer Hopfen das wichtigste Ingrediens böhmischer Biere. Bald geht es wieder in Mittelgebirgshöhen hinauf, quer durch die *Česko-moravská vysočina* (böhmisch-mährische Hochfläche). Der höchste Berg, Devět skal, steigt auf 836 Meter, die Durchschnittshöhe liegt zwischen 600 und 700 Meter. Reiche Wälder und armselige Felder bestimmen das Landschaftsbild. Auch für den kärglichsten Lebensunterhalt gab der Boden nicht genug her, die eigentliche Verdienstquelle bot immer der Wald. Noch vor kurzem hieß es, in dieser Gegend sei sogar das Brot aus Holz. Inzwischen wurde und wird planmäßig industrialisiert.
Žd'ar nad Sázavou, am Fluß Sázava, unlängst ein Städtchen mit 3000 Einwohnern, ist ein gutes Beispiel dafür, wie rasch der Charakter von Stadt und Land sich geändert hat. Schöner ist die Stadt allerdings nicht geworden. Doch *Kloster* und *Schloß* lassen ihre Geschichte nicht vergessen. Das Zisterzienserkloster, im 13. Jahrhundert umgebaut, war seit 1613 bischöfliche Residenz, später Privatresidenz des Kardinals Dietrichstein. Die Renovierungsarbeiten nach einem Brand leitete Giovanni Santini. Von ihm stammt auch der Gebäudekomplex des *Wallfahrtsorts* des heiligen Nepomuk auf dem nahen Berg *Železná hora.*

An diese Reise durch Mähren läßt sich bequem eine Fahrt durch die Nord-, Mittel- und Südslowakei anschließen. Vom Berghotel Solán aus, wo wir am fünften Tag übernachtet haben, ist man schon nach einer Autostunde in der Nordwestslowakei.

Acht Tage Nord-, Mittel- und Südslowakei

Erster Tag

Die Anfangsetappe dieser Fahrt ist fast 300 Kilometer lang und führt von Prag über Brünn (s. S. 249 ff.) nach Gottwaldov, dem ehemaligen Zlín, das 1948 nach dem Staatspräsidenten Klement Gottwald (1896–1953) benannt wurde (s. S. 270).

Zweiter Tag

Von Gottwaldov aus geht es kurz vor Vsetín rechts ab über Hrozenkov an den südlichen Ausläufern der Mährischen Beskiden entlang nach *Makov* (81 Kilometer). Vom Berghotel Solán sind es auf der Straße 18 nur 27 Kilometer bis Makov.
Nun durchqueren wir das Javorníky-Gebirge und fahren über *Bytča* nach *Žilina* im Waagtal, einer Stadt, die im 13. Jahrhundert zum Schutz von fünf sich begegnenden Handelsstraßen angelegt wurde. Hier nehmen wir die kleine Straße über Varín nach *Terchová.* Sie führt am Nordkamm der **Malá Fatra** entlang durch die romantischsten Teile dieses Gebirges bis ins Hochtal Vrátna dolina. Terchová wurde durch den Räuber Jánošik berühmt, der hier 1688 geboren wurde. Zahllose slo-

---

Kochen wie die Slowaken:
Bryndzové Halušky

Zutaten (für 4 bis 5 Personen): 1200 g Kartoffeln, etwas Salz, 400 g Mehl, 100 g geräucherter Speck, 40 g Zwiebeln, 250 g Schafskäse (Bryndza)
Zubereitung: Die rohen, gewaschenen Kartoffeln grob raspeln und mit dem Mehl vermischen, salzen. Mit einem Holzlöffel durch einen Durchschlag mit großen Löchern in sprudelnd kochendes Wasser quetschen. So entstehen die Halušky (schwäbisch würde man Spätzle sagen). Sind die Halušky gar, kommen sie an die Wasseroberfläche. In ein Sieb schütten, abtropfen lassen, dann sofort mit dem Käse gut durchmischen und in Portionen auf die Teller verteilen. Während die Halušky garen, hat man die vorher gewürfelten Zwiebeln und den gewürfelten Speck ausgebraten und verteilt sie nun über die Portionen.

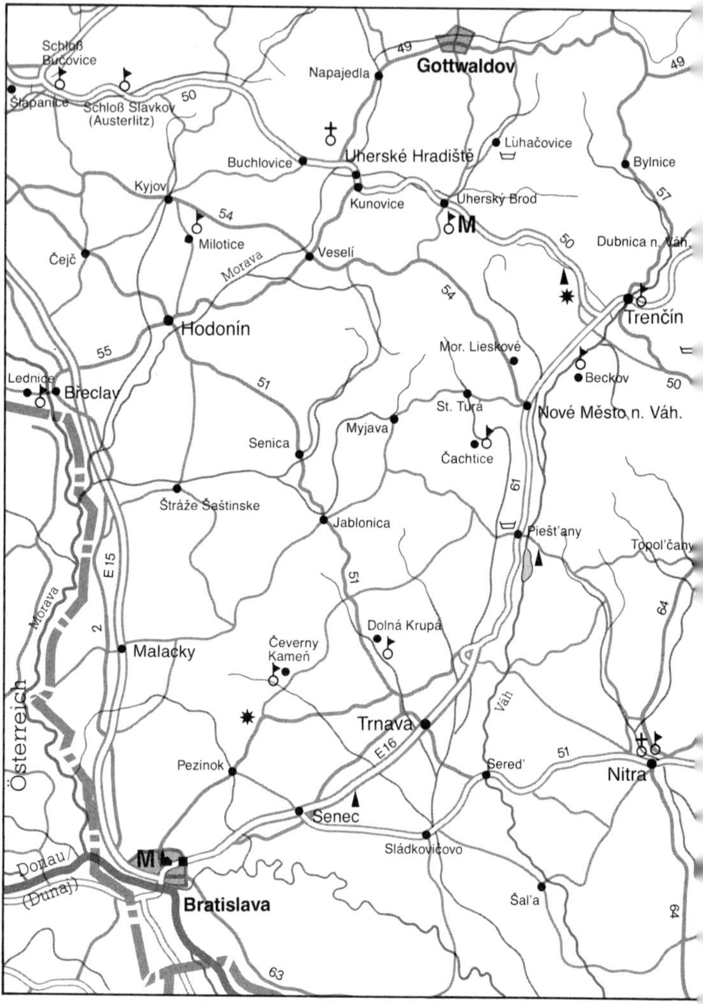

Schloß Bučovice
Šlapanice
Schloß Slavkov (Austerlitz)
50
Napajedla
49
Gottwaldov
Buchlovice
Uherské Hradiště
Luhačovice
Bylnice
Kyjov
Kunovice
Uherský Brod
57
54
Milotice
M
50
Dubnica n. Váh.
Čejč
Veselí
Morava
54
Trenčín
Hodonín
55
Mor. Lieskové
Beckov
Lednice
Břeclav
51
St. Turá
Nové Město n. Váh.
50
Myjava
Senica
Čachtice
61
Štráže Šaštinske
Jablonica
Piešt'any
Topol'čany
E 15
51
64
Morava
2
Dolná Krupá
Malacky
Čeverny Kameň
Váh
Österreich
Trnava
E16
51
Sered'
Nitra
Pezinok
Senec
Sládkovičovo
M
Donau
(Dunaj)
Bratislava
Šal'a
64
63

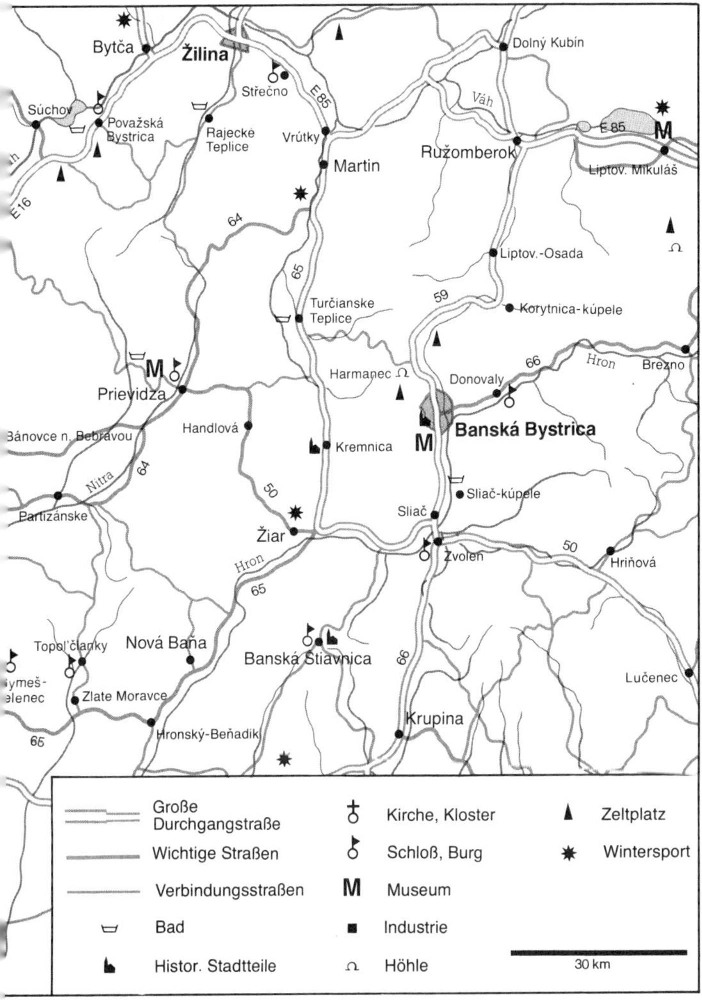
Bytča
Žilina
Střečno
E85
Súchov
Považská Bystrica
Rajecké Teplice
Vrútky
Martin
Dolný Kubín
Váh
E85
M
Ružomberok
Liptov. Mikuláš
E16
64
65
Liptov.-Osada
59
Korytnica-kúpele
Turčianske Teplice
66
Hron
Brezno
Harmanec
Donovaly
M
Prievidza
Bánovce n. Bebravou
Handlová
Kremnica
M
Banská Bystrica
Nitra
64
50
Sliač-kúpele
Sliač
Partizánske
Žiar
Zvolen
50
Hriňová
Hron
65
Topoľčianky
Nová Baňa
Banská Štiavnica
66
Zlate Moravce
Lučenec
Krupina
Hronský-Beňadik
65
Große Durchgangstraße
Wichtige Straßen
Verbindungsstraßen
Bad
Histor. Stadtteile
Kirche, Kloster
Schloß, Burg
M
Museum
Industrie
Höhle
Zeltplatz
Wintersport
30 km

wakische Sagen und Lieder feiern den Helden, der den Armen schenkte, was er den Reichen nahm. Ihm zu Ehren heißen der Nordteil der Malá Fatra und das Vrátna-Tal Jánošikov Kraj (Jánošik-Land). Zwischen schroffen Abhängen neben den schäumenden Kaskaden der *Vrátnenka* führt die Straße ein Engtal aufwärts; seltsam gestaltete Kalkfelsen säumen die grünen Berghänge. Am Talende (750 m ü. M.) hört die Fahrstraße auf; dort erwartet uns der Berggasthof Vrátna, ein Sessellift bringt uns in zwölf Minuten auf 1500 Meter Höhe zum Gipfel des Chleb. Hier hat man die ganze *Gipfelpracht* der Malá Fatra vor Augen: Vel'ký Fatranský Kriváň (1712 m), Hromové, Stoh, Grun und, wild zerklüftet, der Vel'ký Roszutec (1610 m) unter weißlich schimmernder Felsenkrone.

Dritter Tag

Anderntags geht es nach Terchová zurück und in Richtung *Zázriva* weiter. Nach zehn Kilometer eine Querstraße, der wir nach rechts, das Zázrivka-Tal 13 Kilometer aufwärts, bis *Parnica* folgen. Dann zockeln wir durch das cañonhafte Orava-Tal über Dolný Kubín, Podbiel nach Tvrdošín (45 Kilometer). Sehenswert ist das massige *Schloß von Orava* (13. Jh.), das den Handelsweg von und nach Polen bewachte. Auf einem 112 Meter hohen Felsblock ragt es empor und spiegelt sich im Orava-Fluß. Seit 1953 schrittweise renoviert, beherbergt es ein beachtliches Regionalmuseum.
Das Orava-Tal gehörte zu den ärmsten Gebieten des Landes. Es besitzt viel zuwenig nutzbaren Ackerboden; häufige Überschwemmungen in Frühjahr und Herbst, Dürre im Sommer, die entsetzliche Waldbrände mit sich brachte, führten zu

grauenhaften Hungersnöten. Erst der Bau der 1954 vollendeten **Orava-Talsperre,** des ersten der großen Wasserregulierungsbauten zur Sicherung der Energiewirtschaft, schuf Wandel. Man gab die nördlichen Orava-Dörfer auf, ihre Bewohner zogen um in ergiebigere Gebiete. Seitdem schützt die Stauung der Schwarzen und Weißen Orava das übrige Tal vor Überschwemmungen und sichert die Waag in ihrem gesamten Lauf. An den Ufern des Stausees (33 qkm Fläche) entstand ein ausgedehntes Erholungszentrum mit Übernachtungsmöglichkeiten für jeden Geschmack und jeden Geldbeutel. Den Zugang zum «Slowakischen Meer» bildet die Stadt **Tvrdošín** (4500 Einwohner) mit ihrer spätgotischen *Holzkirche* aus dem 15. Jahrhundert (wertvolles Interieur, volkstümliche Malereien).

Vierter Tag

Für den Rückweg vom Slowakischen Meer benutzen wir bis Dolný Kubín den Weg, auf dem wir kamen. Dann geht es links ab auf die Straße 59 durch das Chočské pohorie (Choč-Gebirge) am Fuß des Vel'ký Choč (1613 Meter) vorüber nach Ružomberok (Rosenberg). Von dort nach Süden zieht man durch herrlich wilde Gegenden: rechter Hand die Osthänge der *Vel'ká Fatra* (Große Fatra) mit ihren 1500 bis 1600 Meter hohen Gipfeln, linker Hand zunächst die Nordausläufer der *Nízké Tatry* (Niedere Tatra), deren Spitzen immerhin schon über 1700 Meter hoch liegen. Dann macht die Straße einen Bogen nach Westen, umrundet die Westhänge der Niederen Tatra und führt nach **Banská Bystrica** (67000 Einwohner), der «Stadt des Aufstandes». Sie liegt an einer Biegung des

Hron und seines Nebenflusses Bystrica in einem unebenen Talkessel und hieß früher Neusohl. Jenseits ragen westlich die Gebirgskämme des *Kremnické pohorie* (Kremnitzer Gebirge), nördlich die der Niederen Tatra und östlich die des *Slovenské rudohorie* (Slowakisches Erzgebirge) empor.
Die königlich privilegierte Bergbaustadt Neusohl entstand in der großen Zeit der Städtegründungen, der Kolonisierung, der Gold-, Silber- und Kupfersuche – im 13. Jahrhundert also. An die Gründungszeit erinnert nur der romanische Turm der Pfarrkirche. Aus Renaissance und Barock blieb dagegen vieles erhalten. Gute Beispiele mittelalterlicher Stadtbefestigungen sind *Schusterbastei* und *Fleischerbastei.* Die *drei Türme* des alten Rathauses bestimmen die Stadtsilhouette. Das alte Schloß erlag 1761 fast völlig einem großen Brand, der nur die **Barbara-Kapelle** mit dem geschnitzten gotischen Altar des Meisters Paulus von Leutschau (Levoča) verschonte. Im wiederaufgebauten *Schloß* mit seinem mächtigen Glockenturm kann man das *Bezirksmuseum* besuchen.
Am 29. August 1944 begann in Banská Bystrica mit der Besetzung der Radiostation der offene Kampf gegen Hitlerdeutschland. Gedenktafeln auf Straßen und Plätzen gemahnen an die Kämpfe und die großen Opfer, die das Bergvolk für seine Freiheit brachte. Das Museum des Nationalaufstandes enthält aufschlußreiche Dokumentationen über die harten und wechselvollen Kämpfe im letzten Jahr des schrecklichen Krieges.
Ein wenig nordwestlich von Banská Bystrica, im Kremnické pohorie, liegt das romantische Tal Harmanecká dolina mit seiner Tropfsteinhöhle **Harmanecká jaskyne izbica.** In der Nähe gibt es das Bergheim «Harmanecká-Jaskyna», das «Horský hotel» und auf dem Gipfel der *Král'ová studňa* den Berggasthof «Donovaly».

Eine Serpentinenstraße führt zum Hochplateau hinauf mit Blick auf das Kuppenmassiv *Krížna* (1574 m) in der Vel'ká Fatra und zum Eingang in die faszinierende Höhlenwelt: Tropfsteindome, bis zu 30 Meter hoch, riesenhafte Pagoden, steinerne Wasserfälle, phantastisch-bizarre Tropfsteinbildungen lassen den Besucher staunen.

Fünfter Tag

Am andern Morgen fährt man nach Kremnica (Kremnitz, 6200 Einwohner) hinunter. Zunächst 25 Kilometer westwärts auf einer kleinen Gebirgsstraße, die zwischen Dolná Stubna und Horná Stubna auf die Staatsstraße 65 trifft. Ihr folgen wir nach Süden 18 Kilometer.
Reiche Vorkommen goldhaltiger Gesteinsadern machten **Kremnica** im 14. Jahrhundert zur wichtigsten slowakischen Bergstadt, die Silbergroschen und Golddukaten prägte. Das *städtische Museum* demonstriert die Geschichte des Kremnicer Münzwesens. Auch heute besitzt die Stadt eine Münzanstalt, die einzige ihrer Art in der ČSSR. Am oberen Ende des quadratischen *Marktplatzes* steht das *Schloß* aus dem 14. Jahrhundert; neben der 100 Jahre jüngeren *Schloßkirche* ist auch das älteste Gotteshaus, eine *romanische Rundkirche* (Andreaskapelle, 13. Jh.) erhalten geblieben. Die krummen Gäßchen, das schöne Untere Tor, die gut erhaltenen Stadtbefestigungen und die Patrizierhäuser aus dem 15. und 16. Jahrhundert geben der Stadt ihr Gepräge.

44 Kilometer weiter südlich liegt eine noch berühmtere Bergbaustadt, **Banská Štiavnica** (Schemnitz, 9000 Einwohner). Sie

war im 16. Jahrhundert, als die Produktion in Kutná Hora (s. S. 175 f.) zurückging, die bedeutendste in ganz Europa. Reiche Silbervorkommen ließen hier im 12. Jahrhundert eine kleine Bergmannskolonie entstehen. Im 13. Jahrhundert rief der ungarische König sächsische und böhmische Bergleute ins Land, und die kleine Kolonie entwickelte sich rasch zur «Silberstadt». Banská Štiavnica besitzt gleich *zwei Schlösser:* das Alte – heute Stadtmuseum – und das Neue, Pannenský hrad (Jungfernschloß). Vom Neuen Schloß hat man einen ausgezeichneten Blick über die gesamte Stadtanlage. Das staatliche *Bergbaumuseum* (Štátne banské muzeum) gibt eine Übersicht über die siebenhundertjährige Geschichte des Bergbaus dieser Landschaft. Eine hübsche Reminiszenz an die alten Zeiten ist der *Klopačka-Turm* (17. Jahrhundert), von ihm aus gab man das Klopfzeichen zum Schichtbeginn. Banská Štiavnica gehört zu jenen slowakischen Städten, in denen über den Aufgaben der Neuzeit die Instandhaltung des alten Stadtkerns vernachlässigt wurde. Jetzt sind umfangreiche Restaurierungsarbeiten im Gange, um zu retten, was zu retten ist.
Auf dem Weg von Kremnica nach Banská Štiavnica liegt elf Kilometer vom direkten Weg entfernt **Zvolen** (Altsohl, 37000

---

285 **Bratislava;** im St.-Martins-Dom wurden die ungarischen Könige gekrönt

286 Innenraum des türkischen Bades (Hammam) in **Trenčianske Teplice** (Slowakei)

287 Renaissancehof im Haus Nr. 43 auf dem Hauptplatz von **Levoča** (Leutschau)
Ländliches Idyll: Gänse auf der Dorfstraße von **Hervartov** in den Niederen Beskiden

288 Landschaft in der **Hohen Tatra**

Einwohner) mit seinem *Schloß* aus dem 14. Jahrhundert oberhalb des Ortes. Von 1440 bis 1442 war es Sitz des Hussitenführers Jan Jiskra z Brandysa. Das Schloß besteht aus einem dreigeschossigen, viereckigen Renaissancebau mit runden Ecktürmchen und auffallenden Giebelattiken an den Außenmauern und ist gut erhalten. Im 16. und 17. Jahrhundert trotzte es den Türkenstürmen und den Truppen der aufständischen ungarischen Magnaten. Heute beherbergt es die Abteilung «Mittelalterliche europäische Malerei» der slowakischen Nationalgalerie.
Auf der Weiterfahrt von Banská Štiavnica Richtung Nitra (Neutra) – Bratislava kommt man zwölf Kilometer südlich der Stadt am *Počúvadlo-See* vorüber. Er ist der weiteste und hellste der annähernd 20 Bergseen des Štiavnické pohorie. Künstlich gestaut, dienten die Seen ursprünglich als Wasserreservoire für die Grubenanlagen. Der Počúvadlo-See liegt am Südwesthang des *Sitno* (1015 Meter), auf dem mehr als 300 sehr seltene Pflanzen gedeihen, darunter sieben Wildrosenarten, die es nirgends sonst auf der Welt gibt.

Sanft führt die Reise nun aus den Gebirgen heraus in die südslowakische Ebene. Bei Levice drehen wir uns nach Westen, Nitra (Neutra, 71000 Einwohner) zu. Man sagt von **Nitra,** es symbolisiere die «erste Seite der tschechoslowakischen Geschichte». Hier erstand im Jahre 829 die erste christliche Kirche auf heutigem tschechoslowakischem Staatsgebiet. In Nitra befand sich die Residenz Svatopluks des Großen, der das großmährische Reich auf seinen Höhepunkt an Macht und Glanz führte. Und in Nitra gründete der Slawenapostel Method das erste Erzbistum des Landes. Der Verfall des großmährischen Reiches um 900 nahm auch der Stadt ihre politische Bedeutung, aber ihre geographische Lage zog sie

immer wieder in den Strudel der Geschichte. Besonders hatte sie unter den Türkenkriegen und den Aufständen der ungarischen Magnaten im 16. und 17. Jahrhundert zu leiden. An Baudenkmälern sind vor allem das erzbischöfliche Palais und die Barock-Kathedrale zu erwähnen.
Heute gibt in Nitra die chemische, die pharmazeutische und die Nahrungsmittelindustrie den Ton an.
Bis Bratislava sind es noch 85 Kilometer.

Sechster Tag

Bratislava (Preßburg), die slowakische Hauptstadt, ist mit fast 400000 Bewohnern die zweitgrößte Stadt der ČSSR. Zwischen der Donau und den Abhängen der *Kleinen Karpaten* steigt die Stadt terrassenförmig an. Mit dem Felsmassiv *Devíner-Tor* am Zusammenfluß von *March* und *Donau,* dessen Gipfel die Reste der sagenumwobenen Wachtburg Devín trägt, endet der Alpenbereich; die 1000 Kilometer lange Karpatenkette beginnt.
Wahrzeichen der Stadt ist ihr *Schloß,* das zeitweilig Residenz der ungarischen Könige war.
Schon die Kelten fanden diesen Platz am Fluß sehr gemütlich, nach ihnen die Römer, später die Germanen und schließlich die Slawen. Er war wie geschaffen, sich häuslich niederzulassen: Die Karpaten und das Leitha-Gebirge zwängten die Donau auf zwei Seiten ein und erlaubten ihr nicht, die Arme weit ins Land auszustrecken und sich zwischen sumpfigen Ufern breitzumachen. Hier gab es feste, vor Überschwemmung sichere Uferterrassen. Die Karpatenwälder lieferten genug Wild, im Fluß lebten genug Fische, gegen den Durst brachten

die Römer Reben mit, die an den Südhängen des Gebirges vortrefflich gediehen. Die beiden Burgen schützten den gottgesegneten Winkel und sorgten für die Sicherheit der Wasserstraße, auf der vom Orient her wertvolle, den Alltagsbedarf übersteigende Handelsgüter transportiert wurden.

Die Slowaken hatten lange Zeit nicht viel von den reichen Möglichkeiten ihrer Stadt: den Rahm schöpften die ausländischen Kolonisten und Kaufleute und die ungarischen Aristokraten ab. Und als Bratislava in der Türkenzeit ungarische Hauptstadt wurde (1541), die Landesregierung ihren Sitz hierher verlegte, der Ständerat in Bratislava tagte, der Erzbischof außer seinem Amtssitz in Trnava (Tyrnau) hier ein imposantes Winterpalais besaß, da war das Königreich Ungarn schon in Personalunion mit Habsburg verbunden. Im Wirtschaftsleben hatte die deutschsprachige Bürgerschaft die Oberhand, gesellschaftlich und kulturell gaben, von Wien inspiriert, österreichischer und ungarischer Adel den Ton an.

Die slowakischen Einwohner blieben, was sie vordem gewesen waren: Fischer, Handwerker, kleine Händler. Erst das aufgeklärte rationalistische 18. Jahrhundert mit seinen Volksbildungsideen schuf rasch Aufstiegsmöglichkeiten, die das 19. Jahrhundert intensiv und mit großer Vehemenz nutzte und erweiterte. In wenigen Jahrzehnten entstand eine slowakisch-bürgerliche classe politique et littéraire, deren geistiges Niveau auf gleicher Ebene mit dem übrigen Europa lag.

Das heutige Bratislava ist eine durch und durch slowakische Stadt, eine Stadt, die Europas Kulturgüter aufnahm, verarbeitete und mit ihrer Eigenart verband. Vieles erinnert an Österreich, weniges an Budapest.

Die ältesten Stadtteile liegen in einem trapezartigen Viereck zwischen den Straßen *Vydrica, Nálepkova, Leningradská* im Süden, einer etwas krummen Begrenzung der *Ursulinská, Pu-*

gačova, Zamočnika und *Michaelsturm* im Osten und der langen Westlinie am Fuß des *Schloßberges* entlang zur Donau hinunter. Die Mittelachse der Altstadt bilden die Straßen *Michalská* und *Jiráskova.* Links von dieser Achse finden wir die ältesten Gassen. Die meisten wurden, als die Stadt sich mehr und mehr nach Osten ausbreitete, mit der Zeit zum Armeleuteviertel. Die Häuser verfielen mehr und mehr, 1954 zerstörte ein Erdbeben eine ganze Gasse. Man gab daher das ganze Areal auf, um Platz zu schaffen für die neue breite Autostraße. Nur einige wertvolle Häuser blieben erhalten, so das bezaubernde Rokokohaus «Zum guten Hirten».

Einige Straßenzüge mit schönen *Barockgebäuden* konnten erhalten werden: die Kapitulská, die Farská und die Klariská. Hier bestand ein geistliches Viertel mit dem *Palais des Dompropstes,* mit Priester- und Ordensseminaren.

In den Kniebogen, den Farská und Klariská bilden, schmiegt sich das *Klarissinnenkloster mit der Kirche.* Als Bettelorden durften die Klarissinnen keinen von Grund auf gemauerten Kirchturm besitzen. Das paßte den Schwestern nicht recht, und sie setzten im 15. Jahrhundert auf einen einzigen Pfeiler der Umfassungsmauer der Kirche einen zierlichen gotischen Turm, der aber, gehorsam der Bestimmung, nicht vom Erdboden auf gemauert war.

Unvermittelt kommt man auf die belebte Michalská, die am einzigen erhalten gebliebenen Stadttor, dem *Michaelstor,* endet. Das Tor stammt aus dem 14. Jahrhundert, den achteckigen Turm baute man 1511 bis 1517, sein kupfernes Barockdach erhielt er 1758. (Im Torbau Pharmazeutisches Museum mit spätbarocker Apotheke «Zum Roten Krebs».)

In der Michalská, der Nálepkova und der Jiráskova finden wir viele Palais: Barock, Rokoko und Klassizismus; es sind die Stadthäuser des ungarischen Hochadels, der Pálffy, Ke-

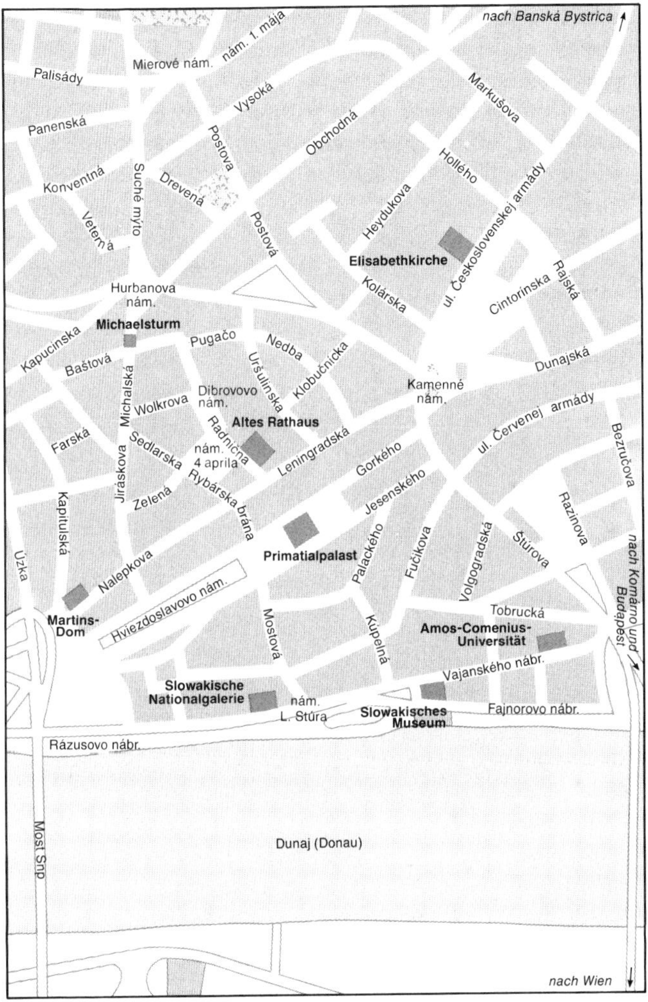
nach Banská Bystrica
nám. 1. mája
Mierové nám.
Palisády
Panenská
Vysoká
Markušova
Postova
Obchodná
Konventná
Suché mýto
Drevená
Hollého
Heydukova
ul. Československej armády
Veterná
Postová
Elisabethkirche
Hurbanova nám.
Kolárska
Rajská
Cintorínska
Michaelsturm
Kapucínska
Baštová
Pugačo
Nedba
Uršulínska
Klobučnícka
Dunajská
Michalská
Wolkrova
Dibrovovo nám.
Kamenné nám.
ul. Červenej armády
Altes Rathaus
Farská
Sedlárska
Radničná
nám. 4 apríla
Leningradská
Gorkého
Bezručova
Jiráskova
Zelená
Rybárska brána
Jesenského
Kapitulská
Razinova
Primatialpalast
Palackého
Fučíkova
Volgogradská
Štúrova
Úzka
Nalepkova
nach Komárno und Budapest
Hviezdoslavovo nám.
Mostová
Kúpelná
Tobrucká
Martins-Dom
Amos-Comenius-Universität
Vajanského nábr.
Slowakische Nationalgalerie
nám. L. Štúra
Slowakisches Museum
Fajnorovo nábr.
Rázusovo nábr.
Most Snp
Dunaj (Donau)
nach Wien

glevich, Eszterházy, Erdödy. Wo die Michalská in die Jiráskova übergeht, steht vom Michaelstor gesehen rechts das mächtige Palais der *Ungarischen Kammer,* 1753 bis 1756 von Domenico Martinelli gebaut. Auch der ungarische Ständerat tagte in diesem Gebäude. Heute ist es Universitätsbibliothek.
Auf der Jiráskova ist außer den alten Adelshäusern noch das Haus Nr. 7 interessant. Es beherbergte die erste *Universität* von Bratislava, die Academia Istropolitana. König Matthias Corvinus gründete sie 1465. Aber schon nach dem Tod ihres Gründers wurde sie wieder aufgelöst.
Östlich von der Mittelachse Michalská–Jiráskova kommen wir in die neuere Altstadt. Ihre krummen Gäßchen und stillen Plätze sind kaum jünger als die auf der westlichen Seite. Aber ihre Bewohner waren wohlhabender und konnten die Häuser

---

Kochen wie die Tschechen:
Böhmische Obstknödel

Zutaten (für 4 Personen): 30 g Butter, Salz, 1 Ei, 60 g Quark, 250 g Mehl, 1/8 l Milch.
Zubereitung: Butter mit Salz und Ei verrühren, Quark zugeben, dann Mehl. Milch nach Bedarf, damit ein leichter Teig entsteht, gut durchkneten.
Auf bemehltem Brett nicht zu dünn ausrollen, in Quadrate schneiden. Auf jedes die Füllung (Zwetschgen, Aprikosen, Kirschen usw.) legen, gut verschließen, ins gesalzene sprudelnd kochende Wasser legen. Kochzeit 5 bis 10 Minuten.
Zum Bestreuen der Knödel: geröstete Weißbrotbrösel mit Zucker vermischt oder geriebene Haselnüsse mit Zucker oder gemahlenen Mohn mit Zucker. Die Knödel werden mit brauner Butter übergossen.

---

nach den sich ändernden Bedürfnissen umbauen und instandhalten. Besonders schön ist der verträumte **Dibrovovo námestie** (Dibrov-Platz) mit seinen alten Bäumen, der auf den in seinen Proportionen noch ausgewogeneren, intimen Platz des 4. April mündet.

Auf dem Dibrov-Platz dominiert auf der einen Seite das *Mirbach-Palais* (1768–1770), auf der anderen Seite haben wir zwei interessante Kirchen. Die *Franziskanerkirche* mit dem sechseckigen Turm ist der älteste Bau des Platzes – sie wurde schon 1299 geweiht. Nur ihr frühgotisches Presbyterium blieb erhalten; ein Erdbeben zerstörte im 17. Jahrhundert das Kirchenschiff; es wurde dem Zeitstil entsprechend neu gebaut. Als einzige gotische Plastik blieb die *Pietà* auf dem linken Seitenaltar erhalten. Ein Juwel Preßburger Gotik ist die der Kirche angebaute *St.-Johannes-Elemosinarius-Kapelle.*

Die andere Kirche zu bauen, gestattete 1636 während der Gegenreformation der Kaiser den ungarischen und slowakischen Protestanten mit der Bedingung, das Gotteshaus dürfe nicht die Gestalt einer Kirche haben. Die Erbauer verzichteten daher auf einen Turm und bezogen das Presbyterium in die dreischiffige Halle ein. 1672 wurde die Kirche den Protestanten abgenommen und den Jesuiten übergeben, die den Hallenbau mit reichem Barockschmuck versahen. Vor allem sei auf die beiden Seitenaltäre von Franz Xaver Balko hingewiesen.

Den **Platz des 4. April,** ursprünglich Hauptplatz der Altstadt, säumen an zwei Seiten Barockpalais, den *Rolandsbrunnen* in der Mitte gab Kaiser Maximilian II. in Auftrag, damit bei Feuersbrünsten genügend Wasser zum Löschen da sei. Denn ausgerechnet während seiner Krönungsfeierlichkeiten war hier ein Brand ausgebrochen, der grosse Teile der Stadt in Schutt und Asche legte. Die Ostseite des Platzes beherrscht das *Alte Rathaus* mit dem nebenan liegenden *Palais Apponyi.*

Beide Gebäude zusammen bilden heute das städtische Museum. Das Rathaus, im 14. Jahrhundert als Wohnhaus des Stadtrichters Jakob gebaut, wurde im 15. und 16. Jahrhundert ergänzt und erweitert. Sein breiter Durchgang zum malerischen Innenhof hat zu beiden Seiten Sedilien (Sitze), darüber Säulenarkaden, und die Decke bildet ein Kreuzgewölbe mit Segmenten. An den Kreuzungspunkten tragen die scheibenähnlichen Verbindungsstücke Wappen und Büsten der Königsfamilie Anjou. Von den Renaissanceloggien im Rathaushof sind nur die auf der Ostseite echt, Süd- und Ostflügel wurden 1912 in Neugotik und Neurenaissance restauriert.
Östlich hinter dem Rathaus stehen sich auf dem **Primatialplatz** die erzbischöfliche Winterresidenz und das neue, 1947 vollendete Rathaus gegenüber.
Der ungarische Fürstprimas Báthyany ließ nach französischem Muster den pompösen klassizistischen Primatialpalast (1778–1781) bauen. Im ersten Stock mit seinem Spiegelsaal und den erzbischöflichen Repräsentationsräumen ist eine gute Gemäldegalerie untergebracht. Vor allem aber hängen dort die berühmten sechs **Preßburger Gobelins** mit der Darstellung der Hero-und-Leander-Sage. Sie stammen aus der englischen königlichen Weberei Mortlake bei London und waren ursprünglich im Besitz des Kardinals Mazarin, der sie weiterverkaufte. Während der napoleonischen Kriege versteckte man die kostbaren Wandteppiche hinter den Tapeten. 1820 übersiedelte das Erzbistum zurück nach Gran (Esztergom); an die Gobelins dachte niemand. 1903 kaufte die Stadt dem Erzbistum das Palais ab, und bei seiner Restaurierung 1912 kamen die Gobelins wieder zum Vorschein, deren Wert weit höher ist als der des ganzen Gebäudes. Vergeblich bemühte sich der Erzbischof, seine Gobelins zurückzubekommen: verkauft war verkauft.

Wußten Sie, daß ...

... die jüngste tschechische Stadt Havířov, südlich von Ostrava, ist? 1955 gegründet, hat sie bereits 100000 Einwohner.

... etwa 60000 Deutsche, fast 600000 Ungarn und zirka 70000 Polen in der ČSSR leben?

... jeder siebte ČSSR-Bürger ein Auto besitzt?

... Männer in der ČSSR ab 60 Jahren und Frauen (je nach Kinderzahl) zwischen 53 und 57 Jahren Anspruch auf Altersrente haben?

... berufstätigen Frauen nach einer Geburt sechs Monate bezahlter Urlaub (90 Prozent des Nettogehalts) zustehen?

... im ganzen Land 45 Städte unter Denkmalschutz stehen ...

... und 40000 historisch wertvolle Objekte (darunter 2695 Burgen, Schlösser und Festungen) registriert sind?

1805 unterzeichneten Napoleon und Kaiser Franz I. im Spiegelsaal des Palastes den Frieden von Preßburg. 1848 war das Palais Hauptquartier der ungarischen Revolutionäre, und nach der mißlungenen Revolution unterschrieb der österreichische General Hainau hier die fälligen Todesurteile.
Zum Schloß hinauf kann man auf einer Umgehungsstraße fahren. Der Fußweg über die *Schloßstiege* oder über die *Beblavého* ist jedoch viel schöner. Der Aufstieg beginnt gegenüber dem **St.-Martins-Dom.** Wer in der Altstadt gewesen ist, hat ihn schon gesehen. Er steht wie ein überflüssiges Relikt an der erwähnten Autoschnellstraße und war doch 300 Jahre

lang die wichtigste Kirche der Stadt. In ihr wurden neun ungarische Könige und acht Königinnen gekrönt. Zum Zeichen dafür trägt er auf seiner Turmspitze ein steinernes Kissen mit einer Krone darauf. Der Bau, im 14. Jahrhundert begonnen und im 16. beendet, bewahrte nur wenig von seiner gotischen Innenausschmückung: drei *Tafelbilder* an der Südwand des Presbyteriums, ein bronzenes *Taufbecken* und eine 104 Zentimeter hohe *Monstranz.* Die in Blei gegossene Statuengruppe von *St. Martin mit dem Bettler* ist eine Arbeit des Barockbildhauers Georg Raphael Donner. Er besorgte auch die Innenausstattung der 1730 angebauten Johannes-Elemosinarius-Kapelle.
Der Aufstieg zum **Schloß** führt durch die alte Schloßgrundsiedlung, die bis 1849 nicht zur Stadt gehörte, weil ursprünglich hier die hörigen Dienstleute des Burgherrn wohnten und später die jüdische Bevölkerung. Die Burg oder besser das Schloß war fast 150 Jahre lang Ruine. 1953 begann die Rekonstruktion, den alten Plänen entsprechend.
907 wird die Burg in den «annales Fuldenses» zum erstenmal erwähnt. Im Laufe der Jahrhunderte immer wieder den sich ändernden Bedürfnissen angepaßt, wurde aus der Wachtburg eine stattliche Festung und schließlich ein weitläufiges Schloß, Amtssitz des Statthalters und königliche Residenz. Die letzten großen Umbauten ließ Maria Theresia vornehmen. Sie hatte bei ihrer Krönung den ungarischen Ständen versprochen, sich oft in Ungarn aufzuhalten, und ließ daher das Schloß mit allem zeitgenössischen Komfort ausstatten. Nach ihrem Tod verwaiste es: Josef II. ließ sich nicht in Bratislava krönen. Er berief den Statthalter ab und verfügte die Übersiedlung der Regierungsbehörden nach Ofen. Im Schloß brachte man vorübergehend das Generalseminar für Priester unter, 1802 wurde es gar Kaserne, und 1811 vernichtete ein

Brand den größten Teil der Gebäude. Danach blieb die Burg fast 150 Jahre lang Ruine.

Bratislava ist der wichtigste Hafen der ČSSR. Zu einem Besuch gehört natürlich eine Fahrt auf der *Donau,* sei es auch nur mit einem der ständig hin und her pendelnden Fährschiffchen ans andere Ufer nach *Petržalka* zum Janko-Král'-Garten. Wir kommen in einen großen Park, den die Preßburger Bürger 1776 im Laubwald der Donau-Auen anlegten. An heißen Tagen findet man hier zwischen Platanen, Pappeln, Eschen und Eichen Kühle, freut sich an dem üppigen Rosengarten und an den vielerlei exotischen Baumarten. Hauptanziehungspunkt ist das alte Caféhaus.
Das neue Bratislava beginnt am *Hviezdoslav-Platz* und dehnt sich nach Osten und Nordosten aus. Um einen Überblick über die Stadt zu gewinnen, fährt man am besten zum *Slavín* hinauf, dem Ehrenfriedhof der 6000 in den Kämpfen um Bratislava 1945 Gefallenen. Es ist eine würdige Gedenkstätte trotz architektonischem Überschwang. Auf einem Hügel des auslaufenden Karpatenkammes steht sie als Mahnmal hoch über der Stadt. Hier oben hat man den weitesten und schönsten Blick. Neue Wohnsiedlungen und moderne Fabrikanlagen sieht man ebenso wie die alten, in schönen Gärten versteckten Villen am Hang und die am Gebirgsfuß liegenden Stadtviertel.
Seit 1919 Metropole der Slowakei, hat sich Bratislava leicht und unbefangen zur modernen Stadt entwickelt. Die Slowaken selber meinen, ihre Stadt verändere zusehends ihr Gesicht. Immer neue Wohnviertel wachsen wie Pilze aus der Erde. Eine Hochschule nach der anderen öffnet ihre Tore. Die Studenten sorgen für konstruktive Unruhe. Sportplätze und Stadien haben internationalen Ruf.

Ständig vergrößern sich die jungen Industriebetriebe: Arzneien, Nahrungsmittel, Konsumgüter, Gummiwaren, Elektrowerke, Maschinenbau. Das bedeutendste Unternehmen, das Chemiekombinat, ist das größte Chemische Werk in der ČSSR.
Kulturelle und wirtschaftliche Entwicklung halten in schöner Ausgewogenheit miteinander Schritt.

Siebter und achter Tag

Der Rückweg nach Prag führt durch das sanfte Südmähren über *Břeclav, Lednice* und *Mikulov* (Lundenburg, Eisgrub, Nikolsburg; s. S. 249) nach *Znojmo* (Znaim; s. S. 248). Bis Břeclav nimmt man am besten die Autobahn. Dann geht es auf Bezirksstraßen westwärts.
Auf der letzten Etappe reist man noch einmal durch mittelalterliche Städte: auf der Staatsstraße 38 geht es bis Telč, dann auf der 23 nach Jindřichův Hradec und weiter auf der 23 bis sie auf die 3 (E 14) stößt, in die man rechts einbiegt und über Tábor zurück nach Prag fährt. Über Znojmo, Telč, Jindřichův Hradec, Tábor habe ich im Reisevorschlag «Acht Tage Südböhmen und Mähren» Näheres berichtet. Die Strecke beträgt nur rund 240 Kilometer. Man kann sich also Zeit lassen und die am Wege liegenden Städte besichtigen. Auf keinen Fall sollte man sich Telč (s. S. 245 f.) entgehen lassen.
Wen es heimwärts zieht, der wird schon in Bratislava die Autobahn nach Prag nehmen (321 km).

Neun Tage slowakische Berge und Wälder

Eine Landschaft zum Staunen

Diese Reiseroute gilt in erster Linie der slowakischen Berglandschaft mit ihrer Vielfalt von romantischer Idylle, rauher

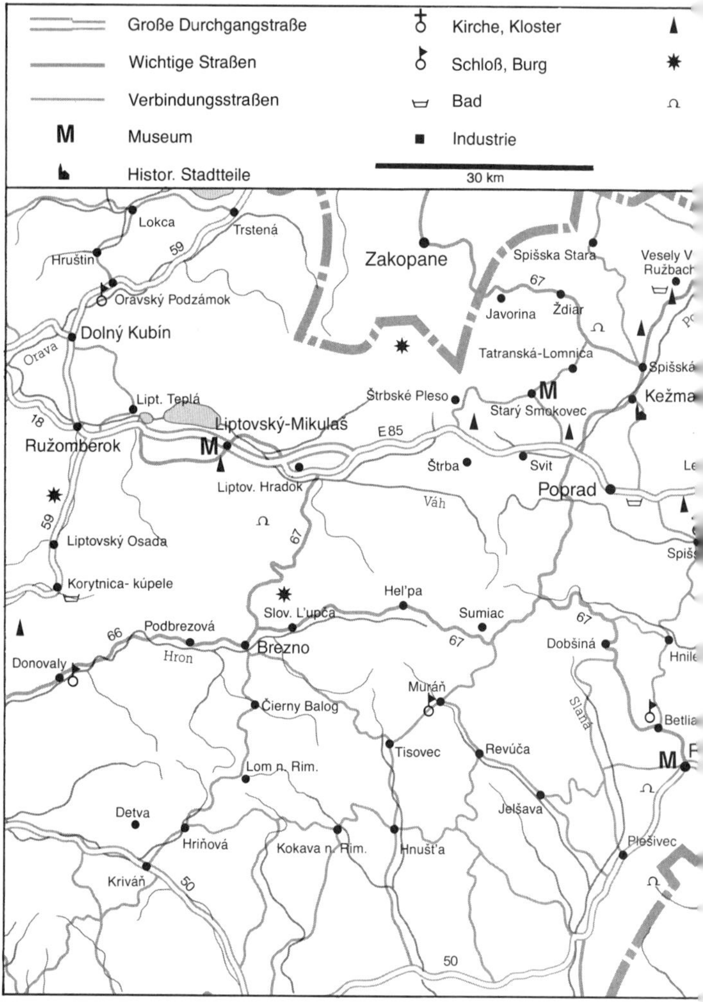
Große Durchgangstraße
Wichtige Straßen
Verbindungsstraßen
M Museum
Histor. Stadtteile
Kirche, Kloster
Schloß, Burg
Bad
Industrie
30 km
Lokca
Trstená
Hruštin
59
Oravský Podzámok
Dolný Kubín
Orava
Zakopane
Spišska Stará
Vesely V
Ružbach
67
Javorina
Ždiar
Tatranská-Lomnica
Spišská
Kežma
Lipt. Teplá
Štrbské Pleso
M
Starý Smokovec
18
Liptovský-Mikulaš
E 85
Ružomberok
M
Štrba
Svit
Liptov. Hradok
Poprad
Váh
59
67
Liptovský Osada
Spiš
Korytnica- kúpele
Hel'pa
Sumiac
Slov. L'upča
67
66
Podbrezová
Brezno
67
Dobšiná
Hnil
Donovaly
Hron
Muráň
Čierny Balog
Slaná
Betlia
Tisovec
Revúča
M
Lom n. Rim.
Jelšava
Detva
Hriňová
Kokava n. Rim.
Hnušt'a
Plešivec
Kriváň
50
50

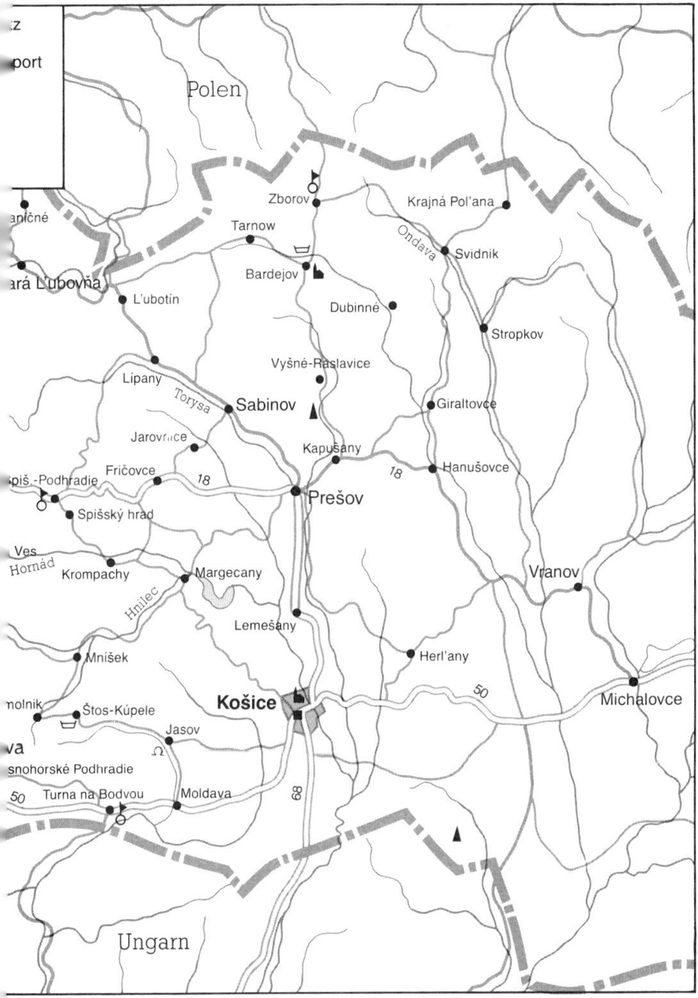
Polen
Zborov
Krajná Pol'ana
Tarnow
Ondava
Svidnik
Bardejov
Ľubotín
Dubinné
Stropkov
Vyšné-Raslavice
Lipany
Torysa
Sabinov
Giraltovce
Kapušany
Hanušovce
18
Fričovce
Prešov
Spišský hrad
Hornád
Krompachy
Margecany
Vranov
Hnilec
Lemešany
Mníšek
Herl'any
50
Košice
Michalovce
Štos-Kúpele
Jasov
snohorské Podhradie
Turna na Bodvou
Moldava
68
Ungarn

Ursprünglichkeit bis zu atemberaubender Majestät. Ich will die vielen Gebirgszüge nicht im voraus aufzählen, nur soviel: in der Ausdehnung das größte ist mit 150 Kilometer das *Slowakische Erzgebirge,* das kleinste und berühmteste die *Hohe Tatra* mit 27 Kilometer. Zwei Flußsysteme: *Waag* und *Hron* nach Westen, *Hornád* und *Hnilec* nach Osten, nehmen die unzähligen kleinen und größeren Wasserläufe auf. Seltenes Wild, sogar Bär und Luchs, leben in den zahlreichen Urwaldreservationen; im übrigen Europa längst ausgestorbene Pflanzen gedeihen in den Naturschutzgebieten. Murmeltiere huschen unvermutet über den Weg und verschwinden zwischen dem Gestein; Adler ziehen ihre Kreise. Man wird mächtige Wasserfälle bestaunen und sich an mutwilligen Bergbächen freuen.

Erster Tag

Die Fahrt von Bratislava über Nitra, Levice, Banská Štiavnica nach Banská Bystrica habe ich im Reisevorschlag «Acht Tage Nord-, Mittel- und Südslowakei» in umgekehrter Richtung beschrieben (s. S. 281 ff.).

Zweiter Tag

Von Banská Bystrica geht es das Hron-Tal aufwärts, die Trennungslinie zwischen Niederer Tatra und Slowakischem Erzgebirge (Slovenské rudohorie). Man fährt also am Nordrand des *Slowakischen Erzgebirges* entlang, das wegen seines Wild-

Holzhaus in Čierný Balog, elf Kilometer südlich von Brezno
in der Mittelslowakei

reichtums besonders bei Jägern beliebt ist, und kommt durch *Slovenská L'upča* (3000 Einwohner). Im 14. Jahrhundert war der Ort eine Freie Königliche Stadt. Ihre Burg aus dem 13. Jahrhundert wurde in der Renaissance umgebaut, eine Kirche aus dem 14. Jahrhundert blieb erhalten. Bis Brezno bleibt man auf der Staatsstraße 66.

Etwa auf halbem Weg zwischen Banská Bystrica und Brezno liegt der 1800-Seelen-Ort *Nemecká*. Hier haben die Deutschen 1944 in einer Kalkbrennerei Hunderte von aufständischen Slowaken verbrannt, in der Umgebung mehrere Dörfer zerstört und die Einwohner umgebracht. Bei der Kalkbrennerei erinnert eine Gedenkstätte an jenes schreckliche Jahr und seine Opfer. Von Brezno aus mit seinem schönen *Stadthaus* (1779), der *klassizistischen Kirche* (1781) und dem *Stadtturm* auf dem großen Marktplatz fährt man oberhalb des engen Rohozna-Tals eine Waldstraße entlang: links der Straße liegt die *Muráňska planina* (Muráň-Hochfläche), rechts das Slowakische Erzgebirge. Es geht über Tisovec, am Fuß der *Strelnica* (1048 m) vorbei nordostwärts nach Muráň und weiter 20 Kilometer in südöstlicher Richtung bis *Jelšava*, dort zweigt links die Straße nach **Rožňava** ab (29 km), der alten Bergbaustadt Rosenau mit knapp 20000 Einwohnern. Hier begann schon im 12. Jahrhundert die Eisenerz- und Goldgewinnung. Die *Kathedrale* aus dem 13. Jahrhundert wurde im 15. und 16. Jahrhundert spätgotisch umgebaut. Besonders schön sind ihr *Pastoforium* von 1509 und das *Altarbild* (1513) mit Szenen aus dem Bergmannsleben. Auf dem Marktplatz erfreuen klassizistische Bürgerhäuser, der alte *Münzhof* aus dem 17. und das *bischöfliche Palais* aus dem 18. Jahrhundert.

Den Weg nach Košice (Kaschau) setzen wir auf der Staatsstraße 50 fort. Acht Kilometer östlich von Rožňava thront links der Straße auf einem Bergkegel Krásna Hôrka. 1318 als Wachtburg gebaut, im 16. Jahrhundert zum Renaissanceschloß umgewandelt, war sie seit 1676 im Besitz der Familie Andrássy. Das bis 1812 bewohnte Schloß wurde inzwischen restauriert und ist Besuchern zugänglich. Im Ort *Krásnohôrske Podhradie* ließ einer der letzten Schloßeigentümer ein prachtvoll ausgestaltetes *Jugendstil-Mausoleum* für seine Gattin bauen. Heute ist es ein *Keramik-Museum.*

Allmählich verbreitern sich die Täler. Man durchfährt den südslowakischen Karst mit seinen Höhlen, Schluchten und Sacktälern. Die Gipfel der *Turnianská planina* (Turna-Hochfläche) links des Weges sind nur noch zwischen 700 und 1000 Meter hoch. Den Ausgang in die Ebene bewacht die gotische Burgruine *Turna.* Auf der Weiterfahrt nach Košice dehnt sich rechts breit hingelagert das Flachland mit Sonnenblumen- und Tabakfeldern, links reichen wie neugierige Zungen die Ausläufer des Slowakischen Erzgebirges gelegentlich noch bis in Straßennähe. In breitem Bogen führt der Weg nordostwärts nach Košice hinein.

Das heutige **Košice** ist eine sehr lebhafte Stadt, nächst Bratislava die bedeutendste der Slowakei mit über 200000 Einwohnern. Sie hat eine Universität, eine Technische Hochschule, wissenschaftliche Forschungsinstitute, wichtige Industrieunternehmen, vor allem Maschinenbau.

Wie die Entwicklung der anderen im Mittelalter blühenden slowakischen Städte stockte auch Košices Entwicklung im 16. Jahrhundert. Aber während Bardejov (Bartfeld), Levoča (Leutschau), Kežmarok (Käsmark) und Žilina (Sillein) zu bedeutungslosen Provinzstädten herabsanken, geriet Košice durch seine geographische Lage immer wieder in die große Politik. Es gehörte zu jenen Gebieten des Königreichs Ungarn, die nicht über längere Zeitspannen hin türkisch waren,

und erhielt daher 1657 eine Universität. Eine Generation später aber war Ungarn von den Türken frei und verlegte nach und nach seine an der Peripherie untergebrachten Kulturzentren in Bratislava, Nitra, Trnava und Košice wieder ins Landesinnere. 150 Jahre später hatten Tschechen und Slowaken ihren gemeinsamen Staat gebildet. Nun gab es Reibereien mit Ungarn, das aufgrund der Wilsonschen Prinzipien Teile der Ostslowakei mit verhältnismäßig großer ungarischer Minderheit beanspruchte. Im bösen Jahr 1938 erhielt Ungarn von Hitlers Gnaden dieses Gebiet, und Admiral Horthy ritt auf schimmerndem Schimmel in Košice ein.
1945 schließlich, nach der Befreiung der Slowakei am 5. April, verkündete hier die Nationale Front der Tschechen und Slowaken ihr Nachkriegs-Regierungsprogramm: das Kaschauer Programm, das eine große Koalition der bürgerlich-demokratischen mit den sozialistischen Parteien vorsah.

Jede Epoche vom 13. bis ins 20. Jahrhundert hinterließ ihre Spuren: Der schönste gotische Sakralbau der Slowakei ist der *Elisabethdom* (Baubeginn 1378). Die *Michaelskapelle* daneben ist etwas älter. Von 1299 stammt die *Dominikanerkirche* mit ihrem sechsteiligen Gewölbe, sie blieb allerdings nicht rein erhalten, sondern wurde im 18. Jahrhundert barockisiert.
In der Hauptstraße, der *Leninova,* gibt es eine ganze Menge schöner Bauten: das *Levočský dôm* (Leutschauer Haus) aus dem 15. Jahrhundert, später mehrfach umgebaut; das alte Komitathaus (*bývalý župný dôm*) stammt aus dem 17., das neue Komitathaus (*nový župný dôm*) aus dem 18. Jahrhundert; der Sitz des Stadtkommandanten und der Stadtverwaltung wurde 1654 gebaut und ist heute *Technisches Museum.* Ferner stehen in der Leninova schöne klassizistische Bauten mit Loggien und Arkaden in den Höfen: das Palais Desseffy, heute *Gemäl-*

degalerie; das Palais Forgách, heute staatliche wissenschaftliche *Bibliothek*, und das *Rathaus* (Radnica). Reste der Stadtmauern und Wälle findet man an vielen Stellen, besonders gut erhalten blieben die *Henkerbastei* (Katová-Bašta) aus dem 13. Jahrhundert und der Kerker *Miklošová väznica* (Niklausturm) mit seiner Folterkammer.
Das große Ferienzentrum der Ostslowakei unterhalb des *Vihorlat-Gebirges* rings um den elf Kilometer langen, drei bis vier Kilometer breiten Stausee *Zemplínska Šírava* liegt etwa 70 Kilometer östlich von Košice in der Nähe von *Michalovce.*

Dritter Tag

Über die 36 Kilometer entfernte Industriestadt *Prešov* (Preschau) mit dem Umweg über Bardejov geht es in die *deutsche Sprachinsel Zips* und dann in die *Hohe Tatra.* Die Straße führt durch das angenehme Torysa-Tal. Rechts, jenseits des breiten Tales steigt allmählich das *Slanské pohorie* (Schlaner Berge) an, das die 1100-Meter-Grenze nicht ganz erreicht. Links sieht man anfänglich die östlichen Ausläufer des Slowakischen Erzgebirges, dann schiebt sich der Gebirgszug der *Čierna hora* in Straßennähe und schließlich die *Šarišská vrchovina.* Der ganze Weg von Košice bis in die *Hohe Tatra* ist abwechslungsreich-fröhlich. Nichts von der träumerischen Melancholie des Böhmerwaldes. In den Dörfern «ist etwas los». Vor allem erstaunt die Bautätigkeit. Neben häßlichen, schlecht proportionierten Bauten sehen wir viele neue einstöckige, fast quadratische Einfamilienhäuser mit breiten, sanft ansteigenden Dächern. Haus und Dachstock bilden eine schöne Harmonie. In manchen Gegenden ist die traditionelle Hausform beibehalten worden: Die Schmalseite des langgestreckten Hauses ist der Straße zugewandt, an der Längsseite zieht sich eine offene Veranda entlang. Viel Anlaß zu Spaß geben die Gänseherden. Es drängt sich die Vorstellung auf, es gebe in der Slowakei mehr Gänse als Menschen. Von den Menschen sieht man wenig. Abseits der Straße, dem Blickwinkel des Fahrers fast entzogen, arbeiten sie gebückt einträchtig auf den Feldern – man sieht nur Hinterteile in Arbeitshosen. Die Gänse aber regieren energisch die Dorfstraßen und behaupten ihr bedingungsloses Vorfahrtsrecht, manchmal würdig und pompös, manchmal aufgeregt und entrüstet; und oft keift mit aufs äußerste gerecktem Hals ein Ganter auf den langsam und behutsam-höflich am Straßenrand rollenden Wagen los, der die Marschroute seiner Damen in Unordnung gebracht hat.

Prešov (knapp 70000 Einwohner) wurde als wichtiger Markt an der Handelsstraße Ostsee–Konstantinopel 1376 Freie Königliche Stadt. Am Markt stehen wohlerhaltene Gotik- und Renaissancehäuser, das schönste ist das *Rákoczi-Doppelhaus* (heute Museum). Die spätgotische *Niklaskirche,* 1330 begonnen, wurde 1505 vollendet. Die *orthodoxe Kirche* wurde im 18. Jahrhundert barockisiert. Die *evangelische Kirche* gehört dem 17. Jahrhundert an. Von den Stadtbefestigungen blieben einige Basteien und Gräben sowie der spätgotische *Caroffo-Kerker* (1624) erhalten. Die meisten Geschäfte tragen zweisprachige Aufschriften: slowakische und ukrainische. Prešov ist das Zentrum der ukrainischen Minderheit (55000), die hier ein ständiges Nationaltheater besitzt.

Bardejov (24000 Einwohner), 41 Kilometer nördlich (in Kapušany verläßt man die Hauptstraße und nimmt links die gut ausgebaute Bezirksstraße), gehörte im Mittelalter ebenfalls zu

den großen Handelsstädten. Sie geriet, im Nordostwinkel des Landes gelegen, allmählich so völlig in Vergessenheit, daß hier – abgesehen von der jüngsten Zeit – seit der Renaissance kaum Neues gebaut wurde, die mittelalterliche Stadt steht noch heute. Auch hier wohnen viele Ukrainer. Besonders hervorzuheben ist die *Ägidiuskirche* (14. Jh.) mit ihren elf herrlichen *Flügelaltären* aus der Werkstatt des Veit Stoss. Hier blieb reine Gotik ohne späteres Beiwerk. Gegenüber steht das *Rathaus* (Spätgotik und Frührenaissance), sein Erker von 1508 ist das früheste Renaissancebaudenkmal der Slowakei. Den steilen Giebel zieren in gleichmäßigen Abständen kleine Skulpturen; sie wirken wie Kinder, die eine Leiter hinaufklettern. Die Giebelspitze schmückt eine Rolandstatue – das mittelalterliche Wahrzeichen städtischer Privilegien. Von den Stadtbefestigungen sind einige Basteien, Tore, Mauerreste und ein Wassergraben erhalten.
Wer sich für Kriegsgeschichte interessiert, hat vielleicht Lust, noch 50 Kilometer weiter in nordöstlicher Richtung zu fahren, wo von Krajná Pol'ana bis zur Dukla-Paßhöhe der Verlauf der Kämpfe am *Dukla-Paß* (1944) genau rekonstruiert worden ist mit Bunkern, Beobachtungsposten, Gefechtsständen, Schützengräben, Deckungen, Geschützstellungen einschließlich Waffen. Der Weg ist leicht zu finden. Tut man diesen Schritt in die jüngste Geschichte, sollte man nicht den Ehrgeiz haben, noch am selben Tag die Hohe Tatra zu erreichen, sondern in Prešov übernachten, im A-Hotel «Dukla» oder im B-Hotel «Verchovina».

Man kann aber auch eine ganz andere Entdeckung in Bardejovs Umgebung und den Niederen Beskiden machen: die in Mitteleuropa einzigartigen Holzkirchen. Es gibt sehr viele in der Slowakei, aber nur wenige sind von den Hauptstraßen aus

In Jedlinka in den Niederen Beskiden steht diese slowakische Holzkirche

bequem erreichbar. Von Bardejov aus kann man auf einem landschaftlich reizvollen Ausflug von rund 100 Kilometer eine Anzahl dieser Kirchen leicht finden.

Drei **Grundtypen dörflicher Holzkirchen** sind in der Slowakei verbreitet:

1. Der noch gotischer Tradition verpflichtete Längsbau in der Nordslowakei (bei Žilina, Trnové, Orava, Tvrdošin).
2. Der Zentralbau mit seinem Grundriß in Form eines griechischen Kreuzes – eine Abwandlung des schlesischen Bautypus – ist vor allem in der Mittelslowakei und der Zips als protestantische Kapitularkirche verbreitet (hervorragendes Beispiel: Käsmark).
3. Die orthodoxen Kirchen der Ost- und Nordslowakei, in denen byzantinische Traditionen und Barockelemente in eigen-

artiger Weise zusammenwirken. Dieser Bautypus ist der jüngste: 18. und 19. Jahrhundert.
Auf der vorgeschlagenen Spazierfahrt sind orthodoxe Holzkirchen aus dem 18. Jahrhundert kennenzulernen. Die überwiegende Dreiräumigkeit im Innern wird nach außen meist durch drei sich nach Westen vergrößernde und höher werdende Türme betont. Kuppel, Decken, Nord-, Ost- und Südwände im Sanktuarium sind ausgemalt, die Westwand ist der Ikonostase vorbehalten. Zwischen Pflanzenornamente, seltener auch zwischen geometrische Muster, plazierten die Maler Gestalten aus dem Alten und Neuen Testament, während in dem für die Gemeinde bestimmten Schiff die Wände mit kleinen und größeren Szenen aus der Heiligen Schrift ausgemalt waren. Häufig entsprach der Farbigkeit des Innern eine einfache Bemalung außen: der Fenster, der Tür, der geschnitzten Tragbalken, des Dachgesimses und der Zwiebeldächer.
Der Ausflug beginnt im nur wenige Fahrminuten (7 km) nordwestlich von Bardejov gelegenen Heilbad **Bardejovské Kúpele.** Schon im 13. Jahrhundert hatten hier Zisterziensermönche heilkräftige Quellen entdeckt. Im 19. Jahrhundert liebten gekrönte Häupter und die ungarische Aristokratie das kleine Bad, unter anderen Napoleons Gattin Marie-Louise, Zar Alexander I. von Rußland und die österreichische Kaiserin Elisabeth. Den Kurpark zeichnet ein *Freilichtmuseum für Volksarchitektur* aus, und hier finden wir die erste *Holzkirche;* sie ist ein typisches Beispiel für ursprüngliche Außenbemalung, stammt aus der Mitte des 18. Jahrhunderts und wurde 1837 erweitert.

Ich möchte Sie nun zu acht weiteren Holzkirchen führen. Sie fahren über Zborow in Richtung Dukla-Paß und finden in *Jedlinka* die erste Kirche. Die nächste steht in *Ladomírová.*

Am Ortseingang biegen Sie rechts ab, dann gleich wieder links ein und fahren ins Dorf hinunter, wo Sie die Kirche rasch sehen werden. Auf der Weiterfahrt haben Sie es in *Hunkovce* noch einfacher: Die Kirche liegt links oberhalb der Durchfahrtsstraße. Zum Dörfchen *Krajné Čierno* biegen Sie beim Hinweisschild an der Hauptstraße rechts ab und erreichen den Ort nach drei Kilometer. Am oberen Dorfrand liegt das Kirchlein. Zurück auf der Hauptstraße, fahren Sie weiter bis Krajná Pol'ana. Hier gabelt sich die Straße, rechts geht es zu den Kirchen in *Bodružal* und *Mirol'a* (insgesamt sieben Kilometer), links in Richtung Dukla-Paß biegen Sie nach drei Kilometer rechts ab zur Holzkirche im Dorf *Komárnik.*

Nicht immer wird es Ihnen gelingen, die Kirchen auch von innen zu besichtigen. Doch meistens genügt es, dem ersten, dem man im Dorf begegnet, klarzumachen, daß man gerne in die Kirche möchte, er wird nach einigem Zögern den Mann oder die Frau mit dem Kirchenschlüssel herbeizaubern.

Die achte Kirche, die wertvollste und älteste (nach anderer Schätzung die zweitälteste) liegt südlich von Bardejov. Man fährt in Richtung Prešov und biegt nach sechs Kilometer beim Hinweisschild Richvald rechts ab. 100 Meter weiter steht der Wegweiser nach *Hervartov.* Die **Kirche von Hervartov** ist ein Holzbau vom gotischen Typ und wurde 1593 bis 1596 aus Eibenholz gebaut mit einem polygonalen Sanktuarium, einem langgestreckten Schiff und mächtigem prismatischem Turm. Die Wandbemalung aus der Zeit ihrer Renovierung 1650 bis 1665 zeigt großflächige Szenen aus dem Alten und Neuen Testament. Von der ursprünglichen Innenausstattung blieben ein *Kreuz* aus dem frühen 16. Jahrhundert mit einer spätgotischen Christusfigur erhalten, ferner *Tafelbilder* aus der zweiten Hälfte des 16. Jahrhunderts und ein *hölzernes Taufbecken.*

Die Holzkirche in Hervartov (1593–1596) gehört zu den ältesten des Landes

Wer zu müde für einen weiteren Kirchenbesuch ist, kann ihn auf dem Weg in die Hohe Tatra nachholen.
Für diese Fahrt gebe ich zwei Routen an. Die erste: Sie fahren von Bardejov oder von Bardejovské Kúpele nach Prešov zurück, dann auf der Staatsstraße 18 (E85) westwärts.
Bald geht es in langgeschwungenen Serpentinen hinauf in den *Branisko,* einen von Nord nach Süd ziehenden Waldgebirgszug, der auf 1200 Meter ansteigt. Auf der Paßhöhe muß man einen Augenblick anhalten: vor uns breitet sich die Ebene aus, das weite Tal beherrscht auf einsamem Bergkegel die Ruine der **Zipser Burg** (Spišský hrad), und fern am Horizont zeichnet sich die ganze Gipfelkette der Hohen Tatra ab.
In großen Schleifen führt die Straße zu Tal. Von *Spišské-Podhradie* (3500 Einwohner) aus kann man in 25 Minuten zu Fuß zur Ruine hinaufsteigen. Der Aufstieg lohnt sich. Da die Burg seit 1702 unbewohnt war, wurden die für andere Bauvorhaben benötigten Steine kurzerhand hier gestohlen. Die ältesten Teile der Burg gehören schon ins 12. Jahrhundert; am schönsten sind der langgestreckte *gotische Palas* des 13. Jahrhunderts und die Reste der *Burgkirche.* Das 15. und das 16. Jahrhundert fügten Renaissancewohnbauten hinzu. Große Teile der Befestigungsanlagen stehen noch.
Offenbar kommen nicht oft Besucher hier herauf. Es ist still in den weiten Gemäuern und auf den grasbewachsenen Höfen. Nur Feldmäuse huschen, durch unsere Schritte aufgeschreckt, plötzlich geräuschlos ein paar Meter vor uns her und verschwinden ebenso plötzlich spurlos in einem anderen unsichtbaren Schlupfloch. Leicht bitterlicher Geruch umfängt uns aus dem vom Sommer müden Gras und dem sonnenwarmen Felsgestein, Bussarde kreisen hoch über den verfallenen Zinnen: eine außerzeitliche Welt. Aber beim Abstieg bringen die Kartoffelleserinnen auf dem riesigen, bis an den Burgfel-

sen reichenden Acker die Gegenwart wieder zurück. Wie die Zinnsoldaten in Reih und Glied stehen an den Furchenenden die gefüllten Säcke, und in gleichmäßiger Linie bewegen Frauen und Mädchen sich voran, um die besonders guten Zipser Kartoffeln einzubringen, ehe die langen Herbstregen die Arbeit noch schwerer machen.
Auf der Weiterfahrt nach Levoča (Leutschau) liegt gleich hinter dem Ortsausgang von Spišské-Podhradie am Berghang das von Mauern umgebene *Zipser Domkapitel* (Spišská kapitula), eine überaus malerische Anlage. Jenseits der Toreinfahrt ziehen sich zu beiden Seiten des langen, verhältnismäßig schmalen Hofes kleine und größere Häuser hinauf. Die Höhe beherrscht die spätromanische *Kathedrale.* Im 15. Jahrhundert kam es zu einigen baulichen Veränderungen und zum Anbau der gotischen *Zápolský-Kapelle.*

15 Kilometer weiter liegt das alte **Leutschau** (11000 Einwohner). Es wurde 1245 gegründet nach dem Sieg über die Tataren und ihrer Abdrängung aus Mitteleuropa (1241/42). Hier kreuzten sich die Handelsstraßen von Ungarn nach Polen und Schlesien, und der Ort blühte zu einer wohlhabenden Stadt auf, die mit dem nordwestlich gelegenen Käsmark (Kežma-

Levoča (Leutschau): prächtig verziertes Gitter im Hof des Hauses Nr. 45

rok) um den Vorrang stritt. An hohen Stadtmauern entlang kommt man durch ein Stadttor in die breit angelegte *Altstadt*. Ihr Zentrum ist der langgestreckte *Marktplatz* mit seinem Saum von Renaissancehäusern. Von den gotischen Profanbauten blieben nur einige Portale erhalten.

In der Mitte des Platzes steht das behäbige *Rathaus* und ihm gegenüber die *Jakobskirche*. Das Rathaus ist relativ jung: das ursprünglich gotische Rathaus brannte 1550 ab, der Wiederaufbau, nun mit mächtigem Laubengang und Arkaden im ersten Stockwerk, war erst 1615 vollendet. Heute beherbergt es das *Zipser Museum*. Vor dem Rathaus steht der noch im 19. Jahrhundert als Pranger benutzte Renaissancekäfig.

Die Jakobskirche aus dem 14. Jahrhundert wurde Ende des 15. Jahrhunderts gotisch umgestaltet; sie enthält den größten noch erhaltenen spätgotischen Altar Europas, eine Holzschnitzarbeit von allerhöchstem Rang: den 18 Meter hohen, sechs Meter breiten **Hochaltar** des Meisters Paul von Leutschau.

Neben diesem Wunderwerk gibt es noch viele andere Kunstschätze in der Kirche. Zwei der *Flügelaltäre* stammen ebenfalls von Meister Paul, die übrigen von seinen Schülern oder von unbekannten Meistern. Die beiden Altäre in den Seitenschiffen, der eine mit dem Wappen des böhmischen und ungarischen Königs Wladislaw Jagiello, der andere mit dem des polnischen Königs Johann Albrecht Jagiello, sind dem Hochaltar nachgebildet und anläßlich der Zusammenkunft beider Könige in Leutschau zu Ostern 1493 gestiftet worden.

An der linken Seitenwand wurden hervorragend erhaltene Wandmalereien aufgedeckt. Die eine zeigt die Vita der heiligen Dorothea, die andere die sieben Tugenden und die sieben Todsünden. Besonders drastisch ist die Darstellung der Todsünden: Hochmut, Eitelkeit, Unkeuschheit, Völlerei, Geiz,

Altar des Meisters Paul in der Barbarakapelle

Leutschau: Vom Wasser bekommt man dicke Hälse

Leutschau ist die andere Königliche Haupt-Stadt, wol gebauet, und liegt auf einem Hügel, hat schöne Gassen und einen großen gevierten Marckt, eine schöne Kirche mit einer herrlichen Orgel und zierlichen Predigtstuhl. Das Rathauß, die Schul und das Kaufhauß sind auch sehenswürdig. Die Rathsherren gehen in teutschen Mänteln zu Rath, obschon die übrige Kleidung Ungarisch ist. Die Burgerschafft nehrt sich meist von dem Bierbrauen und Feldbau, wie wol auch die Jahrmärckt ein ziemliches eintragen. Die Gegend um dise Stadt ist sehr annehmlich wegen der lustigen Gärten und Meyrhöffe, welche hier in der Nähe herum liegen, wiewol der Grund und Boden der fruchtbarsten keiner, sondern gegen andern Städten deß Zipserlandes ziemlich schlecht ist, so ist auch das Wasser, dessen doch wenig, nicht zum besten, und bekommt man darvon dicke Hälse.
(Aus: Johann Christoph Wagner: Gründliche Beschreibung des Löblichen Königreichs Ungarn und dessen mitangränzenden Ländern, Augsburg 1684)

Zorn und Neid reiten jede auf einem anderen Tier – dem Löwen, dem Wolf, dem Hund, dem Schwein, dem Esel und so weiter – in den weit aufgerissenen Höllenschlund hinein.
Im religiös sonst so intoleranten 17. Jahrhundert diente die Jakobskirche zeitweise beiden Konfessionen; rechts befand sich die katholische, links die evangelische Sakristei.
Zwölf Kilometer hinter Levoča verlassen wir die E85 in Janovce und fahren auf einer Bezirksstraße über Vrbov nach **Kežmarok** (13 km) mit seinen 17500 Einwohnern. Bemerkenswert sind auf dem *Námestie Hradne* (Burgplatz), eigentlich eine breite Straße, links die alten *Patrizierhäuser* mit ihren Giebelgeschossen und vorkragenden Dächern. Am Stary Trh (Alter Markt) sehen wir einfachere, nur einstöckige Häuschen des gleichen Typs. In der Hviezdoslav-Straße finden wir schö-

ne *Rokokohäuser.* Neben der spätgotischen *Heiligkreuz-Kirche* steht der älteste *Glockenturm* in Zipser Renaissance. Die *Stadtburg* der Herren von Thököly wurde im 16. Jahrhundert in ein Renaissanceschloß verwandelt und während der letzten Jahre sehr gut restauriert. Erwähnt sei schließlich noch das 1799 renovierte *Rathaus* von 1461.

Käsmarks große Besonderheit ist seine *evangelische Kirche* von 1688, 1717 erneuert. Sie mußte außerhalb der Stadtgrenze liegen, und man durfte zu ihrem Bau weder Stein noch Eisen verwenden. Die Käsmarker wußten sich zu helfen: ohne Steinfundament, ohne einen einzigen Nagel bauten sie eine unscheinbare Holzkirche. Ihre Außenwände wurden inzwischen durch steinerne Mauern vor weiterer Verwitterung geschützt. Wenn man hineinkommt, verschlägt es einem den Atem. Ein herrlicher weiter Raum tut sich auf in wundervoll ausgewogenen Proportionen. Und es ist in dieser Kirche, die 1008 Sitzplätze hat, tatsächlich alles aus Holz, selbst ein hohes hölzernes Gewölbe gelang, von Eiben- und Lärchenholzsäulen getragen. Statt der Nägel benutzte man Holzstifte. Die ganze Kirche ruht auf mächtigen Balken aus Eibenholz. Ihr Grundriß bildet ein griechisches Kreuz. Gewölbe und Wände sind ausgemalt. Befremdlich mutet zunächst der steinerne Einbau rechts vom Hochaltar an. Aber: hier befand sich eine Lateinschule. Da sie nicht gottesdienstlichen Zwecken diente, durfte sie gemauert sein. Man findet die von Wellblechwänden umzäunte Kirche, wenn man sich nach der weithin sichtbaren neuen evangelischen Kirche (1892) richtet, die gegenübersteht. Von Kežmarok bis Tatranská Lomnica (Tatra-Lomnitz) sind es 14 Kilometer. Schon lange tauchte immer wieder das Panorama der Hohen Tatra auf. Auf diesem letzten Wegstück hat man es in seiner ganzen Strenge vor Augen.

Der zweite Weg nach Kežmarok und in die Hohe Tatra führt von Bardejov aus zwischen den Südausläufern der *Niederen Beskiden* und dem Nordrand des *Čergov-Gebirges* nach Westen. Wer den Umweg zur Holzkirche nach Hervartov macht, erreicht diese Straße bei Gerlachov. Bald schon fährt man durch das Poprad-Tal, an der Burgruine Plaveč vorüber und kommt durch Stará L'ubovňa.
Etwas außerhalb der Stadt liegt ihre alte Burg. Kurz hinter dem Ortsausgang zweigt rechts der Weg nach *Stará L'ubovňa Hrad* ab. Der Weg ist holprig, aber es sind auch nur drei Kilometer zurückzulegen. Etwas unterhalb der Burg, links am Wege, ist ein *Freilichtmuseum* im Aufbau. Auch hier gibt es eine orthodoxe Holzkirche aus dem frühen 19. Jahrhundert. Die aus dem 13. Jahrhundert stammende, in den folgenden Jahrhunderten erweiterte und umgebaute Burg ist noch nicht völlig restauriert, enthält aber bereits ein kleines Regionalmuseum. Bis Kežmarok sind es nun noch 34 Kilometer.
Die **Hohe Tatra,** dieses kleinste Hochgebirge der Welt, hat 25 Gipfel über 2500 Meter und acht, die höher als 2600 Meter liegen. Der höchste Berg ist der *Gerlachovský štít* (Gerlsdorfer Spitze, 2663 m), der zweithöchste, dessen Gipfel man mit einer Schwebebahn erreichen kann, ist der *Lomnický štít* (Lomnitzer Spitze, 2634 m). Die Granitformation der Hohen Tatra schuf die Eiszeit. Ihre Gletscher formten die Terrassen und ließen 120 Bergseen zurück. Hier nennt man sie Meeraugen. Sie sind von verschiedener Farbe, Tiefe und Größe. Das höchstgelegene Meerauge ist *Modré pliesko* (2157 m), das größte *Vel-ké Hincovo pleso* (1946 m) – es ist 18 Hektar groß und 53 Meter tief. Der See *Štrbské pleso* in 1350 Meter Höhe ist nur wenig kleiner und bequem mit dem Auto oder auch auf einer Wanderung zu erreichen, ihn sollte man jedenfalls besuchen.

Zwischen den Orten *Štrbské pleso* und *Tatranská Lomnica* geht ein Kurort in den anderen über. Hauptzentren sind *Starý Smokovec* (Alt-Schmecks) und Tatranská Lomnica (Tatralomnitz). Hotels, Pensionen und Sanatorien liegen am Waldrand oder im Wald. Und beim Verlassen des Wagens sperrt man unwillkürlich Mund und Nase auf und saugt tief den kribbelnd frischen Ozon der leider teils beträchtlich geschädigten Fichtenwälder ein.

Vierter bis sechster Tag

Die Hohe Tatra ist überall und zu jeder Jahreszeit schön, aber auch in Nebel und Regen hat sie ihren besonderen Reiz. Fahren Sie einmal an einem Regentag mit der Drahtseilbahn von Starý Smokovec aus zum *Hrebienok* hinauf und spazieren Sie an der Kamzík-Hütte vorüber zum *Riesenwasserfall* (Obrovský vodopád) und auf dem Rückweg, wieder an der Kamzík-Hütte vorbei, zu den Kaskaden *Studenovodské vodopády,* dann begreifen Sie die Wirklichkeit der alten Märchen. Die Märchenwälder unserer Kindheit mit Waldgeistern, Feen, Kobolden und seltsamen Ungeheuern, sie gibt es tatsächlich. Und es wird sie hoffentlich noch lange geben, denn das gesamte Gebiet der Hohen Tatra ist Naturschutzgebiet.
Die Ausflugsmöglichkeiten sind schier unerschöpflich, von geruhsamen Waldspaziergängen ohne größere Steigungen über ausgedehnte Wanderungen und Klettertouren aller Schwierigkeitsgrade. Auf jeden Fall aber sollte man zum *Lomnický štít* hinauffahren. Fahrkarten für die Schwebebahn, die fast 1800 Meter Höhenunterschied bewältigt, muß man sich einen Tag im voraus besorgen. Vom Gipfel hat man eine

unvorstellbar schöne Aussicht auf die meisten Gipfel der Hohen Tatra: Slavkov (2452 m), Gerlachovský štít (2663 m), Kežmarský štít (2556 m), Rysy (2499 m), Kriváň (2494 m) und L'adový štít (2630 m), hinab in die Seitentäler und hinüber auf die Belanské Tatry (Weiße Tatra).
Auf der Rückfahrt, man darf nur 40 Minuten auf dem Gipfel verweilen, kann man von der Zwischenstation Skalnaté pleso aus noch ein wenig wandern, im nicht sehr behaglichen Restaurant vespern oder einfach irgendwo zwischen dem Knieholz auf warmen Steinen ein behagliches Sonnenbad nehmen.

Einige Hinweise auf die **Schönheiten der weiteren Umgebung:** Eine Fahrt nach Ždiar beispielsweise ist ein Halbtagsausflug, von Starý Smokovec aus 24 Kilometer, von Tatranská Lomnica 17 Kilometer. Man fährt auf der *Cesta slobody* (Freiheitsstraße), die von Štrbské pleso durch die Hohe Tatra und die Weiße Tatra nach *Javorina* an die polnische Grenze führt und ihren Namen zu Ehren der Partisanen des Zweiten Weltkriegs trägt. Anfänglich sieht man noch gelegentlich die Lomnitzer Spitze und daneben die Käsmarker Spitze, dann biegt die Straße nach Nordwesten ab und zieht am Fuß der *Weißen Tatra* entlang. **Ždiar** (896 m ü. M.) ist ein Dorf mit überwiegend slowakischer Holzarchitektur. Häuser- und Stallwände bestehen wie Blockhäuser aus horizontal übereinandergestapelten Baumstämmen, die Ritzen sind mit Moos abgedichtet. Außenwände, Fensterrahmen, Türeinfassungen sind mit kräftigen, klaren Farben in Rot, Gelb und Blau bemalt und mit Ornamenten verziert. Die Dächer der älteren Häuser haben keine Schornsteine. Der Rauch vom Herd oder dem mächtigen Stubenofen zieht ganz einfach durchs Dach ab. In einem der Häuser, ein Schild weist den Weg dorthin, kann man eine Bauernstube besichtigen: ein 150 Jahre alter Webstuhl, Truhen, eine Wiege, ein riesiger Ofen. An den Wänden hängen alle möglichen Arten von Kleidungsstücken: Röcke, Mieder, Schürzen, Hauben, Blusen mit üppigen Stickereien und Spitzen. Sattes, leuchtendes Rot ist die Lieblingsfarbe. Junge Mädchen und Burschen präsentieren sich kichernd in reichen Festtrachten und lassen sich gern fotografieren. Besser als das für Touristen aufgeputzte Ždiar gefällt mir **Javorina** (12 km westlich). Hier ist Holz das normale Baumaterial ohne musealen Anstrich.

Der Besuch von Ždiar ist bequem zu verbinden mit einem Ausflug nach *Červený kláštor* an der polnischen Grenze und einer Floßfahrt auf dem *Dunajec.* Von Ždiar fährt man auf der Staatsstraße 67 etwa 20 Kilometer. Kurz vor *Spišská Belá* zweigt links eine kleinere Straße nach Slovenská Ves ab, die quer durch das Waldgebirge *Spišská Magurka* über Spišská Stará Ves nach Červený kláštor führt (von Ždiar aus 60 km). Der Ort liegt am Anfang eines geobotanischen Naturschutzgebietes mit im übrigen Europa großenteils ausgestorbenen Gewächsen. Das Kloster, 1319 gegründet, ist in ein Hotel umgebaut. Hauptreiz ist die romantische Floßfahrt auf dem Dunajec. Anlegeplatz ist im Ort.

Eine andere Tagestour führt ins **Slovenský ráj** (Slowakisches Paradies), von *Poprad* aus in etwa 40 Minuten zu erreichen. Es ist ein kleineres Gebirge voller Seltsamkeiten, mit Schluchten, Wasserfällen und Kaskaden, vielen Höhlen und steilen, bis zu 300 Meter senkrecht hochragenden Felswänden. Oft trennen nur ein bis zwei Meter breite Kamine die schroffen Wände.

Um zur *Dobšinská l'adová jaskyna,* einer besonders schönen Eishöhle, zu kommen, fährt man von Poprad auf der 67 nach Süden (26 km), biegt links ab und ist nach wenigen Fahrminuten am Fußweg zur Höhle. Deren Eingang liegt 969 Meter über dem Meer. Die Höhle ist 400 Meter lang und stellenweise 100 Meter hoch. Der sogenannte Große Saal ist 120 Meter lang, zwölf Meter hoch und zwischen 35 und 60 Meter breit. Eissäulen mit einem Umfang von zwei bis vier Meter, stellenweise zwölf Meter hoch, bilden eine Galerie. Den unteren Teil der Höhle bedeckt eine 20 Meter dicke kompakte Eisschicht.

Siebter und achter Tag

Die beiden Tage gehören der Niederen Tatra, der Vel'ká Fatra und der Malá Fatra. Ich habe relativ kurze Tagesstrecken zusammengestellt, die eine 158, die andere 180 Kilometer, damit man nach Belieben haltmachen und spazierengehen kann. Wer wenig Zeit hat, schlägt den direkten Weg ein und ist schon am Abend des siebten Tages in Rajecké Teplice. Auch der direkte Weg ist schön und abwechslungsreich. Man benutzt die Staatsstraße 18 über Liptovský Mikulás, Ružomberok und Vrútka bis Žilina und nimmt dort die nach Süden führende Bezirksstraße nach Bad Rajecké Teplice, insgesamt 166 Kilometer.

Zunächst der direkte Weg: Eine ganze Weile noch kann man von der Gipfelkette der Hohen Tatra Abschied nehmen, dann fesselt neue Landschaft die Aufmerksamkeit. Rechts ist das Tal breit; die Ausläufer der *Westlichen Tatra* nähern sich nur hier und da der Straße. Aber links reichen die Hänge der *Niederen Tatra* mit ihrer unendlich reichen Gliederung bis an die Chaussee. Ist man zeitig in *Liptovský Mikulás,* kann man (nur vom 15. Mai bis 15. September) auch noch die *Demänovska-Höhlen* besuchen. Zehn Kilometer südlich der Stadt, bei der

Hütte Odboj, ist der Eingang zur ersten Höhle, der Drachenhöhle. Zwei Kilometer weiter führt von einem Parkplatz aus ein Fußweg von zehn Minuten zur Freiheitshöhle.
Der breite Talkessel, in dem Liptovský Mikulás liegt, endet bei *Ružomberok.* Die Waag hat sich zwischen Choč-Gebirge und Vel'ká Fatra nur ein ganz schmales Tal erzwungen, das erst hinter *Kral'ovany* breiter wird. Aber dann legt sich die *Malá Fatra* quer über die Straße, der *Strečno-Engpaß* führt zwischen dem *Minčol* (1364 m) links und der *Magura* (1376 m) rechts durch. An seinem Ende steht auf fast unzugänglichem Felsen die *Burg Strečno,* die, 1321 erstmals urkundlich erwähnt, im 16. Jahrhundert mehrmals umgestaltet wurde; seit dem Ende des 17. Jahrhunderts ist sie Ruine.
Vor der Einfahrt nach Žilina liegt rechts am Zusammenfluß von Kysuca und Waag das *Wasserschloß Budatin,* im 13. Jahrhundert als romanisch-gotische Burg errichtet und später zum Renaissanceschloß umgebaut, mit dem Waag-Museum und einer Bildergalerie. Es enthält neben anderen interessanten Exponaten eine einzigartige Kuriosität: Das *Drahtbinder-Museum.* Die slowakischen Drahtbinder (Drotary, im Österreichischen nannte man sie Rastelbinder) betrieben ein nun wohl ausgestorbenes Wandergewerbe, das ihnen internationalen Ruf eintrug. Sie verfertigten Haushaltsgegenstände wie Siebe und Drahtkörbe aller Art und Größe, Gartenmöbel, Ziergegenstände wie Bilder- und Spiegelrahmen, Nippsachen, Blumenständer und -körbe, Schmuckkästen und Puppenmöbel, aber auch derbere Dinge wie Zäune aller Art und Geräte, die in Fabriken und Bergwerken benötigt wurden. Ihre Wanderungen führten sie ins benachbarte Deutschland und Österreich, aber auch weit nach Rußland hinein, bis Tiflis. Im Drahtbinder-Museum können Sie die ganze knifflige Kunstfertigkeit bewundern, die dieses Handwerk erforderte.

Žilina ist mit knapp 85000 Bewohnern die drittgrößte Stadt der Slowakei mit viel Industrie. Den urbanen Rang der anderen slowakischen mittelalterlichen Handelsstädte hat sie offenbar, obwohl am Kreuzungspunkt von fünf Handelsstraßen gelegen und schon seit dem 13. Jahrhundert Stadt, nicht erreicht. Die zum Teil gut erhaltenen Häuser um den viereckigen Markt und die Häuser am Stadtwall zeugen von Achtbarkeit, nicht aber von großem Reichtum in alter Zeit.

13 Kilometer südlich von Žilina, in **Rajecké Teplice,** ist das Tagesziel erreicht. Es ist ein kleiner Badeort (Nerven- und Gefäßleiden) am Ufer der Rajčanka, in dessen großem Kurpark man am Abend noch einen angenehmen Spaziergang machen kann. Für die zeitlosen Bummler gilt der andere Vorschlag, der auf großen Umwegen am zweiten Tag die Spur der Eiligen trifft.

Von Poprad fährt man auf der 67 am Ostrand der Niederen Tatra etwa 26 Kilometer nach Süden bis zur Straßengabelung der 67 und 66, dann auf der 66 weiter durch *Švermovo* (2100 Einwohner). Das Dorf wurde während des slowakischen Aufstandes niedergebrannt und nach dem Krieg neu aufgebaut. Von hier aus gibt es einen Fußweg zur 1948 Meter hohen *Král'ová hol'a,* dem höchsten Gipfel der östlichen Niederen Tatra.

Die Straße 66 folgt nun dem Hron-Tal zwischen der Niederen Tatra und der Muráňská planina. Man kommt durch *Hel'pa* und biegt nach 25 Kilometer kurz vor Brezno nach Norden auf die 72 ab, eine 37 Kilometer lange Paßstraße mitten durch die Niedere Tatra. Wo die 72 auf die E85 (Staatsstraße 18) stößt, folgt man ihr nach links bis Liptovský Mikuláš, 17 Kilometer durch das Waag-Tal.

Ist das Wetter gut, wird man sich im Industriestädtchen **Lip-**

tovský Mikulás (rund 25 000 Einwohner) nicht lange aufhalten trotz seines *Slowakischen Karst-Museums,* seiner *Peter-Bohún-Gemäldegalerie* und des *Janko-Král'-Literaturmuseums.* Man fährt ins Demänovska-Tal und ins Jasná-Gebiet nach Süden weiter (16 km). Zunächst gibt es die beiden *Demänovska-Höhlen* im Nordteil des Tales zu besichtigen. Ein 2½stündiger Spaziergang führt durch die unterirdischen Säle und Dome, dieser erst 1921 entdeckten Zauberwelt. Der Südteil des Tales, ein Naturparadies, erweitert sich zu einem Kessel, umschlossen vom Hauptkamm und zwei Seitenkämmen der Niederen Tatra. Man fährt durch kleine Touristenorte an den *Machnôta-Felsen* vorbei, ein Dorado für Kletterlustige mit alpinen Aufstiegen der Schwierigkeitsgrade II bis V, bis zum Sattel *Biela Put'.* Dann gabelt sich die Straße: der eine Weg führt zum Hotel Družba und zur Talstation des Sessellifts auf den Chopok (2024 m), der andere zum Gasthof «Mikulášská chata» und dem See Vrbické pleso. Der Sessellift führt aus 1235 Meter Höhe bis zum Hauptkamm der Niederen Tatra (2005 m) unterhalb des Chopok-Gipfels und auf der Südseite in zwei Teilstrecken hinunter ins Tal *Bystra dolina* zum Hotel «Srdiečko». Von hier aus erstreckt sich ein Touristen- und Wandergebiet etwa zehn Kilometer nach Süden mit Zentrum *Tále.* Von **Jasná** aus gibt es markierte Touristenwege zum höchsten Gipfel, dem *Ďumbier* (2045 m). Auch zum Chopok und zur Pol'ana kommt man von Jasná aus. Dies zur Information für solche, die sich nicht entschließen können, das schöne Jasná-Gebiet schon am andern Morgen zu verlassen.

Zurück in Liptovský Mikuláš, geht es das Waag-Tal abwärts nach Westen bis **Ružomberok** (38 km). 1318 als Bergbaustadt gegründet, ist die Stadt – umschlossen von Choč-Gebirge, Vel'ká Fatra und Niederer Tatra – heute ein wichtiges Zen-

trum der Holzindustrie. Das *Revúča-Tal* aufwärts fahren wir über die Hochstraße (59), die Vel'ká Fatra und Niedere Tatra trennt, 45 Kilometer nach Süden, verlassen sie bei *Ul'anka* und fahren nach rechts auf einer kurvenreichen Straße über Harmanec (s. S. 282) 25 Kilometer durch den Südteil der Vel'ká Fatra bis zur Straße 65, der wir nach rechts bis *Diviaky* folgen. Das *Renaissanceschloß* Diviaky, als Festung im 17. Jahrhundert gebaut, wurde vor einigen Jahren restauriert, ist aber der Öffentlichkeit nicht zugänglich.
Das *Turiec-Tal,* das Vel'ká Fatra und Malá Fatra trennt, durchquert man nordwestlich und erreicht nach 16 Kilometer den Südostrand der Malá Fatra bei *Kláštor pod Znievom* am Fuß des Berges Zniev. *Burg Zniev* aus dem frühen 12. Jahrhundert ist Ruine; Prämonstratenserkloster und Kirche sind jedoch wohlerhalten. Das 1251 gebaute Kloster wurde im 16. Jahrhundert renoviert; die Kirche, kaum verändert, gehört zu den kostbarsten Bauten slowakischer Gotik. Die Straße führt nun durchs Gebirge in südwestlicher Richtung, vor dem Ortseingang Kl'ačno zweigt man rechts ab und fährt nordwestlich nach Fačkov und Rajecké Teplice (31 km).
Statt die Malá Fatra zu durchfahren, kann man es sich auch bequemer machen und von Kláštor pod Znievom nach *Martin* im Turiec-Tal fahren und dort übernachten (B-Hotel «Turiec», C-Hotel «Slovan»). Man hat dann allerdings am nächsten Tag über Žilina einen weiteren Weg nach Bratislava (245 km) oder Brünn (243 km).
Die im 13. Jahrhundert gegründete Stadt **Martin** (57 000 Einwohner) spielte im 19. Jahrhundert eine wichtige Rolle im slowakischen Kulturleben. Hier entstand der Slowakische Kulturverein (Matica slovenská), der eine literarisch-politische Zeitschrift gründete. Natürlich wurde sie bald verboten. Trotzdem blieb die Stadt Mittelpunkt der slowakischen Na-

tionalbewegung. Martin war 1944 Zentrum der Partisanenbewegung; schon drei Tage vor der offiziellen Ausrufung des Aufstandes in Košice wurde Martin am 26. August durch Partisaneneinheiten befreit.

Neunter Tag

Von Rajecké Teplice fährt man durch die Stražovské vrchyna (Stražov-Berge) 31 Kilometer bis Považská Bystrica und umrundet das Nordufer des Stausees der Nimnická priehradná nadrž, einer Staustufe der Waag. Der Stausee beginnt in Považská Bystrica und endet in Puchov. Die Fahrt an seinem Ufer entlang ist so schön, daß man diesen kleinen Umweg leicht in Kauf nehmen kann. Seine weite Fläche verblüfft Augen und Sinne, die noch darauf eingestellt sind, Gebirgslandschaft in sich aufzunehmen. Der nähere Weg nach Trenčín geht in Domaniža geradeaus weiter nach Süden, dann nach Westen über Pružina auf die E 16.

Da die vorgeschlagene Tagesstrecke, gleichgültig ob man nach Brünn oder Bratislava will, nur knapp 200 Kilometer beträgt, möchte ich einen Seitensprung empfehlen: Fahren Sie von Rajecké Teplice nach Fačkov zurück, biegen Sie knapp vier Kilometer südlich von Fačkov rechts ab auf die kleine Straße, die Sie nach wenigen Kilometern ins Dorf **Čičmany** bringt.

Hier gibt es *Holzarchitektur,* die kaum irgendwo sonst anzutreffen ist. Die fast quadratischen, zweistöckigen Häuser haben eine rundum laufende Galerie im Oberstock und sind vom Sockel bis zum Dach mit weißen Ornamenten bemalt. Das pittoreske Bild ergänzen die orange, gelb und rot bestickten Trachten, die manche Frauen auch werktags tragen. Wichtigster Erwerbszweig ist neben der Landwirtschaft die Stickerei und die Herstellung der Čičmaner *Filzpantoffeln.* Von den jährlich etwa 250000 Paaren werden rund die Hälfte exportiert. Mitten im Dorf liegt ein ehemaliges Grafenschloß. Heute ist es Hotel, man könnte also auch dort statt in Rajecké Teplice übernachten.

Von Puchov, das Waagtal hinab, fährt man durch eine «aufblühende» Industrieregion, die für Augen, Nase und Lungen nicht eben angenehm ist. Doch schon nach 38 Kilometer erreicht man die Stadt **Trenčín** (47000 Einwohner) mit ihrer gewaltigen Schloßruine. Hier residierte Ende des 13. Jahrhunderts der selbstherrliche Magnat Matouš Čák und trotzte königlichen Befehlen. Dieser mächtige Herr soll gelegentlich menschenfreundlich gewesen sein. Eines Tages brachte er aus der Türkei eine wunderschöne Prinzessin als Sklavin heim. Der verzweifelte Bräutigam der schönen Suleika reiste ihr nach und flehte inständig, ihm die Braut herauszugeben. Der welterfahrene Matouš Čák hielt nicht viel von Liebesschwüren und erklärte, das Mädchen würde frei, wenn die Liebe des Prinzen sich als dauerhaft erwiesen habe. Als Beweis verlangte er von dem trostlosen Türken, er solle einen Brunnen graben. Listigerweise wies Čák ihm eine Stelle an, wo nach menschlichem Ermessen keine Quelle sein konnte. Drei Jahre grub der Prinz unermüdlich in Frost und Hitze. Und als das dritte Jahr vergangen war, stieß er auf Wasser. Nun gab Čák dem treuen Prinzen seine Liebste zurück und ließ das Paar, mit kostbaren Geschenken bedacht, in seine Heimat ziehen. Der Brunnen steht noch heute und heißt *Liebesbrunnen.*

Über der imposanten Schloßruine sollte man nicht vergessen, in der Stadt die Piaristen-Kirche von 1655 anzusehen mit ihren Fresken, den vier Oratorien im Sanktuarium, den sechs Seitenaltären im Hauptschiff, der marmornen Kommunionbank und den historischen Bildern aus der alten Stadt, deren Geschichte bis in die Römerzeit zurückreicht. 179 nach Christus weilten hier einige Legionen des Kaisers Marc Aurel.

Wer nach Prag zurück will, wird über Brünn (s. S. 249 ff.) und nicht noch einmal nach Bratislava fahren. Von Trenčín nach Brünn sind es 135 Kilometer über *Uherský Brod* (Ungarisch-Brod), dem Heimatort des großen Pädagogen Amos Comenius, und *Uherské Hradiště* (Ungarisch-Hradisch). In beiden Städten blieben wertvolle Bauten vom 13. bis 18. Jahrhundert erhalten. Besuchen sollte man das acht Kilometer westlich von Uherské Hradiště gelegene Spätbarockschloß *Buchlovice,* ein Bau von Domenico Martinelli mit Stukkaturen von Balthasar Fontane aus dem Beginn des 18. Jahrhunderts. Es liegt mitten in einem Park mit seltenen Bäumen aus allen Weltteilen; Pfauen spazieren in ihm herum, schreien sich mit ihren verzweifelt mißtönigen Stimmen an.
Auch die Burg *Buchlov* jenseits der Stadt, rechts oberhalb der Straße, ist sehenswert. Sie besitzt reiche Sammlungen an Porzellan, Fayencen, Glas, Waffen und ein naturkundliches Museum. Noch drei Schlösser liegen sozusagen am Wege: nach 26 Kilometer *Nové Zamký* bei Nesovice und nach weiteren sieben Kilometer *Bučovice.* Nové Zamký ist cin Renaissancebau von 1561. Auch Schloß Bučovice stammt aus der zweiten Hälfte des 16. Jahrhunderts (1567–1582). Den rechteckigen Innenhof umziehen an drei Seiten Arkadenloggien. Im Westflügel sind der Kaisersaal, der Jagd- oder Hasensaal, der Venussaal, der Vogelsaal und der Saal der fünf menschlichen Sinne zu besichtigen. Ihre Lünettengewölbe sind durch Stuckbänder in Felder mit Arabesken- und Groteskmalereien ge-

teilt. Die Fresken im Jagdsaal stellen eine Jagdgesellschaft dar, die, nach der Jagd sich versammelnd, nun von den Hasen gejagt wird. Über das dritte Schloß – Austerlitz (Slavkov) – finden Sie Informationen auf Seite 254.

Für den Rückweg nach Prag empfehle ich die Autobahn (194 km). Von Trenčín bis Bratislava (S. 290 ff.) sind es 124 Kilometer auf der E 16. Das Waag-Tal wird breiter, drängt die Berge zurück und läßt Industrieanlagen hervortreten. Keine angenehme Fahrt. Ich bevorzuge einen anmutigen und unterhaltsamen Schleichweg. Man folgt der E 16 in Richtung Bratislava sechs Kilometer bis zur Abzweigung links nach Bierovce und Trenčianské Stankovce, überquert die Waag und fährt rechts nach Beckov. Die *Burgruine Beckov* ist zwar nicht zu erklettern, wohl aber von unten zu bestaunen. Die Fahrt geht durch kleine Orte mit rosa, blau und gelb getünchten Häusern und üppigem Blumenschmuck, der über die Vorgärten hinweg auch noch die Dorfstraße säumt. Kurz vor Piešt'any (Pistyan) kommt man zum *Schloß Moravany,* das – gut instandgesetzt – dem Slowakischen Künstler- und Architektenverband gehört, also nicht zu besichtigen ist.

Wen es nicht gelüstet, dem berühmten Rheumabad **Piešt'any** mit seinen heißen Quellen (67 Grad) und heißem Schwefelschlamm (59 Grad) einen Besuch abzustatten, kann auf der kleinen Straße noch bis Hlohovec bleiben. Dann muß er sie unwiderruflich verlassen. Es geht rechts ab, acht Kilometer bis Trakovice und dann auf der E 16 nach Trnava.

Die seit 1238 Freie Königliche Stadt **Trnava** (Tyrnau, 60 000 Einwohner) war von 1543 bis 1821 Residenz des Erzbischofs von Gran (Esztergom) und besaß von 1635 bis 1777 eine Universität. In dieser Zeit entwickelte sich Trnava zum Kleinen Rom – zur parva Roma wie die Studenten sagten – und zum Zentrum des slowakischen Barock. Hier einige Hinweise: Im

Frauen in slowakischen Volkstrachten im Kurpark von Piešt'any

Zentrum der 69 Meter hohe *Renaissancestadtturm* (1574) mit einer *Marienstatue* auf der Spitze als barocker Krönung. In der Nähe die 1712 barockisierte *Franziskanerkirche,* die 1701 bis 1729 erbaute *Jesuitenkirche* und dic spätbarocke *Ursulinenkirche* (1776) in der Hviezdoslav-Straße. Eine Reihe von Barockpalais finden wir auf der Jan-Holly-Straße, auch die gotische *St.-Nikolaus-Kathedrale* (1380–1460) mit ihren Barocktürmen (1619), ihrer barocken Kanzel, dem Barockchor und vor allem Georg Raffael Donners *Kapelle der Gottesmutter von Trnava.* Die 1683 zerstörte gotische *Klarissinnenkirche* wurde 1694 bis 1712 barock erneuert und beherbergt heute das *Westslowakische Museum.* Baulicher Höhepunkt ist die *Universitätskirche des Johannes Baptista.* Die Kirche – 70 Meter lang, 17 Meter breit und 24 Meter hoch – besitzt mit ihrem fast 20 Meter hohen holzgeschnitzten *Hauptaltar* mit drei Altarbildern und 31 Statuen ein einzigartiges Werk frühbarokker Holzbildhauerkunst der Meister Balthasar Knilling und Veit Stadler.

Schon diese kleine, keineswegs vollständige Aufzählung klingt respektabel. Dennoch stimmt ein Spaziergang durch die Altstadt traurig. Die ruhmvolle Vergangenheit der Stadt hat offenbar für ihre heutigen Bewohner nur einen geringen Stellenwert. Sie haben die Zeugen ihrer Geschichte achtlos im Stich gelassen und nicht beschützt. Sie gingen mit der Zeit, und das hieß schon im 19. Jahrhundert: Industrie.

Dieses Schicksal Trnavas, das so mancher slowakischen Stadt zuteil wurde, haben ihre Studenten, als 1777 die Universität nach Budapest zurückverlegt wurde, vorausgesehen. Sie sangen ihr zum Abschied:

> Ergo vale, parva Roma, magnae Romae aemula,
> eris posthac nisi fallor oppidorum famula.
>
> Lebe wohl denn, Rom, du kleines,
> großem Rom nachstrebendes,
> wirst nun bald, wenn ich nicht irre,
> klein'rer Städte Diener sein.

Die Studenten behielten recht. Als 1822 das Erzbistum nach Gran zurückverlegt wurde, versank die Stadt in provinzieller Bedeutungslosigkeit.

Anhang

Zeittafel

800–906	Großmährisches Reich. Es umfaßte in seiner Blütezeit fast alle westslawischen Stämme. Nach seinem Zerfall entwickelte sich der böhmische Staat
921–929	Wenzel der Heilige
929–999	Boleslav I. und Boleslav II.
973	Prag wird Bistum
um 1000	Stephan I. von Ungarn (995–1038) gliedert die Slowakei seinem Staate ein
13. Jh.	Kolonisationspolitik der böhmischen und ungarischen Herrscher. Entwicklung der Städte. Anfänge des Bergbaus in Böhmen und in der Mittelslowakei
1253–1278	Přemysl Ottokar II.
1306	Aussterben der Přemysliden-Dynastie
1310–1346	Johann von Luxemburg, König von Böhmen
1344	Prag Erzbistum. Baubeginn des St.-Veits-Domes
1346–1378	Karl IV.
1348	Gründung der Prager Universität durch Karl IV.
1378–1419	Wenzel IV.
um 1400	Beginn religiöser Reformbestrebungen und sozialer Unruhen
1415	Hinrichtung des Jan Hus in Konstanz
1419–1434	Hussitenkriege. Bedeutendste hussitische Heerführer: Jan Žižka und Prokop der Große
1434	Niederlage der Hussiten in der Schlacht bei Lípany
1437–1458	Thronstreitigkeiten. Landesverweser Georg von Poděbrady

1458–1471	Georg von Poděbrady gewählter König von Böhmen
1471–1526	Vladislav Jagiello, dann sein Sohn Ludwig aus der polnischen Jagiellonen-Dynastie böhmische Könige
1490–1526	Böhmen und Ungarn in Personalunion des Königs verbunden
1526	Tod Ludwigs Jagiello in der Schlacht bei Mohács
1526–1918	Böhmen und Ungarn im Erbgang in Personalunion mit dem Hause Habsburg verbunden
1546/47	Böhmische protestantische Bestrebungen, sich von Habsburg zu trennen, werden unterdrückt
1576–1611	Kaiser Rudolf II. macht Prag noch einmal zur Hauptstadt des Reiches
1609	Majestätsbrief über Religionsfreiheit im Königreich Böhmen
1618–1620	Antihabsburgischer Aufstand der protestantischen Stände. Prager Fenstersturz. Friedrich V. von der Pfalz als «Winterkönig» in Prag
1620	Zusammenbruch des Aufstandes in der Schlacht am Weißen Berge
1621	Hinrichtung von 27 Anführern des Aufstandes. Gegenreformation. Allmähliche Stagnation der tschechischen Kultur
1680	Bauernaufstände gegen den Feudaladel
1740–1780	Maria Theresia. Absolutistische Zentralisierung des Staatsapparates in Wien drückt die Königreiche Böhmen und Ungarn auf den Status von österreichischen Provinzen
1780–1790	Josef II. Modernisierungs- und Reformbestrebungen: Aufhebung der Leibeigenschaft, Erleichterungen für die jüdische Bevölkerung, Aufhebung der nur kontemplativen Klöster. Förderung der Manufakturen: Textilien, Glas, Porzellan
nach 1800	Nationales Wiedererwachen der Tschechen. Neubelebung der tschechischen Schriftsprache. Entstehung der slowakischen Schriftsprache

1848	I. Panslawistischer Kongreß in Prag
1848/49	Ungarischer Aufstand unter Lajos Kossuth
1867	Österreich gewährt Ungarn weitgehende Autonomie im Innern durch die Bildung der Doppelmonarchie Österreich-Ungarn. Die Slowaken haben unter der danach einsetzenden Magyarisierungspolitik zu leiden
nach 1850	Aufblühen tschechischer Literatur und Musik. Božena Němcová, Jan Neruda, Bedřich Smetana, Antonín Dvořák. Lebhafte Entwicklung des slowakischen Geisteslebens
28.10.1918	Gründung der Tschechoslowakischen Republik. Tomáš G. Masaryk Präsident bis 1935, Nachfolger Edvard Beneš
29.9.1938	Münchner Viermächteabkommen
14.3.1939	Slowakische Unabhängigkeitserklärung und Gründung eines slowakischen Staates von Hitlers Gnaden
15.3.1939	Besetzung der tschechischen Länder durch Hitler, Bildung des «Reichsprotektorats Böhmen und Mähren»
1939–1945	Tschechoslowakische Exilregierung unter Edvard Beneš
August 1944	Slowakischer Aufstand
5.–9.5.1945	Prager Aufstand
1945/46	Ausweisung des überwiegenden Teiles der deutschsprachigen Bevölkerung
1946–1948	Bürgerlich-kommunistische Koalitionsregierung unter Klement Gottwald mit Edvard Beneš als Staatspräsident
Februar 1948	Regierungskrise und soziale Unruhen. Umwandlung der Tschechoslowakei in einen volksdemokratischen Staat
9.6.1948	Verkündung der neuen Verfassung
1949–1953	Erster Fünfjahrplan
1956–1960	Zweiter Fünfjahrplan
1960	Verkündung einer neuen Verfassung, die die Tschechoslowakei zu einem sozialistischen Land erklärt

1968	Nach Revirement in der Partei- und Regierungsspitze (Alexander Dubček neuer Generalsekretär der Partei) begannen umfassende innenpolitische Reformen, die auf Initiative der UdSSR durch
21.8.1968	Einmarsch von Truppenkontingenten der Warschauer-Pakt-Staaten unterbunden wurden
1.1.1969	Die ČSSR wird in einen Bundesstaat umgewandelt

Mini-Sprachführer Tschechisch

Aussprachehilfe

c = tz wie in Katze
č = tsch wie in Kutsche
d' = d + j
l' = l + j
ň = n + j
ř = Verschmelzung von r und weichem sch
s = stimmlos wie in Faß
š = sch wie in Masche
t' = t + j
v = w wie in Wiese
z = stimmhaftes s wie in Rose
ž = stimmhaftes sch wie in Journal
Die Betonung liegt stets auf der ersten Silbe; Vokale, die keinen Akzent haben, werden kurz, Vokale mit Akzent lang ausgesprochen; ě wird wie je gesprochen.

Allgemeines

Guten Tag!	Dobrý den!
Guten Abend!	Dobrý večer!
Auf Wiedersehen	Na shledanou!

Ja	Ano
Nein	Ne
Danke	Děkuji
Bitte	Prosím
Verzeihung	Promiňte
Sprechen Sie Deutsch?	Mluvíte německy?
Englisch?	anglicky?
Französisch?	francouzsky?
Helfen Sie mir, bitte	Promoztemi, prosím
Wie komme ich zum Hotel?	Jak se dostanu k hotelu?
zum Bahnhof?	k nádraží?
zum Theater?	k divadlu?
zum Flugplatz?	k letišti?
zur Tankstelle?	k benzínové pumpě? (Nom.: Benzínová pumpa)
zur Reparaturwerkstatt?	do opravny? (Nom.: Opravna)
Rechts	Vpravo
Links	Vlevo
Geradeaus	Přímo, rovně
Hier	Zde, tady
Dort	Tam
Hinauf	Nahoru
Hinunter	Dolů
Oben	Nahoře
Unten	Dole
Zurück	Zpět
Wo?	Kde?
Wo ist die Post?	Kde je pošta?
ein Arzt?	Kde je lékař?
eine Apotheke?	Kde je lékárna?
das Schloß?	Kde je zámek?
die Burg?	Kde je hrad?
die Kirche?	Kde je kostel?
das Kloster?	Kde je klášter?
ein WC für Herren?	Kde je pánský WC?

ein WC für Damen?	Kde je dámský WC?
Ich möchte ... kaufen	Chtěl(a) bych koupit ...
Wieviel?	Kolik?
Wieviel kostet das?	Kolik to stojí?
Viel	Hodně (mnoho)
Wenig	Málo
Nichts	Nic
Das ist gut	To je dobré
Das ist schlecht	To je špatné
Das ist zu klein	To je příliš malé
Das ist zu groß	To je příliš velké
Geben Sie mir, bitte	Dejte mi, prosím
Selbstbedienung	Samoobsluha
Papiergeschäft	Papírnictvi
Friseursalon (Damen)	Kadeřnictví
Friseursalon (Herren)	Holičství
Kaffeehaus	Kavárna
Konditorei	Cukrárna
Torte	Dort
Schlagsahne	Šlehačka
Gebäck	Pečivo
Eis	Zmrzlina

Schilder auf Straßen, an Gebäuden, im Hotel

Umleitung	Objížďka
Durchfahrt verboten	Průjezd zakázán
Parkverbot	Zákaz parkování
Einbahnstraße	Jednosměrná ulice
Reserviert für ...	Vyhrazeno pro ...
Geöffnet von ... bis	Otevřeno od ... do
Geschlossen	Zavřeno
Verboten	Zakázáno
Vorsicht	Pozor

Eingang	Vchod
Ausgang	Východ
Besetzt	Obsazeno
Zutritt verboten	Vstup zakázán
Kasse	Pokladna
Garderobe	Šatna
Lift	Výtah
Bitte nicht rauchen	Prosím nekuřte

Die Speise- und Getränkekarte

Frühstück	Snídaně
Brot	Chléb
Brötchen (Kipfl)	Rohlík
Butter	Máslo
Marmelade	Džem
Honig	Med
Käse	Sýr
Schinken	Šunka
Wurst	Salám, uzeniny
Ei	Vejce
Salz	Sůl
Pfeffer	Pepř
Zucker	Cukr
Warme Mahlzeiten	Jídelna
Mittagessen	Oběd

Suppen:	*Polévky:*
Fleischsuppe	Hovězí
Kartoffelsuppe	Bramborová
Gulaschsuppe	Gulášová
Gemüsesuppe	Zeleninová

Vorspeisen:	*Předkrmy:*
Prager Schinken	Pražská šunka
Ei à la Henri	Ruská vejce
Ungarische Salami	Uherský salám
Ölsardinen	Sardinky
Fleischlose Speisen:	*Bezmasá jídla:*
Gemüse	Zelenina
Eier	Vejce
Knödel mit Ei	Knedlíky s vejci
Gebackener Käse	Smažený sýr
Fisch:	*Ryby:*
Karpfen	Kapr
Forelle	Pstruh
Dorschfilet	Rybí filé
Fleischgerichte:	*Masitá jídla:*
Rindfleisch	Hovězí maso
Kalbfleisch	Telecí maso
Schweinefleisch	Vepřové maso
Schaffleisch	Skopové
Gebratene Fleischklöße	Smažené karbanátky
Leber	Játra
Gänsebraten	Pečená husa
Entenbraten	Pečená kachna
Hühnerbraten	Pečené kuře
Wild	Zvěřina
Hase	Zajíc
Reh	Srinčí
Fasan	Bažant

Gemüse:	*Zelenina:*
Spinat	Špenát
Erbsen	Hrášek
Karotten	Mrkev
Kraut	Zelí
Sellerie	Celer
Kohl	Kapusta
Tomaten	Rajčata
Spargel	Chřest
Salate:	*Saláty:*
Kopfsalat	Hlávkový salát
Gurkensalat	Okurkový salát
Kartoffelsalat	Bramborový salát
Beilagen:	*Přílohy:*
Kartoffeln	Brambory
Reis	Rýže
Knödel	Knedlíky
Obst:	*Ovoce:*
Äpfel	Jablka
Birnen	Hrušky
Pflaumen	Švestky
Kompott:	*Kompoty:*
Aprikosen	Meruňkový kompot
Pfirsiche	Broskvový kompot
Kirschen	Třešňový kompot

Getränke:	*Nápoje:*
Bier	Pivo
Wein	Víno
Mineralwasser	Minerálka
Wasser	Voda
Obstsaft	Ovocná šťáva
Kaffee	Káva
Tee	Čaj
Milch	Mléko

Zahlen

eins = jeden
zwei = dva
drei = tři
vier = čtyři
fünf = pět
sechs = šest
sieben = sedm
acht = osm
neun = devět
zehn = deset
elf = jedenáct
zwölf = dvanáct
dreizehn = třináct
vierzehn = čtrnáct
fünfzehn = patnáct
zwanzig = dvacet

dreißig = třicet
vierzig = čtyřicet
fünfzig = padesát
sechzig = šedesát
siebzig = sedmdesát
achtzig = osmdesát
neunzig = devadesát
hundert = sto
zweihundert = dvěstě
dreihundert = třista
vierhundert = čtyřista
fünfhundert = pětset
sechshundert = šestset
tausend = tisíc
zweitausend = dvatisíce
zehntausend = desettisíc
Million = milion

Monate, Wochentage, Zeitangaben

Januar = Leden
Februar = Únor

Sonntag = Neděle
Montag = Pondělí

März = Březen
April = Duben
Mai = Květen
Juni = Červen
Juli = Červenec
August = Srpen
September = Září
Oktober = Říjen
November = Listopad
Dezember = Prosinec
Tag = Den
Woche = Týden
Morgen = Ráno
Vormittag = Dopoledne
Mittag = Poledne
Nachmittag = Odpoledne
Abend = Večer
Nacht = Noc

Dienstag = Úterý
Mittwoch = Středa
Donnerstag = Čtvrtek
Freitag = Pátek
Samstag = Sobota
Frühling = Jaro
Sommer = Léto
Herbst = Podzim
Winter = Zima

Stunde = Hodina
Viertel = Čtvrt
Halb = Půl
Dreiviertel = Třičtvrtě
Vorgestern = Předevčírem
Gestern = Včera
Heute = Dnes
Morgen = Zítra
Übermorgen = Pozítří

Literaturhinweise

Bachmann, Erich (Hrsg.): Romanik in Böhmen (Prestel, München)
Bieler, Manfred: Der Mädchenkrieg (dtv 1506)
Blažíček, Oldřich u.a.: Die Kunst des Barock in Böhmen (Bongers, Recklinghausen)
Bosl, Karl: Handbuch der Geschichte der böhmischen Länder (Hiersemann, Stuttgart)
Brod, Max: Der Prager Kreis (st 547)
Brod, Max: Prager Tagblatt (Fischer-TB 2192)
Demetz Peter (Hrsg.): Alt-Prager Geschichten (Insel-TB 613)
Fehr, Götz: Fernkurs in Böhmisch (Hoffmann & Campe, Hamburg)
Fehr, Götz: Böhmisches Kursbuch (Hoffmann & Campe, Hamburg)

Friedenthal, Richard: Ketzer und Rebell (dtv 1235)
Froidl, Ilse: Böhmische Spezialitäten (Heyne-TB 07/4016)
Hasalová, V. / Vajdiš, J.: Die Volkskunst in der Tschechoslowakei (Dausien, Hanau)
Hašek, Jaroslav: Die Abenteuer des braven Soldaten Schweijk (rororo 409 und 411)
Hoensch, Jörg K.: Geschichte der tschechoslowakischen Republik 1918–1978 (Kohlhammer, Stuttgart)
Hrabal, Bohumil: Verschiedene Erzählungen und Romane (Suhrkamp, Frankfurt)
Husa, Václav: Geschichte der Tschechoslowakei (Artia, Prag)
Jesenská, Milena: Alles ist Leben (Neue Kritik, Frankfurt)
Kafka, Franz: Gesammelte Werke (Fischer-TB 14200, 7 Bde.)
Kisch, Egon Erwin: Aus Prager Gassen und Nächten / Prager Kinder / Die Abenteuer in Prag (Aufbau, Berlin)
Klima, Ivan: Der Gnadenrichter (Reich, Luzern)
Kohout, Pavel: Tagebuch eines Konterrevolutionärs (S. Fischer, Frankfurt)
Krejči, M. / Neubert, K.: Prag – seine Geschichte und Architektur (Dausien, Hanau)
Künzel, Franz P. / Vapenik, Rudolf (Hrsg.): Tschechoslowakei 1. Tschechische Erzählungen (Thienemann)
Künzel, Franz P. / Sabik, Vincent (Hrsg.): Tschechoslowakei 2. Slowakische Erzählungen (Thienemann)
Kunstdenkmäler in der Tschechoslowakei. 2 Bde. (Deutscher Kunstverlag, München)
Libal, Dobroslav: Alte Städte in der Tschechoslowakei (Artia, Prag)
Lorenc, Vilém: Das Prag Karls IV. (Deutsche Verlagsanstalt, Stuttgart)
Lotar, Peter: Eine Krähe war mit mir (Deutsche Verlagsanstalt, Stuttgart)
Macek, Josef: Die Hussitenbewegung in Böhmen (Orbis, Prag)
Mann, Golo: Wallenstein (S. Fischer, Frankfurt)
Mann, Golo / Bliggerstorfer, Ruedi: Wallenstein. Bilder zu seinem Leben (S. Fischer, Frankfurt)

Messner, Dieter (Hrsg.): Prag. Die Goldene Stadt in Stichen (Bibliophile TB 390)
Meyrink, Gustav: Der Golem (Ullstein-TB 20140)
Němcová, Božena: Die Großmutter (Manesse, Zürich)
Polyglott-Sprachführer 122: Tschechisch (Polyglott, München)
Preiss, Pavel: Barockzeichnung. Meisterwerke des böhmischen Barock (Dausien, Hanau)
Prollius, Helga: Flucht aus Prag 1945 (Herder-TB 771)
Ripellino, Angelo Maria: Das magische Prag (Wunderlich, Tübingen)
Rybar, Ctibor: Prag und die schönsten Landschaften der Tschechoslowakei. Bildband (Südwest, München)
Seibt, Ferdinand: Karl IV. Ein Kaiser in Europa (Süddeutscher Verlag, München)
Seibt, Ferdinand: Deutschland und die Tschechen (List, München)
Sirovatka, Oldrich (Hrsg.): Tschechische Volksmärchen (Diederichs, Köln)
Sokel, Walter H.: Franz Kafka. Tragik und Ironie (Fischer-TB 1790)
Sperling, Walter: Tschechoslowakei (Uni-TB 1107)
Stejskal, Karel / Neubert, Karel: Karl IV. und die Kunst und Kultur seiner Zeit (Dausien, Hanau)
Swoboda, Karl (Hrsg.): Gotik in Böhmen (Prestel, München)
Swoboda, Karl: Barock in Böhmen (Prestel, München)
Urzidill, Johannes: Morgen fahr' ich heim (List, München)
Vaculik, Ludwig: Tagträume (Reich, Luzern)
Venohr, Wolfgang: Aufstand in der Tatra (Athenäum, Königstein/Taunus)

Diese Bücherliste kann nicht mehr sein als eine Auswahl. Sie beschränkt sich auf Titel, die zur Zeit des Erscheinens der Neuausgabe dieses Führers lieferbar sind. Darüber hinaus führt jede Buchhandlung und jede Bibliothek viele ältere und neuere Arbeiten zum Thema Tschechoslowakei.

Register

Halbfett gesetzte Ziffern verweisen auf ausführliche Beschreibungen, kursiv gesetzte auf Abbildungen. Das Register «Prag» enthält nur Objekte. Alle Personen sind im Register «Tschechoslowakei» aufgeführt.

a) Prag

r

r

r

r

b) Tschechoslowakei

r

r

r

r

r

r

r

r

Informationen und praktische Hinweise von A bis Z

Abend- und Nachtleben

Veranstaltungskalender für Theater, Oper, Kino, Konzerte und so weiter erhält man im Reise- und Verkehrsbüro Čedok. Unterhaltungsprogramme bieten das Kabarett «U Fleků», «Varieté Praga», «Lyra Pragensis», «Malostranská Beseda», die Poesie-Weinstube «Viola» und die Tanzbars «Tatran» und «Tabarin Družba».
Bars schließen in der Regel um drei Uhr morgens, einige auch schon um Mitternacht.

Angeln

Im ganzen Land gibt es rund 22000 Teiche und Seen mit einer Gesamtfläche von etwa 42000 Hektar, dazu kommen Stauseen, Talsperren, Bäche und Flüsse, die zum Angeln von Forelle, Wels, Hecht, Karpfen, Aal und Zander einladen (Fangzeiten für Forellen vom 16. April bis zum 15. August, für andere Fische vom 16. Juni bis 31. Dezember). Auskünfte, Angelkarte und -lizenz über jedes gute Reisebüro oder über die Jagdabteilung von Čedok, Prag (s.a. Auskünfte).

Ärztliche Hilfe

Bei Unfällen und plötzlicher Erkrankung wird erste ärztliche Hilfe kostenlos gewährt, weitere Behandlung wird nach Tarif berechnet. Erkundigen Sie sich vor der Reise bei Ihrer Krankenkasse, unter welchen Bedingungen die Kosten zurückerstattet werden.

Apotheken (Lekárna)

Es ist ratsam, sich für die Reise mit eigenen Medikamenten gegen Erkältungskrankheiten, Magen- oder Darmverstimmungen, Kopfschmerzen und ähnliches zu versehen, da Sprachschwierigkeiten zu

i

Mißverständnissen und dadurch zum falschen Medikament führen könnten.

Auskünfte

Über Reisemodalitäten, Camping- und Zeltplätze, Ferienwohnungen, Jagd- und Angelzeiten und so weiter erteilen die Reisebüros im Heimatland des Reisenden Auskunft. Genügen diese Informationen nicht, wenden Sie sich an die Niederlassung des Tschechoslowakischen Reise- und Verkehrsbüros Čedok, Kaiserstraße 54, 6000 Frankfurt, Tel. 0611/232975. (In Österreich: Parkring 12, 1010 Wien, Tel. 0222/528699, in der Schweiz: Uraniastraße 34/II, 8001 Zürich, Tel. 01/2114245) Der Hauptsitz von Čedok ist Prag, Na příkopě 18. Ist man erst einmal in Prag, erhält man bei Čedok alle einschlägigen Auskünfte und jeglichen Rat. Außerdem veranstaltet das Unternehmen Stadtrundfahrten und Führungen, vermittelt Dolmetscher, reserviert Fahrkarten und Flugscheine, besorgt Eintrittskarten für kulturelle, sportliche und sonstige Veranstaltungen. Čedok publiziert monatlich eine Broschüre mit Veranstaltungskalender und Sehenswürdigkeiten der Stadt Prag (gratis im Hotel oder Čedok-Büro). Spezielle Angaben für Autofahrer sind bei allen Automobilklubs zu bekommen (s. a. Autofahren).

Ausrüstung

Nehmen Sie mit, was Sie auf einer Reise durch Ihr eigenes Land auch mitnehmen würden: gutes Kartenmaterial, bequeme Schuhe, Taschenlampe; eine Decke im Auto tut gute Dienste beim Picknick. Fotokopien Ihres Passes und Ihres Führerscheins (separat aufbewahrt) können bei Verlust oder Diebstahl der Originalpapiere von Nutzen sein.

Ausstellungen

In vielen tschechoslowakischen Schlössern und Burgen gibt es neben oder auch statt eines ständigen Museums noch Dauerausstellungen auf in der Regel zehn Jahre, während dieser Zeit werden sie laufend ergänzt, danach aber durch eine andere ersetzt. Es ist also möglich, daß eine von mir erwähnte Ausstellung inzwischen von einer anderen abgelöst worden ist.

Autofahren

(s. a. Straßennumerierung und Benzin)
Die Verkehrsvorschriften entsprechen den allgemein in Europa üblichen. Der Automotoklub der ČSSR (Opletalova 29, Prag, Tel. 11631) vermittelt Autoservice und -reparatur.
Verkehrsunfälle müssen dem Büro für gesetzliche Haftpflicht (Spálená 14, Prag) gemeldet werden. Die internationalen Kreditkarten SOS werden anerkannt. Außer den in seinem Land gültigen Wagenpapieren braucht der Autotourist keine weiteren Dokumente, auch nicht die grüne Versicherungskarte. Für den Fahrer besteht absolutes Alkoholverbot. Es ist ratsam, die Scheibenwischer abzunehmen, wenn man den Wagen länger stehen läßt. In der Prager Altstadt gibt es tagsüber so gut wie keine Parkmöglichkeit.
Wer das Land bereist, sollte sich den Autoatlas ČSSR kaufen, die recht guten Straßenübersichtskarten genügen hier nicht.
Höchstgeschwindigkeit: Pkw 90 km/h, auf Autobahnen 110 km/h, Motorräder auf allen Straßen 80 km/h, innerorts alle Fahrzeuge 60 km/h.
Es ist nicht gestattet, einem Bewohner der ČSSR ein ausländisches Auto zu leihen.

Autovermietung

Leihwagen mit und ohne Fahrer bei Pragocar (Štěpánská 42, Prag 2).

Banken

Statní banka československá (Tschechoslowakische Staatsbank), Československá obchodní banka (tschechoslowakische Kommerzbank), geöffnet Montag bis Freitag 8 bis 14 Uhr. Wechselstuben gibt es in jedem Interhotel.

Benzin

Gutscheine für Benzinsorten «Spezial» und «Super» (90 und 96 Oktan) erhält man beim eigenen Automobilklub, an den Grenzübergängen und in der ČSSR bei den obengenannten Banken oder bei Tuzex.

Camping
«Wildes» Campen ist nicht gestattet. Auf den zahlreichen, teils gut eingerichteten, teils einfachen offiziellen Campingplätzen kann man da und dort auch Zelte mieten oder Unterkunft in festen Häusern finden. Campingverzeichnisse sind bei Čedok, Frankfurt (s. Auskünfte) zu haben.

Diplomatische Vertretungen
in der Tschechoslowakei:
Bundesrepublik Deutschland: Lobkowitz-Palast (Vlašská ulice, Prag, Kleinseite).
Schweiz: erster Schwarzenberg-Palast (Hradčanské Náměstí [Burgplatz], Prag).
Österreich: Hložek v. Zampach-Palais (Hradčany [Burgviertel], Prag, Kanovnická ulice).

in den deutschsprachigen Ländern:
Bundesrepublik Deutschland
Botschaft der Tschechoslowakischen Sozialistischen Republik, Germanicusstraße 6, D-5000 Köln 51, Tel. 0221/373263 und 373843 Militärmission der Tschechoslowakischen Sozialistischen Republik, Podbielskiallee 54, D-1000 Berlin 33, Tel. 030/8324084 (für Bewohner Westberlins)

Österreich
Botschaft der Tschechoslowakischen Sozialistischen Republik,
Penzinger Straße 11–13, A-1149 Wien, Tel. 0222/822626–29

Schweiz
Konsulat der Tschechoslowakischen Sozialistischen Republik,
Egelgasse 72, CH-3006 Bern, Tel. 031/445678 (für Visa)
Botschaft der Tschechoslowakischen Sozialistischen Republik,
Muristraße 53, CH-3006 Bern, Tel. 031/443645 (keine Visa)

Einkaufen

Kaufhäuser und größere Geschäfte sind werktags von 9 bis 18 Uhr geöffnet, samstags schließen viele Geschäfte um 12 oder 13 Uhr. Kleinere Läden schließen mittags (bis längstens 15 Uhr). Besondere Einkaufsmöglichkeiten: siehe Tuzex.

Ein- und Ausreiseformalitäten

Erforderlich sind ein mindestens noch 4 Monate gültiger Paß, zwei Paßfotos, Visum. den Visa-Antrag erhält man beim heimatlichen Reisebüro, das die Einreisebewilligung besorgt und gleichzeitig Unterkünfte in den gewünschten Aufenthaltsorten beim Tschechoslowakischen Reisebüro Čedok reserviert. Kinder unter 16 Jahren benötigen kein Visum, wenn sie im Paß der Eltern und im Visaantrag eines Elternteils aufgeführt sind. Bearbeitungsdauer für Visa-Erteilung und Hotelreservierungen zwei bis drei Wochen. Unterkünfte sind im voraus in der landeseigenen Währung zu bezahlen. Diese Regelung befreit den Touristen vom Pflichtumtausch.
Bei der Ausreise muß der Beleg über in tschechoslowakische Währung eingewechselte Valuta vorgelegt werden.

Eisenbahn

Siehe öffentliche Verkehrsmittel.

Elektrizität

220 Volt in Prag und den großen Städten, in kleineren Städten manchmal 120 Volt.

Essen und Trinken

(s. a. Restaurants)
Die Speisenauswahl in den Restaurants ist weder groß noch vielseitig (Ausnahmen: die Hotelrestaurants in den de Luxe und A* Hotels). Geboten wird deftige Hausmannskost, die Portionen sind kleiner, als wir sie gewohnt sind. Zum «richtigen» Essen gehört die Suppe, von der klaren Fleischbrühe über die legierte Kartoffelsuppe aus Böhmen mit Gemüse und Pilzen bis zur gut gewürzten Kuttelflecksuppe.

i

Der Prager Schinken genießt Weltruf, daneben gibt es eine Fülle würziger Wurstwaren.
Man schätzt Braten in jeder Art, vor allem Schweine- und Gänsebraten gehören zur traditionellen Küche des Landes. Auf vielen Speisekarten ist Gulasch zu finden. Rouladen tauchen als «Mährische Spatzen» auf. Beliebte Beilagen sind Knödel aus Mehl, Semmeln, rohen oder gekochten Kartoffeln; Weißkohl, Süß- oder Sauerkraut sind die bevorzugten Gemüse. Hasenbraten wird gespickt mit Speck und Zwiebeln gebraten, zu Rehkeule gehören Preiselbeeren, beides wird mit kalorienreicher Sahnesauce serviert. Salat kommt selten auf den Tisch. Viele Zubereitungsarten gibt es für den berühmten böhmischen Karpfen: gebraten, blau, gebacken mit Kümmel oder Paprika. Als Dessert oder als Zwischenmahlzeit sind besonders die Obstknödel zu empfehlen (Zwetschgen, Aprikosen, Kirschen) aus Quark- oder Hefeteig und nicht zu vergessen die Palatschinken, ganz dünne, mit Puderzucker bestreute und mit Konfitüre gefüllte kleine Eierkuchen.
Getrunken wird vor allem Bier (in Pilsen wird seit 1295 Bier gebraut). Aber auch die böhmischen, mährischen und slowakischen Weine haben internationalen Ruf. Etwa die Mädchentraube aus der Umgebung von Bratislava oder die Rote und die Weiße Ludmila aus dem böhmischen Mělník; dort wird außerdem der Sekt Château Mělník hergestellt. Bekannte Spirituosen sind der Pflaumenschnaps (Slivovice), der Wacholderschnaps (Borovička) und die Magenliköre Karlsbader Becherbitter (Becherovka) und Altvater (Praděd).

Fauna und Flora

Die Tier- und Pflanzenwelt der ČSSR entspricht im wesentlichen der der übrigen mitteleuropäischen Länder. Von den rund 60000 vorkommenden Tierarten sind 325 geschützt, darunter Wildkatze, Braunbär, Luchs und Wolf, die noch in den slowakischen Bergwäldern leben. Drakonische Strafen hat zu erwarten, wer beim Töten geschützter Tiere ertappt wird. Fachleute schätzen, daß etwa 16000 Mufflons im Land angesiedelt sind, ursprünglich auf Korsika und Sardinien beheimatete Wildschafe. Vor allem in den Karpaten gibt es Wildschwein, Hirsch, Gemse, Marder, Murmeltier und die Tatra-

Wühlmaus. Feldhase und Fuchs sind im ganzen Land weit verbreitet. Besonders artenreich ist die Vogelwelt: in der Donauebene ist die Großtrappe heimisch, die bis 15 Kilogramm schwer werden kann; bemerkenswerte Erfolge wurden bei der Neuaufzucht von Falken erzielt, sie stehen — wie auch Bunt- und Schwarzspecht und alle Eulenarten — unter Naturschutz; im Hochgebirge nisten Steinadler. Vorwiegend in der Slowakei kommen Auerhähne, Fasane, Birk- und Rebhühner vor. Dank des Wasserreichtums des Landes ist auch die Zahl der Wasservogelarten groß, Wildgänse und -enten sind besonders häufig. Aal, Forelle, Hecht, Huchen, Karpfen und Wels bevölkern Seen und Flüsse, der Wels kann bis 50 Kilogramm schwer werden (s. a. Angeln).
Die ČSSR gehört zu den waldreichsten Ländern Europas: 35 Prozent des gesamten Staatsgebietes sind bewaldet, über zwei Drittel davon sind Nadelwälder (Fichten, Föhren, Tannen), in den Laubwäldern wachsen meist Buchen; Birke, Eberesche, Eiche, Lärche und Zirbe kommen ebenfalls vor. Die Industrialisierung hat in den Wäldern von Iser-, Erz- und Riesengebirge unübersehbare Schäden angerichtet.
Schon Mitte des 19. Jahrhunderts gab es auf dem Gebiet der ČSSR einige Naturschutzgebiete, heute gibt es mehr als 600 Naturreservate. Das größte ist der Nationalpark Hohe und Niedere Tatra, mit sehr artenreicher Hochgebirgsvegetation (u. a. Edelweiß).

Feiertage

1. Januar, Ostermontag, 1. Mai, 9. Mai (Staatsfeiertag), 25. und 26. Dezember.

Flugverkehr

Siehe öffentliche Verkehrsmittel.

Fotografieren

Überall gestattet, wo nicht ein deutlich sichtbares Schild es verbietet. Es empfiehlt sich, genügend Filmmaterial von daheim mitzunehmen.

Geld

Währungseinheit ist die Krone (Koruna/Kčs), 1 Krone = 100 Heller

(Haléřu/h). Es gibt Münzen zu 5, 10, 20, 50 Heller, 1, 2 und 5 Kronen sowie Scheine im Wert von 10, 20, 50, 100, 500 Kronen. Ausländische Valuta, Reiseschecks und Kreditbriefe können in beliebiger Höhe eingeführt und in tschechoslowakische Kronen eingewechselt werden. Wer nicht im voraus seine Hotelunterkunft bezahlt hat, muß für die Geltungsdauer des Visums pro Tag und Kopf einen Pflichtbetrag am Grenzübergang einwechseln. Da diese Beträge schwanken, erkundige man sich vor Reiseantritt nach dem geltenden Tarif. Der Umrechnungskurs ist günstig, da den Touristen zum amtlichen Kurs ein Aufgeld gewährt wird. Unverbrauchte tschechoslowakische Zahlungsmittel müssen bei der Ausreise in die ursprüngliche Währung zurückgetauscht werden.

Grenzübergänge

Sie können über jeden beliebigen Grenzübergang einreisen, die Ausreise muß nicht an der gleichen Grenzstation erfolgen.

Von Österreich aus

1. Straße:
   Rajka / Rusovce (bei Bratislava)
   Berg / Petržalka (bei Bratislava)
   Drasenhofen / Mikulov (Nikolsburg)
   Laa a. d. Thaya / Hevlín
   Klein-Haugsdorf / Hatě
   Grametten / Nová Bystřice
   Neunagelberg / Halámky
   Gmünd / České Velenice
   Wullowitz / Dolní Dvořiště
   (Die Übergänge bei Grametten und Gmünd sind nicht durchgehend geöffnet.)
2. Eisenbahn:
   Marchegg / Devínská Nová Ves (bei Bratislava)
   Hohenau / Břeclav (Lundenburg)
   Gmünd / České Velenice
   Summerau / Horní Dvořiště

Von der Bundesrepublik Deutschland aus

1. Straße:
   Schirnding / Pomezí
   Waidhaus / Rozvadov
   Furth i. Wald / Folmava
   Eisenstein / Železná Ruda
   Philippsreuth / Strážný
2. Eisenbahn:
   Schirnding / Cheb (Eger)
   Furth i. Wald / Domažlice

Haustiere

Wer seinen Hund oder andere Tiere mit auf die Reise nehmen will, muß sich vom Tierarzt schriftlich bestätigen lassen, daß 3 Monate vor der Einreise im Umkreis von 40 Kilometern vom Wohnort keine Tollwut vorgekommen ist; das Arztzeugnis darf bei der Einreise nicht älter sein als 2 Tage. Impfausweis nicht vergessen, Sie benötigen ihn als Identitätsnachweis für Ihr Tier bei der Wiedereinreise in die Bundesrepublik. Wer seinen Hund mit im Hotelzimmer unterbringen will, muß mit hohen Gebühren rechnen.

Hotels

Siehe Unterkunft.

Jagd

Die Tschechoslowakei verfügt über 11,5 Millionen Hektar Jagdrevier, in dem etliche Haarwildarten (Rehe, Hirsche, Dam- und Muffelwild, Hasen, Wildkaninchen, Füchse und – seltener – Gemsen, Luchse, Wildkatzen, Bären, Wölfe) sowie Federwild (Auer- und Birkhähne, Großtrappen, Fasane, Reb- und Haselhühner, Wildenten und -gänse, Waldschnepfen) vorkommen. Ausländische Jäger brauchen neben dem Visum eine Genehmigung für die Einfuhr von Waffen und Munition, beides kann auch an Ort und Stelle gemietet oder gekauft werden. Auskünfte, Reservationen, Vermittlung von Jagdschein und Versicherung durch Reisebüros oder Čedok, Prag (s. Auskünfte).

i

Jugendherbergen

Auskunft erteilt das Tschechoslowakische Reisebüro der Jugend (ČKM). Sitz: Pařižská 11, Prag, Tel. 2311930

Kleidung

Entsprechend der heimatlichen Jahreszeit.

Klima

Siehe Land und Leute/Reisezeiten.

Kunstgalerien in Prag (Auswahl)

Öffnungszeiten täglich außer montags von 10 bis 18 Uhr.
Nationalgalerie:
Hauptgebäude: Sternberg-Palais auf dem Burgplatz (Hradčanské náměstí)
Nebengebäude: Georgskloster im Areal der Prager Burg – Alte böhmische Kunst.
Stadtbücherei am Náměstí dr. V. Vacka (Altstadt) – Moderne Kunst.
Schloß Zbraslav – Moderne tschechische Bildhauer (15 Kilometer von Prag entfernt).
Gemäldegalerie der Prager Burg: Hradschin, zweiter Burghof.
Anežský-Areal (Kloster der seligen Agnes): Altstadt, Anežská Ulice – Tschechische Malerei des 19. Jahrhunderts.

Kuren

Fast 500000 Gäste, davon 10 Prozent Ausländer, besuchen jährlich die 54 tschechoslowakischen Heilbäder. Pauschalaufenthalte, die aus medizinischen Gründen mindestens drei Wochen dauern sollten, arrangieren die Reisebüros sowie Čedok und der Repräsentant der tschechoslowakischen Heilbäder und Mineralquellen, Balnea, 11001 Praha 1, Pařižská 11, Tel. 263777, Telex 122215.

Land und Leute

Das tschechoslowakische Staatsgebiet erstreckt sich zwischen dem 48. und 51. Grad nördlicher Breite und dem 12. und 22. Grad östli-

cher Länge. Die Bevölkerung beträgt knapp 15,5 Millionen oder knapp 0,4 Prozent der Weltbevölkerung; davon sind 66 Prozent Tschechen, 28 Prozent Slowaken, 4 Prozent Ungarn, 2 Prozent Polen, Deutsche, Ukrainer und Angehörige anderer Nationalitäten.
Bevölkerungsdichte: 120 Einwohner pro Quadratkilometer (BRD 246, Österreich 90 pro km^2). Die Gesamtfläche des Staates umfaßt 127877 Quadratkilometer, das entspricht der dreifachen Fläche der Schweiz.
Die Tschechoslowakische Sozialistische Republik ist ein Bundesstaat, bestehend aus den Nationalstaaten der Tschechen und der Slowaken. Staatsoberhaupt ist der Präsident der Republik, der alle fünf Jahre von der Bundesversammlung gewählt wird. Oberstes Exekutivorgan ist die Bundesregierung; in ihren ausschließlichen Kompetenzbereich gehören Außenpolitik, Verteidigung, Bundesgesetzgebung. Die übrigen Ressorts gehören in den gemeinsamen Amtsbereich von Bundesregierung und Länderregierungen.
Das Klima des Landes liegt auf der Grenze zwischen ozeanischem und kontinentalem, daraus ergibt sich eine Neigung zu Unbeständigkeit. Am wärmsten sind die geschützten Ebenen in Südmähren und in der Südslowakei, dort wächst auch der beste Wein.
In den Bergen werden von alters her Bodenschätze gefördert: Eisen, Mangan, Blei, Zink, Uran, Antimon, Erdöl, Pyrit, Zinn, Wolfram, Magnesit, Kaolin, Graphit, Kupfer, Silber und Gold. Es gibt 900 Mineralquellen, 500 sind gefaßt, davon liegen 300 in der Slowakei.
Die Industrie hat schon im 19. Jahrhundert zur Konzentration der Bevölkerung in den Städten beigetragen. In den letzten Jahrzehnten hat die Verstädterung erheblich zugenommen, und mehr als 60 Prozent des Nationaleinkommens werden von der Industrie erwirtschaftet. 40 Prozent oder 3 Millionen aller Berufstätigen arbeiten in der Industrie und im Baugewerbe, der Anteil der tschechoslowakischen Industrien an der Weltproduktion beläuft sich auf 1,4 Prozent. 32 Prozent der Berufstätigen arbeiten in der Landwirtschaft, 6,6 Prozent im Handel, 6,4 Prozent im öffentlichen Dienst, 15 Prozent in sonstigen Berufen. Die gesamte Wirtschaft ist verstaatlicht.
Es herrscht Wehrpflicht, Bürger über 18 Jahren sind wahlberechtigt.

i

Maße und Gewichte

Es gilt das metrische System.

Museen

Im ganzen Land sind über 500 Museen mit rund 27 Millionen Exponaten registriert. Ich nenne hier eine Auswahl der interessantesten Museen in Prag. Die Öffnungszeiten variieren ein wenig. Wo von der Regel — montags geschlossen — abgewichen wird, vermerke ich es.
Antonín-Dvořák-Museum
Klement-Gottwald-Museum
Alois-Jirásek-und-Mikolaš-Aleš-Museum
Kunstgewerbemuseum
Militärisches Museum. Historische Sammlung
1. Mai bis 31. Oktober von 9 Uhr bis 15.30 Uhr
Museum der nationalen Literatur
Náprstek-Museum
Nationalmuseum
außer dienstags von 9 bis 17 Uhr; montags und freitags 9 bis 18 Uhr
Smetana-Museum
außer dienstags von 10 bis 17 Uhr
Staatliches Jüdisches Museum
außer samstags von 9 bis 17 Uhr.

Öffentliche Verkehrsmittel

Von Österreich aus fahren im Sommer Linienbusse in die ČSSR, gut ausgebaut ist das Busnetz (ČSAD) innerhalb des Landes. Auskunft erteilen die Čedok-Büros.

Die Kapazität der Tschechoslowakischen Staatsbahn (ČSD) entspricht den tatsächlichen Bedürfnissen nicht. Man hat mit überfüllten Zügen und Verspätungen zu rechnen, auch damit, daß die für bestimmte Schnellzüge obligatorischen Platzkarten ausverkauft sind. Einen Ausgleich bietet das gut ausgebaute Inlandflugnetz. Wichtig ist dafür rechtzeitige Buchung bei Čedok oder bei ČSA (Československé aerolinie), Revolučni 1, Prag 1.

Stadtverkehr in Prag: Metro, Straßenbahn, Bus. In der Metro bezahlt man, indem man mit einer Münze ein Drehkreuz entriegelt, für Straßenbahnen und Busse sind Fahrscheine nur für direkte Fahrten ohne Umsteigen an Zeitungsständen, Tabakverkaufsstellen, Bahnhöfen, speziellen Fahrscheinverkaufsstellen und in einigen Hotels erhältlich. Die Metro fährt zwischen 5 und 24 Uhr. Die wichtigsten Bus- und Straßenbahnlinien fahren Tag und Nacht (nachts alle 40 Minuten). Taxis können telefonisch bestellt, an den Standplätzen oder auch auf der Straße angehalten werden.

Post
Briefe und Karten sind in der Regel etwas länger unterwegs als in den deutschsprachigen Ländern. Briefmarken werden auch an Kiosken und Tabaktrafiken verkauft.

Reisezeit
Die beste Zeit ist von Mai bis September. Nach Mitte Mai und vor Mitte September ist frühe Zimmerreservierung ratsam. Zwischen November und März sind Burgen und Schlösser geschlossen.

Rundfunk
Radio Prag strahlt täglich von 18 bis 18.30 Uhr, von 20 bis 20.30 Uhr, von 22 bis 22.25 sowie von 19 bis 19.30 und von 21 bis 21.30 Uhr für Österreich Sendungen in deutscher Sprache aus (MW 2331,1 m, 1287 kHz; KW 49,55 m, 6055 kHz), während der Sommerzeit (April bis September) 1 Stunde später.

Restaurants
(s. a. Essen und Trinken)
Alle Lokale, die Speisen servieren, sind in Preisgruppen eingestuft: I–IV. Die Güte der Speisen hängt nicht unbedingt von der Preiskategorie ab. Auch in ganz unscheinbaren Wirtschaften bekommt man häufig eine gute Mahlzeit. Umgekehrt kann es passieren, daß man in einem teuren Restaurant an einem elegant garnierten, aber lederzähen Steak herumkaut. Warme Mahlzeiten bekommt man zwischen 12 und 14 Uhr und abends nach 18 Uhr. Tschechische Spezialitäten

gibt es in Prag in der «Jihočeské pohostinství» (Südböhmische Gaststätte), Na Příkopě 17, slowakische Spezialitäten in der «Slovenská izba» (Slowakische Stube) im Hotel Paříž, U Obecního domu.

Sprachen

(s. a. Mini-Sprachführer)

Amtssprachen sind Tschechisch und Slowakisch. Beide gehören zur westslawischen Sprachgruppe und sind einander so ähnlich, daß sich Tschechen und Slowaken in der Regel gut verständigen können.

Grenz- und Zollbeamte, Hotelpersonal, Bank- und Reisebüroangestellte sprechen Deutsch. Darüber hinaus ist in der jüngeren Generation die Kenntnis des Englischen, in der älteren Generation die des Deutschen recht verbreitet. Da Tschechen und Slowaken überall dem Ausländer hilfreich entgegenkommen, braucht man sich nicht zu scheuen, nach dem Weg, dem Postamt, dem Hotel und anderem zu fragen. Klappt es mit der Verständigung nicht, wird der Angesprochene jemanden holen, mit dem Sie sich verständigen können.

Straßennumerierung

Hier kann der Autofahrer in Verwirrung geraten, wenn er nicht genau achtgibt, da die großen Durchgangsstraßen, die an internationale Fernverkehrsstraßen anschließen, außer der Nummer der Staatsstraße noch mit der Ziffer der Europastraße gekennzeichnet sind.

Beispiel: die Europastraße von Waidhaus (Bundesrepublik Deutschland) nach Kudowa-Zdrój (Polen) trägt die Bezeichnung E12, hat aber außerdem bis Prag die Staatsstraßennummer 5, von Prag ostwärts die Nummer 11 und von Königgrätz an die Nummer 33.

Vollends ins Schleudern kann der Fremde geraten, wenn eine Europastraße und eine Staatsstraße mit derselben Nummer sich fast begegnen. Das passiert zwischen Theresienstadt und Leitmeritz, wo die E15 von Zinnwald (DDR) südwärts nach Prag führt und die Staatsstraße 15 quer zu ihr verläuft (von Most nach Česká Lípa).

Straßenverhältnisse

Die Straßen sind gut gehalten, auch die Bezirksstraßen. Man kann sich getrost einer Nebenstraße anvertrauen. Natürlich gibt es gelegentlich Baustellen oder ein Stück schlechter Wegstrecke, jedoch nicht häufiger sondern seltener als in anderen Ländern.

Telefon

Vorwahlnummern: Von der Bundesrepublik Deutschland, der Schweiz und Österreich in die ČSSR 0042, von der ČSSR in die BRD 0049, in die Schweiz 0041, nach Österreich 0043.
Wichtige Telefonnummern in Prag: Auskunft 120, Auskunft ČSSR 121, Feuerwehr 150, Krankenwagen 333, Notruf 155, Polizei 158.

Theater (Auswahl)

Nationaltheater (Národní divadlo)
Tyl-Theater (Tylovo divadlo)
Smetana-Theater (Smetanovo divadlo), speziell Oper und Ballett
Theater in Vinohrady (Weinberge), Gegenwartsproblemstücke
Realistisches Theater «Zdeněk Nejedlý» (Realistické divadlo), volkstümliche Stücke
Kammerspiele (Komorní divadlo)
Theater der Komödie (Divadlo komedie)
Theater am Geländer (Divadlo Na zábradlí), vor allem Pantomime
Semafor-Theater (Divadlo Semafor), Keinkunstbühne
Laterna Magica kombiniert Theater, Pantomime, Musik und Film

Toiletten

Männer benutzen das Kabinett mit der Aufschrift Mužy, an der Damentoilette steht Ženy.

Trinkgeld

ist zwar im Rechnungsbetrag inbegriffen, wird aber trotzdem gern zusätzlich angenommen.

Tuzex

Die Außenhandelsorganisation Tuzex bietet in ihren Verkaufsstellen gegen Valuta Gegenstände des täglichen Bedarfs, sowie Luxusartikel und Souvenirs zum Weltmarktpreis an, ebenso Motoröl, Autozubehör und Spezialbenzin-Gutscheine.

Unterkunft
Hotels und Pensionen sind je nach Komfort in Kategorien eingestuft: A* de Luxe, A*, B*, B und C. Die de-Luxe-Kategorie gibt es außer in Prag, Bratislava und Brünn noch in den großen Kurorten. In den übrigen größeren Städten beginnt es bei A, in mittleren und kleinen bei B*. Die B- und C-Hotels sind manchmal äußerst bescheiden. Doch generell hängen Behaglichkeit und Sauberkeit nicht von der Preiskategorie, sondern wie überall in der Welt von der Hotelleitung ab.

Wandern
Die ČSSR gilt als klassisches Wanderland, es gibt viele markierte Wanderwege. Orientierungshilfe bietet der Komp-Wanderführer Tschechoslowakei von Otokar Mohyla (Deutscher Wanderverlag/ Mair, Stuttgart).

Zeit
MEZ mit Sommerzeit

Zeitungen
Einmal wöchentlich erscheint die deutschsprachige «Neue Prager Presse», westliche Zeitungen sind kaum zu haben.

Zoll
Alle persönlichen Gebrauchsgegenstände sind zollfrei. Dazu gehören Foto- und Filmmaterial, 200 Zigaretten, beziehungsweise die entsprechende Menge Zigarren oder Tabak, drei Kilogramm Lebensmittel, zwei Liter Wein, 1 Liter Likör oder Weinbrand, ½ Liter Toilettenwasser. Strikt verboten ist die Einfuhr von reinem Spiritus, ebenso die Ein- und Ausfuhr tschechoslowakischer Zahlungsmittel.
Mitnahme von Geschenken im Gegenwert von Kcs 600.– sind bei der Ausreise zollfrei. Auch bei Tuzex eingekaufte Waren (Rechnungsbeleg aufheben!) sind nicht zu verzollen.

Praděd
1490
Hrubý Jeseník
Krnov
Bruntál
Opava
St. Bohumín
Ostrava
Bielsko-Biala
Cieszyn
Český Těšín
Nízký Jeseník
Odra
Frýdek-Místek
Moravskoslezské
Beskydy
Olomouc
Hranice
Babia Hor
1725
Valašské Mecířiči
Přerov
Slovenské Beskydy
Javorníky
Vsetin
Gottwaldov
Váh
Žilina
Malá Fatra
Dolný Kubín
Lipt
Ružomberok
Strážov
1214
Morava
Veselí
Bílé Karpaty
Trenčín
Veľká Fatra
Nízké
Brezno
Nové Město
Prievidza
Banská Bystrica
Poľana
1459
Malé Karpaty
Žiar
Zvolen
Javorie
1044
Sitno
1009
Hron
Trnava
Lučene
Nitra
Nitra
Leviče
Bratislava
Balassagyarma
Váh
Rajka
Donau/Dunaj